U0052616

吳榮曾 劉華祝 等 注譯

新譯漢書（六）傳㈡

三民書局 印行

國家圖書館出版品預行編目資料

新譯漢書(六)傳㈡／吳榮曾,劉華祝等注譯.－－初版一刷.－－臺北市: 三民, 2013
面；　公分.－－(古籍今注新譯叢書)

ISBN 978-957-14-5653-9　(平裝)

1.漢書 2.注釋

622.101　　101003246

© 新譯漢書(六)傳㈡

注譯者　吳榮曾　劉華祝等
責任編輯　三民古籍編輯小組
美術設計　陳宛琳
發行人　劉振強
著作財產權人　三民書局股份有限公司
發行所　三民書局股份有限公司
地址　臺北市復興北路386號
電話　(02)25006600
郵撥帳號　0009998-5
門市部　(復北店) 臺北市復興北路386號
(重南店) 臺北市重慶南路一段61號
出版日期　初版一刷　2013年6月
編號　S 033540
行政院新聞局登記證局版臺業字第〇二〇〇號

有著作權・不准侵害

ISBN 978-957-14-5653-9　(平裝)

http://www.sanmin.com.tw　三民網路書店

※本書如有缺頁、破損或裝訂錯誤，請寄回本公司更換。

新譯漢書　目次

第六冊

卷四十六

萬石衛直周張傳第十六

【題解】本卷是西漢前期幾位大臣的合傳，他們或以「無文學」，即沒有文才學問受寵幸；或以「長者」，即醇厚謹慎被重用。石奮，無文學，恭謹過人。因其姊做了劉邦之妾中的美人而為侍臣中涓，文帝時由太中大夫遷太子太傅，景帝時由九卿徙諸侯相，後以上大夫俸祿歸老於家。附於其傳末的長子石建官至郎中令，少子石慶官至丞相，都以孝順謹慎聞名於世。衛綰，為人醇謹。文帝時由郎官遷中郎將，景帝時因率兵參與平定「吳楚七國之亂」功拜為中尉、封建陵侯，後為太子太傅、御史大夫、丞相，武帝初以不任職免相。直不疑，好學《老子》，為人敦厚質樸。文帝時為郎官，景帝時官至御史大夫，武帝初以過失免職。周仁，因醫術被文帝重用，為人穩重慎密。文帝時由太子舍人遷太中大夫，景帝時為郎中令，武帝初因病免職而以二千石俸祿在家養老。張歐，為人寬厚誠實。文帝時侍太子，景帝時為九卿，武帝時先為御史大夫，後因年老以上大夫俸祿歸老於家。

1 萬石君❶石奮，其父趙❷人也。趙亡，徙溫❸。高祖東擊項籍❹，過河內❺，時奮年十五，為小吏，侍高祖。高祖與語❻，愛其恭敬，問曰：「若❼何有？」

對曰：「有母，不幸失明。家貧。有姊，能鼓❽瑟。」高祖曰：「若能從我乎？」曰：「願盡力。」於是高祖召其姊為美人❾。以奮為中涓❿，受書謁⓫。徙其家長安中戚里⓬，以⓭姊為美人故也。

2 奮積⓮功勞，孝文時官至大中大夫⓯。無文學⓰，恭謹，舉⓱無與比。東陽⓲侯張相如⓳為太子太傅⓴，免。選可為傅者，皆推奮為太子太傅。及孝景即位，以奮為九卿㉑。迫近，憚㉒之，徙奮為諸侯相㉓。奮長子建，次甲㉔，次乙，次慶，皆以馴行孝謹㉕，官至二千石㉖。於是景帝曰：「石君及四子皆二千石，人臣㉗尊寵迺舉集㉘其門。」凡㉙號奮為萬石君。

3 孝景季年㉚，萬石君以上大夫㉛祿歸老于家，以歲時㉜為朝臣㉝。過宮門闕㉞必下車趨㉟，見路馬㊱必軾㊲焉。子孫為小吏，來歸謁㊳，萬石君必朝服㊴見之，不名㊵。子孫有過失，不誚讓㊶，為便坐㊷，對案㊸不食。然後諸子相責，因長老㊹肉袒㊺固謝罪，改之，迺許。子孫勝冠㊻者在側，雖燕㊼必冠，申申㊽如也。僮僕訢訢㊾如也，唯謹。上時賜食於家，必稽首㊿俯伏[51]而食，如在上前。其執喪，哀戚甚。子孫遵教，亦如之。萬石君家以孝謹聞乎郡國，雖齊魯諸儒質行[52]，皆自以為不及也。

4 建元[53]二年，郎中令王臧[54]以文學獲罪皇太后[55]。太后以為儒者文多質少，今萬石君家不言而躬行[56]，迺以長子建為郎中令，少子慶為內史[57]。

5 建老白首，萬石君尚無恙[58]。每五日洗沐[59]歸謁親，入子舍[60]，竊問侍者，取親中帬[61]廁牏[62]，身自澣洒[63]，復與侍者，不敢令萬石君知之，以為常。建奏事於上前，即有可言，屏人[64]乃言極切；至廷見[65]，如不能言者。上以是親而禮之。

6 萬石君徙居陵里[66]。內史慶醉歸，入外門不下車。萬石君聞之，不食。慶恐，肉袒謝請罪，不許。舉宗[67]及兄建肉袒，萬石君讓曰：「內史貴人[68]，入閭里[69]，里中長老皆走匿，而內史坐車中自如[70]，固當[71]！」迺謝罷[72]慶。慶及諸子入里門，趨至家。

7 萬石君元朔[73]五年卒，建哭泣哀思，杖迺能行。歲餘，建亦死。諸子孫咸[74]孝，然建最甚，甚於萬石君。

8 建為郎中令，奏事下[75]，建讀之，驚恐曰：「書『馬』者與尾而五[76]，今乃四，不足一，獲譴死矣！」其為謹慎，雖他皆如是。

9 慶為太僕，御出[77]，上問車中幾馬，慶以策[78]數馬畢，舉手曰：「六馬。」慶於兄弟最為簡易[79]矣，然猶如此。出為齊相，齊國慕其家行，不治[80]而齊國大治，為立石相祠。

10 元狩[81]元年，上立太子，選群臣可傅者，慶自沛[82]守為太子太傅，七歲遷御史大夫[83]。元鼎[84]五年，丞相[85]趙周[86]坐酎金[87]免，制詔[88]御史[89]：「萬石君先帝尊之，子孫至孝，其以御史大夫慶為丞相，封牧丘[90]侯。」是時漢方南誅兩越[91]，東擊朝鮮[92]，北逐匈奴[93]，西伐大宛[94]，中國多事。天子巡狩[95]海內，脩古神祠，封禪[96]，興禮樂[97]。公家用少，桑弘羊[98]等致利，王溫舒[99]之屬[100]峻法，兒寬[101]等推文學，九卿更進用事[102]，事不關決於慶，慶醇謹而已。在位九歲，無能有所匡言[103]。嘗欲請治上近臣所忠[104]、九卿咸宣[105]，不能服，反受其過，贖罪。

11 元封[106]四年，關東[107]流民[108]二百萬口，無名數[109]者四十萬，公卿議欲請徙流民於邊以適[110]之。上以為慶老謹，不能與其議，乃賜丞相告歸[111]，而案[112]御史大夫以下議為請者。慶慙[113]不任職，上書曰：「臣幸得待罪[114]丞相，疲駑[115]無以輔治。城郭[116]倉廩[117]空虛，民多流亡，罪當伏斧質[118]，上不忍致法。願歸丞相侯印，乞骸骨[119]歸，避賢者路。」

12 上報[120]曰：「間者[121]，河水滔陸[122]，泛濫十餘郡，隄防勤勞，弗能陻塞[123]，朕甚憂之。是故巡方州[124]，禮嵩嶽[125]，通八神[126]，以合宣房[127]。濟淮江，歷山濱海[128]，問百年民所疾苦。惟(129)吏多私，徵求無已(130)，去(131)者便，居者擾，故為流民法(132)，以禁重賦。乃者封泰山，皇天嘉況(133)，神物並見(134)。朕方答氣應(135)，未能承意，是以切比(136)閭里，知吏姦邪。委任有司(137)，然則官曠(138)民愁，盜賊公行。往年覲明堂(139)，赦殊死(140)，無禁錮(141)，咸自新，與更始(142)。今流民愈多，計文(143)不改，君不繩責(144)長吏(145)，而請以興徙四十萬口，搖蕩百姓，孤兒幼年未滿十歲，無罪而坐率(146)，朕失望焉。今君上書言倉庫城郭不充實，民多貧，盜賊眾，請入粟為庶人(147)。夫懷知(148)民貧而請益賦，動危(149)之而辭位，欲安歸難乎？君其反室(150)！」

13 慶素(151)質，見詔報反室，自以為得許，欲上印綬(152)。掾史(153)以為見(154)責甚深，而終以反室者，醜惡之辭也。或勸慶宜引決(155)。慶甚懼，不知所出，遂復起視事(156)。

14 慶為丞相，文深(157)審謹，無他大略(158)。後三歲餘薨(159)，諡曰恬侯。中子德，慶愛之。上以德嗣(160)，後為太常，坐法(161)免，國除。慶方為丞相時，諸子孫為小吏至二千石者十三人。及慶死後，稍以罪去，孝謹衰矣。

【章　旨】以上為萬石君〈石奮傳〉與其兩個兒子的附傳。文中簡要敘述了石奮及其長子石建、少子石慶的出身、節操、為官經歷與石慶死後家聲衰敗的過程。

【注　釋】(1)萬石君　因石奮和他的四個兒子都曾為俸祿二千石的官，父子總計俸祿共萬石，故漢景帝稱石奮為萬石君。

❷趙　戰國初與韓、魏瓜分晉國而被周天子承認為諸侯國，先都晉陽（今山西太原西南），後遷都邯鄲（今屬河北）。西元前二二二年為秦所滅。❸溫　縣名。在今河南溫縣西。❹項籍　即項羽，名籍，字羽。詳見卷三十一〈項籍傳〉。❺河內　郡名。在今河南黃河以北地區，治懷縣（今河南武陟西南）。❻語　談話；交談。❼若　你。代詞。❽鼓　彈奏。動詞。❾美人　秦漢皇帝妃嬪名稱。據〈外戚傳〉載，美人的俸秩如郡太守級的二千石，爵位相當於十五級的少上造，人數不限。❿中涓　官名。亦稱涓人。親近侍臣，掌管清潔衛生事務。⓫書謁　通書求進見。⓬戚里　漢代長安城中與皇帝有婚姻關係的親戚集中居住的地方。⓭以　因為。介詞。⓮積　積聚；積累。⓯大中大夫　官名。「大」或作「太」。郎中令的屬官。秩比千石。執掌顧問應對，唯皇帝詔令所使。⓰文學　指文才學問。⓱舉　都；全。⓲東陽　縣名。在今山東武城東北。⓳張相如　漢高祖六年（西元前二〇一年）為中大夫，十一年以河間守率兵隨劉邦擊陳豨，因功封東陽侯。⓴太子太傅　官名。秩二千石。執掌輔導太子。㉑九卿　漢代中央各行政機關中二千石一類長官的總稱，多指奉常（後改為太常）、郎中令（後改為光祿勳）、衛尉、太僕、廷尉、典客（後改為大鴻臚）、宗正、少府、治粟內史（後改為大司農）。㉒憚　畏懼；害怕。㉓諸侯相　官名。漢初諸侯王國仿中央之制置丞相，為百官之長，秩二千石，由中央任命。「吳楚七國之亂」被平定之次年，即漢景帝五年（西元前一五二年），詔令諸侯王不得復治國，改丞相為相。㉔次甲　唐代顏師古曰：「史失其名，故云甲乙耳，非其名。」㉕馴行孝謹　行為善良，孝順謹慎。㉖二千石　漢制官秩等級。月俸穀一百二十斛。是為列卿、郡守、王國相一級之俸秩。㉗人臣　臣下；臣子。㉘舉集　全聚合；都集中。㉙凡　總共；合計。㉚季年　末年；晚年。㉛上大夫　官秩名。王先謙《漢書補注》引沈欽韓之說曰：「漢無上大夫，通以中二千石者當之。」中即滿。漢代九卿皆為中二千石，西漢時月俸穀百八十斛。㉜歲時　一年中一定的季節或時間。㉝朝臣　顏師古曰：「豫朝請。」即定期朝見皇帝。㉞闕　古代宮殿正門前兩邊的高臺及臺上置樓觀的建築物，二闕之間有較大的空缺地，故名闕。㉟趨　疾走；快步而行。表示恭敬。㊱路馬　《釋名》：「天子所乘曰路。」路馬即皇帝乘坐的車駕。㊲軾　《史記》作「式」。即車箱前面供人伏手的橫木。以手俯按軾，表示敬意。㊳謁　請見；進見。㊴朝服　古代君臣朝會時所穿的禮服。㊵不名　不直呼其名，表示優待與尊重。㊶誚讓　責問；譴責。㊷便坐　不處正室，別坐他處。㊸案　古人進食時用的短足條桌。㊹長老　年長者。㊺肉袒　去衣露出上身，謝罪時表示惶恐。㊻勝冠　古代男子成年可以加冠，因用以指成年。㊼燕　通「宴」。閒居；閒暇。㊽申申　威嚴整齊的樣子。㊾訢訢　謹慎恭敬之貌。㊿稽首　古時最恭敬的一種跪拜禮，即叩頭至地並停留一段時間。(51)俯伏　俯首伏地，表示極端崇敬。(52)質行　重品行誠樸。(53)建元　漢武帝的第一個年號（西元前一四〇—前一三五年）。古代皇帝置年號自漢武帝建元始。(54)王臧

東海郡蘭陵（今山東蒼山蘭陵鎮）人。漢景帝時為太子少傅，後免。漢武帝即位，以文學為郎中令。與御史大夫趙綰議立明堂辟雍等事。後趙綰又請毋奏事東宮，因而得罪竇太后，被投入監獄，不久自殺。(55)皇太后 指竇太后。漢景帝母，文帝后。(56)躬行 親自實行；親身實踐。(57)內史 官名。掌治京師，職位相當於郡太守。漢景帝二年（西元前一五五年），分置左、右內史。石慶為左還是右內史，不得而知。(58)恙 疾病。(59)洗沐 沐浴。漢制，官吏每五日一休假，稱為休沐。借指例假。(60)子舍 別於正房之旁室小房。一說兒輩之住房。(61)中帬 內褲。「帬」為「裙」的異體字。古代指下裳，男女都穿。(62)廁牏 盛大小便的器具。(63)澣洒 洗濯；洗滌。(64)屏人 迴避他人。(65)廷見 朝堂公議而見時。(66)陵里 里名，在漢長安城中。一說陵里在茂陵。茂陵為漢武帝陵，在今陝西興平東北。(67)舉宗 全宗族的人。(68)貴人 地位顯貴的人。(69)閭里 鄉里；村落。即居民聚居點。(70)自如 自若。即像平常的樣子。(71)固當 本來應該。此處反用其語義，即是說「貴就應該如此嗎」。(72)謝罷 告誡或吩咐離去。(73)元朔 漢武帝的第三個年號（西元前一二八—前一二三年）。(74)咸 皆；都。副詞。(75)奏事下 即皇帝對大臣的奏章批覆下來。(76)五 當時隸書「馬」字下部有五畫，以示馬尾和四足。(77)御出 為皇帝駕車外出。(78)策 馬鞭。(79)簡易 簡便隨意。指性情坦率和易，不拘泥於禮節。(80)不治 即無為而治。(81)元狩 漢武帝的第四個年號（西元前一二二—前一一七年）。(82)沛 漢郡名。處今安徽、河南、江蘇三省交界地區，治相縣（今安徽濉溪西北）。(83)御史大夫 官名。職位僅次於丞相，主管彈劾、糾察以及掌管圖籍祕書。位上卿，秩中二千石。御史大夫（後改稱大司空）與丞相（後改稱大司徒）、太尉（後改稱大司馬）合稱三公。(84)元鼎 漢武帝的第五個年號（西元前一一六—前一一一年）。(85)丞相 官名。執掌協助皇帝處理國家政務。西漢末改稱大司徒。秩萬石，月俸穀三百六十斛，錢六萬。(86)趙周 漢武帝建元二年（西元前一三九年）為太常。元鼎二年（西元前一一五年），以太子太傅為丞相。元鼎五年，坐酎金免，下獄死。(87)酎金 漢文帝頒「酎金律」，規定各諸侯王、列侯按封國人口數獻黃金助祭宗廟。(88)制詔 即皇帝的命令。「命為制，令為詔」。(89)御史 指御史大夫。(90)牧丘 縣名。在平原郡，具體不詳。(91)兩越 指南越和東越。詳見卷九十五〈西南夷兩粵朝鮮傳〉。(92)朝鮮 古國名。秦漢時指今朝鮮半島北部大部分地區。詳見卷九十五〈西南夷兩粵朝鮮傳〉。(93)匈奴 北方游牧民族。秦漢時為中原王朝的主要外患。詳見卷九十四〈匈奴傳〉。(94)大宛 西域國名。在今中亞費爾干納盆地。詳見卷九十六〈西域傳〉。(95)巡狩 傳說古代帝王對諸侯所守之地要定期進行視察，稱為「巡狩」。秦漢時皇帝巡視地方亦稱「巡狩」，已非古制。(96)封禪 古代帝王為表受命於天而舉行祭祀天地的典禮。在泰山頂築壇祭天稱「封」，在泰山下梁父山闢場祭地稱「禪」。(97)禮樂 禮節與音樂。禮，指貴賤有序的社會道德和規範。樂，指音樂統和與移風易俗。古帝王常以興禮樂來追求尊卑有序、遠近和合之治理目的。

(98)桑弘羊　洛陽商人之子。幼能心計，十三歲入宮為侍中，歷任大農丞、治粟都尉、大司農、御史大夫。主張重農抑商，助武帝推行統一貨幣、鹽鐵官營、酒類專賣、平準均輸等增加國家財政收入之政策。昭帝元鳳元年（西元前八〇年），受燕王旦、上官桀父子的謀反事牽連而下獄被族誅。(99)王溫舒　西漢左馮翊陽陵（今陝西咸陽）人。漢武帝時有名的酷吏。事跡詳見卷九十〈酷吏傳〉。(100)屬　等輩；等人。(101)兒寬　西漢千乘（今山東青高）人。漢武帝時有名的經學大師。事跡詳見卷五十八〈兒寬傳〉。兒，一作「倪」。(102)更進用事　相繼掌權行事。(103)匡言　糾正或挽救艱危的言論主張。(104)所忠　漢武帝近幸之臣。(105)咸宣　西漢河東楊縣（今山西洪洞）人。漢武帝時有名的酷吏。事跡詳見卷九十〈酷吏傳〉。(106)元封　漢武帝的第六個年號（西元前一一〇—前一〇五年）。(107)關東　泛指故函谷關（今河南靈寶東北農澗河畔王垛村）以東地區。(108)流民　指因破產、自然災害或戰亂而背井離鄉，流亡在外又生活沒有著落的人。(109)名數　戶籍上的人數。(110)適　通「謫」。古代臣民被罰戍邊，或因罪而被流放。(111)告歸　官吏告假回鄉。(112)案　考察；查明。(113)慙　羞愧。(114)待罪　古代官吏常以待罪為供職的謙辭，帶有怕失職而等候治罪之意。(115)疲駑　衰老的劣等馬。自謙之詞，意謂愚鈍無能。(116)城郭　內城與外城。此泛指城市。(117)倉廩　貯藏糧食的倉庫。(118)斧質　即斧子與鐵鍖，古代刑具。質，又作「鑕」。即砧板。行刑時，把犯人置於鍖上而用斧砍斫之。(119)乞骸骨　也作「乞骸」或「乞身」。古代官員自請退職，意謂罪至死而只求屍骨歸葬故里。(120)報　皇帝對臣下所上奏章等的批覆。(121)間者　近來。(122)滔陸　大水彌漫到陸地。(123)陻塞　阻塞。(124)方州　域內；地方。(125)嵩嶽　嵩山。在今河南登封北。嵩山為五嶽中的中嶽，故稱嵩嶽。(126)八神　〈武帝紀〉注引文穎曰：「一曰八方之神。」(127)宣房　宮名。「房」也作「防」。元封二年（西元前一〇九年），漢武帝命人堵塞了黃河決入瓠子河二十三年的決口，並在大堤上築宮名「宣房」。舊址在今河南濮陽南。(128)濱海　顏師古注曰：「循海涯而行。」(129)惟　思慮。(130)無已　不停止。即沒完沒了。(131)去　離開。即背井離鄉成流民。(132)流民法　漢武帝時禁止官吏加重災民負擔，以減少流民與招流民返鄉的法令。(133)皇天嘉況　上天厚賜。嘉，美。況，通「貺」。賜予。(134)見　通「現」。顯現。(135)氣應　自然之氣的感應。漢武帝時的大儒董仲舒提倡的「天人感應」說認為，只要帝王施德政而至社會太平，自然界就會應之以祥瑞之物；否則，即以災異譴告。(136)切比　近核；訪察。(137)有司　官吏。古代分職設官，職有所司，故稱官吏為「有司」。(138)官曠　指官吏不盡職責。曠，荒廢。(139)明堂　古代帝王宣明政教的地方。凡朝會、祭祀、慶賞、選士、尊老、教學等大典，均在其中舉行。(140)殊死　斬首之刑。(141)禁錮　又作「禁固」。即禁止做官或參與政事。(142)更始　重新開始。(143)計文　計簿或曰計籍上的文字。秦漢時年終各郡國務必向朝廷上報簿記，內容含各縣的戶口、墾田、錢糧出入及盜賊多少等。(144)繩責　以法督責。繩，木工用以求直的墨線。其引申義為正直、準則、法度。(145)長吏　據卷十九〈百官公卿表〉，漢代秩二百石以上者皆為長吏。而〈景帝紀〉中元六年（西元前一四四年）詔曰：「吏六百石以上，皆長吏也。」是否地方與中央之長吏區分有別，有待研討。146坐率　指年幼子弟因父兄犯法而被株連治罪。坐，介紹原因的介詞。率，長者。147庶人　平民。148懷知　心中知曉。149動危　招致危難。150反室　即回家養老。反，通「返」。151素　向來。152印綬　印和繫印的絲帶，也代指官印。153掾史　官職名。漢代三公府與職權較重要的官府都有掾史屬。掾史屬分曹執事，掾為曹正，史、屬為其副。154見　被；加。助動詞。155引決　「決」又作「訣」。即下決心。意謂自裁或自殺。156視事　就職治事。157文深　思慮周密。158大略　遠大的謀劃。159薨　死的別稱。160嗣　嗣續；繼承。即繼承侯爵。161坐法　坐罪；因犯法而獲罪。

【語譯】萬石君石奮，他的父親是戰國末年趙國人。秦滅趙國後，他家南遷到河內郡溫縣。漢高祖劉邦東進攻打項羽，途經河內郡，當時石奮年紀只有十五歲，做小官吏，侍奉高祖。高祖和他談話，喜愛他恭敬謹慎的態度，問他說：「你家裡有些什麼人？」回答說：「我有母親，不幸眼睛已失明。家中很貧窮。還有個姊姊，會彈瑟。」高祖又說：「你能跟隨我嗎？」回答說：「願竭盡全力侍奉。」於是，高祖召幸他的姊姊，並封其為妃嬪中的美人。高祖讓石奮做侍從官中涓，兼理大臣謁見之事。後來，他家遷徙到長安城中戚里，是因為他的姊姊做了美人的緣故。

2　石奮累積功勞，到漢文帝時官升為太中大夫。他不會文章學問，可是他的恭敬謹慎，所有大臣都比不上。當時，東陽侯張相如做太子太傅，後被免職。文帝要選可以做太子老師的人當太子太傅，大家都推舉石奮，於是他做了太子太傅。等到景帝即位，使他官居九卿之位。因他太接近自己，景帝也畏懼他，調他去地方做了諸侯王國丞相。石奮的長子石建，二子石某，三子石某，四子石慶，都因為行為善良、孝順謹慎，官職做到二千石級。於是景帝說：「石奮和四個兒子都官至二千石，作為人臣的尊貴榮耀竟然集中在他們一家。」合計父子五人的俸祿，就稱呼石奮為萬石君。

3　景帝末年，萬石君享受上大夫的俸祿告老回家，在朝廷舉行時節慶賀或盛大典禮時，他都作為朝臣參加。經過皇宮前門闕時，萬石君一定要下車急走，見到皇帝的車駕一定要觸摸車前的手扶橫木表示敬意。他的子孫們做小吏，回家看望他，萬石君也一定要穿上朝服接見他們，不直呼他們的名字。子孫中有人犯了過錯，他不直接譴責，而是坐到側旁的座位上，對著食案不肯吃東西。然後，子孫們紛紛責備那個犯錯誤的人，再通過族中長輩求情，錯者裸露上身表示認錯並堅決改正，才答允他們的請求。已成年的子孫在身邊時，即使是閒居在家，也一定要戴上帽子，顯示出嚴肅整齊的樣子。家裡的奴僕也都非常恭敬，表現出特別謹慎的風貌。皇帝有時賞賜食物送到他家，他一定行叩頭跪拜禮之後才彎腰低頭去吃，如在皇帝面前一樣。他辦理喪事時，非常悲傷哀悼。子孫後輩遵從他的教誨，也像他一樣行事。萬石君一家因孝順謹慎聞名於地方各郡國，即使齊魯二地品行誠樸的儒生們，也都認為自己不如他們。

4 建元二年，郎中令王臧因為推崇儒學得罪信奉黃老的竇太后。竇太后認為儒生文飾浮誇而不夠樸實，現在萬石君一家不善誇誇其談而能身體力行，於是任用他的大兒子石建做郎中令，小兒子石慶做內史。

5 石建年老頭髮都白了，而萬石君身體還很健康無病痛。石建每五天休假一次，回家拜見父親時，總是先入正室旁的小屋，私下向侍者詢問父親情況，拿走父親的內褲與便溺器皿，親自洗滌，然後再交還侍者，不敢讓父親知道，而且經常如此。石建向皇帝奏報工作時，如果有應該奏請與諫勸的，在能避開他人的場合則說得非常懇切；及至正規的朝議時，卻像不會說話的人。皇上因此寵幸並禮遇他。

6 萬石君遷居到陵里。內史石慶喝醉酒回家，進入里外門時沒有下車。萬石君聽到這件事後，不肯吃飯。石慶恐懼，袒露上身請求恕罪，萬石君不答應。全族的人和哥哥石建也袒露上身請求恕罪，萬石君才責備說：「內史是尊貴的人，進入里門時，里中的父老都急忙迴避他，而內史坐在車中泰然自若，貴就應該如此嗎！」於是告誡後喝令石慶離開。從此以後，石慶和石家的弟兄們進入里門時，都下車快步走回家中。

7 萬石君在武帝元朔五年去世，石建因悲哀思念而痛哭不已，以致扶著拐杖才能走路。過了一年多，石建也死了。萬石君的子孫們都很孝順，然而石建最突出，超過了萬石君。

8 石建做郎中令，奏章被皇帝批覆下來，他讀後驚慌恐懼地說：「寫『馬』字時加上表示尾巴的一筆，應寫五畫，如今只寫四點，少了一畫，該受譴謫而死呀！」行事謹慎到這個地步，即使其他的事情也都如此。

9 石慶做太僕，為皇上駕車外出，皇上問他駕車的馬有幾匹，他用馬鞭點數完馬匹，然後舉手說：「六匹馬。」石慶在兄弟中是最簡易隨便的，然而還是這樣小心謹慎。他被調離京城出任齊國相，齊國人仰慕其家人的操守，無為而治而使得齊國太平，齊國給他建了生祠叫「石相祠」。

[10] 元狩元年，武帝立了皇太子，要在群臣中選擇可以任太子師傅的人，石慶於是由沛郡太守調任太子太傅。七年後升任御史大夫。元鼎五年，丞相趙周因助祭金不純而獲罪被免職，皇帝給御史大夫下詔書說：「萬石君是先帝很尊重的人，他的子孫都很孝順，任命御史大夫石慶為丞相，並封為牧丘侯。」這時漢朝正在南方征討南越與東越，在東方攻打朝鮮，在北方追逐匈奴，在西方征伐大宛，國內有許多的重大事情。皇帝巡察全國各地，祭祀古來神祠，舉行封禪大典，創制禮樂等。國家財政虧空，桑弘羊等人致力於增加賦稅收入，王溫舒之流制定嚴刑峻法，兒寬等人推崇儒學，九卿相繼掌權行事，政事不由石慶決斷，他就只是做到忠誠謹慎罷了。石慶為相九年，對興廢大事沒有什麼重要建言。他曾經想請求懲治皇上的近臣所忠和九卿咸宣，又不能讓他們服罪，反倒自己受到責罰，不得不出錢贖罪。

[11] 元封四年，函谷關以東地區流民二百萬人，沒有戶籍的有四十萬人，公卿大臣商議想請皇帝批准把流民遷徙到邊境地區，懲罰他們戍邊或從事勞役。武帝認為石慶年老謹慎，不可能參與大臣們的商議，於是讓他休假回家，而查辦御史大夫以下參與商議並提出這項請求的大臣。石慶感到慚愧，覺得自己不能勝任丞相之職，上書說：「臣有幸擔任丞相之職，因才能低下沒有辦法輔佐皇上治理好國家。如今國家糧倉空虛，百姓多流亡在外，臣罪當至死，只是皇上不忍心把我法辦。臣願意歸還丞相與列侯的印爵，乞求告老還鄉，給賢能之士讓路。」

[12] 皇帝回覆說：「近來，黃河洪水氾濫，大水漲漫陸地，殃及十幾個郡，整修堤防投入人力極多，但仍未能填塞好決口，朕很憂慮這件事。因此朕巡視四方州郡，禮祭嵩嶽，敬通八神，在宣房宮處成功堵塞了黃河決口。又渡過淮河長江，經歷各地山川和沿海邊走了一遍，探聽近百年來百姓所受過的疾苦。考慮到官吏多有私心，徵收賦稅沒完沒了，被逼背井離鄉的流民倒省心，而留居的百姓更遭煩擾，所以制定『流民法』，用來禁止過於繁重的賦稅。日前在泰山頂築壇祭天，得到上天的賜福，奇瑞的事物一同出現。朕正自我反省要

報答上天的瑞兆，恐怕不能順承上天的旨意，因此深入民間了解疾苦，知曉官吏的犯奸邪惡。國家委派官吏，而官吏不盡職責，致使百姓愁苦，盜賊公然行動。前些年朝會明堂，赦免死囚，不設禁錮，讓囚犯都能改過自新，給他們重新做人的機會。如今流民日益增多，各郡年終上報的統計文書不予改正，你不依法糾察責罰有關官吏，讓他們議請把無戶籍的四十萬人遷徙去戍邊或服勞役，動搖百姓，使不滿十歲的孤兒與年幼者無罪而受其父兄牽連被罰，對此朕很失望。如今你上書說國家糧倉不充實，百姓多貧窮，盜賊眾多，請求交納糧食贖自己罪責並願退職為平民。你心中知曉百姓貧困而請求增加稅收，動搖百姓而使之困窘，自己要辭去職位，想把危難的責任推給誰呢？你回家養老去吧！」

13 石慶原本質樸，見詔書批覆可以辭官回家，自以為得到皇上的恩許，準備上交官印。其僚屬小吏認為他被皇帝責怪得很重，最後說可以回家，是很厭惡的言語。有人甚至因此勸他應該自殺。石慶很害怕，拿不出主意，於是只好又就職辦公務。

14 石慶做丞相，思慮周密，辦事謹慎，但沒有什麼遠大的謀劃。元封四年後又過了三年多，石慶去世，諡號為「恬侯」。排行在中間的兒子石德，石慶偏愛他。皇上就讓石德繼承侯位，後來擔任太常之職，因犯罪被免職，封國也被廢除。石慶做丞相時，子孫們做小吏直到二千石級高官的有十三人。到石慶死後，逐漸因犯罪而離職，孝敬謹慎之風也衰敗了。

1 衛綰，代❶大陵❷人也，以戲車❸為郎❹，事❺文帝，功次❻遷中郎將❼，醇謹❽無它。孝景為太子時，召上左右飲，而綰稱病不行。文帝且❾崩時，屬❿孝景曰：「綰長者，善遇之。」及景帝立，歲餘，不孰何⓫綰，綰日以謹力。

2 景帝幸⓬上林⓭，詔中郎將參乘⓮，還而問曰：「君知所以得參乘乎？」綰曰：

「臣代戲車士，幸得功次遷，待罪中郎將，不知也。」上問曰：「吾為太子時召君，君不肯來，何也？」對曰：「死罪，病。」上賜之劍，綰曰：「先帝賜臣劍凡六，不敢奉詔⑮。」上曰：「劍，人之所施易⑯，獨至今乎？」綰曰：「具在。」上使取六劍，劍常盛⑰，未嘗服⑱也。

3　郎官有譴⑲，常蒙⑳其罪，不與它將爭；有功，常讓它將。上以為廉，忠實無它腸㉑，乃拜綰為河間㉒王太傅。吳楚反㉓，詔綰為將，將㉔河間兵擊吳楚有功，拜為中尉㉕。三歲，以軍功封綰為建陵㉖侯。

4　明年，上廢太子㉗，誅栗卿㉘之屬。上以綰為長者，不忍，乃賜綰告歸，而使郅都㉙治捕栗氏。既已，上立膠東王㉚為太子，召綰拜為太子太傅，遷為御史大夫。五歲，代桃㉛侯舍㉜為丞相，朝奏事如職㉝所奏。然自初官以至相，終無可言。上以為敦厚可相㉞少主，尊寵之，賞賜甚多。

5　為丞相三歲，景帝崩，武帝立。建元中，丞相以㉟景帝病時諸官囚多坐㊱不辜者，而君不任職㊲，免之。後薨，謚曰哀侯。子信嗣，坐酎金，國除。

【章　旨】以上為〈衛綰傳〉。文中敘述了衛綰因擅車伎為郎官，為人淳樸謹慎，謙遜廉潔，忠厚老實，在文帝、景帝時歷任中郎將、中尉、太子太傅、御史大夫、丞相，可謂青雲直上。但到了追求積極進取的武帝時，卻因失職被免官。

【注釋】❶代　郡名。在今河北西北部與山西東北部。治代縣（今河北蔚縣西南）。❷大陵　縣名。在今山西文水縣東北。❸戲車　在車上表演雜伎。❹郎　泛指郎官。漢代有郎中、中郎、外郎、侍郎、議郎等。此處指守衛皇宮殿廊門戶、出充車騎扈從的郎官。❺事　服事；侍奉。❻功次　功績等級。❼中郎將　官名。中郎長官，秩比二千石，隸屬郎中令（光祿勳）。執掌宮禁宿衛，隨駕扈從，協助郎中令考選郎官，或奉詔出使，職位清要。❽醇謹　淳樸謹慎。❾且　將要；快要。副詞作狀語。❿屬　通「囑」。請託。⓫孰何　如同誰何。詰問之辭。孰，即「誰」。何，即「問」。顏師古注曰：「不誰何者，猶言不借問耳。」⓬幸　指帝王駕臨。⓭上林　秦漢時皇家苑囿。秦始建，漢武帝時擴建，周圍至三百里，有宮、觀、館幾十所，苑內放養禽獸，供帝王射獵之用。舊址在今陝西西安西南至戶縣、周至一帶。⓮參乘　亦作「驂乘」。指陪乘或陪乘的人。古代乘車，尊者在左，御者在中，一人在右陪坐，稱「車右」或「參乘」。⓯奉詔　接受皇帝命令。奉，敬受。⓰施易　移易交換。⓱盛　盛放。指把劍裝在劍套中。⓲服　佩帶；使用。⓳譴　譴責；責問。⓴蒙　遮蔽；包庇。㉑它腸　指其他壞心腸。㉒河間　西漢封國名。在今河北東南部的獻縣、武強、阜城等一帶，治樂成（今河北獻縣東南）。㉓吳楚反　指漢景帝前元三年（西元前一五四年），吳王劉濞、楚王劉戊、趙王劉遂、濟南王劉辟光、膠西王劉卬、菑川王劉賢、膠東王劉雄渠反對漢廷的「削藩」政策，以請誅鼂錯、「清君側」為名的聯兵反叛。㉔將　率領；統領。㉕中尉　官名。秩中二千石。執掌京師的治安、中央武庫、兼領京師地區的屯衛兵，戍衛京城。㉖建陵　縣名。漢屬東海郡。治今江蘇新沂南。㉗太子　指漢景帝長子劉榮。為栗姬所生。景帝前元四年（西元前一五三年）立為皇太子，中元年（西元前一四九年）被廢為臨江王。次年，因侵占漢文帝陵園空地為宮而被迫自殺。㉘栗卿　劉榮的舅父。一說栗氏親屬。㉙郅都　漢河東楊縣（今山西洪洞）人。以郎事文帝。景帝時歷任中郎將、郡太守、中尉等，執法不避宗室、列侯、貴戚，號「蒼鷹」。後因得罪竇太后被殺。事跡詳見卷九十〈酷吏傳〉。㉚膠東王　即漢武帝劉徹。景帝中子，為太子前封膠東王。㉛桃　縣名。治今河北冀州西北。㉜舍　劉舍。漢宗室，曾封桃侯。景帝時為太僕、御史大夫，武帝初年曾任丞相數年。㉝如職　只按職事奏言，而對興廢事宜無所建樹。㉞相　輔佐。㉟以　因為。介詞。㊱坐　連坐；反坐。特指治罪的原因。㊲不任職　未盡職責。景帝因病不能親政，丞相應當理事，為無罪而相坐者申冤。

【語　譯】衛綰，是代郡大陵縣人。他因擅長車技雜耍做了侍衛皇帝的郎官，侍奉文帝，由於立功依次升遷為中郎將，除了為人忠厚謹慎，沒有其他的才能。景帝做太子時，請皇帝身邊的近臣飲宴，而衛綰藉口生病不參加。文帝臨死時囑咐景帝說：「衛綰是忠厚謹慎的人，你要好好對待他。」等到景帝即位，一年多沒有過問過衛綰的事，衛綰只是一天比一天更謹慎地盡職盡責。

2　景帝駕臨上林苑，詔令中郎將衛綰陪同自己乘車，回來後問衛綰：「知道你為什麼能和朕同乘一車嗎？」衛綰說：「臣是代郡的車技之士，幸運地因立功逐漸升為中郎將，臣自己不知道這是什麼緣故。」景帝又問：「朕做太子時召請你參加宴飲，你不肯來，為什麼呢？」回答說：「臣該死，那時確實是生病了。」景帝賜給他佩劍，衛綰說：「先皇帝曾經賜給臣總共六把劍，臣不敢再接受陛下的賞賜。」景帝說：「佩劍是人經常佩帶並不斷更換之物，難道你能保存到現在嗎？」衛綰說：「全都還在。」皇帝派他去取那六把劍，劍完好地在劍鞘中，不曾使用過。

3　屬下的郎官犯了錯誤，衛綰常常代他們受過，不和其他的郎將去爭吵；有了功勞，常常謙讓給其他郎將。皇帝認為他品行廉潔，忠誠而沒有壞心眼，就任命他做了河間王劉德的太傅。吳楚七國之亂時，皇帝任命衛綰為將軍，率領河間國的軍隊攻打吳楚叛軍有功，升任管京城治安的中尉之職。過了三年，因為軍功被賜封為建陵侯。

4　第二年，景帝廢黜栗太子劉榮，殺了太子的舅父等人。景帝認為衛綰是忠厚的人，不忍心讓他治理這件大案，就賜他休假回家，而讓郅都逮捕審理栗氏族人。處理完這件案子，景帝立膠東王劉徹做了太子，徵召衛綰做太子太傅，後來升遷為御史大夫。過了五年，代替桃侯劉舍做了丞相，在上朝時只奏報職分內的事情。然而從他最初做官起直到任丞相，始終無可非議。皇帝認為他敦厚，可以輔佐少主，對他很尊重寵信，賞賜的財物很多。

5　衛綰做丞相三年，景帝死，武帝即位。建元年間，他因景帝臥病時各官署的許多囚犯多是無辜受冤屈的人，身為丞相的他未能盡職處理而被免職。後來衛綰去世，謚號為「哀侯」。兒子衛信承襲了建陵侯的爵位，後來因為助祭的酎金成色不足而被治罪，封國被廢除。

直不疑，南陽❶人也。為郎，事文帝。其同舍❷有告歸❸，誤持其同舍郎金去。已而同舍郎覺，妄意❹不疑。不疑謝❺有之，買金償。後告歸者至而歸金，亡金郎大慙，以此稱為長者。稍遷至中大夫❻。朝廷見人❼或毀不疑曰：「不疑狀貌❽甚美，然特❾無奈❿其善盜⓫嫂何也？」不疑聞，曰：「我乃⓬無兄。」然終不自明也。

吳楚反時，不疑以二千石將⓭擊之。景帝後元年，拜⓮為御史大夫。天子脩⓯吳楚時功，封不疑為塞⓰侯。武帝即位，與丞相綰俱以過免。

不疑學⓱老子言⓲。其所臨⓳，為官如故，唯恐人之知其為吏迹也。不好⓴立名，稱為長者。薨，諡曰信侯。傳子至孫彭祖，坐酎金，國除。

【章旨】以上是〈直不疑傳〉。傳主信奉黃老無為之術，被人妄毀也不自辯，為官不喜名聲，可謂忠厚長者。文、景帝時，自郎官、中大夫升任御史大夫，行事作風始終如一。武帝初年，以過免職。其過史無明文，後人不得而知。

【注釋】❶南陽　郡名。在今河南、湖北交界地區，治宛縣（今河南南陽）。❷同舍　同一宿舍。❸告歸　有事請假回家。❹妄意　妄自懷疑。妄，原作「亡」，據《史記》卷一百三及王先謙《漢書補注》說改。意，通「臆」。猜測；懷疑。❺謝　語告；告知。❻中大夫　官名。為郎中令屬官。秩比二千石。武帝太初元年（西元前一〇四年）改稱為光祿大夫。❼見人　達官顯貴之人。見，「現」的古字。意即顯露。❽狀貌　形狀相貌。❾特　只是；唯獨。❿無奈　無可如何。⓫盜　私通。

⓬乃　本來；原來。副詞。強調某種情況原本就如此。⓭將　領兵；率兵。⓮拜　古代以一定的禮儀授予官職或爵位等都可稱「拜」。⓯脩　整治；整理。⓰塞　地名。又稱「桃林」或「桃原」。約在今河南靈寶以西、陝西潼關以東一帶。⓱學　模仿；效法。⓲老子言　即老子學說，黃老無為之術。《老子》又名《道德經》，為道家始創之經典。⓳臨　監臨；治理。⓴好　喜歡；喜愛。

【語譯】直不疑，是南陽郡人。擔任郎官，侍奉文帝。他同房間的郎官有人請假回家，錯拿了另外一個郎官的黃金。不久，黃金的主人發現丟失黃金，便妄自懷疑是直不疑偷拿的。直不疑只說有這回事，並買來了同等的黃金交給了失主。後來請假回家的郎官回來了，把錯拿的黃金交還給了失主，這個丟失黃金的郎官十分地慚愧，直不疑因為這件事而被稱讚是位忠厚的人。後來，直不疑逐漸升官到了中大夫。有位地位顯赫的官員誹謗他說：「直不疑相貌很美，只是唯獨喜歡與自己的嫂子私通，為什麼呢？」直不疑聽後，只是說：「我原本就沒有兄長。」然而終究沒有為自己辯白。

吳、楚七國叛亂的時候，直不疑以二千石官員的身分帶領軍隊參加了平叛戰爭。景帝後元元年，直不疑被任命為御史大夫。天子表彰平定七國之亂的有功人員，封直不疑為塞侯。武帝即位，直不疑與丞相衛綰都因為過失而被免官。

直不疑效法老子學說和黃老之術。他無論到哪裡做官，行事作風始終如一，唯恐人們知道他做官的事跡。他不喜歡樹立名聲，因此被人稱為有德行的忠厚長者。直不疑去世以後，諡號為「信侯」。他的爵位傳給兒子一直到孫子直彭祖，因為獻給朝廷的助祭酎金成色不足，封國被廢除。

周仁，其先任城❶人也。以醫見❷。景帝為太子時，為舍人❸，積功遷至太中大夫❹。景帝初立，拜仁為郎中令。

仁為人陰重不泄❺。常衣❻弊補衣溺袴❼，故❽為不絜清，以是得幸❾，入臥內❿。於後宮祕戲，仁常在旁，終無所言。上時問人，仁曰：「上自察之。」然亦無所毀，如此。景帝再自幸其家。家徙陽陵⓫。上所賜甚多，然終常讓，不敢受也。諸侯群臣賂遺⓬，終無所受。武帝立，為先帝臣重之。仁乃病免，以二千石祿歸老⓭，子孫咸至大官。

【章旨】以上為〈周仁傳〉。周仁最初因醫術而被漢文帝召見，後自太子舍人積功升遷至太中大夫、郎中令，由於他慎密而不洩人隱私，以及廉潔不受皇上賞賜與諸侯群臣所送財物，故能得到皇上寵幸與他人的敬重。後因年老多病而以厚俸歸家頤養天年。

【注釋】❶任城　縣名。在今山東濟寧至微山縣一帶。治今微山縣西北。❷見　進見；拜見。❸舍人　官名。為漢代達官貴戚屬官中的親近侍從者。❹大中大夫　官名。為郎中令（後改為光祿勳）屬官。秩比千石。執掌顧問應對，唯詔令所使。❺陰重不泄　慎密不洩露他人隱私。❻衣　穿。動詞。❼溺袴　積攢尿液而不使漏滴的內褲。溺，同「尿」。小便。❽故　即有意為之。❾幸　寵幸；寵愛。❿臥內　皇帝寢宮。⓫陽陵　縣名。西漢因漢景帝葬在此處而設置縣。縣依陵墓名而得名。在今陝西咸陽東北。⓬賂遺　將財物送人。⓭歸老　辭官回家養老。

【語譯】周仁，他的祖先是東平國任城縣人。因為醫術高明而被皇上召見。景帝為太子時，他為侍從舍人，累積功勞升為太中大夫。景帝剛剛即位時，拜周仁為郎中令。

周仁為人縝密穩重，不洩露別人的隱私。他平時穿打補丁的舊衣服和防滴尿液的內褲，故意顯示他不是乾淨體面的人，因此得到信任寵幸，進入皇帝臥室。皇帝和後宮妃子們嬉戲淫樂，周仁常在旁邊，但始終不洩露這些事。皇上時常問他別人的長短好壞，周仁說：「皇上自己可考察這些人。」這樣，他對別人也無所詆毀，如此而已。景帝一再駕臨他家。他家遷到陽陵居住。皇上給他的賞賜很多，然而他常推讓，不敢接受。諸侯群臣的饋贈，他也始終不接受。武帝即位後，他作為先帝的大臣得到敬重。周仁卻以病免職，帶著二千石俸祿回家養老，他的子孫都做到了高官。

張歐❶，字叔，高祖功臣安丘❷侯說少子也。歐孝文時以治❸刑名❹侍太子，然其人長者。景帝時尊重，常為九卿。至武帝元朔中，代韓安國為御史大夫❺。歐為吏，未嘗言按❻人，剸❼以誠長❽者處官。官屬❾以為長者，亦不敢大欺。上具獄❿事，有可卻⓫，卻之；不可者，不得已，為涕泣，面而封之⓬。其愛人如此。老篤⓭，請免，天子亦寵以上大夫祿，歸老于家。家陽陵。子孫咸至大官。

【章　旨】以上為〈張歐傳〉。文中簡述了張歐曾為九卿、御史大夫等高官，為人誠實忠厚，從未以言辭彈劾他人，審理案件也具仁者愛人之心，故能受人尊重，年高而以厚祿回家養老。

【注　釋】❶歐　又作「毆」。「驅」的古體字。❷安丘　縣名。治今山東安丘西南。❸治　研修；研究。❹刑名　即「刑名之學」。戰國時本於黃老，以申不害為代表的法家之一派，主張循名責實，慎賞明罰，尊君卑臣，崇上抑下，以加強君主權威。❺至武帝二句　王先謙《漢書補注》引錢大昕曰：「〈公卿表〉歐代安國為御史大夫在元光四年。非元朔也。」❻按　檢舉；彈劾。❼剸　通「專」。❽誠長　誠實忠厚。❾官屬　下屬；幕僚。❿具獄　指齊備並據以定罪的案卷。⓫卻　退回；退還。⓬面而封之　指轉過臉去而背對文案簽署封發上報。⓭老篤　年紀衰老已甚。

【語　譯】張歐，表字叔，是高祖時功臣安丘侯張說的小兒子。漢文帝的時候，張歐憑藉著研究刑名學侍奉太子，可是他為人有忠厚長者的風範。景帝時很受尊重，常擔任九卿之職。漢武帝元朔年間，代替韓安國為御史大夫。張歐做官，從沒有以言語彈劾他人，一心以誠實、忠厚的態度盡職盡責。他屬下的官員認為他是一位忠厚的長者，因此也都不敢過分欺蒙他。下屬官員送來準備呈送給天子批准的獄案，其中如果有可以退回重審的，張歐就將案件退回；如果不能夠退回重審，張歐就表現出一副很不得已的樣子，流著眼淚並把案卷簽封上報。他愛惜人的性命就是這樣。

張歐年紀太老，請求辭官，天子也寵愛他，給他上大夫的俸祿回家養老。他的家在陽陵縣。他的子孫們都做到了大官。

贊曰：仲尼有言「君子欲訥於言而敏於行」❶，其萬石君、建陵侯、塞侯、張叔之謂與❷！是以其教不肅❸而成，不嚴❹而治。至石建之澣衣，周仁為垢汙❺，君子譏之。

【章旨】以上是作者對本傳所記人物的總評論。作者引孔子之言，讚揚了幾位傳主為官不威而治的共性。對個別故意抑己邀寵或搏名之作為，作者也以君子之口予以譏諷之。

【注釋】❶仲尼有言句　孔子之語見《論語·里仁》。意謂君子要做到言語遲鈍而行事敏捷。❷與　通「歟」。語氣詞。❸肅　肅嚴；疾急。❹嚴　嚴厲；苛嚴。❺垢汙　骯髒不潔。

【語譯】史官評議說：孔子有句話說「君子說話要謹慎，行動要敏捷」，這句話大概說的是萬石君、建陵侯、塞侯、張叔吧！因此他們的教化不肅厲而能成功，不嚴酷而能治理得好。至於石建為父洗衣，周仁故為骯髒，君子是譏笑他們的。

【研析】本篇所傳人物，都以行為恭謹，終至大官為共同特徵，其中又以子孫承教、恭謹傳家而號稱「萬石君」的石奮及其子石建、石慶最為典型，並因《漢書》的表彰，為後世士大夫所景慕，家訓、家誡每每引以為榜樣。茲就篇中相關內容所反映的時代風尚的變遷，略予申說。

石奮事漢高祖劉邦，歷文帝、景帝及於武帝朝，總的來說都在漢前期，其時去戰國不遠，民風勁悍。石奮之父原本為趙人，「燕趙多慷慨悲歌之士」，世所習知。《史記．貨殖列傳》稱趙地「民俗懁急，仰機利而食。丈夫相聚遊戲，悲歌慷慨，起則相隨椎剽，休則掘冢，作巧奸冶」，可以說是刁民成群。石奮的行為方式，與其所處時代背景和地域環境都不相合。就時代背景來說，漢前期社會風氣仍尚氣力、講勇武、重俠風，此數人聚於一篇，表明當時行事小心恭謹者並不多見。石奮及其子這種過度小心謹慎的行為，因而就具有社會歷史意義。

我們注意到，石奮幼時家裡貧窮，母親失明，他有個姐姐「能鼓瑟」。在石奮十五歲時，劉邦將其姐納為美人，讓石奮作自己的貼身男僕，將石家人遷到長安，這成為石奮改變貧窮處境的起點。《史記．貨殖列傳》在敘述趙地男子群體性格後還說：「多美物，為倡優。女子則鼓鳴瑟，跕屣，游媚貴富，入後宮，遍諸侯。」又說：趙女「設形容，揳鳴琴，揄長袂，躡利屣，目挑心招，出不遠千里，不擇老少者，奔富厚也。」這是說當地女子普遍生得漂亮，因地方貧窮，不少女性利用其優勢，學習樂器演奏，巧於打扮，以伎藝討生活。李斯在〈諫逐客書〉中稱秦國如偏守一隅，拒絕六國的人才及一切好的東西，則「佳冶窈窕趙女不立於側」。本書卷六十六〈楊惲傳〉記楊惲自稱：「婦，趙女也，雅善鼓瑟。」《鹽鐵論》中稱西漢中期「權家」生活奢華，表現之一就是「中山素女撫流徵於堂上」，中山即是趙地的中心。趙地女性「遊媚」遍於富貴之門，在戰國至於西漢時的政治生活中，不免時時出現她們的身影，秦始皇的母親即是其中一位。《史記．南越列傳》稱南越王太子嬰齊在長安做人質，「取邯鄲樛氏女」，後來成為南越王太后，力主南越歸漢。這位「樛氏女」籍貫邯鄲，應也是一個「佳冶窈窕趙女」。

石奮之姐，顯然亦是上述「趙女」群體中的一員。趙女「遊媚」以討達官貴人喜歡，其家人耳濡目染，對奉侍王侯權貴之道當亦有相當的了解。從這個角度看，石奮小心謹慎、善事王侯，或許就不只是個人性格使然。其在文帝身邊，行事恭謹「無與比」；景帝時，他雖已年老致仕，「過宮門闕必下車趨，見路馬必軾」，皇帝賜食於家，「必稽首俯伏而食，如在上前」。「恭謹」之狀，頗類於奴僕。其子石建為皇帝讀文書，見「馬」字少寫了一點，竟然嚇得要死；石慶為皇帝駕車，皇帝問駕了幾匹馬，他竟然要一一數過再回答。「恭謹」過於其父，奴性十足，了無個性。

篇中所傳諸人，均曾有過事奉皇帝的經歷。周仁受景帝寵信，甚至「入臥內。(景帝)於後宮祕戲，仁常在旁，終無所言」。漢代沿先秦傳統，皇帝身邊的貼身侍從，基本上仍是正常男子，並非如後世全由閹人充任。這些最接近皇帝私生活的人，不必有政治能力，但必須絕對服從、恭敬謹慎，還要像直不疑那樣勇於攬過，周仁那樣沉默寡言。他們不是宦官，但無疑具有宦官的特質，也正因為他們不是宦官，他們可以因皇帝喜歡，出任官職，其行為方式也才會被樹立成榜樣。

專制皇權之所以成立，正依賴一批沒有個性、低眉順眼的奴才型官僚。值得注意的是，〈石奮傳〉中，竇太后將石奮與儒者進行了有趣的對比：「以為儒者文多質少，今萬石君家不言而躬行。」也就是說，石奮雖不是儒者，但為人做事，甚至於強調等級尊卑、忠孝仁義的儒者也比不上。如果我們進一步說：統治者使儒學成為統治思想，儒教倫理成為人們的行為規範，有助於整個社會奴才性格的形成。這應該是合乎邏輯的推導。

卷四十七

文三王傳第十七

【題解】〈文三王傳〉敘述漢文帝三子梁孝王劉武、代孝王劉參、梁懷王劉揖及其後嗣興亡的經歷。劉武是竇太后少子，景帝之弟，恃寵驕縱，並有繼承帝位的非分之想，受抑制憂鬱病死。劉參，諸姬所生，初立為太原王，後徙為代王。劉揖，文帝少子，年少好學，頗受寵愛，不幸墮馬夭折。《史記》以梁孝王劉武立於世家，附劉參、劉揖，《漢書》幾乎全錄《史記》之文，並續上孝王後裔在漢代中後期的事情，所以本傳名為〈文三王傳〉，實則主要寫梁孝王及其後裔。

1 孝文皇帝❶四男：竇皇后生孝景帝❷、梁孝王武，諸姬❸生代孝王參、梁懷王揖❹。

2 梁孝王武以孝文二年與太原王參、梁王揖同日立❺。武為代❻王，四年徙為淮陽❼王，十二年徙梁❽，自初王通歷❾已十一年矣。

3 孝王十四年[10]，入朝。十七年，十八年，比年入朝，留[11]。其明年，乃之國[12]。二十一年，入朝。二十二年，文帝崩。二十四年，入朝。二十五年，復入朝。是時，上未置太子[13]，與孝王宴飲[14]，從容[15]言曰：「千秋萬歲[16]後傳於王。」王辭謝。雖知非至言[17]，然心內喜。太后[18]亦然。

4 其春，吳、楚、齊、趙七國反[19]，先擊梁棘壁[20]，殺數萬人。梁王城守睢陽[21]，而使韓安國、張羽等為將軍以距吳、楚[22]。吳、楚以梁為限[23]，不敢過而西，與太尉亞夫[24]等相距三月。吳、楚破，而梁所殺虜略與漢中分[25]。

5 明年，漢立太子[26]。梁最親，有功，又為大國，居天下膏腴地，北界泰山[27]，西至高陽[28]，四十餘城，多大縣。孝王，太后少子，愛之，賞賜不可勝道[29]。於是孝王築東苑[30]，方三百餘里，廣[31]睢陽城七十里。大治宮室，為復道[32]，自宮連屬於平臺[33]三十餘里。得賜[34]天子旌旗，從千乘萬騎[35]，出稱警，入言蹕[36]，儗於天子。招延四方豪桀[37]，自山東游士莫不至[38]：齊人羊勝、公孫詭、鄒陽之屬。公孫詭多奇邪[39]計，初見日，王賜千金[40]，官至中尉[41]，號曰公孫將軍。多作兵弩弓數千萬，而府庫金錢且百鉅萬[42]，珠玉寶器多於京師。

6 二十九年十月，孝王入朝。景帝使使持乘輿駟，迎梁王於關下[43]。既朝，上疏，因留。以太后故，入則侍帝同輦(44)，出則同車遊獵上林(45)中。梁之侍中、郎、謁者著引籍(46)出入天子殿門，與漢宦官亡異。

7 十一月，上廢栗太子(47)，太后心欲以梁王為嗣。大臣及爰盎等有所關說(48)於帝，太后議格(49)，孝王不敢復言(50)太后以嗣事。事祕，世莫知，迺辭歸國。

8 其夏，上立膠東王(51)為太子。梁王怨爰盎及議臣，迺與羊勝、公孫詭之屬謀，陰(52)使人刺殺爰盎及他(53)議臣十餘人。賊未得也(54)。於是天子意(55)梁，逐賊，果梁使之。遣使冠蓋相望於道，覆案梁事(56)，捕公孫詭、羊勝，皆匿王後宮。使者責二千石(57)急，梁相軒丘豹及內史安國皆泣諫王(58)，王迺令勝、詭皆自殺，出之(59)。上由此怨望(60)於梁王。梁王恐，迺使韓安國因長公主謝罪太后，然後得釋(61)。

9 上怒稍解(62)，因上書請朝。既至關，茅蘭說王(63)，使乘布車(64)，從兩騎入，匿於長公主園。漢使迎王，王已入關，車騎盡居外，外不知王處。太后泣曰：「帝殺吾子！」帝憂恐。於是梁王伏斧質(65)，之闕下(66)謝罪。然後太后、帝皆大喜，相與泣，復如故。悉召王從官入關。然帝益疏王，不與同車輦矣。

10 三十五年(67)冬，復入朝。上疏欲留，上弗許。歸國，意忽忽(68)不樂。北獵梁山(69)，有獻牛，足上出背上，孝王惡之。六月中，病熱，六日薨。

11 孝王慈孝⑦⓪，每聞太后病，口不能食，常欲留長安侍太后。太后亦愛之。及聞孝王死，竇太后泣極哀，不食，曰：「帝果殺吾子！」帝哀懼，不知所為。與長公主計⑦①之，迺分梁為五國，盡立孝王男五人為王，女五人皆令食湯沐邑⑦②。奏之太后，太后迺說，為帝壹餐⑦③。

12 孝王未死時，財以鉅萬計，不可勝數。及死，藏府⑦④餘黃金尚四十餘萬斤，他財物稱是⑦⑤。

【章旨】以上是本卷的第一部分，寫梁孝王的寵遇由盛到衰，最後鬱鬱而死的經歷，他受寵幸有三個因素最關鍵，一是竇太后的喜愛，二是身為景帝之弟，三因吳楚七國之亂時立下大功。而失寵的關鍵在於太子已定，梁王尚懷非分之想，並殺死爰盎。

【注釋】❶孝文皇帝　劉恆（西元前二〇三－前一五七年），在位二十二年，見本書卷四〈文帝紀〉。❷竇皇后生孝景帝　竇皇后，清河觀津（今河北武邑）人，呂后時入宮為文帝皇后，生景帝、梁孝王和長公主嫖，景帝即位後尊為太后，在景帝和武帝前期甚有權勢，見本書卷九十七上〈外戚傳上〉。孝景帝，劉啟（西元前一八八－前一四一年），在位十六年，見本書卷五〈景帝紀〉。❸諸姬　統稱後宮的姬妾，因不明其姓氏，故稱。❹揖　《史記·梁孝王世家》等處作「勝」，很可能曾有二名。❺梁孝王武句　孝文二年，西元前一七八年。太原，漢封國名，都晉陽（今山西太原西南）。立，冊封。❻代　漢封國名，漢初都代（今河北蔚縣東北），後改都中都（今山西平遙西南）。❼淮陽　漢封國名，都陳縣（今河南淮陽）。❽梁　漢封國名，都睢陽（今河南商丘南）。❾通歷　總共；總數。又陳直認為漢代諸侯各自記事之書可能也叫「通歷」。❿十四年　指梁王自最初封王後十四年。下同。⓫比年入朝二句　比年，連年。留，留在京師。⓬乃之國　乃，才。之，到；往。⓭上未置太子　上，指景帝。未置，未立。⓮宴飲　家宴，私宴，不敘君臣之禮。⓯從容　隨意；隨口。⓰千秋萬歲　死的委婉說法。古人諱言死，於是用其他說法來表達，這是其中之一。⑰至言　真切的話；真心話。⑱太后　指竇太后。⑲吳楚齊趙七國反　景帝前三年（西元前一五四年）春，漢朝採納鼂錯的建議，削減諸侯王封地以鞏固中央政權，吳王劉濞聯合楚王劉戊、膠東王劉雄渠、膠西王劉卬、菑川王劉賢、濟南王劉辟光、趙王劉遂等發動叛亂，史稱「吳楚七國之亂」，因膠東、膠西、菑川、濟南四國是割齊國地設置的，所以這裡統稱為「齊」。⑳棘壁　邑名，在今河南永城西北，為軍事要塞。㉑城守睢陽　城守，據城而守。睢陽，即梁都所在，在今河南商丘南。㉒而使韓安國句　韓安國，字長孺，成安（今河南民權）人。當時為梁國中大夫。武帝曾任御史大夫，攝丞相事等職，傳見本書卷五十二。張羽，楚相張尚之弟。張尚因勸諫楚王被殺，張羽便逃到梁國，被梁孝王任命為將軍。距，通「拒」。抵抗；抵禦。㉓限　阻隔。㉔太尉亞夫　太尉，官名，是當時最高軍事長官，掌管全國軍政，為三公之一。亞夫，即周亞夫，沛縣（今江蘇沛縣）人，漢初功臣絳侯周勃之子，文帝時封為條侯，治軍以嚴肅著稱，景帝初升任太尉，率軍平定吳楚七國之亂。傳見本書卷四十〈周亞夫傳〉。㉕而梁所殺虜句　殺虜，殺傷和俘虜的叛軍。略，大約。中分，對半分；相等。㉖漢立太子　指景帝長子劉榮，即後文之栗太子。㉗北界泰山　界，以……為邊界。泰山，漢郡名，治奉高（今山東泰安東北）。㉘高陽　邑名，在今河南杞縣西南。㉙不可勝道　勝，盡。道，言；說。㉚東苑　在睢陽城東，故名，用來遊樂、行獵的園林。㉛廣　擴大；拓展。㉜復道　即閣道，樓閣間架空的通道，因為與地面的通道上下重複，故名，俗稱天橋。㉝連屬於平臺　連屬，連續；前後連結。平臺，臺名，睢陽東北梁王離宮所在之地，故址在今河南商丘東北。㉞得賜　被賜予；獲得賜予。㉟從千乘萬騎　從，隨從。乘，古時一車四馬謂之「乘」。騎，一人一馬為一騎。指出行隨從人馬之多。㊱出稱警二句　警，即警戒之意，皇帝外出，侍從人員高聲呼「警」。趩，亦作「蹕」。天子外出，要一路戒嚴，清道，禁止行人通行。㊲桀　通「傑」。㊳山東游士莫不至　山東，指崤山（今河南洛寧北）或華山（今陝西華陰南）以東的廣大地區。游士，遊說之士。莫，沒有。㊴奇邪　奇異詭祕，出人意料。㊵千金　黃金一千斤。漢制黃金一斤相當萬錢。㊶中尉　指王國的中尉，掌管國中軍事的武官，秩比二千石。㊷且百鉅萬　且，近；將近。鉅萬，萬萬；億。百鉅萬，百億，形容數量極多。㊸景帝使使二句　使使，派遣使者。持，持節；拿著符節。乘輿，天子的坐車。駟，指駕車的四匹馬。漢制天子正式的坐車用六馬，副車用四馬。關，函谷關。㊹輦　指帝王乘車。㊺上林　苑名，故址在今陝西長安、周至、戶縣一帶。㊻侍中郎謁者著引籍　侍中、郎、謁者，皆諸侯王國仿效朝廷所設官職，為諸侯王的近侍。著，登錄；編列。引籍，指進入皇宮的門籍，相當可以出入皇宮的名冊表，書於竹牒之上，包括姓名、年齡、形貌等內容，懸於宮門，以便門衛檢查。㊼栗太子　景帝的長子劉榮，栗姬生，因母親失寵被廢為臨江王。㊽爰盎等有所關說　爰盎，《史記》作袁盎，安陵(今陝西咸陽)人,文帝時任中郎將,敢於直諫,名重一時。歷任隴西都尉、齊相、吳相等職,後被梁王所遣刺客暗殺。傳見本書卷四十九。關說,通說;進言。㊾議格 意見受到阻止。㊿復言 再說。51膠東王 名徹,即後來的漢武帝。52陰暗中。53他 其他。54賊未得也 賊,指刺客。未得,未捕獲。55意 懷疑。56遣使冠蓋二句 冠蓋相望於道,意指派往梁國的朝廷官員,一路上前後相望,接連不斷。冠蓋,官員所戴的帽子,所乘車的車蓋。覆案,審查追究。57二千石 漢代官員俸祿等級的一種,包括將作少府、典屬國、太子太傅、各郡郡守、各諸侯王國的傅、相、內史等,每月得俸穀一百二十斛,這裡特指梁國的傅、相、內史。58梁相軒丘豹句 相,漢代諸侯王國的相由中央政府任命,地位和職權相當於郡守。內史,漢初諸侯王國設內史管理政務,成帝以後廢除。59出之 交出羊勝、公孫詭。60怨望 怨恨責怪。61迺使韓安國二句 因,通過;經過。長公主,皇帝的姊妹都稱長公主,此處指劉嫖,文帝長女,竇后所生,與景帝及梁孝王同母。謝罪,認罪。得釋,得以解脫。62稍解 稍稍緩解,緩和。63茅蘭說王 茅蘭,梁國的大夫。說,勸說;說服。64布車 用布做帷幕的車子,梁王乘布車入關是為了掩蓋自己的身分。65伏斧質 質,通「鑕」。鐵砧,古代腰斬時的刑具,梁王伏斧質是表示自己犯有死罪,意在請罪。66之闕下 之,到;往。闕,宮闕。帝王宮殿前兩旁有高臺,臺上建樓觀,中間為通道,形成缺口,故名「闕」,此處指宮門。67三十五年 相當於景帝中六年(西元前一四四年)。68忽忽 恍惚失意的樣子。69梁山 在今山東梁山縣南。70慈孝 仁慈孝順。71計 商議。72食湯沐邑 食,享用。湯沐邑,漢代稱朝廷賜給皇后、諸侯王、公主、重臣等收取賦稅的私邑為湯沐邑,通常在京畿地區。本意是賜給他們作為朝見之前齋戒自潔的地方。73壹餐 吃一頓飯。泛指吃飯。74藏府 府庫。75稱是 稱,相當。是,指代黃金四十餘萬斤。

【語 譯】孝文帝共有四個兒子:孝景帝和梁孝王劉武由竇太后所生,代孝王劉參和梁懷王劉揖由姬妾所生。

[2] 梁孝王劉武在文帝二年與太原王劉參、梁王揖同一天受封。劉武封為代王,文帝四年改封為淮陽王,十二年改封為梁王,從開始封王以來總共已有十一年了。

[3] 梁孝王十四年時,進京朝見皇帝。十七、十八年,連年朝見,並留在京師。到第二年才回到梁國。二十一年,進京朝見。二十二年,文帝死。二十四年,進京朝見。二十五年,又進京朝見。當時,景帝還未立太子,與梁孝王一起私宴,隨口說道:「我死之後,要把帝位傳給你。」梁孝王推辭。雖然知道這不是真心話,但心中暗喜,竇太后也很高興。

4　這年春天，吳楚齊趙等七國起兵反叛朝廷，首先攻打梁國的棘壁，殺死了幾萬人。梁孝王據守睢陽城，派韓安國、張羽等為將軍抵抗吳楚聯軍。吳楚的軍隊因為有梁國的阻擋，不敢越境西進，與太尉周亞夫等部相持了三個月。吳楚等國的叛軍最後被擊敗，而梁國所斬殺、俘虜的叛軍人數大略與朝廷軍隊相等。

5　第二年，漢朝廷立太子。梁王與天子關係最為親近，立過大功，又是大國的諸侯王，地處天下最肥沃的地方，封地北與泰山郡接界，西抵高陽，有四十多座城，大都是大縣。梁孝王是竇太后的小兒子，很受寵愛，賞賜給他的財物無法說清。於是梁孝王修建東苑，面積有三百多里，又擴大睢陽城七十里。大建宮室，修造了閣道，從王宮到平臺，三十多里接連不斷。他被賜可以使用天子的旌旗，隨從出入的往往有千乘萬騎，出行稱「警」，要嚴加警戒，回來稱「蹕」，要清道斷絕行人，規格可同天子相比。他招納四方豪傑，山東地區的遊說之士沒有不來投奔他的：如齊人羊勝、公孫詭、鄒陽等人。公孫詭善於出奇妙詭怪的計謀，初次進見，梁王就賞給他黃金一千斤，官做到梁國的中尉，號稱公孫將軍。大造弩弓等各種兵器上千萬件，府庫中的金錢近百億，貯藏的金玉寶器比京師還要多。

6　二十九年十月，梁孝王進京朝見。景帝派遣使者拿著符節，用天子專用的車馬到函谷關迎接。朝見之後，梁王又上奏，因而留在長安。因為太后寵愛他，梁王在宮中侍奉景帝時同乘一輦，外出在上林苑遊獵也乘一車。梁國的侍中、郎、謁者都登錄在門籍上，可以出入皇宮，與天子宮中的宦官沒有什麼區別。

7　十一月，景帝廢黜栗太子，竇太后心中想把梁王立為繼承人。大臣們和爰盎等人向景帝進諫，竇太后的意見受阻，梁孝王不敢再向竇太后提立自己為皇位繼承人的事了。因為事情十分隱密，世人不知詳情，梁孝王也就告辭回到自己的封國。

8　這年夏天，景帝立膠東王為太子。梁王怨恨爰盎以及其他參與議論的大臣，就同羊勝、公孫詭等人商議，暗中派遣人刺殺了爰盎和參與議事的大臣十幾人。罪犯未能捕獲。於是天子懷疑是梁王指使的，抓到刺客後，果然是梁王指使的。於是朝廷接連不斷地派遣使者去梁國核查案情，要逮捕公孫詭、羊勝，二人都躲藏在梁王的後宮。使者督促梁國管理國政的二千石級官員交出罪犯，十分急迫，梁相軒丘豹和內史韓安國都哭泣著向梁王進諫，梁王才命令羊勝、公孫詭自殺，然後交出他們的屍體。景帝因此很怨恨責怪梁王。梁王心中恐懼，就派遣韓安國到長安通過長公主到太后那兒謝罪，這才得到寬恕解脫。

9 景帝的怒氣稍稍緩和後，梁孝王便上書請求朝見。到了函谷關，茅蘭勸說梁王，讓他改乘用布做帷幕的車子，只帶兩名隨從入關，躲藏在長公主的園林中。朝廷派使者去迎接梁王，梁王已經入關，而車馬侍從都在關外，不知道梁王在何處。太后哭著說：「皇帝殺死了我的兒子！」景帝也感到擔心和驚恐。這時梁王伏在斧砧之上，來到皇宮門前請罪。太后和景帝大喜，三人相對而哭，又同從前一樣和好。景帝將梁王的隨從官吏都召入關內。但景帝對梁王越來越疏遠，不再跟他同坐一輛車子了。

10 梁王三十五年冬天，再次入朝。他上奏疏想留在長安，景帝不答應。梁王回到自己的封國，精神恍惚，悶悶不樂。他向北到梁山狩獵，有人獻上一頭牛，背上長著腳，梁王見了十分厭惡。六月中旬，梁王得了熱病，六天後死去。

11 孝王為人仁慈孝順，每聽說太后有病，他就吃不下飯，經常想留在長安侍奉太后。太后也很寵愛他。等到聽到孝王死了，竇太后哭得極其傷心，不肯吃飯，說：「皇帝果然殺死了我兒子！」景帝既傷心又害怕，不知該怎麼辦。與長公主商量之後，景帝把梁國一分為五，將孝王的五個兒子都封為王，五個女兒也都賜給湯沐邑。景帝將之稟告太后，太后這才高興，為景帝而進食吃飯。

12 孝王生前財產以億萬計，多得數不清。等到他死後，府庫中剩餘的黃金還有四十多萬斤，其他財物也與此相當。

代孝王參初立為太原王。四年，代王武徙為淮陽王，而參徙為代王，復并得太原，都晉陽如故❶。五年一朝，凡三朝。十七年薨，子共王登❷嗣。二十九年薨，子義嗣。元鼎中，漢廣關❸，以常山為阻❹，徙代王於清河❺，是為剛王。并前在代凡立四十年薨，子頃王湯嗣。二十四年薨，子年嗣。

地節❻中，冀州❼刺史林奏年為太子時與女弟則❽私通。及年立為王後，則懷年子，其壻使勿舉❾。則曰：「自來殺之。」壻怒曰：「為王生子，自令王家養之。」則送兒頃太后所❿。相聞知，禁止則，令不得入宮。年使從季父⓫往來送迎則，連年不絕。有司⓬奏年淫亂，年坐廢為庶人⓭，徙房陵⓮，與湯沐邑百戶。立三年，國除。

元始⓯二年，新都侯王莽興滅繼絕⓰，白太皇太后⓱，立年弟子如意為廣宗王，奉代孝王後。莽篡位，國絕。

【章旨】以上是本卷的第二部分，寫代孝王劉參及其後嗣，至王莽建立新朝後國絕。

【注釋】❶復并得太原二句　指劉參改封代王後，仍擁有太原，繼續定都在晉陽。并，同時。如故，像過去一樣。❷共王登　即恭王劉登。❸漢廣關　指漢武帝元鼎三年東移函谷關之事。函谷關原來在今河南靈寶東北，關以西稱「關中」、「關內」。樓船將軍楊僕為宜陽（今河南新安）人，屬關外，上書請求將函谷關東移，這樣自己就成為關內人，而武帝也想擴大關中地域，於是將函谷關東遷三百里，新關故址在今河南新安東。❹以常山為阻　常山，本名恆山，避文帝諱改稱常山，位河北曲陽西北，為五嶽中之北嶽。阻，界限。❺清河　諸侯國名，都清陽（今河北清河東南）。❻地節　漢宣帝的年號（西元前六九－前六六年）。❼冀州　漢代十三刺史部之一，轄境約相當於今河北中南部、山東西端和河南北部，包括中山國、常山國、趙國、河間國、陽都國、清河郡、魏郡等。❽女弟則　女弟，妹妹。則原作「子」，據《補注》引宋祁說改。❾勿舉　不養；不撫養。

❿頃太后所　頃太后，頃王的王后，劉年的母親，故稱頃太后。所，處所；地方。⓫從季父　堂叔父。⓬有司　古代設官分職，各有專司，故稱官吏為有司。⓭庶人　平民。⓮房陵　縣名，屬漢中郡，治今湖北房縣，西漢時諸侯王宗室有罪廢棄，多遷於此。⓯元始　漢平帝的年號（西元一—五年）。⓰新都侯王莽興滅繼絕　新都，邑名，在今河南新野東。王莽（西元前四五—二三年），字巨君，魏郡元城（今河北大名）人。新王朝的建立者，西元八—二三年在位。傳見本書卷九十九。興滅繼絕，語出《論語・堯曰》：「興滅國，繼絕世。」意為使滅絕的事物重新振興起來，延續下去。⓱白太皇太后　白，奏告。太皇太后，即元帝的皇后王政君，平帝的祖母。

【語譯】代孝王劉參初封為太原王。文帝四年，代王劉武改封為淮陽王，劉參改封代王，仍同時擁有太原國，繼續建都在晉陽。每五年進京朝見一次，共朝見三次。代孝王在位十七年去世，他的兒子共王劉登繼位。劉登在位二十九年去世，他的兒子劉義繼位。武帝元鼎年間，朝廷擴大關中地域，將常山作為北面的界限，於是遷徙代王到清河國，這就是剛王。加上在代國的時間，剛王一共在位四十年去世，他的兒子頃王劉湯繼位。劉湯在位二十四年去世，他的兒子劉年繼位。

宣帝地節年間，冀州刺史林上奏劉年做太子時與妹妹劉則通姦。等到劉年做了清河王之後，劉則已經懷了劉年的孩子，她丈夫叫她不要養這個孩子。劉則說：「你自己來殺他。」丈夫怒道：「給清河王生的孩子，當然要讓王室撫養。」劉則將孩子送到頃太后那裡。清河國的相知道後，便制止劉則，不讓她進宮。劉年派堂叔父往來接送劉則，連年不斷。有關官吏奏告劉年淫亂的事，於是劉年被廢為平民，流放到房陵，賜給他湯沐邑一百戶。劉年在位一共三年，封國被廢除。

平帝元始二年，新都侯王莽要恢復和延續已經滅絕的諸侯國，奏告太皇太后，封劉年的姪子劉如意為廣宗王，繼承代孝王的後代。王莽篡位後，廣宗國被廢除。

梁懷王揖，文帝少子也。好詩書❶，帝愛之，異於他子。五年一朝，凡❷再入朝。因墮馬死，立十年薨。無子，國除。明年，梁孝王武徙王梁。

【章旨】以上是本卷的第三部分，寫梁懷王年幼好學，早死且無子，國絕。

【注釋】❶詩書　即《詩經》和《尚書》。❷凡　一共；總共。

【語譯】梁懷王劉揖是文帝最小的兒子。他喜好《詩》、《書》，文帝很寵愛他，超過其他兒子。梁懷王每五年進京朝見一次，共朝見兩次。因騎馬摔死，在位十年去世。沒有兒子，封國被廢除。梁懷王死後的第二年，梁孝王劉武改封為梁王。

1　梁孝王子五人為王。太子買為梁共❶王，次子明為濟川❷王，彭離為濟東❸王，定為山陽❹王，不識為濟陰❺王，皆以孝景中六年❻同日立。

2　梁共王買立十年薨，子平王襄嗣。

3　濟川王明以垣邑❼侯立。七年❽，坐射殺其中尉❾，有司請誅，武帝弗忍，廢為庶人，徙房陵，國除。

4　濟東王彭離立二十九年❿。彭離驕悍，昏暮⓫私與其奴亡命少年數十人行剽⓬，殺人取財物以為好⓭。所殺發覺者百餘人，國⓮皆知之，莫敢夜行。所殺者子上書告言，有司請誅，武帝弗忍，廢為庶人，徙上庸⓯，國除，為大河郡。

5 山陽哀王定立九年薨。亡子，國除⑯。

6 濟陰哀王不識立一年薨。亡子，國除⑰。

7 孝王支子⑱四王，皆絕於身⑲。

【章　旨】以上是本卷的第四部分，寫梁孝王五子分別立為諸侯王，其中庶子四人所封王國很快廢除。

【注　釋】❶梁共　諸侯國名。梁國分出濟川、濟東、山陽、濟陰四國後，梁國只有十餘城，轄境約相當於今河南民權、寧陵以東地及安徽碭山，仍都睢陽。❷濟川　諸侯國名，由梁國分出，都陳留（今河南開封東南）。❸濟東　諸侯國名，由梁國分出，都無鹽（今山東東平東）。❹山陽　諸侯國名，由梁國分出，都昌邑（今山東金鄉西北）。❺濟陰　諸侯國名，由梁國分出，都定陶（今山東定陶西北）。❻孝景中六年　西元前一四四年。❼垣邑　即長垣縣，今河南長垣東北。一作「桓邑」，地望不詳。❽七年　劉明即王位的第七年，為武帝建元三年（西元前一三八年）。❾中尉　諸侯國掌管軍事的最高武官。❿二十九年　相當於武帝元鼎元年（西元前一一六年）。⓫昏暮　夜晚。⓬剽　搶劫。⓭好　喜好；嗜好。⓮國　指國人。⓯上庸　漢縣名，屬漢中郡，與房陵接境，治今湖北竹山西南，也是西漢安置有罪宗室的地方。⓰國除　山陽國被廢除後，封地併入朝廷，為山陽郡（郡治昌邑，在今山東金鄉西北）。⓱國除　濟陰國廢除後，封地併入朝廷，為濟陰郡（郡治定陶，在今山東定陶西北）。⓲支子　嫡長子之外的兒子。⓳絕於身　意指在他們死後王國被廢除。

【語　譯】梁孝王的五個兒子被封為王。太子劉買為梁共王，次子劉明被封為濟川王，劉彭離被封為濟東王，劉定被封為山陽王，劉不識被封為濟陰王，都在景帝中元六年同一天受封。

2 梁共王劉買在位十年去世，兒子平王劉襄繼立。

3 濟川王劉明以垣邑侯的身分受封。在位的第七年，犯了射殺國中的中尉的罪行，有關官員請求處以死刑，武帝不忍心，把他廢為平民，流放到房陵，封國被廢除。

4 濟東王劉彭離在位二十九年。他驕橫強悍，經常在天黑之後同自己的奴僕以及亡命之徒數十人，搶劫殺人，奪取財物，以此為樂。被他們殺害的，已經發現的就有一百多人，國中的人都知道，不敢在夜間外出行走。有被殺害者的兒子上書告發，有關官員請求處死彭離，武帝不忍心，把他廢為平民，流放到上庸，封國被廢除，領地改為大河郡。

5 山陽哀王劉定在位九年去世。沒有兒子，封國被廢除。

6 濟陰哀王劉不識在位一年去世。沒有兒子，封國被廢除。

7 梁孝王的庶子有四人封王，死後王國都被廢除。

梁平王襄，母曰陳太后。共王母曰李太后。李太后，親平王之大母❶也。而平王之后曰任后。任后甚有寵於襄。

初，孝王有罍尊，直千金，戒後世善寶之❷，毋得以與人。任后聞而欲得之。李太后曰：「先王有命，毋得以尊與人。他物雖百鉅萬，猶自恣❸。」任后絕欲得之。王襄直使人開府取尊賜任后。又王及母陳太后事李太后❹多不順。有漢使者來，李太后欲自言，王使謁者中郎胡等遮止，閉門。李太后與爭門，措❺指，太后啼謼，不得見漢使者。李太后亦私與食官長及郎❻尹霸等姦亂，王與任后以此使人風❼止李太后。李太后亦已，後病薨。病時，任后未嘗請疾；薨，又不侍喪❽。

元朔❾中，睢陽人犴反❿，人辱其父，而與睢陽太守⓫客俱出同車。犴反殺其仇車上，亡去。睢陽太守怒，以讓⓬梁二千石。二千石以下求反急，執反親戚。反知國陰事⓭，迺上變告梁王與大母爭尊狀，時相以下具知之，欲以傷梁長吏⓮，書聞。天子下吏驗問，有之。公卿治，奏以為不孝，請誅王及太后。天子曰：「首惡失道⓯，任后也。朕置相吏不逮⓰，無以輔王，故陷不誼⓱，不忍致法。」削梁王五縣，奪王太后湯沐成陽邑⓲，梟任后首于市，中郎胡等皆伏誅。梁餘尚有八城。

【章旨】以上是本卷的第五部分，寫梁孝王孫襄王與任王后不孝敬李太后事。

【注釋】❶親平王之大母　平王的親祖母。大母，祖母。❷孝王有罍尊三句　罍尊，青銅酒器名，形似壺，下有圈足，上有蓋，一般都飾有精緻複雜的花紋，尤其是雲雷圖案。尊，通「樽」。直，通「值」。價值。戒，告誡。善寶之，好好珍藏它。❸自恣　自由；放任。意為其他東西都可以隨便拿。❹李太后　李原作「於」，據《補注》引宋祁說改。❺措　通「笮」。擠壓；夾住。❻食官長及郎　食官長，官名，掌管諸侯王宮的飲食。郎，即郎中，諸侯王之侍從。❼風　通「諷」。委婉地勸告。❽侍喪　即服喪。《史記》作「持喪」，當從。❾元朔　漢武帝的年號，共六年（西元前一二八－前一二三年）。❿犴反　人名，姓犴名反。⓫睢陽太守　睢陽，當作淮陽，郡名，由淮陽國改置。太守，掌管一郡政事的地方長官，原名郡守，景帝時改名太守，秩二千石。⓬讓　責備；指責。⓭陰事　指不可告人的隱事，多為壞事、醜事。⓮時相以下具知之二句　相，丞相。具，都。長吏，漢代秩祿六百石以上的官吏都可稱長吏，這裡特指梁國的傅、相、內史、中尉等主要官員。吏原作「史」，據《補注》引劉攽說改。⓯首惡失道　首惡，主犯。失道，喪失人倫之道。⓰不逮　不及，指才能不夠。⓱誼　通「義」。道義。⓲成陽邑　屬濟陰郡，在今山東菏澤東北。

【語譯】梁平王劉襄的母親為陳太后，共王的母親為李太后。李太后是平王的親祖母。平王的王后姓任，稱為任王后。任王后很得劉襄的寵愛。

起初，孝王有一件罍樽，價值千金，告誡後人好好珍藏，不得送人。任王后聽說後想得到它。李太后說：「先王有遺命，不得把罍樽送人。其他東西即使價值億萬，也可以任你隨便拿。」任王后極想得到罍樽。平王劉襄逕自派人打開府庫取出罍樽，賜給任王后，平王和他的母親陳太后對李太后也很不孝順。朝廷的使者到梁國，李太后自己想去訴說，平王派謁者中郎胡某等去攔阻，關上門。李太后爭著要開門，夾傷了手指，李太后大聲哭叫，還是未能見到朝廷的使者。李太后也暗中同食官長和郎中尹霸等通姦，平王和任王后藉此讓人委婉地勸止李太后。李太后也只好作罷，後來得病死去。患病期間，任王后從未去問病請安；去世後，又不為她服喪。

元朔年間，淮陽有個叫犴反的人，有人侮辱了他的父親，而與淮陽太守的門客同乘一車外出。犴反在車上殺死仇人，然後逃走。淮陽太守十分惱怒，以此責備梁國的高級官吏。梁國的高級官吏搜捕犴反非常急迫，抓了犴反的親戚。犴反知道梁國王室的一些隱私，於是就向朝廷上書告發梁王與祖母爭罍樽的事，說當時梁國相以下的官吏都知道這件事，想藉此打擊傷害梁國的主要官吏，就把告發信上報給武帝。武帝把此事交給有關官吏去審問，確有其事。公卿們辦理此案，上報認為平王不孝，請求誅殺平王和陳太后。武帝說：「喪失人倫的主犯是任王后。我為梁王任命的官吏才智不夠，不能輔佐梁王，致使他陷於不義，我不忍心將他法辦。」於是削減梁王封地五個縣，取消陳太后在成陽的湯沐邑，將任王后斬首於鬧市，中郎胡某等都依法處死。梁國餘下的領地還有八城。

1 襄立四十年薨，子頃王無傷嗣。十一年薨，子敬王定國嗣。四十年薨，子夷王遂嗣。六年薨，子荒王嘉嗣。十五年薨，子立嗣。

2 鴻嘉❶中，太傅❷輔奏：「立一日至十一犯法，臣下愁苦，莫敢親近，不可諫止。願令王，非耕、祠❸，法駕❹毋得出宮，盡出馬置外苑，收兵杖❺藏私府，毋得以金錢財物假❻賜人。」事下丞相、御史，請許。奏可。後數復毆傷郎❼，夜私出宮。傅相連奏，坐削或千戶或五百戶，如是者數焉。

3 荒王女弟園子為立舅任寶妻，寶兄子昭為立后。數過寶飲食，報寶曰：「我好翁主❽，欲得之。」寶曰：「翁主，姑也，法重❾。」立曰：「何能為❿！」遂與園子姦。

4 積數歲，永始⓫中，相禹奏立對外家怨望⓬，有惡言。有司案驗，因發淫亂事，奏立禽獸行，請誅。太中大夫谷永⓭上疏曰：「臣聞『禮，天子外屏⓮，不欲見外』也。是故帝王之意，不窺人閨門之私，聽聞中冓⓯之言。春秋為親者諱⓰。詩云『戚戚兄弟，莫遠具爾』⓱。今梁王年少，頗有狂病，始以惡言按驗，既亡事實，而發閨門之私，非本章所指⓲。王辭又不服，猥強⓳劾立，傳致⓴難明之事，獨以偏辭㉑成辠斷獄，亡益於治道㉒。汙衊宗室，以內亂之惡披布㉓宣揚於天下，非所以為公族隱諱，增朝廷之榮華，昭聖德之風化也。臣愚以為王少，而父同產長，年齒不倫㉔；梁國之富，足以厚聘美女，招致妖麗㉕；父同產亦有恥辱之心。

案事者迺驗問惡言，何故猥自發舒[26]？以三者揆[27]之，殆[28]非人情，疑有所迫切[29]，過誤失言[30]，文吏躡尋[31]，不得轉移[32]。萌牙[33]之時，加恩勿治[34]，上也。既已案驗舉憲[35]，宜及王辭不服，詔廷尉選上德通理之吏，更審考清問[36]，著不然之效[37]，定失誤之法[38]，而反命於下吏[39]，以廣公族附疏之德[40]，為宗室刷[41]汙亂之恥，甚得治親之誼。」天子由是寖[42]而不治。

居數歲，元延[43]中，立復以公事怨相掾及睢陽丞[44]，使奴殺之，殺奴以滅口。凡殺三人，傷五人，手毆郎吏二十餘人。上書不拜奏[45]。謀篡[46]死罪囚。有司請誅，上不忍，削立五縣。

哀帝建平[47]中，立復殺人。天子遣廷尉賞、大鴻臚由持節即訊[48]。至，移書傅、相、中尉曰：「王背策戒[49]，誖暴妄行[50]，連犯大辟[51]，毒流吏民。比比[52]蒙恩，不伏重誅，不思改過，復賊殺[53]人。幸得蒙恩，丞相長史、大鴻臚丞即問。王陽病抵讕[54]，置辭驕嫚[55]。不首主令，與背畔亡異[56]。丞相、御史請收王璽綬，送陳留[57]獄。明詔加恩，復遣廷尉、大鴻臚雜問。今王當受詔置辭，恐復不首實對。書曰：『至于再三，有不用，我降爾命。』[58]傅、相、中尉皆以輔正為職，『虎兕出於匣，龜玉毀於匱中，是誰之過也[59]？』書到，明以誼曉[60]王。敢復懷詐，罪過益深。傅、相以下，不能輔導，有正法。」

7 立惶恐，免冠對[61]曰：「立少失父母，孤弱處深宮中，獨與宦者婢妾居，漸漬[62]小國之俗，加以質性下愚，有不可移之姿[63]。往者傅相亦不純以仁誼輔翌[64]立，大臣皆尚苛刻，刺求微密。讒臣在其間，左右弄口[65]，積使上下不和，更相眄伺[66]。宮殿之裡，毛氂[67]過失，亡不暴陳[68]。當伏重誅，以視[69]海內，數蒙聖恩，得見貰[70]赦。今立自知賊殺中郎曹將，冬月迫促[71]，貪生畏死，即詐僵仆陽病，徼幸得踰於須臾[72]。謹以實對，伏須[73]重誅。」時冬月盡，其春大赦，不治。

8 元始[74]中，立坐與平帝外家中山衛氏交通[75]，新都侯王莽奏廢立為庶人，徙漢中[76]。立自殺。二十七年，國除。後二歲，莽白太皇太后立孝王玄孫之曾孫沛郡卒史音為梁王，奉孝王後。莽篡，國絕。

【章旨】以上是本卷的第六部分，寫梁孝王後裔劉立在西漢末年違法亂紀、荒淫亂倫之事，至王莽新朝時，封國滅絕。

【注釋】❶鴻嘉　漢成帝的年號（西元前二〇—前一七年）。❷太傅　官名，這裡指諸侯國的太傅，負責輔導諸侯國王。❸耕祠　親耕儀式和祭祀。❹法駕　指諸侯王的車駕。❺兵杖　兵器。❻假　借貸。❼毆傷郎　擊傷郎官。毆，同「毆」。❽翁主　諸侯王女的通稱，這裡指荒王妹妹園子。❾法重　意指與姑通姦，處罰很重。❿何能為　即能為何，能怎麼樣。⓫永始　漢成帝的年號（西元前一六—前一三年）。⓬對外家怨望　外家，指朝廷的外戚。怨望，怨恨。⓭太中大夫谷永　太中大夫，官名，光祿勳屬官，掌議論。谷永，字子雲，長安人。本書卷九十八有其傳。⓮外屏　立在門外的牆，用來屏蔽門內之事。這句話節引自《荀子・大略》。⓯中冓　內室。一說冓為「垢」、「詬」的假借字，中冓指內室淫亂。⓰春秋為親者諱　春秋，孔子根據魯國的史書編著而成的一部編年體史書，以魯國為主體，始於魯隱公元年（西元前七二二年），終於魯哀公十四年（西元前四八一年），共二四二年。為親者諱，即為親屬有所隱諱，這是後人總結《春秋》書寫體例時提出的，語見《春秋公羊傳・閔公元年》。⓱詩云二句　引詩見《詩經・小雅・行葦》。戚戚，相互親愛。莫遠具爾，指王的親族關係遠近，都要親近。具，俱；都。爾，近。⓲本章所指　指梁相禹奏章所說的。⓳猥強　勉強。猥，曲。⓴傳致　搜羅，羅織罪名。㉑獨以偏辭　獨，只；僅僅。偏辭，一面之辭。㉒亡益於治道　亡，通「無」。治道，治國之道。㉓披布　披露公布。㉔而父同產二句　父同產，父親的同胞（兄弟姊妹），這裡指劉立的姑媽。不倫，不相類，意指年齡差距大。㉕招致妖麗　招致，求得；招攬到。妖麗，妖嬈漂亮的女子。㉖猥自發舒　意為突然自作主張。猥，猝；突然。㉗揆　揣度；度量。㉘殆　大概；恐怕。㉙有所迫切　指精神緊張。㉚過誤失言　意為因發生過錯而說錯話。㉛躡尋　追蹤尋找。㉜不得轉移　不能轉到其他方面、方向，意為不能改變原來的供詞。㉝牙　通「芽」。㉞加恩勿治　施加恩澤，不予治罪。㉟舉憲　使用法律。㊱審考清問　審考，詳細審查。清問，清楚地審問。㊲著不然之效　著，明確。不然之效，指不同以前審問結果的功效，意在翻案。㊳定失誤之法　定，確定。失誤之法，意指屬於供詞失誤的法條。㊴反命於下吏　指重審後將清白之狀傳達給過去審問的官吏。反，通「返」。㊵以廣公族附疏之德　廣，擴大；推廣。附疏，使疏遠的親族歸附。㊶刷　洗刷。㊷寖　停止；平息。㊸元延　漢成帝的年號，西元前一二—前九年。㊹相掾及睢陽丞　相掾，丞相的屬官。睢陽丞，指梁國境內睢陽縣的縣丞，為縣令佐官。㊺拜奏　給朝廷上書不行拜禮。㊻篡　用強力奪取。㊼建平　漢哀帝的年號（西元前六—前三年）。㊽大鴻臚由持節即訊　大鴻臚，官名，漢代九卿之一，負責接待賓客和襄贊禮儀。持節，拿著符節。即訊，就地審問。㊾背策戒　背，違反。策戒，指封策書上的戒敕之言。㊿誖暴妄行　誖暴，言論荒謬。妄行，行為錯誤。51大辟　死刑，五刑之一。52比比　頻頻；接連。53賊殺　殺害。54陽病抵讕　陽，通「佯」。假裝。讕，讕言；誣賴之言。抵讕即抵賴。55置辭驕嫚　置辭，措辭。驕嫚，即驕慢，倨傲放縱。56不首主令二句　不首，不服其罪。主令，主於令；依據律令。主，依據；按照。背畔，同「背叛」。57陳留　郡名，治陳留（今河南開封東南）。58書曰四句　引文見《尚書・周書・多方篇》。降爾命，下達罰黜你的命令。59虎兕出於匣三句　引文見《論語・季氏》。兕，雌犀牛。匣，通「柙」。關押猛獸的籠子。匵，即「櫝」。箱子。60曉　告知；曉喻。61免冠對　免冠，脫去帽子，表示認罪。對，指回答丞相長史、大鴻臚的審問。62漸漬　逐漸染上。63不可移

之姿　指天賦愚蠢，無法改變。姿，同「資」。語出《論語・陽貨》，原作「唯上智與下愚不移」。㊹輔翌　即輔導教育。翌，通「翼」。㊺讒臣在其間二句　讒臣，進讒言的官吏。其間，指梁王與朝廷大臣之間。弄口，弄口舌，指傳播是非。㊻眄伺　窺探。眄，斜視。㊼毛氂　即「毫釐」。㊽暴陳　顯露於外。㊾視　通「示」。給人看，意在警示他人。㊿貰　赦免；釋放。㊱迫促　臨近；很快到來。古代通常在秋冬季處決死刑犯。㊲須臾　一會兒；片刻。㊳須　等待；等候。㊴元始　漢平帝的年號（西元一—五年）。㊵中山衛氏交通　中山，封國名，都盧奴（今河北定州）。衛氏，即平帝中山衛后，傳見本書卷九十七下。交通，交往；勾結。㊶漢中　郡名，治西城（今陝西安康西北）。

【語　譯】劉襄在位四十年去世，兒子頃王劉無傷繼位。劉無傷在位十一年去世，兒子敬王劉定國繼位。劉定國在位四十年去世，兒子夷王劉遂繼位。劉遂在位六年去世，兒子荒王劉嘉繼位。劉嘉在位十五年去世，兒子劉立繼位。

2　成帝鴻嘉年間，梁國太傅輔上奏說：「劉立一天犯法達十一次，臣子們都十分憂愁，不敢親近，也不能勸阻。希望朝廷命令梁王，如果不是參加親耕儀式或祭祀，車駕不許出王宮，把馬匹都放到宮外的苑林中去，將兵器收藏到私府裡，不得將金錢財物借貸或賞賜給人。」這件事交由丞相、御史處理，他們請求皇帝批准梁太傅的奏請。奏章得到批准。後來劉立又多次打傷郎官，晚上私自出宮。太傅、國相接連上奏，因此削減食邑有時一千戶，有時五百戶，這樣的事有好幾次。

3　荒王劉嘉的妹妹園子是劉立舅舅任寶的妻子，任寶哥哥的女兒任昭是劉立的王后。劉立多次到任寶家飲酒吃飯，告訴任寶說：「我喜歡翁主，想要得到她。」任寶說：「翁主，是你姑媽，與姑媽通姦處罰很重。」劉立說：「能把我怎麼樣！」於是就與園子通姦。

4　過了幾年，在成帝永始年間，梁國相禹上奏稱劉立怨恨外戚，言語惡毒。朝廷派有關官員去審問核實，因而揭發出劉立與姑媽園子淫亂的事，審問的官吏上奏劉立的行為如同禽獸，請求誅殺。太中大夫谷永上奏說：「我聽說『按照禮制，天子門外有屏風，是因為不想外面知道門內的事』。因此作為帝王，不去窺視別人閨門之內的隱私，不去聽內室的話。《春秋》記事，為親屬隱諱。《詩經》上說『兄弟之間要相親相愛，不論遠近都應如此』。現在梁王年紀小，還有點癲狂的毛病，最初是要去審問對外戚的惡毒言語，結果沒有這件事，因而檢舉出閨門內的私事，這不是梁相禹奏章所說的事。梁王在供詞中又表示不服，勉強彈劾他，羅織一些難以查明的事，只憑一面之辭就定罪，對治國之道無益。汙蔑宗室的諸侯王，將內室淫亂的醜聞披露宣揚於天下，不是用來替公族隱諱過錯，為朝廷增光添彩，表明皇上聖德的良好教化的方法。我認為梁王年紀小，而他姑母年紀大，年齡差距很大；憑藉梁國的富有，足以用很多錢財去聘娶美女，得到妖嬈漂亮的女子；姑母也會有羞恥之心。審問的官吏要核查的是惡毒言論，為什麼突然自作主張？從以上三個方面推測，恐怕不符合人之常情，我懷疑是劉立被審問時精神緊張，說錯了話，審問官吏順勢而為，以致無法改變供詞。事情在萌芽時期，上策是施加恩澤，不予懲處。既然已經依法審問查辦，應該趁著梁王申辯不服，命令廷尉挑選有德行且明事理的官員，重新審查清楚，明確改變原供的結果，確定原供失誤的適用法條，然後將審訊結果傳達給過去審問的官吏，這就可以推廣使宗室親附的德行，洗刷宗室汙穢淫亂的恥辱，這才符合對待親屬的原則。」成帝因此停止案件，不予追查。

5 數年後，成帝元延年間，劉立又因公事怨恨丞相屬官和睢陽縣的縣丞，派遣奴僕殺死他們，又殺死奴僕以滅口。一共殺死三人，傷了五個人，親手毆打郎官二十多人。給朝廷上書不行拜禮。陰謀奪取在押的死刑犯。有關官員請求誅殺劉立，成帝不忍心，削減他五個縣的封地。

6 哀帝建平年間，劉立又殺了人。哀帝派廷尉賞、大鴻臚由拿著符節就地審問。他們到達梁國後，給梁的太傅、相、中尉下達文書說：「梁王違背策書上的告誡，言論荒謬行為錯誤，接連犯下死罪，毒害官吏百姓。一再得到朝廷寬恕，沒有受到嚴厲的誅殺，不思改正過錯，又殺了人。幸好皇上施恩，命丞相長史、大鴻臚就地審問。梁王又裝病抵賴，措辭倨傲。依據法令，不認罪與背叛相同。丞相和御史請求沒收梁王的印璽，押送陳留監獄。皇上聖明，又詔令施加恩澤，再次派廷尉、大鴻臚一道審問。現在梁王要按照詔書回答審訊，恐怕又不如實認罪。《書經》上說：『我可以再三教導你，如果不聽從，我就要下達處罰你的命令了。』太傅、國相、中尉的職責是輔導梁王，『虎兕從籠子裡跑出來，龜玉在櫃子裡被毀壞，這是誰的過錯呢？』接到文書後，你們要明白地用大義曉喻梁王。如果敢再心懷詭詐，罪過就將加重。太傅、國相以下的官吏，如果不能一道勸導，都要依法處置。」

7 劉立很惶恐，脫下帽子回答道：「我小時失去父母，孤獨弱小，生活在深宮之中，只能和宦官婢妾們住在一起，漸漸地染上了小地方的習氣，加上天性愚蠢，無法改變。過去太傅、國相也沒有完全用仁義來教導我，大臣們都崇尚苛刻，探求隱密的小事。讒邪之臣在中間搬弄是非，時間久了，就使上下不和，又相互窺探。王宮之中的細微過失，都被外人得知。我應當被處死，以警示天下，多次蒙受恩澤，獲得赦免。現在我知道自己殺害了中郎曹將，冬季很快到來，我貪生怕死，便裝病倒地，心存僥倖，以便挨過一段時間。以上說的都是實話，等待朝廷的嚴厲誅殺。」這時冬季已經過去，春季朝廷實行大赦，沒有治罪。

8 平帝元始年間，劉立因為和平帝外戚中山衛氏勾結而獲罪，新都侯王莽上奏朝廷將他廢為平民，遷徙到漢中。劉立自殺。劉立在位二十七年，封國被廢除。過了兩年，王莽稟告太皇太后立梁孝王的玄孫的曾孫沛郡卒史劉音為梁王，繼承梁孝王的後代。王莽篡位後，梁國滅絕。

贊曰：梁孝王雖以愛親故王❶膏腴之地，然會❷漢家隆盛，百姓殷富，故能殖其貨財，廣其宮室車服。然亦僭❸矣。怙❹親亡厭，牛禍告罰❺，卒用憂死❻，悲夫！

【章旨】以上是作者對梁孝王的評論，認為梁孝王受寵幸，蓄積財富，服飾越等，貪得無厭，是其鬱鬱而死的內因。

【注釋】❶以愛親故王　愛親，因梁孝王劉武是竇太后愛子、景帝親弟，所以說是「愛親」。王，做諸侯王。❷會　正逢。

❸僭　僭越；越過本分。❹怙　依仗；依靠。❺告罰　預示懲罰。指梁孝王時國中出現牛背上長腳的怪異，古人認為這是超自然力量對梁王的警示。❻卒用憂死　卒，終於；到底。用，因此。

【語　譯】史官評議說：梁孝王雖然因為是愛親得以在肥沃富饒的地方做諸侯王，但是也正好趕上漢朝非常強盛，百姓殷實富裕，所以能積累大量財寶，擴大梁國的宮室車馬。然而，也太越過本分了。依仗是天子的至親貪得無厭，牛怪是對他的警示，梁孝王終於因此擔憂而死，可悲呀！

【研　析】景帝前三年（西元前一五四年），吳楚七國之亂，是西漢分封制的一個分水嶺。七位同姓諸侯王的反叛是朝廷與諸侯國矛盾的總爆發，雙方較量的結果以諸侯國的失敗而告終，此後，加強朝廷權力、削弱諸侯國成為大勢所趨。〈文三王傳〉以梁孝王一系為中心，是西漢中後期諸侯國演變軌跡的一個側影。

同司馬遷一樣，班固在論贊中也只是批評梁孝王廣殖財貨，宮室車服，「怙親亡厭」，僭越逾制，最後受到牛怪警示，鬱鬱而死。而梁孝王之所以能夠擁有大量財富，「多作兵弩弓數千萬，而府庫金錢且百鉅萬，珠玉寶器多於京師」，班固歸結為漢朝的強盛。其實，梁孝王雖然因為有太后的支持，平定七國之亂時立下的大功，加之為景帝的親弟，可以有一時的輝煌，但在朝廷與諸侯國力量此消彼長的大勢下，受壓制是必然的。而其後裔梁平王劉襄與王后不孝敬太后，被廢為庶人的劉立更是違法亂紀、胡亂殺人、荒淫亂倫，這些都是諸侯王失去權力、走向衰落後的常見現象。

當然，直接導致劉立被廢的不是這些，而是與平帝外戚衛氏交往，從而引起王莽不滿，此時，朝廷的主要矛盾已轉換成王、劉之爭，歷史記載中的某些碎片往往能夠透視出歷史發展的大變化，這是我們讀史時應該時時注意的。

卷四十八

賈誼傳第十八

【題解】賈誼（西元前二〇〇—前一六八年），西漢雒陽（今河南洛陽）人，是西漢前期著名的思想家、政治家、文學家。賈誼年少好學，通諸家之書，深受法家、儒家、道家黃老之學的影響，被文帝召為博士，一年內升至太中大夫。由於主張更改法令制度，令諸侯回封地，雖然得到文帝讚賞，但被周勃等舊臣排擠，出任長沙王太傅，後改為梁懷王太傅，因梁王墜馬而死，自傷失職，憂鬱而死。賈誼曾多次上疏陳說政事，對漢朝當時面臨的一些重要問題，如諸侯國、匈奴，禮義、法制等都有很精闢的見解，對漢代和後世產生了深遠影響。《史記》以賈誼與屈原合傳，因為二人都「作辭以諷諫，連類以爭義」，且都有懷才不遇、被貶外放的不幸遭遇。班固將賈誼單獨立傳，敘述經歷時與《史記》基本相同，但增加了大量疏奏，部分內容雖有剪裁不當之處，但賈誼的主要政見基本搜羅其中，是研究賈誼生平、思想最重要的資料。

賈誼，雒陽❶人也，年十八，以能誦詩書屬文稱於郡中❷。河南守吳公聞其秀材❸，召置門下，甚幸愛❹。文帝❺初立，聞河南守吳公治平❻為天下第一，故與李斯❼同邑，而嘗學事❽焉，徵以為廷尉❾。廷尉迺言誼年少，頗通諸家之書。文帝召以為博士❿。

是時，誼年二十餘，最為少⓫。每詔令議下⓬，諸老先生未能言，誼盡為之對⓭，人人各如其意所出。諸生於是以為能。文帝說之，超遷⓮，歲中至太中大夫⓯。

誼以為漢興二十餘年，天下和洽⓰，宜當改正朔，易服色，法制度⓱，定官名，興禮樂。迺草具其儀法⓲，色上黃，數用五⓳，為官名悉更，奏之。文帝謙讓未皇也⓴。然諸法令所更定，及列侯就國㉑，其說皆誼發之。於是天子議以誼任公卿之位。絳、灌、東陽侯、馮敬之屬盡害之㉒，迺毀㉓誼曰：「雒陽之人年少初學，專欲擅權，紛亂㉔諸事。」於是天子後亦疏㉕之，不用其議，以誼為長沙王太傅㉖。

【章　旨】以上為第一部分，寫賈誼因才學出眾召為博士，後受文帝欣賞，破格提升，將大用之際受周勃等人排擠，出為長沙王太傅。

【注　釋】❶雒陽　縣名，漢時故城在今河南洛陽東北。❷以能誦詩書句　詩書，本指儒家的《詩經》與《書經》，這裡通指各家學派的書籍。屬文，寫文章。屬，連綴。稱，聞名。❸河南守句　河南，郡名，治所在雒陽。守，郡守，郡內最高行政長官，景帝時改稱太守。秀材，才能優異。材，通「才」。❹幸愛　賞識；喜歡。❺文帝　名劉恆，漢高祖子，西元前一八○至前一五七年在位，詳見本書卷四〈文帝紀〉。❻治平　治理政務，秩序安定。❼李斯　戰國末期楚國上蔡（今河南上蔡）人，入秦後輔佐秦始皇滅六國，曾擔任秦朝丞相，後被宦官趙高陷害，詳見《史記・李斯列傳》。❽學事　向他學習。❾廷尉　官名，九卿之一，為掌管司法的最高長官。❿博士　官名，漢初的博士延續秦朝的傳統，掌管文獻典籍，備皇帝顧問。後來博士專掌儒家經學傳授。⓫最為少　指賈誼在博士中最年輕。⓬詔令議下　皇帝下詔要求博士討論問題。⓭盡為之對　盡，都。為之對，意指對詔令要討論的問題作答。⓮超遷　越級提拔。⓯太中大夫　官名，執掌議論朝政。⓰和洽　安定和諧。⓱宜當改正朔三句　正朔，即正月初一。服色，指車馬祭牲的顏色。法制度，意為訂正法令制度。法字原無，據《漢書補注》補。「改正朔，易服色」語出《禮記・大傳》，這是古代改朝換代都要重定正朔和服色，如夏以正月為歲首，尚黑，商以十二月為歲首，尚白，周以十一月為歲首，尚赤，秦以十月為歲首，尚黑。漢初沿用秦代的正朔和服色，所以賈誼提出要根據漢代自己的天命重新確定正朔和服色。⓲草具其儀法　草具，草擬。儀法，禮儀制度。⓳色上黃二句　根據五行說，秦為水德，尚黑，漢朝取代秦，屬於土克水，土德尚色，體現在數字上為五（秦為六）。上，同「尚」。崇尚；推崇。⓴謙讓未皇也　謙讓，辭讓，因為剛即位，不敢輕易改變高祖、惠帝以來的制度。皇，通「遑」。閒暇。未遑，顧不上的意思。㉑列侯就國　列侯，秦、漢封爵中最高的一級。漢初改名徹侯，後因避漢武帝劉徹諱又改稱「通侯」。列侯不能直接管理封地，只享用封地的賦稅。就國，到封地去。㉒絳灌東陽侯句　絳，指絳侯周勃，本書卷四十有傳。灌，指潁陰侯灌嬰，本書卷四十有傳。東陽侯，張相如，曾任河間郡守、中大夫。馮敬，時任御史大夫。害，妒忌。㉓毀　詆毀；誹謗。㉔紛亂　擾亂。㉕疏　疏遠。㉖長沙王太傅　長沙王，指漢初所封異姓長沙王吳芮的玄孫吳差。長沙國都城在長沙（今湖南長沙）。太傅，官名，漢代中央政府也有太傅，為三公之一，負責輔佐君主，各封國的太傅由朝廷任命，執掌輔導諸侯王。

【語　譯】賈誼，雒陽人，十八歲的時候，便因為熟讀詩書和擅長寫文章而聞名全郡。河南郡守吳公聽說賈誼才學優異，就把他招攬到自己門下，對他十分賞識。文帝即位不久，得知河南郡守吳公政績全國第一，以前是李斯的同鄉，曾經向李斯學習，就把他徵召到朝廷擔任廷尉。吳廷尉便向皇帝推薦說賈誼年紀輕輕，就很精通諸子百家的學說。於是，文帝召賈誼入朝，任命他做博士。

當時，賈誼才二十多歲，在博士中是最年輕的。每當皇帝詔令討論政務，那些老先生不能應答，而賈誼則一一回答，每個人都覺得賈誼所講的，正是自己想要說的。於是，大家都認為賈誼很有才華。文帝很喜歡他，一年之內破格提拔他為太中大夫。

賈誼認為漢朝建立已經二十多年，國家安定，應當改訂曆法，改變車馬祭牲的顏色，訂正法令制度，改定官名，振興禮樂。於是起草了各項禮儀和制度，車馬祭牲崇尚黃色，數字用「五」，將官職名稱全部改變，上奏給皇上。文帝因為剛剛即位很謙恭謹慎，一時還顧不上這些事。但一些法令的改定，以及列侯回到封國去，都是由賈誼提出來的。因此，文帝便和大臣商議，想任命賈誼為公卿大臣。絳侯周勃、潁陰侯灌嬰、東陽侯張相如、御史大夫馮敬等人都妒忌賈誼，詆毀賈誼說：「這個雒陽人，年輕沒有經驗，一心想攬權，擾亂朝政。」因此，文帝從此也疏遠賈誼，不採納他的建議，讓他去做長沙王的太傅。

1 誼既以適❶去，意不自得，及渡湘水❷，為賦以弔屈原❸。屈原，楚賢臣也，被讒放逐，作離騷賦❹，其終篇曰：「已矣！國亡人，莫我知也。」遂自投江❺而死。誼追傷之，因以自諭❻。其辭曰：

2 「恭承嘉惠❼兮，竢罪❽長沙。仄聞❾屈原兮，自湛❿汨羅。造託⓫湘流兮，敬弔先生。遭世罔極⓬兮，迺隕厥身⓭。烏虖哀哉兮，逢時不祥。鸞鳳⓮伏竄兮，鴟鴞⓯翱翔。闒茸⓰尊顯兮，讒諛得志；賢聖逆曳⓱兮，方正倒植⓲。謂隨、夷溷兮⓳，謂跖、蹻⓴廉；莫邪㉑為鈍兮，鈆刀為銛㉒。于嗟默默㉓，生㉔之亡故兮。斡棄周鼎㉕，寶康瓠㉖兮。騰駕罷㉗牛，驂蹇㉘驢兮；驥垂兩耳㉙，服㉚鹽車兮。章父薦屨[31]，漸不可久兮。嗟苦[32]先生，獨離[33]此咎兮。

「誶[34]曰：已矣！國其莫吾知兮，子獨壹鬱[35]其誰語？鳳縹縹[36]其高逝兮，夫固[37]自引而遠去。襲[38]九淵之神龍兮，沕[39]淵潛以自珍。偭蟂獺[40]以隱處兮，夫豈從蝦與蛭螾[41]？所貴聖之神德兮，遠濁世而自臧[42]。使麒麟可係而羈兮[43]，豈云異夫犬羊！般紛紛其離此郵兮[44]，亦夫子之故也！歷九州而相其君兮[45]，何必懷此都[46]也？鳳皇翔于千仞[47]兮，覽德煇[48]而下之。見細德之險徵兮[49]，遙增擊[50]而去之。彼尋常之汙瀆兮[51]，豈容吞舟之魚！橫江湖之鱣鯨[52]兮，固將制於螻螘[53]。」

誼為長沙傅三年，有服[54]飛入誼舍，止於坐隅[55]。服似鴞[56]，不祥鳥也。誼既以適居長沙，長沙卑濕，誼自傷悼，以為壽不得長，迺為賦以自廣[57]。其辭曰：

「單閼之歲[58]，四月孟夏[59]，庚子日斜[60]。服集余舍，止于坐隅，貌甚閒暇。異物來崒[61]，私怪其故，發書占之[62]，讖言其度[63]，曰：『野鳥入室，主人將去。』問于子服[64]：『余去何之？吉虖[65]告我，凶言其災。淹速[66]之度，語余其期。』

「服乃太息[67]，舉首奮翼，口不能言，請對以意。萬物變化，固亡休息[68]。斡流[69]而遷，或推而還[70]。形氣[71]轉續，變化而嬗[72]。沕穆[73]亡間，胡可勝言。禍兮福所倚，福兮禍所伏[74]；憂喜聚門，吉凶同域。彼吳彊大，夫差以敗[75]；粵棲會稽，句踐伯世[76]。斯遊遂成，卒被五刑[77]；傅說胥靡，迺相武丁[78]。夫禍之與福，何異糾纆[79]！命不可說，孰知其極[80]？水激則旱[81]，矢激則遠。萬物回薄[82]，震蕩相轉。雲蒸雨降，糾錯相紛[83]。大鈞播物[84]，坱圠無垠[85]。天不可與慮，道不可與[86]謀。遲速有命，烏[87]識其時？

7 「且夫天地為鑪，造化為工[88]；陰陽為炭，萬物為銅。合散消息[89]，安有常則[90]？千變萬化，未始有極。忽然為人，何足控揣[91]；化為異物[92]，又何足患！小智自私，賤彼貴我[93]；達人[94]大觀，物亡不可。貪夫徇財，列士徇名[95]；夸者死權，品庶每生[96]。怵迫之徒，或趨西東[97]；大人不曲，意變齊同[98]。愚士繫俗，僒若囚拘[99]；至人遺物，獨與道俱[100]。眾人惑惑，好惡積意[101]；真人恬漠，獨與道息[102]。釋智遺形，超然自喪[103]；寥廓忽荒[104]，與道翱翔。乘流則逝，遇坎則止[105]。縱軀委[106]命，不私與己。其生兮若浮[107]，其死兮若休。澹虖若深淵之靚[108]，氾[109]虖若不繫之舟。不以生故自保，養空而浮[110]。德人無累，知命不憂。細故蒂芥[111]，何足以疑！」

【章旨】以上為第二部分，寫賈誼在長沙太傅任上感歎人生際遇，先後作〈弔屈原賦〉、〈鵩鳥賦〉。

【注釋】❶適 通「謫」。貶斥，尤其指官員從京城降職到外地。❷湘水 即湘江。❸屈原 名平，戰國末年楚國大夫，受人誣陷被放逐到今湘江、沅江流域，曾著有〈離騷〉、〈九章〉詩賦，晚年見楚國政治日益腐敗，無力挽回，遂投水而死。

❹離騷賦　屈原詩歌篇名，今存於《楚辭》之中。「離」即遭受，通「罹」字。騷，憂愁；憂患。屈原在篇中抒發了自己遭受讒言的苦悶，反覆傾訴對楚國命運的關懷，表達了他不與邪惡勢力同流合汙的鬥爭精神和至死不渝的愛國熱情，是一篇兼具深刻現實性和積極浪漫主義精神的優秀作品，對後世文學發展影響很大。❺汨　指汨羅江，在今湖南東北部。❻諭　通「喻」。比喻。❼嘉惠　指皇帝的詔命。❽竢罪　待罪，官吏任職的謙詞。因為古代官吏常常害怕因失職而獲罪，所以將任官稱為「竢罪」或「待罪」。❾仄聞　聽說；傳聞。亦為謙詞。仄，通「側」。❿湛　通「沉」。⓫造託　造，到達。託，寄託。⓬罔極　沒有一定標準。⓭隕厥身　隕，通「殞」。死去；死亡。厥，其；他的。⓮鸞鳳　鸞鳥和鳳凰，傳說中象徵吉祥的鳥，比喻賢俊之士。⓯鴟鴞　一種類似貓頭鷹的猛禽，被古人視為惡鳥，比喻奸邪的惡人。⓰闒茸　缺德無才之人。⓱逆曳　倒著拖，顛倒之意。⓲倒植　倒置；倒立。⓳隨夷溷兮　隨，卞隨，相傳商湯將伐夏桀，找卞隨謀議，卞隨不肯參與。湯得天下後又要讓給卞隨，卞隨認為這是對他的汙辱，投水而死。事見《莊子．讓王》。夷，伯夷，商末孤竹君之子，其父想立他弟弟叔齊為繼承人，結果兩人相互推讓，一同隱居到周國。周武王伐紂時，兩人曾前去勸阻。武王滅商後，他們恥食周粟，逃到首陽山，採薇而食，餓死在山裡，事詳《史記．伯夷列傳》。溷，汙穢。⓴跖蹻　跖，即盜跖，傳說中的大盜，《莊子．盜跖》說他的手下有九千人，橫行天下，侵暴諸侯，掠奪人的牛馬、妻女，不顧父母兄弟，不祭先祖。蹻，即莊蹻，戰國末年率楚軍占領雲南地區，楚國被秦滅亡後建立滇國。㉑莫邪　寶劍名，相傳春秋時吳王闔閭令干將鑄劍，鐵汁不能熔化，他妻子莫邪投入爐中，才鑄成二劍，雄劍名干將，雌劍名莫邪，皆鋒利無比，後來干將、莫邪都成為寶劍的通稱。㉒鉛刀為銛　鉛刀，用鉛做成的刀。銛，鋒利。㉓于嗟默默　于嗟，歎息聲。于，通「吁」。默默，不得意之貌。㉔生　先生。指屈原。㉕斡棄周鼎　斡棄，拋棄。周鼎，周朝的傳國寶鼎，比喻高貴的賢人。㉖康瓠　空壺；破瓦器。㉗罷　通「疲」。㉘驂蹇　驂，駕車時位於兩旁的馬。蹇，跛；瘸腿。㉙驥垂兩耳　驥，千里馬。垂兩耳，馬匹負重超量，耷拉著兩隻耳朵。㉚服　駕；拉車。㉛章父薦屨　章父，殷代的一種冠名。薦屨，墊鞋。㉜嗟苦　原作「嗟若」，據《漢書補注》改。㉝離　通「罹」。遭到。㉞誶　一作「訊」，全篇的結束語，相當於《楚辭》中的「亂」。㉟壹鬱　煩悶；氣不舒暢。壹，通「抑」。㊱縹縹　通「飄飄」。飛翔的樣子。㊲固　本來。㊳襲　因襲；效法。㊴沕　深藏貌。㊵偭蟂獺　偭，違背；捨棄。蟂獺，水中吃魚的動物。㊶蛭螾　蛭，水蛭。螾，同「蚓」。蚯蚓。㊷臧　通「藏」。㊸使麒麟句　麒麟，傳說中一種吉祥的動物，形狀似鹿，獨角，有鱗甲，尾像牛尾。一說同「騏驎」，良馬。羈，本意為馬籠頭，引申為束縛。㊹般紛紛句　般，駁雜；亂。郵，通「尤」。過失。㊺歷九州句　歷，經歷。九州，古代中國分為九州，設置的九個州，這裡泛指天下。相，選擇；挑選。㊻都　指楚國的國都。㊼千

仞　古代八尺（一說七尺）為一仞，千仞意指極高。㊽德輝　道德高尚。喻指賢明的君主。㊾見細德句　細德，指品德卑劣之人。險徵，危險的徵兆。徵原作「微」，據《補注》引宋祁說改。㊿增擊　展翅高飛。51彼尋常句　尋常，古代八尺為一尋，兩尋為一常，尋常指很短。汙瀆，死水溝。52鱣鯨　都是形體很大的魚，前者最長可達五公尺，後者為二三十公尺。53螻螘　螻蟻。54服　通「鵩」。一種類似貓頭鷹的鳥。55坐隅　坐席的旁邊。56鴞　貓頭鷹，古人認為是一種不祥的鳥。57自廣　自我寬慰。58單閼之歲　古人用天干、地支紀年，干支又有各自的別名，單閼是卯年的別稱，這裡指丁卯年，漢文帝六年（西元前一七四年）。59孟夏　夏季第一個月，即四月。孟，開始。60庚子日斜　庚子，指四月二十三日。日斜，太陽偏西，大約傍晚時分。61崪　通「萃」。聚集；停留。62發書占之　發，打開。占，占卜。63讖言其度　讖言，當時方士、巫師等製造的預言未來吉凶的隱語或預言。度，數；吉凶的定數。64子服　即服子，鵩鳥。稱牠為子，是一種擬人化的稱呼。65虖　通「乎」。66淹速　遲速。這裡指壽命長短。67太息　歎息。68休息　休止；停止。69斡流　運轉。70或推而還　推，推移。還，通「旋」。返回。71形氣　指有形的東西和無形的氣。72嬗　蛻變；演化。73沕穆　微妙深遠貌。74禍兮福所倚二句　語出《老子》五十八章，談的是禍福之間的辯證關係。倚，依存；依託。伏，隱藏。75彼吳彊大二句　戰國後期，吳國在闔閭統治下國力日益強盛，至吳王夫差（西元前四九五—前四七三年在位）時，打敗越國，迫使越王句踐稱臣；又北伐齊，主持黃池會盟，與晉爭霸。但是越乘虛入吳都，夫差兵敗自殺。76粵棲會稽二句　句踐是春秋末年越國（都會稽，今浙江紹興）國君，西元前四九七至前四六五年在位，開始為吳王夫差所敗，隨後臥薪嘗膽，整頓國政，終於轉弱為強，打敗吳國，並在徐州（今山東滕州南）主持諸侯會盟，成為霸主。粵，通「越」。77斯遊遂成二句　李斯由楚入秦，利用自己所學輔佐秦始皇滅六國，建立國家制度。但後來秦二世聽信趙高的讒言，對李斯處以腰斬之刑。斯指李斯。五刑，古代的五種刑法，包括墨刑、劓刑、剕刑、宮刑、大辟，腰斬為大辟的方式之一。78傅說胥靡二句　傅說，相傳原是傅巖（今山東平陸東）地方從事板築的奴隸，後被商王武丁任為大臣。胥靡，勞動時仍繫著繩索的奴隸。武丁，商代最有作為的君主之一，在位時間約為西元前一二五〇—前一一九二年，他統治期間政治清明，國力強盛，人稱「武丁盛世」。79糾纆　兩股繩擰在一起為糾，三股繩擰在一起為纆，意為糾纏，糾結。80極　終極；止境。81水激則旱　激，水勢受阻後騰湧或飛濺。旱，通「悍」。湍急；兇猛。82薄　逼迫。83雲蒸雨降二句　蒸，氣體受熱上升。糾錯，糾結交錯。84大鈞播物　大鈞，創造萬物的上天。鈞本來指製造陶器的轉輪，古人認為萬物都由上天製造，如同陶輪製造陶器一樣，故名。播，推動；運轉。85坱圠無垠　坱圠，彌漫；無邊無際。垠，邊際；邊界。86與　預先。87烏　如何；怎麼。88造化為工　造化，指上天，古人認為萬物的創造與演變都由上天主宰，故稱。工，工匠。89合散消息　指事物的結合、分散，消亡、生長。90常則　一定的法則。91忽然為人二句　忽然，偶然。控揣，拿在手中撫弄，引申為愛惜寶貴。92異物　指死人，魂魄。古人認為人死之後會變為另一種形體，與活人不同，故稱異物。93小智自私二句　小智，智慮淺陋的人。賤，以……為卑賤。貴，以……為高貴。94達人　通達事理且道德高尚之人，與下文的「大人」、「至人」、「真人」、「德人」意近，都是借用道家的觀念。95列士徇名　列，通「烈」。烈士即重義輕生的志士。徇，通「殉」。為……而死。96夸者死權二句　夸者，貪慕權勢之人。品庶，眾庶；一般人。每，貪戀。97怵迫之徒二句　怵，為利益所引誘。迫，為貧賤所逼迫。或，通「惑」。98大人不曲二句　曲，曲折；彎曲。意變，千變萬化。意，通「億」。齊同，等同；等量齊觀。99愚士繫俗二句　繫俗，拘於習俗。窘，困窘。100至人遺物二句　遺物，擺脫俗物的牽累。俱，同；與……同在。101眾人惑惑二句　惑惑，迷惑。意，通「臆」。胸臆；胸懷。102真人恬漠二句　恬漠，恬淡虛靜。息，生長；存在。103釋智遺形二句　釋，放棄。遺，遺忘。形，形骸；形體。自喪，忘卻自我。104寥廓忽荒　寥廓，廣闊；曠遠。忽荒，恍惚。105乘流則逝二句　逝，往；去。坎，坑。106委　委託；交付。107浮　漂浮不定。108靚　通「靜」。寧靜。109汜　汜濫。110不以生故自保二句　自保，即「自寶」，自己珍重，自以為寶貴。養空，涵養空靈的心性。111蔕芥　細小的鯁刺。

【語　譯】賈誼被貶斥離開京師，心裡很不得意，在渡過湘江的時候，作賦弔念屈原。屈原是楚國賢能的大臣，遭受讒言，被流放，寫了〈離騷賦〉，賦的結尾寫道：「算了吧！楚國沒有賢人，沒人理解我。」於是投水而死。賈誼對他很懷念、哀傷，把他和自己相比。賦中寫道：

2　「恭敬地接受朝廷的恩命啊，任職長沙。聽說屈原啊，自沉汨羅。寄託湘水啊，哀悼先生。遭遇亂世啊，失去了生命。悲痛歎息啊，遇上不幸的時光。鳳凰在地上一縱一跳啊，梟鳥在天空翱翔。小人占據尊貴顯要的位子啊，讒佞之人飛黃騰達；聖賢之人無力前行啊，方正之人屈居下位。說卞隨、伯夷貪婪啊，說盜跖、莊蹻廉潔；說寶劍莫邪很鈍啊，說鉛製的刀鋒利。先生無緣無故啊，默默失意。丟棄傳國的寶鼎啊，珍視破瓦罐。讓疲憊的牛駕轅啊，讓瘸腿的驢拉馬車；千里馬耷拉著耳朵啊，拉著沉重的鹽車。禮帽拿去墊鞋啊，難以長久。先生的命真苦啊，獨遭此禍。

3 「尾聲：算了吧！國人沒有了解我的，獨自抑鬱能和誰訴說？鳳凰高高飛翔遠逝，本來就應該引退離去。效法那潛藏在深淵的神龍啊，深藏起來保全自身。不像蝡獺那樣遊蕩而隱處啊，豈能和螞蟻、水蛭、蚯蚓為鄰？聖人品德最可貴啊，遠離濁世而自己隱居。如果是良馬也可被束縛啊，又怎麼說和犬羊不同！世事紛亂遭受如此災禍啊，先生自己也有責任呀！遊歷天下尋求明君啊，何必對故都戀戀不捨？鳳凰翱翔在千仞上啊，見到有德之君才棲息。一旦小人暗害的危險徵兆啊，就迅速振翅高飛而去。狹小汙濁的小水溝啊，怎麼能容得下吞舟的大魚！可縱橫江湖的大魚啊，本來就要受制於螻蟻。」

4 賈誼做長沙王太傅的第三年，有一天一隻鵩鳥飛入他的屋內，落在他的座位旁邊。鵩鳥像貓頭鷹，是不吉利的鳥。賈誼本來因為被貶謫到長沙，這裡低窪潮溼，賈誼內心很傷感，認為自己壽命不會長久，於是作了一首賦來寬慰自己。賦裡寫道：

5 「丁卯之年，四月初夏，庚子那天，夕陽西下。鵩鳥飛入我的屋子，落在座旁啊，從容悠閒。怪鳥來臨，我心裡疑惑，打開書來占卜，讖言有定數，說：『野鳥飛進屋，主人將離去。』請問鵩鳥：『我將往何處去？是吉是凶，都告訴我。壽命長短啊，告訴我期限。』」

6 「鵩鳥於是歎息，昂首鼓動翅膀，口不能言，只好示意。萬物變化，本不停息。運轉變遷，推移往返。有形和無形，交替變化。深遠微妙，哪能說得完。災禍啊幸福倚存在其中，幸福啊災禍藏伏在裡面；憂慮和歡樂彙聚在一起，吉祥與災難同在一處。吳國十分強大，夫差因而敗亡；越國僻處會稽，句踐卻稱霸天下。李斯到秦國功名成就，最終腰斬而死；傅說本是服勞役的奴隸，竟成為武丁的大臣。災禍和幸福呀，如繩索相互糾結！天命難以言說，誰知最終會如何？水被激就洶湧，弓拉滿箭就飛得遠。萬物來回激盪，相互震動轉化。雲氣上升雨下降，變化錯綜複雜。上天造物，無邊無際。天命不可預料，大道難以預知。死生有天命，怎知道時日？

7 「天地是座大熔爐，上天是工匠；陰陽二氣是炭，萬物是供冶煉的銅。聚散消長，哪有一定之律？千變萬化，從來沒有終點。偶然做了人，何須為此自珍自貴；死去成異物，又何必為此感到憂慮！智慮淺陋的人只顧自私，看輕他物獨貴自己；通達高尚之人胸懷坦蕩，萬物都任其自然。貪夫為財而死，烈士為名而亡；貪慕虛榮之人死於權勢，普通民眾又貪生怕死。為名利所誘、為貧賤所迫之人，東奔西走；大德之人不為物欲所屈，雖千變萬化而一視同仁。愚人為世俗所束縛，窘迫得如同犯人；至德之人超然物外，獨自和大道共存。眾人迷惑，胸中積滿愛憎；真人淡泊虛靜，與道同歸。拋棄智慮遺忘身體，超然物外忘卻自我；寥廓恍惚，與大道同翱翔。順流而行，遇坑窪便停止。把身體託付給天命，不以之為自己的私物。活著如同飄浮在世上，死亡就像休息。像深淵的靜水那樣恬淡，如不繫之舟那樣浮盪。不因活著就看重自己的生命，涵養空靈心性以遨遊。至德之人無所牽累，知天命而無憂無慮。瑣碎的事不過是芥蒂，哪裡值得疑惑憂愁！」

1

後歲餘，文帝思誼，徵❶之。至，入見，上方受釐❷，坐宣室❸。上因感鬼神事，而問鬼神之本。誼具道所以然之故。至夜半，文帝前席❹。既罷，曰：「吾久不見賈生，自以為過之，今不及也。」迺拜誼為梁懷王❺太傅。懷王，上少子，愛❻，而好書，故令誼傅之，數問以得失❼。

2

是時，匈奴彊，侵邊❽。天下初定，制度疏闊❾。諸侯王僭儗❿，地過古制，淮南、濟北王⓫皆為逆誅。誼數上疏陳政事，多所欲匡建⓬。其大略⓭曰：

3

「臣竊惟事勢⓮，可為痛哭者一，可為流涕者二，可為長太息⓯者六，若其它背理而傷道者，難徧以疏舉⓰。進言者皆曰天下已安已治矣，臣獨以為未也。曰安且治者，非愚則諛⓱，皆非事實知治亂之體⓲者也。夫抱火厝⓳之積薪⓴之下而寢其上，火未及燃，因[21]謂之安，方今之勢，何以異此！本末舛逆[22]，首尾衡決[23]，國制搶攘[24]，非甚有紀[25]，胡可謂治！陛下何不壹令臣得孰數[26]之於前，因陳治安之策，試詳擇焉！

4 「夫射獵之娛，與安危之機[27]孰急？使為治勞智慮，苦身體，乏鐘鼓之樂，勿為可也。樂與今同，而加之諸侯軌道[28]，兵革不動，民保首領[29]，匈奴賓服[30]，四荒鄉風[31]，百姓素朴，獄訟衰息。大數[32]既得，則天下順治，海內之氣，清和咸理，生為明帝，沒[33]為明神，名譽之美，垂於無窮。禮祖有功而宗有德[34]，使顧成之廟[35]稱為太宗，上配太祖[36]，與漢亡極[37]。建久安之勢，成長治之業，以承祖廟，以奉六親[38]，至孝也；以幸[39]天下，以育群生，至仁也；立經陳紀[40]，輕重同得[41]，後可以為萬世法程[42]，雖有愚幼不肖之嗣[43]，猶得蒙[44]業而安，至明也。以陛下之明達，因使少[45]知治體者得佐下風[46]，致[47]此非難也。其具可素陳[48]於前，願幸無忽。臣謹稽[49]之天地，驗之往古，按之當今之務，日夜念此至孰也。雖使禹舜[50]復生，為陛下計，亡以易[51]此。

5 「夫樹國固必相疑之勢[52]，下數被其殃，上數爽其憂[53]，甚非所以安上而全下也。今或親弟[54]謀為東帝，親兄之子[55]西鄉而擊，今吳[56]又見告矣。天子春秋鼎盛[57]，行義未過[58]，德澤有加[59]焉，猶尚如是，況莫大[60]諸侯，權力且十此[61]者虖！

6 「然而天下少安[62]，何也？大國之王幼弱未壯，漢之所置傅相[63]方握其事。數年之後，諸侯之王大抵皆冠[64]，血氣方剛，漢之傅相稱病而賜罷[65]，彼自丞尉[66]以上徧[67]置私人，如此，有異淮南、濟北之為邪[68]？此時而欲為治安，雖堯舜不治。

7 「黃帝曰：『日中必熭，操刀必割。』[69]今令此道順[70]而全安，甚易，不肯早為，已迺墮骨肉之屬而抗剄之[71]，豈有異秦之季世虖！夫以天子之位，乘今之時，因天之助，尚憚以危為安，以亂為治，假設陛下居齊桓之處[72]，將不合諸侯而匡天下乎？臣又知陛下有所必不能矣。假設天下如曩時[73]，淮陰侯[74]尚王楚，黥布[75]王淮南，彭越[76]王梁，韓信[77]王韓，張敖王趙，貫高為相[78]，盧綰[79]王燕，陳豨[80]在代，令此六七公者皆亡恙[81]，當是時而陛下即天子位，能自安乎？臣有以知陛下之不能也。天下殽亂[82]，高皇帝與諸公併起，非有仄室之勢以豫席之也[83]。諸公幸者，迺為中涓[84]，其次廑得舍人[85]，材之不逮[86]至遠也。高皇帝以明聖威武即天子位，割膏腴之地以王諸公，多者百餘城，少者乃三四十縣，悳至渥[87]也。然其後十年之間，反者九起。陛下之與諸公，非親角材[88]而臣之也，又非身封王之也，自[89]高皇帝不能以是一歲為安，故臣知陛下之不能也。然尚有可諉[90]者，曰疏。臣請試言其親者。假令悼惠王[91]王齊，元王[92]王楚，中子[93]王趙，幽王[94]王淮陽，共王[95]王梁，靈王[96]王燕，厲王[97]王淮南，六七貴人皆亡恙，當是時陛下即位，能為治虖？臣又知陛下之不能也。若此諸王，雖名為臣，實皆有布衣昆弟[98]之心，慮亡不帝制[99]而天子自為者。擅爵人，赦死辠，甚者或戴黃屋[100]，漢法令非行[101]也。雖行不軌[102]如厲王者，令之不肯聽，召之安可致[103]乎！幸而來至，法安可得加！動一親戚，天下圜視而起[104]，陛下之臣雖有悍如馮敬[105]者，適啟[106]其口，匕首已陷其匈[107]矣。陛下雖賢，誰與領此[108]？故疏者必危，親者必亂，已然之效[109]也。其異姓負[110]彊而動者，漢已幸勝之矣，又不易其所以然[111]。同姓襲是跡而動，既有徵[112]矣，其勢盡又復然。殃旤之變，未知所移，明帝處之尚不能以安，後世將如之何！

8 「屠牛坦一朝解十二牛[113]，而芒刃不頓[114]者，所排擊[115]剝割，皆眾理[116]解也。至於髖髀[117]之所，非斤[118]則斧。夫仁義恩厚，人主之芒刃也；權勢法制，人主之斤斧也。今諸侯王皆眾髖髀也，釋斤斧之用，而欲嬰[119]以芒刃，臣以為不缺則折。胡不用[120]之淮南、濟北？勢不可也。

9

「臣竊跡[121]前事，大抵彊者先反。淮陰[122]王楚最彊，則最先反；韓信倚胡[123]，則又反；貫高因趙資，則又反；陳豨兵精，則又反；彭越用梁，則又反；黥布用淮南，則又反；盧綰最弱，最後反。長沙[124]迺在二萬五千戶耳，功少而最完，勢疏而最忠，非獨性異人也，亦形勢然也。曩令樊、酈、絳、灌[125]據數十城而王，今雖以殘亡可也；令信、越之倫列為徹侯而居，雖至今存可也。然則天下之大計可知已。欲諸王之皆忠附，則莫若令如長沙王；欲臣子之勿菹醢[126]，則莫若令如樊、酈等；欲天下之治安，莫若眾建諸侯而少其力[127]。力少則易使以義，國小則亡邪心。令海內之勢如身之使臂，臂之使指，莫不制從，諸侯之君不敢有異心，輻湊[128]並進而歸命天子，雖在細民[129]，且知其安，故天下咸知陛下之明。割地定制[130]，令齊、趙、楚各為若干國，使悼惠王、幽王、元王之子孫畢以次各受祖之分地[131]，地盡而止，及燕、梁它國皆然。其分地眾而子孫少者，建以為國，空而置之，須[132]其子孫生者，舉[133]使君之。諸侯之地其削頗入漢者[134]，為徙其侯國及封其子孫也，所以數償之[135]；一寸之地，一人之眾，天子亡所利焉，誠以定治而已，故天下咸知陛下之廉。地制壹定，宗室子孫莫慮不王[136]，下無倍畔[137]之心，上無誅伐之志，故天下咸知陛下之仁。法立而不犯，令行而不逆，貫高、利幾[138]之謀不生，柴奇、開章[139]之計不萌，細民鄉善，大臣致順[140]，故天下咸知陛下之義。臥赤子[141]天下之上而安，植遺腹，朝委裘[142]，而天下不亂。當時大治，後世誦聖。壹動而五業附[143]，陛下誰憚[144]而久不為此？

「天下之勢方病大瘇[145]，一脛之大幾如要[146]，一指之大幾如股[147]，平居不可屈信[148]，一二指搐[149]，身慮亡聊[150]。失今不治，必為錮疾[151]，後雖有扁鵲[152]，不能為已。病非徒瘇也，又苦蹠盭[153]。元王之子，帝之從弟[154]也；今之王者，從弟之子[155]也。惠王[156]，親兄子也；今之王者[157]，兄子之子也。親者[158]或亡分地以安天下，疏者[159]或制大權以偪[160]天子，臣故曰非徒病瘇也，又苦蹠盭。可痛哭者，此病是也。

「天下之勢方倒縣[161]。凡天子者，天下之首，何也？上也。蠻夷[162]者，天下之足，何也？下也。今匈奴嫚[163]侮侵掠，至不敬也，為天下患，至亡已[164]也，而漢歲致金絮采繒[165]以奉之。夷狄徵令，是主上之操也[166]；天子共貢[167]，是臣下之禮也。足反居上，首顧[168]居下，倒縣如此，莫之能解，猶為[169]國有人乎？非亶[170]倒縣而已，又類辟[171]，且病痱[172]。夫辟者一面病，痱者一方痛。今西邊北邊之郡，雖有長爵不輕得復[173]，五尺[174]以上不輕得息，斥候望烽燧[175]不得臥，將吏被[176]介胄而睡，臣故曰一方病矣。醫能治之，而上不使，可為流涕者此也。

12

「陛下何忍以帝皇之號為戎[177]人諸侯，勢既卑辱，而旤不息，長此安窮[178]！進謀者率以為是，固不可解也，亡具[179]甚矣。臣竊料匈奴之眾不過漢一大縣，以天下之大困於一縣之眾，甚為執事者[180]羞之。陛下何不試以臣為屬國之官[181]，以主匈奴，行臣之計，請必係單于之頸而制其命[182]，伏中行說而笞其背[183]，舉匈奴之眾唯上之令。今不獵猛敵而獵田彘[184]，不搏反寇而搏畜菟[185]，翫細娛[186]而不圖大患，非所以為安也。德可遠施，威可遠加，而直[187]數百里外威令不信[188]，可為流涕者此也。

13

「今民賣僮[189]者，為之繡衣絲履偏諸緣[190]，內之閑中[191]，是古天子后[192]服，所以廟而不宴[193]者也，而庶人得以衣婢妾。白縠[194]之表，薄紈[195]之裡，緁[196]以偏諸，美者黼[197]繡，是古天子之服，今富人大賈嘉會召客者以被牆[198]。古者以奉一帝一后而節適[199]，今庶人屋壁得為帝服，倡優[200]下賤得為后飾，然而天下不屈[201]者，殆未有也。且帝之身自衣皁綈[202]，而富民牆屋被文繡[203]；天子之后以緣其領，庶人孽[204]妾緣其履：此臣所謂舛也。夫百人作之不能衣一人，欲天下亡寒，胡可得也？一人耕之，十人聚而食之，欲天下亡飢，不可得也。飢寒切於民之肌膚，欲其亡為姦邪，不可得也。國已屈矣，盜賊直須時耳，然而獻計者曰『毋動』為大[205]耳。

夫俗至大不敬也，至亡等[206]也，至冒上[207]也，進計者猶曰『毋為』，可為長太息者此也。

14

「商君遺禮義[208]，棄仁恩，并心[209]於進取，行之二歲，秦俗日敗[210]。故秦人家富子壯則出分[211]，家貧子壯則出贅[212]。借父耰[213]鉏，慮有德色[214]；母取箕箒[215]，立而誶[216]語。抱哺其子，與公併倨[217]；婦姑不相說[218]，則反脣而相稽[219]。其慈子耆[220]利，不同禽獸者亡幾耳。然并心而赴時[221]，猶曰蹷[222]六國，兼[223]天下。功成求得矣，終不知反廉愧[224]之節，仁義之厚。信[225]并兼之法，遂[226]進取之業，天下大敗；眾掩[227]寡，智欺愚，勇威怯，壯陵[228]衰，其亂至矣。是以大賢[229]起之，威震海內，德從天下。曩之為秦者，今轉而為漢矣。然其遺風餘俗，猶尚未改。今世以侈靡[230]相競，而上亡制度，棄禮誼，捐[231]廉恥，日甚，可謂月異而歲不同矣。逐利不耳，慮非顧行[232]也，今其甚者殺父兄矣。盜者剟寢戶之簾[233]，搴兩廟之器[234]，白晝大都之中剽吏而奪之金[235]。矯偽者出[236]幾十萬石粟，賦[237]六百餘萬錢，乘傳[238]而行郡國，此其亡行義之尤至者也。而大臣特以簿書[239]不報、期會之間[240]，以為大故[241]。至於俗流失，世壞敗，因恬[242]而不知怪，慮不動於耳目，以為是適然[243]耳。夫移風易俗，使天下回心而鄉[244]道，類非俗吏之所能為也。俗吏之所務，在於刀筆筐篋[245]，而不知大體。陛下又不自憂，竊為陛下惜之。

15 「夫立君臣，等[246]上下，使父子有禮，六親有紀，此非天之所為，人之所設也。夫人之所設，不為不立，不植則僵[247]，不修則壞。筦子曰：『禮義廉恥，是謂四維；四維不張，國乃滅亡。』[248]使筦子[249]愚人也則可，筦子而少[250]知治體，則是豈可不為寒心哉！秦滅四維而不張，故君臣乖亂，六親殃戮[251]，姦人並起，萬民離叛，凡十三歲，而社稷為虛[252]。今四維猶未備也，故姦人幾幸[253]，而眾心疑惑。豈如今定經制[254]，令君君臣臣，上下有差，父子六親各得其宜，姦人亡所幾幸，而群臣眾信，上不疑惑！此業壹定，世世常安，而後有所持循[255]矣。若夫經制不定，是猶度江河亡維楫[256]，中流而遇風波，船必覆矣。可為長太息者此也。

16 「夏[257]為天子，十有餘世，而殷受之。殷為天子，二十餘世[258]，而周受之。周[259]為天子，三十餘世，而秦受之。秦為天子，二世而亡。人性不甚相遠也，何三代之君有道[260]之長，而秦無道之暴[261]也？其故可知也。古之王者，太子迺生[262]，固舉以禮[263]，使士負之，有司齊肅端冕[264]，見之南郊[265]，見于天也。過闕則下[266]，過廟[267]則趨，孝子之道也。故自為赤子而教固已行矣。昔者成王幼在繈抱之中[268]，召公[269]為太保，周公[270]為太傅，太公[271]為太師。保，保其身體；傅，傅之德義；師，道[272]之教訓：此三公之職也。於是為置三少，皆上大夫也，曰少保、少傅、少師，是與太子宴[273]者也。故迺孩提[274]有識，三公、三少固明孝仁禮義以道習之，逐去邪人，不使見惡行。於是皆選天下之端士孝悌博聞有道術者以衛翼之[275]，使與太子居處出入。故太子迺生而見正事，聞正言，行正道，左右前後皆正人也。夫習與正人居之，不能毋正，猶生長於齊不能不齊言也；習與不正人居之，不能毋不正，猶生長於楚之地不能不楚言也。故擇其所耆[276]，必先受業，乃得嘗之；擇其所樂，必先有習，迺得為之。孔子曰：『少成若天性，習貫[277]如自然。』及太子少長，知妃色[278]，則入于學。學者，所學之官[279]也。學禮[280]曰：『帝入東學，上親而貴仁[281]，則親疏有序而恩相及矣；帝入南學，上齒[282]而貴信，則長幼有差而民不誣矣；帝入西學，上賢而貴德，則聖智在位而功不遺矣；帝入北學，上貴而尊爵，則貴賤有等而下不隃[283]矣；帝入太學，承師問道，退習而考[284]於太傅，太傅罰其不則而匡其不及[285]，則德智長而治道得矣。此五學者既成於上，則百姓黎民化輯[286]於下矣。』及太子既冠成人，免於保傅之嚴，則有記過之史[287]，徹膳之宰[288]，進善之旌[289]，誹謗之木[290]，敢諫之鼓[291]。瞽史誦詩[292]，工誦箴諫[293]，大夫進謀，士傳民語。習與智長，故切而不媿；化與心成，故中道若性[294]。三代之禮：春朝朝日[295]，秋暮夕月[296]，所以明有敬[297]也；春秋入學，坐國老[298]，執醬而親饋之，所以明有孝也；行以鸞和[299]，步中采齊[300]，趣中肆夏[301]，所以明有度也；其於禽獸，見其生不食其死，聞其聲不食其肉，故遠庖廚[302]，所以長恩，且明有仁也。

17

「夫三代之所以長久者，以其輔翼太子有此具也[303]。及秦而不然。其俗固非貴辭讓也，所上者告訐[304]也；固非貴禮義也，所上者刑罰也。使趙高傅胡亥[305]而教之獄，所習者非斬劓[306]人，則夷人之三族也。故胡亥今日即位而明日射人[307]，忠諫者謂之誹謗，深計者謂之妖言。其視殺人若艾草菅[308]然。豈惟胡亥之性惡哉？彼其所以道之者非其理故也。

18

「鄙諺曰：『不習為吏，視已成事。』[309]又曰：『前車覆，後車誡[310]。』夫三代之所以長久者，其已事可知也；然而不能從者，是不法聖智也。秦世之所以亟絕[311]者，其轍跡可見也，然而不避，是後車又將覆也。夫存亡之變，治亂之機，其要[312]在是矣。天下之命，縣[313]於太子；太子之善，在於早諭教[314]與選左右。夫心未濫[315]而先諭教，則化易成也；開於道術智誼之指[316]，則教之力也。若其服習積貫，則左右而已。夫胡、粵[317]之人，生而同聲，耆欲不異，及其長而成俗，累數譯[318]而不能相通，行有雖死而不相為[319]者，則教習然也。臣故曰選左右早諭教最急。夫教得而左右正，則太子正矣，太子正而天下定矣。書曰：『一人有慶，兆民賴之。』[320]此時務也。

19 「凡[321]人之智，能見已然[322]，不能見將然[323]。夫禮者禁於將然之前，而法者禁於已然之後，是故法之所用易見，而禮之所為生難知也。若夫慶賞[324]以勸善，刑罰以懲惡，先王執此之政，堅如金石，行此之令，信如四時[325]，據此之公，無私如天地耳，豈顧[326]不用哉？然而曰禮云禮云者，貴絕惡於未萌，而起教於微眇[327]，使民日遷善遠辠而不自知也。孔子曰：『聽訟，吾猶人也，必也使毋訟乎！』[328]為人主計者，莫如先審[329]取舍。取舍之極定於內，而安危之萌應於外矣。安者非一日而安也，危者非一日而危也，皆以積漸然，不可不察也。人主之所積，在其取舍。以禮義治之者，積禮義；以刑罰治之者，積刑罰。刑罰積而民怨背，禮義積而民和親。故世主欲民之善同，而所以使民善者或異。或道之以德教，或敺之以法令。道之以德教者，德教洽[330]而民氣樂；敺之以法令者，法令極而民風哀。哀樂之感，禍福之應也。秦王[331]之欲尊宗廟而安子孫，與湯武[332]同，然而湯武廣大其德行，六七百歲而弗失，秦王治天下，十餘歲則大敗。此亡它故矣，湯武之定取舍審而秦王之定取舍不審矣。夫天下，大器[333]也。今人之置器，置諸安處則安，置諸危處則危。天下之情與器亡以異，在天子之所置之。湯武置天下於仁義禮樂，而德澤洽，禽獸草木廣裕[334]，德被蠻貊四夷[335]，累子孫數十世，此天下所共聞也。秦王置天下於法令刑罰，德澤亡一有，而怨毒盈於世，下憎惡之如仇讎[336]，旤幾及身，子孫誅絕，此天下之所共見也。是非其明效大驗邪！人之言曰：『聽言之道，必以其事觀之，則言者莫敢妄言。』今或言禮誼之不如法令，教化之不如刑罰，人主胡不引殷、周、秦事以觀之也？

20

「人主之尊譬如堂[337]，群臣如陛[338]，眾庶如地。故陛九級上，廉[339]遠地，則堂高；陛亡級，廉近地，則堂卑。高者難攀，卑者易陵[340]，理勢然也。故古者聖王制為等列[341]，內有公卿大夫士[342]，外有公侯伯子男[343]，然後有官師小吏[344]，延及庶人，等級分明，而天子加[345]焉，故其尊不可及也。里諺[346]曰：『欲投鼠而忌器。』此善諭也。鼠近於器，尚憚不投，恐傷其器，況於貴臣之近主乎！廉恥節禮以治君子，故有賜死而亡戮辱。是以黥[347]劓之辠不及大夫，以其離主上不遠也。禮不敢齒君之路馬[348]，蹴其芻[349]者有罰；見君之几杖則起，遭[350]君之乘車則下，入正門則趨[351]；君之寵臣雖或有過，刑戮之辠不加其身者，尊君之故也。此所以為主上豫遠不敬也，所以體貌大臣而厲其節也[352]。今自王侯三公之貴，皆天子之所改容[353]

而禮之也，古天子之所謂伯父、伯舅[354]也，而今與眾庶同黥劓髡刖笞傌棄市[355]之法，然則堂不亡陛虖？被戮辱者不泰迫[356]虖？廉恥不行，大臣無乃握重權、大官而有徒隸亡恥之心虖？夫望夷之事[357]，二世見當[358]以重法者，投鼠而不忌器之習也。

21

「臣聞之：履雖鮮不加於枕，冠雖敝不以苴[359]履。夫嘗已在貴寵之位，天子改容而體貌之矣，吏民嘗俯伏以敬畏之矣，今而有過，帝令廢之可也，退之可也，賜之死可也，滅之可也；若夫束縛之，係緤[360]之，輸之司寇[361]，編之徒官[362]，司寇小吏詈罵而榜笞之，殆非所以令眾庶見也。夫卑賤者習知尊貴者之一旦吾亦迺可以加此也，非所以習[363]天下也，非尊尊貴貴之化也。夫天子之所嘗敬，眾庶之所嘗寵，死而死耳，賤人安宜得如此而頓辱[364]之哉！

22

「豫讓事中行之君[365]，智伯[366]伐而滅之，移事智伯。及趙[367]滅智伯，豫讓釁面吞炭[368]，必報[369]襄子，五起而不中。人問豫子，豫子曰：『中行眾人畜我，我故眾人事之；智伯國士遇我，我故國士報之。』故此一豫讓也，反君事讎，行若狗彘，已而抗節致忠，行出虖列士，人主使然也。故主上遇其大臣如遇犬馬，彼將犬馬自為也；如遇官徒，彼將官徒自為也。頑頓亡恥，奊詬[370]亡節，廉恥不立，且不自好[371]，苟若[372]而可，故見利則逝[373]，見便則奪。主上有敗[374]，則因而挺[375]之矣；主上有患，則吾苟免而已，立而觀之耳；有便吾身者，則欺賣而利之耳。人主將何便於此？群下至眾，而主上至少也，所託財器職業者粹於群下也[376]。俱亡恥，俱苟妄，則主上最病。故古者禮不及庶人，刑不至大夫，所以厲[377]寵臣之節也。古者大臣有坐不廉而廢者，不謂不廉，曰『簠簋不飾[378]』；坐汙穢淫亂男女亡別者，不曰汙穢，曰『帷薄不脩[379]』；坐罷[380]軟不勝任者，不謂罷軟，曰『下官不職』。故貴大臣定有其辠矣，猶未斥然正以謼之也，尚遷就而為之諱也。故其在大譴大何之域[381]者，聞譴何則白冠氂纓[382]，盤水加劍[383]，造請室[384]而請辠耳，上不執縛係引而行也。其有中罪者，聞命而自弛[385]，上不使人頸盭而加[386]也。其有大辠者，聞命則北面再拜，跪而自裁[387]，上不使捽抑[388]而刑之也。曰：『子[389]大夫自有過耳！吾遇子有禮矣。』遇之有禮，故群臣自憙[390]；嬰[391]以廉恥，故人矜[392]節行。上設廉恥禮義以遇其臣，而臣不以節行報其上者，則非人類也。故化成俗定[393]，則為人臣者主耳忘身，國耳忘家，公耳忘私，利不苟就，害不苟去，唯義所在。上之化也，故父兄之臣誠死宗廟，法度之臣誠死社稷[394]，輔翼之臣誠死君上，守圄[395]扞敵之臣誠死城郭封疆[396]。故曰聖人有金城[397]者，比物[398]此志也。彼且為我死，故吾得與之俱生；彼且為我亡，故吾得與之俱存；夫(399)將為我危，故吾得與之皆安。顧行(400)而忘利，守節而仗義，故可以託不御(401)之權，可以寄六尺之孤(402)。此厲廉恥行禮誼之所致也，主上何喪焉！此之不為，而顧彼之久行(403)，故曰可為長太息者此也。」

23 是時丞相絳侯周勃免就國(404)，人有告勃謀反，逮繫長安獄治，卒亡事，復爵邑，故賈誼以此譏(405)上。上深納其言，養臣下有節。是後大臣有罪，皆自殺，不受刑。至武帝(406)時，稍復入獄，自甯成(407)始。

【章　旨】以上為第三部分，寫賈誼被召回朝廷，任梁懷王太傅，屢次上書言事，涉及漢代前期的一系列重要問題，對諸侯王國與朝廷的關係、匈奴問題、禮義與刑罰的關係、社會風俗越制等提出自己的解決辦法。

【注　釋】❶徵　徵召。❷受釐　漢制，朝廷或地方的重大祭祀之後，要將部分祭肉（即祚肉）送給皇帝，以示受福。釐，即「禧」。❸宣室　宮殿名，在未央宮中，是皇帝齋戒的地方。❹前席　在席上向前移動。❺梁懷王　漢文帝少子劉楫，事見本書卷四十七〈文三王傳〉。❻愛　受寵愛。❼數問以得失　數，多次；屢次。得失，指朝廷政事的利弊得失。❽匈奴彊二句　匈奴，中國古族名，亦稱胡。戰國時活動於燕、趙、秦以北地區，秦漢之際，冒頓單于統一各部，勢力強盛，統治了大漢南北廣大地區。漢初，不斷南下攻擾，漢朝基本上採取防禦政策，武帝時才開始轉入攻勢。侵邊，侵擾邊境地區。❾疏闊　不完備。❿僭擬　超越本分，效仿天子。⓫淮南濟北王　指淮南王劉長和濟北王劉興居，劉長是劉邦的第七子，文帝之弟，被封為淮南王，文帝六年（西元前一七四年）勾結匈奴謀反，被廢為庶人，遷徙蜀地，途中絕食而死。劉興居是文帝之兄悼惠王劉肥的兒子，也因謀反被殺。分見本書卷四十四〈淮南厲王劉長傳〉和卷三十八〈齊悼惠王劉肥傳〉。⑫匡建　匡正，建議。⑬其大略　其，即賈誼的〈陳政事疏〉，又稱〈治安策〉。大略，大概；大要。⑭臣竊惟事勢　臣，即「我」，古代臣子對皇帝進言時的自稱。竊，私下，也是自謙之詞。惟，思慮。⑮長太息　深深的歎息。⑯偏以疏舉　偏，全部；完全。疏舉，逐條列舉。⑰諛　諂諛；阿諛奉承。⑱體　根本。⑲厝　通「措」。放置。⑳積薪　柴堆。㉑因　便；就。㉒舛逆　錯亂顛倒。㉓衡決　橫斷脫節。衡，通「橫」。㉔搶攘　紛亂。㉕紀　條理；秩序。㉖孰數　孰，通「熟」。詳盡。數，列舉。㉗機　關鍵。㉘軌道　遵守法紀。㉙首領　頭與頸，引申為生命。㉚賓服　臣服；歸順。㉛四荒鄉風　四荒，指四方邊遠地區。鄉風，即「向風」，歸順。㉜大數　大計，指治理天下的大政方針。㉝沒　通「歿」。死去。㉞禮祖有功而宗有德　禮，指先秦儒家禮經，賈誼所引今本無。祖，通常指創建國家之功的君主。宗，通常指有德行、有政績的君主，後來在太祖或高祖之後的皇帝一般都稱宗。㉟顧成之廟　漢文帝生前為自己所建的廟。㊱太祖　即漢高祖劉邦。㊲亡極　沒有終點。㊳六親　通常指父、母、兄、弟、妻、子，但賈誼《新書・六術篇》則說六親為父、昆弟、從父昆弟、從祖昆弟、曾祖昆弟、族兄弟。㊴幸　造福。㊵立經陳紀　建立綱常、法度。㊶同得　都各得其所。㊷法程　法式；榜樣。㊸不肖之嗣　不成器的後代。㊹蒙　承受；承繼。㊺少　稍稍；稍微。㊻佐下風　在下面輔助。㊼致　實現；達到。㊽具可素陳　具，具體辦法。素，誠實；質樸。㊾稽　考察。㊿禹舜　同後文提到的堯一樣，都是傳說中的部落聯盟首領，堯因為舜賢能，傳位給舜，後來舜因為禹治水有功，又讓位給禹，三人是古人心目中賢君明主的代表。(51)易　改變。(52)夫樹國句　樹國，建立諸侯王國。相疑，指朝廷與諸侯國之間相互懷疑的情形。(53)下數被其殃二句　下，指諸侯。上，指帝王。爽，傷，意思是為憂所傷。(54)親弟　指文帝之弟淮南王劉長。淮南國在長安的東方，所以說他謀為東帝。(55)親兄之子　指文帝之姪濟北王劉興居，他趁文帝去抵抗匈奴，企圖起兵向西襲擊滎陽（今河南滎陽東北）。(56)吳　指吳王劉濞，漢高帝的姪子，當時有人告發他謀反。(57)春秋鼎盛　指正當壯年。春秋，指年齡。(58)過　過失；過錯。(59)德澤有加　德澤，恩惠。加，施加。(60)莫大　最大的。(61)十此　十倍於此。(62)少安　稍安。(63)傅相　指諸侯王國的太傅與國相，都由朝廷任命，分別負責輔導諸侯國王和處理王國日常政務。(64)大抵皆冠　大抵，大略；大都。冠，古代男子年二十行冠禮，表示已經成年。(65)稱病而賜罷　稱病，託病；藉口身體不好。賜罷，下令罷免。(66)丞尉　指諸侯王封地內的縣丞與縣尉，前者是縣令的副手，後者執掌縣內軍事和治安。(67)徧　通「遍」。(68)邪　通「耶」。表疑問的語氣詞。(69)黃帝曰三句　引文見《六韜・文韜・守土》，作「太公曰」，意思是要抓住時機，當機立斷。黃帝，是傳說中的部落聯盟首領，華夏族的祖先，秦漢很多書籍都假託他的名義以自重。熭，曝曬。(70)道順　即導順，引導諸侯王順從朝廷。71已迺墮骨肉句　已，以後。墮，通「隳」。毀壞。抗剄，割脖子，指殺頭。72居齊桓之處　居，處在；處於。齊桓，即齊桓公，姜姓，名小白，西元前六八五—前六四三年在位，他選賢任能，使國富兵強，打著尊王攘夷的旗號，打敗戎狄對中原的進擊，多次主持諸侯會盟，成為春秋五霸之首。73曩時　過去；從前。74淮陰侯　即韓信，淮陰（今江蘇淮陰）人，漢初名將，先後被封為齊王、楚王，後被貶為淮陰侯，因勾結陳豨謀反，被呂后處死。本書卷三十四有其傳。75黥布　即英布，六（今安徽六安）人，因受秦法被黥（刺面），又稱黥布。最初跟隨項羽，被封為九江王，後歸附漢高祖劉邦，被封淮南王，劉邦誅梁王彭越，將他的屍體做成肉醬賜給諸侯以立威，黥布恐懼，在國內加強軍備，為人所告，漢十一年（西元前一九六年）反叛，失敗被殺。傳見本書卷三十四。76彭越　字仲，昌邑（今山東巨野）人。秦末起義將領之一，在楚漢戰爭期間歸附漢高祖劉邦，後封為梁王，陳豨謀反，向他徵兵，他稱病不去，於是有人告發他謀反，被廢為民，後被殺。傳見本書卷三十四。77韓信　韓王信，是被秦朝滅亡的韓王後代，漢朝建立後被封為韓，漢高祖七年（西元前二〇〇年），投降匈奴，並多次引匈奴攻打漢朝邊境，漢十一年兵敗被殺。本書卷三十三有其傳。78張敖王趙二句　張敖，趙王張耳之子，漢高祖的女婿，因為他的屬下貫高策謀刺殺漢高祖，被廢為宣平侯，事見本書卷三十二〈張耳陳餘傳〉。貫高，趙王張敖的國相，漢八年（西元前一九九年）劉邦率軍攻打韓王信的餘部路過東垣（今河北正定南），貫高等人謀殺劉邦未遂，事情被揭發之後貫高將責任全部攬在自己身上，為此劉邦將其赦免，但貫高仍自殺。79盧綰　沛縣（今江蘇沛縣）人，隨劉邦起兵反秦，漢高祖五年封燕王，後投降匈奴，為東胡盧王，死在匈奴。傳見本書卷三十四。80陳豨　宛朐（今山東菏澤）人，韓王信叛入匈奴後，高祖封陳豨為列侯，以趙相國身分監領趙、代邊兵，被人告發兵權太重，難以控制。高祖召見陳豨，陳豨稱病不至，自立為代王，起兵反漢。漢十二年（西元前一九五年）兵敗被殺，本書卷三十四附其傳。81亡恙　無病，指活著，健在。亡，通「無」。82殽亂　混亂。83非有仄室句　仄室，卿大夫嫡長子之外的眾子。仄室之勢意為很小的權勢。豫席，墊席子，意為憑藉，依靠。豫，通「預」。84中涓　本意為在內負責清潔灑掃之事，引申為侍從左右之官，如本書〈周勃傳〉：「沛公初起，勃以中涓從攻胡陵。」85廑得舍人　廑，通「僅」。舍人，戰國、秦和漢初王公貴官都有舍人，侍從左右，故常用作門客、私屬官的通稱。86材之不逮　材，通「才」。才能。逮，及。87渥　優厚。88角材　衡量、較量才能高低。角，較量。89自即便；即使。90諉　推諉；推託。91悼惠王　高祖的長子劉肥，庶出，母為曹氏。漢六年（西元前二〇一年）封為齊王，封地為膠東郡、膠西郡、臨淄郡、濟北郡、博陽郡、城陽郡，共七十三縣，地域包括今山東大部。92元王　劉邦的同母弟劉交，漢六年被封為楚王，都彭城，封地為碭郡、薛縣、郯郡的三十六縣，地域包括今山東西南和南部、江蘇東北部、安徽北部、河南東部。[93]中子　指劉邦之子趙王劉如意，母為戚夫人，本為代王，陳豨反叛之後改封為趙王，兼有代地。[94]幽王　劉邦第六子劉友，初封淮陽王，呂后時，趙王劉恢自殺，徙為趙王，後被呂后幽禁而死，他所封的淮陽國在今河南東部茨河上游南北一帶。[95]共王　劉邦第五子劉恢，初封梁王，呂后時徙封趙王，後自殺。事見本書卷三十八。[96]靈王　劉邦第八子劉建，盧綰叛漢之後，被封為燕王，事見本書卷三十八。[97]厲王　即淮南王劉長。[98]布衣昆弟　布衣，平民；普通民眾。昆弟，兄弟。[99]慮亡不帝制　慮，大率；大抵。帝制，模仿皇帝的制度。[100]黃屋　天子所乘的車子，以黃繒為車蓋的裡層。[101]非行　不能實行。[102]不軌　不按朝廷制度。[103]致　至；來。[104]圜視而起　相顧而起。圜，通「環」。[105]馮敬　漢初曾任御史大夫，建議誅殺淮南王劉長，隨後被刺殺。[106]啟　張開。[107]匈　通「胸」。[108]領此　領，治理。此，指諸侯王。[109]效　證驗；效果。[110]負　依仗。[111]所以然　指造成這一現象的原因。[112]徵　徵兆。[113]屠牛坦句　坦，春秋時宰牛的屠戶，事見《管子・制分篇》。解，剖；割。[114]芒刃不頓　芒刃，利刃。頓，通「鈍」。[115]排擊　排，剔開。擊，斫砍。[116]理　肌肉上的紋理。[117]髖髀　泛指大骨。髖，胯骨。髀，大腿骨。[118]斤　砍刀。[119]嬰　施加。[120]不用　指不用仁義。[121]跡　考察。[122]淮陰　指淮陰侯韓信。[123]韓信倚胡　韓信，指韓王信。胡，指匈奴。[124]長沙　指長沙王吳芮，曾任秦番陽（今江西鄱陽）令，後起兵反秦，入漢封長沙王。事詳本書卷三十四。[125]樊酈絳灌　即樊噲、酈商、周勃、灌嬰，都是劉邦的大將，漢初分別封為舞陽侯、曲周侯、絳侯、潁陰侯，傳見本書卷四十、四十一。[126]菹醢　將人剁成肉醬的酷刑。[127]眾建諸侯句　眾建，多建立。少，削減。[128]輻湊　如同車輪的輻條向軸心聚集，喻指地方諸侯服從朝廷政令。[129]細民　小民；平民。[130]割地定制　分割諸侯國的封地，訂立制度。[131]畢以次句　畢，全部；都。次，指長幼秩序。分地，指所分封之地。[132]須　等待。[133]舉　都。[134]其削頗入漢者　削，削減。頗，少量；部分。[135]所以數償之　所以數，劉攽認為「所」字衍，可從。償，補償。[136]莫慮不王　賈誼《新書・五美》作「慮莫不王」，意思更明白，可從。慮，計；算起來。[137]倍畔　通「背叛」。[138]利幾　原為項羽部將，歸漢後封為潁川侯，漢五年因反叛被誅。[139]柴奇開章　兩人都是淮南王劉長謀反的參與者。[140]致順　表示順從。[141]臥赤子　臥，放置。赤子，初生嬰兒，這裡指幼君。[142]植遺腹二句　植遺腹，立遺腹子為皇帝。朝委裘，坐朝時禮服拖在地上。委，下垂。裘，裘製禮服。[143]壹動而五業附　壹動，一項措施，指「眾建諸侯而少其力」。五業，五種美德，即上文提到的「明」、「廉」、「仁」、「義」、「聖」。[144]誰憚　憚誰；怕什麼。[145]瘇　腳腫。[146]一脛句　脛，小腿。要，通「腰」。[147]一指句　指，腳趾。股，大腿。[148]平居不可屈信　平居，平時；平素。信，通「伸」。[149]搐　抽搐；牽動。[150]亡聊　通「無聊」。無所依靠，難受之意。[151]錮疾　通「痼疾」。經久不癒的病。[152]扁鵲　姓秦，名越人。戰國時名醫。[153]跛盭　跛，足掌。盭，古「戾」字，扭轉；變形。

154從弟　堂弟。楚元王劉交是劉邦之弟，文帝是劉邦之子，所以說劉交之子劉郢客是文帝的堂弟。155從弟之子　指劉郢客的兒子劉戊。156惠王　齊悼惠王劉肥，「惠王」之下當脫「之子」二字，指劉肥之子齊哀王劉襄。157今之王者　指齊文王劉則。158親者　近親，指文帝之子孫。159疏者　遠親，指楚元王、齊悼惠王等人的後代。160偪　古「逼」字。161倒縣　倒掛；顛倒。縣，通「懸」。162蠻夷　古代對南方少數民族的蔑稱，這裡通指漢代周邊各部族。163嫚　通「慢」。輕慢；傲慢。164亡已　通「無已」。沒有止境。165致金絮采繒　致，贈送。絮，絲綿。采繒，彩色花紋的紡織品。采，通「彩」。166夷狄徵令二句　夷狄，古代對西北少數民族的蔑稱，這裡特指匈奴。徵令，徵召；號令。操，控制，掌握，引申為權柄。167共貢　納貢。共，通「供」。168顧　反而。169為　通「謂」。170亶　通「但」。171類辟　類，類似。辟，通「躄」。腿瘸。172病痱　病，患；得……病。痱，中風；偏癱。173雖有長爵句　長爵，高爵位。輕，輕易。復，免除賦稅或勞役。174五尺　指兒童，漢代一尺約相當於現在〇・二三一公尺。175斥候望烽燧　斥候，哨兵。烽燧，古代邊防報警的煙火。176被　通「披」。身穿。介，通「甲」。177戎　指匈奴。178窮　盡頭。179亡具　無治安的才能。亡，通「無」。180執事者　本意為侍從左右供使令之人，這裡指朝廷掌權的官員。181屬國之官　據本書卷十九〈百官公卿表〉，即「典屬國」，「掌蠻夷降者」，是漢代主管周邊民族事務的官員。182係單于之頸句　係，拴住。單于，本義是像天那樣的寬廣無垠，後來成為匈奴最高首領的稱呼。制，掌握；控制。183伏中行說句　伏，制伏。中行說，姓中行，名說，本為漢宦官，文帝時被迫奉命送漢公主到匈奴「和親」，後投降匈奴，為其出謀劃策對付漢朝，但對中原文化、制度傳入匈奴也起了很大作用。笞，抽打，亦指用鞭子抽打的刑罰。184田彘　野豬。185不搏反寇句　反寇，叛臣。畜菟，飼養的兔子，即家兔。菟，通「兔」。186細娛　精妙的娛樂。187直　僅僅。188信　通「伸」。189僮　奴婢。190偏諸緣　在衣鞋邊緣縫上花邊。偏諸，衣飾的花邊、絲帶。緣，邊緣；鑲邊。191內之閑中　內，通「納」。閑，圍欄。192天子后　皇后。193廟而不宴　意為入廟祭祀才穿，平時不著。宴，閒居。194縠　皺紗。195紈　白色細絹。196緁　縫製衣邊。197黼　古代禮服上繡的黑白相間的斧形花紋。198今富人大賈句　大賈，大商人。嘉會，宴會。被，通「披」。199節適　節制適度，意思是不輕易使用。200倡優　歌舞雜技藝人。201屈　窮盡；枯竭。202皁綈　皁，黑色。綈，粗厚的紡織品。203文繡　繡有花紋的綢緞。204孽　通「孽」。賤庶。205毋動為大　毋動，不要變動，意為堅持目前的制度，不可改革。為大，為上策。一說意為說大話。206亡等　沒有等級差別。207冒上　冒犯皇上。208商君遺禮義　商君，即商鞅，姓公孫，名鞅，衛國人。因曾受封於商，故又被稱為商鞅或商君。他是戰國中期著名的政治家和法家代表人物，曾輔佐秦孝公變法，使秦成為富強的國家，為後來秦始皇統一全中國奠定了基礎。秦孝公死後，一些舊貴族起來反對變法，商鞅被車裂而死。遺，遺棄；捨棄。209并

心　一心一意；專心。(210)日敗　日益敗壞。(211)分　分家。(212)出贅　貧窮人家將子弟典賣給富人，過期不贖，則淪為奴隸，由富人作主婚配，人稱贅婿，秦漢時期這類人地位很低。(213)耰　碎土、平整田地的農具。(214)德色　施恩德於人而沾沾自喜的神色。(215)箕帚　畚箕、掃帚。(216)誶　責罵；責讓。(217)倨　通「踞」。伸開兩腳坐著，當時是很不禮貌的行為。(218)婦姑不相說　婦姑，媳婦和公婆。說，通「悅」。(219)反脣而相稽　反脣，頂嘴。相稽，相互計較與爭論。(220)耆　通「嗜」。愛好。(221)赴時　適應時勢。(222)蹷　顛覆。(223)兼　兼併。(224)反廉愧　反，通「返」。廉愧，廉恥。(225)信　通「伸」。推行。(226)遂　實現；滿足。(227)掩　壓倒。(228)陵　通「淩」。欺淩。(229)大賢　指漢高祖劉邦。(230)侈靡　奢侈。(231)捐　拋棄。(232)慮非顧行　思想中不顧行為善惡。(233)剟寢戶之簾　剟，割取。寢，陵寢。(234)搴兩廟之器　搴，拔取。兩廟，指漢高祖、漢惠帝之宗廟。(235)白晝大都句　大都，指京師長安。剽，搶劫。(236)矯偽者出　矯偽者，偽造公文進行詐騙之人。出，徵發；騙取。(237)賦　徵收賦稅。(238)傳　驛站的車馬。(239)簿書　泛指公文。(240)期會之間　期會，規定的期限。多指朝廷或官府的財物出入之期限。間，間斷。(241)大故　大事。(242)恬　安然。(243)適然　理所當然。(244)鄉　通「向」。(245)刀筆筐篋　刀筆，書寫文書的工具，筆即毛筆，如果有誤，則用刀削去重寫。筐篋，裝文書的竹箱子。(246)等　分別等級。(247)不植則僵　植，樹立。僵，倒。(248)筦子曰五句　語出《管子·牧民篇》。筦子，即《管子》，是戰國時期各家言論的彙編，內容十分龐雜，包括法、儒、道、陰陽、名、兵、農等家的觀點，假託管仲所作，故名。今傳本《管子》是由西漢時劉向編定的，原為八十六篇，現存七十六篇。維，繫物的大繩，象徵能使事物固定下來的意識或力量。(249)筦子　即管仲，名夷吾，字仲，春秋初期輔佐齊桓公改革內政，發展經濟，使齊國富強，成為霸主。(250)少　稍稍。(251)殃戮　遭殃被殺。(252)虛　通「墟」。廢墟。(253)幾幸　通「冀幸」。希望能僥倖。(254)經制　治國的根本制度。(255)持循　遵循。(256)維楫　纜繩和船槳。(257)夏　朝代名，約從西元前二○三三—前一六○○年，共傳十三代，十六王。(258)殷為天子二句　殷，即商王朝，因盤庚遷都於殷，亦稱殷。約從西元前一六○○至前一○四六年，共傳十七代，三十一王。二十餘世，賈誼《新書》與《大戴記·保傅篇》皆作「三十餘世」，當從。(259)周　包括西周和東周，約從西元前一○四六至前二二一年，共傳三十四王，八百餘年。(260)有道　政治清明，指君主賢明。(261)暴　疾速；短促。(262)迺生　始生；剛生。(263)固舉以禮　固，一定要。舉，教養；教育。(264)齊肅端冕　齊肅，真誠地齋戒。齊，通「齋」。端冕，正衣冠。(265)見之南郊　見，出現。南郊，古代帝王祭天的場所。(266)過闕則下　闕，古代宮殿等重要建築前兩旁有高臺，臺上建樓觀，中間為通道，形成缺口，故名「闕」。下，下車馬步行，以示敬重。(267)廟　皇帝祖先的祠廟。(268)成王幼在繈抱之中　成王，周武王之子姬誦。繈抱，包嬰兒的被服。(269)召公　姬奭，曾佐周武王滅商，封於召（今陝西岐山縣西南），故稱召公。(270)周公　名旦，周武王之弟，因封地在周（今陝西寶雞東北），故稱周公，曾輔佐武王滅商，制禮作樂，是周代著名的政治家、軍事家。271太公　即姜太公，呂尚，輔佐武王滅商後封於齊（今山東北部地區）。272道　通「導」。引導；輔導。273宴　平時起居，意指隨時輔導太子。274孩提　幼兒。275於是皆選句　端士，行為端正之人。孝，孝敬父母。悌，敬愛兄長，引申為尊敬長上。道術，道德學術。衛翼，護衛；輔佐。276耆　通「嗜」。喜好。277貫　通「慣」。278妃色　女色。279官　官舍，指宮廷中的學館。280學禮　《禮古經》中的一篇，已失傳。281上親而貴仁　上，通「尚」。崇尚。貴，重視。282齒　年齡，指年長者。283隃　通「逾」。284考　考核。285罰其不則句　不則，不合規矩。匡，改正；矯正。286化輯　受感化而和睦相處。287記過之史　記載過失的史官，左史記言，右史記事。288徹膳之宰　以削減膳食之法進行規勸的官員。宰，指主管膳食的官吏。289進善之旌　據說堯曾經在交通要道豎立旗子，百姓想進善言的都可以站在旗下說。290誹謗之木　傳說舜曾經豎立木牌，供百姓書寫政令過失，後世華表即從此演變而來。291敢諫之鼓　據說也是由舜創設的，讓進諫的人擊鼓上聞。292瞽史誦詩　瞽史，樂官。瞽，瞎眼。誦詩，誦讀詩進行規勸。293工誦箴諫　工，樂工。箴諫，用勸戒之文進諫。294中道若性　中道，符合準則。性，本性。295春朝朝日　春分日的早晨在東門外祭祀太陽。296秋暮夕月　秋分日的晚上在西門外祭祀月亮，後來演變成中秋祭月。297明有敬　明，表明。有敬，敬天地。298國老　據《禮記・王制》，周代官員七十歲退休後，轉到各級學校傳授知識，大夫以上稱國老。299鸞和　掛在馬車上的兩種鈴。300采齊　古代樂曲名。301肆夏　古代樂曲名。302庖廚　廚房。303以其句　以，因為。此具，這些設置。304告訐　相互告發、揭發。305趙高傅胡亥　趙高，趙國人，入秦後為宦官，秦始皇死後，陰謀改立胡亥，接著又逼迫胡亥自殺，立子嬰為帝，後為子嬰所殺。胡亥，即秦二世，做太子時曾向趙高學習律令刑獄方面的知識。306劓　古代五刑之一，割鼻子。307今日即位而明日射人　據《史記・李斯列傳》：「有行人入上林中，二世自射殺之。」308艾草菅　艾，通「刈」。割。菅，茅草。309鄙諺曰三句　鄙諺，俗語。視已成事，觀察官吏以前所辦之事。310誡　警惕；戒備。311亟絕　迅速滅亡。312要　關鍵。313縣　通「懸」。維繫；決定。314諭教　教育；教導。315濫　氾濫，指放蕩。316開於道術智誼之指　開，開通；領悟。指，通「旨」。317胡粵　胡，泛指北方少數民族。粵，泛指南方少數民族。318數譯　多次翻譯。319相為　互相改變。320書曰三句　語出《尚書・呂刑篇》。一人，指天子。慶，福；善。兆民，億萬民眾。321凡　大凡；一般。322已然　已經發生的事。323將然　將要發生的事。324慶賞　獎勵；獎賞。325四時　指春夏秋冬。326顧　反而。327眇　細微；細小。328孔子曰四句　語出《論語・顏淵》。聽訟，審理訴訟案件。329審　慎重；審慎。330洽　周遍；廣博。331秦王　指秦始皇。332湯武　即商湯、周武王，分別是商朝和周朝的開國君主。333大器　重大、重要的器物。意指非常重要的事物。334廣裕　眾多茂盛。335德被蠻

貊四夷 被，加於。蠻貊四夷，古代對周邊各民族的蔑稱。(336)仇讐 仇敵。(337)堂 殿堂。(338)陛 殿堂前面的臺階。(339)廉 殿堂的旁邊，即堂基，古代宮殿皆為高臺建築，通常堂基離平地有一定高度。(340)陵 登；上。(341)等列 尊卑等級。(342)公卿大夫士 古人認為周代天子之下百官分成四個等級，權力、禮制等各不相同。(343)公侯伯子男 周代諸侯的五等爵位，最早由《孟子·萬章下》提出，秦漢儒士信以為實，但今人楊伯峻根據周代青銅器銘文，認為周代對諸侯的爵位並無固定的稱呼，所謂五等爵位制度很可能是古人將周代宗法制度理想化的結果。(344)官師小吏 即小官、小吏，承擔官府具體行政。(345)加 凌駕其上。(346)里諺 里巷之諺語，指民間諺語。(347)黥 古代刑法，在面額刺字，並塗上墨。(348)齒君之路馬 齒，審計馬的年齡。路，皇帝之車。《禮記·曲禮上》說：「齒路馬，有誅。」(349)蹴其芻 蹴，踩踏。芻，餵馬的草料。(350)遭 遇到。(351)趨 跑、疾行，引申為低頭彎腰、小步快走，表示恭敬的一種行走方式。(352)體貌大臣句 體貌，以禮相待。體，通「禮」。厲，通「勵」。勉勵；磨礪。(353)改容 改變容貌，指恭敬。(354)伯父伯舅 古代天子稱呼同姓諸侯長者為伯父，異姓則為伯舅。(355)髡刖笞傌棄市 髡，剃光頭髮的刑罰。刖，古代肉刑之一，斷足。傌，通「罵」。棄市，古代死刑之一，將犯人處死於鬧市，並暴屍示眾。(356)泰迫 泰，通「太」。迫，指迫近天子。(357)望夷之事 指趙高迫使秦二世在望夷宮自殺之事。望夷，秦離宮名，在今陝西涇陽東南。(358)見當 見，被。當，判罰；判處。(359)苴 鞋墊，用作動詞。(360)係緤 係，捆綁。緤，繩索，用作動詞。(361)司寇 漢代未設司寇之官，據《漢書補注》，當改為「司空」，漢朝宗正設都司空，主管宗室外戚違法者，下同。(362)徒官 主管犯人的小官吏。(363)習 使習知；使熟知。(364)頓辱 折磨，凌辱。(365)豫讓事中行之君 豫讓，春秋末年晉國刺客，事跡見《史記·刺客列傳》。中行之君，指晉國六卿之一荀寅，因封於中行，故稱中行氏。(366)智伯 指智襄子，即荀瑤，晉國六卿之一，一度執掌國政，後被趙、韓、魏三家所滅。智，一作「知」。(367)趙 指趙襄子，名毋恤，趙簡子（趙鞅）之子，晉國六卿之一。智伯向趙襄子索取土地被拒絕，於是率領晉國另外兩個大夫韓氏、魏氏將趙襄子圍困在晉陽（今山西太原西南），後韓、魏害怕趙氏滅亡後將禍及自身，便與襄子聯合，反滅智伯，三分其地。(368)釁面吞炭 釁面，用漆塗面。吞炭，吞炭聲音變啞。(369)報報復；報仇。(370)夷詬 無志氣。(371)自好 自愛；自重。(372)苟若 苟且；隨便。(373)逝 往；前去。(374)敗 失利。(375)挻 竊取；篡奪。(376)所託財器句 財器，通「才器」。職業者，有官職者；有權勢者。粹，通「萃」。聚集。(377)厲 通「勵」。激勵；勸勉。(378)簠簋不飾 簠簋，古代宴享或祭祀時盛食物的器皿，木製，簠為方形，簋為外圓內方。不飾，通「不飭」。不整飭，喻操守不廉潔。(379)帷薄不脩 指家庭生活淫亂。帷薄，帳幔和簾子，古代用以障隔內外。脩，整飭。(380)罷 通「疲」。(381)大何之域 何，通「呵」。譴責。域，範圍。(382)白冠氂纓 古時出喪用的帽子，以氂牛尾作帽帶。(383)盤水加劍 古時請罪的一種方式，在盛水的盤子上放一把劍。盤水平，喻君主治罪公平；盤上加劍，表示服罪。384請室 請罪之室。385自弛 自毀容貌以示認罪。386頸盭而加 扭住脖子施加肉刑。387自裁 自殺。388捽抑 揪住頭髮往下按頭。389子 古代對男子的美稱。390自憙 憙，通「喜」。自重；自愛。391嬰 施加。392矜 尊重；崇尚。393化成俗定 教化成，風俗定。394故父兄之臣二句 宗廟，指天子的祖宗祠廟。社稷，指土地神和五穀神的祭祀場所。二者在古代通常用來指代國家。395圉 通「禦」。防禦。396封疆 邊疆；邊界。397金城 用黃金鑄成的城牆，喻政權穩固。398比物 用物作比喻。399夫 彼。400顧行 考慮德行。401不御 不加控制。402六尺之孤 指未成年而父親已亡的皇帝。403顧彼之久行 顧，反；反而。彼，指不考慮尊卑等級的做法。404是時句 是時，指文帝三年（西元前一七七年）。免就國，罷官，回封地。405譏 勸諫。406武帝 漢武帝劉徹，西元前一四〇至前八七年在位，事詳本書卷六。407甯成 傳見本書卷九十〈酷吏傳〉，他在武帝時任內史，獲罪後受髡鉗之刑，此時九卿獲罪，「死即死，少被刑，而成刑極。」

【語 譯】過了一年多，文帝想念賈誼，徵召他回朝。進宮朝見時，正趕上文帝在宣室接受祚肉。文帝有感於鬼神之事，就詢問鬼神的本源。賈誼詳細地闡述了這方面的道理。一直談到半夜，文帝不知不覺在座席上向前移動。談完之後，文帝說：「我許久不見賈生了，自以為超過了他，現在看來還是不如他。」於是任命賈誼做梁懷王劉揖的太傅。梁懷王是文帝的小兒子，很受寵愛，喜好讀書，所以文帝讓賈誼做他的老師，多次向賈誼諮詢朝政得失。

2 這時候，匈奴強盛，侵擾邊境。天下剛剛平定，制度尚不完備。諸侯王僭越制度，效仿天子，封地越過古代規定，淮南王劉長、濟北王劉興居都因謀反處死。賈誼數次上奏談自己對朝政的意見，希望對各方面有所匡正和建設。奏章的大致內容是這樣的：

3 「我私下考慮國家的形勢，令人痛哭的問題有一個，令人流淚的問題有兩個，令人長歎的問題有六個，至於其他違背事理有損治道的現象，難以一一列舉。獻計的人都說天下已經安定治理了，我卻認為並非如此。說安定治理的，不是愚昧就是阿諛奉承，都不是真正明白治亂根本的人。將火種放在柴堆下，自己睡在上面，火還沒有燒起來，便說很安全，現在的形勢，跟這有什麼不同！本末顛倒，首尾衝突，制度混亂，沒有條理，怎麼可以說是天下太平！陛下何不讓我詳細列舉出來，同時也陳述長治久安的策略，請您試著加以採納！

4 「射獵娛樂，與國家的安危哪個更急迫？如果想要天下治理，就得費心思，勞身體，缺乏鐘鼓之樂，沒有也可以。只要和現在一樣快樂，再加上諸侯守規矩，沒有戰爭，百姓安定，匈奴歸順，遠方也來朝見，民風淳樸，不打官司不犯罪。大計既定，則天下順服，海內風氣和諧，都得到治理，活著稱為是聖明之君，死後敬為明神，聲名美好，流傳後世。《禮經》上說有功的君主稱祖，有德的君主稱宗，使您的顧成廟獲得太宗的廟號，與高祖媲美，與漢朝流芳百世。建立長治久安的局勢，成就萬世太平的基業，繼承祖先遺志，奉養六親，這是最高的孝道；造福天下，養育萬民，這是最大的仁德；樹立綱紀，輕重緩急處理得當，然後可以成為萬世的榜樣，即便子孫有愚昧幼弱不成器的，也還可以繼承祖先的基業平平安安，這是最明智之舉。以陛下的英明通達，只要讓稍微懂得治國大略的人在下面輔佐，做到這些並非難事。具體的辦法我如實地陳述在陛下之前，希望不要忽視。我考察天地之道，驗證古今的歷史，分析當今的事務，日夜思考，已經很成熟。即使禹舜再生，為陛下出謀劃策，也無法改變這種做法。

5 「分封的諸侯國如果過於強大，一定會造成上下猜疑之勢，諸侯們已多次遭殃，朝廷也屢次憂心忡忡，不是使朝廷安定、保全臣下的好辦法。現在親弟弟陰謀稱帝東方，親兄弟的兒子向西發動進攻，吳王又被告發了。皇上正當壯年，推行仁義，沒有過錯，廣施恩澤，尚且如此，何況那些大諸侯，力量遠遠超過這幾個諸侯！

6 「但是天下還算安定，為什麼呢？大諸侯國的國王還很年幼，朝廷任命的傅相還控制著諸侯國的政權。幾年之後，諸侯王大都成年了，血氣方剛，朝廷任命的傅相託病罷免，他們從縣丞、縣尉以上都安插自己的親信，這樣，跟淮南王、濟北王的行為有什麼區別？這時想天下安定，即使是堯舜也做不到。

7 「黃帝說：『太陽當空就得曬點東西，手持利刃就得割點什麼。』現在遵循這個道理就可使朝廷、諸侯都安全，且很容易，如果不肯趁早採取措施，今後就會使骨肉親屬陷於不利，並加以誅殺，這難道和秦朝末年的情形有什麼差別嗎！憑著天子的尊位，趁著當今的時勢，得到上天的保佑，尚且害怕是以危為安，以亂為治，假如陛下處在齊桓公的境地，難道不會率諸侯匡扶天下嗎？我知道陛下一定不能如此。假如天下像從前那樣，淮陰侯韓信還是楚王，黥布為淮南王，彭越是梁王，韓王信任齊王，張敖做趙王，貫高做趙相，盧綰做燕王，陳豨在代國，這六七個人都身體健康，這個時候陛下即位，自己能覺得安全嗎？我有理由知道陛下一定不能。天下混亂，高皇帝與這些人一同起兵，沒有絲毫權勢可以假借。這些人中的寵幸者做了中涓，其次僅為舍人，才能和高皇帝相比差得很遠。高皇帝英明神武，做了皇帝，分別把肥沃的封地封給他們做諸侯王，多的一百多座城鎮，小的三四十個縣，恩德很厚了。但是隨後十年中，發生了九次反叛。陛下對這些人，並非親自挑選而後任命他們為臣下的，又非親自封他們為王，即便高皇帝也不得一歲安寧，所以我知道陛下也無法安寧。不過，還有託詞，說是關係疏遠。我請談談關係親近的諸侯王。假使悼惠王做齊王，元王做楚王，中子做趙王，幽王做淮陽王，共王做梁王，靈王做燕王，厲王做淮南王，這六七個人都健在，這個時候陛下即位，能夠治理好天下嗎？我又知道陛下一定不能。這幾個諸侯王，名為臣子，實際上都將陛下當成普通兄弟，恐怕都想自己做皇帝。他們擅自給人官爵，赦免死罪，甚至乘坐黃蓋車，漢朝的法令在他們那裡無法實行。即使不守法紀如厲王那樣的，命令他不肯聽，召見他又怎麼肯來！幸而來了，又怎能用法令處置！觸動一個宗室諸侯王，諸侯王們都相顧而起，陛下的臣子雖然有像馮敬那樣強悍的，剛一開口，匕首立即刺進了胸膛。陛下雖然賢明，可以和誰治理這些諸侯王呢？所以關係疏遠的諸侯王一定會危害朝廷，關係親近的同姓王也一定會發動叛亂，這是既成的事實。那些自恃強大伺機作亂的異姓王，漢朝都已僥倖取勝，但沒有改變造成這種結局的原因。同姓王沿襲異姓王的老路乘機而動，已經有徵兆了，照形勢又將死灰復燃。災禍變化，難以預測，聖明的皇帝尚且難以安寧，往後的皇帝將如何應付！

8 「屠牛坦一天解剖十二頭牛，但刀刃卻不變鈍，那是因為他劈砍割剝的地方，都是在關節縫隙之間。至於髖骨和大腿骨，不用砍刀就用斧頭。仁義和厚恩，是君主的刀刃；權勢法制，是君主的斧頭。現在諸侯王都是髖骨和大腿骨，不用刀斧，而要用刀刃去砍，我認為不缺角也會折斷。為什麼不對淮南王、濟北王使用仁義恩德？形勢不允許啊。

9 「我私下考察往事，大抵是強大的諸侯王先反。淮陰侯擁有楚國，最強大，所以最先反；韓王信依靠匈奴，接著又反；貫高依靠趙國的力量，隨後又反；陳豨軍隊精銳，隨後又反；彭越利用梁國，隨後又反；黥布擁有淮南國，隨後又反；盧綰最弱小，最後反。長沙王封地只有二萬五千戶，功勞小但最安穩，與朝廷關係最疏遠，但最忠誠，並非天性與他人不同，而是形勢決定的。以前假使樊噲、酈商、周勃、灌嬰擁有幾十座城而封為諸侯王，今天卻都國破家亡，也是可能的；假使韓信、彭越等人處在徹侯的地位，就是到現在還存在，也是可能的。那麼，國家的大計由此可知。想要讓諸侯王都忠誠歸順，最好是讓他們都像長沙王；想要讓臣子不受菹醢之刑，最好是讓他們像樊噲、酈商等人；想要使天下長治久安，最好是多分封諸侯王而削弱他們的力量。力量弱就可以用道義控制，封國小就沒有野心。讓全國的形勢像身體指揮胳膊，胳膊指揮手指，沒有不服從的，諸侯王沒有野心，就會像車輻條向車軸心彙集一樣歸順天子，即便是老百姓，也能感到國家安全，於是天下都知道皇上聖明。分割諸侯國的封地，建立制度，使齊、趙、楚各自分為幾個諸侯國，使悼惠王、幽王、元王的子孫都按順序獲得祖先封地的一部分，到封地分完為止，燕、梁等國也如此辦理。那些封地多、子孫少的諸侯王，先在封國內設立小國，暫時空著，等他們的子孫出生，便讓他們做這些小國的國君。諸侯王的封地被削減，歸入朝廷的，將諸侯國遷移，封給他們的子孫，按照被削減的數量補償給他們；天子不貪圖一寸土地，一個百姓，只是為了治理國家，天下安定而已，於是天下都知道陛下最廉潔。割地分封的制度一確定，皇室子孫沒有誰擔心自己不被封王的，下無背叛之心，上無誅殺討伐之意，於是天下都知道陛下的仁愛。法令建立，無人觸犯，政令暢通，無人違抗，貫高、利幾之類的陰謀不出現，柴奇、開章之類的詭計不萌生，百姓向善，大臣順從，於是天下都知道陛下重義。這樣，即便讓一個嬰兒做皇帝也能天下安定，立一個遺腹子，坐朝時禮服都拖在地上，天下也不會亂。那麼，在位時天下大治，後世稱頌聖明。採取這一措施，就能具備五種功德，陛下顧慮什麼而久久不這樣做呢？

10 「現在天下的形勢就像一個人得了腳腫病，一條小腿腫得像腰大，一根腳趾腫得像大腿大，平時不能屈伸，一兩個腳趾抽搐，全身疼痛。現在不及時治療，一定會成為不治之症，今後即使有扁鵲那樣的神醫，也沒有辦法。何況得的不止是腳腫病，還有腳掌反扭的痛苦。楚元王的兒子是皇上的堂弟；現在的楚王，是皇上堂弟的兒子。齊惠王，是皇上親哥哥的兒子；現在的齊王，是皇上姪子的兒子。皇上的親人有的還沒有封地來安定天下，疏遠的親屬卻手握大權威逼天子，所以我說的不止是腳腫病，還有腳掌反扭的痛苦。使人痛哭的，就是這種病啊。

11 「天下的形勢正倒懸著。天子是天下的頭，為什麼呢？因為地位在上。蠻夷是天下的腳，為什麼呢？因為地位在下。現在匈奴傲慢侮辱，侵擾掠奪，毫無恭敬之心，成為天下的禍患，沒有止境，而漢朝每年送黃金、絲絮等去侍奉他們。匈奴發號施令，是君主的權柄；天子向匈奴進貢，是臣下的禮節。腳反而在上面，頭卻屈居在下，這樣倒懸著，沒有人能解救，還能說國家有人才嗎？不只是倒懸著而已，又像得到跛腳病，而且半身不遂。跛腳病只是一處有病，半身不遂則是一邊疼痛。現在西邊、北邊的郡縣，即便高爵位的人也不輕易免除賦役，兒童以上輕易不得休息，哨兵們守候烽火不敢躺下，將士們穿著盔甲睡覺，所以我說患的是半身不遂。有醫生能治好它，而皇上不任用，讓人流淚的就是這件事。

12 「陛下怎麼能容忍以尊貴的皇帝卻去做匈奴的諸侯，地位已經低下屈辱，而禍害不斷，長此以往，何時是盡頭！獻計的人都認為這樣做是對的，真是難以理解，太無能了。我私下推算匈奴的人口不過漢朝的一個大縣，以天下之大受困於一個縣的人口，我很替朝廷大臣們感到羞辱。陛下何不試著任命我做典屬國，負責匈奴的事務，實施我的計策，一定能活捉單于，控制他的生死，捉住中行說，抽打他的脊背，使全匈奴的民眾都聽從皇上的命令。現在不打兇猛的敵人而去打野豬，不搏擊反叛而去逮野兔，貪圖娛樂而不考慮國家大患，不是安定天下的好辦法。恩德和聲威本可推及遠方，現在僅僅數百里外就聲威、政令不能伸張，這真是令人流淚的事啊。

13 「現在民間販賣奴婢的商人，給奴婢穿上繡花的衣服和絲鞋，縫上花邊，圍在木欄裡，這是古代皇后的服飾，只在祭祀時穿，平時也不穿，而現在普通人可以讓奴婢穿。白色皺紗的面子，細絹的襯裡，縫上花邊，漂亮的還繡上黑白相間的斧形花紋，這是古代天子的服飾，現在富人巨商舉行宴會招待客人，把它掛在牆上。

古代天子、皇后使用還要有所節制，現在普通人的牆上掛著皇帝的服飾，歌舞藝人能穿皇后的服飾，這樣國家的財力還不枯竭，恐怕不可能。而且皇上自己穿黑綈，而富民牆壁上掛著錦繡；皇后用花邊鑲衣領，而普通人家的婢妾卻用它來鑲鞋子：這就是我所說的顛倒錯亂。一百個人紡織不能供應一個人的穿著，想要天下無人挨凍受寒，怎麼可能？一個人耕種，十個人靠著他吃飯，要想天下無人忍飢挨餓，是不可能的。百姓身受飢寒，想讓他不做違法亂紀的事，是不可能的。國家財力枯竭，盜賊橫行只是時間問題而已，然而獻計的人說『不變動』才是上策。風俗已經是大不敬了，根本沒有尊卑等級之分，以下犯上，獻計的人還說『不要採取措施』，這真是令人歎息的事。

14 「商君背棄禮義，不講恩德，一心一意發憤圖強，實行了兩年，秦國的風俗日益敗壞。所以秦國人家庭富裕、兒子長大了就分家，家裡貧窮、兒子長大了就去出贅。借給父親農具，就流露出施恩德於人而沾沾自喜的神色；母親用一下畚箕掃帚，就說一些閒言碎語。抱著孩子餵奶時伸開腿，與公公並排而坐；婆媳之間一不高興，就頂嘴吵架。這樣的愛子貪利，與禽獸的差別也沒多大。但同心協力，順應時勢，仍然打敗六國，兼併天下。大功告成，目標實現之後，始終不知道返回去講究廉恥的節操，仁義的淳樸。推行兼併之法，實現進取的事業，天下風俗大壞；人多的壓倒人少的，聰明的欺負愚笨的，勇猛的恐嚇膽小的，強壯的欺凌衰老的，混亂到了極點。於是有大賢起來，聲威使海內震驚，恩德讓天下歸順。過去支持秦朝的人，現在轉而支持漢朝。但秦朝遺留下來的風俗，仍未改變。現在的社會風氣是以生活奢侈相互攀比，朝廷沒有建立制度加以限制，廢棄禮義廉恥，一天比一天厲害，可稱得上日新月異，每年都不一樣。只是追逐是否有利，不考慮行為善惡，如今嚴重的有殺害父兄的行為了。盜賊割去陵寢的簾子，偷走兩廟的祭器，大白天在大城市裡就敢搶奪官吏的金錢。有人偽造國家文書騙取幾十萬石糧食，賦稅六百多萬錢，乘著官府驛站的馬車巡遊郡國，這是最沒有德行道義之舉了。而大臣只把公文沒有及時上報、期會的中斷，作為大事情。至於風俗墮落，社會敗壞，安然處之，不以為怪，無動於衷，以為是理所當然的事。移風易俗，使天下人回心轉意，歸向正道，都不是普通官吏所能做到的。他們能做的，只是撰寫文書，不知治國大略。陛下自己又不擔憂，我私下裡替陛下感到惋惜。

15「確立君臣名分，上下等級，使父子之間有禮法可循，六親之間有綱紀可守，這不是上天給的，而是人自己建立的。既是人建立的，不去做就不能確立，不扶植就會倒掉，不維護就會敗壞。《管子》說：『禮義廉恥，是社會的四維；四維不伸張，國家就會滅亡。』如果管仲是笨人也就罷了，只要他稍微知道治國的道理，那麼怎能不為此感到寒心呢！秦朝廢棄四維而不加伸張，所以君臣關係混亂，六親遭殃被殺，奸邪之人乘機掌權，百姓離心離德，發動叛亂，一共只有十三年，國家便成為一片廢墟。現在四維仍未齊備，所以奸邪之人有機可乘，而人心疑惑不定。不如現在制定治國的根本制度，令君臣之間依據上下尊卑，各有等差，父子六親，各得其宜，奸人無機可乘，群臣都講誠信，皇上也不猜疑呀！這項制度確定後，世世代代長治久安，後代也有章可循。如果根本制度不確立，這就像渡江沒有纜繩和船槳一樣，到中流遇到風波，一定翻船。這是可令人長長歎息的啊。

16「夏朝做天子，傳了十幾個王，才被殷取代。殷朝做天子，傳了二十多個王，才被周取代。周朝做天子，傳了三十多個王，才被秦取代。秦朝做天子，兩代就滅亡了。人的本性相差不大，為什麼夏商周三代的君主賢明有道，享國長久，而秦朝的君主無道昏庸，迅速滅亡呢？這裡的原因是可以推知的。古代的君主，太子剛出生，一定要用禮教育他，讓士人抱著，有關官員誠心齋戒，莊嚴肅穆，端正衣冠，到南郊去祭天。路過宮闕則下車步行，經過宗廟便快步前走，這是孝子所要遵守的規矩。所以從嬰孩時起，教育已經開始了。以前周成王還在襁褓之中，就由周召公為太保，周公旦為太傅，姜太公為太師。保，是要保養他的身體；傅，是培養他的道德仁義；師，是啟發他的智慧：這是三公的職責。於是再給他設立三少，都由上大夫擔任，叫做少保、少傅、少師，他們和太子一起生活。因此，太子剛懂事，三公、三少就引導他去實踐孝、仁、禮、義，趕走奸邪之人，不讓他見到邪惡的行為。於是選拔天下品行端正、孝敬父母、友愛兄弟、博聞多見、學術有成的士人來護衛太子，讓他們和太子一道起居出入。於是太子生下來見到的是正確的事情，聽到的是合理的言論，做的是正當行為，左右前後都是正直之人。習慣同品行端正的人相處，品行就不可能不端正，猶如生長在齊地就不可能不說齊地方言一樣；習慣同品行不端正的人相處，品行就不可能端正，猶如生長在楚地就不可能不說楚地方言也。所以選擇他所喜歡的，一定要先學習，才能去實施；選擇他樂意的，一定要先練習，然後才能去做。孔子說：『小時養成的習慣就像天生的一樣，習慣了就像是出於自然。』等到太子稍微長大，知道喜歡女性，就送到學校。學校，指朝廷設立的官學。〈學禮〉說：『天子進入東學，尊敬親人，重視仁愛，這樣就親疏有別，而且恩德廣施；天子進入南學，尊敬老人，重視信用，這樣就長幼有序，百姓不欺騙人；天子進入西學，尊敬賢能，推崇德行，這樣聖智的人被任用，有功績的人不會被遺忘；天子進入北學，推崇尊貴和爵位，這樣就貴賤有等級，下面的人不會僭越；天子進入太學，向太師請教治國為人之道，回去復習並接受太傅的考察，太傅對他行為不合準則之處加以處罰，糾正不足之處，如此則道德智慧有所長進，並且懂得治國之道。如果位居眾人之上的天子已經完成了這五種學業，那麼下面的黎民百姓自然會受到感化而和睦相處了。』等到太子已經行冠禮，長大成人，脫離了太保、太傅的管束，便設有記載過失的史官，規勸減膳的官員，誘進善言的旗幟，書寫過失的木牌，鼓勵進諫的大鼓。瞽史誦讀詩歌，樂工誦讀箴言勸諫，大夫獻計，士人傳達百姓的意見。習慣與智慧同時增進，所以言行切合準則而不愧疚；教化與思想一起形成，所以行為合乎正道就像出自本性。夏商周三代的禮制：春分日的早晨祭祀太陽，秋分日的晚上祭祀月亮，是為了表示敬畏天地；春秋二季入學，請國老上坐，手捧肉醬親自送給他們，是為了表示要孝敬長輩；按照車上的鸞、和鈴聲行車，步行則合乎〈采齊〉的節奏，趨步向前則合乎〈肆夏〉的節拍，以此表示行為有法度；對於禽獸，看見牠活著就不想牠死，聽過牠的叫聲就不忍心吃牠的肉，所以要遠離廚房，以此增長對人、物的恩愛之心，並且表明有仁德。

17 「夏商周三代之所以享國長久，是因為他們有這些辦法來教導太子。秦朝則不然。秦朝的風俗本來不注重謙讓，所崇尚的是相互告發；本來不注意禮義，所崇尚的是刑罰。讓趙高教導胡亥，教給他刑法方面的知識，學的不是殺人割鼻，就是誅滅人的三族。所以胡亥即位的第二天就射殺無辜百姓，忠心進諫的人被說成誹謗，深謀遠慮的人被說成是妖言。他看待殺人就像割草一樣。難道只是胡亥天生兇狠嗎？那是因為他們用來教育胡亥的東西不合理。

18「俗話說：『做官吏未曾事先學習，看看過去的官吏所做的事就可以。』又說：『前面的車子翻了，後面的車子應該警惕。』三代之所以享國長久，從過去的事可以知道；然而不能遵循，這就是不效法聖明智慧。秦朝之所以迅速滅亡，它覆滅的蹤跡顯而易見，然而不避開，那麼後面的車子又會翻。存與亡的變化，治與亂的關鍵，它的要點就在於此。天下的命運，取決於太子；要想太子賢良，在於及早教育和選擇好左右身邊的人。心意還未放蕩就教育，教化就容易生效；理解道義智慧的要旨，則要靠教育的力量。至於習慣的養成，則要靠左右身邊的人。匈奴和南粵人，初生時聲音相同，嗜好欲望無別，等到長大養成習俗，語言經過多次翻譯也不能相互理解，行為有的即便到死也不能相互改變，這都是教育和習慣導致的。所以我說挑選好太子左右身邊的人和及早教育最為急迫。教育得當，左右身邊的人又合乎正道，太子就正，太子正則天下安定。《尚書》說：『一個人有福慧善行，億萬百姓都可仰仗他。』這是當今的要務。

19「大抵人的智慧，能看清已經發生的事，不能預見將要發生的事。禮制是在將要發生之前預防，而法令是在已經發生之後加以制止，所以法令的作為顯而易見，而禮制所以制定的道理則難以認識。至於用獎賞來鼓勵行善，用刑罰來懲罰作惡，前代君主執行這樣的政策，國家政權堅如磐石，實施這樣的政令，就像四時運轉那樣守信用，秉承這樣的公道，就像天地那樣無私，難道反而要廢棄不用嗎？然而還要強調禮制，那是因為貴在將惡行在發生之前杜絕，在細微之處發生效用，使百姓每天向善，遠離罪惡，自己卻不知道。孔子說：『處理訴訟案件，我和別人差不多，一定要使訴訟事件完全消滅才好！』為君主考慮，最好是先慎重地確定取捨，取捨的標準確定於內，國家安危就會相應地出現於外。國家安定並非一日之功可以實現，而國家危亡也不是一天導致的，都是逐漸積累，不可不詳加考察。君主的積累，取決於他的取捨。用禮義治國，積累的是禮義；用刑罰治國，積累的是刑罰。刑罰彙聚則百姓埋怨背叛，積累禮義則百姓和睦親善。所以世上的君主想讓百姓向善是相同的，但使民向善的途徑可能各不相同。有的用道德教化引導他們，有的用法令驅使他們。用道德教化來引導，則德教廣博而百姓和樂；用法令來驅使，法令到了極點則百姓哀傷。百姓哀與樂的感受，應驗到國家便是禍與福。秦王同商湯、周武王一樣，也想尊奉宗廟和安定子孫，但商湯、周武王推廣他們的德政，六七百年江山不丟，秦王治理天下，十幾年就滅亡。這沒有其他原因，商湯、周武王決定取捨慎重，而秦王決定取捨則不慎重。天下，是非常重大的器物。現在人安放器物，放在安全的地方就安全，放在危險的地方就危險。天下的情形與器物沒有區別，取決於天子如何安放它。商湯、周武王將天下置於仁義禮樂之上，恩澤廣博，禽獸草木眾多茂盛，德政覆蓋周邊民族，政權延續子孫幾十代，這是天下人都聽說過的。而秦王將天下置於法令刑罰之上，毫無恩澤，怨恨充滿全國，百姓都像仇敵那樣憎惡他，自己差點遭受殺身之禍，而子孫被斬盡殺絕，這也是天下人都看見了的。這難道不是十分明顯的效驗嗎！人們常說：『聽取意見的方法，一定要根據事實加以考察，說話的人就不敢亂說。』現在有人說禮義不如法令，教化不如刑罰，皇上為什麼不拿商、周、秦朝的事來考察一下呢？

20 「君主的尊貴如同殿堂，群臣如同殿堂的臺階，百姓如同堂基。所以臺階九級，堂基離地面遠，則殿堂高大；如果沒有臺階，堂基離地面近，那麼殿堂就低矮。高的難以攀登，低的容易走上，按道理和形勢都是如此。所以古代聖王制作等級制度，內有公卿大夫士，外有公侯伯子男，然後有長官小吏，一直到普通民眾，等級分明，天子凌駕其上，所以他尊貴無比。俗話說：『想用東西砸老鼠卻害怕打壞了器皿。』這個比喻很好。老鼠靠近器皿，尚且有所忌憚，不敢砸，怕打壞了器皿，何況尊貴的大臣離君主很近呀！用廉恥禮節來管理君子，所以可以賜死卻不能將他們誅殺侮辱。因此黥、劓等五刑不對大夫使用，因為他們的等級離君主不遠。按照禮制，不能談君主的馬的歲數，踩馬的草料要受處罰；望見君主的手杖要起立，乘車遇見君主的車駕要下馬車，進入宮殿正門則快步前趨；君主的寵臣即使有過失，也不能對他處以刑罰、誅殺，這是因為尊敬君主的緣故。這都是為了使君主遠離不敬，所以對大臣以禮相待，激勵他們的節操。現在以王侯三公的尊貴，天子見到都要恭敬禮遇，亦即古代天子所說的伯父、伯舅，現在卻和老百姓一樣遭受黥、劓、髡、刖、笞、傌、棄市等刑罰，那樣，殿堂不就失去臺階了嗎？被誅殺侮辱者離君主不是太近了嗎？不講廉恥，大臣雖然手握重權，身居高官卻使他們有奴僕無恥之心了嗎？望夷宮的事，秦二世被處以重刑，是投鼠不忌器造成的。

21 「我聽說：鞋子雖然新不放在枕頭上，帽子雖然舊不用來墊鞋。曾經處在貴臣、寵臣的位置，天子對他恭敬禮遇，小吏百姓曾經對他伏地以示敬畏。現在有過錯，君主可以將他的爵位廢除，免去他的官職，也可以令他自殺，滅他的家族；至於用繩索捆綁他，送到司法機關，交給主管犯人的徒官管理，讓司法機關的小吏辱罵鞭打他，這恐怕是不該讓普通百姓見到的。卑賤的人知道自己也有可能這樣對待尊貴者，不是教導天下的好辦法，也不符合尊尊貴貴的教化。曾經受天子恭敬，被眾人所尊崇，死就死罷，怎麼能讓卑賤的人這樣凌辱他呢！

22 「豫讓侍奉中行氏，智伯討伐並滅亡了中行氏，豫讓轉而跟隨智伯。等到趙襄子滅掉智伯，豫讓用漆塗臉，吞炭使聲音變啞，一定要對趙襄子報仇，五次刺殺未能成功。有人問豫讓其中的緣故，豫讓說：『中行氏用對普通人的等級供養我，所以我按照普通人的等級侍奉他；智伯按照國士的規格對待我，所以我以國士之禮報答他。』所以，同樣是這個豫讓，背叛原來的君主侍奉仇人，行為就像豬狗，後來盡節效忠，行為如同烈士，這是君主使他有這樣的區別。所以君主對待大臣就像對待犬馬那樣，那他們的所作所為就像犬馬；對待他們像官徒，那他們的作為就像官徒。愚笨無恥，甘受辱罵，毫無節氣，廉恥之心沒有確立，且不自愛，做事苟且，於是見利就趨前，有機會則去搶奪。君主失敗，則趁機篡奪；君主有難，則自求免禍，在一旁觀看；有對自己有利者，則欺詐出賣君主以謀利。君主怎麼能對此感到滿意？臣下人數眾多，而君主只有一個，依靠的是用財物官職來聚集群臣。如果群臣都無恥，都胡作非為，那君主最擔憂。所以古代的禮儀不規範及於百姓，而刑罰不運用於大夫，是為了激勵寵臣的節操。古代大臣有因為不廉潔被罷免，不說不廉潔，而說『簠簋不整潔』；犯有汙穢淫亂男女無別之罪的，不說汙穢，而說『帳簾不整飭』；因軟弱無能不勝任而得罪的，不說軟弱無能，而說『屬下不盡職』。所以尊貴的大臣確定有罪，尚且不用指責的話來稱呼，還加以遷就，為他們隱瞞。因此，那些受到嚴厲譴責、呵斥的官員，聽到譴責就戴上以氂牛尾做纓的帽子，在盛水的盤上加劍，到請室去請罪，君主不派人去捆綁他。如果犯了罪，聽到命令便自毀容貌，君主不派人去給他施加肉刑。如果犯了大罪，聽到命令便向北再拜，跪在地上自殺，君主不派人揪住頭往下按，然後行刑。說：『你們大夫自己有過錯啊！我對待你們有禮。』對待他們有禮，所以群臣自愛自重；培養他們的廉恥之心，所以群臣顧惜節操。君主用廉恥禮義來對待他的臣子，而群臣不以節操來報答君主，那就不是人了。所以教化一旦養成，形成習俗，那麼做臣子便能為君主奮不顧身，為國忘家，公而忘私，見利不隨意追逐，見害不苟且避開，只按照道義行事。君主的教化，可以使父兄輩的臣子為宗廟而死，制定法度的臣子為社稷而亡，輔佐大臣忠誠地為君主而死，守土禦敵之臣為疆土城池效忠。所以說聖人有銅牆鐵壁，是用物來比喻這種意志。他將為我去死，所以我可以和他共生；他將為我去獻身，所以我可以和他共存；他將為我去冒險，所以我和他能共安全。考慮德行而忘卻私利，堅守節操而主張正義，所以能夠授予不受約束的大權，可以將幼主託付給他。這是獎勵廉恥，推行禮義的結果，君主又有什麼損失呢！不這樣做，反而長期幹那樣的蠢事，所以說，這是令人深深歎息的事。」

23　這時丞相絳侯周勃免官回到封地，有人告發他謀反，被逮捕到長安的大牢中審問，結果沒有罪，恢復了爵位封邑，所以賈誼藉機勸諫皇上。皇上頗為聽取他的意見，對待大臣有禮節。後來大臣犯罪，都自殺，不受刑罰。到武帝時，又逐漸恢復逮捕入獄的做法，是從甯成開始的。

1　初，文帝以代王入即位❶，後分代為兩國，立皇子武為代王，參為太原王，小子勝則梁王矣❷。後又徙代王武為淮陽❸王，而太原王參為代王，盡得故地。居數年，梁王勝死，亡子。誼復上疏曰：

2　「陛下即不定制，如今之勢，不過一傳再傳，諸侯猶且人恣❹而不制，豪植❺

而大強，漢法不得行矣。陛下所以為蕃扞[6]及皇太子之所恃者，唯淮陽、代二國耳。代北邊匈奴，與強敵為鄰，能自完則足矣。而淮陽之比大諸侯，廑如黑子[7]之著面，適足以餌[8]大國耳，不足以有所禁禦[9]。方今制在陛下，制國而令子適足以為餌，豈可謂工[10]哉！人主之行異布衣。布衣者，飾小行，競小廉，以自託於鄉黨[11]，人主唯天下安社稷固不[12]耳。高皇帝瓜分天下以王功臣，反者如蝟毛[13]而起，以為不可，故蘄[14]去不義諸侯而虛其國。擇良日，立諸子雒陽上東門之外，畢[15]以為王，而天下安。故大人者，不牽[16]小行，以成大功。

3 「今淮南地遠者或數千里，越兩諸侯[17]，而縣[18]屬於漢。其吏民繇役[19]往來長安者，自悉而補[20]，中道衣敝，錢用諸費稱此，其苦屬漢而欲得王至甚，逋逃而歸諸侯者已不少矣。其勢不可久。臣之愚計，願舉淮南地以益淮陽，而為梁王立後，割淮陽北邊二三列城與東郡[21]以益梁；不可者，可徙代王而都睢陽。梁起於新郪以北著之河[22]，淮陽包陳以南揵之江[23]，則大諸侯之有異心者，破膽而不敢謀。梁足以扞齊、趙，淮陽足以禁吳、楚，陛下高枕，終亡山東之憂矣。此二世[24]之利也。當今恬然，適遇諸侯之皆少，數歲之後，陛下且見之矣。夫秦日夜苦心勞力以除六國[25]之禍，今陛下力制天下，頤指[26]如意，高拱[27]以成六國之禍，難以言智。苟身亡事，畜亂宿禍，孰視而不定，萬年[28]之後，傳之老母弱子，將使不寧，不可謂仁。臣聞聖主言問其臣而不自造事[29]，故使人臣得畢其愚忠。唯陛下財幸[30]！」

4 文帝於是從誼計，迺徙淮陽王武為梁王，北界[31]泰山，西至高陽[32]，得大縣四十餘城；徙城陽王喜[33]為淮南王，撫其民。

5 時又封淮南厲王四子皆為列侯[34]。誼知上必將復王之[35]也，上疏諫曰：「竊恐陛下接[36]王淮南諸子，曾不與如臣者孰計之也。淮南王之悖逆亡道，天下孰不知其辠？陛下幸而赦遷之，自疾而死，天下孰以王死之不當？今奉尊罪人之子，適足以負謗[37]於天下耳。此人少壯[38]，豈能忘其父哉？白公勝所為父報仇者，大父與伯父、叔父也[39]。白公為亂，非欲取國代主也，發忿快志，剡手以衝仇人之匈[40]，固為俱靡[41]而已。淮南雖小，黥布常用之矣，漢存特幸耳。夫擅仇人[42]足以危漢之資，於策不便。雖割而為四，四子一心也。予之眾，積之財，此非有子胥、白公報於廣都之中[43]，即疑有剸諸、荊軻起於兩柱之間[44]，所謂假賊兵為虎翼[45]者也。願陛下少留計[46]！」

6 梁王勝墜馬死[47]，誼自傷為傅無狀[48]，常哭泣，後歲餘，亦死。賈生之死，年三十三矣。

【章旨】以上為第四部分，寫梁王死後賈誼因內疚而死以及在此期間就諸侯國問題發表的意見，請文帝加強近親子弟封國力量，以壓制同姓遠親封國，並反對封賜淮南王劉長之子。

【注釋】❶文帝以代王入即位　文帝曾受封為代王，高后八年（西元前一八〇年），呂后去世，大臣周勃、陳平等削平呂氏力量，次年奉文帝即位。❷立皇子武為代王三句　武，劉武。參，劉參。勝，劉勝，又作「揖」。三人皆文帝之子。代，漢封國名，漢初都代（今河北蔚縣東北），後改都中都（今山西平遙西南）。太原，漢封國名，都晉陽（今山西太原西南）。梁，漢封國名，都睢陽（今河南商丘南）。詳見本書卷四十七〈文三王傳〉。❸淮陽　漢封國名，都陳縣（今河南淮陽）。❹猶且人恣　猶且，仍將。恣，放縱。❺植　立也。❻蕃扞　通「藩捍」。屏障。❼黑子　黑痣。❽餌　食物，用作動詞，成為……食物。❾禁禦　控制防禦。❿工　巧妙。⓫鄉黨　鄉里。⓬不　通「否」。⓭蝟毛　刺蝟的毛，比喻眾多且強硬。蝟，通「猬」。⓮蘄　通「芰」。除去。⓯畢　都；全部。⓰牽　拘束；拘泥。⓱越兩諸侯　越，越過。兩諸侯，指梁國和淮陽國。⓲縣　通「懸」。指距離遙遠。⓳繇役　即徭役，漢代百姓須定期為官府服勞役。⓴自悉而補　用自己的錢財來補貼行旅費用。㉑列城與東郡　列城，指縣城。東郡，漢郡名，治濮陽（今河南濮陽西南）。㉒新鄴以北著之河　新鄴，縣名，治今安徽太和北。著，附著；靠近。河，黃河。㉓淮陽包陳句　陳，縣名，治今河南淮陽。揵，連接；接近。江，長江。㉔二世　指文帝及其繼位者。㉕六國　指戰國時期齊、楚、燕、韓、趙、魏六國。㉖頤指　以面頰表情示意指使他人。㉗高拱　兩手高高拱起，指無所作為。㉘萬年　死的委婉說法。㉙言問其臣句　言問，詢問。造事，生事。㉚財幸　裁決並採納自己的建議為幸運。財，通「裁」。㉛界　以……為邊界；接壤。㉜高陽　小邑名，在今河南杞縣西南。㉝城陽王喜　城陽，漢諸侯國名，都莒（今山東莒縣）。喜，齊悼惠王劉肥之孫劉喜。㉞封淮南厲王四子皆為列侯　孝文八年（西元前一七二年），分封淮南王劉長的四個兒子，劉安為阜陵侯，劉勃為安陽侯，劉賜為陽周侯，劉良為東城侯。㉟復王之　再封他們為諸侯王。㊱接　不久；即將。㊲負謗　承當誹謗。意思是一旦封淮南王劉長之子，就暗示其無罪被殺，文帝心中有愧。㊳此人少壯　此人，指劉長的四個兒子。少壯，稍稍長大。少，通「稍」。㊴白公勝二句　白公勝，春秋時楚平王的孫子，其父太子建被廢，逃到鄭國後被殺害。白公勝與伍子胥逃往吳國，後來吳軍攻入楚都，鞭懷王之屍。楚惠王時，白公勝被召回國，為報父仇，力主伐鄭，與伯父子西發生矛盾，於是發動政變，殺死伯父、叔父子西、子綦，囚禁惠王，自稱楚王，兵敗後被殺。大父，祖父，指楚平王。事見《史記・楚世家》。㊵剡手以衝仇人之匈　剡，銳利，引申為利劍。衝，刺。匈，通「胸」。㊶靡　通「縻」。縻爛；敗壞。意為與敵人一同滅亡。㊷擅仇人　讓仇人占據。擅，據有。㊸子胥白公句　子胥，即伍子胥，因其父兄被楚平王殺害，逃往吳國，借助吳國力量攻入楚都，楚國幾乎滅亡。白公，白公勝。廣都，大都。㊹剸諸荊軻句　剸諸，即專諸，春秋時人，受吳國公子光（後來的吳王闔閭）之命刺殺吳王僚。荊軻，戰國末期人，奉燕太子丹之命行刺秦王政，未遂。兩柱之間，指殿堂。㊺假賊兵為虎翼　假，借。兵，武器。翼，添翅膀。㊻少留計　稍加考慮。㊼梁王勝墜馬死　梁王勝死於文帝十一年（西元前一六九年）。㊽自傷為傅無狀　自傷，內疚。無狀，失職。

【語　譯】 起初，文帝以代王的身分到京師即皇帝位，後來將代國分為兩國，立皇子劉武為代王，劉參為太原王，小兒子劉勝為梁王。後來又改封代王劉武為淮陽王，太原王劉參為代王，包括原來太原國的封地。幾年以後，梁王劉勝去世，沒有兒子。賈誼又上疏說：

2　「陛下如果不定下制度，依照現在的形勢，不過一傳再傳，諸侯們都將放縱難制，樹立強豪，力量強大，漢朝的法令不能推行了。陛下倚作屏障以及皇太子所依靠的，只有淮陽國和代國。代國北靠匈奴，與強敵為鄰，能夠保全自己就不錯了。而淮陽國與那些大諸侯國相比，就像臉上的黑痣，只夠做大國口中的食物，做不到有所控制和防禦。現在天下是陛下在治理，治理國家而令皇子只夠做人家的口中之食，這種做法怎麼可以稱得上高明！君主的行為與平民不同。平民，注重小行小廉，以求託身於鄉里，君主則考慮天下社稷是否安穩。高皇帝分割天下封賞功臣為諸侯王，謀反者像刺蝟毛一樣，紛紛而起，高皇帝認為這樣不好，所以除去反叛的諸侯，將他們的封國空著。挑選吉日，在雒陽的東門外分封幾個兒子，都封為諸侯王，天下得以安定。所以偉大的人物，不拘泥於細枝末節，以實現大功業。

3　「現在淮南地區與京師遠隔幾千里，中間還隔著兩個諸侯國，在遠方直屬漢朝。當地的吏民服徭役往來長安的，用自己的錢財來補貼行旅費用，中途衣服就壞了，其他方面的費用與此相同，他們苦於直屬朝廷，很盼望有諸侯王分封到那裡，逃亡歸順諸侯國的人已經不少。這種情況很難持久。我的意見是，用淮南地區的封地來擴大淮陽國，替梁王立後代，分割淮陽北面的兩三個縣和東郡給梁國；實在不行，可以改封代王，遷都睢陽。梁國從新鄭往北到黃河，淮陽國包括陳縣以南連接長江，那麼，有野心的大諸侯王，喪膽而不敢有陰謀。梁國足以抵禦齊國、趙國，淮陽國足以警戒吳國、楚國，陛下可以高枕而臥，永遠沒有山東方面的憂慮。這是兩代的利益所在。現在平安無事，正趕上諸侯王年齡都還小，幾年之後，陛下就可以見到了。秦朝日夜勞心勞力以消除六國的禍害，現在陛下的威力足可控制天下，指揮如意，拱手高坐而養成六國的禍患，很難說是聰明。僥倖自己在位時平安無事，但養亂留禍，熟視無睹，不採取對策，等到百年之後，傳位給老婦幼子，將讓他們不得安寧，不能說是仁德。我聽說聖明的君主遇事詢問臣下而不自作主張，所以使群臣都可以貢獻他們的忠心。希望陛下稍加採納！」

4 於是文帝聽從賈誼的計策，改封淮陽王劉武為梁王，封國北接泰山，西到高陽，有大縣四十多個；改封城陽王劉喜為淮南王，安撫那裡的百姓。

5 當時又分封淮南厲王的四個兒子都為列侯。賈誼知道皇上一定會再封他們為諸侯王，上疏勸諫說：「我擔心陛下隨後要封淮南王的幾個兒子為王，竟不和像我這樣的臣子詳細考慮。淮南王叛逆無道，天下人誰不知道他的罪行？陛下赦免並流放他，得病而死，天下有誰認為他死得不應該呢？現在推尊罪人的兒子，只足以招致天下人的非議。他的兒子們逐漸長大之後，怎麼可能忘記他們的父親？白公勝替父親報仇的對象，是祖父和伯父、叔父。白公勝叛亂，不是想奪取江山稱王，而是發洩憤怒，快意恩仇，手持利刃刺進仇人的胸膛，要和仇人同歸於盡而已。淮南國雖然小，但黥布曾利用它來反漢，漢朝保存下來只不過是幸運罷了。給仇人足以危害漢朝的資本，是失策。雖然分割為四國，但四個兒子一條心。給他們百姓，讓他們積累財富，這樣如果不是伍子胥、白公勝那樣在都城公然報復，就可能有剸諸、荊軻那樣在庭柱之間進行暗殺，這便是借給強盜兵器、替老虎添上翅膀呀。希望陛下稍加留意！」

6 梁王劉勝騎馬摔死，賈誼內疚做太傅失職，經常哭泣，過了一年多，也死了。賈誼死時，年紀三十三歲。

後四歲，齊文王❶薨，亡子。文帝思賈生之言，迺分齊為六國，盡立悼惠王子六人為王❷；又遷淮南王喜於城陽❸，而分淮南為三國，盡立厲王三子以王之❹。後十年，文帝崩，景帝立，三年而吳、楚、趙與四齊王合從舉兵❺，西鄉京師❻。梁王扞之❼，卒破七國。至武帝時，淮南厲王子為王者兩國❽亦反誅。孝武❾初立，舉賈生之孫二人至郡守。賈嘉最好學❿，世其家⓫。

【章旨】以上為第五部分，寫賈誼的主張產生的效果及其子孫的情況。

【注釋】❶齊文王　指齊文王劉則，齊悼惠王劉肥之孫。❷六人為王　劉將閭為齊王，劉志為濟北王，劉賢為菑川王，劉雄渠為膠東王，劉卬為膠西王，劉辟光為濟南王。❸又遷淮南王喜於城陽　劉喜本為城陽王，文帝十二年徙封淮南，十六年重新改封為城陽王。❹盡立厲王三子以王之　劉安為淮南王，劉勃為衡山王，劉賜為廬江王。劉長共四子，東城侯劉良此時已死，所以說「盡立」。❺合從舉兵　指景帝三年（西元前一五四年）吳楚等七國叛亂。從，通「縱」。合縱即聯合之意。❻西鄉京師　鄉，通「向」。京師，指長安。❼梁王扞之　梁王，指梁孝王劉武。扞，抵禦；抗擊。❽兩國　指淮南王劉安和衡山王劉賜。❾孝武　指漢武帝劉徹，詳見本書卷六。❿最好學　據《史記・儒林列傳》，賈嘉精通《尚書》。⓫世其家　繼承家業。

【語譯】過了四年，齊文王去世，沒有兒子。文帝想起賈誼的建議，於是分齊國為六個諸侯國，將齊悼惠王的六個兒子都封為王；又改封淮南王劉喜為城陽王，而分淮南國為三個諸侯國，將厲王的三個兒子都封在那裡做諸侯王。過後十年，文帝去世，景帝即位，三年後吳王、楚王與四個齊地的諸侯王聯合起兵，朝西向京師進軍。梁王抵禦他們，終於打敗了七國。到武帝時，淮南厲王封為諸侯王的兩個兒子也因為謀反被誅。

武帝剛即位，選拔賈誼的兩個孫子做官做到郡守。賈嘉最好學，繼承了家學。

贊曰：劉向❶稱「賈誼言三代與秦治亂之意，其論甚美，通達國體，雖古之伊、管❷未能遠過也。使時見用，功化❸必盛。為庸臣所害，甚可悼痛」。追觀孝文玄默躬行❹以移風俗，誼之所陳略施行矣。及欲改定制度，以漢為土德，色上黃，數用五，及欲試屬國，施五餌三表❺以係單于，其術固以疏❻矣。誼亦天年早終，雖不至公卿，未為不遇也。凡所著述五十八篇❼，掇❽其切❾於世事者著于傳云。

【章旨】作者引用劉向的話對賈誼加以評論，對賈誼的才能作出充分肯定，但也指出賈誼有些建議不切實際，並且針對司馬遷關於賈誼不遇的觀點提出異議。

【注釋】❶劉向　本名更生，字子政，西漢散文家、今文經學家，曾負責整理國家藏書，對於先秦文獻的保存和流傳貢獻很大，所撰《別錄》是目錄學名著，也是班固編寫本書〈藝文志〉的主要依據。本書卷三十六〈楚元王傳〉附其傳。❷伊管　伊尹和管仲，都是先秦傑出的政治家，伊尹是商湯的賢相，管仲輔佐齊桓公稱霸。❸功化　功業、教化。❹玄默躬行　玄默，沉靜。躬行，身體力行地，這裡指文帝崇尚節儉。❺五餌三表　賈誼在《新書・匈奴篇》提出的對付匈奴的策略，五餌即賜給匈奴盛服車乘、盛食珍味、音樂婦人、殿堂府庫奴婢，以及熱情接待，使其目、耳、口、腹與心均受誘惑，三表即向匈奴宣傳仁、義、信道德品行。❻疏　粗疏。❼著述五十八篇　賈誼論述時政的著作均收於《新書》之中，今存本都只有五十七篇，且部分內容是否為賈誼所作尚存在爭議。❽掇　拾取，引申為摘，選取。❾切　切合；切中。

【語譯】史官評議說：劉向稱「賈誼談三代與秦朝治亂的意見，議論很完美，通達治國的大體，即便是古代的伊尹、管仲也不能強多少。如果當時被採用，一定會有很大的功業和教化。被庸臣所中傷，很令人痛惜」。回顧文帝清靜無為，躬行節儉以改變風俗，賈誼陳述的意見已經有些實施了。至於想改定制度，認為漢朝為土德，車馬服飾崇尚黃色，數字用五，以及請求擔任典屬國，用五餌三表的計策來控制匈奴的單于，這些策略就很粗疏了。賈誼英年早逝，雖然未做到三公九卿，也不算沒受到賞識吧。他的著述一共五十八篇，摘錄切中時事的部分寫進了本傳。

【研析】司馬遷給賈誼作傳時，大有「兔死狐悲，物傷其類」之感，他同情屈原和賈誼的不幸遭遇，在傳中收入賈誼的〈弔屈原賦〉、〈鵩鳥賦〉，因為二賦能表達自己對賈誼的同情和惺惺相惜之意，從中我們只能了解到一位文采飛揚，懷才不遇的賈誼。太史公的筆是帶著情感的，也是寫意的。班固的〈賈誼傳〉則對賈誼的「才」作了充分演繹，傳中收錄了大量賈誼的政治言論，從中我們了解到的賈誼不僅是一位文學家，而且是一位傑出的政治家，讀完之後，更讓人感歎他的懷才不遇，從這個角度而言，班孟堅是樸實的，但也能由此帶出情感來。

在歷史記載中，對變、異的重視總是超過正、常，悲劇性人物遠遠多於喜劇性人物。賈誼所生活的時代註定了他只能是一個悲劇性人物。文帝時，上距秦末漢初的天下擾亂不遠，國家尚處在恢復時期，積蓄力量的同時也積累著各種亟待解決的問題：朝廷與諸侯國的關係，來自匈奴巨大壓力，法制、風俗等方面仍延續著秦末以來的積弊，工商業發展帶來的「背本趨末」，等等，賈誼憑著他少年時代所受法家、儒家、道家學說的滋養，文學家天生的敏銳，對這些問題都提出了獨到見解。關於諸侯國，他反覆強調各諸侯國已成「尾大不掉，末大必折」之勢，提出定地制，「眾建諸侯而少其力」的辦法；對匈奴的威脅，賈誼提出建三表，設五餌，與單于爭其民的策略；針對法制風俗，他提出了禮法結合，以禮為主的禮治思想；他繼承了先秦的民本思想，是系統闡述民本思想的第一人。但是，舊的力量集團、思想觀念仍左右著朝廷的動向，賈誼的遠見卓識不能被盤根錯節的既得利益團體所接受，於是他只好被外放，無法獲得重用。而且，即使採用他的辦法，問題也很難順利解決。要知道，他的後繼者鼂錯因為削藩還丟了性命，朝廷一度因此形勢危急，而這一問題的真正解決，已在武帝時期，上距賈氏之死已數十年矣。

由於班固撰寫《漢書》時，心中不僅裝著同時乃至後世的讀者，他念念不忘的更有他前面的太史公，所以他在論贊中既引用了劉向的看法，認為賈氏有伊、管之才，「其論甚美，通達國體」，但又對賈誼的「不遇」，乃至見識有點意見，這也一直是後世討論賈誼的一個重要話題。

要注意的是，班固不僅在本傳中大量引用了賈誼的奏疏，他還在〈陳勝傳〉中因襲太史公的做法，引用了賈誼的〈過秦論〉，而在〈食貨志〉中則抄錄了賈誼的〈論積貯疏〉，將《漢書》中的賈氏論著與今本《新書》比勘對讀，既可發現其中的異同，亦可見史家的剪裁之功。

卷四十九

爰盎鼂錯傳第十九

【題解】本卷是爰盎與鼂錯二人的合傳。爰盎，以敢於直諫著稱，如勸文帝對淮南王劉長採取正確的處理方式、勸阻文帝與宦者趙談同座、慎夫人與皇后同席，景帝時勸阻立弟梁王劉武為嗣，都深識大體，也因直諫被梁王所派刺客暗殺。而鼂錯習申商刑名之學，為太子家令時號稱「智囊」，官至御史大夫。鼂錯議論時事，如「削藩」、勸農立本、徙民實邊，頗受文、景二帝重視。由於「削藩」引發吳楚七國之亂，被缺乏政治經驗的景帝斬於東市。有意思的是，二人同朝為臣，卻「未嘗同堂語」，相互傾軋，而司馬遷、班固也都以此為主線，將二人合傳，亦是千古奇觀。

1 爰盎❶，字絲。其父楚❷人也，故為群盜，徙安陵❸。高后❹時，盎為呂祿舍人❺。孝文❻即位，盎兄噲任盎為郎中❼。

2 絳侯為丞相❽，朝罷趨出，意得甚❾。上禮之恭，常目送之。盎進曰：「丞相何如人也？」上曰：「社稷臣❿。」盎曰：「絳侯所謂功臣，非社稷臣。社稷臣主在與在，主亡與亡。方呂后時，諸呂[11]用事，擅相王[12]，劉氏不絕如帶。是時絳侯為太尉，本兵柄[13]，弗能正。呂后崩，大臣相與共誅諸呂，太尉主兵，適會其成功，所謂功臣，非社稷臣。丞相如有驕主色，陛下謙讓，臣主失禮，竊[14]為陛下弗取也。」後朝，上益莊[15]，丞相益畏。已而絳侯望[16]盎曰：「吾與汝兄善，今兒迺毀我[17]！」盎遂不謝[18]。

3 及絳侯就國[19]，人上書告以為反，徵繫請室[20]。諸公莫敢為言，唯盎明絳侯無罪。絳侯得釋，盎頗有力。絳侯迺大與盎結交。

4 淮南厲王[21]朝，殺辟陽侯[22]，居處[23]驕甚。盎諫曰：「諸侯太驕必生患，可適[24]削地。」上弗許。淮南王益橫。謀反發覺，上徵淮南王，遷之蜀[25]，檻車[26]傳送。盎時為中郎將[27]，諫曰：「陛下素驕之，弗稍禁，以至此，今又暴[28]摧折之。淮南王為人剛[29]，有如遇霜露行道死，陛下竟為以天下大弗能容，有殺弟名，奈何？」上不聽，遂行之。

5 淮南王至雍[30]，病死，聞[31]，上輟食[32]，哭甚哀。盎入，頓首[33]請辠。上曰：「以不用公言至此。」盎曰：「上自寬，此往事，豈可悔哉？且陛下有高世行三，此不足以毀名。」上曰：「吾高世三者何事？」盎曰：「陛下居代[34]時，太后[35]

嘗病，三年，陛下不交睫(36)解衣，湯藥非陛下口所嘗弗進。夫曾參(37)以布衣猶難之，今陛下親以王者脩(38)之，過曾參遠矣。諸呂用事，大臣顓制(39)，然陛下從代乘六乘傳(40)，馳(41)不測淵，雖賁育(42)之勇不及陛下。陛下至代邸(43)，西鄉(44)讓天子者三，南鄉讓天子者再。夫許由(45)一讓，陛下五以天下讓，過許由四矣。且陛下遷淮南王，欲以苦其志，使改過，有司宿衛(46)不謹，故病死。」於是上迺解(47)，盎繇(48)此名重朝廷。

6 盎常引大體忼慨(49)。宦者趙談以數幸(50)，常害盎，盎患之。盎兄子種為常侍騎(51)，諫盎曰：「君眾辱之，後雖惡君，上不復信。」於是上朝東宮(52)，趙談驂乘(53)，盎伏車前曰：「臣聞天子所與共六尺輿(54)者，皆天下豪英。今漢雖乏人，陛下獨奈何與刀鋸之餘(55)共載？」於是上笑，下趙談。談泣下車。

7 上從霸陵(56)上，欲西馳下峻阪(57)，盎攬轡(58)。上曰：「將軍怯邪？」盎言曰：「臣聞千金之子不垂堂(59)，百金之子不騎衡(60)，聖主不乘危，不徼幸(61)。今陛下騁六飛(62)，馳不測山，有如馬驚車敗，陛下縱自輕，奈高廟、太后(63)何？」上乃止。

8 上幸上林(64)，皇后、慎夫人(65)從。其在禁中(66)，常同坐(67)。及坐，郎署長布席(68)，盎引卻慎夫人坐(69)。慎夫人怒，不肯坐。上亦怒，起。盎因前說曰：「臣聞尊卑有序則上下和，今陛下既以立后，慎夫人迺妾，妾主[70]豈可以同坐哉！且[71]陛下幸之，則厚賜之。陛下所以為慎夫人，適所以禍之也。獨不見『人豕[72]』乎？」於是上迺說，入語[73]慎夫人。慎夫人賜盎金五十斤。

9 然盎亦以數直諫，不得久居中。調為隴西都尉[74]，仁愛士卒，士卒皆爭為死。遷齊相[75]，徙為吳相[76]。辭行，種謂盎曰：「吳王[77]驕日久，國多姦，今絲欲刻治[78]，彼不上書告君，則利劍刺君矣。南方卑溼，絲能日飲，亡何[79]，說王毋反而已。如此幸得脫。」盎用種之計，吳王厚遇盎。

10 盎告歸[80]，道逢丞相申屠嘉[81]，下車拜謁[82]，丞相從車上謝[83]。盎還，媿其吏，乃之丞相舍上謁[84]，求見丞相。丞相良久乃見。因跪曰：「願請間[85]。」丞相曰：「使君[86]所言公事，之曹與長史掾議之[87]，吾且奏之；則[88]私，吾不受私語。」盎即起說曰：「君為相，自度孰與陳平[89]、絳侯？」丞相曰：「不如。」盎曰：「善，君自謂弗如。夫陳平、絳侯輔翼高帝，定天下，為將相，而誅諸呂，存劉氏；君迺為材官蹶張[90]，遷為隊帥[91]，積功至淮陽守[92]，非有奇計攻城野戰之功。且陛下從代來，每朝，郎官[93]者上書疏，未嘗不止輦[94]受。其言不可用，置之；言可采，未嘗不稱善。何也？欲以致[95]天下賢英士大夫，日聞所不聞，以益聖。而君自閉箝⑯天下之口，而日益愚。夫以聖主責愚相，君受禍不久矣。」丞相乃再拜曰：「嘉鄙人，迺不知，將軍幸教⑰。」引與入坐，為上客。

【章　旨】以上為〈爰盎傳〉的第一部分，以爰盎任官經歷為主線，通過他對文帝和丞相申屠嘉的幾次勸諫，寫他敢於直諫的特點。

【注　釋】❶爰盎　《史記》作「袁盎」。❷楚　指先秦時的楚國地區。❸安陵　縣名，治今陝西咸陽東北。❹高后　漢高祖皇后呂雉，即呂太后，其子惠帝時，她掌握實權，惠帝死後，她直接臨朝稱制（西元前一八八－前一八〇年），所以《史記》有〈呂太后本紀〉。❺呂祿舍人　呂祿，呂太后之兄呂釋之之子，是呂后執政的得力助手，先後封胡陵侯、武信侯、趙王，呂后八年（西元前一八〇年）被誅。舍人，戰國、秦和漢初王公貴官都有舍人，侍從左右，常用作門客、私屬官的通稱。❻孝文　即孝文帝劉恆，漢高祖之子，西元前一八〇至前一五七年在位，詳見本書卷四〈文帝紀〉。❼任盎為郎中　任，保任，漢代官員任命需要人薦舉，舉主為被薦之人擔保。郎中，《史記》作「中郎」，當從，為秦漢近侍之官，隸屬於郎中令（光祿勳）。❽絳侯為丞相　絳侯，即周勃，沛縣人，秦末隨劉邦起兵，漢朝建立後以功封絳（今山西侯馬東北）侯，食邑八千餘戶。漢高祖、惠帝時曾為太尉，文帝時為右丞相。丞相，全國最高行政長官，輔佐皇帝處理全國政務，與太尉、御史大夫合稱三公。秦朝設置左右丞相，漢高祖即位後改設一名，惠帝之後又分置左右丞相。❾意得甚　非常得意。❿社稷臣　對國家安危起決定任用的大臣。社稷本為朝廷對土地神和五穀神的祭祀場所，常用來指代國家。⓫諸呂　指呂產、呂祿等人，都是呂后的姪子。⓬擅相王　擅，擅自；任意。相王，用作動詞，任命丞相和分封諸侯王。⓭本兵柄　主持兵政；掌握兵權。《漢書補注》以為當作「主兵權」。⓮竊　個人；私下。表示恭敬的自謙之詞。⓯莊　莊重嚴肅。⓰望　怨望；責備。⓱今兒迺毀我　兒，孺子；小子。毀，詆毀。⓲謝　謝罪；認錯。⓳就國　到封國去。⓴徵繫請室　徵，徵召。繫，拘押。請室，請罪之室，即囚禁犯罪官吏的牢獄。㉑淮南厲王　劉邦的第七子劉長，文帝之弟，被封為淮南王，文帝六年（西元前一七四年）勾結匈奴謀反，被廢為庶人，遷徙蜀地，途中絕食而死。見本書卷四十四〈淮南厲王劉長傳〉。㉒辟陽侯　審食其，沛縣人，楚漢相爭時隨從呂后，因此被封為辟陽侯。呂后在位時任命為左丞相，文帝即位後免相，後因私怨被淮南王劉長所殺。㉓居處　起居，處世。泛指日常行為。㉔適　通「謫」。懲罰；處罰。㉕蜀　漢郡名，在今四川西部，治成都（今四川成都）。㉖檻車　囚車。㉗中郎將　官名，統領皇帝侍衛，隸屬於郎中令。㉘暴　猛烈。㉙剛　剛強。㉚雍　縣名，在今陝西鳳翔南。㉛聞　奏聞；上奏皇帝。㉜輟食　停止飲食。㉝頓首　叩頭。㉞代　諸侯國名，漢初都代（今河北蔚縣東北），後改都中都（今山西平遙西南）。文帝即位前為代王。㉟太后　指文帝生母薄太后。㊱交睫　合上睫毛，指睡眠。睫，眼睫毛。㊲曾參　春秋末魯國武城（今山東費城）人。孔子的學生，以孝著稱。㊳脩　實踐；實行。㊴顓制　專制；專權。顓，通「專」。㊵六乘傳　乘傳，驛館的馬車。六乘傳有兩種解釋：一說六輛驛車；一說六匹馬駕的驛車。㊶馳　奔向。㊷賁育　孟賁、夏育，皆古代的勇士。㊸代邸　代王在京師長安的住所。㊹鄉　通「向」。㊺許由　傳說中的上古隱士。據說堯以天下讓給他，許由拒絕接受。㊻有司宿衛　有司，古代設官分職，各有專司，所以稱官吏為有司。宿衛，《史記》作「衛」，護衛。㊼解　寬解；寬心。㊽繇　通「由」。㊾引大體忼慨　體，事物的法度、規矩。忼慨，意氣激昂。㊿數幸　多次被寵幸。(51)常侍騎　官名，隨侍皇帝。(52)東宮　漢代皇帝居住在未央宮，太后居住在長樂宮，在未央宮之東，故稱之為東宮。(53)驂乘　陪同乘車的人。(54)六尺輿　指皇帝乘坐的車輿。(55)刀鋸之餘　指受過宮刑的人。刀鋸都是古代的刑具，分別用於割刑和刖刑。(56)霸陵　漢文帝為自己修築的陵墓，位於灞水西岸，取水名以為陵號，陵在今陝西西安東郊白鹿原東北隅。(57)峻阪　陡峭的山坡。(58)擥轡　抓住馬的韁繩。擥，同「攬」。(59)不垂堂　擔心簷瓦落下打傷人。垂堂，堂屋的簷下。(60)騎衡　靠近樓殿邊的欄杆。騎，靠近。衡，樓殿邊的欄杆。(61)徼幸　同「僥倖」。(62)六飛　拉皇帝車輿的六匹馬。飛，形容馬奔走如飛。(63)高廟太后　指漢高祖和薄太后。(64)幸上林　幸，去；到。是皇帝到某處的專門稱呼。上林，苑名，供皇帝遊玩打獵的地方，故址在今陝西長安、周至一帶。(65)皇后慎夫人　皇后，指竇皇后，傳見本書卷九十七上〈外戚傳上〉。慎夫人，邯鄲（今河北邯鄲）人，文帝之妾。(66)禁中　宮中。宮中門戶有禁，非侍御者不得入，故稱「禁中」。(67)同坐　同席而坐。古時席地而坐，尊者專席獨坐，同席而坐意味著在坐次上不區別尊卑。(68)郎署長布席　郎署，直衛的官署。郎署長，郎署的長官。布席，鋪設座席。(69)引卻慎夫人坐　引卻，撤下；撤後。坐，座席。(70)主　指皇后。(71)且　如果。(72)人豕　《史記》作「人彘」，指戚夫人。戚夫人是漢高祖寵愛的妃子，曾經同呂后爭立太子。高祖死後，呂后將她囚禁，並殘害身體的諸多部位，置於廁所，呼為「人彘」。(73)語　告訴。(74)隴西都尉　隴西，漢郡名，治狄道（今甘肅臨洮）。都尉，官名，輔佐郡守，負責全郡軍事。(75)齊相　齊王國的丞相。漢初，諸侯國仿照朝廷設置丞相，統率王國官員，景帝中五年，改稱相。齊國定都於臨淄（今山東淄博）。(76)吳相　吳王國的丞相。吳國定都於吳縣（今江蘇蘇州）。(77)吳王　指吳王劉濞，劉邦兄劉仲之子，事詳本書卷三十五〈吳王劉濞傳〉。(78)絲欲

刻治　絲，爰盎的字，古人稱對方之名通常在長對幼、上對下、尊對卑時，否則只能稱字，以示尊敬。爰種是爰盎的姪子，所以稱字。刻治，揭發罪行，加以懲治。79亡何　更無他事，意指不管其他的事。亡，通「無」。80告歸　告假回鄉。81申屠嘉　複姓申屠，名嘉，梁（今河南）人。早年隨劉邦擊項羽、黥布，為都尉。曾任淮陽郡守、御史大夫等職，文帝後元二年（西元前一六二年）任丞相。詳見本書卷四十二〈申屠嘉傳〉。82拜謁　拜見。83謝　辭別；告辭。據本書〈申屠嘉傳〉，申屠嘉任丞相時的特點之一便是「不受私謁」。84謁　名帖；名片。85請間　指讓身邊的人暫時離開，以便祕密進言。間，間隙。86使君　對奉命出使者的尊稱。爰盎為吳王國丞相，由朝廷任命，所以申屠嘉稱他為「使君」。87之曹與長史掾議之　曹，丞相府官署，因分曹辦事，故省稱「曹」。長史，丞相的主要輔佐，共二人，相當於丞相府的總管，負責為丞相出謀劃策，或奉命代表丞相外出，處理重大事務。掾，又稱掾史，丞相府各曹的辦事官吏。88則　如果。89自度孰與陳平　度，估計。孰與，與……比起來，怎麼樣。陳平，陽武（今河南原陽）人，本為項羽部下，後投奔劉邦，是劉邦奪取天下的主要謀士之一，惠帝、呂后、文帝時曾任丞相，詳見本書卷四十〈陳平傳〉。90材官蹶張　材官，指勇猛的武士，漢代為選拔武士的科目之一。蹶張，用腳踏弩，使之張開。91隊帥　隊長。92淮陽守　淮陽郡守。淮陽，漢郡國名，治陳（今河南淮陽）。93郎官　指中郎、侍郎、郎中等官吏，都是皇帝的侍從。94輦　本指人拉的車子，秦漢以後專指帝王后妃所乘的車。95致　招攬；招致。96閉箝　封閉，鉗制。97幸教　承蒙教誨。

【語　譯】爰盎，字絲。他父親是楚地人，曾經做過強盜，後來遷居到安陵。呂后在位的時候，爰盎做過呂祿的舍人。漢文帝即位後，爰盎的哥哥爰噲保任他做了中郎。

2　絳侯周勃做丞相，退朝後就快步出來，十分得意。文帝對他很恭敬，常常目送他離開。爰盎對文帝說：「陛下認為丞相是怎樣的人？」文帝答：「國家的重臣。」爰盎說：「絳侯是通常所說的功臣，不是國家的重臣。國家重臣與君主共存亡。當呂后在位的時候，諸呂掌權，任意任命丞相、封王，劉家天下像一條快要斷的絲帶。當時絳侯身為太尉，掌握兵權，不能加以糾正。呂后去世，大臣們一道誅滅諸呂，太尉掌握軍隊，恰好碰上成功的機會，所以我稱他為功臣，而不是國家重臣。丞相如果對陛下有驕氣，您卻對他很謙讓，臣子與主上都失了禮節，我認為您不應該這樣。」後來上朝，皇上越來越莊重嚴肅，丞相逐漸感到畏懼。後來絳侯埋怨爰盎說：「我和你哥哥相好，現在你這小子竟然詆毀我！」爰盎終究不肯向絳侯謝罪。

3 等到絳侯被免相回到封國，有人上書告發他謀反，絳侯被徵召到京師拘押在請罪之室。各位公卿都不敢替他說情，只有爰盎說明絳侯沒有罪過。絳侯能被釋放，爰盎出了不少力。絳侯於是全心與爰盎結交。

4 淮南厲王劉長進京朝見時，殺死了辟陽侯，舉止行為非常驕橫。爰盎勸文帝說：「諸侯太驕橫一定會出禍患，應該加以責罰，削減封地。」文帝不答應。淮南王更加驕橫。謀反的事被發覺後，皇上徵召淮南王，並將他流放到蜀地，用囚車傳送。爰盎當時任中郎將，勸諫道：「陛下向來驕縱淮南王，從不稍加管束，所以到了這個地步，現在又猛烈地摧折他。淮南王為人剛強，如果遭受霜露死在路上，陛下以天下之大卻不能容他，就會背上殺弟的名聲，怎麼辦？」文帝不聽，終於流放了淮南王。

5 淮南王走到雍縣，病死，消息傳來，文帝不吃飯，哭得很悲傷。爰盎進來，叩頭請罪。文帝說：「由於沒聽你的意見，才出現這樣的結果。」爰盎說：「請皇上自己寬心，這是已經過去了的事，難道可以後悔嗎？況且您有三件超越往世的行為，這件事不足以毀壞您的名聲。」文帝問：「我超越往世的行為是哪三件？」爰盎說：「陛下在代國的時候，太后曾經生病，三年中，陛下不合眼、不脫衣，湯藥不是陛下親口嘗過的不進奉給太后。曾參作為平民尚且難以做到，陛下身為君主卻親自實踐，遠超過曾參的孝行。諸呂當權，大臣專斷，而陛下從代國乘六輛驛車奔向難測吉凶的京師，即使孟賁、夏育的英勇也不如您。陛下抵達京師的代王官邸後，面朝西三次辭讓皇位，面朝南兩次辭讓皇位。許由辭讓君位一次，而陛下五次辭讓皇位，超過許由四次。況且陛下放逐淮南王，是要讓他的心志受些苦，使他改正錯誤，有關官吏護衛不謹慎，所以他才病死。」於是皇帝才寬慰一些，爰盎因此在朝廷聲名大振。

6 爰盎經常稱引大義，慷慨激昂。宦官趙談因為屢次得到皇帝寵幸，常常陷害爰盎，爰盎對此很憂慮。爰盎哥哥的兒子爰種擔任常侍騎，勸爰盎說：「您當眾羞辱他，今後即便中傷你，皇上也不再相信。」當文帝前去東宮朝見太后時，趙談陪乘，爰盎拜伏在車前說：「我聽說陪天子共同乘坐六尺車輿的，都是天下的豪傑英雄。現在漢朝即使缺乏人才，陛下為什麼單單同受過宮刑的人共乘一車呢？」於是皇帝笑了起來，讓趙談下車。趙談流著淚下了車。

7 文帝想從霸陵上山，再從西面奔馳下陡坡，爰盎拉住馬的韁繩。文帝問：「將軍是害怕嗎？」爰盎回答說：「我聽說家有千金的人不坐在堂屋的簷下，家有百金的人不靠近樓殿邊的欄杆，聖明的君主不置身於危險之中而心存僥倖。現在陛下要馳騁六匹快馬，從險峻的山坡上飛馳而下，如果馬受驚，車被毀，陛下縱然看輕自己，怎麼對得起高祖和太后？」文帝於是停住車。

8 文帝到上林苑，竇皇后、慎夫人隨從。兩個人在宮中經常同席並坐。等到就坐的時候，郎署長官鋪設座席，爰盎將慎夫人的座席撤後。慎夫人生氣，不肯入坐。文帝也生氣，站起來。爰盎就上前勸說道：「我聽說尊卑有別就上下和睦。現在陛下既然已經立了皇后，慎夫人只是姬妾，姬妾和皇后怎麼可以同席而坐！如果陛下寵愛慎夫人，可以厚賞她。陛下現在替慎夫人著想的做法，恰好成了危害她的原因。陛下難道不知道『人彘』嗎？」於是文帝才高興起來，進去告訴慎夫人。慎夫人賞賜給爰盎黃金五十斤。

9 然而爰盎也因為多次直言進諫，不能長期留在朝中。他被調任隴西都尉，愛護士兵，士兵爭著為他出力。被提升為齊王國的丞相，又調任吳王國的丞相。辭行的時候，爰種對他說：「吳王長期驕橫，國內違法作奸之事很多，你現在如果想要揭發懲治，他不上書控告你，就會派人用利劍刺殺你。南方地勢低窪潮溼，你不如天天喝酒，不管其他事情，只勸說吳王不要造反。這樣做，就可以僥倖脫險。」爰盎採用爰種的計策，吳王很厚待他。

10 爰盎告假回鄉，在路上遇見丞相申屠嘉，下車要求拜見，丞相在車上辭謝。爰盎辭退後，面對屬下很羞愧，於是到丞相府送上名帖，請求進見丞相。丞相過了很長時間才接見他。於是，爰盎跪下說：「希望屏退左右，單獨談話。」丞相說：「如果你要說的是公事，到丞相府同長史、曹掾商議之後，若有必要我將奏陳上去；如果是私事，我不同官員私下談話。」爰盎立即起身，問：「您做丞相，跟陳平、絳侯比，自己覺得如何？」丞相答：「不如他們。」爰盎說：「好，您自認不如。陳平、絳侯輔佐高祖，平定天下，做了將相，又誅滅諸呂，保住劉氏江山；您原本只是個踏強弩的材官，提升為隊長，積累功勞做到淮陽郡守，並沒有奇謀妙計，攻城取勝的大功。況且陛下自從離開代國即位以來，每次朝會，侍從郎官呈上奏章、報告，都要停輦聽取。意見不能採用就擱置起來，意見可以採用，沒有不加以稱許的。這是為什麼呢？是想藉此招攬天下賢明的士大夫，每天都聽到以前未聽說過的，所以皇上越來越聖明。而您自己把天下人之口鉗制住，也就一天比一天愚昧。以聖明的君主來責求愚昧的丞相，您得禍的日子不遠了。」丞相於是向爰盎拜了兩拜，說：「我申屠嘉是個粗鄙的人，不懂這些，有幸得到將軍的教誨。」請爰盎進去落坐，待為上客。

盎素不好鼂錯❶，錯所居坐，盎輒避；盎所居坐，錯亦避。兩人未嘗同堂語。及孝景❷即位，鼂錯為御史大夫❸，使吏案❹盎受吳王財物，抵辠❺，詔赦以為庶人❻。吳楚反❼聞，錯謂丞史❽曰：「爰盎多受吳王金錢，專為蔽匿，言不反。今果反，欲請治盎，宜知其計謀。」丞史曰：「事未發，治之有絕❾。今兵西向❿，治之何益！且盎不宜有謀。」錯猶與⓫未決。人有告盎，盎恐，夜見竇嬰⓬，為言吳所以反，願至前，口對狀。嬰入言，上迺召盎。盎入見，竟言吳所以反，獨急斬錯以謝吳，吳可罷⓭。上拜盎為泰常⓮，竇嬰為大將軍⓯。兩人素相善。是時，諸陵⓰長安中賢大夫爭附兩人，車騎隨者日數百乘。

及鼂錯已誅，盎以泰常使吳。吳王欲使將⓱，不肯。欲殺之，使一都尉⓲以五百人圍守盎軍中。初，盎為吳相時，從史盜私盎侍兒⓳。盎知之，弗泄，遇之如故。人有告從史，「君知女與侍者通」，迺亡去。盎驅自追之，遂以侍者賜之，復為從史。及盎使吳見守，從史適在守盎校為司馬⑳，迺悉以其裝齎買二石醇醪㉑，會天寒，士卒飢渴，飲醉西南陬㉒卒，卒皆臥。司馬夜引盎起，曰：「君可以去矣，吳王期旦日㉓斬君。」盎弗信，曰：「何為者？」司馬曰：「臣故為君從史盜侍兒者也。」盎乃驚，謝曰：「公幸有親㉔，吾不足絫公。」司馬曰：「君弟㉕去，臣亦且亡，辟㉖吾親，君何患！」迺以刀決帳㉗，道㉘從醉卒直出。司馬與分背㉙。盎解節旄懷之㉚，屐㉛步行七十里，明，見梁㉜騎，馳去。遂歸報。

【章　旨】以上為〈爰盎傳〉的第二部分，寫爰盎與鼂錯之間的傾軋以及爰盎使吳的經歷。由於爰盎引外戚竇嬰為援，並利用景帝面對七國之亂時政治經驗的缺乏，成為二人爭鬥中的勝者。

【注　釋】❶素不好鼂錯　素，向來。鼂錯，本卷後文即為〈鼂錯傳〉，可參考。❷孝景　即漢景帝劉啟，文帝之子，西元前一五六—前一四一年在位，詳見本書卷五〈景帝紀〉。❸御史大夫　官名，秦朝始設，為全國最高監察長官，地位僅次於丞相。漢代沿置，為丞相之副，參與國家大事的決策。主要執掌司法和監察，與丞相、太尉合稱三公。❹案　案問；審問。❺抵辠　獲得應負的罪罰。❻庶人　平民。❼吳楚反　漢景帝前三年（西元前一五四年），吳王劉濞聯合楚王劉戊、膠東王劉雄渠、膠西王劉卬、菑川王劉賢、濟南王劉辟光、趙王劉遂等發動叛亂，史稱「七國之亂」，三個月後被平定。❽丞史　御史大夫屬官，如御史中丞、侍御史、治書御史等。❾絕　斷絕，指斷絕吳王的反叛念頭。❿西向　向西。⓫猶與　同「猶豫」。遲疑不決。⓬竇嬰　觀津（今河北武邑）人，景帝母竇太后的堂姪，七國叛亂後被任命為大將軍，以功封為魏其侯。武帝時曾任丞相，後獲罪被殺。詳見本書卷五十二〈竇嬰傳〉。⓭罷　罷兵。⓮泰常　即「太常」，官名，秦漢九卿之一，掌宗廟禮儀，兼掌選試博士。⓯大將軍　官名，漢朝設置的將軍名號很多，其中大將軍權力最大、地位最高，執掌統兵征伐。⓰諸陵　指長安附近的皇陵，如長陵、安陵、霸陵等，漢朝多次將高官富豪之家遷移到皇陵附近居住。⑰將　擔任將軍。⑱都尉　武官名，級別比將軍略低。⑲從史盜私盎侍兒　從史，侍從官。盜私，暗中私通。侍兒，婢女。⑳在守盎校為司馬　校，軍隊的一部分。司馬，武官名，這裡指校中的長官。㉑以其裝齎買二石醇醪　裝齎，攜帶的行裝。醇醪，味道濃厚的美酒。㉒陬隅；角落。㉓期旦日　期，約定時間。旦日，明日。㉔親　親人。㉕弟　通「第」。但；只管。㉖辟　通「避」。隱藏；藏匿。㉗決帳　割開軍中帷幕。㉘道　通「導」。引導。㉙分背　分別；背道而行。㉚解節旄懷之　節旄，符節上用旄牛尾做的飾物。懷，藏在懷中。符節是使者出使的重要信物，爰盎在危急之中無法將符節全部帶走，解下節旄是為了到時向他人表明自己的身分。㉛屐　木屐；木底有齒的鞋子。㉜梁　漢諸侯國名，都睢陽（今河南商丘南）。

【語　譯】爰盎向來不喜歡鼂錯，鼂錯在某處，爰盎就避開；爰盎在某地，鼂錯也避開。兩人不曾同在一處談話。等到景帝即位，鼂錯做了御史大夫，派官吏審查爰盎收取吳王財物的事，爰盎因此被判罪，詔令赦免，降為平民。吳楚反叛的消息傳來，鼂錯對丞史說：「爰盎收取了吳王很多金錢，專門替他隱瞞，說他不會謀反。現在果然反了，我想請求皇上下令審問爰盎，他應當知道吳王的陰謀。」丞史說：「事情沒發生前，審問他可能斷絕吳王反叛的念頭。現在叛軍已經向西進攻，審問他有什麼用！況且爰盎也不應有什麼陰謀。」鼂錯猶豫未決。有人告訴爰盎，爰盎害怕，夜裡去見竇嬰，對他說了吳國反叛的原因，希望能到皇帝面前，當面對質。竇嬰進宮向皇帝報告，景帝便召見爰盎。爰盎見到皇上，詳細陳述了吳王反叛的原因，只有趕緊殺了鼂錯向吳王道歉，吳軍才能撤退。景帝任命爰盎為太常，竇嬰做大將軍。這兩人向來關係很好。此時，居住在諸陵和長安的賢大夫都爭相結交他們，跟隨他們的車馬每天有數百輛。

等到鼂錯被處死後，爰盎以太常的身分出使吳國。吳王想讓他做將軍，爰盎不答應。吳王想殺他，派了一名都尉率五百人把爰盎圍守在軍中。當初爰盎做吳國丞相的時候，有個從史偷偷和爰盎的婢女私通。爰盎知道這事，但沒有說，待他和以往一樣。有人告訴從史，說「爰盎知道你和婢女私通」，從史就逃走。爰盎親自乘車去追趕，於是把婢女賜給他，仍舊讓他做從史。等到爰盎出使吳國而被圍困時，從史正好擔任圍困爰盎的校尉司馬，就用自己的行裝購買了二石濃厚的美酒，正趕上天氣寒冷，士兵又餓又渴，讓西南角的士兵都喝醉了，躺在地上。司馬夜裡帶著爰盎動身，說：「您可以逃出去了，吳王約定明天殺您。」爰盎不相信，問：「你是什麼人？」司馬說：「我是曾經做您的從史並私通婢女的那個人。」爰盎這才大驚，感謝道：「你還有親人，不值得因為我連累你。」司馬說：「您只管離開，我也要逃走，把我的親人藏起來，您擔心什麼！」於是用刀割開帳幕，領著爰盎從醉臥士兵中徑直走出來。司馬同爰盎分別，反身而去。爰盎解下節旄，揣在懷中，穿著木屐走了七十里，天亮的時候，遇見梁國的騎兵，飛奔而回。於是返回朝廷報告。

吳楚已破，上更以元王子平陸侯禮❶為楚王，以盎為楚相。嘗上書，不用。盎病免家居，與閭里浮湛❷，相隨行鬬雞走狗。雒陽劇孟嘗過盎❸，盎善待之。安陵富人有謂盎曰：「吾聞劇孟博徒❹，將軍何自通❺之？」盎曰：「劇孟雖博徒，然母死，客送喪車千餘乘，此亦有過人者。且緩急❻人所有。夫一日叩門，不以親為解❼，不以在亡為辭❽，天下所望者，獨季心❾、劇孟。今公陽❿從數騎，一旦有緩急，寧⓫足恃乎？」遂罵富人，弗與通。諸公聞之，皆多⓬盎。

盎雖居家，景帝時時使人問籌策⓭。梁王欲求為嗣⓮，盎進說，其後語塞⓯。梁王以此怨盎，使人刺盎。刺者至關中，問盎，稱之皆不容口⓰。迺見盎曰：「臣受梁王金刺君，君長者⓱，不忍刺君。然後刺者十餘曹⓲，備之！」盎心不樂，家多怪，迺之棓生所問占⓳。還，梁刺客後曹果遮刺殺盎安陵郭門外。

【章　旨】以上為〈爰盎傳〉的第三部分，寫七國之亂以後爰盎的經歷，由於他曾勸阻景帝立梁王為嗣，最後被梁王所派刺客暗殺。

【注　釋】❶平陸侯禮　楚元王劉交的兒子劉禮，景帝元年封為平陸侯。平陸，在今河南尉氏東北。❷浮湛　隨波逐流。湛，通「沉」。❸雒陽劇孟嘗過盎　雒陽，即洛陽，故城在今河南洛陽東北。劇孟，漢初游俠，事見本書卷九十二〈劇孟傳〉。過，拜訪。❹博徒　賭徒。❺通　結交。❻緩急　危急的事。緩字無義。❼解　推託；推諉。❽不以在亡為辭　在亡，在與不在，即生死。辭，託辭。❾季心　漢初游俠，季布之弟，因殺人躲藏在爰盎家裡。本書卷三十七有其附傳。❿陽　《史記》作「常」，當從。⓫寧　豈；難道。⓬多　推崇；稱讚。⓭籌策　計策。⓮梁王欲求為嗣　梁王，指梁孝王劉武，漢文帝之子，漢景帝之弟。求為嗣，請求立為景帝的繼承人。見本書卷四十七〈梁孝王劉武傳〉。⓯語塞　語，指立梁孝王為嗣的話。塞，堵塞；塞住。⓰不容口　口中裝不下。稱之皆不容口，即讚不絕口之意。⓱長者　謹慎厚道之人。⓲曹　輩；批。⓳迺之棓生所問占　棓生，姓棓的術士。問占，占卜吉凶。

【語　譯】吳楚叛軍被擊破後，景帝又封楚元王之子平陸侯劉禮為楚王，讓爰盎做楚國的丞相。爰盎曾上書言事，不被採納。爰盎因病免官，在家閒居，和鄉里的人一起隨波逐流，鬥雞走狗。雒陽劇孟曾去拜訪爰盎，爰盎熱情地接待他。安陵有個富人對爰盎說：「我聽說劇孟是個賭徒，將軍為什麼和他打交道？」爰盎說：「劇孟雖然是個賭徒，但他的母親去世時，送葬的賓客車子有一千多輛，這說明他也有過人之處。況且人都有危急的事情。一旦因此叩門向人求助，不以父母活著來推託，不以生死安危而推辭，天下人所能指望的，只有季心、劇孟。現在你經常有幾個人騎馬跟隨，一旦有了危急，難道足以依賴嗎？」於是罵富人，不和他交往。朋友們知道這件事後，都稱許爰盎。

爰盎雖然閒居在家，景帝常常派人來詢問計策。梁王想成為帝位的繼承人，爰盎進諫，此後立梁王為嗣的話便被堵住了。梁王因此怨恨爰盎，派人行刺爰盎。刺客到了關中，打聽爰盎的為人，大家對他都讚不絕口。刺客就去見爰盎，說：「我接受了梁王的金錢來刺殺您，您是個謹慎厚道的人，我不忍心刺殺您。但後面的刺客還有十多批，要防備他們！」爰盎心裡很不高興，家中又發生了很多怪事，就到棓生那兒占卜吉凶。

回家的時候，後到的梁國刺客果然攔住了他，將他刺殺在安陵城門外面。

鼂錯，潁川❶人也。學申商刑名於軹張恢生所❷，與雒陽宋孟及劉帶同師。以文學為太常掌故❸。

錯為人陗直刻深❹。孝文時，天下亡治尚書❺者，獨聞齊有伏生❻，故秦博士❼，治尚書，年九十餘，老不可徵❽。迺詔太常，使人受之。太常遣錯受尚書伏生所，還，因上書稱說❾。詔以為太子舍人，門大夫❿，遷博士。又上書言：「人主所以尊顯功名揚於萬世之後者，以知術數⓫也。故人主知所以臨制⓬臣下而治其眾，則群臣畏服矣；知所以聽言受事，則不欺蔽矣；知所以安利萬民，則海內必從矣；知所以忠孝事上，則臣子之行備矣⓭：此四者，臣竊為皇太子急⓮之。人臣之議或曰皇太子亡以知事為⓯也，臣之愚，誠以為不然。竊觀上世之君⓰，不能奉其宗廟⓱而劫殺於其臣者，皆不知術數者也。皇太子所讀書多矣，而未深知術數者，不問書說⓲也。夫多誦而不知其說，所謂勞苦而不為功。臣竊觀皇太子材智高奇，馭射伎藝⓳過人絕遠，然於術數未有所守⓴者，以陛下為心㉑也。竊願陛下幸擇聖人之術可用今世者，以賜皇太子，因時使太子陳明於前。唯陛下裁察㉒。」

上善之，於是拜錯為太子家令㉓。以其辯㉔得幸太子，太子家號曰「智囊㉕」。

【章旨】以上為〈鼂錯傳〉的第一部分，寫鼂錯的思想淵源與早期為官經歷。他強調太子當知「術數」，這與他曾經學習「申商刑名」直接相關，而他的被太子所幸，號為「智囊」，則反映出西漢前期主流思想道家的黃老之學與申商刑名的親近關係。

【注釋】❶潁川　漢郡名，治陽翟（今河南禹州）。❷學申商刑名於軹張恢生所　申商，指申不害和商鞅。申不害是戰國中期鄭國京（今河南滎陽）人，曾經在韓國為相十餘年，他一方面主張循名責實，以法治國，另一方面強調君主要善於運用「術」，以駕馭臣下。商鞅是戰國中期衛國人，在思想上主張以法治國，強調法令制度要與時勢相適應，「治世不一道，便國不法古」，曾輔佐秦孝公變法，使秦成為富強的國家，為後來秦始皇統一全國奠定了基礎。刑名，即形名，形指事物的實體，名指事物的名稱，關於形名關係的討論是當時各家學說的重要話題，法家主張名實相副，循名責實，由此提出以法治國、賞罰嚴明的政治主張。軹，縣名，在今河南濟源東南。張恢生，即張恢先生。❸太常掌故　官名，太常的屬官。❹陗直刻深　陗直，嚴厲剛直。刻深，嚴酷苛刻。❺治尚書　治，研究。尚書，先秦儒家典籍，本來稱《書》，漢代又稱《尚書》、《書經》。「尚」即上，是說書中所載都是上古史事，稱為「經」是因為漢武帝時置《五經》博士，《尚書》是其中之一。《尚書》主要是商周時期統治者的一些講話記錄和文告，部分篇目由春秋戰國時人根據古代資料編撰而成。自漢代開始《尚書》分今文和古文兩個本子，其中今文二十八篇，古文二十五篇，對於二者的文字釋讀、思想內容、真偽問題、史料價值等方面的討論，一直是學術界關注的問題。關於《尚書》的流傳，可參考本書卷八十八〈儒林傳〉。❻伏生　即伏勝，漢代《今文尚書》的最早傳授者，本書卷八十八有其傳。❼博士　秦代設置的學官，通曉古今，以待帝王詢問，並掌文獻典籍。至漢武帝設《五經》博士後，博士專掌某一部儒家經典的傳授。❽徵　徵召。❾上書稱說　《史記》作「因上便宜事，以《書》稱說」，意為在上書議論政事時稱引《尚書》。❿太子舍人二句　都是太子的屬官，當時的太子為劉啟，即後來的景帝。⓫術數　指法制，治國之術，但從鼂錯的學術淵源與後文的內容，他所說的術數更強調的是統治者操縱政治、駕馭臣下的方法，類似後世所說的權術。⓬臨制　君臨控制，駕馭。⓭知所以二句　忠孝事上，指以忠事君主，以孝事父母。臣子，指臣下和子女。行，品行。⓮急　著急。⓯亡以知事為　無須知道這些事。亡，通「無」。⓰君　君主的兒子。⓱不能奉其宗廟　意為失去君主的身分，亦即失去政權。宗廟，對君主祭祀祖先的祠廟的稱呼。⑱書說　書中的解釋；書中的道理。⑲伎藝　通「技藝」。⑳守　持有；掌握。㉑以陛下為心　考慮的是皇上，意指擔心皇上懷疑他（急於想做皇帝）。㉒裁察　決定考慮。㉓太子家令　太子屬官，秩八百石。㉔辯　能言善辯。㉕智囊　指足智多謀。

【語　譯】鼂錯，潁川郡人。曾在軹縣張恢先生那裡學習申不害、商鞅的刑名學說，與雒陽的宋孟和劉帶拜的是同一個老師。因為通曉文學，擔任了太常掌故。

　　鼂錯為人嚴厲剛直，又很苛刻。漢文帝的時候，天下沒有研究《尚書》的人，只聽說齊國地區有位伏勝，原來是秦朝的博士，研究《尚書》，已經九十多歲，年老不能徵召到京師。文帝於是下令太常派人去學習。太常派遣鼂錯到伏勝那裡學習《尚書》，學習回來，鼂錯就上書談論政事，稱引《尚書》的內容。皇帝下詔任命他做太子舍人、門大夫，又升為博士。鼂錯又上書說：「君主之所以能夠使其尊貴顯赫、功績名聲流傳到萬世之後，是因為懂得治國的謀略。因此，如果君主懂得如何運用駕馭臣下的方法來控制他們，那麼群臣就會敬畏服從；懂得如何聽取意見，處理政事，就不會被欺騙蒙蔽；懂得如何使萬民安定受益，那麼天下就會順從；太子懂得如何對皇上忠誠孝順，那麼就擁有了做臣子的品行：這四個方面，我在私下裡很為皇太子著急。有些大臣的意見認為，皇太子不必懂得這些事，依我的愚見，這種觀點不對。我私下考察前世的君主，不能祭祀他們的祖先而被大臣把持或殺死的，都是因為不懂治國的謀略。皇太子讀書很多，但並不理解治國謀略，那是因為沒有深究書中的道理。讀了許多書卻不懂其中的道理，這就是人們所說的勞而無功。我看皇太子的才能智慧優異，騎馬射箭的技藝遠超過一般人，但對於治國的謀略還未能掌握，那是因為心中想著陛下。希望您從古代聖賢治國的謀略中選擇適用於現在的部分，賜給皇太子，並在固定時間讓太子在您面前闡述。希望您考慮採納。」文帝認為很對，於是任命鼂錯為太子家令。鼂錯因為能言善辯，得到太子寵幸，太子宮內的人稱他為「智囊」。

1 是時匈奴❶彊，數寇邊❷，上發兵以禦之。錯上言兵事，曰：

2 「臣聞漢興以來，胡虜❸數入邊地，小入則小利，大入則大利；高后時再入隴西❹，攻城屠邑，敺略畜產；其後復入隴西，殺吏卒，大寇盜。竊聞戰勝之威，民氣百倍；敗兵之卒，沒世❺不復。自高后以來，隴西三困於匈奴矣，民氣破傷，亡有勝意。今茲隴西之吏，賴社稷之神靈，奉陛下之明詔，和輯❻士卒，底厲❼其節，起破傷之民以當乘勝之匈奴，用少擊眾，殺一王❽，敗其眾而大有利。非隴西之民有勇怯，迺將吏之制巧拙異也。故兵法曰：『有必勝之將，無必勝之民。』繇❾此觀之，安邊境，立功名，在於良將，不可不擇也。

3 「臣又聞用兵，臨戰合刃之急❿者三：一曰得地形，二曰卒服習⓫，三曰器用利。兵法曰：丈五之溝，漸⓬車之水，山林積石，經川丘阜⓭，山木所在，此步兵之地也，車騎二不當一。土山丘陵，曼衍相屬⓮，平原廣野，此車騎之地，步兵十不當一。平陵相遠⓯，川谷居間，仰高臨下，此弓弩之地也，短兵百不當一。兩陳⓰相近，平地淺中，可前可後，此長戟之地也，劍楯三不當一。萑葦竹蕭⓱，山木蒙蘢⓲，支⓳葉茂接，此矛鋋⓴之地也，長戟二不當一。曲道相伏㉑，險阸相薄㉒，此劍楯之地也，弓弩三不當一。士不選練，卒不服習，起居不精㉓，動靜不集[24]，趨利弗及，避難不畢[25]，前擊後解[26]，與金鼓之指[27]相失，此不習勒[28]卒之過也，百不當十。兵不完利[29]，與空手同；甲不堅密，與袒裼[30]同；弩不可以及遠，與短兵同；射不能中，與亡矢同；中不能入，與亡鏃[31]同：此將不省[32]兵之禍也，五不當一。故兵法曰：器械不利，以其卒予[33]敵也；卒不可用，以其將予敵也；將不知兵，以其主予敵也；君不擇將，以其國予敵也。四者，兵之至要也。

4 「臣又聞小大異形[34]，彊弱異勢，險易異備[35]。夫卑身[36]以事彊，小國之形也；合小以攻大，敵國[37]之形也；以蠻夷攻蠻夷，中國[38]之形也。今匈奴地形技藝與中國異。上下山阪，出入溪澗，中國之馬弗與[39]也；險道傾仄[40]，且馳且射，中國之騎弗與也；風雨罷[41]勞，飢渴不困，中國之人弗與也：此匈奴之長技也。若夫平原易地，輕車突騎[42]，則匈奴之眾易撓亂[43]也；勁弩長戟，射疏[44]及遠，則匈奴之弓弗能格[45]也；堅甲利刃，長短相雜，游弩[46]往來，什伍[47]俱前，則匈奴之兵弗能當也；材官騶[48]發，矢道同的[49]，則匈奴之革笥木薦[50]弗能支也；下馬地鬭，劍戟相接，去就相薄[51]，則匈奴之足弗能給[52]也：此中國之長技也。以此觀之，匈奴之長技三，中國之長技五，陛下又興數十萬之眾，以誅數萬之匈奴，眾寡之計，以一擊十之術也。

5 「雖然，兵，凶器；戰，危事也。以大為小，以彊為弱，在俛卬[53]之間耳。夫以人之死爭勝，跌[54]而不振，則悔之亡及也。帝王之道，出於萬全。今降胡義渠[55]蠻夷之屬來歸誼[56]者，其眾數千，飲食長技與匈奴同，可賜之堅甲絮衣，勁弓利矢，益以邊郡之良騎。今明將能知其習俗和輯其心者，以陛下之明約[57]將之。即[58]有險阻，以此當之；平地通道，則以輕車材官制之。兩軍相為表裡，各用其長技，衡[59]加之以眾，此萬全之術也。

6 「傳[60]曰：『狂夫[61]之言，而明主擇焉。』臣錯愚陋，昧死[62]上狂言，唯陛下財擇[63]。」

7 文帝嘉之，乃賜錯璽書寵荅[64]焉，曰：「皇帝問太子家令：上書言兵體[65]三章，聞之。書言『狂夫之言，而明主擇焉』。今則不然。言者不狂，而擇者不明，國之大患，故在於此。使夫不明擇於不狂，是以萬聽而萬不當也。」

8 錯復言守邊備塞，勸農立本[66]，當世急務二事，曰：

9 「臣聞秦時北攻胡貉[67]，築塞河上[68]；南攻揚粵[69]，置戍卒焉。其起兵而攻胡、粵者，非以衛邊地而救民死也，貪戾而欲廣大[70]也，故功未立而天下亂。且夫起兵而不知其勢[71]，戰則為人禽[72]，屯則卒積死[73]。夫胡貉之地，積陰[74]之處也，木皮三寸，冰厚六尺，食肉而飲酪，其人密理[75]，鳥獸毳毛[76]，其性能[77]寒。揚粵之地少陰多陽，其人疏理[78]，鳥獸希毛[79]，其性能暑。秦之戍卒不能其水土，戍者死於邊，輸者僨[80]於道。秦民見行，如往棄市，因以謫[81]發之，名曰『謫戍』。先發吏有謫及贅壻[82]、賈人，後以嘗有市籍[83]者，又後以大父母[84]、父母嘗有市籍者，後入閭，取其左[85]。發之不順，行者深恐，有背畔[86]之心。凡民守戰至死而不降北[87]者，以計為之也。故戰勝守固則有拜爵之賞，攻城屠邑則得其財鹵[88]以富家室，故能使其眾蒙[89]矢石，赴湯火，視死如生。今秦之發卒也，有萬死之害，而亡銖兩[90]之報，死事之後不得一算之復[91]，天下明知禍烈及己也。陳勝[92]行戍，至於大澤，為天下先倡，天下從之如流水者，秦以威劫而行之之敝也[93]。

「胡人衣食之業不著[94]於地，其勢易以擾亂邊竟[95]。何以明之？胡人食肉飲酪，衣皮毛，非有城郭田宅之歸居，如飛鳥走獸於廣壄，美草甘水則止，草盡水竭則移。以是觀之，往來轉徙，時至時去，此胡人之生業[96]，而中國之所以離南晦[97]也。今使胡人數處轉牧行獵於塞下，或當燕代[98]，或當上郡、北地、隴西[99]，以候[100]備塞之卒，卒少則入。陛下不救，則邊民絕望而有降敵之心；救之，少發則不足，多發，遠縣纔至，則胡又已去。聚而不罷，為費甚大；罷之，則胡復入。如此連年，則中國貧苦而民不安矣。

11 「陛下幸憂邊境，遣將吏發卒以治塞，甚大惠也。然今遠方之卒守塞，一歲而更[101]，不知胡人之能，不如選常居者，家室田作，且以備之。以便為之高城深塹[102]，具藺石[103]，布渠荅[104]，復為一城其內，城間百五十步。要害之處，通川之道，調[105]立城邑，毋下千家，為中周虎落[106]。先為室屋，具田器，迺募辠人及免徒復作[107]令居之；不足，募以丁奴婢贖辠及輸奴婢欲以拜爵者；不足，迺募民之欲往者。皆賜高爵，復其家。予冬夏衣，稟食[108]，能自給而止。郡縣之民得買其爵，以自增至卿[109]。其亡夫若妻者，縣官買予之。人情非有匹敵[110]，不能久安其處。塞下之民，祿利不厚，不可使久居危難之地。胡人入驅[111]而能止其所驅者，以其半予之，縣官為贖其民。如是，則邑里相救助，赴胡不避死。非以德上[112]也，欲全親戚而利其財也。此與東方之戍卒不習地勢而心畏胡者，功相萬[113]也。以陛下之時，徙民實邊，使遠方亡屯戍之事，塞下之民父子相保，亡係虜[114]之患，利施[115]後世，名稱[116]聖明，其與秦之行怨民，相去遠矣。」

12 上從其言，募民徙塞下。錯復言：

13

「陛下幸募民相徙以實塞下，使屯戍之事益省，輸將[117]之費益寡，甚大惠也。下吏誠能稱厚惠，奉[118]明法，存恤所徙之老弱，善遇其壯士，和輯其心而勿侵刻[119]，使先至者安樂而不思故鄉，則貧民相募[120]而勸往矣。臣聞古之徙遠方以實廣虛[121]也，相[122]其陰陽之和，嘗其水泉之味，審其土地之宜，觀其屮木之饒，然後營邑立城，製里割宅[123]，通田作之道，正阡陌[124]之界，先為築室，家有一堂二內[125]，門戶之閉，置器物焉，民至有所居，作[126]有所用，此民所以輕去故鄉而勸之新邑也。為置醫巫[127]，以救疾病，以脩祭祀。男女有昏[128]，生死相卹，墳墓相從，種樹畜長[129]，室屋完安，此所以使民樂其處而有長居之心也。

14

「臣又聞古之制邊縣以備敵也，使五家為伍，伍有長；十長一里，里有假士[130]；四里一連，連有假五百；十連一邑，邑有假候。皆擇其邑之賢材有護[131]，習[132]地形知民心者，居則習民於射法[133]，出則教民於應敵。故卒伍成於內，則軍正[134]定於外。服習[135]以成，勿令遷徙。幼則同遊，長則共事。夜戰聲相知，則足以相救；晝戰目相見，則足以相識；驩愛之心，足以相死[136]。如此而勸以厚賞，威以重罰，則前死不還踵[137]矣。所徙之民非壯有材力，但費衣糧，不可用也；雖有材力，不得良吏，猶亡功也。

15 「陛下絕匈奴不與和親[138]，臣竊意[139]其冬來南也，壹大治[140]，則終身創[141]矣。欲立威者，始於折膠[142]，來而不能困，使得氣[143]去，後未易服[144]也。愚臣亡識，唯陛下財擇[145]。」

【章旨】以上為〈鼂錯傳〉的第二部分，寫鼂錯的三次上疏，都是針對匈奴侵擾邊境而發，他反對向匈奴妥協，主張勸農立本、募民實邊，並妥善安置移民生活，這些意見為文帝採納，對於漢代前期的政治、邊防都有很大助益。

【注釋】❶匈奴　中國古族名，亦稱胡。戰國時活動於燕、趙、秦以北地區，秦漢之際，冒頓單于統一各部，勢力強盛，統治了大漠南北廣大地區。漢初，不斷南下攻擾，漢朝基本上採取防禦政策，武帝時才開始轉為攻勢。❷數寇邊　數，多次；屢次。寇邊，侵擾邊境地區。❸胡虜　指匈奴。胡，古代對北部及西北少數民族的統稱。虜，對敵人的貶稱。❹隴西　漢郡名，治狄道（今甘肅臨洮）。❺沒世　終身；一輩子。❻和輯　團結安撫。輯，通「集」。❼底厲　同「砥礪」。磨鍊；激勵。❽殺一王　指漢文帝三年派遣丞相灌嬰擊敗匈奴右賢王一事，可參本書卷九十四〈匈奴傳上〉，鼂錯說殺死匈奴王，乃誇大之辭。❾繇　通「由」。❿合刃之急　合刃，交兵；交鋒。急，關鍵。⓫服習　訓練有素。⓬漸　浸泡；淹沒。⓭經川丘阜　經川，常流的河水。丘阜，丘陵。⓮曼衍相屬　曼衍，綿延不斷。相屬，相互連接。⓯遠　隔離。⓰陳　通「陣」。⓱萑葦竹蕭　萑葦，蘆葦類植物。蕭，蒿草。⓲蒙蘢　茂密；茂盛。⓳支　通「枝」。⓴鋋　鐵把短矛。㉑曲道相伏　曲道，崎嶇的小道。伏，埋伏。㉒薄　壓迫；逼迫。意為衝擊。㉓精　熟練。㉔集　整齊；統一。㉕趨利弗及二句　及，及時；準時。畢，迅速。㉖前擊後解　前面的軍隊在攻擊，後面的軍隊很懈怠。解，通「懈」。㉗金鼓之指　金鼓聲的意圖，亦即指揮者的意圖。金指金鉦，形似鐘而狹長，以槌敲擊。鼓指戰鼓。古時作戰，擊鼓則前進，鳴金則收兵。指，通「旨」。原作「音」，據景祐本改。㉘習勒　訓練約束。㉙兵不完利　兵，兵器。完利，完整鋒利。㉚袒裼　赤胸露體。㉛鏃　箭頭。㉜省　檢查；查看。㉝予　送給；給予。㉞形　形勢；情形。㉟險易異備　險易，險要和安全的地方。備，防備。㊱卑身　委屈自己。㊲敵國　勢均力敵的國家。㊳中國　中原之國，指漢朝。㊴弗與　不如。㊵傾仄　陡峭狹窄。仄，通「側」。㊶罷　通「疲」。㊷突

騎　襲擊敵人的精銳騎兵。㊸撓亂　受衝擊而混亂。㊹射疏　射程很遠。疏，寬闊。㊺格　抵擋；抵住。㊻遊弩　機動發射的弩箭。㊼什伍　古代軍隊編制，五人為伍，二伍為什。這裡指結成什伍的士兵。㊽騶　通「驟」。急速。㊾的　目標。㊿革笥木薦　革笥，皮製的鎧甲。木薦，木製的盾牌。(51)去就相薄　去就，進退。薄，逼近；壓迫。(52)給　逮及；接上。(53)俛卬　同「俯仰」。低頭與抬頭。「俛卬之間」意為極短的時間裡。(54)跌　摔跤；跪倒。意指戰敗。(55)義渠　漢代西北地區的一個少數民族。(56)歸誼　同「歸義」。歸順。(57)明約　英明的制度。(58)即　假使；如果。(59)衡　通「橫」。充滿；多。(60)傳　對經典的注釋、闡發，有時也可單獨引用。(61)狂夫　狂妄的人。(62)昧死　冒著死罪。古人給皇帝上書時的慣用語。(63)財擇　同「裁擇」。裁斷採納。(64)璽書寵荅　璽書，加蓋玉璽的文書，即詔書。寵荅，即答復，寵意為表示皇帝的恩寵。(65)兵體　軍機大事；軍事要略。(66)勸農立本　勸，鼓勵；獎勵。本，即農業，古代重農輕商，以農為本業，商為末業。(67)胡貉　指匈奴。貉，同「貊」。古代中原王朝對北部少數民族的貶稱。(68)築塞河上　塞，軍事要塞。河上，即黃河的河套平原地區。據《史記・秦始皇本紀》，始皇三十三年，「西北斥逐匈奴，自榆中并河以東，屬之陰山，以為四十四縣，城河上為塞」。(69)揚粵　揚，同「楊」。粵，同「越」。揚粵，即揚州之南越。古時越族，主要聚居在今嶺南兩廣地區。秦始皇三十三年，徵發那些曾經逃亡的犯人、贅婿、商人攻取南越地區，設桂林、象郡、南海三郡。(70)廣大　擴大；拓展疆土。(71)勢　形勢，主要指地理、風土等自然條件。(72)禽　通「擒」。俘虜。(73)積死　得寒病而死。積，病名，因受風寒而起。(74)積陰　陰氣積聚，意指寒冷。(75)密理　肌肉緊密。(76)毳毛　羽毛細密。(77)能　通「耐」。(78)疏理　肌肉疏鬆。(79)希毛　羽毛稀疏。希，通「稀」。(80)輸者僨　輸者，運輸物資的人。僨，倒地而死。(81)讁　古代官吏因罪而被降職或流放，也指被流放守邊的罪人。(82)贅壻　即贅婿。秦朝貧窮人家將子弟典賣給富人，過期不贖，則淪為奴隸，由富人作主婚配，人稱贅婿，當時這類人地位很低。(83)市籍　商人的戶籍。(84)大父母　祖父母。(85)後入閭二句　閭，里巷之門。左，居住在里巷左邊的貧民。(86)畔　通「叛」。(87)降北　投降與逃跑。(88)財鹵　掠奪的財物，即戰利品。鹵，通「虜」。(89)蒙　冒著。(90)銖兩　二十四銖為一兩，意為數量很少。(91)一算之復　免除算賦。算為漢代成年人的人頭稅，每人一年共一百二十文，即一算。復，免除。(92)陳勝　字涉，陽城（今河南登封）人。與吳廣於秦二世元年（西元前二〇九年）七月在蘄縣大澤鄉（今安徽宿州東南）率領戍卒九百人起義，占領陳縣（今河南淮陽），建立張楚政權。事詳本書卷三十一〈陳勝傳〉。(93)秦以威劫句　威劫，威逼強迫。敝，通「弊」。弊病。(94)著　附著；固定。(95)竟　通「境」。(96)生業　職業；產生。(97)南晦　農田，這裡代指家鄉。(98)燕代　燕代地區，分別相當於今河北北部和山西東北部及河北西北部地區。理解為漢代諸侯國名亦可，其封亦相當於今河北、山西北部地區，為北方游牧民族與中原從事農耕的漢族的交界地帶。99上郡北地隴西　上郡，漢郡名，治膚施（今陝西榆林東南），轄境在今陝西北部和內蒙古自治區黃河河套以南一帶。北地，漢郡名，治馬領（今甘肅慶陽西北），主要轄有今甘肅東北部和寧夏回族自治區東南部。隴西，漢郡名，治狄道（今甘肅臨洮），轄境在今甘肅東南部。100候　偵察。101更　更替；輪換。漢代士卒守邊一年一更換。102以便為之高城深塹　以便，趁農閒之便。塹，壕溝；護城河。103藺石　礌石，守城者向進攻方向投擲時使用。104渠荅　鐵蒺藜，對付敵騎之用。105調　規劃。106為中周虎落　中周，在中間密布。虎落，竹籬笆。107免徒復作　指免除徒刑但仍要服勞役之人。108廩食　用官倉提供糧食。109卿　漢代爵位，自第十級（左庶長）至第十八級（大庶長）為卿。110匹敵　配偶。111入驅　入侵時掠奪的人口和財物。112德上　對皇上感恩。113功相萬　相比之下有萬倍的功效。114係虜　被俘虜。115施　延續。116稱　相稱；符合。117輸將　運輸。118奉　遵守；執行。119侵刻　侵害刻削。120募　通「慕」。121廣虛　即「曠墟」，空曠荒涼的地方。122相　考察。123製里割宅　製，規劃。割，劃分。124正阡陌　正，勘正。阡陌，田的邊界，南北為阡，東西為陌。125二內　指堂後的東房、西室。126作　耕作。127醫巫　即巫師，古代巫師除了主持宗教儀式，兼有治病的作用，故醫巫並稱。128昏　通「婚」。129種樹畜長　種樹，種植，包括莊稼和樹木。畜長，畜養，意為豢養牲畜。130假士　里的長官，與伍長、假五百、假候，都是漢代邊縣各級行政組織的長官。131邑之賢材有護　材，通「才」。有護，有保護能力。132習　熟悉。133習民於射法　習，教習；訓練。於，以；用。134正　通「政」。135服習　訓練熟悉。136相死　相互之間能為對方而死。137前死不還踵　前，向前；往前。還踵，同「旋踵」。掉轉腳跟，意思為逃跑、後退。138絕匈奴不與和親　絕，與匈奴絕交。和親，指漢朝將皇室公主嫁給匈奴首領的一種政治聯姻。139意　推測。140治　懲治。141創　創傷；受打擊。142折膠　指秋天。古代製作弓弩，某些重要部位要用動物膠脂，秋涼膠凝弓勁，匈奴也常於此時出兵南侵。143得氣　得意。144服　制服。145財擇　裁斷；判斷。財，通「裁」。

【語　譯】當時，匈奴強盛，多次侵擾邊境地區，文帝派兵去防禦。鼂錯上書議論軍事，說：

2 「我聽說漢朝建立以來，匈奴多次侵入邊境，小規模入侵便得小利，大規模入侵便得大利；呂后在位的時候兩次入侵隴西郡，攻破城池，屠殺百姓，搶掠牲畜和財產；後來又入侵隴西郡，殺死官吏士卒，大肆搶掠。我聽說打勝仗之後的威氣，使百姓的鬥志增長百倍；而打敗仗的士兵，一輩子士氣也恢復不了。自呂后在位以來，隴西郡三次受到匈奴的侵擾，民眾的士氣被挫傷，沒有取勝的信心。現在隴西的官吏，依靠社稷的保佑，遵照陛下的英明指示，團結安撫士兵，磨鍊他們的氣節，激勵受到挫傷的民眾去抵抗乘勝入侵的匈奴，以少擊多，殺死了敵人的一個王，打敗敵軍，取得了很大的勝利。這並非隴西的民眾有勇敢和膽怯之別，而是將領、官吏的做法有巧妙與笨拙之分。所以兵法說：『有必定取勝的將領，無必定取勝的民眾。』由此看來，安定邊境，建立功名，在於有優秀的將領，不能不加以選擇。

3 「我又聽說，指揮軍隊，臨陣交鋒最重要的有三件事：一是地形有利，二是士卒訓練有素，三是兵器裝備精良。兵書上說：一丈五尺寬的溝渠，淹沒車輪的水，山間的森林，亂石堆積，河水常流，丘陵土岡，草木叢生，這是步兵作戰的有利地形，車騎兵兩人也不如步兵一人。土山丘陵，連綿不斷，廣闊平坦的原野，這是戰車騎兵的有利地形，十個步兵也敵不過一個車騎兵。平原與丘陵遙遙相望，中間是河流山川，居高臨下，這是弓弩手作戰的有利地形，使用短兵器的士兵一百個也敵不過一個弓弩手。兩軍列陣對峙，平地淺草，可進可退，這是有利於長戟作戰的地形，三個使用劍和盾牌的士兵不如一個手持長戟的士兵。蘆葦竹林，草木茂盛，枝葉交錯，這是有利於使用短矛作戰的地形，兩個持長戟的士兵也不如一個用短矛的士兵。在曲折的道路設下埋伏，衝擊險阻，這是使用劍和盾牌的有利地形，三個弓弩手不如一個手持劍和盾牌的士兵。士卒不加挑選訓練，不適應作戰環境，日常動作不熟練整齊，不能抓住有利戰機，不能迅速脫離危險，前方部隊進攻，後面的部隊鬆懈，與金鼓聲傳達的作戰指揮相違背，這是將領不訓練、約束士卒的過錯，這樣的士卒，一百個也擋不住敵人十人。兵器不完好鋒利，與空著手相同；鎧甲不牢固細密，與赤膊上陣相同；弓弩射程不遠，與使用短兵器相同；射箭不能射中目標，與沒有箭相同；射中了而不能射入敵人身體，與沒有箭頭相同：這是將領不檢查兵器的禍害，五個士兵也敵不過一個。所以兵書上說：武器裝備不鋒利，等於將士卒送給敵人；士卒不能使用，等於把將領送給敵人；將領不懂用兵，等於將君主送給敵人；君主不精選將領，等於把國家送給敵人。這四點，是作戰中最重要的。

4 「我又聽說，交戰雙方大小不同，情形就不一樣；強弱不同，形勢也不一樣；地形險易不同，防備也有區別。卑躬屈膝侍奉強國，這是小國的情形；聯合小國進攻大國，這是勢均力敵的國家相爭時的情形；利用外族去攻打外族，這是中原王朝的情形。現在匈奴在地理條件、作戰技能上與中原地區不同。上下山坡，出入溪水山澗，中原地區的馬不如匈奴；在崎嶇險道上邊跑邊射，中原的騎兵不如匈奴；風裡來雨裡去，經疲勞，耐飢渴，中原的人不如匈奴：這是匈奴的長處。至於在平坦的地區，使用輕便的戰車和突擊的騎兵，那麼匈奴的軍隊就容易被打敗了；強弩射程遠，長戟刺得長，那麼匈奴的弓箭就無法抵擋了；鎧甲牢固，兵刃鋒利，長短兵器配合，弓弩四處發射，軍隊整齊前進，那麼匈奴的軍隊就無法抵擋了；弓弩手萬箭齊發，射向同一個目標，那麼匈奴的皮鎧甲、木盾牌就無法招架了；下馬在地上使用劍戟短兵格鬥，貼身相拼，那麼匈奴人的足力就趕不上了：這是中原地區的長處。由此看來，匈奴的長處有三，中原地區的長處有五，皇上又調動幾十萬大軍，去征討幾萬匈奴，以人數多少計算，是以十擊一的戰術。

5 「雖然如此，兵刃是凶器，戰爭是危險的事。大國變成小國，強國變成弱國，只要很短的時間。用士兵的死亡去奪取勝利，如果失利而一蹶不振，那就後悔不及了。君主的原則，必須絕對安全。現在歸附的胡人義渠部落有幾千人，他們的飲食習慣、特長與匈奴相同，可以賜給他們堅固的鎧甲、寒衣、強弓、利箭，再加上邊境州郡的好馬。派遣熟悉他們的習俗，能夠安撫團結他們的良將，按照陛下的英明法度去統率他們。與匈奴交戰一旦遇見險要地形，就讓他們去抵擋；如果是平坦大道，就用輕便的戰車和精銳步卒去制服。兩支軍隊相輔相成，發揮各自的特長，並擴充人數，這是萬全之策。

6 「書上說：『狂妄的人說的話，聖明的君主也會採納。』我愚蠢淺陋，冒死說了一些狂妄的話，希望陛下採納。」

7 文帝很讚賞鼂錯的看法，於是賜給鼂錯璽書答復，以示恩寵，璽書說：「皇帝問候太子家令：你上書談論用兵要略三章我已知道。書中說『狂夫的話，明主也會採擇』。現在並非如此。進言的人不狂妄，而採擇的人不聰明，國家的大禍患，正在於此。如果讓不聰明的人去採擇不狂妄的人的意見，那一定是聽一萬次則一萬次都不得當。」

8 鼂錯又上書論述守衛邊塞，獎勵農耕是當前最緊急的兩件事，書中說：

9　「我聽說秦朝時北攻匈奴，在黃河邊上修築軍事要塞；南攻揚粵，駐紮防衛部隊。秦朝發兵攻打匈奴和楊粵，並非是要守衛邊境，將民眾從危險死亡中拯救出來，而是心中貪婪，想要擴大領土，所以未能成功卻天下大亂。況且發兵而不知道當地的形勢，交戰便為敵人俘虜，駐守則士卒得寒病而死。匈奴居住的地方，是陰氣積聚之處，樹皮厚三寸，冰厚六尺，人們吃牛羊肉，喝奶酪，他們的肌肉緊湊，鳥獸的羽毛多而細密，生性耐寒。揚粵地區陰氣少陽氣多，那裡的人肌肉疏鬆，鳥獸的羽毛稀疏，生性耐暑。秦朝守邊的士卒不適應當地的水土，守邊的士卒死在邊境，運輸物資的人倒斃在路上。秦朝的百姓被徵調去守邊，就像被送去處死一樣，因此徵調那些有罪被流放的人，稱之『謫戍』。先徵發那些被貶謫流放的官吏，以及贅婿和商人，再徵發那些曾經有過商人戶籍的人，再徵發那些祖父母、父母有過商人戶籍的人，最後徵發居住在閭里左邊的窮人。徵發的行為不順民心，被徵發者十分害怕，有背叛之心。凡是民眾守城或出戰至死不降，是因為採用了一些方法使他們這樣做。所以作戰獲勝或防守牢固，都要授給爵位的賞賜，攻取城池屠滅邑鎮，則獲得戰利品使家庭富裕，所以能夠使士卒冒著亂箭飛石，赴湯蹈火，視死如歸。現在秦朝徵發戍卒，有萬死的害處，而沒有絲毫的回報，死後也不能免除家中一人的算賦，天下的百姓都知道禍害很快要降臨到自己身上。陳勝被徵發戍邊，行至大澤鄉，率先反秦，天下人就像水往下流一樣響應他，這是秦朝威逼強迫徵發而造成的禍害。

10　「匈奴人的生活不依賴於土地，這種情形便容易侵擾邊境。為何知道會這樣呢？匈奴人吃肉喝奶，穿皮毛做成的衣服，沒有定居的城鎮、田地、房屋，就像曠野中的飛鳥走獸，遇見水草肥美就停下來，草盡水乾則轉移。由此看來，來去遷移，時來時去，這是匈奴的生活方式，也是漢朝邊境民眾被迫離開田地的原因。現在放任匈奴人到處遷徙，在邊塞游牧打獵，有時在燕代附近，有時在上郡、北地、隴西附近，窺伺守邊的士卒，士卒少就入侵。皇上不派兵援救，則邊境民眾絕望而有降敵之心；派兵去救，發兵少了又不夠，發兵多了，遠道的郡縣應徵的士卒才趕到，匈奴已經離去。軍隊調集後都屯駐在邊境不解散，費用太大；如果解散，匈奴又入侵。連年如此，中原王朝就會貧窮，民眾不得安生。

11 「所幸皇上憂慮邊境，調兵遣將保衛邊塞，這是極大的恩惠。但是讓遠方的士卒守衛邊塞，一年一更換，就不熟知匈奴的情形，不如挑選那些可以長年居住在邊境的民眾，讓他們安家務農，同時防守邊塞。趁農閒時修築城池，準備礌石，布下鐵蒺藜，又在城中築一內城，與外城相隔一百五十步。在險要之處，交通要道，規劃建立城鎮，每處不少於一千家，在中間密布竹籬笆。先建房屋，準備好農具，再招募罪犯和免刑服勞役的人，讓他們在那裡居住；人數不足，再招募那些因贖罪或拜爵而交出來的奴婢；還不足，才招募願意去的百姓。都賜給他們很高的爵位，免除全家的賦役。給他們冬夏兩季的衣服，由官倉提供糧食，直到他們能自給為止。邊境郡縣的百姓可以買爵位，可以一直升到卿。百姓沒有配偶的，由官府出錢購買替他們婚配。按照常人之情，如果沒有配偶，就不能長期安居在那裡。邊境的百姓，如果獲得的爵祿、利益不豐厚，就難以使他們久居危險艱難之地。匈奴入侵掠奪人畜財產，如果有人能將他們掠奪的財物奪回來，就可以分給他們一半，其中人口由官府出錢贖買。這樣，鄰里便會互相救助，與匈奴作戰就不怕死。這並非是要報答皇恩，而是想保全親戚和獲得財物。這與徵發東方的士卒去守衛，不熟悉地形並對匈奴心存畏懼相比，功效超過萬倍。在皇上治理天下的時候，遷徙民眾去充實邊防，使遠方的百姓免去屯戍之苦，邊境的民眾父子相保，沒有被匈奴虜掠的禍患，好處將延伸到後代，當得上聖明的名聲，這與秦朝使民眾怨恨的做法相比，差別就很大了。」

12 皇上聽從了他的建議，招募百姓遷徙邊境。鼂錯又上奏說：

13 「皇上招募百姓遷徙充實邊境，使軍隊屯戍邊境之事越來越減少，運輸糧草的費用也越來越少，這是極大的恩惠。下面的官吏如果真的能擴充皇上的恩惠，執行嚴明的法令，撫慰遷徙者中的老弱之人，善待其中的壯士，安撫團結而不侵害苛刻他們，使先到達的百姓安居樂業而不思念故鄉，那麼貧窮的百姓就會羨慕他們，並互相鼓勵而去邊境。我聽說古代遷徙遠方的民眾去充實空曠荒涼之地，要察看那裡的陰陽之氣是否和諧，品嘗泉水的滋味，考察土地適宜生長的作物，觀看草木是否茂盛，然後建立城鎮，規劃里巷住宅，開通農作的道路，劃好田地的疆界，先替他們建好房屋，每家有一堂二室，有門窗開關，添置好農具器物，民眾遷過來有地方住，生活勞動有器具，這是老百姓不留戀故鄉而相互勉勵去新的城鎮安居的原因。替他們配置巫醫，以便治病，主持祭祀。男女之間能婚配，一輩子相互照顧，死後葬在一起，栽禾種樹，六畜繁衍，房屋完整，這樣就可以使民眾樂意長期安居邊境。

14　「我又聽說，古代在設置邊縣以防備敵人，使五家人編為伍，設有伍長；十長便成為一里，里設假士；四里為一連，連設假五百；十連為一邑，邑設假候。這些基層官吏都要挑選邑中能護衛民眾、熟悉地形並了解民心的人，平時教民眾箭法，外出則教他們如何抗敵。所以平時在民眾內部形成軍事組織，外出軍事作戰便能獲勝。經過訓練，熟悉環境後，不讓他們遷徙。他們小時共同玩耍，長大一起做事。晚上作戰聽聲音就知道是誰，可以相互援救；白天作戰一看就能分別敵我；相互友愛，可以為對方犧牲自己。這樣再用厚賞來獎勵，用重罰來警戒，那他們就能拼死向前絕不後退了。遷徙的民眾如果不是身強力壯，只耗費衣糧，不能使用；即便身強力壯，沒有好官吏管理，也還是不能有功效。

15　「皇上與匈奴絕交，不和他們和親，我料想他們冬天要南侵，如果狠狠地打擊一次，就可使他們長期受創痛。想要樹立威名，必須在秋天做好準備，如果他們入侵而不被打敗，讓他們獲利得意而去，今後就不容易制服了。我沒有好的見解，還請皇上明斷。」

1　後詔有司舉賢良文學❶士，錯在選中。上親策❷詔之，曰：

2　「惟十有五年九月壬子❸，皇帝曰：昔者大禹❹勤求賢士，施及方外❺，四極之內❻，舟車所至，人迹所及，靡❼不聞命，以輔其不逮❽；近者獻其明，遠者通厥聰❾，比善戮力❿，以翼天子。是以大禹能亡失德，夏以長楙⓫。高皇帝親除大害⑫，去亂從⑬，並建豪英，以為官師⑭，為諫爭，輔天子之闕⑮，而翼戴漢宗也。賴天之靈，宗廟之福，方內以安，澤及四夷⑯。今朕獲執天下之正⑰，以承宗廟之祀，朕既不德，又不敏，明弗能燭⑱，而智不能治，此大夫之所著聞也。故詔有司、諸侯王、三公、九卿及主郡吏⑲，各帥⑳其志，以選賢良明於國家之大體㉑，通於人事之終始㉒，及能直言極諫者，各有人數，將以匡朕之不逮。二三大夫之行當此三道㉓，朕甚嘉之，故登大夫於朝，親諭朕志。大夫其上三道之要，及永惟㉔朕之不德，吏之不平，政之不宣，民之不寧，四者之闕，悉陳其志，毋有所隱。上以薦㉕先帝之宗廟，下以興愚民之休㉖利，著之於篇，朕親覽焉，觀大夫所以佐朕，至㉗與不至。書之，周之密之，重之閉之㉘。興自朕躬㉙，大夫其正論，毋枉執事㉚。烏虖，戒之！二三大夫其帥志毋怠！」

3 錯對曰：

4 「平陽侯臣窋、汝陰侯臣竈、潁陰侯臣何、廷尉臣宜昌、隴西太守臣昆邪㉛所選賢良太子家令臣錯昧死再拜言：臣竊聞古之賢主莫不求賢以為輔翼，故黃帝得力牧而為五帝先㉜，大禹得咎繇而為三王祖㉝，齊桓得筦子而為五伯長㉞。今陛下講㉟於大禹及高皇帝之建豪英也，退託於不明，以求賢良，讓㊱之至也。臣竊觀上世之傳㊲，若高皇帝之建功業，陛下之德厚而得賢佐，皆有司之所覽，刻於玉版㊳，藏於金匱㊴，歷之春秋，紀之後世，為帝者祖宗㊵，與天地相終。今臣窋等迺以臣錯充賦㊶，甚不稱明詔求賢之意。臣錯屮茅臣㊷，亡識知㊸，昧死上愚對，曰：

5 「詔策曰『明於國家大體』，愚臣竊以古之五帝明之。臣聞五帝神聖，其臣莫能及，故自親事㊹，處于法宮㊺之中，明堂㊻之上；動靜上配天㊼，下順地，中得人。故眾生之類亡不覆㊽也，根著之徒亡不載㊾也；燭以光明，無偏異㊿也；德上及飛鳥，下至水蟲，草木諸產(51)，皆被其澤。然後陰陽調(52)，四時節(53)，日月光(54)，風雨時(55)，膏露(56)降，五穀熟，祅孽(57)滅，賊氣(58)息，民不疾疫，河出圖，洛出書(59)，神龍至，鳳鳥翔，德澤滿天下，靈光施四海。此謂配天地，治國大體之功也。

6 「詔策曰『通於人事終始』，愚臣竊以古之三王明之。臣聞三王臣主俱賢，故合謀相輔，計安天下，莫不本於人情(60)。人情莫不欲壽(61)，三王生而不傷(62)也；人情莫不欲富，三王厚而不困也；人情莫不欲安，三王扶而不危也；人情莫不欲逸，三王節其力而不盡也。其為法令也，合於人情而後行之；其動眾使民也，本於人事然後為之。取人以己(63)，內恕及人(64)。情之所惡，不以彊(65)人；情之所欲，不以禁民。是以天下樂其政，歸其德，望之若父母，從之若流水；百姓和親，國家安寧，名位不失，施及後世。此明於人情終始之功也。

7 「詔策曰『直言極諫』，愚臣竊以五伯之臣明之。臣聞五伯不及其臣，故屬66之以國，任之以事。五伯之佐之為人臣也，察身而不敢誣67，奉法令不容私，盡心力不敢矜68，遭患難不避死，見賢不居其上，受祿不過其量，不以亡能居尊顯之位。自行若此，可謂方正69之士矣。其立法也，非以苦民傷眾而為之機陷70也，以之興利除害，尊主安民而救暴亂也。其行賞也，非虛取民財妄予71人也，以勸天下之忠孝而明其功也。故功多者賞厚，功少者賞薄。如此，斂民財以顧其功72，而民不恨者，知與而安己73也。其行罰也，非以忿怒妄誅而從暴心74也，以禁天下不忠不孝而害國者也。故辠大者罰重，辠小者罰輕。如此，民雖伏罪至死而不怨者，知罪罰之至，自取之也。立法若此，可謂平正之吏矣。法之逆75者，請而更之，不以傷民；主行之暴者，逆而復76之，不以傷國。救主之失，補主之過，揚主之美，明主之功，使主內亡邪辟77之行，外亡騫汙78之名。事君若此，可謂直言極諫之士矣。此五伯之所以德匡天下，威正諸侯，功業甚美，名聲章明79。舉天下之賢主，五伯與80焉，此身不及其臣而使得直言極諫補其不逮之功也。今陛下人民之眾，威武之重，德惠之厚，令行禁止之勢，萬萬於五伯，而賜愚臣策曰『匡朕之不逮』，愚臣何足以識陛下之高明而奉承之！

8

「詔策曰『吏之不平，政之不宣，民之不寧』，愚臣竊以秦事明之。臣聞秦始并天下之時，其主不及三王，而臣不及其佐，然功力不遲[81]者，何也？地形便，山川利，財用足，民利戰。其所與並者六國，六國者，臣主皆不肖[82]，謀不輯[83]，民不用，故當此之時，秦最富彊。夫國富彊而鄰國亂者，帝王之資[84]也，故秦能兼六國，立為天子。當此之時，三王之功不能進[85]焉。及其末塗[86]之衰也，任不肖而信讒賊；宮室過度，耆欲亡極[87]，民力罷盡[88]，賦斂不節；矜奮自賢，群臣恐諛[89]，驕溢縱恣[90]，不顧患禍；妄賞以隨喜意，妄誅以快怒心，法令煩憯[91]，刑罰暴酷，輕絕人命，身自射殺[92]；天下寒心，莫安其處。姦邪之吏，乘其亂法，以成其威，獄官主斷，生殺自恣。上下瓦解，各自為制。秦始亂之時，吏之所先侵[93]者，貧人賤民也；至其中節，所侵者富人吏家也；及其末塗，所侵者宗室大臣也。是故親疏皆危，外內咸怨，離散逋逃，人有走心[94]。陳勝先倡，天下大潰，絕祀亡世[95]，為異姓福。此吏不平，政不宣，民不寧之禍也。今陛下配天象地，覆露[96]萬民，絕秦之迹，除其亂法；躬親本事，廢去淫末[97]；除苛解嬈[98]，寬大愛人；肉刑不用，辠人亡帑[99]；非[100]謗不治，鑄錢者除[101]；通關去塞[102]，不孽[103]諸侯；賓禮長老，愛卹少孤；辠人有期，後宮出嫁；尊賜孝悌[104]，農民不租[105]；明詔軍師，愛士大夫；求進方正，廢退姦邪；除去陰刑[106]，害民者誅；憂勞百姓，列侯就都[107]；親耕節用，視[108]民不奢。所為天下興利除害，變法易故[109]，以安海內者，大功數十，皆上世之所難及，陛下行之，道純德厚，元元之民[110]幸矣。

9 「詔策曰『永惟朕之不德』，愚臣不足以當[111]之。

10 「詔策曰『悉陳其志，毋有所隱』，愚臣竊以五帝之賢臣明之。臣聞五帝其臣莫能及，則自親之；三王臣主俱賢，則共憂之；五伯不及其臣，則任使之。此所以神明不遺，而賢聖不廢也，故各當其世而立功德焉。傳曰『往者不可及，來者猶可待，能明其世者謂之天子』[112]，此之謂也。竊聞戰不勝者易其地，民貧窮者變其業。今以陛下神明德厚，資財[113]不下五帝，臨制天下，至今十有六年，民不益富，盜賊不衰，邊竟未安，其所以然，意者陛下未之躬親，而待群臣也。今執事之臣皆天下之選已[114]，然莫能望陛下清光[115]，譬之猶五帝之佐也。陛下不自躬親，而待不望清光之臣，臣竊恐神明之遺也。日損一日，歲亡一歲，日月益暮，盛德不及究[116]於天下，以傳萬世，愚臣不自度量，竊為陛下惜之。昧死上狂惑[117]

屮茅之愚，臣言唯陛下財擇。」

11　時賈誼[118]已死，對策者百餘人，唯錯為高第[119]，繇是遷中大夫[120]。

【章　旨】以上為〈鼂錯傳〉的第三部分，寫漢文帝十五年鼂錯的〈舉賢良對策〉，對策的核心思想是「計安天下，莫不本於人情」，並主張刑罰要得當。

【注　釋】❶賢良文學　是漢代選拔官吏的科目之一，始於文帝時，又稱「賢良方正」，或「賢良」、「文學」，被選拔者須通古今，善文墨，能對策。❷策　策問；出試題。❸十有五年九月壬子　即漢文帝十五年（西元前一六五年）九月二十九日。❹大禹　即禹，傳說中的古代部落聯盟首領，治水有功，其子啟成為夏朝的建立者。❺方外　四方之外，邊遠地區。❻四極之內　世界之內，四極指東南西北四方的盡頭。❼靡　無；沒有。❽不逮　不及；不到。❾通厥聰　通，傳達。厥，其。❿比善戮力　比，合；彙集。戮，并。⓫楙　興盛。⓬高皇帝親除大害　高皇帝，指漢高祖劉邦。大害，指秦王朝。⓭亂從造　造成禍亂的根源。一說指楚漢相爭時項羽為首的各諸侯國。⓮官師　官長；長官。⓯闕　通「缺」。缺點；不足之處。⓰四夷　四方的少數民族。⓱朕獲執天下之正　朕，先秦本為人們的自稱，秦始皇以後只有皇帝才能自稱為「朕」。正，通「政」。政事。⓲燭　洞察。⓳三公九卿及主郡吏　三公，西漢指丞相、太尉、御史大夫。九卿，西漢指太常（初稱奉常）、光祿勳（初稱郎中令）、衛尉、太僕、廷尉、大鴻臚（初稱典客、大行令）、宗正、大司農（初稱治粟內史、大農令）、少府。主郡吏，指郡守。⓴帥　遵照。㉑大體　指大政方針。㉒終始　因果變化。㉓三道　上文所說的國體、人事、直言。㉔永惟　深思。㉕薦　獻。㉖休　美；福。㉗至　盡心盡力。㉘重之閉之　重，多重；多層。閉，密封。㉙興自朕躬　興，開啟；啟封。躬，親自。㉚毋枉執事　枉，屈從。執事，各部門的專職官員，泛指百官。㉛平陽侯臣窋句　平陽，縣名，在今山西臨汾西南。窋，曹窋，漢初大臣平陽侯曹參之子。汝陰，縣名，在今安徽阜陽。竈，夏侯竈，漢初大臣汝陰侯夏侯嬰之子。潁陰，縣名，在今河南許昌。何，灌何，漢初大臣潁陰侯灌嬰之子。廷尉，漢代中央政府九卿之一，掌刑獄，為最高司法長官。宜昌，人名，生平不詳。昆邪，公孫昆邪。㉜黃帝得力牧而為五帝先　黃帝，傳說中的部落聯盟首領，華夏族的祖先。力牧，相傳為黃帝治理天下的得力助手。五帝，傳說中的上古帝王，據《史記・五帝本紀》為黃帝、顓頊、帝嚳、堯、舜，他們都是夏朝以前著名的部落聯盟首領。㉝大禹得咎繇而為三王祖　大禹，即夏禹。咎繇，即皋陶，相傳曾為舜、禹的大臣，主管刑法。三王，指夏禹、商湯、周文王，被後世視為聖君明主的典範。㉞齊桓得筦子而為五伯長　齊桓，即齊桓公，姜姓，名小白，西元前六八五－前六四三年在位，他選賢任能，使國富兵強，打著尊王攘夷的旗號，打敗戎狄對中原的進擊，多次主持諸侯會盟，成為春秋五霸之首。筦子，即管仲，名夷吾，字仲，他輔佐齊桓公改革內政，發展經濟，是齊桓公稱霸的主要功臣。五伯，即五霸，指春秋時期先後稱霸的五位諸侯，一說為齊桓公、晉文公、秦穆公、宋襄公、楚莊王，一說為齊桓公、晉文公、楚莊王、吳王夫差、越王句踐。㉟講　講議；講論。㊱讓　謙讓。㊲傳　史傳。㊳玉版　玉製的書寫材料，指珍貴典籍。㊴金匱　收藏重要文書、典籍的金屬櫃子。㊵祖宗　取法；尊崇。㊶充賦　湊數；充數。㊷中茅臣　指出身低微，自謙之詞。㊸識知　見識與智慧。㊹親事　親自處理政務。㊺法宮　正殿。㊻明堂　古代帝王舉行祭祀、朝會、布政等大典之處。㊼動靜上配天　動靜，一動一靜，指政令、措施。配，符合；配合。㊽眾生之類亡不覆　眾生之類，泛指人類及一切動物。覆，覆蓋；庇護。㊾根著之徒亡不載　根著之徒，泛指一切植根於地上的植物。載，承受；承載。㊿燭以光明二句　燭，照耀。偏異，偏差；區別。(51)諸產　各種生物。(52)調　諧調；調和。(53)節　分明；正常。(54)光　光明；普照。(55)時　適時。(56)膏露　甘露。(57)祅孽　各種反常的自然現象。(58)賊氣　害人之氣。(59)河出圖二句　傳說中伏羲氏時，有一匹龍馬從黃河裡出現，背負有圖，人稱河圖；大禹時有神龜從洛水中出現，背有文字，稱為洛書。後世稱之為太平盛世的象徵。(60)本於人情　本，根據；依據。人情，人的思想願望。(61)壽　長壽。(62)生而不傷　生，使之生。傷，傷害。(63)取人以己　要求別人，先嚴以律己。取，拿，引申為要求。(64)內恕及人　寬恕自己，也要寬恕別人。內，指自己。(65)彊　強迫。(66)屬　委託；託付。(67)察身而不敢誣　察身，省察自己。不敢誣，不敢欺騙君主。(68)矜　自誇；驕傲。(69)方正　端方正直。(70)機陷　陷阱，即使人受害的圈套。(71)予　給予。(72)斂民財以顧其功　斂，聚斂。顧，酬賞。(73)與而安己　與，交納。安己，使自己得到平安。(74)從暴心　從，通「縱」。暴，殘暴。(75)逆　不合理。(76)復　恢復，意指從不合理回到合理。(77)邪辟　邪惡。(78)騫汙　騫，虧損；損壞。汙，受辱。(79)章明　顯明；彰顯。章，通「彰」。(80)與　參與。意指名列其中。(81)遲　差；不如。(82)不肖　不賢。(83)輯　和同；團結。(84)資　資本；憑藉。(85)進　超過。(86)塗　通「途」。(87)耆欲亡極　耆，通「嗜」。亡極，無極；沒有終點。(88)罷盡　疲憊；耗盡。罷，通「疲」。(89)恐諛　恐懼而諂諛。(90)縱恣　放縱。(91)煩憯　煩，煩瑣。憯，通「慘」。殘酷。(92)身自射殺　指秦二世親自射殺誤入上林苑中的百姓，事見《史記・李斯列傳》。(93)侵　侵犯；傷害。(94)離散逋逃二句　逋逃，逃跑。走，逃離出走。(95)絕祀亡世　絕祀，結束宗廟的祭祀，意為失去政權。亡世，絕世；亡國。(96)覆露　庇護；施恩澤。(97)躬親本事二句　本事，指農業。淫末，當時對工商業的貶稱。文帝曾多次下詔鼓勵農耕，減免賦稅。並於即位後的第三年舉行藉田之禮，親自參加農作，以示對農業的重視。[98]嬈　煩擾。[99]辜人亡帑　指廢除犯人株連家屬的法令。帑，通「孥」。指妻子兒女。[100]非　通「誹」。[101]鑄錢者除　指鑄錢的人除去罪名，意為百姓可以自己鑄錢。[102]通關去塞　指百姓可以自由進出關隘而不用符傳，事在文帝十二年。[103]孽　猜疑；懷疑。[104]尊賜孝悌　尊崇並賞賜孝順父母、慈愛兄弟的行為。[105]不租　不徵收租稅。[106]陰刑　宮刑。[107]就都　回到封國的首都，文帝二年，令列侯之國，不得留長安。[108]視　通「示」。[109]易故　改變過去的法令。[110]元元之民　庶民百姓。[111]當　承擔；擔當。[112]傳曰三句　《呂氏春秋・聽言篇》引《周書》與此略異。能明其世，能使當世之人明，使之通達事理。[113]資財　資質才幹。財，通「才」。[114]已　語氣詞。[115]望陛下清光　望，比得上。清光，光輝。[116]究　竟；遍及。[117]狂惑　狂妄無知。[118]賈誼　洛陽人，文帝時著名的政論家、文學家，傳見本書卷四十八。[119]高第　高等。[120]繇是遷中大夫　繇，通「由」。中大夫，官名，郎中令屬官，人員數量不定，掌論議，為朝廷的顧問官。武帝太初元年改名光祿大夫，秩比二千石。

【語　譯】後來皇帝下詔令官員舉薦賢良文學之士，鼂錯名列其中。皇上親自出題考試，說：

2 「十五年九月壬子日，皇帝說：過去大禹辛勤地訪求賢才，一直到周邊地區，四境之內，凡是能通車船、人跡能到的地方，賢士無不奉命而來，輔佐大禹，彌補他的不足；無論遠近，都來貢獻自己的聰明才智，群策群力，輔佐天子。因此大禹能夠不犯錯誤，夏朝能夠長期興旺。漢高帝親自剷除大害，根絕禍害之源，選拔英雄豪傑擔任官員，向天子進諫，以彌補他的不足，以便擁戴漢朝江山。依靠上天的保佑，祖宗的洪福，海內安寧，恩及四夷。我現在即位為帝，繼承宗廟祭祀，我既無德行，又不聰明，明不能洞察事物，智不能治理國家，這是大臣們都知道的。所以我詔令朝中大臣、諸侯王、三公、九卿和郡守，按照各自的意思，舉薦懂得治國大政，通曉社會事理，以及能夠直言進諫的人作為賢良文學，各有一定的人數，用來糾正我的不足。你們這些士大夫符合這三方面的條件，我很讚賞，所以把你們召集到朝廷，親自傳達我的意見。你們要陳述國體、人事、直言三者的要點，並認真分析我的錯誤、官吏的不公正、政令不暢通之處、百姓不滿意的地方，針對這四個方面的弊端詳細陳述自己的意見，不得有所隱瞞。對上可以獻給祖先宗廟，對下可以增進百姓的福利，寫在竹簡上，我會親自閱讀，看看你們對我的輔佐，是否盡心盡力。對策寫好後，要小心密封。由我親自打開，你們要立論公正，不必屈從百官的意志。唉，要謹慎！你們要暢所欲言，不要怠慢！」

3 鼂錯答道：

4 「平陽侯曹窋、汝陰侯夏侯竈、潁陰侯灌何、廷尉臣宜昌、隴西太守公孫昆邪舉薦的賢良太子家令鼂錯冒死再拜答題說：我私下聽說古代的明主無不訪求賢能之士作為自己的輔佐，所以黃帝因為得到力牧而位居五帝之首，大禹因為得到咎繇而成為三王的祖先，齊桓公因為得到管仲而成為春秋五霸之首。現在陛下提到大禹和高皇帝選拔英雄豪傑，自謙不明，求訪賢才，實在是謙讓到了極點。我私下裡考察過去的典籍，高皇帝建立功業，陛下德高望重而能得到賢臣輔佐，都是群臣所見，刻在玉版之上，藏在金匱之中，可以長期保存，流傳後世，成為後世帝王的榜樣，與天地共存。現在曹窋等舉薦我鼂錯來充數，很不符合皇上詔令中的求賢之意。我出身低微，見識短淺，冒死回答皇上的詔策：

5 「詔策說『懂得治國大政』，我以古代五帝的事跡來說明。我聽說五帝聖明，他們的臣子都比不上，所以親自處理政務，身居法宮之中，明堂之上；舉動上合天意，下順地理，中得人心。所以各種動物無不覆蓋，植物無不承載；像陽光普照，沒有偏差；恩德上至飛鳥，下到水蟲，草木等物產，都受到他們的恩澤。然後陰陽和諧，四季分明，日月光明，風調雨順，甘露滋潤，五穀豐登，妖孽消亡，害人之氣息滅，沒有疾病和瘟疫，黃河出河圖，洛水出洛書，神龍來臨，鳳凰翱翔，恩澤滿天下，祥光遍四海。這是符合天地意旨，通曉治國大政的功效。

6 「詔策說『通曉社會事理』，我以古代三王來說明。我聽說三王與臣子都很賢明，所以一起出謀劃策，治理國家，無不從人情出發。人情無不想要長壽，三王使他們活著而不受傷害；人情無不想要富裕，三王使他們財富增長而不窮困；人情無不想要安全，三王使他們得到保護而免遭危險；人情無不想要安逸，三王使用民力有節制而不讓他們耗盡。三王制定法令，合乎人情而後執行；三王使用百姓，合乎人事才去做。要求別人之前先嚴以律己，寬恕自己也要寬恕別人。人情所憎惡的事，不強加於人；人情所喜好的事，不強加禁止。

於是天下人都擁護他們的政令，歸附他們的德治，期盼他們就像兒女期待父母，歸順他們就像流水往下流；百姓和睦，國家安寧，權位長保不失，恩德延續到後世。這是通曉人情變化的功效。

7 「詔策說『直言進諫』，我以春秋五霸的臣子來說明。我聽說五霸不如他們的臣子，所以把朝政託付給臣子，讓他們處理國事。五霸的輔佐身為人臣，自身檢點不敢欺騙君主，遵守法令不敢存有私心，盡心盡力不敢居功自傲，遇到患難奮不顧身，遇見賢者不凌駕其上，所得俸祿不超過本分，不任用無能之輩做高官。他們自己的德行如此，可稱得上是正直之士了。他們制定法令，不是要困苦傷害民眾而故意設下陷阱，而是為了興利除弊，尊崇君主，安撫民眾，防止暴亂。他們實行獎賞，不是將百姓的財產隨意拿來給人，而是要鼓勵天下的忠孝之人，表彰他們的功績。所以，功勞多獎賞就多，功勞少獎賞就少。這樣，徵收百姓的財產是用來酬賞功績，百姓不會怨恨，因為知道付出是為了給自己安寧。對他們實施懲罰，不是因為憤怒就隨意殺人，而是要禁止天下不忠不孝、禍害國家的人。所以，罪大處罰就重，罪小處罰就輕。這樣，百姓即使認罪受死也不埋怨，因為知道處罰是咎由自取。這樣制定法令，可稱得上是公正的官吏了。不合理的法令，奏請國君修改，不讓它傷害百姓；君主的政令殘暴，頂回去加以糾正，不讓它傷害國家。糾正君主的錯誤，補救君主的過失，宣揚君主的美德，歌頌君主的功績，使君主內無邪惡的行為，外無不好的名聲。這樣侍奉君主，可稱得上直言進諫之士了。這是五霸所以能用仁德匡正天下，用力量糾正諸侯，功績美好，名聲顯赫的原因。列舉天下的賢明君主，五霸名列其中，這就是自己才能不如臣子而獲得直言進諫之士以彌補其不足的功效。現在陛下百姓眾多，威名顯赫，恩德深厚，令行禁止的聲勢，遠遠越過五霸，卻在賜給我的策問中說『糾正我的不足』，我怎麼能夠理解陛下的高明見識而奉行它！

8 「詔策說『官吏不公正，政令不暢通，百姓不安寧』，我以秦朝的事來說明。我聽說秦開始兼併天下的時候，君主不如三王，臣子不如三王的輔佐，但功績卻並不遜色，為什麼呢？地形有利，山川富饒，財用充足，百姓善戰。與秦國並稱諸侯的有六國，這六國，國君和臣子們都不賢能，謀略不統一，百姓不肯出力，所以當時秦國最富強。國家富強而鄰國混亂，這是成為帝王的有利條件，所以秦國能兼併六國，成為天子。這時，三王的功績也不能超過秦朝。等到秦末衰敗時，信用奸邪無能之輩；宮室過量，縱慾無度，民力疲憊，徵收賦稅沒有節制；二世自誇賢能，群臣因為害怕而阿諛奉承，二世更加驕橫，為所欲為，不顧禍患；高興便隨意賞賜，發怒則胡亂殺人，法令繁瑣殘忍，刑罰暴虐兇殘，隨意處決人命，親自射殺百姓；天下人都十分寒心，無人能安心生活。奸邪的官吏，趁著法令混亂，作威作福，獄官專斷，操縱生殺大權。上下解體，各自為政。秦朝開始亂的時候，官吏先侵害的是貧賤百姓；到中期，受侵害的包括富人官吏；到了末期，宗室大臣也受到侵害。因此不論親疏人人自危，無論內外都怨聲載道，離散逃亡，人人都有逃離的念頭。陳勝率先起事，天下崩潰，國家滅亡，被異姓王朝取代。這就是官吏不公平、政令不暢通、百姓不安寧帶來的禍害。現在陛下效法天地，庇護萬民，杜絕秦末暴政，廢除秦朝混亂的法令；親自參加農作，廢去工商末業；廢除苛政，解除百姓的困擾，寬大愛民；除去肉刑，不罪及犯人親屬；指責朝廷的人不治罪，擅自鑄錢的人免予刑罰；關隘暢通，不猜疑諸侯；尊敬長者，愛護孤兒；罪犯服刑有一定期限，允許後宮宮女出嫁；尊敬、賞賜孝順父母、友愛兄弟的人，免除農民的租稅；明令官軍，尊敬士大夫；舉薦賢良方正，罷退奸邪之人；除去宮刑，誅殺害民的人；關心百姓疾苦，令列侯回到封地；親自耕種，生活節儉，向百姓表示不提倡奢侈。所做的都是為天下興利除弊，變法革新，安定國家，大功績有數十件，都是古代君主所難達到的。陛下做到了，道德純厚，老百姓真幸運啊。

9 「詔策說『認真分析我的錯誤』，我沒有資格回答這個問題。

10 「詔策說『詳細陳述自己的意見，不要有所隱瞞』，我用五帝的賢臣來說明。我聽說五帝的大臣都比不上五帝，所以五帝親自處理政事；三王與臣下都很賢明，於是一起考慮國事；五霸不如臣下，則將國事託付給臣下。這樣就使五帝的神明充分展示，而三王、五伯時期的聖賢各盡其用，所以在各自所處的時代建立功德。古書上說『過去的事已經趕不上了，今後的事還可爭取，能洞察世道的人稱為天子』，說的就是這個道理。我聽說作戰失利就轉移陣地，百姓貧窮就改變職業。現在，以陛下的神明，道德純厚，條件不比五帝差，君臨天下，已經有十六年，百姓的財富沒有增加，盜賊沒有減少，邊境不得安寧，究其原因，恐怕是陛下沒有親自處理政事，而託付給大臣們。現在主事的大臣都是國內最傑出的人才，但都比不上陛下的英明，就如同五帝的輔佐一樣。陛下不親自處理國事，而依靠那些才能不如皇上的大臣，我擔心皇上的神明被掩蓋。日子一天天減少，歲月一年年過去，年紀不斷增加，而陛下的大德不遍布天下，流傳萬世，我不自量力，很為陛下感到可惜。冒死呈上狂妄無知的言論，請皇上裁斷。」

11 當時賈誼已去世，參加對策的一百多人，只有鼂錯列入高等，於是提拔為中大夫。

1 錯又言宜削諸侯事❶，及法令可更定者，書凡❷三十篇。孝文雖不盡聽，然奇其材❸。當是時，太子善❹錯計策，爰盎諸大功臣多不好錯。

2 景帝即位，以錯為內史❺。錯數請間言事❻，輒聽，幸傾❼九卿，法令多所更定。丞相申屠嘉心弗便❽，力未有以傷❾。內史府居太上廟堧❿中，門東出，不便，錯迺穿門南出，鑿廟堧垣⓫。丞相大怒，欲因此過為奏請誅錯。錯聞之，即請間為上言之。丞相奏事，因言錯擅鑿廟垣為門，請下廷尉誅。上曰：「此非廟垣，迺堧中垣，不致於法。」丞相謝⓬。罷朝，因怒謂長史曰：「吾當先斬以聞⓭，迺先請，固誤。」丞相遂發病死。錯以此愈貴。

3 遷為御史大夫，請諸侯之罪過，削其支郡⓮。奏上，上令公卿列侯宗室雜議⓯，莫敢難⓰，獨竇嬰爭之，繇此與錯有隙⓱。錯所更令三十章，諸侯讙譁。錯父聞之，從潁川來，謂錯曰：「上初即位，公[18]為政用事，侵削諸侯，疏人骨肉[19]，口讓[20]多怨，公何為也？」錯曰：「固[21]也。不如此，天子不尊，宗廟不安。」父曰：「劉氏安矣，而鼂氏危，吾去公歸矣！」遂飲藥死，曰：「吾不忍見禍逮[22]身。」

4 後十餘日，吳楚七國俱反，以誅錯為名。上與錯議出軍事，錯欲令上自將兵，而身居守。會竇嬰言爰盎，詔召入見，上方與錯調兵食[23]。上問盎曰：「君嘗為吳相，知吳臣田祿伯[24]為人虖？今吳楚反，於公意何如？」對曰：「不足憂也，今破矣。」上曰：「吳王即山鑄錢，煮海為鹽，誘天下豪桀[25]，白頭舉事[26]，此其計不百全，豈發虖？何以言其無能為也？」盎對曰：「吳銅鹽之利則有之，安得豪桀而誘之！誠令吳得豪桀，亦且輔而為誼，不反矣。吳所誘，皆亡賴子弟，亡命鑄錢姦人，故相誘以亂。」錯曰：「盎策之善。」上問曰：「計安出？」盎對曰：「願屏[27]左右。」上屏人，獨錯在。盎曰：「臣所言，人臣不得知。」迺屏錯。錯趨避東箱[28]，甚恨。上卒[29]問盎，對曰：「吳楚相遺書，言高皇帝王子弟各有分地，今賊臣鼂錯擅適[30]諸侯，削奪之地，以故反，名為西共誅錯，復故地而罷。方今計，獨有斬錯，發使赦吳楚七國，復其故地，則兵可毋血刃[31]而俱罷。」於是上默然，良久曰：「顧誠何如㉜，吾不愛一人謝天下㉝。」盎曰：「愚計出此，唯上孰㉞計之。」迺拜盎為泰常，密裝治行㉟。

後十餘日，丞相青翟、中尉嘉、廷尉歐㊱劾奏錯曰：「吳王反逆亡道，欲危宗廟，天下所當共誅。今御史大夫錯議曰：『兵數百萬，獨屬群臣，不可信，陛下不如自出臨兵㊲，使錯居守。徐、僮㊳之旁吳所未下者可以予吳。』錯不稱㊴陛下德信，欲疏群臣百姓，又欲以城邑予吳，亡臣子禮，大逆無道。錯當要斬㊵，父母妻子同產無少長皆棄市㊶。臣請論㊷如法。」制㊸曰：「可。」錯殊㊹不知。迺使中尉召錯，紿載行市㊺。錯衣朝衣斬東市㊻。

【章旨】以上為〈鼂錯傳〉的第四部分，寫景帝即位後鼂錯地位的上升，因主張實行削藩，引發吳楚七國之亂，被斬於東市。

【注釋】❶削諸侯事　削減諸侯的封地。❷凡　共；總共。❸材　通「才」。❹善　讚賞；認為好。❺內史　官名，掌治京師，相當於後來的京兆尹。❻請間言事　請求屏退其他人單獨奏事。❼傾　超過。❽弗便　弗便之，對此感到不滿。❾傷　傷害。❿堧　廟垣外的空地。⓫堧垣　堧以外的矮圍牆。⓬謝　認錯。⓭聞　奏聞；報告。⓮支郡　諸侯王國的邊郡。⓯雜議　集議；集體討論。⓰難　質疑。⓱隙　過節。⓲公　即「你」。漢時常用的稱呼，亦可用於上對下、長輩對晚輩。⓳骨肉　至親，因為當時諸侯王都是劉姓。⓴讓　責備。㉑固　本來；誠然。㉒逮　及。㉓調兵食　調度軍糧。㉔田祿伯　吳國將領，吳楚叛亂時任大將軍。㉕桀　通「傑」。㉖白頭舉事　年齡很大發動叛亂。當時吳王劉濞已年過六十，故稱白頭。㉗屏　屏退。㉘東箱　即「東廂」，東邊的偏房。㉙卒　竟；最後。㉚適　通「謫」。責罰。㉛血刃　刀刃上沾血，意指戰爭。㉜顧

誠何如　要考慮真實情況如何。顧，念；考慮。誠，實；實情。㉝吾不愛一人謝天下　愛，吝惜。謝，謝罪。㉞孰　通「熟」。㉟密裝治行　祕密地準備行裝出發。㊱青翟中尉嘉廷尉歐　青翟，即陶青，「翟」字為衍文。中尉，官名，負責巡察京城，防備盜賊，武帝時改名執金吾，秩中二千石。嘉，人名，姓氏事跡不詳。歐，張歐，又作「張毆」，詳見本書卷四十六〈張歐傳〉。㊲臨兵　統率軍隊。㊳徐僮　徐，縣名，在今江蘇泗洪南。僮，縣名，在今安徽泗縣東北。㊴稱　稱頌。㊵要斬　同「腰斬」。古代酷刑，將犯人從腰部斬斷。㊶同產無少長皆棄市　同產，同胞，指兄弟姊妹。無，不論。棄市，死刑的一種，將犯人在街市處死，並暴屍示眾。㊷論　判決；定罪。㊸制　皇帝命令的一種形式。㊹殊　甚；根本。㊺紿載行市　紿，欺騙。載，乘車。行市，巡察街市。㊻衣朝衣斬東市　衣朝衣，穿著朝服。東市，漢代在長安東市處死罪人，後因以東市指刑場。

【語　譯】鼂錯又上書論述應該削弱諸侯，以及修訂法令，一共有三十篇。文帝雖然不能完全聽從，但是很欣賞他的才華。當時，太子讚賞鼂錯的計策，而爰盎等功臣們多不喜歡鼂錯。

2 景帝即位後，任命鼂錯為內史。鼂錯多次請求單獨奏事，議論朝政，多被採納，寵幸超過九卿，法令大多由他修訂。丞相申屠嘉對此感到不滿，又無力中傷他。內史府建在太上廟廟垣外的空地上，門朝東，進出不方便，鼂錯便鑿開太上廟空地外的圍牆，開了一個南門進出。丞相大怒，想利用這個過錯上奏皇上誅殺鼂錯。鼂錯聽到此事，立即請求單獨奏事，向皇上說明此事。丞相奏事時，便說鼂錯擅自鑿開太上廟圍牆當內史府的大門，請把他送交廷尉處死。皇上說：「這不是廟牆，而是廟外空地的圍牆，沒有犯法。」丞相謝罪。散朝後，丞相怒氣沖沖地對長史說：「我應該先斬後奏，先去奏請，本來就錯了。」丞相於是氣得發病死了。鼂錯因此更加顯貴。

3 鼂錯提升為御史大夫，上奏諸侯的罪過，建議削減他們的邊郡。奏章送上去，景帝令公卿列侯宗室共同議論，沒人敢提出不同意見，只有竇嬰爭辯，因此與鼂錯有過節。鼂錯更改的法令有三十章，諸侯因此一片譁然。鼂錯的父親聽到後，從潁川趕來，對鼂錯說：「皇上剛即位，你主持政事，侵削諸侯的封地，疏遠人家的至親骨肉，眾口埋怨，你這是為了什麼呢？」鼂錯說：「本該這樣。不如此，天子不被尊敬，國家不得安寧。」他父親說：「劉氏天下安定了，可鼂家就危險了，我得回老家了！」於是服毒死去，說：「我不忍看到大禍臨頭。」

4　過了十幾天，吳楚七國以誅殺鼂錯為名，一同叛亂。景帝與鼂錯商議出兵的事，鼂錯想讓皇帝親自統率軍隊，自己留守京師。正好竇嬰向皇上提到爰盎，於是下詔進見，當時皇上與鼂錯正商議調集軍隊、糧食的事。皇上問爰盎說：「你曾經做過吳相，知道吳國大臣田祿伯的為人嗎？現在吳楚叛亂，你的看法如何？」爰盎回答說：「不值得擔憂，很快可以擊敗。」皇上說：「吳王在山上採銅鑄錢，煮海水為鹽，招攬天下豪傑，頭髮都白了還反叛，如果不是計劃十分周全，難道會這樣做嗎？你為什麼說他沒什麼作為呢？」爰盎回答道：「吳國鑄錢、煮鹽的好處是有的，但從哪裡去招攬英雄豪傑！假使吳國真的得到豪傑，也將輔佐他做正當的事，不會反叛。吳國招攬的都是無賴子弟，鑄錢的奸人，亡命之徒，所以相互勾結發動叛亂。」鼂錯說：「爰盎說得對。」皇上問：「如何對付叛亂呢？」爰盎回答說：「希望屏退左右。」皇上讓旁人退去，只有鼂錯在身邊。爰盎說：「我所說的，人臣不能聽到。」於是屏退鼂錯。鼂錯快步退到東廂，很是氣惱。皇上最後問爰盎，爰盎答道：「吳楚兩國相互傳遞書信，說高皇帝分封子弟為王，各有封地，現在賊臣鼂錯擅自處罰諸侯，削減封地，所以反叛，名義上是出兵向西誅殺鼂錯，恢復原來的封地就撤兵。現在能採取的辦法，只有處死鼂錯，派使者赦免吳楚七國，恢復他們原有的封地，就可以兵不血刃，讓他們都退兵。」於是皇上沉默不語，過了很久才說：「確實得考慮實際情況，為了向天下謝罪，我不能惜一個鼂錯。」爰盎說：「這是我愚蠢的計策，還請皇上仔細考慮。」於是任命爰盎為太常，祕密打點行裝，出使吳國。

5　十幾天後，丞相陶青、中尉嘉、廷尉張歐彈劾鼂錯說：「吳王反叛無道，想危害朝廷，天下人都應該合力討伐。現在御史大夫鼂錯建議：『數百萬大軍只委託給群臣，不可信任，陛下不如親自外出統兵，讓我留守京師。徐、僮兩縣附近吳國尚未攻下的地方可以給吳國。』鼂錯不稱頌陛下的恩德、誠信，想要疏遠陛下和群臣、百姓之間的關係，又想將城鎮讓給吳，喪失了做人臣的禮法，大逆不道。鼂錯應當處以腰斬，父母、妻子、子女、兄弟姊妹無論老小都處死。我們請求皇上依法論處。」皇帝的命令說：「可以。」鼂錯一點都不知情。於是派中尉去召鼂錯，騙他上車巡行街市。鼂錯穿著朝服在東市被處死。

錯已死，謁者僕射鄧公為校尉❶，擊吳楚為將。還，上書言軍事，見上。上問曰：「道❷軍所來，聞鼂錯死，吳楚罷不❸？」鄧公曰：「吳為反數十歲矣，發怒削地，以誅錯為名，其意不在錯也。且臣恐天下之士拑口❹不敢復言矣。」上曰：「何哉？」鄧公曰：「夫鼂錯患諸侯彊大不可制，故請削之，以尊京師❺，萬世之利也。計畫始行，卒受大戮，內杜❻忠臣之口，外為諸侯報仇，臣竊為陛下不取也。」於是景帝喟然❼長息，曰：「公言善，吾亦恨❽之。」迺拜鄧公為城陽中尉❾。

鄧公，成固❿人也，多奇計。建元⓫年中，上招賢良，公卿言鄧先⓬。鄧先時免，起家⓭為九卿。一年，復謝病⓮免歸。其子章，以脩黃老言顯⓯諸公間。

【章旨】以上為〈鼂錯傳〉的第五部分，寫鼂錯死後景帝明白事情真象的後悔之心，以及鄧公的簡要經歷。

【注釋】❶謁者僕射句　謁者僕射，官名，郎中令屬官，掌管接待賓客和傳達事務。校尉，職位低於將軍的武官。❷道　由；從。❸罷不　罷兵與否。不，通「否」。❹拑口　閉口。❺京師　首都，指代朝廷。❻杜　塞；塞住。❼喟然　歎息的樣子。❽恨　悔恨；後悔。❾城陽中尉　王國掌握軍事的武官。城陽，即城陽王國，漢諸侯王國名，國都在今山東莒縣。❿成固　縣名，治今陝西城固。⓫建元　漢武帝年號（西元前一四〇—前一三五年）。⓬鄧先　即鄧先生。⓭起家　即起家官，或稱出身官，為第一次所任之官職，這裡指鄧公被舉薦為賢良之後所任官職。⓮謝病　託病引退。⓯以脩黃老言顯　黃老言，指黃帝、老子之說，在西漢前期很盛行。顯，顯名。

【語譯】鼂錯死後，謁者僕射鄧公任校尉，攻打吳楚叛軍有功升為將軍。回京師，上書報告軍事情況，進見皇上。皇上問：「你從前線回來，吳楚聽到鼂錯已死，退兵了嗎？」鄧公說：「吳王準備謀反已經幾十年了，對削地很憤怒，藉口誅殺鼂錯，本意並不在鼂錯。我擔心天下的士人從此閉口不敢講話了。」皇上問：「為什麼呢？」鄧公說：「鼂錯擔心諸侯勢力強大難以制服，所以請求削減他們的封地，以尊敬朝廷，這是有利萬世的事。計策剛剛實施，便誅滅全家，對內堵塞了忠臣之口，對外替諸侯報了仇，我認為陛下不應該這樣做。」於是景帝長歎了一口氣，說：「你說得對，我也很後悔啊。」於是任命鄧公為城陽中尉。

鄧公，是成固人，多奇謀妙計。建元年間，皇上招納賢良之士，公卿都薦舉他。鄧公當時已經免官，於是從平民任命為九卿。一年後，鄧公託病辭官回家。他兒子鄧章，因研究黃老學說在朝廷大臣中很有聲望。

贊曰：爰盎雖不好學，亦善傅會❶，仁心為質❷，引義忼慨。遭孝文初立，資適逢世❸。時已變易❹，及吳壹說❺，果於用辯，身亦不遂❻。鼂錯銳❼於為國遠慮，而不見身害。其父睹之，經於溝瀆，亡益救敗❽，不如趙母指括，以全其宗❾。悲夫！錯雖不終，世哀其忠，故論其施行之語著于篇。

【章旨】以上是班固對爰盎、鼂錯二人的總評，雖然對二人皆褒貶兼備，但對鼂錯的評價要高一些，這與本傳的篇幅安排也是相對應的。

【注釋】❶傅會　同「附會」。❷仁心為質　仁心，仁愛之心。質，本質。❸資適逢世　資，才能。世，時勢。❹變易　改變，指文帝死、景帝立。❺吳壹說　指針對吳叛亂的一項建議，即殺鼂錯以退吳楚之軍。❻不遂　指不得善終。遂，終。

❼銳　積極；銳意。❽經於溝瀆二句　意為自殺於荒野，無益於挽救失敗。班固這裡節取了《論語・憲問》中孔子為管仲辯護時的一段話的意思，孔子稱讚管仲有匡正天下之功，並且說「豈若匹夫匹婦之為諒也？自經于溝瀆而莫之知也」。❾趙母指括二句　趙括是戰國時趙國名將趙奢之子，只知空談兵法，趙王中秦國之計任命趙括為大將，趙母上書勸阻，被拒絕後請求趙王答應不因趙括之罪而株連其家族。後來趙括慘敗於長平，因有言在先，趙氏宗族得以獲全。

【語　譯】史官評議說：爰盎雖然不好學問，也善於引經據典，心地仁慈，稱引大義，慷慨激昂。趕上文帝剛即位，才能恰好遇上好時機。時勢改變，等到吳楚叛亂建議處死鼂錯，馳騁辯才，自己也不得善終。鼂錯積極為朝廷深謀遠慮，卻不見自身的禍患。他父親看到了，只知自殺免罪，對挽救家族滅亡毫無益處，不如趙括的母親指控趙括，家族因此得以保全。悲哀啊！鼂錯雖然不得善終，世人都哀歎他的忠心，所以將他關於國政方針的言論編集在傳文中。

【研　析】《史記》、《漢書》都將爰盎、鼂錯二人合傳。《史記》脈絡分明，其主線是兩人的傾軋、爭鬥，最後兩敗俱傷，故太史公在評論中說爰盎「吳楚一說，說雖行哉，然復不遂」，而鼂錯「諸侯發難，不急匡救，欲報私仇，反以亡軀」。《漢書》的意旨似乎左右游離，一方面因襲了太史公的整體結構，全傳的敘事基本源出《史記》，只是對部分情節的描寫更為細緻，如爰、鼂相爭的高潮，爰盎使計勸說景帝殺鼂錯一節，在〈爰盎傳〉中已略提及，至〈鼂錯傳〉和盤托出事情原委，前後呼應；另一方面，由於《漢書》在〈鼂錯傳〉部分加入大量傳主的奏疏議論，使得《史記》的這條敘事主脈不斷被遮蔽，而且，作為傳文最後的點睛之筆，作者在論贊中評爰盎部分基本照用太史公之文，而鼂錯部分則強調「為國遠慮」之「忠」，對鼂錯父親的評論更顯枝蔓。從這個角度而言，《漢書》將二人合傳遠不如《史記》那樣合理，那樣渾然一體。

然而，歷史有不同的寫法，也可以有不同的讀法。《史》、《漢》內容重疊之處必須將二書對讀，這已是讀史常識。本傳較《史記》優長之處正是鼂錯的數篇奏疏，這些長篇大論固然沖淡了敘事主脈，但後世的讀者也由此對鼂錯有更全面的認識，而不只是簡單的「陗直刻深」，「言削諸侯事」。鼂錯試圖解決的是文、景時期漢代朝廷面臨的最重要的兩個問題，匈奴與諸侯國。針對前者，他主張徙民實邊，開後代屯田政策的先河，與之配套的則是重農貴粟，務民於農桑（見本書卷二十四〈食貨志上〉）；對於諸侯國，鼂錯提出「削藩」，並付之實施，為此付出了慘痛的代價。鼂錯在歷史上的地位，亦取決於他在這兩方面的貢獻。太史公批評鼂錯「擅權，多所變更」，導致諸侯發難，而此時他卻「不急匡救，欲報私仇」，這是因為太史公對武帝時的更張多有微辭，削藩也有刻薄寡恩之嫌。而班固撰寫《漢書》時西漢已成歷史，視角自然不同，才會感歎鼂錯忠心為國，奮不顧身，我們也才能讀到鼂錯的那些長篇大論。時勢不同，歷史書寫各異，以了解之同情處之，可也。

卷五十

張馮汲鄭傳第二十

【題解】本卷是張釋之、馮唐與汲黯、鄭當時四人的合傳。張釋之、馮唐二人，主要記文帝時事。張釋之先後任騎郎、謁者僕射、公車令、中大夫、中郎將、廷尉等職，不阿權貴，秉公執法。馮唐始為郎中署長，論將不避忌諱以激悟文帝，官拜車騎都尉。汲黯、鄭當時二人，主要記武帝時事。汲黯先後任謁者、中大夫、東海太守、主爵都尉、右內史、淮陽太守等職，清靜治事，剛直做人，犯顏諫君，為君臣所敬畏。鄭當時先後任魯中尉、濟南太守、江都相、右內史、詹事、大司農、汝南太守等職，禮賢下士，清廉不治產業，薦舉人才譽之賢於己，進獻善言唯恐動作慢，儼然有長者之風，然而在朝常隨聲附和，秉承旨意，不敢大膽褒貶善惡是非，這又是他德操欠缺的一面。

1

張釋之，字季，南陽❶堵陽❷人也。與兄仲❸同居，以貲❹為騎郎❺，事❻文帝❼，十年不得調，亡所知名。釋之曰：「久宦❽減仲之產，不遂❾。」欲免歸❿。中郎將⓫爰盎⓬知其賢，惜其去⓭，乃請徙釋之補⓮謁者⓯。釋之既⓰朝畢⓱，因前言便宜事[18]。文帝曰：「卑之[19]，毋甚[20]高論，令今可行也。」於是釋之言秦漢之間事，秦所以失[21]，漢所以興者。文帝稱善，拜[22]釋之為謁者僕射[23]。

2 從行[24]，上登虎圈[25]，問上林尉[26]禽獸簿，十餘問，尉左右視，盡[27]不能對。虎圈嗇夫[28]從旁代尉對上所問禽獸簿甚悉[29]，欲以觀其能口對嚮應亡窮者[30]。文帝曰：「吏不當如此邪？尉亡賴[31]。」詔釋之拜嗇夫為上林令。釋之前曰：「陛下以絳侯周勃[32]何如人[33]也？」上曰：「長者[34]。」又復問：「東陽侯張相如[35]何如人也？」上復曰：「長者。」釋之曰：「夫絳侯、東陽侯稱為長者，此兩人言事曾不能出口，豈效此嗇夫喋喋利口捷給哉[36]！且秦以任刀筆之吏[37]，爭以亟疾苛察相高[38]，其敝徒文具[39]，亡惻隱[40]之實。以故不聞其過，陵夷[41]至於二世[42]，天下土崩。今陛下以嗇夫口辯[43]而超遷[44]之，臣恐天下隨風靡[45]，爭口辯，亡其實。且下之化上[46]，疾[47]於景嚮[48]，舉錯[49]不可不察也。」文帝曰：「善。」迺止，不拜嗇夫。

3 就車[50]，召釋之驂乘[51]，徐[52]行，行問[53]釋之秦之敝。具[54]以質[55]言。至宮，上拜釋之為公車令[56]。

4 頃之[57]，太子[58]與梁王[59]共車入朝，不下司馬門[60]，於是釋之追止太子、梁王毋入殿門。遂劾(61)不下公門(62)不敬，奏之。薄太后(63)聞之，文帝免冠(64)謝(65)曰：「教兒子不謹(66)。」薄太后使使(67)承詔(68)赦(69)太子、梁王，然後得入。文帝繇是(70)奇(71)釋之，拜為中大夫(72)。

5 頃之，至中郎將。從行至霸陵(73)，上居(74)外臨廁(75)。時慎夫人(76)從，上指視(77)慎夫人新豐(78)道，曰：「此走邯鄲道也。」使慎夫人鼓(79)瑟(80)，上自倚瑟而歌，意悽愴悲懷(81)，顧(82)謂群臣曰：「嗟乎(83)！以北山石為椁(84)，用紵絮斮陳漆其間(85)，豈可動哉！」左右皆曰：「善。」釋之前曰：「使其中有可欲，雖(86)錮(87)南山猶有隙(88)；使其中亡可欲，雖亡石椁，又何戚(89)焉？」文帝稱善。其後，拜釋之為廷尉(90)。

6 頃之，上行出中渭橋(91)，有一人從橋下走(92)，乘輿(93)馬驚。於是使騎(94)捕之，屬(95)廷尉。釋之治問。曰：「縣人(96)來，聞蹕(97)，匿橋下。久，以為行過，既出(98)，見車騎，即走耳。」釋之奏當(99)：此人犯蹕，當罰金(100)。上怒曰：「此人親驚吾馬，馬賴和柔，令(101)它馬，固(102)不敗傷(103)我乎？而廷尉迺當之罰金！」釋之曰：「法者天子所與天下公共也。今法如是，更重之，是法不信於民也。且方其時(104)，上使使誅之則已(105)。今已下(106)廷尉，廷尉，天下之平(107)也，壹傾(108)，天下用法皆為之輕重[109]，民安所錯其手足[110]？唯[111]陛下察之。」上良久[112]曰：「廷尉當是也。」

7 其後人有盜高廟[113]座[114]前玉環，得[115]，文帝怒，下廷尉治。案盜宗廟服御物者為奏[116]，當棄市[117]。上大怒曰：「人亡道[118]，迺[119]盜先帝[120]器！吾屬廷尉者，欲致之族[121]，而君以法奏之，非吾所以共承[122]宗廟意也。」釋之免冠頓首[123]謝曰：「法如是足也。且[124]罪等[125]，然[126]以逆順為基[127]。今盜宗廟器而族之，有如[128]萬分一[129]，假令[130]愚民取長陵[131]一抔土[132]，陛下且[133]何以加其法虖[134]？」文帝與太后言之，乃許[135]廷尉當。是時，中尉條侯周亞夫[136]與梁相山都侯王恬啟[137]見釋之持議平，迺結為親友[138]。張廷尉繇此天下稱[139]之。

8 文帝崩，景帝[140]立，釋之恐[141]，稱疾[142]。欲免去，懼大誅[143]至；欲見，則未知何如。用王生計，卒[144]見謝，景帝不過[145]也。

9 王生者，善為黃老言[146]，處士[147]。嘗召居[148]廷中，公卿[149]盡會立[150]，王生老人，曰：「吾韤[151]解[152]。」顧謂釋之：「為我結韤！」釋之跪而結之。既已[153]，人或[154]讓[155]王生：「獨[156]奈何[157]廷辱[158]張廷尉如此？」王生曰：「吾老且[159]賤，自度[160]終亡益於張廷尉。廷尉方[161]天下名臣，吾故[162]聊[163]使結韤，欲以[164]重之[165]。」諸公聞之，賢[166]王生而重釋之。

10

釋之事景帝歲餘，為淮南相[167]，猶尚[168]以[169]前過[170]也。年老病卒。其子摯[171]，字長公，官至大夫[172]，免。以不能取容[173]當世，故終身不仕[174]。

【章旨】以上是〈張釋之傳〉。傳文記述張釋之從行登虎圈、劾太子梁王不下司馬門、從行至霸陵、治犯蹕案、治盜高廟玉環案等數事，表彰張釋之不阿權貴、犯顏直諫的公正執法精神。

【注釋】❶南陽　郡名，治宛縣（今河南南陽）。❷堵陽　縣名，治今河南方城東。❸仲　兄字。❹貲　通「資」。資財。❺騎郎　郎中令屬官，負責守衛宮廷門戶，出充車騎。❻事　為之做事；在人手下任職。❼文帝　即漢文帝劉恆，西元前一八〇—前一五七年在位。本書卷四〈文帝紀〉有傳（紀）。❽宦　做官。❾遂　稱心。❿欲免歸　想要辭官回家。⓫中郎將　郎中令屬官，分五官中郎將、左中郎將、右中郎將，統領中郎。⓬爰盎　（西元前？—前一四八年），字絲，安陵縣（今陝西咸陽）人。《史記》本傳作袁盎。漢文帝時為郎中。淮南王劉長驕，建議削其地以弱其勢，文帝不聽，後來劉長果然謀反獲罪，遷蜀而死，而後又請立劉長三子為王。由此名重朝廷。歷任隴西都尉、齊王國相、吳王國相。景帝時因受吳王財物事被廢為庶人。吳、楚等七王國反，爰盎密勸景帝殺鼂錯以平息反叛。七國亂平，為楚王國相。後病免家居，被人所殺。本書卷四十九〈爰盎鼂錯傳〉有傳。⓭去　離職。⓮補　謂官有缺位，選員補充。⓯謁者　郎中令屬官，主管接待賓客，定員七十人，長官為謁者僕射。⓰既　已經。⓱畢　結束。⓲因前言便宜事　因，順便。前，作動詞。走上前。便宜，應辦的事情。⓳卑之　論調低一些。卑，低。⓴甚　過分。㉑所以失　失敗的原因。所以，表示原因。㉒拜　任命官職。㉓僕射　謁者之長。㉔從行　謂隨從文帝出外巡視。㉕圈　養獸之所。㉖上林尉　上林，即皇家苑囿上林苑。秦舊苑，內養禽獸，是供皇帝春秋打獵之所，在今陝西長安、周至、戶縣一帶。管理上林苑的官員有令、尉，禽獸名數都要造冊登記。㉗盡　皆；都。㉘虎圈嗇夫　管理虎圈的小吏。㉙悉　詳盡。㉚欲以觀口　觀，顯示；表現。口對，隨口回答。嚮應，回音應聲。這裡用來形容口對之快。嚮，通「響」。回音。㉛亡賴　謂沒有賴以勝任職事的才幹。㉜絳侯周勃　周勃，西漢初年沛（今江蘇沛縣）人。初以織薄席為生，有時還做喪事中的吹鼓手。劉邦在沛起義，周勃參加反秦鬥爭，身先士卒，屢建戰功。劉邦稱帝，封周勃為絳侯。惠帝時，任太尉。呂后時，諸呂專權；呂后死，與陳平共謀誅殺諸呂，迎立文帝。文帝時，任丞相，後免相就國。文帝十一年（西元前一六九年）去世。本書卷四十有傳。㉝何如人　怎樣的人。㉞長者　指德高望重的人。㉟東陽侯張相如　西漢初年人，漢高祖十一年（西元前一九六年）以擊陳豨功封東陽侯。文帝時曾任太子太傅、大將軍等職。㊱豈效句　豈，難道。喋喋，話多的樣子。捷給，指應對敏捷。㊲刀筆之吏　指掌管刑獄、主辦公文的官吏。刀筆，指書寫工具。西漢時的書寫材料主要是竹簡木牘，用筆書寫，如果寫錯就用刀削去重寫。可知刀、筆是當時的書寫工具，所以把掌管公文案卷等文字工作的官吏稱為刀筆吏。㊳爭以句　亟疾，急速。苛察，督察苛刻。相高，互相比高低。㊴徒文具　只是具備文書罷了。㊵惻隱　憐憫；同情。㊶陵夷　衰敗；衰落。㊷二世　指秦二世。㊸口辯　口才好；能說會道。㊹超遷　越級提升。遷，調任，多指升任。㊺靡　倒下。㊻化上　這裡是被動用法。被上所化。化，感化；教化。㊼疾　快。㊽景嚮　景，「影」的本字。嚮，通「響」。回音。這裡用「景嚮」作比喻，說明下面被上面感化，比影子隨著形體、回音應和原發聲音還要快。㊾舉錯　舉動；行為。錯，通「措」。㊿就車　指走到車前上車。51驂乘　陪乘，或指陪乘的人。古代乘車，尊者在左，御者在中，又一人在右，稱驂乘或車右。驂乘又作參乘。52徐　緩慢。53行問　邊走邊問。54具　通「俱」。55質　真實。56公車令　官名，全稱為公車司馬令，衛尉的屬官，負責警衛皇宮司馬門與宮廷夜間巡邏。凡臣民上書與朝廷的徵召，也都由公車令掌管。57頃之　時過不久。58太子　文帝的太子劉啟。文帝死後，繼立為帝，即景帝。59梁王　太子同母弟劉武，封梁王。梁，諸侯王國名，都睢陽（今河南商丘西南）。本書卷四十七〈文三王傳〉有傳。60不下司馬門　《史記・項羽本紀》裴駰《集解》：「凡言司馬門者，宮垣之內，兵衛所在，四面皆有司馬，主武事。總言之，外門為司馬門也。」凡出入宮禁的，到此都須下車步行。漢代規定，不下司馬門者，罰金四兩。司馬門，皇宮的外門。61劾　彈劾，即揭發檢舉人的過失或罪行。62公門　宮廷的外門。63薄太后　漢文帝的母親。本書卷九十七上〈外戚傳上〉有傳。64免冠　摘下冠表示認錯或謝罪。65謝　道歉；認錯。66謹　嚴格。67使使　派使者；派人。前「使」作動詞，派遣；後「使」作名詞，使者。68承詔　奉詔；受詔。69赦　寬免罪行。70繇是　由此。繇，通「由」。71奇　奇特；與眾不同。這裡是意動用法，認為與眾不同。72中大夫　郎中令屬官，掌論議。73霸陵　漢文帝的陵墓，在今陝西長安東，文帝生前營造。74居　在；處於。75廁　通「側」。邊側。76慎夫人　邯鄲（今河北邯鄲）人。漢文帝的寵姬。77指視　指給人看。視，看。這裡是使動用法，給人看。78新豐　縣名，本秦驪邑。漢高祖劉邦是沛縣豐邑人，稱帝，都長安，其父太上皇思念家鄉，於是於高祖七年按豐邑街里格式改建驪邑，並把豐邑居民遷來居住，改名新豐，故城在今陝西臨潼東北。79鼓　彈奏。80瑟　一種絃樂器名。81悽愴悲懷　謂慘悽傷感。82顧回頭。83嗟乎　唉呀。嗟，感歎詞，表示感歎。乎，語氣詞，表示感歎語氣。84椁　外棺。85用紵絮句　紵，紵麻。絮，絲綿。斮,砍斷。陳,排列。漆其間,在它們中間抹上漆粘著。86雖 即使。87錮 熔鑄;封閉。88隙 空隙;縫。89戚 憂愁。90廷尉 官名,卿職,掌管刑法。91中渭橋 一座橫跨渭水的橋,本名橫橋,在今陝西西安北。92走 跑。93乘輿 帝王乘坐的車子。94騎 侍從騎士。95屬 交付。96縣人 本縣人。97蹕 天子出行時,開路清道,禁止行人通行。98既出 出來以後。既,已經。99奏當 審案完畢,向皇帝奏報處理意見。當,判決。100罰金 顏師古注引如淳曰:「乙令『蹕先至而犯者,罰金四兩』。」101令 假使。102固 豈;難道。103敗傷 傷害。104方其時 在那時。方,當;在。105已 罷了;算了。106下 下達;交付。107天下之平 這裡是說,廷尉是天下公平執法的榜樣。平,公平。108傾 傾斜。這裡指執法不平。109輕重 謂輕重人罪。110安所錯其手足 意謂人民為苛法所擾,不知道怎麼做才好。安,哪裡。錯,通「措」。放置。111唯 語氣助詞,表示希望。112良久 時過好久。113高廟 漢高祖劉邦之廟。114座 指神座,意謂神靈的座位。115得 謂捕獲。116案盜句 案,通「按」。按照;依照。宗廟,帝王祭祀祖先的處所。服御物,供神靈享用的祭祀物品。117棄市 刑名,死刑的一種。118亡道 無道,這裡指不守法紀。119迺 竟然。120先帝 本朝已故皇帝。121欲致之族 想要給予他滅族的刑罰。122共承 恭敬地侍奉。共,通「恭」。恭敬。123頓首 叩頭。124且 表示進一層說,況且。125罪等 罪行等同。126然 乃;就。127以逆順為基 用罪行的順逆程度作為審判基礎。128有如 如果;假如。129萬分一 萬分之一。表示事情發生的可能性極小。130假令 假使。131長陵 漢高祖劉邦的陵墓,在今陝西咸陽東北。132一抔土 一捧土,極言其少。抔,用雙手捧物。133且 將。134虖 同「乎」。135許 同意。136中尉條侯周亞夫 周亞夫,絳侯周勃之子,嗣侯後封條侯。文帝時,任河內太守、將軍等職,曾駐軍細柳,治軍嚴整,文帝稱為真將軍,升任中尉。景帝時,任太尉。後忤景帝意。於景帝後元元年(西元前一四三年)以謀反下獄,不食嘔血而死。本書卷四十〈張陳王周傳〉有傳。中尉,武職官名,掌衛戍京師。條,縣名,屬勃海郡。137梁相山都侯王恬啟 漢高祖劉邦十年(西元前一九七年),代國相國陳豨反,王恬啟以衛將軍擊豨有功,任梁國相,封山都侯。山都,縣名,屬南陽郡。138結為親友 結交為親密的朋友。139稱 稱道;稱讚。140景帝 文帝子劉啟,繼文帝立,西元前一五六—前一四一年在位。本書卷五〈景帝紀〉有傳(紀)。141釋之恐 景帝為太子時,與梁王共車入朝,不下司馬門,釋之追止,並劾其不敬之罪。所以,太子繼位,釋之恐懼。142稱疾 稱說有病。143大誅 指殺身之禍。144卒 終於。145過 怪罪;責備。146黃老言 指道家清靜無為的治世學說。黃,指黃帝。黃帝,相傳為原始社會末期部落聯盟首領,中華民族的共同祖先。傳說黃帝與仙人遊,得道成仙,乘龍升天,所以被尊為道家學派的始祖。老,指老子。老子,道家學派的創始人。今存《老子》一書,主張「無為而治」,社會回到「小國寡民」、「雞犬之聲相聞,民至死不相往來」的原始狀態,認為「道」

是天地萬物的本原。黃老家言是西漢初年占主導地位的思想學說。[147]處士　有才德而不做官的人。[148]居　坐。[149]公卿　三公九卿。三公，輔助國君掌握軍政大權的最高官員。西漢前期，以丞相、太尉、御史大夫為三公。九卿，古代中央政府分職執事的九個高級官職。西漢前期以奉常、郎中令、衛尉、太僕、廷尉、典客、宗正、治粟內史、少府為九卿。[150]會立　在朝會上肅立。[151]韈　「襪」的本字。[152]解　開。言綁結襪子的帶子鬆開了。[153]既已　朝會結束以後。既，已經。已，結束；完了。[154]或　無定指代詞，有人。[155]讓　責怪；責備。[156]獨　單單；偏偏。[157]奈何　怎麼；為什麼。[158]廷辱　在朝廷上羞辱。[159]且　又。[160]度　推測；估計。[161]方　正。指時間，當今。[162]故　故意。[163]聊　姑且。[164]以　以之；藉此。[165]重之　使張釋之被敬重。重，敬重。[166]賢　作動詞，意動用法，以為賢。[167]淮南相　淮南王國的國相。淮南，諸侯王國名，都壽春（今安徽壽縣）。相，諸侯王國的行政長官。[168]猶尚　還是。[169]以　因為。[170]前過　以前的過失。實指舊怨。[171]摯　張釋之子名。[172]大夫　官名。郎中令屬官，掌論議。[173]取容　討好別人以求自己安身。[174]仕　做官。

【語譯】張釋之，字季，南陽郡堵陽縣人。與哥哥張仲一起生活。釋之用錢財捐官做騎郎，在漢文帝時任職，十年時間沒能調動，沒有人知道他的名字。釋之說：「長期做官，損失哥哥的家產，不能使人稱心如意。」想要辭官回家。中郎將爰盎知道他有才能，惋惜他離去，就請文帝調釋之擔任謁者。釋之在上朝結束以後，乘便走上前陳說應做的事情。文帝說：「論調低一些，不要發太高調的議論，使你的意見在當前能夠施行。」於是釋之陳說秦漢之間的事情，秦朝失敗的原因與漢朝興起的原因。文帝稱讚他說得好，任命釋之做謁者僕射。

2　釋之隨從文帝出外巡視，走進上林苑養虎的場所，文帝問上林尉各種禽獸簿冊登記情況，問了十幾遍，上林尉左看右看他的屬員，都不能回答。虎圈嗇夫從旁邊代替上林尉回答文帝問的各種禽獸的簿冊登記情況十分詳盡，想要藉此顯示他能夠隨口回答如回音應聲、滔滔不絕的本領。文帝說：「官吏不應當像這樣嗎？上林尉沒有賴以勝任職事的才幹。」詔命釋之任命嗇夫做上林令。釋之走上前說：「陛下認為絳侯周勃是怎樣的人呢？」文帝說：「是位長者。」釋之又問：「東陽侯張相如是怎樣的人呢？」文帝又說：「是位長者。」釋之說：「絳侯、東陽侯稱為長者，他們兩人陳說事情簡直不能利索地把話說出口，難道要去仿效這嗇夫喋喋不休、能言善辯、應對敏捷嗎！況且秦朝因為任用主辦公文案卷的官吏，官吏之間爭著用辦事緊急、督察苛刻互相比高低，它的弊端就只是具備文書罷了，沒有憐憫同情的實質。因為這個緣故，聽不到它的過失，國勢衰敗到秦二世，天下土崩瓦解。如今，陛下因為嗇夫能說會道而越級提升他，我恐怕天下跟著這種風氣學起來，爭著施展能言善辯的才能，而沒有了它的實質。況且下面被上面感化，比影子隨著形體、回音應和原發聲音還要快，因此行事不能不體察。」文帝說：「說得好。」就不再提這件事，沒有任命嗇夫做上林令。

3　文帝走到車前上車，召來釋之陪他同坐一車，車慢慢地走著，文帝問釋之秦朝的弊端。釋之全部按照實際情況陳說。回到宮中，文帝任命釋之做公車令。

4　過了不久，太子和梁王同坐一輛車上朝，到了司馬門不下車步行，於是釋之趕上去阻止太子、梁王不能進入殿門。隨即彈劾太子、梁王犯了到公門不下車步行的不敬之罪，把這件事上奏文帝。薄太后聽說了這件事，文帝摘下冠認錯說：「我教育兒子不嚴。」薄太后派人奉詔命赦免太子、梁王，太子、梁王然後得以進入殿門。文帝從這件事感到釋之與眾不同，任命他做中大夫。

5　過了不久，官職升任到中郎將。隨從文帝出行到霸陵，文帝站在霸陵外面，靠近邊側。這時，慎夫人跟著，文帝指著去新豐的路給慎夫人看，說：「這是去往邯鄲的路。」讓慎夫人彈瑟，文帝自己依和著瑟曲而唱起來，情調慘悽傷感，回過頭來對群臣說：「唉呀！用北山的石頭作為棺槨，把紵麻絲絮切碎鋪陳在石頭上，在它們中間抹上漆粘著，難道可以動搖嗎！」跟隨在左右的臣都說：「講得好。」釋之上前進言說：「假使墓穴裡面有可貪欲的東西，就算把整座南山用熔鐵封閉起來，還是有可被挖掘開的縫隙；假使墓穴裡面沒有可貪欲的東西，就算沒有石頭作為棺槨，又有什麼憂愁呢？」文帝稱讚講得好。在這之後，任命釋之做廷尉。

6　過了不久，文帝出外巡視，經過中渭橋，有一個人從橋下跑出來，拉著文帝乘輿的馬受到驚嚇。於是讓侍從騎士抓住，把他交給廷尉治罪。釋之審問，那人說：「我是本縣人，走到這裡，聽到禁止通行的命令，躲藏到橋下。過了很久，以為天子一行人已經過去了，出來以後，看到天子的車隊還在，就跑著躲開。」釋之上奏審判結果：這個人違犯禁止通行的命令，判處罰金。文帝發怒說：「這個人驚了我的馬，我的馬靠著牠性情溫馴，假使別的馬，難道不會傷害到我嗎？而廷尉卻只判處他罰金！」釋之說：「法律是天子與天下臣民共同遵守的。現在，法律如此規定，卻加重處罰他，這樣，法律就不能被人民相信了。況且，在那時皇上命人處死他就罷了。如今已經交廷尉審理，廷尉是天下公平執法的榜樣，一有傾斜，天下執法都任意地從輕從重，人民要怎麼做才好呢？希望陛下明察這件事。」過了好久，文帝說：「廷尉的判決是對的。」

7 在那以後有人偷了高廟神座前面的玉環，被逮住了，文帝發怒，下令交給廷尉審理治罪。釋之依照律令盜取宗廟內供用物品的罪名作為上奏的根據，上奏判決結果是棄市。文帝大怒，說：「人無視法紀，竟然盜取先帝廟中的祭器！我交給廷尉，是想給予他滅族的刑罰，而你依據法律規定上奏此案，不是我用來恭敬地承奉宗廟的本意。」釋之摘下冠叩頭謝罪說：「依據法律規定，這樣判處已經夠了。況且罪名等同，就用罪行的順逆程度作為審判基礎。如今，盜取宗廟祭器就治他滅族的罪，如果出現有萬分之一可能的事情，假使愚昧無知的人挖取高祖的長陵一把土，陛下將根據什麼給予他法律制裁呢？」文帝和太后說了這件事，就同意了廷尉的判決。這時，中尉條侯周亞夫和梁國相山都侯王恬啟看到釋之堅持的意見公正，就結交為親密的朋友。張廷尉因此而受到天下人的稱讚。

8 文帝去世，景帝即位，釋之恐懼，稱說有病。想要辭官離開朝廷，害怕殺身之禍降到自己頭上；想要見景帝謝罪，卻不知道會怎麼樣。釋之採用王生的計謀，終於見到景帝當面謝罪，景帝沒有責備他。

9 王生，對於黃帝、老子的學說很有研究，是一位有才德而不做官的人。曾經被召坐在朝廷上，三公九卿全都在朝會上肅立，王生是老年人，說：「我綁結襪子的帶子鬆開了。」回過頭來對釋之說：「給我綁結上襪子！」釋之跪著給王生綁結上襪子。朝會結束以後，有人責備王生說：「怎麼單單在朝廷上羞辱張廷尉，讓他跪著給你綁結襪子？」王生說：「我年紀老了，又地位低下，自己估量著對張廷尉終究不會有什麼幫助。張廷尉是當今天下有名大臣，我有意地姑且讓他綁結襪子，想要藉此使他受人敬重。」各位大臣聽說這件事，認為王生是位有賢德的人，而敬重釋之。

10 張釋之在景帝時期任職一年多時間，調任淮南王國的國相，還是因為以前的舊怨。釋之年老，因病去世。他的兒子叫張摯，字長公，官職做到大夫，被罷免了職務。因為不能取悅當世，所以，一輩子沒再做官。

馮唐，祖父趙❶人也。父徙代❷。漢興徙安陵❸。唐以孝著❹，為郎中署長❺，事文帝。帝輦❻過，問唐曰：「父老何自為郎❼？家安在❽？」具以實言。文帝曰：「吾居代時❾，吾尚食監高袪數為我言趙將李齊之賢❿，戰於鉅鹿⓫下。吾每飲食，意未嘗不在鉅鹿也。父老知之乎？」唐對曰：「齊尚不如廉頗、李牧之為將也⓬。」上曰：「何已⓭？」唐曰：「臣大父⓮在趙時，為官帥將⓯，善⓰李牧。臣父故⓱為代相，善李齊，知其為人也。」上既⓲聞廉頗、李牧為人，良說⓳，迺拊髀⓴曰：「嗟乎！吾獨不得廉頗、李牧為將，豈憂匈奴㉑哉！」唐曰：「主臣㉒！陛下雖㉓有廉頗、李牧，不能用也。」上怒，起入禁中㉔。良久㉕，召唐讓㉖曰：「公眾辱我，獨亡間處㉗虖？」唐謝㉘曰：「鄙人㉙不知忌諱㉚。」

當是時，匈奴新大入朝那㉛，殺北地都尉卬㉜。上以胡寇為意㉝，迺卒㉞復問唐曰：「公何以言吾不能用頗、牧也？」唐對曰：「臣聞上古王者遣將也，跪而推轂㉟，曰：『閫以內寡人制之㊱，閫以外將軍制之；軍功爵賞，皆決於外，歸而奏之。』此非空言也。臣大父言李牧之為趙將居邊，軍市之租皆自用饗士[37]，賞賜決於外，不從中[38]覆[39]也。委任而責成功，故李牧乃得盡其知[40]能，選車千三百乘[41]，彀騎[42]萬三千匹，百金之士[43]十萬，是以北逐單于[44]，破東胡[45]，滅澹林[46]，西抑[47]彊秦，南支韓、魏[48]。當是時，趙幾伯[49]。後會[50]趙王遷[51]立，其母倡[52]也，用郭開[53]讒，而誅李牧，令顏聚[54]代之，是以為秦所滅。今臣竊聞魏尚為雲中守[55]，軍市租盡以給士卒，出私養錢[56]，五日壹殺牛，以饗賓客軍吏舍人[57]，是以匈奴遠避，不近雲中之塞[58]。虜嘗一入，尚帥車騎擊之，所殺甚眾。夫士卒盡家人子[59]，起[60]田中從軍，安知尺籍伍符[61]？終日力戰，斬首[62]捕虜[63]，上[64]功莫府[65]，一言不相應[66]，文吏[67]以法繩[68]之。其賞不行，吏奉[69]法必用。愚[70]以為陛下法太明，賞太輕，罰太重。且雲中守尚坐上功首虜差六級[71]，陛下下之吏[72]，削[73]其爵，罰作[74]之。繇此言之，陛下雖得李牧，不能用也。臣誠愚，觸忌諱，死罪！」文帝說。是日，令唐持節[75]赦魏尚，復以為雲中守，而拜唐為車騎都尉[76]，主中尉及郡國車士[77]。

十年[78]，景帝立，以唐為楚相[79]。武帝即位，求賢良[80]，舉[81]唐。唐時年九十餘，不能為官，迺以子遂[82]為郎[83]。遂字王孫，亦奇士[84]。魏尚，槐里[85]人也。

【章　旨】以上是〈馮唐傳〉。傳文記述馮唐論將，不避忌諱，激悟文帝寬赦魏尚復為雲中守。

【注　釋】❶趙　指戰國時的趙國。戰國七雄之一。初都晉陽（今山西太原西南），西元前四二五年遷都中牟（今河南鶴壁西），西元前三八六年遷都邯鄲（今河北邯鄲）。轄地約有今山西中部、陝西東北部、河北南部、河南北部一帶。西元前二二二年被秦國滅亡。❷代　國名，都代（今河北蔚縣東北）。戰國初年，趙襄子滅代，其地歸屬趙，趙襄子以其地封姪趙周為代成君。西元前二二八年，秦國滅趙，趙公子嘉逃到代地自立為代王，西元前二二二年被秦國滅亡。❸安陵　縣名，治今陝西咸陽東北。安陵本為漢惠帝陵墓名，以陵墓名設縣，屬右扶風。❹著　出名。❺郎中署長　郎中官署的長官。郎中，郎中令屬官，負責皇宮守衛，皇帝外出充任車騎扈從。署，官署；機關。長，長官。西漢時皇宮與皇家園囿、離宮等處都設郎署，置長，負責管理本處直衛郎官。❻輦　人力拉的車。秦、漢以後，專指帝王后妃所乘的車子。❼父老句　父老，對老年人的尊稱。何自，即「自何」。自，介詞。由；從。何，疑問代詞。這是一個疑問代詞作介詞賓語前置的句式。❽安在　即「在安」。安，疑問代詞。哪裡。這是一個疑問代詞作動詞賓語前置的句式。❾居代時　言在代國為諸侯王時。代，西漢初年同姓諸侯王國名。漢高祖劉邦六年（西元前二〇一年），以雲中、雁門、代郡三郡五十三縣立兄喜為代王，都代縣（今河北蔚縣東北）。七年，廢喜為侯，立子如意為代王。九年，徙如意為趙王。十一年，封子恆為代王，轄太原、定襄、雁門、代郡四郡，都晉陽（今山西太原西南）。代王劉恆十七年（西元前一八〇年），被迎立為帝，就是漢文帝。❿吾尚食監句　尚食監，官名，負責諸侯王的飲食。高袪，人名。數，屢次；多次。李齊，人名。⓫鉅鹿　縣名。縣治，也是鉅鹿郡治所在地，在今河北平鄉西南。⓬齊尚句　尚，還。廉頗，戰國時趙國名將，在趙與秦、齊、燕、魏的戰爭中，屢建戰功。趙惠文王時，為上卿，與藺相如結為刎頸之交。趙孝成王時，封信平君，任相國。趙悼襄王時，廉頗失勢，獲罪逃到魏國，後又由魏到楚，最後老死在楚國。李牧，戰國時趙國良將。守衛趙國北部邊境，擊破匈奴、東胡，匈奴不敢侵犯。趙悼襄王時，攻燕破秦，封武安君。趙王遷時，秦行反間之計，李牧被殺。⓭何已　《史記》作「何以」。何以，即「以何」。根據什麼。以，介詞。介紹出動作行為憑藉的條件。⓮大父　即祖父。⓯官帥將　武職官名。⓰善　交好。⓱故　從前。⓲既　已經。⓳良說　非常高興。良，很；非常。說，同「悅」。⓴拊髀　拍大腿。拊，拍。髀，大腿。㉑匈奴　中國北方民族名。匈奴是原居北方眾多部族逐漸集聚而形成的一個游牧民族，興起於戰國後期，始見於戰國文獻。秦漢時期，匈奴勢力強大，控制著中國北方廣大地區，不斷南下侵擾，成為嚴重邊患。本書卷九十四〈匈奴傳〉有傳。㉒主臣　臣子在君王面前表示恭敬的謙詞。後也用來表示「惶恐」

之意。㉓雖　即使。㉔禁中　指皇帝所居宮內。蔡邕《獨斷》卷上：「禁中者，門戶有禁，非侍御者不得入，故曰禁中。」㉕良久　過了好久。㉖讓　責備。㉗獨亡間處　獨，難道。亡，無；沒有。間處，指僻靜的地方。㉘謝　道歉；認錯。㉙鄙人　自稱的謙詞。表示自己是一個粗俗淺陋的人。㉚忌諱　顧忌。㉛朝那　縣名，治今寧夏固原東南。㉜殺北地都尉卬　北地，郡名，治馬領縣（今甘肅慶陽西北），轄地約有今甘肅東北部與寧夏北部一帶。都尉，郡守的佐職武官，負責軍事。文帝時名郡尉，景帝時才改稱都尉。卬，都尉名。姓孫。文帝十四年（西元前一六六年）冬天，匈奴單于的十四萬騎兵侵入朝那蕭關，殺北地都尉孫卬。㉝上以胡寇為意　胡，指匈奴。中國古代指北方部族為胡。寇，侵犯。為意，在意。㉞卒　通「猝」。突然。㉟轂　車輪中心的圓木，中間有圓孔，用以插軸；周圍插輻條向外至輪。這裡指車。㊱閫以內句　閫，古代門中央所豎短木。這裡指門。閫以內，謂國都。寡人，古代君主的謙稱。制，決斷；裁定。㊲軍市之租句　軍市，軍隊中的交易市場。租，指稅收。饗，用酒食犒賞慰勞。㊳中　指朝廷。㊴覆　審察；審核。㊵知　同「智」。㊶乘　輛。古時一車四馬為乘。㊷彀騎　持弓箭的騎兵。彀，張滿弓弩。㊸百金之士　軍功可賞百金的將士，指英勇作戰的勇士。金，貨幣單位。戰國與秦以一鎰為一金，一金二十兩。㊹單于　匈奴君主的稱號。㊺東胡　部族名，分布在匈奴以東。春秋戰國以來，南鄰燕國，後遷於今西遼河上游老哈河、西喇木倫河流域。秦朝末年，東胡強盛。西漢初年，被匈奴冒頓單于擊敗。一支退居烏桓山（今內蒙古阿魯科爾沁旗西北），稱烏桓；一支退居鮮卑山（今內蒙古科爾沁右翼中旗西），稱鮮卑。㊻澹林　北方部族名，活動於今山西西北部地區。㊼抑　遏制。㊽南支韓魏　南面抗拒韓國、魏國。支，抗拒；抵抗。韓，國名，戰國七雄之一。戰國初期，晉國大夫韓、趙、魏三家於西元前四〇三年列為諸侯，成立韓、趙、魏三國。韓國，始都陽翟（今河南禹州），後遷都鄭（今河南新鄭），轄地約有今河南中部、西部與山西東南部一帶。魏，國名，戰國七雄之一。初都安邑（今山西夏縣西北），後遷都大梁（今河南開封），轄地約有今山西東南部、河南北部、河北南部、山東西南部一帶。㊾伯　稱霸；成為諸侯盟主。㊿會　適逢；正好遇上。(51)趙王遷　名遷。趙國最後一位君主。遷立八年（西元前二二八年），秦國攻趙，虜遷，趙亡。(52)倡　古稱歌舞藝人為倡。(53)郭開　趙王遷寵臣。趙悼襄王時，趙想起用老將廉頗，郭開因與廉頗有仇而從中阻撓，終使趙悼襄王認為廉頗已老而棄之未用。西元前二二九年，秦將王翦攻趙，趙以李牧、司馬尚率軍抵抗。郭開受秦重金賄賂，行反間計，揚言李牧、司馬尚陰謀降秦，趙王遷遂殺李牧，罷免司馬尚。於是，王翦於次年虜遷亡趙。(54)顏聚　初為齊將，趙王遷殺死李牧、罷免司馬尚後，使顏聚、趙怱代之。在秦軍強大攻勢下，趙怱軍瓦解，顏聚逃亡，致使秦軍很快便虜遷亡趙。(55)今臣竊聞句　竊，自謙之詞。私自；私下。魏尚，西漢槐里縣（今陝西興平）人。漢文帝時為雲中郡守，善治軍，匈奴不敢侵犯。

後因報功不實，被削爵判刑。由於這次馮唐進諫文帝提及魏尚的事情，魏尚才得以官復原職。雲中，郡名，治雲中縣（今內蒙古托克托東北），轄地約有今內蒙古土默特右旗以東、土默特左旗、呼和浩特等地區。守，郡的行政長官。(56)私養錢　個人用來贍養家屬的俸錢。(57)以饗句　軍吏，將帥下屬的佐助官吏。舍人，顯貴私門的屬員；私人幕僚。(58)塞　邊境；邊界。(59)家人子　百姓家的子弟。(60)起　從；由。(61)安知句　安，怎麼；哪裡。尺籍，書寫軍令的簿冊。漢代一般文書的簡冊長一尺（約今二三公分），所以稱尺籍。伍符，為控制軍隊而施用的一種令士卒互相作保的符信。伍，軍隊編制單位，士兵五名編為一伍。符，申明遵紀守信的法規。(62)首　人頭。(63)虜　指俘虜的敵人。(64)上　報告。(65)莫府　軍中將帥所居的帳幕，也是將帥軍中辦公的地方。莫，通「幕」。(66)應　符合。(67)文吏　指文法之吏。這些人，通曉法令條文，執法嚴峻。(68)繩　制裁。(69)奉遵行。(70)愚　自謙之詞。我。(71)且雲中守句　坐，因為。首虜，敵首與俘虜。差，不足數額。級，首。賞賜軍功，斬敵首一，賜爵一級，所以稱為首級，有時單稱級。六級，六個敵首。(72)下之吏　把魏尚交付司法官吏審治。下，交付。吏，指司法官吏。(73)削　取消；剝奪。(74)罰作　刑名。處以一年苦役之刑。(75)節　古代使臣所持用來證明身分的憑證。(76)車騎都尉　官名，掌車騎士，不常設。(77)主中尉句　主，掌管；負責。中尉，武職官名，負責京城衛戍治安。郡國，地方行政區劃名稱。漢代實行郡縣制，一郡轄數縣。同時，又朝廷分封，封爵分為王、侯二級。侯國一般較小；王國大都地跨數郡，轄數縣、十幾縣，甚至數十縣。所以，漢代的地方行政區劃，形成實際上的郡國並行制。車士，車戰部隊。(78)十年　指時過十年之後。(79)楚相　楚王國的國相。楚，諸侯王國名，治彭城（今江蘇徐州）。(80)賢良　漢代選拔人才的科目名稱。(81)舉　推薦。(82)遂　馮唐子名。(83)郎　郎官。郎中令屬官，有議郎、中郎、侍郎、郎中等，負責守衛宮廷門戶，皇帝外出時隨從護衛。(84)亦奇士　也是與眾不同的傑出人才。亦，也。奇士，與眾不同的傑出人才。(85)槐里　縣名，治今陝西興平東南。

【語　譯】馮唐，祖父是趙國人，父親遷居代地，漢朝建立後遷居安陵。馮唐由於孝行出名，擔任郎中署長，在文帝時任職。文帝坐車經過郎中署，問馮唐說：「老人家從什麼途徑進身擔任郎官？家在什麼地方？」馮唐都據實回答。文帝說：「我住在代國時，我的尚食監高祛多次給我說到趙國將領李齊的才幹，在鉅鹿城下作戰。我每次吃飯，思緒總是離不開鉅鹿。老人家知道他嗎？」馮唐回答說：「作為將領，李齊還是比不上廉頗、李牧。」皇上說：「根據什麼？」馮唐說：「我祖父在趙國的時候，擔任官帥將，與李牧友好。我父親從前擔任代國相，與李齊友好。了解他們的為人。」皇上聽過廉頗、李牧的為人以後，非常高興，就拍著大腿說：「唉呀！我偏偏得不到廉頗、李牧這樣的人做將領，有這樣的人做將領，難道還擔心匈奴嗎！」馮唐說：「惶恐！陛下即使有廉頗、李牧這樣的人，不能任用。」皇上發怒，起身回了皇宮。過了好久，皇上召見馮唐責備說：「你在公開場合當著眾人羞辱我，難道不能在僻靜的地方嗎？」馮唐謝罪說：「粗俗無知的人不知道顧忌。」

在這時，匈奴剛剛大舉侵犯朝那縣，殺死北地都尉孫卬。皇上把匈奴的侵犯放在心上，於是突然又問馮唐說：「你根據什麼說我不能任用廉頗、李牧呢？」馮唐回答說：「我聽說，上古君王派遣將帥，跪下來推著車子，說：『國都城門以內我決斷，國都城門以外將軍決斷；軍功的賜爵獎賞，都在軍中決定，回朝後才上報情況。』這不是空話。我祖父說，李牧擔任趙國將軍駐守邊境，軍中得自市場的租稅收入都自己用來犒勞將士，賞賜在軍中決定，不再由朝廷審核。交付任務，要求功效，所以李牧才能夠竭盡他的智慧才幹，挑選戰車一千三百輛，善射騎兵一萬三千騎，軍功可以賞賜百金的勇武將士有十萬人，因此，在北面，驅逐匈奴單于，打敗東胡，消滅澹林；在西面，遏制強大的秦國；在南面，抗拒韓國、魏國。在這時，趙國幾乎稱霸。後來，因為趕上趙王遷即位為君，他的母親是歌舞藝人，聽信郭開的讒言，殺了李牧，令顏聚代替他，因此，被秦國滅亡。如今，我私下聽說，魏尚擔任雲中郡的郡守，軍隊中得自市場的租稅收入全部用來給士兵，拿出個人用來贍養家屬的俸錢，每五天殺一次牛，用來犒勞門客謀士、下屬軍事人員、私人幕僚，因此，匈奴遠遠地避開，不敢接近雲中郡的邊境。匈奴曾經侵犯一次，魏尚率領車戰部隊和騎兵打擊敵人，殺死敵人很多。士兵都是老百姓家的子弟，從田野中走出來參加軍隊，哪裡知道書寫軍令的簿冊和申明遵紀守信的法規？整天奮力作戰，斬殺頭顱，捕捉俘虜，向幕府上報軍功，一句話不符合事實，執法官吏就依法制裁。軍功的賞賜不施行，執法官吏遵行法令卻一定採用。我認為，陛下法令太嚴明，賞賜太輕，懲罰太重。再說雲中郡的郡守魏尚因為上報軍功敵首與俘虜數額少六個敵首，陛下便把魏尚交付司法官吏審治，削去他的爵位，判處他一年徒刑。由此說來，陛下即使得到李牧，不能任用。我實在愚昧，觸犯忌諱，該處死罪。」文帝聽了很高興。當天，命馮唐拿著符節赦免魏尚，重新任用他做雲中郡的郡守，而任命馮唐擔任車騎都尉，主管中尉與郡國的車戰部隊。

過了十年，景帝即位，任用馮唐做楚國的國相。武帝即位，訪求賢良人才，地方上推薦馮唐。馮唐這時九十多歲，不能做官，便任用他的兒子馮遂做郎官。馮遂字王孫，也是與眾不同的傑出人才。魏尚，是槐里縣人。

1 汲黯，字長孺，濮陽[1]人也。其先[2]有寵於古之衛君[3]也，至黯十世，世為卿大夫[4]。以父任[5]，孝景時為太子洗馬[6]，以嚴見憚[7]。

2 武帝即位，黯為謁者。東粵[8]相攻，上使黯往視之。至吳[9]而還，報曰：「粵人相攻，固[10]其俗，不足[11]以辱[12]天子使者。」河內[13]失火，燒千餘家，上使黯往視之。還報曰：「家人失火，屋比[14]延[15]燒，不足憂。臣過河內，河內貧人傷[16]水旱萬餘家，或[17]父子相食。臣謹[18]以便宜[19]，持節發[20]河內倉粟以振[21]貧民。請[22]歸節，伏矯制辠[23]。」上賢[24]而釋[25]之，遷為滎陽令[26]。黯恥[27]為令，稱疾歸田里。上聞，迺召為中大夫。以數切諫[28]，不得久留內[29]，遷為東海太守[30]。

3 黯學黃老言[31]，治官民，好清靜，擇丞史[32]任之，責大指[33]而已，不細苛。黯多病，臥閤[34]內不出。歲餘，東海大治[35]，稱[36]之。上聞，召為主爵都尉[37]，列於九卿。治務[38]在無為而已，引大體[39]，不拘文法[40]。

4 為人性倨[41]，少[42]禮，面折[43]，不能容[44]人之過。合己者善待之，不合者弗能忍[45]見，士[46]亦以此不附焉[47]。然好游俠[48]，任[49]氣節，行修絜[50]。其諫，犯[51]主之顏色[52]。常慕傅伯[53]、爰盎之為人。善灌夫、鄭當時及宗正劉棄疾[54]。亦以數直諫，不得久居位。

5 是時，太后弟武安侯田蚡為丞相[55]，中二千石[56]拜謁[57]，蚡弗為禮[58]。黯見蚡，未嘗拜，揖[59]之。上方招[60]文學[61]儒者，上曰吾欲云云[62]，黯對曰：「陛下內多欲而外施仁義，奈何欲效唐虞之治乎[63]！」上怒，變色[64]而罷朝。公卿[65]皆為黯懼。上退，謂人曰：「甚矣，汲黯之戇[66]也！」群臣或數[67]黯，黯曰：「天子置公卿輔弼[68]之臣，寧令從諛承意[69]，陷[70]主於不誼[71]乎？且已在其位，縱[72]愛身，奈辱朝廷何[73]！」

6 黯多病，病且[74]滿[75]三月，上常賜告者數[76]，終不瘉[77]。最後，嚴助[78]為請告。上曰：「汲黯何如人[79]也？」曰：「使黯任職居官，亡以[80]瘉[81]人，然至[82]其輔少主守成[83]，雖自謂賁育弗能奪也[84]。」上曰：「然[85]。古有社稷之臣[86]，至如[87]汲黯，近[88]之矣。」

7 大將軍青侍中[89]，上踞廁[90]視之。丞相弘宴見[91]，上或時[92]不冠。至如見黯，不冠不見也。上嘗坐武帳[93]，黯前[94]奏事，上不冠，望[95]見黯，避帷[96]中，使人可[97]其奏。其見[98]敬禮[99]如此。

8

張湯以更定律令為廷尉[100]，黯質責[101]湯於上前，曰：「公為正卿[102]，上不能褒[103]先帝之功業，下不能化[104]天下之邪心，安國富民，使囹圄[105]空虛，何空取高皇帝約束紛更之為[106]？而公以此無種[107]矣！」黯時與湯論議，湯辯常在文深小苛[108]，黯憤發[109]，罵曰：「天下謂刀筆吏[110]不可為公卿，果然[111]。必湯也，令天下重足而立[112]，仄目而視[113]矣！」

9

是時，漢方[114]征匈奴，招懷[115]四夷[116]。黯務[117]少事，間常言與胡和親[118]，毋起兵。上方鄉[119]儒術，尊公孫弘。及事益多[120]，吏民巧[121]，上分別文法[122]，湯等數奏決讞以幸[123]。而黯常毀[124]儒，面觸弘等徒懷詐飾智以阿人主取容[125]，而刀筆之吏專深文巧詆[126]，陷人於罔[127]，以[128]自為功。上愈益貴[129]弘、湯，弘、湯心疾[130]黯，雖[131]上亦不說也，欲誅之以事[132]。弘為丞相，迺言上曰：「右內史界部中多貴人宗室[133]，難治，非素[134]重臣[135]弗能任，請徙黯為右內史[136]。」數歲，官事不廢[137]。

10

大將軍青既益尊，姊[138]為皇后，然黯與亢禮[139]。或[140]說黯曰：「自[141]天子欲令群臣下[142]大將軍，大將軍尊貴，誠重[143]，君[144]不可以不拜。」黯曰：「夫以大將軍有揖客[145]，反不重耶？」大將軍聞，愈賢[146]黯，數請問以朝廷所疑[147]，遇黯加於平日[148]。

11 淮南王[149]謀反，憚[150]黯，曰：「黯好直諫，守節死義[151]；至說[152]公孫弘等，如發蒙[153]耳。」

12 上既數征匈奴有功，黯言益不用。

13 始黯列九卿矣，而公孫弘、張湯為小吏。及弘、湯稍[154]貴，與黯同位，黯又非毀[155]弘、湯。已而[156]弘至丞相封侯[157]，湯御史大夫[158]，黯時丞史皆與同列[159]，或尊用[160]過之。黯褊心[161]，不能無少望[162]，見上，言曰：「陛下用群臣如積薪[163]耳[164]，後來者居上。」黯罷[165]，上曰：「人果不可以無學，觀汲黯之言，日益甚[166]矣。」

14 居無何[167]，匈奴渾邪王[168]帥眾來降，漢發車二萬乘[169]。縣官[170]亡錢，從民貰[171]馬。民或匿[172]馬，馬不具[173]。上怒，欲斬長安[174]令。黯曰：「長安令亡罪，獨斬臣黯，民迺肯出馬[175]。且匈奴畔[176]其主而降漢，徐以縣次傳之[177]，何至令天下騷動[178]，罷[179]中國，甘心夷狄之人乎[180]！」上默然。後渾邪王至，賈人[181]與市[182]者，坐當死[183]五百餘人。黯入，請間[184]，見高門[185]，曰：「夫匈奴攻當路塞[186]，絕和親，中國舉兵誅之[187]，死傷不可勝[188]計，而費以鉅萬百數[189]。臣愚以為陛下得胡人，皆以為奴婢，賜從軍死者家；鹵獲(190)，因與之(191)，以謝天下，塞(192)百姓之心。今縱(193)不能，渾邪帥數萬之眾來，虛府庫(194)賞賜，發良民侍養(195)，若奉驕子(196)。愚民安知市買長安中而文吏繩以為闌出財物如邊關乎(197)？陛下縱不能得匈奴之贏(198)以謝天下，又以微文(199)殺無知者五百餘人，臣竊為陛下弗取也(200)。」上弗許，曰：「吾久不聞汲黯之言，今又復妄發(201)矣。」後數月，黯坐小法(202)，會赦(203)，免官。於是黯隱(204)於田園者數年。

會更立(205)五銖錢(206)，民多盜鑄錢(207)者，楚地尤甚(208)。上以為淮陽(209)，楚地之郊(210)也，召黯拜為淮陽太守。黯伏謝不受印綬(211)，詔數強予(212)，然後奉詔。召上殿，黯泣曰：「臣自以為填溝壑(213)，不復見陛下，不意陛下復收之(214)。臣常有狗馬之心(215)，今病，力不能任郡事。臣願為中郎，出入禁闥(216)，補過拾遺(217)，臣之願也。」上曰：「君薄(218)淮陽邪？吾今(219)召君矣。顧(220)淮陽吏民不相得(221)，吾徒得君重(222)，臥而治之。」黯既辭(223)，過大行李息(224)，曰：「黯棄逐居郡(225)，不得與(226)朝廷議矣。然御史大夫湯智足以距諫，詐足以飾非(227)，非肯正(228)為天下言，專阿(229)主意。主意所不欲(230)，因而毀(231)之；主意所欲，因而譽之。好興事(232)，舞文法(233)，內懷詐以御(234)主心，外挾賊吏以為重(235)。公列九卿不早言之何？公與之俱受其戮(236)矣！」息畏湯，終不敢言。黯居郡如其故治[237]，淮陽政清。後張湯敗，上聞黯與息言，抵[238]息罪。令黯以諸侯相秩[239]居淮陽。居淮陽十歲[240]而卒。

16 卒後，上以黯故[241]，官[242]其弟仁[243]至九卿，子偃[244]至諸侯相。黯姊子司馬安亦少與黯為太子洗馬。安文深巧[245]善宦[246]，四至九卿，以[247]河南[248]太守卒。昆弟[249]以安故，同時至二千石十人。濮陽段宏始事蓋侯信[250]，信任[251]宏，宏亦再[252]至九卿。然衛人[253]仕者皆嚴憚汲黯，出[254]其下。

【章旨】以上是〈汲黯傳〉。傳文重點記述汲黯學黃老言，治官理民務在弘大體而不苛細；犯顏直諫武帝任用張湯嚴法峻刑，攻打匈奴勞民傷財；倨傲少禮，不阿權貴，為朝中君臣所敬畏等事跡。

【注釋】❶濮陽　縣名，治今河南濮陽西南。❷先　先人；祖先。❸衛君　衛，國名。西周初年周武王弟康叔姬封始封，都朝歌（今河南淇縣）。春秋時狄破衛，衛遷都帝丘（今河南濮陽西南）。戰國時衛國衰弱，西元前三二〇年貶號曰「君」，只有濮陽一地。西元前二四一年秦國把衛君遷徙到野王（今河南沁陽），為秦附庸。秦二世元年（西元前二〇九年），秦廢衛君為庶人，衛亡。❹世為卿大夫　世，世世代代。卿大夫，卿與大夫。這裡借指高級官職。❺任　保舉。❻太子洗馬　太子宮屬官名。❼見憚　被畏懼。見，被。憚，懼怕；畏懼。❽東粵　即東越。古代越族的一支，相傳為越王句踐的後裔，秦漢時分布在今浙江、福建一帶。漢武帝元鼎六年（西元前一一一年）東越王反漢，很快被其部屬所殺。漢把東越族人內遷到江、淮地區。❾吳　縣名，治今江蘇蘇州。❿固　本來。⓫足　值得。⓬辱　屈辱。這裡是使動用法，使受屈辱，意謂勞駕、煩勞。⓭河內　郡名，治懷縣（今河南武陟西南）。⓮比　相連接。⓯延　連及；蔓延。⓰傷　損害。這裡是被動用法，指被損害。⓱或　無定指代詞，有的。⓲謹　慎重。⓳便宜　謂斟酌事宜，不拘陳規，自行決斷處理。⓴發　散發。㉑振　救濟。㉒請　表敬副詞，意謂請對方允許自己做某事。㉓伏矯制辠　伏，通「服」。承受；承當。矯，假託。制，皇帝的命令。辠，

「罪」的本字。㉔賢　有德行、才能。這裡作動詞，意動用法，認為有德行、才能。㉕釋　放；不追究。㉖遷為滎陽令　遷，調動。滎陽，縣名，治今河南滎陽東北。令，縣的行政長官。秦漢時縣的行政長官，所治縣的戶口在萬戶以上稱令，在萬戶以下稱長。㉗恥　恥辱。這裡作動詞，意動用法，認為是恥辱。㉘以數切諫　以，因為；由於。數，屢次；多次。切諫，直言極諫。㉙留內　謂在朝廷任職。內，指朝廷。㉚東海太守　東海，郡名，治郯縣（今山東郯城西北）。其地在今山東東南部、江蘇東北部一帶。太守，郡的行政長官。劉邦建漢，郡的行政長官隨秦制稱守。漢景帝中元二年（西元前一四八年），改稱太守。㉛黃老言　指道家清靜無為的治世學說。㉜丞史　都是太守的佐吏。㉝責大指　要求大要。責，要求。大指，大要；概要。㉞閤　內室。㉟治　指治理得好。㊱稱　稱讚；讚揚。㊲主爵都尉　官名，卿職，負責列侯封爵方面的事務。秦朝設此官，名主爵中尉；漢景帝中元六年（西元前一四四年），改名主爵都尉。㊳務　務必；力求。㊴引大體　掌握大綱。引，執持；掌握。大體，大要；大綱。㊵不拘文法　不拘泥於法令條文。拘，拘泥。文法，謂法制、法規。㊶倨　直傲。㊷少　缺少；不重視。㊸折　責難；指出別人的缺點、錯誤。㊹容　寬容；容忍。㊺忍　強。㊻士　官吏的通稱，這裡指同僚。㊼附焉　親近他。附，親近。焉，代詞，猶「之」。他。這裡指汲黯。㊽游俠　指輕生重義，勇於為人排解危難的俠客。俠，指俠客，即抑強扶弱、見義勇為的人。㊾任　使用；憑仗。㊿行修絜　行為高尚純潔。修，善；美好。(51)犯　觸犯；冒犯。(52)顏色　臉色。(53)傅伯　《漢書》僅此一見。顏師古注引應劭語：「傅伯，梁人，為孝王將，素抗直也。」(54)善灌夫句　善，友好；與之友好。灌夫（西元前？—前一三一年），字仲孺，潁川縣（今河南許昌）人。漢景帝時，在平吳、楚七國之亂中，因軍功聞名於時，先後任郎中將、代王國相。武帝時，歷任淮陽太守、太僕、燕王國相。後犯法免官，家居長安。因得罪丞相田蚡，被治罪處死。本書卷五十二〈竇田灌韓傳〉有傳。鄭當時，本卷有傳，詳下文。宗正，官名，卿職，負責皇帝宗族事務。劉棄疾，宗正的姓名。(55)太后句　太后，謂漢景帝的王皇后。景帝王皇后是武帝的母親，所以武帝即位，為皇太后。武安，縣名，治今河北武安西南。田蚡封侯，武安縣是他的封地，所以稱武安侯。田蚡（西元前？—前一三一年），長陵（今陝西咸陽）人。景帝王皇后同母異父弟。景帝時為諸曹郎，遷中大夫。武帝即位，封武安侯，先後任太尉、丞相。因是帝舅，驕橫專斷。本書卷五十二〈竇田灌韓傳〉有傳。丞相，官名，為百官之長，輔佐天子治理天下。(56)中二千石　漢代官秩級別名。二千石分為四等，即中二千石、真二千石、二千石、比二千石。中，是「滿」的意思，在二千石的四等品秩裡，中二千石的品秩最高，朝廷諸卿多由中二千石擔任。(57)拜謁　拜見。拜，表示恭敬的一種禮節。行禮時，下跪，低頭與腰平，兩手至地。謁，指見尊者或長者。(58)弗為禮　指不以禮回敬。(59)揖　拱手行禮。(60)招　訪求。(61)文學　文章博學。(62)云云　猶言「如此」、

「這樣」。用於有所省略處，表示此處有所省略。上之所欲，這裡略而未言，荀悅《漢紀》記載上之言曰：「吾欲興政治，法堯、舜，如何？」錄此以供參考。63柰何句　柰何，怎麼。效，效法。唐虞，指堯、舜。堯、舜相傳為中國原始社會末期兩位部落聯盟首領。堯在被推舉做部落聯盟首領前為陶唐氏部落首領，稱唐侯，所以後世稱唐堯；舜姚姓，有虞氏，所以後世稱虞舜。堯、舜為儒家稱頌的古代聖明君主。64色　臉色；面部表情。65公卿　三公與眾卿。66戇　愚誠剛直。67數　責備。68輔弼　輔佐。69寧令句　寧，難道。從諛，奉承。承意，秉承旨意；迎合旨意。70陷　陷害。71不誼　不合乎道義。誼，同「義」。72縱　縱然；即使。73柰辱朝廷何　怎樣面對朝廷所蒙受的恥辱。柰何，是一個動詞性結構，表示詢問或反詰該對事情如何處置，意思是「對某怎麼辦」、「怎樣對待某」。有時可以把表示需要處置之事的詞語放在「柰」與「何」之間，形成「柰某何」的語式。74且　將要；將近。75滿　足。76上常句　常，通「嘗」。曾經。賜，對君主下達旨意的敬稱。告，休假。依漢律，官二千石者，病滿三月當免。賜告，謂皇帝優賜其假，准其帶印綬、僚屬歸家治病。數，多次。77瘉　痊癒。78嚴助（西元前？—前一二二年），會稽郡吳縣（今江蘇蘇州）人。本名莊助，班固為避東漢明帝劉莊名諱，在《漢書》中稱嚴助。武帝時以賢良對策擢為中大夫，曾出使南越，任會稽太守。後因淮南王劉安謀反事受牽連，被殺。本書卷六十四上有傳。79何如人　怎樣的人。何如，如何；怎麼樣。80亡以　無以；沒有辦法。81瘉　通「愈」。超越；勝過。82至　連詞，用在敘述完一件事後，表示另提一事，義猶「至於」。83守成　保持前人開創的基業或取得的成就。84雖自謂句　雖自，都作連詞，同義連用，表示假設，義為「即使」。謂，猶「為」。是。賁育，指孟賁、夏育，戰國時二勇士名。《漢書．司馬相如傳下》「勇期賁、育」句顏師古注：「孟賁，古之勇士也，水行不避蛟龍，路行不避豺狼，發怒吐氣，聲響動天。夏育，亦猛士也。」奪，謂用強力迫使動搖、改變。85然　表示肯定的答語，義為「是這樣」。86社稷之臣　指關係國家安危的臣。社，土神。稷，穀神。歷代王朝建國，必先立社、稷以祭土、穀之神，所以先秦以來，多用「社稷」連文作為國家政權的代稱。87至如　至於。88近　近似；接近於。89大將軍句　大將軍，為高級軍事統帥名號。西漢大將軍，不常設，遇有戰事，臨時委任統兵，戰事結束便免去此名號。青，指衛青（西元前？—前一〇六年），字仲卿，河東郡平陽縣（今山西臨汾）人。本姓鄭，以其同母姊姊衛子夫得幸漢武帝為皇后，而冒姓衛。先後七次率軍出擊匈奴，屢建戰功，官至大將軍，封長平侯。本書卷五十五〈衛青霍去病傳〉有傳。侍中，在宮中侍奉皇帝。90踞廁　坐在旁邊。踞，坐。廁，通「側」。旁邊。91丞相弘宴見　弘，謂公孫弘（西元前二〇〇—前一二一年），複姓公孫，名弘，菑川王國（治所劇縣在今山東壽光南）人。研治《春秋》，武帝初年徵為博士。官至宰相。本書卷五十八〈公孫弘卜式兒寬傳〉有傳。宴見，言在皇帝公餘時被召見。宴，平時。92或時有時。93武帳　置有兵器的帷帳。94前　指走向前來。95望　指遠望。96帷　用布帛製作的環繞四周的遮蔽物。97可　同意；批准。98見　被。99禮　指以禮相待。100張湯句　張湯（西元前？—前一一五年），杜縣（今陝西西安）人。參與定律令，任廷尉，治法峻酷。後為人所陷，自殺。本書卷五十九〈張湯傳〉有傳。更定，改定。更，改。律令，法令。101質責　質問指責。102公為正卿　公，對對方的尊稱。正卿，指品秩級別為中二千石所擔任的卿職。根據卷十九〈百官公卿表〉，奉常（景帝更名太常）、郎中令（武帝更名光祿勳）、衛尉、太僕、廷尉、典客（武帝更名大鴻臚）、宗正、治粟內史（武帝更名大司農）、少府、中尉（武帝更名執金吾）等十種卿職之官，秩都是中二千石。另外，二千石品級次於中二千石，但所任官職有時也稱卿。為加以區別，稱中二千石所任卿職為正卿。103褒　大；盛。這裡是使動用法，使大（盛），意思是「發揚光大」。104化　改變；變化。105囹圄　監獄。106何空取句　何，疑問代詞，什麼。空，只是。高皇帝，指劉邦（西元前二五六—前一九五年）。本書卷一〈高帝紀〉有傳（紀）。約束，規章；法令。紛，雜亂。更，改變。之，代詞，指「高皇帝約束」。為，語氣詞，用於句末，表示疑問或反詰。「為」的這種用法，常與疑問代詞「何」等構成前後呼應的結構，共同表示疑問或反詰的語氣。107無種　族類無遺留，指犯滅族之罪。種，族類。108湯辯句　辯，動聽的言詞。文，謂法令條文。深，嚴酷；苛刻。小苛，指細枝末節。苛，細小。109憤發　發怒。110刀筆吏　這裡指司法官吏。司法官吏審查訴訟案件，主要依據訴訟材料與證據材料，所以司法官吏也屬刀筆吏。張湯曾任刀筆吏，所以汲黯這樣說。111果然　果真是這樣。果，副詞，果真。然，代詞，如此；這樣。112重足而立　疊足站立。疊足站立，不敢邁步前行，形容極為恐懼之狀。重，重疊。113仄目而視　斜著眼看。不正視而斜著眼看，寫內心畏懼、忌恨情緒的表露。仄，斜。114方　正在。115招懷　招撫，懷柔，使來歸附。116四夷　指四方邊遠部族。117務　致力。118間常言與胡和親　間，私下。胡，指匈奴。和親，古代漢族政權利用婚姻關係與邊遠部族統治者結親和好，稱和親。119鄉　嚮往；景仰。120及事益多　及，等到。益，逐漸。121巧　指弄虛作假，虛偽欺詐。122分別文法　是說法令條文區分細密，更易對人羅織罪名。分別，區別；劃分。123數奏決讞以幸　即「以數奏決讞幸」。數，多次。決讞，指審案定罪的辦法、條文。決，判決。讞，議定罪行。以，介詞，憑藉。幸，指受到皇上寵幸。「奏」字原缺，依《史記》及王先謙說補。124毀　詆毀；責謗。125面觸句　面，當面。原作「而」，依《史記》及《補注》本改。觸，觸犯；冒犯。徒，只是。懷詐飾智，言內懷欺詐之心，表面裝作很有智慧。飾，粉飾；假裝。阿，迎合。取容，得到好臉色，意謂向別人討好，取悅於人。容，臉色。126巧詆　以虛假的言詞詆毀誣陷。127陷人於罔　陷，陷入；使動用法，使陷入。罔，指法網。128以　卻。129貴　重視；尊重。130疾　恨。131雖　即使。132欲誅之以事　想藉故殺了他。誅，殺。以，藉。事，事由。133右內史句　右內史，官名，卿職，三輔之一。漢初治理京畿地區的官叫內史。景帝二年（西元前一五五年），分置左右內史，與主爵中尉（後改都尉）合稱三輔。武帝太初元年（西元前一〇四年），更名主爵都尉為右扶風，右內史為京兆尹，左內史為左馮翊。三輔治所都在長安城中，分治京畿地區。界部，管轄區域。貴人，權貴人家。宗室，皇帝家族。134素　向來；一向。135重臣　國家倚重的、有崇高聲望的大臣。136徙黯為右內史　根據本書卷十九〈百官公卿表〉，武帝元朔五年（西元前一二四年），汲黯由主爵都尉調任右內史，在職五年。137廢　懈怠；荒廢。138姊　指衛子夫。初為平陽公主的歌女，武帝納之，生太子據，立為皇后。後遭巫蠱事，據死，后自殺。本書卷九十七〈外戚傳〉有傳。139亢禮　即抗禮，謂以對等的禮節相待。亢，通「抗」。抗衡；匹敵。140或　有人。141自　雖然。142下　居人之下；謙讓。143誠重　確實位尊權重。誠，確實；實在。144君　對對方的敬稱。145夫以句　夫，語氣詞，用於句首，表示要發議論。以，因為；由於。揖客，長揖不拜之客。古時拜、揖有別。拜，行禮時下跪，低頭與腰平，兩手至地。揖，拱手行禮，即兩手在胸前相合以示敬意。146賢　器重；敬重。147數請問句　數，多次。請，表敬副詞，意謂請您允許我。所疑，疑惑難解的問題。疑，疑難。148遇黯句　遇，禮遇；對待。加，超過。149淮南王　指劉安（西元前一七九—前一二二年）。劉邦建漢，封英布為淮南王，都六縣（今安徽六安東北）。劉邦十一年（西元前一九六年），英布反漢被殺，封劉邦少子劉長為淮南王，徙都壽春縣（今安徽壽縣）。文帝六年（西元前一七四年），劉長因謀反事被謫徙蜀，途中不食而死。文帝十六年（西元前一六四年），復立劉長子劉安為淮南王。劉安好文學，招致賓客方術之士數千人撰成《淮南子》一書。武帝元狩元年（西元前一二二年），有人告安謀反，下獄自殺。本書卷四十四〈淮南衡山濟北王傳〉有傳。150憚　畏難；有所顧忌。151守節死義　堅守節操，為道義而死。152說　評說；評論。153發蒙　揭開蒙蓋物。喻指輕而易舉，就使事物的真相大白。154稍　逐漸。155非毀　毀謗；詆毀。非，通「誹」。指責過失。156已而　不久。157弘至丞相封侯　據本傳，公孫弘元朔中代薛澤為丞相。先是，漢常以列侯為丞相，唯弘無爵。於是武帝為此特下詔書，「封丞相弘為平津侯」。從此以後，「以為故事，至丞相，封，自弘始也」。158御史大夫　官名。其位僅次於丞相，職掌彈劾、糾察及圖籍祕書，與丞相、太尉合稱三公。159黯時句　時，指汲黯始列九卿時。丞史，官名。丞、史為漢代三公諸卿的高級助理官。160尊用　敬重與信用。161褊心　心胸狹窄。褊，狹小。162望　怨恨。163積薪　堆積柴垛。164耳　語氣詞，用於句末，表示肯定語氣。165罷　指朝罷退歸。166甚　過分。167居無何　過了不久。168渾邪王　又作渾耶王、昆邪王。匈奴諸王，居匈奴右地，駐牧於今甘肅河西走廊一帶。漢武帝元狩二年（西元前一二一年），單于怒屢為漢兵所敗，欲召誅之，於是率眾四萬餘人降漢。漢封其為漯陰侯，封地在張掖郡（今甘肅張掖西北）。169乘　輛。車一輛曰一乘。本書卷二十四下〈食貨志下〉：「渾邪王率數萬眾來降，於是漢發車三萬兩迎之。」(170)縣官　指朝廷、官府。(171)貰　借。(172)匿　隱藏。(173)具　齊備。(174)長安　縣名。屬右內史。長安是西漢的首都，天子所居，其城在今陝西西安西北。長安令，長安縣的行政長官。秦、漢時，所治縣的人口在萬戶以上的行政長官稱令，萬戶以下的稱長。(175)長安令亡罪三句　汲黯時任右內史，長安縣是其屬縣，所以這樣說。(176)畔通「叛」。背叛。(177)徐以句　徐，舒緩不急。以，根據。次，次序。傳，傳送。(178)騷動　擾亂驚動。(179)罷　通「疲」。困苦窮乏。這裡是使動用法，使困苦窮乏。(180)甘心句　甘心，快意。這裡是使動用法，使快意。夷狄，泛稱四方邊遠部族；這裡指匈奴。(181)賈人　商人。(182)市　買賣；交易。(183)坐當死　坐，犯罪。當死，判處死刑。當，判決。(184)請間　謂請求單獨接見。間，私下。(185)見高門　即「見於高門」。高門，殿名。漢高祖劉邦七年（西元前二〇〇年），蕭何主持建造未央宮。未央宮既指未央宮本體，又指一個以未央宮為主體的宮殿群，包括數十殿，高門殿就是其中的一個殿。據《三輔黃圖》引《三輔舊事》，高門殿建於武帝時。(186)當路塞　謂匈奴侵入漢境所經道路上設置的邊塞。塞，險要之處。多指邊界上可以據險固守的要地。(187)舉兵誅之　舉，發動。誅，征伐。(188)勝　盡。(189)而費以鉅萬百數　費，費用。鉅萬，猶「萬萬」，極言數目之多。百數，意謂用上百的鉅萬計算。數，計算。(190)鹵獲　虜掠；這裡指虜掠的財物。鹵，通「虜」。掠奪。(191)因與之　因，副詞，表示前後兩個動作的接續進行，就；於是。與，給。之，指虜獲財物的人。(192)塞　滿足。(193)縱　縱然；即使。(194)虛府庫　使府庫空虛。虛，空虛。這裡是使動用法，使空虛，意謂用完、耗盡。府庫，儲藏財物、兵甲軍械的處所。(195)發良民侍養　發，徵派。良民，指一般的平民。侍養，奉養；供養。(196)驕子　嬌貴寵愛之子。驕，通「嬌」。(197)愚民句　安，怎麼；哪裡。市買，交易；買賣。文吏，指文法之吏。這些人，通曉法令條文，執法嚴峻。繩，制裁。以為，作為。闌出財物，指沒有允許出關的憑證而擅自帶出邊關的財物。顏師古注引應劭語：「律，胡市，吏民不得持兵器及鐵出關。雖於京師市買，其法一也。」闌，擅自。(198)贏　餘利。(199)微文　指苛細的法律條文。(200)臣竊為句　竊，私下；私自。取，採取。(201)妄發　胡亂說話。妄，亂。發，指發言、說話。(202)坐小法　犯小罪。(203)會赦　正好遇上朝廷大赦。會，適逢；正好遇上。赦，減輕或免除對罪過的刑罰。這裡指朝廷發布的赦令。(204)隱　隱居，指居住鄉野之地而不出來做官。(205)更立　指改造、改鑄。更，改。(206)五銖錢　錢幣名。漢武帝元狩五年（西元前一一八年）開始鑄造，錢文曰「五銖」，重如其文，有周郭。銖，重量單位，二十四分之一兩為一銖。漢文帝時鑄四銖錢，錢文曰「半兩」，實重四銖。武帝即位，又鑄三銖錢，錢文曰「三銖」，重如其文。《史記・平準書》：「有司言三銖錢輕，易姦詐，乃更請諸郡國鑄五銖錢，周郭其下，令不可磨取鋊焉。」(207)盜鑄錢　私人鑄錢。(208)楚地尤甚　楚地，指先秦楚國故地，即淮河南北及東南廣大地區。甚，嚴重。(209)淮陽　郡國名。西漢高祖十一年（西元前一九六年）以陳、沛、潁川三郡置淮陽國，因在淮水之北而得名。惠帝元年（西元前一九四年），改國為郡。此後，時國時郡。[210]郊　交通要衝。[211]黯伏謝句　伏謝，伏地謝恩。綬，用來繫印的絲帶。[212]數強予　幾次強制交給他。[213]填溝壑　言死後屍骨拋棄山溝，指死。壑，溝；谷。[214]不意句　不意，沒有想到。意，意料；想到。收，錄用。[215]狗馬之心　比喻像狗馬效忠主人一樣的心意。狗馬，自卑之稱。[216]禁闥　指宮廷。禁，帝王所居宮殿，臣民禁止出入，故曰禁。闥，小門。[217]補過拾遺　補正君主的過失。[218]薄　輕視。[219]今　立刻；馬上。[220]顧　但；只是。[221]得　和諧；融洽。[222]吾徒句　徒，只是。得，借重。重，威望。[223]既辭　辭行以後。既，已經。辭，告別。[224]過大行李息　過，前往拜訪。大行，即大行令，官名，卿職，負責周邊少數民族事務。李息，郁郅（今甘肅慶陽）人。初事景帝，武帝時為將軍，抵禦匈奴。元狩元年（西元前一二二年），始任大行令。[225]棄逐居郡　棄逐；貶黜外任。居，在；處。居郡，指擔任郡職。[226]與　參與；參加。[227]飾非　掩飾錯誤。[228]正　正直。此言以正直之心言事。[229]阿　迎合。[230]欲　喜愛；愛好。[231]毀　詆毀。[232]興事　生事；製造事端。[233]舞文法　玩弄法律條文。舞，玩弄。文法，謂法制、法規。此言玩弄文字，曲解法律，以陷人於罪。[234]御　逢迎；迎合。[235]外挾句　挾，仗恃。賊吏，奸詐狡黠的官吏。重，指權勢。[236]受其戮　受到此事牽連而被懲處。戮，誅殺；懲處。[237]如其故治　像他原來治郡的做法。上文言黯為東海郡太守時，「治官民，好清靜，擇丞史任之，責大指而已，不細苛。黯多病，臥閤內不出。歲餘，東海大治。」[238]抵　判處與其罪刑相當的懲罰。[239]秩　官品；俸祿。[240]十歲　《史記・汲鄭列傳》作「七歲」。[241]上以黯故　皇上因為汲黯的緣故。以，因為；由於。故，緣故；原因。[242]官　使擔任官職。[243]仁　汲黯弟名。[244]偃　汲黯子名。[245]巧　虛偽；欺詐。[246]善宦　言善於在官場鑽營。宦，做官。[247]以　在。[248]河南　郡名，治雒陽（今河南洛陽東北）。[249]昆弟　兄弟。[250]蓋侯信　信，姓王，漢景帝王皇后之兄，封蓋侯。蓋，縣名，在今山東沂源東南。[251]任　保舉。[252]再　兩次。[253]衛人　周時濮陽屬衛國，故此以衛人稱濮陽人。此指汲黯的同鄉。[254]出　處於；在。

【語　譯】汲黯，字長孺，濮陽縣人。他的祖先在古代受到衛國國君的寵幸，到汲黯第十代，代代擔任高級官職。由於父親的保舉，漢景帝時任太子洗馬，因為嚴肅，被人畏懼。

2　武帝即位，汲黯擔任謁者。東粵族互相攻打，皇上派汲黯前往視察情況。汲黯走到吳縣就回來，報告說：「粵族人互相攻打，本來就是他們的習俗，不值得煩勞天子的使臣。」河內郡發生火災，燒了一千多家，皇上派汲黯前往視察情況。汲黯回來報告說：「一戶人家發生火災，房屋緊相連接，火勢蔓延燃燒，不值得擔憂。我經過河內郡，河內郡的貧苦百姓遭受水旱災損害的有一萬多家，有的父親吃兒女，有的兒女吃父親。我慎重地根據情況自行決斷處理，拿著符節散發河內郡糧倉的糧食來救濟貧苦百姓。請陛下允許我歸還符節，承受假託皇上命令的罪行。」皇上認為他有德行、才能而釋放了他，調任滎陽縣令。汲黯以做縣令為恥辱，藉口有病回了家鄉。皇上聽說後，便徵召他任中大夫。由於屢次直言極諫，不能長留在朝廷任職，調任東海郡太守。

3 汲黯學習黃帝、老子的學說，治理官府與民眾事務，喜歡清靜無為，選擇佐吏丞、史擔負政務，只是提出大概的要求而已，不煩細苛刻。汲黯多病，躺在臥室不出門。過了一年多，東海郡治理得很好，人們稱讚他。皇上聽說後，徵召他擔任主爵都尉，位列九卿。治理政事力求清靜無為而已，掌握大綱，不拘泥於法令條文。

4 汲黯為人性情直傲，缺少禮儀，當面指斥人的錯誤，不能寬容人的過失。與自己合得來的人便很好地對待他，與自己合不來的人不能勉強見面，人們也因此不親近他。然而喜好游俠作為，憑藉志氣節操做人，行為高尚廉潔。他規勸君主，不怕觸犯君主的顏面。常常仰慕傅伯、爰盎的為人。與灌夫、鄭當時及宗正劉棄疾友好。也是因為屢次直言規勸皇上，不能長久擔任卿的職位。

5 這時候，太后的弟弟武安侯田蚡做丞相，中二千石的官員拜見，田蚡不以禮回敬。汲黯見田蚡，從來不拜，對他拱手行禮。皇上正在訪求學識淵博、通曉儒家學說的人，皇上說想要如此這般，汲黯回答說：「陛下內心多欲望卻外表施行仁義，怎麼會想要效法堯、舜的治理呢！」皇上發怒，變了臉色，停止了朝會。三公、眾卿都替汲黯恐懼。皇上退朝，對人說：「太過分了，汲黯的憨愚剛直！」群臣中有人責備汲黯，汲黯說：「天子設置三公、眾卿輔佐大臣，難道是要阿諛奉承、迎合旨意，陷害君主於不義嗎？況且已經在這樣的職位上，即使愛惜自身，怎樣面對朝廷所蒙受的恥辱呢！」

6 汲黯經常患病，患病將近三個月，皇上曾經幾次恩准他休假在家，病一直不痊癒。最後，嚴助替汲黯請假。皇上說：「汲黯是怎樣的人呢？」嚴助說：「使汲黯擔任職務，居於官位，沒有什麼勝過人的地方，但要是讓他輔佐少年君主保持先君開創的基業，即使是孟賁、夏育那樣的勇力也不能迫使他動搖意志。」皇上說：「是這樣。古代有身繫國家安危的重臣，至於汲黯，近似他們了。」

7 大將軍衛青在宮中侍奉皇上，皇上坐在角落看著他。丞相公孫弘平時被皇上召見，皇上有時不戴冠。至於召見汲黯，皇上不戴冠不見他。皇上曾經坐在武帳，汲黯走向前來上奏事情，皇上沒有戴冠，遠遠看見汲黯，躲進武帳四周的帷布中，讓人同意他上奏的事情。汲黯被敬畏並以禮相待達到這樣的地步。

8 張湯憑藉改定法令擔任廷尉，汲黯在皇上面前質問、指責張湯說：「您作為正卿，上面不能夠發揚光大先帝的功業，下面不能夠改變天下人心中的邪惡思想，使國家安定、人民富足，監獄空虛，為什麼只是拿高皇帝的規章法令胡亂變更它呢？您將犯下滅族之罪了！」汲黯時常與張湯論爭，張湯往往在利用法令條文嚴懲苛細小事問題上說得言詞娓娓動聽，汲黯發怒，罵道：「天下人說刀筆吏出身的人不能擔任公卿，果真是這樣。如果真的按照張湯的意見做，將使天下人恐懼得疊足站立而不敢邁步向前，斜著眼看而不敢正視了！」

9 這時，漢朝正在征討匈奴，招撫四方邊遠部族。汲黯致力於少生事端，私下經常向皇帝進言與匈奴和親，不要用兵征討。皇上正崇尚儒家學術，尊重公孫弘。等到事情漸多，官吏、人民弄虛作假，皇上區別劃分法令條文，張湯等人憑藉多次上奏判案定罪的辦法、條文而受到皇上寵幸。而汲黯卻經常詆毀儒家學術，當面觸犯公孫弘等，指責他們只是內懷欺詐之心而表面裝作很有智慧來迎合皇上，取得皇上的歡心，而屬刀筆吏的司法官吏用嚴酷的法令條文羅織罪名，以虛假的言詞詆毀誣陷，使人陷入法網，卻自已作為功勞。皇上越來越尊重公孫弘、張湯，公孫弘、張湯心裡痛恨汲黯，就是皇上也不喜歡他，想藉個事由殺了他。公孫弘任丞相，便向皇上進言說：「右內史管轄區域內有很多權貴人家與皇帝宗親，不容易管理，不是一向被國家倚重而有崇高聲望的大臣不能勝任，請調汲黯任右內史。」汲黯任右內史幾年，官府政務沒有荒廢。

10 大將軍衛青已漸尊貴，姊姊是皇后，可是汲黯和他以對等的禮節相待。有人勸汲黯說：「即使是天子也想要群臣謙讓大將軍，大將軍地位尊貴，確實威重，您見了他不可不行跪拜禮。」汲黯說：「大將軍有一個見了面只長揖不拜的客人，反而不望高位重了嗎？」大將軍聽說，更加敬重汲黯，多次請教朝廷疑惑難解的問題，對待汲黯超過平時。

[11] 淮南王圖謀反叛，畏忌汲黯，說：「汲黯好直言進諫規勸，堅守節操，肯為道義而死；至於評說公孫弘等人，像揭開蒙蓋物一樣輕而易舉地揭示出了真相。」

[12] 皇帝多次征討匈奴有了成效以後，汲黯的意見更加不被採用。

[13] 當初，汲黯位列九卿了，公孫弘、張湯還在做小吏。等到公孫弘、張湯逐漸身居高位，和汲黯居於同級官位，汲黯又詆毀公孫弘、張湯。不久，公孫弘升到丞相，封為列侯，張湯任御史大夫，汲黯開始位列九卿時擔任丞、史官職的人都和汲黯處於同級的官位，有的被敬重、信用的程度超過了汲黯。汲黯心胸狹窄，不能沒有少許的怨恨，朝見皇上，進言說：「陛下任用群臣像堆積柴垛一樣，後來者居上。」汲黯朝罷退歸，皇上說：「人確實不可以沒有學識，看汲黯的言詞，一天天地更加過分了。」

[14] 過了不久，匈奴的渾邪王率領部眾來投降，漢朝派車三萬輛迎接。官府沒有錢，從民間借馬。老百姓有的人把馬藏起來，馬數不能湊足。皇上發怒，要殺長安縣令。汲黯說：「長安縣令沒有罪，只有殺了我汲黯，老百姓才肯交出馬來。況且匈奴人背叛他們的君主而投降漢朝，慢慢地依據所經各縣的次序傳送他們，哪裡會使天下驚擾，使國內疲憊，讓匈奴的人開心呢！」皇上沉默不語。後來，渾邪王率領部眾到了長安，和他們做買賣的商人犯法判處死罪的有五百多人。汲黯入朝，請求單獨朝見皇上，皇上在高門殿接見他，他說：「匈奴攻打漢朝在要道上設置的邊塞，拒絕利用通婚維繫與漢朝的友好關係，漢朝發兵征討匈奴，死傷的人無法統計，耗費的錢財用上百的萬萬計算。我愚昧地認為，陛下得到匈奴人，都作為奴婢賞賜給參加軍隊而戰死的人的家屬；虜掠的財物，就給予他們。用這些做法來答謝天下，滿足老百姓的心願。如今，即使不能做到這些，渾邪王率領數萬部眾來降，耗盡府庫的錢財賞賜，徵派一般平民百姓侍奉供養，像侍奉嬌貴的愛子。愚昧無知的老百姓哪裡知道不能在長安城中與這些人交易買賣，而執法官吏卻像在邊關一樣，以沒有憑證而擅自帶出邊關財物的罪名加以制裁呢？陛下即使不能取得匈奴的盈餘財利來答謝天下，又用苛細的法律條文殺死無知百姓五百多人，我個人認為陛下不該採取這種做法。」皇上不同意，說：「我很久沒有聽到汲

黯的意見，今天又在胡謅了。」後來，過了幾個月，汲黯犯了小罪，正好遇上朝廷發布赦令，罷免了官職。於是，汲黯在農村隱居了幾年。

15 正好遇上改鑄五銖錢，老百姓中有很多人私鑄錢幣，楚國故地尤其嚴重。皇上認為，淮陽郡是楚國故地的交通要衝，召來汲黯，任命他做淮陽郡太守。汲黯趴在地上表示拒絕，不接受太守印綬，皇上下詔多次強將印綬給他，然後才接受詔命。皇上召他上殿，汲黯哭泣著說：「臣自己認為到死不能再見到陛下，沒想到陛下又用臣。臣時常懷有像狗馬報效主人一樣報效皇上的心意，如今有病，精力不能勝任治理一個郡的政務。臣希望做中郎，出入宮廷，補正皇上的過失，這是臣的願望。」皇上說：「您輕視淮南郡嗎？我會立刻召回您。但考慮到淮陽郡官吏百姓相互之間關係不融洽，我只能借重您的威望，您可以躺在床上治理郡事。」汲黯向皇上辭行以後，前往拜訪大行令李息，說：「我被貶黜外任郡職，不能參與朝廷議決國事。但是御史大夫張湯，智慧完全能夠用來拒絕批評，狡詐完全能夠用來掩飾錯誤，不肯用正直之心替天下人說話，專門迎合主上的心意。主上心裡不喜歡的，就順勢詆毀他；主上心裡喜歡的，就順勢稱讚他。好製造事端，玩弄法令條文，內心懷著奸詐來迎合主上的心意，行事仗恃狡黠的酷吏來提高自己的威望。您官位排列在九卿，不早日揭發張湯的問題，為什麼？您將因受張湯問題牽連而和張湯一起被懲處呀！」李息懼怕張湯，始終不敢揭發張湯的問題。汲黯在郡，像他原來治郡的做法那樣治理，淮陽郡政治清明。後來，張湯事敗，皇上聽說汲黯和李息談過張湯的事，判了李息相應的罪。命汲黯按諸侯王國相的秩俸擔任淮陽郡太守。在淮陽郡擔任太守十年去世。

16 汲黯死後，皇上因為汲黯的緣故，使他弟弟汲仁的官職做到九卿，他兒子汲偃的官職做到諸侯王國相。汲黯姊姊的兒子司馬安也從年輕時就和汲黯同為太子洗馬。司馬安執法酷烈，虛偽狡詐，善於在官場鑽營，四次官至九卿之職，在河南郡太守的職位上去世。兄弟們因為司馬安的緣故，同時做官到二千石級別的有十個人。濮陽人段宏，當初在蓋侯王信手下任職，王信保舉段宏，段宏做官也兩次位到九卿。然而濮陽同鄉做官的人都很敬畏汲黯，聲望都在汲黯之下。

鄭當時，字莊，陳❶人也。其先鄭君❷嘗事項籍❸，籍死而屬漢。高祖令諸故項籍臣名❹籍，鄭君獨不奉❺詔。詔盡拜名籍者為大夫，而逐鄭君。鄭君死孝文時。

鄭當時以任俠❻自喜❼，脫張羽於阸❽，聲聞梁❾楚間。孝景時，為太子舍人❿。每五日洗沐⓫，常置驛馬⓬長安諸郊，請謝⓭賓客，夜以繼日，至明旦⓮，常恐不徧⓯。當時好黃老言，其慕⓰長者⓱，如⓲恐不稱⓳。自見⓴年少官薄㉑，然其知友皆大父行㉒，天下有名之士也。

武帝即位，當時稍㉓遷為魯中尉㉔，濟南㉕太守，江都相㉖，至九卿為右內史。以武安魏其時議㉗，貶秩為詹事㉘，遷㉙為大司農㉚。

當時為大吏㉛，戒門下㉜：「客至，亡貴賤亡留門者。」執㉝賓主之禮，以其貴下㉞人。性廉，又不治產㉟，卬奉賜給諸公㊱。然其餽遺㊲人，不過具器食㊳。每朝，候㊴上間㊵說，未嘗不言天下長者。其推轂㊶士及官屬丞史㊷，誠有味其言也，常引以為賢於己㊸。未嘗名吏㊹，與官屬言，若恐傷之。聞人之善言，進之上，唯恐後㊺。山東㊻諸公以此翕然㊼稱鄭莊㊽。

使視㊾決河㊿，自請治行[51]五日。上曰：「吾聞鄭莊行，千里不齎[52]糧，治行者何也？」然當時在朝，常趨和[53]承意[54]，不敢甚斥[55]臧否[56]。漢征匈奴，招[57]四夷，天下費多，財用益屈[58]。當時為大司農，任人[59]賓客僦[60]，入[61]多逋負[62]。司馬安為淮陽太守，發[63]其事，當時以此陷罪[64]，贖[65]為庶人[66]。頃之[67]，守[68]長史[69]。遷汝南[70]太守，數歲，以官卒。昆弟以當時故，至二千石者六七人。

6 當時始與汲黯列為九卿，內行[71]修[72]。兩人中廢[73]，賓客益落[74]。當時死，家亡餘財。

7 先是下邽翟公為廷尉[75]，賓客亦填[76]門，及廢，門外可設爵羅[77]。後復為廷尉，客欲往，翟公大署[78]其門曰：「一死一生，迺[79]知交情；一貧一富，迺知交態；一貴一賤，交情迺見[80]。」

【章旨】以上是〈鄭當時傳〉。傳文重點記述鄭當時禮賢下士，清廉不治產業，薦舉人才，進獻善言等事跡。

【注釋】❶陳　縣名，即今河南淮陽。❷鄭君　當時父。按《元和姓纂》與《新唐書・宰相世系表》皆云鄭君名榮。❸項籍　即項羽。項籍，字羽，自立為西楚霸王，人稱項王。本書卷三十一〈陳勝項籍傳〉有傳。❹名　稱呼名。此言劉邦命令原為項羽臣屬的眾人，在提及項羽時，不得稱字或其他尊稱，只能直呼其名「籍」。❺奉　接受；施行。❻任俠　憑著俠義行事。❼自喜　自我滿足；自豪。❽脫張羽於阸　脫，解脫。張羽，梁孝王之將，吳楚之亂時力戰平叛，名顯於梁。阸，危險。❾梁　諸侯王國名，都睢陽（今河南商丘南）。❿太子舍人　太子宮屬官名。⓫洗沐　指沐浴休息。漢制，官吏五日放假一天，沐浴休息。⓬驛馬　驛站供應的馬。驛，古代在交通要道設置的供傳遞文書、官員來往及運輸等中途暫時休息與住宿的地方。⓭請謝　接送；迎來送往。⓮明旦　天亮。⓯徧　周到；普遍。⓰慕　嚮往。⓱長者　年長有德的人。⓲如　卻。⓳稱稱心；適意。⑳見　覺得。㉑官薄　謂資歷淺，官職小。㉒然其句　知友，知心朋友。大父，祖父。行，輩。㉓稍　逐漸。㉔魯中尉　魯王國的中尉。魯，諸侯王國名，都魯縣（今山東曲阜）。中尉，武職官名，掌王國軍事。㉕濟南　郡名，治東平陵（今山東章丘西北）。㉖江都相　江都王國的國相。江都，諸侯王國名，治江都（今江蘇揚州西南長江北岸）。㉗以武安句　以，因為。武安，謂武安侯田蚡。魏其，謂魏其侯竇嬰。竇、田二人相鬥，見本書卷五十二〈竇田灌韓傳〉。時議，一時的議論。廷辯武安、魏其二人是非，鄭當時是魏其而不堅，遭皇上怒責，且貶為詹事。事詳本書卷五十二〈竇田灌韓傳〉。㉘詹事　官名，掌皇后、太子家事務。據本書卷十九〈百官公卿表〉，鄭當時於武帝建元四年（西元前一三七年）由江都相升為右內史，元光二年（西元前一三三年）由右內史貶為詹事。㉙遷　調任。㉚大司農　官名，卿職，掌租稅錢穀鹽鐵與國家的財政收入等事務。㉛大吏　大臣；大官。㉜門下　指看守門戶的人員。㉝執　行。㉞下　居人下；謙讓。㉟治產　治理產業。㊱卬奉賜給諸公　仰仗俸祿與賞賜供給眾位長者。卬，通「仰」。仰仗。奉，通「俸」。俸祿。給，供給。㊲餽遺　贈送。㊳具器食　盛在一件食器的食物。㊴候　等候。㊵間　空隙；機會。㊶推轂　推薦。㊷丞史　丞與史皆屬官名。㊸誠有二句　誠，確實。味，體味；體會。言，指鄭當時舉薦屬官的言詞。引，引薦。㊹名吏　直呼吏名。名，作動詞，稱呼名。㊺後　晚；慢。㊻山東　地區名。漢時稱崤山或華山以東地區為山東。㊼翕然　一致的樣子。㊽稱鄭莊　莊是當時的字。山東諸公敬重當時，所以言及他時不呼名而稱字。㊾視　視察。㊿決河　黃河的決口。河，謂黃河。本書卷六〈武帝紀〉於元光三年（西元前一三二年）記載：「春，河水徙，從頓丘東南流入勃海。」又云：「夏，河水決濮陽，氾郡十六。發卒十萬救決河。」(51)治行　置辦行裝。(52)齎　攜帶。(53)趨和　隨聲附和。(54)承意　秉承旨意。(55)甚斥　嚴厲指責。(56)臧否　好壞；善惡。(57)招　招撫；招之使歸附。(58)屈　缺乏；窮盡。(59)任人　保舉的人。任，保舉。(60)僦　僱傭。(61)入　入帳。(62)逋負　虧欠。(63)發　揭發。(64)陷罪　犯罪。(65)贖　贖罪，即用錢物贖免罪行。(66)庶人　平民；百姓。(67)頃之　時過不久。(68)守　暫時署理。(69)長史　官名。丞相屬官，秩千石。(70)汝南　郡名，治平輿（今河南平輿北）。(71)內行　平日家居的操行。(72)修　治。(73)廢　棄置。此指免官家居。(74)益落　漸漸散去。益，逐漸。落，散。(75)先是句　先是，在這之前。下邽，縣名，治今陝西渭南東北。翟公，翟是姓，公是對人的尊稱；翟公的名字，佚而無載。(76)填　堵塞；充滿。(77)爵羅　捕雀鳥的網。爵，同「雀」。鳥名。羅，捕鳥的網。(78)署　題寫。(79)迺　才。(80)見　顯露；表現出來。

【語　譯】鄭當時，字莊，陳縣人。他的先人鄭君曾在項籍手下任職，項籍死後，歸屬漢朝。漢高祖命令原為項籍部下的眾人直呼他的名諱「籍」，鄭君偏偏不照辦。高祖下詔直呼項籍名諱「籍」的人全部任命為大夫，鄭君卻被解職趕走。鄭君在漢文帝時去世。

2 鄭當時以憑著俠義行事而自豪，解救張羽於危難之中，名聲傳遍梁、楚兩個諸侯王國。漢景帝時，任太子舍人。每五天沐浴休假一天，常在長安四周郊區安排驛站快馬接送賓客，夜以繼日，直到天明，還總怕做得不周到。鄭當時喜好黃帝、老子的學說，他嚮往年長有德的長者，深恐不能使他們稱心。自己覺得年歲尚輕，資歷淺，官職小，然而他的知心朋友都是祖父輩的天下有名的人。

3 武帝即位，鄭當時逐漸升職為魯國中尉，濟南郡太守，江都國相，一直升任為屬於九卿的右內史。因為議論武安侯、魏其侯的是非一事，被降職擔任詹事，調任大司農。

4 鄭當時做大官時，告誡看守門戶的人說：「客人來到，無論地位高低，不能有被阻擋在門口的。」他行主人招待賓客的禮節，用他的尊貴身分謙遜待人。當時生性清廉，又不治理產業，仰仗俸祿及賞賜供給諸位長者。而他贈送給人的，不過是一食器的食品。每次上朝，等皇上有空閒時進言，總要談到天下有賢德才能的長者。當他推舉士人或自己的屬員丞、史給皇上的時候，說的話都很誠懇，經常引薦他們並認為能力比自己強。從不直呼下屬的名，和屬員談話，像怕傷害了他們。聽到別人講的好話，趕快把它上奏給皇上，只怕慢了。山東地區眾位長者，因此不呼他的名，全都稱他「鄭莊」。

5 皇上派遣鄭當時視察黃河決口，鄭當時自己請求用五天時間治理行裝。皇上說：「我聽說『鄭莊行千里，不用帶糧食』，治理行裝做什麼呢？」然而，鄭當時在朝中常常隨聲附和，秉承旨意，不敢嚴厲指斥人的好壞善惡。漢朝攻打匈奴，招撫四方邊遠部族，天下耗費很大，錢財物資更加匱乏。鄭當時任大司農，他保舉的人以賓客的身分雇車載運，交付入帳時虧欠很多。司馬安任淮陽太守，揭發了這件事，鄭當時因此犯罪，用錢物贖免罪行，成為平民百姓。時過不久，暫時代理丞相府長史的職務。調任汝南郡太守，幾年後，在官位去世。鄭當時的兄弟，因為鄭當時的緣故，做官到二千石級別的有六七人。

6 鄭當時當初與汲黯位列九卿，日常生活中的操行也都嚴謹不苟。他們兩人被免官家居時，賓客漸漸散去。

鄭當時去世時，家中沒有多餘的財產。

7　在這之前，下邽人翟公任廷尉，賓客也是多得堵塞大門，等到翟公免官家居時，大門外安靜得可以安置一個捕捉雀鳥的羅網。後來，翟公又擔任廷尉，賓客想要前往，翟公在他的門上用好大的字寫道：「一時死亡，一時活著，才知道交情有厚薄；一時貧窮，一時多財，才知道交往有百態；一時尊貴，一時卑賤，交往情狀才顯現。」

贊曰：張釋之之守法，馮唐之論將，汲黯之正直，鄭當時之推士，不如是，亦何以成名哉！揚子以為孝文親詘帝尊以信亞夫之軍❶，曷為❷不能用頗、牧❸？彼將有激云爾❹。

【章　旨】以上為全卷總結，提示出張釋之、馮唐、汲黯、鄭當時四人之傳記述內容的重點。

【注　釋】❶揚子句　揚子，指揚雄。揚雄（西元前五三—西元一八年），本書卷八十七〈揚雄傳〉有傳。詘，通「屈」。使動用法，降低身分。信，通「伸」。伸揚。亞夫，謂周亞夫。周亞夫（西元前？—前一四三年），本書卷四十〈張陳王周傳〉有傳。漢文帝後元六年（西元前一五八年），匈奴大入邊，朝廷調遣軍隊分駐霸上、棘門、細柳以備匈奴，周亞夫以河內郡守為將軍統率細柳軍。文帝親自犒勞軍隊，至霸上與棘門軍，徑直驅馳入營，將以下騎出入送迎。至細柳軍，軍士吏身披鎧甲，手執兵器，文帝不得入營。通報後，亞夫傳言開營門，文帝方可入營。入營後，不准驅馳，文帝只好按轡徐行。至中營，亞夫身著甲冑，揖而不拜，以軍禮見。禮成，文帝離去，說：「嗟乎，此真將軍矣！鄉者霸上、棘門如兒戲耳。」時過月餘，便升任亞夫為執掌衛戍京師的中尉。這裡所說「孝文親詘帝尊以信亞夫之軍」，即言此，事詳周亞夫本傳。❷曷為　為什麼。❸頗牧　指戰國時趙國將領廉頗、李牧。二人以見上文。❹彼將句　彼，指馮唐。將，要。激，刺激；激發。云爾，如此罷了。此引揚雄之論，見《法言》。《法言・重黎篇》云：「或問：『馮唐面文帝得廉頗、李牧不能用也，諒乎？』曰：

『彼將有激也。親屈帝尊，信亞夫之軍，至頗、牧，曷不用哉？』」

【語　譯】史官評議說：張釋之遵守法律，馮唐談論用將，汲黯正直不阿，鄭當時舉薦人才，不這樣，又憑什麼成就他們各自的名聲呢！揚雄認為文帝親自降低皇帝的尊貴身分來顯揚周亞夫的軍隊，為什麼不能夠任用廉頗、李牧呢？馮唐所以這樣說，只是要對文帝有所激發罷了。

【研　析】本卷是張釋之、馮唐、汲黯、鄭當時四人的合傳。從本卷記載的史事，可以得到以下幾方面的啟示：

一、傳文對張、馮、汲、鄭四人事跡的記載，不是依次敘述其一生活動，而是各有重點，即「贊」中所說「張釋之之守法，馮唐之論將，汲黯之正直，鄭當時之推士」。

二、張、馮、汲、鄭四人雖皆賢臣，但其性情與作風各有特色，大致說來，張、馮、汲秉性正直，故能犯顏直諫、不阿權貴、秉公治事；鄭性謙下，故能屈己薦才。傳文在表現手法上，對張、馮、汲、鄭四人作了不同的處理，張以情理，馮以激悟，汲以剛直，鄭則儼然長者之風。

三、張釋之說：「法者天子所與天下公共也。今法如是，更重之，是法不信於民也。」「廷尉，天下之平也，壹傾，天下用法皆為之輕重，民安所錯其手足？」它說明：㈠任何人都應受法約束，依法行事。㈡法應取信於民。㈢司法部門應公正執法。這些法律思想，產生於兩千年之前，難能可貴，至今仍有借鑑意義。

四、張、馮、汲、鄭四人中，張、馮二人主要記文帝時事，汲、鄭二人主要記武帝時事。通過記載二帝之臣，顯露出二帝之不同作風，從而表彰了文帝的從諫如流，喜用直臣；批評了武帝「以數直諫，不得久居位」的拒用諫言，貶斥直臣。

五、汲黯「學黃老言」，「常毀儒」，批評武帝「內多欲而外施仁義」，透露出武帝時期由漢初以來的崇尚道家無為而治的黃老之術，轉向尊崇儒家入世有為的思想學說的時代信息。

六、卷末以汲黯、鄭當時「兩人中廢，賓客益落」的現實，又聯繫翟公的類似經歷，並援引翟公大署的門聯，譏刺了武帝時期人情淡薄、趨炎附勢的日下世風。

卷五十一

賈鄒枚路傳第二十一

【題解】本卷是賈山、鄒陽、枚乘、路溫舒四人的合傳。賈山，曾多次規諫漢文帝。鄒陽、枚乘都是漢初有名的遊士，先後宦遊於吳國和梁國。為阻止吳王劉濞的謀逆行為，他們分別上書勸諫，但皆未被採納。枚乘還精通辭賦，其子枚皋亦以善辭賦為武帝所寵幸。路溫舒，為昭宣時期的大臣，他針對當時的獄訟弊政，上〈尚德緩刑疏〉，受到宣帝的重視。四人皆以切言直諫名聞當世。本卷對此四人的著名奏疏皆予轉載。奏疏內容關係到經國大計，或總結亡秦經驗，或提出政治主張，或闡述用人之道。這些奏疏具有極高的文獻價值，為研究當時的社會政治背景提供了重要史料。

1 賈山，潁川❶人也。祖父祛❷，故魏王時博士弟子也❸。山受學祛，所言涉獵❹書記❺，不能為❻醇儒❼。嘗給事潁陰侯為騎❽。

2 孝文❾時，言治亂之道，借秦為諭❿，名曰至言⓫。其辭曰：

3 「臣聞為人臣者，盡忠竭愚⓬，以直諫主，不避死亡之誅者，臣山是也。臣不敢以久遠諭，願借秦以為諭，唯陛下少加意焉[13]。

「夫布衣韋帶之士[14]，修身於內，成名於外，而使後世不絕息[15]。至秦則不然。貴為天子，富有天下，賦斂[16]重數[17]，百姓任罷[18]，赭衣半道[19]，群盜滿山[20]，使天下之人戴目而視[21]，傾耳而聽[22]。一夫大謼[23]，天下嚮[24]應者，陳勝[25]是也。秦非徒[26]如此也，起咸陽[27]而西至雍[28]，離宮[29]三百，鐘鼓[30]帷帳[31]，不移而具。又為阿房[32]之殿，殿高數十仞[33]，東西五里，南北千步[34]，從[35]車羅[36]騎[37]，四馬鶩馳[38]，旌旗不橈[39]。為宮室之麗至於此，使其後世曾[40]不得聚廬[41]而託處焉。為馳道[42]於天下，東窮燕齊[43]，南極吳楚[44]，江湖之上，瀕海[45]之觀[46]畢[47]至。道廣五十步，三丈而樹[48]，厚築其外，隱[49]以金椎[50]，樹以青松。為馳道之麗至於此，使其後世曾不得邪徑而託足焉。死葬乎驪山[51]，吏徒數十萬人，曠日[52]十年。下徹[53]三泉[54]，合采金石，冶銅錮[55]其內，桼塗其外，被[56]以珠玉，飾以翡翠[57]，中成觀游[58]，上成山林。為葬薶[59]之侈[60]至於此，使其後世曾不得蓬顆[61]蔽冢而託葬焉。秦以熊羆之力[62]，虎狼之心，蠶食[63]諸侯，并吞海內[64]，而不篤[65]禮義，故天殃[66]已加矣。臣昧死[67]以聞[68]，願陛下少留意而詳[69]擇其中[70]。

「臣聞忠臣之事君也，言切直[71]則[72]不用而身危，不切直則不可以明道[73]，故切直之言，明主所欲急聞，忠臣之所以蒙(74)死而竭知(75)也。地之磽(76)者，雖有善種，不能生焉；江皋(77)河瀕，雖有惡種，無不猥(78)大。昔者夏商之季世(79)，雖關龍逢(80)、箕子(81)、比干(82)之賢，身死亡而道(83)不用。文王(84)之時，豪俊之士皆得竭其智，芻蕘採薪之人(85)皆得盡其力，此周之所以興也。故地之美者善養禾，君之仁者善養士。雷霆(86)之所擊，無不摧折(87)者；萬鈞(88)之所壓，無不糜滅(89)者。今人主之威，非特(90)雷霆也；勢重，非特萬鈞也。開道而求諫，和顏色而受之，用其言而顯其身，士猶恐懼而不敢自盡，又迺況於縱欲恣行(91)暴虐，惡(92)聞其過(93)乎！震(94)之以威，壓之以重，則雖有堯舜(95)之智，孟賁(96)之勇，豈有不摧折者哉？如此，則人主不得聞其過失矣；弗聞，則社稷(97)危矣。古者聖王之制，史(98)在前書過失，工誦箴諫(99)，瞽(100)誦詩諫，公卿(101)比諫(102)，士(103)傳言諫(104)，庶人(105)謗(106)於道，商旅議於市(107)，然後君得聞其過失也。聞其過失而改之，見義而從之，所以永有天下也。天子之尊，四海之內，其義莫不為臣。然而養三老(108)於太學(109)，親執醬(110)而餽(111)，執爵而酳(112)，祝(113)饐(114)在前，祝鯁(115)在後，公卿奉(116)杖，大夫(117)進履(118)，舉賢以自輔弼(119)，求修正(120)之士使直諫。故以天子之尊，尊養三老，視(121)孝也；立輔弼之臣者，恐驕也；置直諫之士者，恐不得聞其過也；學問(122)至於芻蕘者，求善無饜(123)也；

商人庶人誹謗己而改之，從善無不聽也。

6 「昔者，秦政[124]力并萬國，富有天下，破六國以為郡縣[125]，築長城以為關塞。秦地之固，大小之勢，輕重之權[126]，其與一家之富，一夫之彊，胡[127]可勝[128]計也！然而兵破於陳涉[129]，地奪於劉氏[130]者，何也？秦王貪狼[131]暴虐，殘賊[132]天下，窮困萬民，以適[133]其欲也。昔者，周蓋[134]千八百國[135]，以九州[136]之民養千八百國之君，用民之力不過歲三日[137]，什一而籍[138]，君有餘財，民有餘力，而頌聲[139]作[140]。秦皇帝以千八百國之民自養，力罷不能勝[141]其役，財盡不能勝其求。一君之身耳[142]，所以自養者馳騁[143]弋[144]獵之娛，天下弗能供也。勞罷者不得休息，飢寒者不得衣食，亡罪而死刑者無所告訴，人與之為怨，家與之為讎，故天下壞[145]也。秦皇帝身在之時，天下已壞矣，而弗自知也。秦皇帝東巡狩[146]，至會稽[147]、琅邪[148]，刻石著[149]其功，自以為過堯舜統[150]；縣石鑄鍾虡[151]，篩[152]土築阿房之宮，自以為萬世有天下也。古者聖王作謚[153]，三四十世耳，雖堯舜禹湯[154]文武[155]絫世[156]廣[157]德以為子孫基業，無過二三十世[158]者也。秦皇帝曰死而以謚法，是父子名號有時相襲[159]也，以一至萬，則世世不相復[160]也，故死而號曰始皇帝，其次曰二世皇帝者，欲以一至萬也。秦皇帝計其功德，度[161]其後嗣，世世無窮，然身死纔[162]數月耳，天下四面而攻之，宗廟[163]滅絕矣。

7

「秦皇帝居滅絕之中而不自知者何也？天下莫[164]敢告也。其所以莫敢告者何也？亡養老之義，亡輔弼之臣，亡進諫之士，縱恣行誅，退誹謗之人，殺直諫之士，是以道諛[165]媮合苟容[166]，比[167]其德則賢於堯舜，課[168]其功則賢於湯武，天下已潰[169]而莫之告也。詩曰：『匪言不能，胡此畏忌？聽言則對，譖言則退。』[170]此之謂[171]也。又曰：『濟濟多士，文王以寧[172]。』天下未嘗亡士也，然而文王獨言以寧者何也？文王好仁則仁興，得士而敬之則士用，用之有禮義。

8

「故不致其愛敬，則不能盡其心；不能盡其心，則不能盡其力；不能盡其力，則不能成其功。故古之賢君於其臣也，尊其爵祿而親之；疾則臨[173]視之亡數[174]，死則往弔哭之，臨其小斂[175]大斂[176]，已棺塗而後為之服錫衰麻絰[177]，而三[178]臨其喪；未斂不飲酒食肉，未葬不舉樂，當宗廟之祭而死，為之廢[179]樂。故古之君人者於其臣也，可謂盡禮矣；服法服[180]，端容貌，正顏色，然後見之。故臣下莫敢不竭力盡死以報其上，功德立於後世，而令聞[181]不亡也。

9

「今陛下念思祖考[182]，術[183]追厥[184]功，圖所以昭光洪業休德[185]，使天下舉賢良方正[186]之士，天下皆訢訢[187]焉，曰將與堯舜之道，三王[188]之功矣。天下之士莫不精白[189]以承休德。今方正之士皆在朝廷矣，又選其賢者使為常侍[190]諸吏[191]，與之馳敺[192]射獵，一日再三出。臣恐朝廷之解[193]弛[194]，百官之墮[195]於事也，諸侯聞之，又必怠於政矣。

「陛下即位[196]，親自勉以厚[197]天下，損[198]食膳，不聽樂，減外徭[199]衛卒，止歲貢[200]；省[201]廄馬以賦[202]縣傳[203]，去諸苑[204]以賦農夫，出帛十萬餘匹以振[205]貧民；禮高年[206]，九十者一子不事[207]，八十者二算[208]不事；賜天下男子爵[209]，大臣皆至公卿；發御府[210]金賜大臣宗族，亡不被澤[211]者；赦罪人，憐其亡髮，賜之巾[212]，憐其衣[213]赭書其背[214]，父子兄弟相見也而賜之衣。平獄[215]緩[216]刑，天下莫不說喜。是以元年膏雨[217]降，五穀登[218]，此天之所以相[219]陛下也。刑輕於它時而犯法者寡[220]，衣食多於前年而盜賊少，此天下[221]之所以順陛下也。臣聞山東[222]吏布詔令，民雖老羸[223]癃[224]疾，扶杖而往聽之，願少須臾[225]毋[226]死，思見德化之成也。今功業方就，名聞方昭[227]，四方鄉[228]風，今從豪俊之臣，方正之士，直[229]與之日日獵射，擊兔伐狐，以傷大業，絕天下之望，臣竊悼[230]之。詩曰：『靡不有初，鮮克有終。』[231]臣不勝大願，願少衰[232]射獵，以夏歲二月[233]，定明堂[234]，造太學，修先王之道。風行俗成，萬世之基定，然後唯陛下所幸耳[235]。古者大臣不媟[236]，故君子[237]不常見[238]其齊嚴[239]

之色，肅敬之容。大臣不得與[240]宴游，方正修絜之士不得從射獵，使皆務其方以高其節[241]，則群臣莫敢不正身修行，盡心以稱[242]大禮。如此，則陛下之道尊敬，功業施[243]於四海，垂[244]於萬世子孫矣。誠[245]不如此，則行[246]日壞而榮日滅矣。夫士修之於家，而壞之於天子之廷[247]，臣竊愍[248]之。陛下與眾臣宴游，與大臣方正朝廷論議，夫游不失樂[249]，朝不失禮，議不失計[250]，軌[251]事之大者也。」

11　其後文帝除鑄錢令，山復上書諫，以為變先帝法，非是。又訟[252]淮南王[253]無大罪，宜急令反[254]國。又言柴唐子為不善[255]，足以戒。章下詰責[256]，對以為「錢者，亡用器也，而可以易富貴。富貴者，人主之操[257]柄也，令民為之，是與人主共操柄，不可長[258]也」。其言多激切，善指事意，然終不加罰，所以廣諫爭[259]之路也。其後復禁鑄錢云。

【章　旨】以上是〈賈山傳〉，記載賈山的出身和屢次直諫的情況，並轉載其〈至言〉。

【注　釋】❶潁川　郡名。治陽翟（今河南禹州）。❷祛　賈山祖父的字。❸故魏王句　原來戰國魏王時的博士弟子。故，原來。魏，指戰國時期的魏國。博士弟子，博士所教授的學生。博士，官名。戰國末期，齊、魏、秦等國首置，秦漢相沿。執掌議論，備顧問。❹涉獵　顏師古注曰：「涉若涉水，獵若獵獸，言歷覽之不專精也。」即廣泛瀏覽而不專精。❺書記　用來記事的書寫文字，猶言書籍。❻為　通「謂」。叫做；稱為。❼醇儒　學問精粹的學者。醇，不駁雜。❽嘗給事句　曾經在潁陰侯府供職，充當騎吏。嘗，曾經。給事，供職。潁陰侯，指灌嬰。劉邦的功臣，被封為潁陰侯。卷四十一有傳。騎，顏師古注曰：「為騎者，常騎馬而從也。」❾孝文　指漢文帝劉恆。孝文是他的謚號。詳見卷四〈文帝紀〉。❿諭　比喻。⓫至言　意指最深刻或者說是最好的言論。⓬盡忠竭愚　竭盡自己的忠心和愚笨的才智。竭，盡。愚，自謙之辭。⓭唯陛下句　希望陛下稍稍留意於下面的話。唯，語首助詞。表示希望。陛下，皇帝的代稱。陛，帝王宮殿的臺階。古時臣子與皇帝說話，不敢直指天子，故呼在陛下的侍者告之，是因卑達尊之意。少，通「稍」。略微。加意，留意。焉，代詞，指下面的論議。⓮布衣韋帶之士　指貧賤的士人。布衣韋帶，古時平民的服飾。這裡代指平民。布衣，粗布製的衣。韋帶，沒有裝飾的皮帶。⓯息　子息；子孫。⓰賦斂　徵收賦稅。⓱數　頻繁。⓲百姓任罷　百姓困於差役。任，役事；差役。罷，通「疲」。困乏。⓳赭衣半道　指罪犯很多。赭衣，古時罪犯穿的衣服，這裡代指罪犯。赭，紅褐色。⓴群盜滿山　指盜賊很多。古時盜賊多依山為阻。盜賊眾多，故曰「滿山」。㉑戴目而視　顏師古注曰：「戴目者，言常遠視，有異志也。」即高瞻遠視、心懷異心。㉒傾耳而聽　側著耳朵仔細聽。這裡指注意聽取禍亂信息。㉓謼　叫喊；呼號。㉔鄉　通「嚮」。㉕陳勝　秦末農民起義領袖。秦二世元年（西元前二〇九年），同吳廣在大澤鄉（今安徽宿州東南）率先起義，後為其部下所殺。卷三十一有傳。㉖非徒　不但；不只。徒，只；但。㉗咸陽　縣名。在今陝西咸陽東北。西元前三五〇年，秦孝公自櫟陽（今陝西臨潼北）遷都於此。為秦朝的都城。㉘雍　縣名。秦德公元年（西元前六七七年）建都於此。在今陝西鳳翔南。㉙離宮　顏師古注曰：「此言離宮者，皆謂于別處置之，非常所居也。」即供皇帝臨時遊處的宮室。㉚鍾鼓　泛指樂器。㉛帷帳　帷幕帳幕。在旁曰帷，在上曰帳。㉜阿房　即阿房宮。秦代宮殿名。宮的前殿建於秦始皇三十五年（西元前二一二年），全部工程至秦亡時也未完成。其遺址在今陝西西安西北。㉝仞　古代長度單位。周制八尺為仞，漢制七尺為仞。㉞步　長度單位。周制八尺為步，秦制六尺為步。㉟從　跟隨；隨從。㊱羅　分布；排列。㊲騎　一人一馬合稱一騎。㊳騖馳　奔馳。㊴橈　顏師古注曰：「橈，屈也。言庭之廣大，殿之高敞，眾騎馳騖無所迫觸，建立旃旗不屈橈。」㊵曾　乃；竟然。㊶廬　田中屋舍。㊷馳道　專供帝王車馬行駛的道路。㊸東窮燕齊　東面窮盡燕、齊。窮，窮盡。動詞。燕，諸侯國名。西元前十一世紀西周初年分封的諸侯國，建都薊縣（今北京西南）。齊，諸侯國名。西元前十一世紀西周初年分封的諸侯國，建都臨淄（今山東淄博東北）。㊹南極吳楚　南面終極吳、楚。極，終極。動詞。吳，春秋時諸侯國名。建都吳（今江蘇蘇州）。後被越國所滅。楚，春秋戰國時期我國南方古國。㊺瀕海　顏師古注曰：「瀕，水涯也。瀕海，謂緣海之邊也。」㊻觀　景致；景象。㊼畢　全。㊽三丈而樹　指馳道兩邊每隔三丈種一棵樹。樹，種樹。動詞。㊾隱　通「穩」。㊿金椎　鐵質捶擊工具。椎，通「錘」。(51)驪山　山名。在今陝西臨潼東南。(52)曠日　花費時日。顏師古注曰：「曠，空也，廢也。言為重役，空廢時日，積年歲也。」(53)徹通達。(54)三泉　即三重泉。指地下深處。(55)錮　顏師古注曰：「錮謂鑄而合之也。」即用金屬溶液填塞縫隙。(56)被　通「披」。覆蓋。(57)翡翠　鳥名。羽毛顏色豔麗，可作裝飾品。(58)觀游　觀賞遊覽之所。(59)薶　通「埋」。埋葬。(60)侈　奢侈。(61)蓬顆　上面生有蓬草的土塊。這裡指覆蓋在墳上的草皮。蓬，草名，即蓬蒿。顆，土塊。(62)熊羆之力　比喻強有力的勢力。羆，獸名。也稱馬熊或人熊。(63)蠶食　蠶吃桑葉。比喻逐漸侵吞。(64)海內　四海之內。古人以為我國疆域四面環海，故稱國境以內為海內。(65)篤　厚。用於思想品德方面，指誠而厚重，心意不改變。(66)殃　災禍。(67)昧死　冒犯死罪。自謙之辭。昧，冒昧；冒犯。(68)以聞　將情況上陳。(69)詳　審慎。(70)中　中肯；合適。(71)切直　切中直率。(72)則　如果。(73)道　事理。(74)蒙　冒犯。(75)竭知　竭盡智慧。竭，盡。知，通「智」。(76)磽　堅硬多石的貧瘠之地。(77)皋　水邊淤地。(78)猥　茂盛。(79)昔者句　從前夏代、商代的末世。昔者，從前。夏，指夏朝。我國歷史上的第一個朝代。相傳為夏啟所建立的奴隸制國家。商，指商朝。西元前十六世紀，商湯滅夏後建立的奴隸制國家。季世，末世；衰世。(80)關龍逢　夏朝亡國之君夏桀的臣子。曾多次直言勸諫，被夏桀囚禁殺死。(81)箕子　商朝亡國之君商紂王的臣子，為紂王之叔。紂王殺死比干後，他懼禍佯狂，遭紂王囚禁。周武王滅商後，他被釋且被予以重用。(82)比干　商紂王的叔父。屢次直諫，被紂王剖心而死。(83)道　指政治主張。(84)文王　即周文王姬昌。商末周族領袖，為周朝的建立奠定了基礎。(85)芻蕘採薪之人　指割草砍柴之人。芻，割草。蕘，打柴草。薪，木柴。(86)霆　疾雷。(87)摧折　折斷。(88)鈞　古代重量單位。三十斤為一鈞。(89)靡滅　毀滅。靡，爛；毀傷。(90)特　獨。(91)恣行　任意而行。(92)惡　憎惡；討厭。(93)過　過失；過錯。(94)震　動。(95)堯舜　相傳為中國原始社會末期的兩位部落聯盟首領。堯，名放勳，陶唐氏，史稱「唐堯」。舜，名重華，有虞氏，史稱「虞舜」。當時實行禪讓制，堯傳位於舜。堯舜都是儒家稱道的聖明君主，所以常常「堯舜」連稱。(96)孟賁　戰國時的勇士。力能生拔牛角。(97)社稷　指國家。社，土神。稷，穀神。古時常用「社稷」作為國家的代稱。(98)史　官名。帝王左右的史官，掌記事和祭祀。西周時有太史、內史，春秋時有外史、左史等。《禮記・玉藻》曰：「(帝王)動則左史書之，言則右史書之。」(99)工誦箴諫　樂師樂人誦讀告誡之辭勸諫。工，指樂師、樂人。箴，告誡之辭。諫，規諫；勸諫。(100)瞽　盲人。這裡指樂官，古代樂官多以盲人充任。(101)公卿　原指三公九卿，後泛指朝中高級官員。(102)比諫　顏師古注引李奇曰：「相親比而諫也。或曰比方事類以諫也。」顏師古贊成後者。(103)士　先秦統治階層的最低一級。國君之下，分卿、大夫、士三等。(104)言諫　諫下原有「過」字。依王先謙說刪。(105)庶人　指平民百姓。(106)謗　公開指責別人的過失。(107)商旅議於市　商人們在市井中評論是非。旅，顏師古注曰：「旅，眾也。」議，評論是非。(108)三老　古代於太學之中設三老的席位，以尊養老人。這些就養的老人，都是德高望重、閱歷豐富的。三老、五更各一人。天子把三老當作尊長事養，把五更當作兄長事養。其用意是要給天下人做孝悌的示範。109太學　朝廷設立在京師的國學，是全國的最高學府。110醬　醯（醋）和醢（用魚、肉等製成的醬）的總稱。111餽　進獻；贈送。112酳　古代宴會時的一種禮節，食畢用酒漱口。113祝　以言語告神求福。114餶　通「噎」。食物阻梗食道。115鯁　魚骨卡在喉嚨裡。116奉　恭敬地捧著。117大夫　先秦時期，國君之下，分卿、大夫、士三等。大夫又分上中下三級。118履　鞋。119輔弼　輔佐；佐助。弼，輔助。120修正　修身正行。121視　通「示」。122學問　學習和問難。123饜　滿足。124秦政　指秦始皇。嬴姓，名政。125郡縣　秦漢時期地方行政實行郡縣制，一郡轄數縣。郡設郡守，縣設縣令。126權　權衡。127胡　怎麼。128勝　盡。129陳涉　即陳勝。130劉氏　指漢高祖劉邦。131貪狼　如狼性貪婪兇狠。132殘賊　毀壞。133適　顏師古注曰：「適，快也。」134蓋　大概；大約。135千八百國　《禮記・王制》曰：「凡九州，千七百七十三國。」孔穎達引《公羊》曰：「殷三千諸侯，周千八百諸侯。」故賈山云此。136九州　傳說中的我國上古行政區劃。州名無定說。《尚書・禹貢》曰九州為冀、豫、雍、揚、兗、徐、梁、荊、青。《爾雅・釋地》無青、梁，有幽、營。《周禮・職方》無徐、梁，而有幽、并。137不過歲三日　即「歲不過三日」。138什一而籍　即什一而稅。官府收取土地收成的十分之一。籍，借。指借民力耕種的意思。另一種說法認為：籍是簿籍，官府造簿籍以徵收賦稅。139頌聲　歌頌讚美的聲音。140作　興起。141勝　堪；經得起。142耳　罷了。143馳騁　縱馬疾奔。144弋　用繩繫在箭上射獵物。145壞　衰亂。146巡狩　即「巡守」。帝王視察諸侯和地方官治理的地方。147會稽　郡名。治吳（今江蘇蘇州）。148琅邪　郡名。治琅邪（今山東膠南琅邪臺西北）。149著　顯露；現出。150統　治理。151縣石鑄鍾虡　縣，稱；測定物體的輕重。石，古代重量單位。一百二十斤為一石。鍾，樂器。虡，本猛獸之名。因以此獸圖形裝飾懸掛鐘鼓的木架兩旁的柱子，故名。152篩　去粗存細的竹器。這裡用作動詞。153諡　古代帝王、貴族、大臣死後依其生前事跡所給予的帶有褒貶意義的稱號。154禹湯　指大禹和商湯。禹，亦稱「大禹」、「夏禹」。中國原始社會末期部落聯盟領袖，曾奉舜命治水有功，後繼舜位。其子啟建立夏王朝。湯，商王朝的建立者。原為商族領袖，後滅掉夏朝，建立商朝。155文武　指周文王姬昌和周武王姬發。文王為周朝的建立奠定了基礎，武王滅商建立了周朝。史稱文王敬老愛幼、禮賢下士，武王繼承父業並發揚光大，故父子二人皆被奉為帝王楷模。156絫世　歷代。157廣　擴大。158無過二三十世　夏十七世，商三十一世，周三十六世。159襲　重疊；因襲。160復　重複。161度　估計；揣測。162纔　通「才」。163宗廟　帝王、諸侯祭祀祖先的場所。這裡代指國家。164莫　無定代詞。沒有誰。165道諛　《漢書補注》王念孫認為：道諛即諂諛。166媮合苟容　苟且迎合，以求容身。媮，通「偷」。苟且。167比　比況；考校。168課　計算；考核。169潰　水沖決堤防。這裡拿水沖決堤防比喻天下的敗壞。170詩曰五句　顏師古注曰：

「此〈大雅・桑柔〉之篇也。言賢者見事之是非，非不能分別言之，而不言者何也？此但畏忌犯顏得罪罰也。又言，言而見聽，則悉意答對，不見信受，則屏退也。」(171)此之謂　即「謂此」。這是一個動詞賓語通過結構助詞「之」的作用被前置的句式。(172)濟濟多士二句　引文出自《詩經》中的〈大雅・文王〉。濟濟，多威儀貌。(173)臨　臨近；親臨。(174)亡數　沒有一定次數。(175)小斂　給屍體沐浴穿衣。(176)大斂　將死者入棺。(177)已棺句　棺，用棺殮屍，即大殮。塗，蓋棺後，用漆塗塞棺蓋與棺相合處的縫隙。錫衰，用光滑細麻布製成的喪服。麻絰，喪期結在頭上或腰間的麻帶。(178)三　這裡指多次。(179)廢　廢止。(180)法服　禮法規定的服飾。(181)令聞　美名；好名聲。令，美好。聞，名聲。(182)祖考　祖先。考，父死後曰考。(183)術　通「述」。(184)厥　其；他的。(185)圖所以句　謀劃如何弘揚帝業美德。圖，謀劃。昭，昭顯；顯著。動詞。光，光大。動詞。洪業，指帝王大業。休，美。(186)賢良方正　漢代選拔官吏的科目之一。漢文帝二年，詔舉賢良方正能直言極諫者，為舉賢良方正之始。賢良，德才兼備。方正，處事端平正直。(187)訢訢　通「欣欣」。喜悅的樣子。(188)三王　指夏商周三代的開國君主，即夏禹、商湯、周文王與周武王。(189)精白　顏師古注曰：「厲精而為潔白也。」(190)常侍　官名。漢代皇帝左右親近侍從之官。(191)諸吏　漢加官官名。顏師古注引如淳曰：「諸吏得舉法案劾，職如御史中丞。武帝初置，皆兼官所加，或列侯、將軍、卿大夫為之，無員也。」(192)敺　通「驅」。(193)解　通「懈」。懈怠。(194)弛　放鬆。(195)墮　通「惰」。懶惰。(196)即位　帝王登基。即，就。(197)厚　富厚；富裕。使動用法。(198)損　減少。(199)外繇　指戍邊。(200)歲貢　古代諸侯或屬國每年向朝廷貢獻的禮品。(201)省　節約；減少。(202)賦　給與。(203)傳　驛站。古時供遞送公文的人或來往官員暫住的處所。(204)苑　供帝王遊樂打獵的場所。(205)振　通「賑」。救濟。(206)禮高年　禮敬年長的人。禮，禮敬。這裡用作動詞。(207)一子不事　指一個人不用負擔徭役和賦稅。一子，一個人。事，從事；負擔。(208)算　百二十錢為一算。漢代平民十五歲以上至五十六歲，每人須出人丁稅一算，叫算賦。(209)爵　爵位。(210)御府　官署名。亦稱「中御府」。漢承秦置，為皇宮內收藏皇帝金錢財寶及衣物的機構，隸屬於少府。(211)被澤　蒙受恩澤。被，遭受；蒙受。(212)巾　頭巾。(213)衣　穿著。(214)書其背　古時將犯人的姓名和罪名寫在赭衣背上。(215)平獄　斷明訴訟案件。平，辨別明白。(216)緩　寬緩。(217)膏雨　滋潤農作物的及時雨。(218)五穀登　五穀成熟。五穀，五種穀物。具體所指，眾說不一。主要有以下幾種：㈠麻、黍、稷、麥、豆。㈡稻、黍、稷、麥、豆。㈢稻、稷、麥、豆、麻。一般言「五穀」，大多泛指各種穀物。登，莊稼成熟。(219)相　輔助。動詞。(220)寡　少。(221)天下　指天下的人。(222)山東　古代地區名。戰國、秦漢時通稱華山（今陝西境內）或崤山（今河南境內）以東地區，與「關東」的含義相同。戰國時也稱秦國以外的六國領土為「山東」。(223)羸　瘦弱。(224)瘥　衰弱多病。(225)須臾　一會兒。(226)毋　不；不要。(227)名聞方昭　名聲正在昭顯。聞，名聲。方，正當。昭，昭明；

顯著。228 鄉 通「向」。229 直 但；僅。230 悼 悲傷。231 詩曰三句 引文出自《詩經・大雅・蕩》。意為：起初沒有不近於善道的，但是少有人能夠以善道終結。靡，無。鮮，少。克，能。232 衰 減少。233 夏歲二月 即夏曆二月。夏曆以正月為歲首，漢初以十月為歲首，夏曆二月為漢曆之五月。今要定制度，遵循古法，所以用夏曆。234 明堂 古代天子宣明政教之所，凡朝會、祭祀、慶賞、選士、養老、教學等大典均於其中舉行。235 唯陛下所幸耳 顏師古注曰：「言可恣意也。」即陛下可以任意遊樂了。236 媟 狎慢；不恭敬。237 君子 這裡指皇帝。238 見 通「現」。顯示。239 齊嚴 莊重恭敬。240 與 參與。241 使皆務句 使他們都各自致力於品行的修養，從而提高他們的節操，務，致力。方，這裡指品行端方。節，氣節；操守。242 稱 符合。243 施 加；實行。244 垂 下垂。引申為留傳後代。245 誠 如果。246 行 品行。247 廷 朝廷。248 愍 哀憐。249 不失樂 與音樂同節奏。樂，音樂。250 計 計議的事題。251 軌 法則；法度。252 誦 通「訟」。替人辯冤。253 淮南王 指淮南厲王劉長。卷四十四有傳。254 反 通「返」。255 又言柴唐子為不善 指〈淮南王傳〉棘蒲侯柴武之子柴奇與士伍開章謀反一事。256 章下詰責 顏師古注曰：「以其所上之章，令有司詰問。」257 操 執；持。258 長 蓄養；滋長。259 爭 通「諍」。直言規勸。

【語譯】賈山，潁川郡人。祖父字祛，是原來戰國魏王時的博士弟子。賈山跟隨祖父祛學習，廣泛歷覽群書而無專精，不能稱為學問精粹的學者。曾經在潁陰侯府供職，充當騎吏。

2 孝文皇帝時，賈山論述國家治與亂的道理，借秦朝作比喻，名叫〈至言〉。它的文辭說：

3 「臣聽說做臣下的，要竭盡自己的忠心和愚笨的才智，直言勸誡君主，做一個不逃避誅殺的人，臣賈山就是如此。臣不敢拿年代久遠的事實作比喻，願意借秦朝作比喻，希望陛下稍稍留意於下面的話。

4 「貧賤的士人，修養身心於內，成就名聲於外，而使後代子孫不斷絕。但秦朝就不是這樣。秦始皇貴為天子，富有天下，徵收賦稅重且頻繁，百姓為差役所疲困，路上行人中有一半是穿赭衣的罪犯，盜賊布滿了山林，使天下的人高瞻遠視而懷異心，傾耳細聽禍亂的消息。一個人大聲叫喊，天下人跟著響應，陳勝就是如此。秦朝不但這樣，從咸陽起西到雍縣，建有離宮三百處，各處的樂器、帷幕之類，都已布置完備，不需臨時搬移。又建造阿房宮，殿高數十仞，東西長五里，南北寬千步，可以容納眾多跟從皇帝的車子，排列眾多騎士，四匹馬拉的車子可以奔走而不迫觸，樹立旌旗也不須彎曲。建造宮室的華麗達到這樣的地步，使它的後代竟然連聚集在小屋中居住都不可得。在全國範圍修築馳道，東面窮盡燕、齊，南面遠極吳、楚，各處江湖、緣海水邊的景觀都可以到達。馳道寬五十步，兩旁每隔三丈種一棵樹，路面略微隆高，用鐵錘錘緊，讓它堅實穩貼，種植青松。修築馳道華麗到如此程度，使它的後代竟然連在彎曲小路上行走都不可得。秦始皇死後葬在驪山，督領營造的官吏和從事造墓的刑徒數十萬人，費時十年。地下鑿到三重泉水的深處，用五采金石合攏墓穴，裡面熔煉銅液填塞縫隙，外面塗漆，用珠玉覆蓋，用翡翠鳥的羽毛裝飾，墳墓中成為觀賞遊覽之所，墳墓上成為山林。經營葬埋的奢侈到達這樣程度，使它的後代竟然連用草皮蓋墳埋葬都不可得。秦朝憑藉熊羆般的猛力，虎狼般的狠心，蠶食諸侯，併吞四海之內，而不誠心誠意地實行禮義，所以天禍已經加給它了。臣冒死將情況上陳，希望陛下稍稍留意，審慎地選擇那些中肯的意見。

「臣聽說忠臣服事君主，言語切中直率如果不被採納，性命也就危險了，但不切中直率就不可以說明道理。所以切中直率的言語，是聖明君主所想趕快聽到的，忠臣所冒犯死罪而竭盡智慧進諫的。貧瘠的土地，即使有良好種子，不能生長；江河水邊淤地，雖是劣等種子，沒有不生長茂盛的。從前夏代、商代的末世，雖然有關龍逢、箕子、比干那樣的賢人，身遭死亡而政治主張不得實施。周文王的時候，才能傑出的人都能竭盡他們的智慧，割草打柴的人都能竭盡他們的力量，這是周代興起的原因。所以肥美的土地好長莊稼，仁愛的君主善於養士。遭雷霆觸擊的物體，沒有不折斷的；被萬鈞之重所壓的物體，沒有不毀滅的。今君主的威力不只如雷霆；權勢的重壓不僅如萬鈞。廣開言路要求臣下進諫，和顏悅色地接受他們的意見，聽用進諫者的言詞而尊顯他們，士人們還是恐懼，不敢暢所欲言，又何況放縱欲望、任意而行暴虐，討厭聽到自己的過失呢！用威力震懾，用重勢壓迫，那麼即使有堯舜的智慧、孟賁的勇力，難道有不折斷的嗎？這樣，君主也就不能聽到自己的過失了；聽不到自己的過失，國家就危險了。古代聖王的制度是：史官在君主面前記載過失，樂師樂人朗誦告誡之辭規諫，樂官朗誦詩規諫，公卿比方事類規諫，士人傳遞言詞規諫，百姓在道路上指責過失，商人們在市井中評論是非，於是君主可以聽到他的過失。聽到自己的過失就改掉它，看到合乎義理的就跟著去做，這就是能夠永久享有天下的原因。天子尊貴，四海之內的人，按理說沒有不是臣子的。

然而天子在太學裡尊養三老，宴會時親自拿著醯和醢進獻給他們，吃完以後，又拿著酒器給他們用酒漱口；食前祝禱他們以防被食物噎著，食後祝禱他們以防魚骨卡在喉嚨裡；公卿恭敬地送上手杖，大夫送上鞋子；舉用賢人來佐助自己，訪求修身正行的士人讓他們直言極諫。所以以天子的尊貴，尊養三老，是向天下人示以孝道；設置佐助的臣子，是恐怕自己驕傲；設置直言極諫的士人，是恐怕聽不到自己的過失；向割草打柴的人學習和問難，是求善不知滿足；商人、平民指責自己的過失，聽到後改掉它，是遵循善道沒有不聽從的。

6 「從前，秦王政力吞萬國，富有天下，劃分六國而為郡、縣，修築長城作為關津要塞。秦朝土地的堅固，大小的形勢，輕重的權衡，這同一家的富有，個人的強壯怎麼能相比啊！然而軍隊被陳涉打敗，土地被劉氏奪去，為什麼呢？是秦王如狼性貪婪兇狠，兇暴殘酷，毀壞天下，使萬民窮困以暢快他的欲望的原故。從前，周代大概有一千八百國，讓九州的人民奉養一千八百國的君主，徵用人民的勞力每年不超過三天，借民力耕種，不過徵取其收入的十分之一，君主有多餘的財富，人民有剩餘的力量，而歌頌讚美的聲音興起。秦始皇用一千八百國的人民奉養自己，民力疲困，禁不起他的差役；財物竭盡，禁不住他的搜求。一個君主的身體罷了，所用來自我享受的馳騁、弋獵等娛樂，天下的人不能供給。疲勞的人得不到休息，飢寒的人得不到衣食，無罪而受刑死去的人沒有地方申訴，人人同他結怨，家家同他結仇，所以天下衰亂。秦始皇還沒死的時候，天下已經衰亂了，而他自己不知道。秦始皇去東方巡行視察，到達會稽郡和琅邪郡，鐫刻石碑以顯示他的功績，自己認為治理天下超過了堯、舜；稱量銅鐵鑄成鐘虡，篩土建造阿房宮，自己認為將會萬代享有天下。古代聖王制作諡法，三四十代而已，即使是堯、舜、大禹、商湯、周文王、周武王歷代擴大德澤，把它作為子孫事業的基業，也沒有超過二三十代的。秦始皇說死後用諡法，這樣的話父子名號有時相重疊，用一到萬世，就代代不會重複了。所以死後號稱始皇帝，其次稱二世皇帝，想從一傳到萬世。秦始皇計量他的功德，揣測他的後代，一代接著一代傳到無窮無盡，但是他死去才幾個月，天下四面來進攻它，國家就滅絕了。

7 「秦始皇處在滅絕之中而自己不知道，是為什麼呢？天下沒有人敢告訴他。其所以沒有人敢告訴他是為什麼呢？是因為他沒有養老之義，沒有佐助的臣子，沒有進諫的士人，任意殺戮，斥退指責過失的人，誅殺直言進諫之士，所以有人阿諛奉承、苟且迎合以求容身，比況他的德行就說高過堯、舜，核計他的功績就說大過湯、武，天下已經潰敗而沒有人告訴他。《詩經》說：『賢者看到事情的是非曲直，不是不能說出來，為什麼如此畏忌呢？如果說出來被聽信，就盡意答對；不被聽信，就退避。』就是說的這種情況。《詩經》又說：『文王多士，因此能安定天下。』天下不曾沒有士，但是為什麼單說文王『以寧』呢？因為文王喜好仁愛，仁愛就興起；得到士就禮敬他們，士就為他所用，用他們就有禮義。

8 「所以不表達對他們的愛敬，就不能使他們盡心；不能使他們盡心，就不能使他們盡力；不能使他們盡力，就不能使他們成就功業。所以古代的賢君對於他的臣下，尊顯他的爵祿而親近他，有病就親往探視，沒有一定的次數，逝世就去弔哭他，參加他的小殮和大殮，已經大殮塗棺後為他服錫衰麻絰，多次參加他的治喪禮儀；沒有入殮不喝酒、不食肉，沒有下葬不奏樂，在舉行宗廟祭祀的時候死去，為他廢止音樂。所以古代的君主對於他的臣子，可以說盡禮了；穿著禮法規定的服飾，端正容貌，整飭顏色，然後接見他。因此臣下沒有人敢不竭盡全力、盡忠死節來報答他的君主，功德留傳後世，美好的名聲讓人永遠不忘記。

9 「如今陛下懷念祖先，追念他們的功績，謀劃如何弘揚帝業美德，叫天下推薦賢良方正之士，天下的人都很喜悅，說將要復興堯舜的治道、三王的功業了。天下之士沒有不振奮精神、力求潔白以繼承美德的。如今方正之士都在朝廷了，又挑選其中賢德的作為常侍和諸吏，卻同他們縱馬奔馳、射鳥獵獸，一天出去兩三次。臣恐怕朝廷放鬆懈怠，百官辦事懶惰，諸侯聽到這種情況，又一定懈怠於理政了。

10 「陛下登上皇位，親身自勉要使天下的人富厚，減少膳食，不聽音樂，減少戍邊和警衛人員，停止歲貢；減少馬棚的馬，把牠給與縣驛站，廢去皇家諸苑把它們給與農夫，拿出十萬匹帛來賑濟貧民；禮敬年長的人，有九十歲老人的人家免除一個人的徭役和賦稅，有八十歲老人的人家免除兩個人的人丁稅；賜給天下男子爵位，大臣們都位至公卿；發放皇帝府庫的黃金賜給大臣宗族，沒有不受到恩澤的；赦免罪人，憐憫他們沒有頭髮，賜給他們頭巾，憐憫他們穿著寫有姓名、罪狀的赭衣，父子兄弟相見時又賜給他們衣服。斷明訴訟案件，寬緩刑罰，天下的人沒有誰不喜悅。所以元年降下滋潤作物的及時雨，五穀成熟，這是上天幫助陛下。

刑罰比其他時候輕而犯法的人少，衣食比前些年多而盜賊少，這是天下的人順從陛下。臣聽說山東地區的官吏傳布詔令，即使是老弱疾殘之人，也拄著手杖去聽它，希望稍稍多活些時日，想看到道德教化的成功。現在功業正在成就，名聲正在昭顯，四方歸化，而身邊跟隨著才能出眾的臣子、端平正直的士人，僅同他們天天獵獸射鳥、獵擊兔狐來傷害大業，斷絕天下人的希望，臣私自為這憂傷。《詩經》說：『起初沒有不近於善道的，但是少有人能夠以善道終結。』臣禁不住莫大的期望，希望稍稍減少射鳥獵獸，於夏曆二月立明堂，建造太學，實行先王的治道。風尚流行而習俗成，萬代的基業奠定，然後陛下可以任意遊樂了。古代大臣不狎慢，所以皇上不需經常顯示莊敬的顏色和恭肅的儀容。大臣不得參與宴遊，端平正直、修行潔身之士不得隨從射鳥獵獸，使他們都各自致力於品行的修養，從而提高他們的節操，那麼群臣沒有誰敢不正身修行，盡心以求符合禮。這樣的話，陛下的道就尊敬，功業施布於四海，留傳於萬代子孫了。如果不這樣，那麼品行就一天天敗壞，榮耀一天天沒了。士人在家裡修養，而在天子的朝廷中敗壞，臣私下哀憐他們。陛下同眾多臣子宴遊，同大臣、方正之士在朝廷論議，宴遊時不亂了節奏，朝會不失禮，論議不失議題，這才是有法度的大事啊。」

11 這以後文帝廢除禁止鑄錢的法令，賈山又上書進諫，認為改變先帝法令，不對。又為淮南王劉長申冤，說他無大罪，應該趕快叫他返國。又說柴唐的兒子行為不善，可以給予警告。文帝把他所上的奏章令有司責問，他回答認為「錢，是無用的工具，但可以換到富貴。富貴，是君主操持的權柄，讓百姓謀富貴，這是與君主共同操持權柄，應禁絕，不可令其滋長」。他的話多數激烈率直，善於指出事情的重點，但文帝始終不處罰他，用來擴大諫諍的道路。其後朝廷再次禁止鑄錢。

1 鄒陽，齊❶人也。漢興，諸侯王皆自治民聘賢。吳王濞❷招致四方游士❸，陽與吳嚴忌❹、枚乘❺等俱❻仕❼吳，皆以文❽辯❾著名。久之，吳王以太子事怨望❿，稱疾不朝[11]，陰[12]有邪謀，陽奏書諫。為其事尚隱，惡[13]指斥[14]言，故先引秦為諭，因道胡[15]、越[16]、齊、趙[17]、淮南[18]之難[19]，然後迺致其意。其辭曰：

2 「臣聞秦倚[20]曲臺[21]之宮，懸衡[22]天下，畫地而不犯，兵加胡越；至其晚節[23]末路，張耳、陳勝連從兵之據[24]，以叩[25]函谷[26]，咸陽遂危。何則？列郡不相親，萬室不相救也。今胡數[27]涉北河[28]之外，上覆飛鳥，下不見伏菟[29]，鬬城不休，救兵不止，死者相隨，輦車[30]相屬[31]，轉粟[32]流輸，千里不絕。何則？彊趙責於河間[33]，六齊望於惠后[34]，城陽顧於盧博[35]，三淮南之心思墳墓[36]。大王不憂，臣恐救兵之不專[37]，胡馬遂進窺於邯鄲[38]，越水長沙[39]，還舟[40]青陽[41]。雖使梁并淮陽之兵[42]，下淮東[43]，越廣陵[44]，以遏[45]越人之糧，漢亦折[46]西河[47]而下，北守漳水[48]，以輔大國[49]，胡亦益進，越亦益深[50]。此臣之所為大王患也。

3 「臣聞交[51]龍襄[52]首奮翼，則浮雲出流，霧雨咸集。聖王底[53]節修德，則游談[54]之士歸義思名。今臣盡智畢議，易精[55]極慮[56]，則無國不可奸[57]；飾固陋[58]之心，則何王之門不可曳[59]長裾[60]乎？然臣所以歷數王之朝，背淮千里而自致[61]者，非惡臣國而樂吳民也，竊高下風之行，尤說大王之義[62]。故願大王之無忽，察聽其志[63]。

4 「臣聞鷙鳥[64]絫百，不如一鶚[65]。夫全趙[66]之時，武力鼎士袨服叢臺之下者一旦成市[67]，而不能止幽王[68]之湛患[69]。淮南連山東之俠，死士[70]盈朝，不能還厲王之西[71]也。然而計議不得，雖諸[72]、賁[73]不能安其位，亦明矣。故願大王審畫[74]而已。

5 「始孝文皇帝據關[75]入立，寒心[76]銷志[77]，不明[78]求衣。自立天子[79]之後，使東牟朱虛東褒義父之後[80]，深割嬰兒王之[81]。壤子王梁、代[82]，益以淮陽[83]。卒仆濟北[84]，囚弟於雍[85]者，豈非象[86]新垣平[87]等哉！今天子新據先帝之遺業，左規[88]山東，右制關中[89]，變權易勢，大臣難知[90]。大王弗察，臣恐周鼎復起於漢，新垣過計於朝[91]，則我吳遺嗣，不可期於世[92]矣。高皇帝燒棧道[93]，水章邯[94]，兵不留行[95]，收弊民之倦，東馳函谷，西楚[96]大破。水攻則章邯以亡其城，陸擊則荊王[97]以失其地，此皆國家之不幾者也[98]。願大王孰[99]察之。」

6 吳王不內[100]其言。

7 是時，景帝[101]少弟[102]梁孝王[103]貴盛，亦待[104]士。於是鄒陽、枚乘、嚴忌知吳不可說[105]，皆去之梁，從孝王游[106]。

8 陽為人有智略[107]，忼慨[108]不苟合[109]，介於羊勝、公孫詭[110]之間。勝等疾[111]陽，惡[112]之孝王。孝王怒，下陽吏[113]，將殺之。陽客游以讒見禽[114]，恐死而負絫，迺從獄中上書曰：

9

「臣聞忠無不報，信不見疑，臣常以為然，徒虛語耳。昔荊軻慕燕丹之義[115]，白虹貫日[116]，太子畏之[117]；衛先生為秦畫長平之事[118]，太白食昴[119]，昭王[120]疑之。夫精[121]變天地而信不諭[122]兩主[123]，豈不哀哉！今臣盡忠竭誠，畢議願知[124]，左右不明，卒從吏訊[125]，為世所疑。是使荊軻、衛先生復起，而燕、秦不寤[126]也。願大王孰察之。

10

「昔玉人獻寶，楚王誅之[127]；李斯竭忠，胡亥極刑[128]。是以箕子陽[129]狂，接輿[130]避世，恐遭此患也。願大王察玉人、李斯之意，而後楚王、胡亥之聽[131]，毋使臣為箕子、接輿所笑。臣聞比干剖心，子胥鴟夷[132]，臣始不信，迺今知之。願大王孰察，少加憐焉！

11

「語曰：『有白頭如新[133]，傾蓋如故[134]。』何則？知[135]與不知也。故樊於期逃秦之燕，藉荊軻首以奉丹事[136]；王奢去齊之魏，臨城自剄以卻齊而存魏[137]。夫王奢、樊於期非新於齊、秦而故於燕、魏也，所以去二國死兩君者，行合於志，慕義無窮也。是以蘇秦[138]不信於天下，為燕尾生[139]；白圭[140]戰亡六城，為魏取中山[141]。何則？誠有以相知也。蘇秦相[142]燕，人惡之燕王，燕王按劍而怒，食[143]以駃騠[144]；

白圭顯於中山[145]，人惡之於魏文侯，文侯賜以夜光之璧[146]。何則？兩主二臣，剖心析肝[147]相信，豈移於浮辭哉[148]？

12

「故女無美惡，入宮見妒；士無賢不肖[149]，入朝見嫉。昔司馬喜臏腳於宋，卒相中山[150]；范雎拉脅折齒於魏，卒為應侯[151]。此二人者，皆信必然之畫，捐朋黨之私[152]，挾[153]孤獨之交，故不能自免於嫉妒之人也。是以申徒狄[154]蹈雍之河[155]，徐衍[156]負石入海。不容於世，義不苟取[157]比周[158]於朝以移主上之心。故百里奚[159]乞食於道路，繆公[160]委[161]之以政；甯戚飯牛車下[162]，桓公[163]任之以國。此二人者，豈素[164]宦[165]於朝，借譽於左右，然後二主用之哉？感於心，合於行，堅如膠桼，昆弟不能離[166]，豈惑於眾口哉？故偏聽生姦，獨任成亂。昔魯聽季孫之說逐孔子[167]，宋任子冉之計囚墨翟[168]。夫以孔、墨之辯，不能自免於讒諛，而二國以危。何則？眾口鑠金，積毀銷骨[169]也。秦用戎[170]人由余[171]而伯中國[172]，齊用越人子臧[173]而彊威[174]、宣[175]。此二國豈係於俗[176]，牽於世[177]，繫奇偏之浮辭哉？公聽[178]並觀[179]，垂明當世。故意合則胡越為兄弟[180]，由余、子臧是矣；不合則骨肉為讎敵，朱[181]、象[182]、管、蔡[183]是矣。今人主誠[184]能用齊、秦之明，後宋、魯之聽，則五伯[185]不足侔[186]，而三王易為也。

「是以聖王覺寤，捐[187]子之[188]之心，而不說田常[189]之賢，封比干之後，修孕婦之墓[190]，故功業覆於天下。何則？欲善亡厭[191]也。夫晉文親其讎[192]，彊伯諸侯；齊桓用其仇[193]，而一匡[194]天下。何則？慈仁殷勤[195]，誠加於心，不可以虛辭借也。

「至夫秦用商鞅[196]之法，東弱[197]韓[198]、魏，立[199]彊天下，卒車裂[200]之。越[201]用大夫種[202]之謀，禽勁[203]吳而伯中國，遂誅其身。是以孫叔敖[204]三去相而不悔，於陵子仲[205]辭三公[206]為人灌園。今人主誠能去[207]驕傲之心，懷可報之意，披[208]心腹，見[209]情素[210]，墮[211]肝膽，施德厚，終與之窮達[212]，無愛[213]於士，則桀之犬可使吠堯[214]，跖[215]之客可使刺由[216]，何況因[217]萬乘[218]之權，假[219]聖王之資[220]乎！然則荊軻湛七族[221]，要離燔妻子[222]，豈足為大王道哉！

「臣聞明月之珠[223]，夜光之璧，以闇投人於道，眾莫不按劍相眄[224]者。何則？無因[225]而至前也。蟠[226]木根柢[227]，輪囷離奇[228]，而為萬乘器[229]者，以左右先為之容[230]也。故無因而至前，雖出隨珠[231]和璧[232]，秖[233]怨結而不見德；有人先游[234]，則枯木朽株，樹[235]功而不忘。今夫天下布衣窮居之士，身在貧羸，雖蒙[236]堯、舜之術，挾伊[237]、管[238]之辯，懷龍逢、比干之意，而素無根柢之容，雖竭精神，欲開[239]忠於當世之君，則人主必襲[240]按劍相眄之迹矣。是使布衣之士不得為枯木朽[241]株之資也。

16 「是以聖王制世御俗[242]，獨化於陶鈞[243]之上，而不牽乎卑辭之語，不奪[244]乎眾多之口。故秦皇帝任中庶子[245]蒙嘉[246]之言，以信荊軻，而匕首竊發[247]；周文王獵涇渭[248]，載呂尚[249]歸，以王天下。秦信左右而亡[250]，周用烏集[251]而王。何則？以其能越攣拘[252]之語，馳域外之議[253]，獨觀乎昭曠[254]之道也。

17 「今人主沉[255]諂諛[256]之辭，牽帷廧[257]之制[258]，使不羈[259]之士與牛驥[260]同皁[261]，此鮑焦[262]所以憤於世也。

18 「臣聞盛飾[263]入朝者不以私汙義，底厲[264]名號[265]者不以利傷行。故里名勝母[266]，曾子不入[267]；邑[268]號朝歌[269]，墨子回車[270]。今欲使天下寥廓之士[271]籠[272]於威重之權，脅[273]於位勢之貴，回面[274]汙[275]行，以事諂諛之人，而求親近於左右，則士有伏死堀[276]穴巖藪[277]之中耳，安有盡忠信而趨[278]闕下[279]者哉！」

19 書奏[280]孝王，孝王立出之，卒為上客[281]。

20 初，勝、詭欲使王求為漢嗣，王又嘗上書，願賜容車之地徑至長樂宮[282]，自使梁國士眾築作甬道[283]朝太后。爰盎[284]等皆建[285]以為不可。天子不許。梁王怒，令人刺殺盎。上疑梁殺之，使者冠蓋相望[286]責梁王。梁王始與勝、詭有謀，陽爭[287]

以為不可，故見讒。枚先生[288]、嚴夫子[289]皆不敢諫。

21

及梁事敗，勝、詭死，孝王恐誅，迺思陽言，深辭[290]謝[291]之，齎[292]以千金，令求方略[293]解罪於上者。陽素知[294]齊人王先生，年八十餘，多奇計，即往見，語[295]以其事。王先生曰：「難哉！人主有私怨深怒，欲施必行之誅，誠[296]難解也。以太后之尊，骨肉之親，猶不能止，況臣下乎？昔秦始皇有伏怒[297]於太后，群臣諫而死者以十數[298]。得茅焦[299]為廓大義，始皇非能說其言也，迺自強從之耳。茅焦亦廑[300]脫死如毛氂[301]耳，故事所以難者也。今子[302]欲安[303]之乎？」陽曰：「鄒[304]魯守經學，齊楚多辯知[305]，韓魏時有奇節，吾將歷問[306]之。」王先生曰：「子行矣。還，過[307]我而西[308]。」

22

鄒陽行月餘，莫能為謀，還過王先生，曰：「臣將西矣，為如何？」王先生曰：「吾先日欲獻愚計，以為眾不可蓋[309]，竊自薄陋不敢道也。若子行，必往見王長君，士無過此者矣。」鄒陽發[310]寤於心，曰：「敬諾。」辭去，不過梁，徑至長安，因客見王長君。長君者，王美人兄也，後封為蓋[311]侯。鄒陽留數日，乘間[312]而請曰：「臣非為長君無使令[313]於前，故來侍也；愚戇[314]竊不自料[315]，願有謁[316]也。」長君跪[317]曰：「幸甚。」陽曰：「竊聞長君弟[318]得幸後宮，天下無有[319]，而長君行迹多不循道理者。今爰盎事即[320]窮竟[321]，梁王恐誅。如此，則太后怫鬱[322]泣血，無所發怒，切齒[323]側目[324]於貴臣矣。臣恐長君危於絫卵[325]，竊為足下憂之。」長君懼然[326]曰：「將為之奈何？」陽曰：「長君誠能精[327]為上言之，得毋[328]竟[329]梁事，長君必固自結於太后。太后厚德[330]長君，入於骨髓，而長君之弟幸於兩宮[331]，金城[332]之固也。又有存亡繼絕[333]之功，德布天下，名施[334]無窮，願長君深自計之。昔者，舜之弟象日[335]以殺舜為事，及舜立為天子，封之於有卑[336]。夫仁人之於兄弟，無臧[337]怒，無宿怨[338]，厚親愛而已，是以後世稱[339]之。魯公子慶父使僕人殺子般[340]，獄有所歸[341]，季友[342]不探其情[343]而誅焉[344]；慶父親殺閔公[345]，季子緩追[346]免賊[347]，春秋[348]以為親親[349]之道也。魯哀姜薨於夷[350]，孔子曰『齊桓公法而不譎[351]』，以為過[352]也。以是說天子，徼[353]幸梁事不奏。」長君曰：「諾。」乘間入而言之。及韓安國[354]亦見長公主[355]，事果[356]得不治。

23 初，吳王濞與七國[357]謀反，及發，齊、濟北兩國城守[358]不行。漢既破吳，齊王自殺，不得立嗣。濟北王亦欲自殺，幸[359]全其妻子。齊人公孫玃謂濟北王曰：「臣請試為大王明說梁王，通意天子，說而不用，死未晚也。」公孫玃遂見梁王，曰：「夫濟北之地，東接彊齊，南牽吳越，北脅燕趙，此四分五裂之國[360]。權不足以自守，勁不足以扞(361)寇，又非有奇怪云以待難也(362)，雖墜言(363)於吳，非其正計也。昔者鄭祭仲許宋人立公子突以活其君(364)，非義也，春秋記之，為其以生易死，以存易亡也。鄉(365)使濟北見情實(366)，示不從之端，則吳必先歷(367)齊畢(368)濟北，招燕、趙而總之。如此，則山東之從(369)結而無隙矣。今吳楚之王練(370)諸侯之兵，敺(371)白徒(372)之眾，西與天子爭衡(373)，濟北獨底節(374)堅守不下。使吳失與(375)而無助，跬步(376)獨進，瓦解土崩，破敗而不救者，未必非濟北之力也。夫以區區(377)之濟北而與諸侯爭彊，是以羔(378)犢(379)之弱而扞虎狼之敵也。守職不橈(380)，可謂誠一矣。功義如此，尚見疑於上，脅肩(381)低首，絫足(382)撫衿，使有自悔不前(383)之心，非社稷之利也。臣恐藩臣(384)守職者疑之。臣竊料(385)之，能歷西山(386)，徑(387)長樂(388)，抵(389)未央(390)，攘袂(391)而正議者，獨大王耳。上有全亡之功，下有安百姓之名，德淪(392)於骨髓，恩加於無窮，願大王留意詳惟(393)之。」孝王大說，使人馳以聞。濟北王得不坐(394)，徙封於淄川(395)也。

【章旨】以上是〈鄒陽傳〉，記載鄒陽宦遊於吳國、梁國的事跡，轉載其諷諫吳王的奏疏，並記載了公孫獲免濟北王於危難一事。

【注釋】❶齊　諸侯國名。漢初封國。建都臨淄（今山東淄博東北）。❷吳王濞　漢高祖劉邦次兄劉仲之子劉濞。曾隨劉邦平定英布之亂，被封為吳王。景帝時，聯合楚、趙等六國發動七國之亂，後兵敗被殺。卷三十五有傳。吳，諸侯國名。建都廣陵（今江蘇揚州西北）。❸游士　從事遊說活動的人。戰國時策士周遊各國，向君主陳述自己的政見或主張，稱為遊說。❹嚴忌　西漢辭賦家。本姓莊，被史家改姓「嚴」以避漢明帝劉莊之諱。❺枚乘　西漢辭賦家。見下文。❻俱　都。❼仕　做官。❽文　文章。這裡指有文才。❾辯　論辯。這裡指有口才。❿吳王以太子事怨望　吳王因太子事心懷不滿。文帝時，吳王太子入朝陪同皇太子飲酒，在博戲時與皇太子爭道，被皇太子用博局打死。怨望，心懷不滿。望，怨恨。⓫稱疾不朝　託辭害病，不朝見皇帝。稱疾，託辭害病。朝，朝見。⓬陰　暗中。⓭惡　討厭。⓮指斥　指名斥責。⓯胡　即匈奴。北方部族名。戰國時活動於長城以北地區，秦漢之際，匈奴勢力強大，戰勝了周圍很多部族，統一了大漠南北廣大地區。漢初，匈奴不斷侵擾漢朝的北部邊境。武帝時，經過多次討伐匈奴的戰爭，匈奴勢力逐漸減弱。⓰越　古部族名。秦漢時期分布於長江中下游以南地區，部落眾多，故又有「百越」、「百粵」之稱。⓱趙　漢初諸侯國名。建都邯鄲（今河北邯鄲）。⓲淮南　漢初諸侯國名。建都壽春（今安徽壽縣）。⓳難　怨仇。⓴倚　依賴；靠著。㉑曲臺　宮殿名。舊址在今西安西北。㉒衡　法度。㉓晚節　末世。㉔張耳陳勝句　張耳、陳勝聯合各方軍隊，互相牽挽援助。從，通「縱」。南北稱「縱」。據，引；牽挽。指相互牽挽以為援助。㉕叩　攻擊。㉖函谷　關隘名。戰國秦置。因關在谷中，深險如函得名。在今河南靈寶東北。㉗數　屢次。㉘北河　黃河由甘肅流向河套，至今內蒙古磴口以下，分為南北兩支，北支當今烏加河，時為黃河正流，對南支而言，稱北河。㉙上覆飛鳥二句　顏師古注引蘇林曰：「言胡來人馬之盛，揚塵上覆飛鳥，下不見伏兔也。一曰，覆，盡也。言上射飛鳥，下盡伏兔也。」顏師古贊成後者。菟，通「兔」。㉚輦車　這裡指載兵器用的車。㉛屬　連接。㉜粟　穀物的一種。這裡泛指糧食。㉝彊趙責於河間　趙幽王劉友被呂后囚禁而死，文帝元年立他的長子劉遂為趙王，第二年，劃趙國的河間郡立劉遂之弟劉辟彊為河間王。後河間國因無嗣國除，趙王劉遂想再要還河間。責，求；索取。河間，漢高祖時為漢郡，文帝時改為國。治樂城（今河北獻縣東南）。㉞六齊望於惠后　惠帝二年（西元前一九三年），齊悼惠王劉肥入朝，呂后想加害於他，劉肥獻城陽郡給呂后之女魯元公主才幸免於難。劉肥的六個兒子因此怨恨惠帝時的往事。王先謙說，惠后即惠帝，不是惠帝和呂后。㉟城陽顧於盧博　城陽王劉喜顧念盧、博而怨恨。城陽，指城陽王劉喜。顧於盧博，城陽王劉喜的父親劉章和叔父劉興居平諸呂有功，本當盡把趙地封劉章為王，盡把梁地封劉興居為王，文帝得知他們原想擁立齊王，便換另外兩郡封他們為王。劉章失職，一年多後死去。劉興居因謀反被殺。劉喜顧念盧、博而怨恨。顧，顧念。盧，縣名。為濟北王治所，在今山東長清西南。博，縣名。在今山東泰安東南。㊱三淮南句　三淮南，指淮南厲王劉長的三個兒子，即淮南王劉安、濟北王劉勃和衡山王劉賜。思墳墓，思念其父劉長。劉長在遷謫途中死去。㊲救兵之不專　指諸國各有私怨要報，若吳舉兵反叛，朝廷派兵征討，諸國不肯專為吳國出兵相救。㊳邯鄲　縣名。在今河北邯鄲。㊴水長沙　用水軍攻長沙。長沙，郡、國名。西漢初年為吳芮的封國，漢文帝後元七年（西元前一五七年）為郡，景帝後復為國。㊵還舟　聚集船隻。㊶青陽　古地名。歷來解釋不一。一說指長沙郡一帶（《史記・秦始皇本紀》《集解》引張晏說），一說指河南新蔡青陂之陽（錢穆《史記地名考》）。㊷雖使句　梁，諸侯國名。建都睢陽（今河南商丘南）。并，合併。梁孝王劉武由淮陽王徙為梁王，仍兼有淮陽，故云「并」。淮陽，郡名。治陳（今河南淮陽）。㊸淮東　地區名。今安徽淮河南岸一帶。㊹廣陵　縣名。在今江蘇揚州西北。㊺遏　遏制；阻止。㊻折　截。㊼西河　指晉陝之間自北而南流向的一段黃河。㊽漳水　河名。在河北、河南兩省邊境。㊾大國　指趙國。㊿胡亦益進二句　顏師古注引蘇林曰：「陽知吳王陰連結齊、趙、淮南、胡、越，欲諫不敢指斥言，故陳胡越之難，齊趙之怨，微言梁并淮陽絕越人之糧，漢折西河以輔大國，以破難其計。欲隱其辭，故謬言胡益進，越益深，為大王患之，以錯亂其語，若吳為憂助漢者也。自此以下，乃致其意焉。」51交　通「蛟」。52褰　上舉。53底　同「砥」。磨刀石。這裡用作動詞。54游談　同「遊說」。55易精　改易精思。56極慮　極盡謀慮。57奸　通「干」。求取。58固陋　固塞鄙陋。指見識短少。59曳　拖。60裾　衣的前襟。61致　通「至」。來到。62竊高二句　顏師古注曰：「言在下風側聽，高尚美悅大王之行義也。」高，高尚。動詞。下風，風向的下方。迎風而立，所處即為下風。大王，指吳王劉濞。63察聽其志　審察他的意思而聽從它。64鷙鳥　猛禽。如鷹之類。65鶚　大而兇猛的鳥。66全趙　指未分出河間郡時的趙國。67武力鼎士句　力能扛鼎、穿著盛裝、處在叢臺之下的武士，一個早晨聚集成市。武力，勇猛。鼎士，力能舉鼎的人。袨服，這裡指武士所穿的盛裝。叢臺，臺名。戰國時趙國建造，在邯鄲。68幽王　指趙幽王劉友。69湛患　指劉友被呂后囚禁而死之事。湛，通「沉」。70死士　敢於犧牲生命的勇士。71西　指劉長在廢徙嚴道（今四川滎經）途中死於雍。72諸　指專諸。春秋時的勇士。73賁　指孟賁。戰國時的勇士。74畫　謀劃。75關　指函谷關。76寒心　如履薄冰的意思。77銷志　銷滅逸樂之志。78不明　天未明。79立天子　立為天子。80使東牟句　指文帝即位後，派劉章、劉興居東諭齊王，嘉獎他第一個起兵想誅殺諸呂，猶如《春秋》褒獎邾儀父一樣。東牟，指東牟侯劉興居。朱虛，指朱虛侯劉章。義父，指春秋時的邾儀父。義，通「儀」。81深割嬰兒王之　指分封齊悼惠王劉肥的六個兒子為王，其中有年紀幼小的嬰兒。王，統治。82壤子王梁代　拿出土地分封諸子為梁王、代王。壤，土地。這裡用作動詞。文帝二年（西元前一七八年）立子劉揖為梁王。文帝十一年，劉揖墜馬死，徙封其子淮陽王劉武為梁王。文帝十二年，徙封其子太原王劉參為代王。代，諸侯國名。始建都代縣（今河北蔚縣東北），後建都中都（今山西平遙西南）。83益以淮陽　梁王劉武原為淮陽王，徙為梁王後，淮陽郡仍為梁國所有。84卒仆濟北　終於使濟北王覆亡。卒，終於。仆，跌倒。這裡指覆亡。濟北，指濟北王劉興居，以謀反被殺。濟北，諸侯國名，建都盧縣（山東長清西南）。85囚弟於雍　指淮南厲王有罪，遷徙途中死於雍縣。86象　通「像」。87新垣平　漢文帝時人。以望氣附會人事，官至上大夫。後被人揭發行詐，被處死。88規　以法度約束。89關中　古地區名。一般指函谷關以西、散關以東為關中，相當於今陝西關中平原。90大臣難知　指漢朝用事大臣深謀難測。91臣恐周鼎二句　新垣平詐稱：「周鼎在泗水中，望東北汾陰有金寶氣，鼎將在這裡吧。不去迎接，就不會來到。」鄒陽認為給吳王出謀劃策的人，也像新垣平說周鼎一樣，終歸不可得到。過，錯誤；過失。92不可期於世　顏師古注曰：「言吳當滅絕無後嗣也。」期，希望。93高皇帝燒棧道　漢元年（西元前二〇六年）夏四月，張良勸說劉邦燒絕棧道，以備諸侯盜兵，亦示項羽無意東向。94水章邯　漢二年（西元前二〇五年），劉邦引水灌廢丘（今陝西興平東南），章邯自殺。水，引水灌城。動詞。95兵不留行　顏師古注曰：「言無所稽留，不廢于行。」96西楚　指項羽。項羽自稱為西楚霸王。97荊王　指西楚霸王項羽。98此皆國家句　顏師古注曰：「言漢朝之安，諸侯不當妄起邪意。」國家，指吳國。幾，通「冀」。希望。99孰　通「熟」。仔細。100內　通「納」。採納。101景帝　漢文帝之子劉啟。詳見卷五〈景帝紀〉。102少弟　小弟。103梁孝王　指漢文帝之子劉武。卷四十七有傳。104待　這裡指厚待。105說　勸說；說服。106游　交際；交往。107智略　智謀才略。108忼慨　意氣激昂。忼，通「慷」。109苟合　苟且附和。110羊勝公孫詭　此二人都是梁孝王的門客。幫助孝王謀刺爰盎和其他議事大臣十餘人，景帝下詔追捕，被梁孝王賜死。111疾　通「嫉」。嫉妒。112惡　毀謗；讒毀。113下陽吏　把鄒陽交付給司法官吏審訊。下，交付。吏，指司法官吏。114見禽　被逮捕。見，副詞。置於動詞前，表示被動。禽，通「擒」。115昔荊軻句　荊軻，戰國時衛國人。被燕太子丹待為上卿，替太子丹行刺秦王政，事敗被殺。燕丹，指燕國太子丹。為戰國時燕王喜的太子，曾為質於秦國，後逃歸。燕丹派荊軻入秦，謀刺秦王，未果。秦於是發兵攻燕，燕王喜斬丹以獻。116白虹貫日　古人附會為精誠感天的天象異兆。117畏之　燕丹害怕荊軻不敢去刺殺秦王。118衛先生句　衛先生給秦國謀劃趁長平大捷一舉滅趙的事。長平，地名。在今山西高平西北。秦昭王四十七年（西元前二六〇年），秦將白起大破趙軍，坑殺降卒四十萬於此。白起想趁此滅趙，派衛先生說秦昭王增加兵糧，為應侯范雎所害，事未成。119太白食昴　指衛先生精誠上達於天，故太白為他食昴。太白，星名。即金星。傳說太白是上天的將軍，主殺伐。食，掩遮。昴，星名，二十八宿之一。是趙的分野。120昭王　指秦昭王。121精　精誠。122諭　告曉。123兩主　指太子丹和秦昭王。124畢議願知　顏師古注引張晏曰：「盡其計議，願王知之。」125訊　審問。126寤　通「悟」。理解。127昔玉人二句　春秋時楚國人卞和尋得玉璞，獻給楚武王。玉匠說是石頭，砍掉他的右腳。楚武王死，又將玉璞獻給楚文王，玉匠仍說是石頭，又砍掉他的左腳。至楚成王時，他抱著玉璞在荊山下痛哭，成王使玉匠雕琢玉璞，果然得到一塊寶玉。[128]李斯二句　李斯，秦代政治家。戰國末期入秦，輔助秦王統一六國，任丞相。秦始皇死，他與趙高立少子胡亥為帝，即秦二世。因勸諫二世，被殺。極刑，最重的刑罰。[129]陽　通「佯」。假裝。[130]接輿　春秋時楚國隱士，佯狂避世。[131]而後楚王胡亥之聽　以楚王、胡亥的謬聽為後。後，動詞，置於後。[132]子胥鴟夷　指伍子胥被吳王夫差賜死後，用皮製的口袋盛屍，拋入江中。子胥，即伍子胥。春秋時吳國大夫，楚大夫伍奢次子。楚平王七年（西元前五二二年），伍奢被殺，伍子胥逃往吳國。他幫助闔閭刺殺吳王僚，奪取王位，國勢日盛，不久攻入楚都。吳王夫差時，因數諫不聽，被逼自殺。鴟夷，指皮製的口袋。[133]白頭如新　指從初識相交到白頭，彼此還是不知心，好像是新相交一樣。[134]傾蓋如故　指行道相遇，停車交談，兩人的車蓋傾斜相接，意氣相投，雖是新交，如同舊友。蓋，車蓋。故，故舊朋友。[135]知　相知。[136]故樊於期二句　樊於期，戰國末人。本為秦國將領，逃往燕國。秦王政重金懸賞。燕太子丹派荊軻謀刺秦王時，他自刎以使荊軻將他的頭帶往秦國，取得秦王的信任。之，往。藉，借。奉，事奉；奉行。[137]王奢二句　王奢，齊國的臣子。魏，國名。戰國七雄之一。臨城自盡，王奢逃至魏國後，齊國進攻魏國，王奢登城對齊將說：「今您來，不過是因為我的緣故，於義不當苟且偷生，使魏國受連累。」於是自剄。剄，割頸。卻，退。[138]蘇秦　戰國時著名的說客。初說秦惠王吞併天下，不用。後遊說燕、趙、韓、魏、齊、楚六國，合縱抗秦，配六國相印，為縱約之長。[139]為燕尾生　蘇秦曾勸說齊宣王使其歸還燕國十城，終死為燕，像尾生一樣守信。尾生，古代傳說中堅守信用的人。尾生與女子約會於橋下，女子未來，河水上漲，仍不去，抱橋柱淹死。[140]白圭　中山國的將領，失去六城，逃亡到魏國，魏文侯給以優厚的待遇，反過來為魏攻占中山。[141]中山　國名。春秋時北狄別族所建立。在今河北正定東北。[142]相　宰相。這裡用作動詞。[143]食　給吃。動詞。[144]駃騠　駿馬的一種。[145]白圭顯於中山　顏師古注曰：「以拔中山之功而尊顯也。」[146]夜光之璧　寶玉名。夜裡能發光的玉。[147]剖心析肝　比喻披露內心，開誠相見。析，分。[148]豈移於浮辭哉　顏師古注曰：「不以浮辭而移心。」浮辭，詐偽不實的語言。[149]不肖　與「賢」相對，指不賢、不成材。[150]司馬喜二句　司馬喜，戰國時人。在宋國受到臏刑，逃到中山，後來做了中山的宰相。臏，古代肉刑之一。削去膝蓋骨。宋，古國名。開國君主是商紂王的庶兄微子啟，建都商丘（今河南商丘南）。[151]范雎二句　范雎，戰國時魏國人。被須賈所陷害，魏相魏齊使人打斷他的肋骨和牙齒，後逃入秦，被秦昭王任用為相，並封為應侯。拉，摧折。脅，腋下肋骨所在的部分。[152]皆信二句　顏師古注曰：「言直道而行，不求朋黨之助，謂忠信必可恃也。」畫，計策；謀劃。捐，捨棄。朋黨，為謀私利而互相勾結的團夥幫派。[153]挾　擁有；懷藏。引申為「處於」。[154]申徒狄　複姓申徒，名狄，商末人。相傳不忍見紂亂，投水自殺。[155]蹈雍之河　指自沉於黃河。顏師古注曰：「雍者，河水溢出為小流也。言狄初因蹈雍，遂入大河也。」蹈，踏上；奔赴。河，古代黃河的專稱。156徐衍　周末人。因不滿亂世，負石自沉於海。157苟取　苟且取得。158比周　結黨營私；同流合汙。159百里奚　春秋時虞國大夫。晉獻公想滅亡虢國，向虞國借道，他勸諫虞君，虞君不採納他的意見，結果虞國被晉國所滅。他被虜做奴隸，作為陪嫁小臣前往秦國，後被楚人所執。秦穆公得知他賢明，用五張公羊皮將他贖回，並委以重任。他輔佐秦穆公稱霸西戎。160繆公　指秦穆公。繆，通「穆」。161委　託付。162甯戚飯牛車下　甯戚，春秋時衛國人。因為家貧，為人拉車。至齊國，在車下餵牛，被齊桓公所賞識提拔。飯，餵。動詞。163桓公　指齊桓公。春秋五霸之一。164素　平素；一向。165宦　做官。166昆弟不能離　指如兄弟般親密無間，不能使他們分離。昆弟，兄弟。昆，兄。167昔魯聽句　魯，古國名。西元前十一世紀分封的諸侯國。姬姓。開國君主是周公旦之子伯禽。建都曲阜（今山東曲阜）。季孫，魯國的執政大夫。齊國送給魯國女樂，季孫讓魯定公收下，定公三日不朝，孔子因而離開魯國。孔子，孔丘，字仲尼，春秋時魯國人。曾任魯國的司寇。他長期召集學生講學，開私人講學的風氣，傳說有弟子三千人。他的學說後來形成儒家學派，對後世影響極大。168宋任子冉句　此事失考。墨翟，春秋戰國之際的思想家、政治家。墨家學派的創始人。他的「兼愛」、「非攻」、「節用」等主張對當時影響很大。169眾口鑠金二句　眾人的讒言，就是金子也會被熔化，久積的毀謗，就是親骨肉的關係也會被銷溶。鑠、銷都是溶化的意思。比喻讒言的利害。170戎　西北地區古族名。支系很多，分居山谷。171由余　春秋時晉國人，逃亡到戎，在戎任職，後入秦為上卿，助秦建成霸業。172中國　這裡指中原。173子臧　人名。174威　指齊威王。175宣　指齊宣王，為威王之子。176係於俗　拘泥於流俗。俗，流俗。177牽於世　牽制於世風。世，世風。178公聽　公正地聽取。179並觀　全面地觀察。180故意合句　所以意見相合，盡管如胡、越般相隔遙遠，可以親如兄弟。胡在北，越在南，形容相距遙遠。181朱　指丹朱。唐堯的兒子。《史記·五帝本紀》曰：「堯知子丹朱不肖，不足以授天下，于是乃權授舜。」182象　虞舜的弟弟。曾多次想害死舜。183管蔡　指管叔鮮和蔡叔度，兩人都是周武王的弟弟。武王死後，管、蔡起兵叛亂，被攝政的周公平定。184誠　如果。185五伯　指「五霸」。春秋時勢力強大、稱霸一時的五個諸侯。具體所指，有以下幾種說法：㈠齊桓公、宋襄公、晉文公、楚莊王、秦穆公。㈡齊桓公、晉文公、楚莊王、吳王闔閭、越王句踐。㈢齊桓公、宋襄公、晉文公、秦穆公、吳王夫差。186侔　齊等。187捐　摒棄；捨棄。188子之　戰國時燕王噲的相，深得燕王噲的寵信，後燕王噲讓位於他，使燕國大亂。189田常　春秋時齊國大臣，後殺死齊簡公，自任齊相，專擅國政。190封比干二句　商紂王剖比干之心觀七竅，刳孕婦之腹觀胎兒。武王克商後，封比干的後代，修孕婦的墳墓。191厭　通「饜」。飽；滿足。192晉文親其讎　晉文，指晉文公。名重耳，春秋時晉國國君。在為公子時，其父晉獻公聽信驪姬的讒言，派近侍勃鞮去殺他，他倉皇逃走，被砍掉一隻袖子。後來他回國做了晉君，勃鞮又來求見，他寬赦了勃鞮，於是勃鞮揭發了一起叛亂陰謀，使他避免了一場禍亂。193齊桓用其仇　齊桓，指齊桓公。他即位前與公子糾爭奪王位時，管仲事公子糾，曾射中齊桓公帶鉤。公子糾死後，經鮑叔牙的推薦，齊桓公任用管仲為相，終成霸業。194匡　方正；扶正。195殷勤　懇切。196商鞅　公孫氏，名鞅，衛國人。因封於商，故稱「商鞅」。他輔佐秦孝公變法，使秦國走上富國強兵之路。後被人誣告謀反，受車裂之刑而死。197弱　衰弱。動詞。使動用法。198韓　國名。戰國七雄之一。199立　立刻；馬上。200車裂　古代一種殘酷的死刑。將犯人的頭和四肢分別拴在五輛車上，用五匹馬駕車，同時分馳，撕裂屍體。俗稱「五馬分屍」。201越　古國名。建都會稽（今浙江紹興）。西元前四九四年為吳王夫差所敗。越王句踐臥薪嘗膽，刻苦圖強，於西元前四七三年攻滅吳國。202大夫種　指文種。春秋末年越國大夫。曾輔佐句踐戰勝吳國。後句踐聽信讒言，賜劍逼他自殺。203勁　強。204孫叔敖　春秋時楚國人。曾三次被任命為令尹（楚國最高行政長官，相當於「丞相」），他並不歡喜。三次被免職，也不懊悔。205於陵子仲　指陳仲子。戰國時齊國人。以兄陳載為齊相，食祿萬鍾，認為不義，攜妻子往楚，自號於陵子仲。楚王要他出任宰相，不願，與妻子逃走，為人灌園。於陵，古縣名。在今山東鄒平東南。206三公　官名合稱。周代為太師、太傅、太保。是周王之下最高輔政大臣。漢代三公則為丞相（大司徒）、太尉（大司馬）、御史大夫（大司空）。207去　除去；拋棄。208披　披露；揭開。209見　通「現」。顯示。210情素　忠誠；本心。顏師古注曰：「素，謂心所向也。」211墮　通「隳」。披瀝。212窮達　困窘和顯達；逆境和順境。213無愛　顏師古注曰：「無所吝惜也。」214桀之犬可使吠堯　指壞人的爪牙攻擊好人。吠，狗叫。下句意思與此同。215跖　即盜跖。傳說中春秋時的大盜。216由　指許由。相傳堯要讓位於他，他逃到箕山下農耕而食。堯又請他為九州長官，他跑到潁水邊洗耳。217因　憑藉；依靠。218萬乘　萬輛兵車。借指帝王或大國。乘，一車四馬。219假　憑藉。220資　資本。指才能、地位、聲望等。221然則句　然則，這是代詞「然」與連詞「則」組合成的一個連詞性結構。然，肯定前事。則，引出後事。其意是「（既然）這樣……那麼」。湛，通「沉」。沉沒。七族，顏師古注引張晏曰：「七族，上至曾祖，下至曾孫。」222要離燔妻子　要離，春秋末年吳國人。闔閭要他去刺殺在衛國的公子慶忌，他假裝得罪出走，請闔閭燒死他的妻子兒女。及到衛國，謀求親近慶忌，後尋機刺死慶忌，他也自殺。燔，燒。妻子，指妻子和兒女。223明月之珠　即夜光珠。因為珠光晶瑩似月，故名。224眄　斜視。225因　緣故；原由。226蟠　盤伏；屈曲。227柢　樹的主根。228輪囷離奇　樹根委曲盤戾貌。229萬乘器　天子所用的器具，如車輿之屬。230容　雕刻裝飾。231隨珠　古代明珠名。相傳隨侯（隨，諸侯國名，姬姓諸侯）見一條大蛇受傷，給牠敷上草藥。後來大蛇從江中銜一顆大寶珠來報答隨侯，因稱此珠為「隨珠」。232和璧　即楚人卞和所獻給楚王的寶玉，稱為「和氏璧」。233秖　通「祇」。只。234先游　顏師古注曰：「先游，謂進納之也。」235樹　立。236蒙　接受。237伊　指伊尹。名伊，尹是官名。商初大臣。他輔佐商湯攻滅夏桀。238管　指管仲。見前注。239開　顏師古注曰：「開謂陳說。」240襲　因襲；重蹈。241朽　舊本作「巧」。今據景祐本、殿本、局本改。242制世御俗　治理國家。制，統制；控制。御，駕馭。243陶鈞　製作陶器所用的轉輪。比喻對事物的控制。244奪　顏師古注曰：「奪者，言欲行善道而為佞人奪其計也。」245中庶子　戰國時國君、太子、相國的侍從之臣。246蒙嘉　秦始皇的寵臣。原缺「嘉」字，據顧炎武說補。247匕首竊發　指暗中取出匕首。蒙嘉收受太子丹的重禮，在始皇面前替燕國說了好話，使得始皇接見荊軻。荊軻獻上督亢地圖，在圖卷將盡時，暗藏的匕首出現，荊軻用以行刺始皇。248涇渭　是流經陝西中部的兩條水名。涇河是渭河支流。249呂尚　姜姓，呂氏，名望，字子牙，商末周初人。相傳他在渭水邊釣魚，周文王出獵遇到他，把他接回去委以重任。他輔佐武王建立周朝。後被封於齊。俗稱姜太公。250秦信左右而亡　指秦二世信趙高，殺身亡國。251烏集　烏鴉偶然集合在一塊。比喻猝然偶合。這裡指周文王得到呂尚，猶如烏鴉猝然會合。252攣拘　牽繫；拘束。253馳域外之議　嚮往出於常規的議論。馳，嚮往。域外，境外；局限以外。254昭曠　光明廣闊。255沉　沉溺；沉湎。256諂諛　逢迎吹捧。257帷廧　指在身邊侍候的近侍姬妾。258制　牽制。259不羈　指才識高遠、不可羈絆。260驥　千里馬。261皁　通「槽」。餵牛馬的食槽。262鮑焦　周代的耿介之士。他怨自己不為當時所用，在路上採野菜為食。子貢責難說：「詆毀這個時代，而採摘這個時代的野菜，這是鮑焦所為嗎？」於是鮑焦丟掉所採摘的野菜，因而死在洛水邊。263盛飾　穿著整齊美觀。264底厲　通「砥礪」。砥和礪都是磨刀石。這裡是磨礪的意思，用作動詞。265名號　名聲；名節。266勝母　古地名。267曾子不入　曾子最孝順，認為勝母的名稱違反孝道，所以不入其境。曾子，名參，字子輿。孔子的學生，以孝著稱。268邑　城邑。269朝歌　殷的都城。在今河南淇縣。270墨子回車　相傳墨子認為朝歌這地名與他的「非樂」主張不合，所以掉轉車子走了。271寥廓之士　指遠大抱負的人。寥廓，廣闊；曠遠。272籠　籠絡；控制。273脅　迫。274回面　奸險的面貌。回，邪；醜化。275汙　不潔。一說為屈曲。276堀　通「窟」。洞穴。277藪　雜草叢生的大淺水澤。278趨　奔赴。279闕下　宮闕之下，指帝王居住的地方。借指朝廷。280奏　臣下向君主進言或上書。281上客　尊貴的客人。282長樂宮　宮殿名。高帝五年（西元前二〇二年）以秦興樂宮改建，漢初皇帝在此視朝，惠帝後期移至未央宮，後改為太后居地。283甬道　兩旁築牆的通道。284爰盎　亦作「袁盎」，文帝、景帝時期的大臣。卷四十九有傳。285建　立議；建議。286使者冠蓋相望　使者戴的冠和所乘的車子的車蓋互相看得見。形容使者人數眾多，道路上往來不絕。冠，成人男子頭上有冠。蓋，指車蓋。古時車上有蓋，像今天的傘狀，可以遮揩日曬雨淋。287 爭　通「諍」。288 枚先生　指枚乘。289 嚴夫子　指嚴忌。290 深辭　深談；深切坦率的談話。291 謝　謝罪；道歉。292 齎　送予。293 方略　計劃謀略。294 素知　顏師古注曰：「素與相知也。」295 語　告訴。296 誠　確實。297 伏怒　潛藏的怒氣。298 數　計算。299 茅焦　戰國時齊人。秦太后與嫪毐私通，嫪毐謀逆作亂。事發，秦始皇車裂嫪毐，遷太后於黃陽宮。並下令，敢以太后事諫者殺。先後殺諫者二十七人。茅焦冒死進諫，曉以利害。始皇覺悟，迎太后回咸陽。300 廑　通「僅」。301 氂　通「釐」。長度單位，為尺的千分之一。302 子　古時對男子的尊美之稱。303 安　何；哪裡。304 鄒　古國名。傳為顓頊後裔所建立。曹姓。305 知　通「智」。306 歷問　一一訪問。307 過　過訪。308 西　向西。309 蓋　顏師古注曰：「蓋，覆蔽也。」310 發　受到啟發。311 蓋　縣名。在今山東沂源東南。312 間　顏師古注曰：「間謂空隙無事之時。」313 使令　役使之人。314 愚戇　愚蠢戇直。315 料　估量。316 謁　稟告；陳說。317 跪　古人席地而坐，坐時兩膝據地，以臀部著足跟。跪則伸直腰股，以示莊重。318 弟　女弟；妹妹。319 無有　沒有可以比擬的。320 即　如果。321 窮竟　指追究到底。322 怫鬱　憤懣；心情不舒暢。323 切齒　咬緊牙齒，表示極端痛恨。324 側目　指怒目而視，形容怒恨。325 絫卵　堆疊起來的雞蛋，極易傾倒打碎。326 懼然　驚懼的樣子。懼，通「瞿」。327 精　微密；隱蔽祕密。328 毋　不。329 竟　終結。330 德　感激別人的恩德。動詞。331 兩宮　太后宮及帝宮。332 金城　用金屬鑄成的城，形容極為堅固。333 存亡繼絕　使滅亡的國家得以復存，斷絕的後代得以繼續。這裡指保存梁孝王的國家和王位。334 施　延續。335 日　日日；每日。336 有卑　古地名。在今湖南道縣北。337 臧　通「藏」。338 宿怨　積怨；舊怨。339 稱　稱頌。340 魯公子句　慶父，春秋時魯桓公子，魯莊公庶兄。莊公去世，太子子般即位，他派僕人殺死子般。閔公繼位二年，他又派人殺死閔公，出奔莒。魯用賄賂求莒送歸，他在回國途中自殺。僕人，指鄧扈樂。341 獄有所歸　指歸罪於僕人鄧扈樂。342 季友　慶父的弟弟。343 情　實情。344 焉　代詞。指僕人鄧扈樂。345 閔公　莊公的兒子。346 緩追　縱而不追。347 免賊　免其賊亂的罪責。348 春秋　書名。是一部魯國編年史，依年、時、月、日時間順序記載魯國自隱公元年至哀公十四年（西元前七二二—前四八一年）時期的史實。相傳《春秋》曾經孔子修訂，成為儒家經典之一。349 親親　指季友親愛他的哥哥。350 魯哀姜薨於夷　魯哀姜，魯莊公夫人。她與莊公之弟私通，又參與殺害閔公，後齊人在夷把她殺死。薨，古代稱諸侯死為「薨」。351 法而不譎　《論語・憲問》作「正而不譎」。法與正意義相同。譎，欺詐；權變。352 以為過　認為齊桓公守正道而行，不知權變，也是過失。353 徼　通「僥」。354 韓安國　初事梁孝王，吳楚之亂時阻擊吳軍有功，為梁國內史。武帝時任大司農、御史大夫等職。卷五十二有傳。355 長公主　指漢景帝之姊館陶公主。356 果　果真。357 七國　連吳一共為七國，不算吳則為六國。「七」是「六」之誤。358 城守　據城守禦。359 幸　希冀；希望。360 四分五裂之國　顏師古注引張晏曰：

「四方受敵，濟北居中央為五。」晉灼曰：「四分，即交五而裂，如田字也。」[361]扞　抵禦。[362]又非有句　顏師古注曰：「此言權謀勁力既不能扞守，又無奇怪神靈可以禦難，恐不自全，故墜言于吳也。」奇怪，指奇怪神靈。云，語助詞。無義。[363]墜言　失言。[364]昔者句　鄭，古國名。姬姓。開國君主是周宣王之弟鄭桓公。祭仲，為春秋時鄭國大夫。事鄭莊公，為莊公娶鄧曼，生昭公。宋大夫雍氏以女妻莊公，生突。莊公死，祭仲立昭公。宋國人誘捉祭仲，謂如果不立突，將要殺死他。祭仲與宋國人立盟，改立突，即厲公。昭公逃奔衛國。活，保全生命。使動用法。[365]鄉　通「向」。[366]情實　實情；真心。[367]歷　經過。[368]畢　盡。這裡指盡收濟北國之地。[369]從　通「縱」。合縱。[370]練　通「揀」。挑選。[371]敺　通「驅」。[372]白徒　指未經軍事訓練、臨時徵集的壯丁。[373]爭衡　在爭奪中較量勝負。[374]底節　磨礪氣節。底，通「砥」。[375]與　與國；結盟的國家。[376]跬步　半步。古時稱人行走，舉足一次為跬，舉足兩次為步。[377]區區　小貌。[378]羔　羊子；小羊。[379]犢　牛子；小牛。[380]橈　屈從。[381]脅肩　聳起肩膀；收攏肩膀。表示害怕、畏懼之意。[382]絫足　重足；疊足；一隻腳踏在另一隻腳上。表示畏懼的樣子。[383]不前　指不與吳西進反漢。[384]藩臣　被分封的王國稱藩國，它們的王侯稱藩臣。[385]料　料想；揣度。[386]西山　指崤山和華山，為西進長安的險要地段。[387]徑　通「經」。[388]長樂　指長樂宮。[389]抵　到。[390]未央　指未央宮。漢代宮殿名。舊址在今陝西西安西北。漢高祖七年（西元前二〇〇年）丞相蕭何主持修建。[391]攘袂　捲起袖子。[392]淪　入。[393]惟　思考。[394]坐　被罪；獲罪。[395]淄川　諸侯國名。建都劇縣（今山東昌樂西北）。

【語譯】鄒陽，齊國人。漢朝興起，諸侯王都各自治理人民，聘請賢人。吳王劉濞招來四方的遊士，鄒陽與吳國人嚴忌、枚乘等都在吳國做官，都憑藉有文才、有口才著名。過了許久，吳王因太子事心懷不滿，託辭害病，不朝見皇帝，暗中有不正當的謀劃，鄒陽上書勸諫。因為這事還隱蔽，不能指名斥說，所以先援引秦朝作比喻，於是述說胡、越、齊、趙、淮南的怨仇，然後才表達他的旨意。他的文辭說：

2　「臣聽說秦朝靠著曲臺宮殿，法度加於天下，畫地為獄而人不敢違犯，又用兵於胡、越；到它的末世，張耳、陳勝聯合各方軍隊，互相牽挽援助，來攻擊函谷關，咸陽於是危險。為什麼呢？眾郡互不親睦，萬家互不救助的緣故。如今匈奴屢次進入北河以外，所過之處，上盡是飛鳥，下不見伏兔，爭奪城池無休止，救兵源源來到，死亡的人一個跟著一個，載運兵器的車輛互相連接，轉運軍糧像流水般千里不斷絕。為什麼呢？

強大的趙國想索還河間郡，齊悼惠王的六個兒子怨恨惠帝時的舊事，城陽王劉喜顧念盧博而怨恨，淮南厲王劉長的三個兒子思念被貶謫而死的父親。大王不擔憂，臣恐怕諸國不肯專為吳出兵相救，匈奴軍隊於是進窺邯鄲，越水軍進攻長沙，聚集船隻於青陽。即使讓梁國合併淮陽郡的軍隊，占取淮東，越過廣陵，以阻遏越人的軍糧，漢也轉西河而下，北守漳水，來幫助趙國，但是匈奴也更加前進，越人也更加深入，這是臣所為大王擔心的。

3 「臣聽說蛟龍舉首張翅，就會有浮雲流動，霧和雨都匯集起來。聖王磨礪氣節、修治德行，遊說之士就會歸附於義、思慕高名。如今臣竭盡智慧、畢盡議論，改易精思、極盡謀慮，那麼沒有國家不可以去干求；修飾固塞鄙陋的心，那麼哪個君王的門不能進入呢？但是臣所以經歷幾個諸侯國，背向淮水不遠千里自到的原因，不是憎恨臣的國家而喜歡吳國的人民，私自在下風側聽，覺得大王的行為高尚，更加悅慕大王的行義。所以希望大王不要疏忽，審察我的意思而聽從它。

4 「臣聽說鷙鳥幾百隻，比不上一隻鶚。在趙國還未分出河間郡的時候，力能扛鼎、穿著盛裝、處在叢臺之下的武士，一個早晨聚集成市，卻不能阻止趙幽王被呂后囚禁而死。淮南厲王聯絡山東的俠客，敢於犧牲生命的勇士布滿了朝廷，卻不能使厲王從西蜀返回。如果是計議不得當，即使是專諸、孟賁也不能使君主安於其位，這是很明白的。所以希望大王詳細周密地謀劃罷了。

5 「起初孝文皇帝入函谷關登上皇位，如履薄冰，無逸樂的心志，天未明即起床穿衣。登上天子之位後，派東牟侯和朱虛侯褒獎齊王，大割土地分封齊悼惠王的六個兒子為王，使嬰兒也得以為王。拿出土地分封自己的兒子為梁王、代王，並把淮陽郡加給梁國。終於使濟北王覆亡，囚禁弟弟淮南厲王於雍縣，難道不是因為兩國中有像新垣平等一樣的奸臣的緣故嗎！如今天子剛剛擁有先帝的遺業，左以法度約束山東，右則控制關中，權勢變易，用事大臣深謀難測。大王不加考察，臣恐怕為吳謀事的人也像新垣平錯誤地說周鼎復起於漢朝一樣，那麼吳國的後嗣就無望存在於世了。高皇帝燒絕棧道，引水灌章邯的城，兵不稽留而行，恢復人民的疲困，東奔函谷關，大敗西楚。用水攻擊就使章邯喪亡他的城池，陸地進攻就使項羽失去他的土地，這都是吳國不可希冀的。希望大王仔細審察。」

6 吳王不採納他的話。

7 這時，景帝小弟梁孝王尊貴顯盛，也厚待士。於是鄒陽、枚乘、嚴忌知道吳王不能被說服，都離開吳國去梁國，跟從梁孝王交往。

8 鄒陽為人有智謀才略，意氣激昂，不肯苟且附合，夾處在羊勝、公孫詭之間。羊勝等嫉妒鄒陽，在梁孝王面前讒毀他。孝王發怒，把鄒陽交付給司法官吏，將要殺死他。鄒陽客遊於梁，因為遭讒言被逮捕，恐怕無罪而死且擔負惡名，就從獄中上書梁孝王說：

9 「臣聽說忠誠的人不會沒得到回報，誠信的人不會被猜疑，臣常認為是這樣，現在看來，只是空話罷了。從前荊軻仰慕燕國太子丹的高義去行刺秦王，感應上天出現白虹貫日，可太子丹還害怕荊軻不去秦國；衛先生給秦國謀劃趁長平大捷一舉滅趙的事，精誠感天，金星遮掩昴宿，可秦昭王還是懷疑他。他們的精誠使天地發生了變異，卻不被太子丹和秦昭王所理解，難道不悲哀嗎！今臣盡忠計議，希望大王知道，大王左右的人不明白臣的心意，臣終於受到司法官吏的審訊，被世人所懷疑。這種情況就是讓荊軻、衛先生再生，太子丹和秦昭王還是不會醒悟。希望大王詳細考察這個情況。

10 「從前卞和進獻寶玉，楚王卻砍掉他的腳；李斯盡忠，胡亥卻處他極刑。所以箕子裝瘋，接輿隱居避世，他們是怕遭受這樣的禍患。希望大王審察卞和、李斯的心意，以楚王、胡亥的謬聽為後，不要讓臣被箕子、接輿所恥笑。臣聽說比干被剖了心，伍子胥的屍體被盛入皮袋拋到江裡，起初不相信，現在才知道真有這樣的事。希望大王詳細考察，稍稍給臣一點憐憫！

11 「俗語說：『有的人從初識相處到白頭，猶如新相識；有的人行道相遇，傾蓋而談，卻如同老朋友。』為什麼呢？是相知與不相知。所以樊於期從秦國逃到燕國，把頭顱借給荊軻以奉行燕丹的使命；王奢離開齊國前往魏國，登城自刎使齊軍退卻而保存魏國。王奢、樊於期不是因為與齊國、秦國是新交而與燕國、魏國是故舊，他們離開齊、秦兩國而為燕、魏兩君效死，是行為與志趣合一、對義無限嚮慕的緣故。所以蘇秦對天下不講信義，對燕國就像尾生一樣守信；白圭為中山將時作戰失去六座城邑，卻為魏國攻取了中山。為什麼呢？實在是因為君臣相知的緣故。蘇秦為燕國相，有人在燕王面前說他的壞話，燕王按著劍柄發怒不聽，把駿馬的肉給他吃；白圭以攻取中山而地位尊顯，有人在魏文侯面前說他的壞話，文侯卻賜給他夜光璧。為什麼呢？兩主二臣之間，披露內心，開誠相見，難道會被詐偽不實之詞動搖嗎？

12　「所以女子不論美醜，一入宮中就會遭到嫉妒；士人不論賢還是不肖，一入朝就會被妒忌。從前司馬喜在宋國受到削去膝蓋骨的刑罰，終於做了中山國的宰相；范雎在魏國被打斷肋骨和牙齒，終於在秦國被封為應侯。這兩個人都相信忠信可以依恃，不結黨營私以求朋黨之助，處於孤立的境地，所以不能免於嫉妒之人的陷害。因此申徒狄自沉於黃河，徐衍抱著石塊自沉於大海。他們不被當世所容，義不苟且取得利益、不同流合汙來迷惑君主。所以百里奚在路上乞討，秦穆公卻將國政託付給他；甯戚在車下餵牛，齊桓公卻讓他治理國家。這兩個人，難道是平素在朝廷做官，借助於皇帝左右近臣的稱譽，才獲得穆公、桓公的任用嗎？君臣之間，心的感召、行的契合，像膠漆一樣堅固，像兄弟一樣不能使他們分離，難道還會被眾人的讒言迷惑嗎？所以聽信一面之詞就會滋生奸邪，只委任一個人就會造成禍亂。從前魯國國君聽信季桓子的話趕走了孔子，宋國國君任用子冉的計策而把墨翟拘禁起來。憑孔子、墨翟那樣的辯才，不能自免於讒諛之言的傷害，魯、宋兩國因此出現危機。為什麼？眾人的讒言，就是金子也會被熔化；久積的毀謗，就是親骨肉的關係也會銷熔。秦國任用戎人由余而稱霸中原，齊國任用越人子臧而使威王、宣王兩代強盛。秦、齊兩國難道是拘泥於流俗、牽累於世風，受制於偏頗不公的不實之辭嗎？他們能公正地聽取意見，全面地觀察問題，因而在當世留下明察的名聲。所以意見相合，盡管如胡、越般相隔遙遠也可以親如兄弟，由余、子臧就是這樣；意見不合，就是骨肉至親也會成為仇敵，丹朱、象、管叔、蔡叔就是這樣。當今君主如果能用齊、秦兩國國君的明察，屏棄宋、魯兩國國君的謬聽，那麼五霸的功業不足等齊，三王的功業容易實現了。

13　「因此，聖明的君王領悟這個道理，就摒棄子之的偽善心腸，不喜歡田常的賢能，封賞比干的後代，修整被剖腹的孕婦的墳墓，所以功業覆蓋天下，為什麼呢？是求善永不滿足啊。晉文公親近他的仇敵，能夠稱霸諸侯；齊桓公任用他的仇人，得以匡正天下。為什麼呢？心地仁慈，情意懇切，真誠在心，不是虛假的言詞可以代替的。

14 「至於秦國實行商鞅之法，向東削弱韓、魏兩國，立刻稱強於天下，而商鞅最後遭受車裂的酷刑。越王句踐施用大夫文種的謀略，攻滅了強大的吳國，稱霸中原，而文種最終遭受殺身之禍。所以孫叔敖三次被免去宰相之職而不懊悔，於陵子仲辭謝三公的職位而去替人灌園。如今君主如果能除去驕傲之心，懷著可以給人以報效機會的志意，敞開心腹，顯現衷誠，披瀝肝膽，厚施德惠，與士人同安樂、共困窮，無所吝惜，那麼桀養的狗可以吠堯，跖的門客可以行刺許由，何況倚仗大國的權勢，憑藉聖王的資本呢！所以荊軻甘願冒誅滅七族的大禍，要離忍心讓妻子兒女被燒死，又何足以為大王說呢！

15 「臣聽說拿著明月珠或夜光璧，在黑暗中向路上行人擲去，沒有不驚恐地按著劍柄斜視的。為什麼？是因為寶物無端跑到了面前。大樹的老根長得委曲盤戾，卻可用來製作帝王車輿等器物，因為君主左右的人事先作了雕刻修飾。所以毫無原由地突然出現在面前，雖然是隨侯的明珠、卞和的寶玉，只會結怨而不討好；如果有人事先加以宣傳引薦，就是枯木朽株也能發揮功用而不會被人遺忘。如今天下那些穿著粗布衣服、窮居陋巷的士人，身處貧弱之境，即使接受了堯舜那樣的治國之術，具有伊尹、管仲那樣的辯才，懷著關龍逄、比干那樣的忠心，而平素沒有人對他們加以介紹推薦，盡管他們竭盡精神，想對當代君主陳說自己的忠誠，那麼君主必然會重蹈按劍斜視的舊跡了。這樣就使布衣之士無法起到枯木朽株那樣的功用。

16 「因此聖明的君主治理國家，就像陶工運轉陶鈞一樣，自成教化於上，不被卑邪之辭所牽制，不為奸佞眾人的話改變自己的計議。所以秦始皇聽信中庶子蒙嘉的話，因而相信荊軻，以致行刺的匕首在暗處出現；周文王在涇、渭地區打獵，用車子載回呂尚，得以統治天下。秦二世偏聽近臣趙高的話而喪失天下，周文王憑藉與呂尚的猝然會合而建成王業。為什麼呢？因為文王、武王能超越牽繫拘泥的言詞，嚮往出於常規的議論，卓然獨立地觀察於光明寬廣的大道。

17 「如今君主沉溺於諂媚阿諛的言詞，拘泥於姬妾近侍的牽制，使才識高遠、不受羈絆的士人受不到優待，猶如牛與千里馬同槽共食一般，這是鮑焦對世道憤懣不平的原因。

18 「臣聽說穿戴整齊、堂堂正正上朝的人不肯貪圖私利來玷汙道義，磨礪名節的人不因貪圖好處而敗壞品行。所以里名叫『勝母』，曾參不肯進入；邑名叫『朝歌』，墨翟轉車回去。如今要讓高尚豁達、抱負遠大的人受控於威權重壓，迫於高位貴勢，醜化自己，玷汙行為，來服事那些諂媚阿諛的小人，以求親近於大王左右，那麼士人只有老死於岩穴澤藪之中罷了，哪裡會有竭盡忠信而奔赴朝廷的呢！」

19 文章上奏梁孝王，孝王立刻派人釋放鄒陽，終於成為梁孝王的貴客。

20 起初，羊勝、公孫詭想要梁孝王求為漢朝的繼承人，梁孝王又曾經上書，希望賜給他徑直到達長樂宮的容車之地，自己讓梁國吏民修築甬道朝見太后。爰盎等都立議認為不可。皇帝不予批准。梁孝王發怒，派人刺殺爰盎。皇帝懷疑是梁孝王派人謀殺的，派去責備梁孝王的使者絡繹不絕。梁孝王起初同羊勝、公孫詭謀劃刺殺爰盎，鄒陽諫諍認為不可，因此被讒言所害。枚乘、嚴忌都不敢進諫。

21 等到梁事敗露，羊勝、公孫詭自殺，梁孝王恐怕受到殺戮，才想起鄒陽的話，於是深切坦率地同鄒陽交談，表示道歉，送給他千金，叫他尋求向皇帝解除罪過的方法和策略。鄒陽素與齊國人王先生相知，王先生八十餘歲，多有妙計，鄒陽就去見他，告訴他這件事。王先生說：「難呀！君主有私怨大怒，將要施加必行的誅戮，確實難以解除。憑太后的尊貴，又是骨肉之親，還不能制止，何況臣下呢？從前秦始皇對太后有潛藏的怒氣，群臣因為進諫被殺的有幾十個。得到茅焦給他闡明大義，始皇並不是喜歡他的話，而是自己勉強聽從它罷了。茅焦也僅免於死，不過毫釐之差，所以事情是很難辦的。如今您將要往哪裡去呢？」鄒陽說：「鄒國、魯國奉行經學，齊國、楚國多有辯智，韓國、魏國時有奇節，我將一一訪問它們。」王先生說：「您去吧。回來時，過訪我以後再向西行。」

22 鄒陽走了一個多月，沒有人能夠給他出謀劃策，回來過訪王先生，說：「我將西行了，怎麼辦？」王先生說：「我前些日子想獻出愚蠢的計策，但認為不可覆蓋眾人的才智，私下覺得自己菲薄淺陋，不敢說。如果您要走下去，一定要去見王長君，士沒有超過此人的了。」鄒陽受到啟發，心中有所領悟，說：「好。」

辭別而去，不經過梁國，直接到長安，通過門客去見王長君。王長君是王美人的哥哥，後來被封為蓋侯。鄒陽留住數天，趁長君空閒之時請求說：「我不是為了長君跟前沒有供驅使的人而來侍奉的；我愚蠢戇直，私下不自估量，希望有所稟告。」長君跪著說：「我很幸運能夠聆聽。」鄒陽說：「私下聽說長君的妹妹在後宮得到皇帝寵愛，天下沒有可與之相比的，而長君的行跡有許多不遵循道理的地方。如今爰盎被刺的事如果追究到底，梁王恐怕會遭誅殺。這樣的話，太后就會憤懣，悲傷泣血，無處發怒，而對貴臣切齒側目了。我恐怕長君的危險超過累卵，私自替您擔憂。」長君驚懼地說：「該怎麼辦呢？」鄒陽說：「長君如能隱蔽祕密地勸說皇上，能不追究梁王的事，長君一定能牢固地結交於太后。太后很感激長君的恩惠，入於骨髓，而長君的妹妹受太后及皇帝兩宮的寵愛，您的地位就如金城般堅固。又有存亡國、繼絕世的功勞，德澤傳播天下，名聲延及無窮，希望長君自己好好地謀劃一下。從前，舜的弟弟象天天想殺死舜，等到舜登位做天子，把有卑封給象。仁人對待自己的兄弟，不儲藏怒氣，不積怨在心，重視親愛而已，因此後代稱讚他們。魯公子慶父派僕人殺死子般，罪過歸於僕人，季友不探求慶父的實情而誅殺僕人；慶父親自殺死閔公，季友放縱不加追捕，免除他賊亂的罪惡，《春秋》認為是親愛親人的道理。魯哀姜在夷地被殺，孔子說『齊桓公守正道而行卻不知權變』，認為是過失。用這個道理去說服天子，梁王的事或許可以僥倖不加追究。」長君說：「好。」長君趁空隙入宮進言，韓安國也去見長公主遊說，梁王的事果然沒有懲治。

23　起初，吳王濞與六國謀劃叛亂之事，等到發動叛亂，齊、濟北兩國據城堅守而不參加。漢朝已經打敗吳國，齊王自殺，不能立繼承人。濟北王也想自殺，希望能保全他的妻子兒女。齊國人公孫玃對濟北王說：「我請求試著替大王勸說梁孝王，使天子知道我們的意思，勸說而不被聽用，再死不遲。」公孫玃於是見梁王，說道：「濟北的土地，東邊和強大的齊國接壤，南面牽制於吳國、越國，北面脅迫於燕國、趙國，這是個四分交五而裂的像『田』字的國家。其權謀不夠用來自守，勁力不夠用來抵禦寇盜，又沒有奇怪神靈可以對付災難，即使對吳國失言，卻不是它的真正計謀。從前鄭國祭仲答應宋國人擁立公子突為君，以使他的國君昭公活命，是不合大義的，《春秋》記載它，是因為祭仲拿昭公的生路換他的死亡，拿鄭國的存在換它的滅亡。

倘使濟北王顯現實情，表露不跟從的端倪，那麼吳國一定先經過齊國而盡收濟北之地，招集燕國、趙國而總匯起來。這樣的話，山東諸國則合縱沒有間隙了。如今吳王、楚王挑選諸侯的兵士，驅趕臨時徵集的壯丁，向西同天子較量勝負，濟北王單獨磨礪氣節，堅守城池，不讓城池被攻克。使吳國喪失與國而沒有援助，單獨費力前進，以致土崩瓦解，破敗而不可挽救，未必不是濟北王的力量。憑小小的濟北國同諸侯爭強，如同憑羸弱的羊羔、牛犢去抵敵兇猛的虎狼。堅守職責不屈撓，可以說真誠專一了。功勞和大義是這樣顯著，還被皇上猜疑，使他收攏肩膀、低下腦袋，一隻腳踏在另一隻腳上、撫摸衣襟，有後悔不同吳國西進的心思，這不是國家的利益。臣恐怕各地盡忠職守的藩臣會產生疑慮。臣私自揣度，能越過華山和崤山，經過長樂宮，到達未央宮，捲起衣袖發表公正議論的，獨有大王罷了。上有保全亡國的功勳，下有安撫百姓的名聲，德澤入於骨髓，恩惠施加於無窮，希望大王留意詳細思考它。」梁王很高興，派人疾馳前往稟告皇帝。濟北王因而得以不坐罪，改封為淄川王。

1 枚乘，字叔，淮陰❶人也，為吳王濞郎中❷。吳王之初怨望謀為逆也，乘奏書諫曰：

2 「臣聞得全者全昌，失全者全亡。舜無立錐之地❸，以有天下；禹無十戶之聚❹，以王❺諸侯。湯、武之土不過百里，上不絕三光之明❻，下不傷百姓之心者，有王術❼也。故父子之道，天性❽也；忠臣不避重誅以直諫，則事無遺策❾，功流萬世。臣乘願披腹心而效愚忠，唯大王少加意念惻怛❿之心於臣乘言。

3 「夫以一縷之任係千鈞之重，上縣⓫無極⓬之高，下垂不測之淵，雖甚愚之人猶知哀其將絕也。馬方駭[13]鼓[14]而驚之，係方絕又重鎮[15]之。係絕於天不可復結，隊[16]入深淵難以復出。其出不出，間[17]不容髮。能聽忠臣之言，百舉必脫[18]。必若[19]所欲為，危於絫卵，難於上天；變所欲為，易於反掌，安於泰山[20]。今欲極天命之壽，敝[21]無窮之樂，究[22]萬乘之勢，不出反掌之易，以居泰山之安，而欲乘絫卵之危，走[23]上天之難，此愚臣之所以為大王惑也。

4 「人性有畏其景[24]而惡[25]其跡者，卻背[26]而走[27]，跡愈多，景愈疾，不知就陰而止，景滅跡絕。欲人勿[28]聞，莫若勿言；欲人勿知，莫若勿為。欲湯之滄[29]，一人炊[30]之，百人揚[31]之，無益也，不如絕薪止火而已。不絕之於彼，而救之於此，譬猶抱薪而救火也。養由基[32]，楚之善射者也，去楊葉百步，百發百中[33]。楊葉之大[34]，加百中焉，可謂善射矣。然其所止，迺百步之內耳，比於臣乘，未知操弓持矢也[35]。

5 「福生有基[36]，禍生有胎[37]；納[38]其基，絕其胎，禍何自來？泰山之霤[39]穿石，單極之紞斷幹[40]。水非石之鑽，索非木之鋸，漸[41]靡[42]使之然也。夫銖[43]銖而稱之，至石必差；寸寸而度[44]之，至丈必過。石稱丈量，徑[45]而寡失。夫十圍[46]之木，始生如蘖[47]，足可搔[48]而絕，手可擢[49]而拔，據其未生，先其未形也。磨[50]礱[51]底厲，不見其損，有時而盡；種樹畜養，不見其益，有時而大；積德絫行，不知其善，有時而用；棄義背理，不知其惡，有時而亡。臣願大王孰計而身行之，此百世不易之道也。」

6 吳王不納。乘等去而之梁，從孝王游。

7 景帝[52]即位，御史大夫[53]鼂錯[54]為漢定制度，損削諸侯，吳王遂與六國謀反，舉兵西鄉，以誅錯為名。漢聞之，斬錯以謝諸侯。枚乘復說吳王曰：

8 「昔者，秦西舉[55]胡戎之難，北備榆中[56]之關，南距[57]羌[58]筰[59]之塞，東當六國之從。六國乘信陵之籍[60]，明蘇秦之約[61]，厲[62]荊軻之威，并力一心以備秦。然秦卒禽六國，滅其社稷，而并天下，是何也？則地利[63]不同，而民輕重[64]不等也。今漢據全秦之地，兼六國之眾，修戎狄之義[65]，而南朝[66]羌筰，此其與秦，地相什而民相百[67]，大王之所明知也。今夫讒諛之臣為大王計者，不論骨肉之義，民之輕重，國之大小，以為吳禍，此臣所以為大王患也。

9 「夫舉吳兵以訾[68]於漢，譬猶蠅蚋[69]之附群牛，腐肉之齒[70]利劍，鋒接必無事矣。天子聞吳率失職諸侯[71]，願責先帝之遺約，今漢親誅其三公[72]，以謝前過，是大王之威加於天下，而功越於湯武也。夫吳有諸侯之位，而實富於天子；有隱匿(73)之名，而居過於中國(74)。夫漢并二十四郡，十七諸侯，方輸錯出(75)，運行數千里不絕於道，其珍怪不如東山之府(76)。轉粟西鄉(77)，陸行不絕，水行滿河，不如海陵(78)之倉。修治上林(79)，雜以離宮，積聚玩好，圈守禽獸，不如長洲之苑(80)。游曲臺，臨上路，不如朝夕之池(81)。深壁(82)高壘，副(83)以關城，不如江淮(84)之險。此臣之所以為大王樂也。

10 「今大王還兵疾歸，尚得十半(85)。不然，漢知吳之有吞天下之心也，赫然(86)加怒，遣羽林黃頭(87)循江而下，襲大王之都；魯(88)東海(89)絕吳之饟道；梁王飭(90)車騎，習戰射，積粟固守，以備滎陽(91)，待吳之飢。大王雖欲反都，亦不得已。夫三淮南之計不負其約(92)，齊王(93)殺身以滅其跡，四國不得出兵其郡(94)，趙囚邯鄲(95)，此不可掩(96)，亦已明矣。大王已去千里之國，而制於十里之內矣。張(97)、韓(98)將北地(99)，弓高(100)宿左右(101)，兵不得下壁，軍不得大息(102)，臣竊哀之。願大王孰察焉。」

11 吳王不用乘策，卒見禽滅。

12 漢既平七國，乘由是知名。景帝召拜(103)乘為弘農(104)都尉(105)。乘久為大國上賓，與英俊(106)並游，得其所好，不樂郡吏(107)，以病去官(108)。

13 復游梁，梁客皆善屬辭賦(109)，乘尤高。孝王薨，乘歸淮陰。

14 武帝自為太子聞乘名，及即位，乘年老，迺以安車[110]蒲輪[111]徵乘，道死[112]。詔問乘子，無能為文者，後迺得其孽子[113]皋。

15 皋字少孺。乘在梁時，取皋母為小妻[114]。乘之東歸也，皋母不肯隨乘，乘怒，分皋數千錢，留與母居。年十七，上書梁共王[115]，得召為郎[116]。三年，為王使，與冗從[117]爭，見讒惡[118]遇罪，家室[119]沒入[120]。皋亡[121]至長安。會[122]赦，上書北闕[123]，自陳枚乘之子。上得之大喜，召入見待詔[124]，皋因賦殿中。詔使賦平樂館[125]，善之。拜為郎，使[126]匈奴。皋不通經術[127]，詼笑類俳倡[128]，為賦頌，好嫚戲[129]，以故得媟黷[130]貴幸[131]，比東方朔[132]、郭舍人[133]等，而不得比嚴助[134]等得尊[135]官。

16 武帝春秋[136]二十九迺得皇子，群臣喜，故皋與東方朔作皇太子生賦及立皇子禖祝[137]，受詔所為，皆不從故事[138]，重[139]皇子也。

17 初，衛皇后[140]立，皋奏賦以戒終[141]。皋為賦善於朔也。

18 從行至甘泉[142]、雍、河東[143]，東巡狩，封[144]泰山，塞決河宣房[145]，游觀三輔[146]離宮館，臨山澤，弋獵射馭狗馬蹵鞠[147]刻鏤，上有所感，輒使賦之。為文疾，受詔輒成，故所賦者多。司馬相如[148]善為文而遲，故所作少而善於皋。皋賦辭中自言為賦不如相如，又言為賦迺俳，見視如倡，自悔類倡也。故其賦有詆娸[149]東方朔，又自詆娸。其文骫骳(150)，曲隨其事，皆得其意，頗詼笑，不甚閒靡(151)。凡可讀者百二十篇，其尤嫚戲不可讀者尚數十篇。

【章旨】以上是〈枚乘傳〉，記載枚乘的宦遊經歷，轉載他兩次勸諫吳王的奏疏，又記載其子枚皋以善辭賦被武帝所幸之事。

【注釋】❶淮陰 縣名。在今江蘇淮陰西南。❷郎中 官名。九卿之一郎中令的屬官，管理車騎、門戶，內充侍衛，外從作戰。❸立錐之地 插進一個錐子的地方。比喻極小之地。❹聚 聚邑。❺王 這裡指為諸侯之王。❻上不絕三光之明 顏師古注曰：「德政和平，上感天象，則日月星辰無有錯謬，故言不絕三光之明也。」三光，指日、月、星。❼王術 王道。國君以仁義治天下、以德服人的統治方法。❽天性 先天的本質和特性。❾遺策 失策；失計。❿惻怛 憂傷。⓫縣 通「懸」。⓬無極 無窮盡；無邊際。⓭駭 驚。指馬受驚。⓮鼓 擊鼓。動詞。⓯鎮 壓。⓰隊 通「墜」。墜落。⓱間 空隙；間隙。⓲脫 顏師古注曰：「脫者，免于禍也。」⓳若 你。⓴泰山 中國名山，為「五嶽」之首，所存歷代古蹟甚多。其主峰在今山東泰安北。㉑殲 盡。㉒究 窮盡；終竟。㉓走 趨向。㉔景 通「影」。㉕惡 厭惡。㉖卻背 轉過身來。㉗走 疾趨；跑。㉘勿 不要。㉙滄 寒冷。㉚炊 燒火煮。㉛揚 掀動揚風。㉜養由基 春秋時楚國大夫。善射，能百步穿楊。㉝中 射中目標。㉞楊葉之大 指楊葉極小。㉟比於臣乘二句 枚乘自說所知道的遠，不是只見百步之內，所以說養由基是不知射。矢，箭。㊱基 開始；基礎。㊲胎 根源。㊳納 接受。㊴霤 自上下流的山水。㊵單極之統斷幹 井上轆轤的繩索可以磨斷四交的木欄。單極，指轆轤。統，通「綆」。井架上汲水的繩索。幹，井上四交的木欄。㊶漸 逐漸。㊷靡 顏師古注曰：「靡，盡也。」㊸銖 重量單位。一兩的二十四分之一。㊹度 計量。㊺徑 直。㊻圍 計算周圍的量詞。周圍八尺叫圍。㊼蘖 樹木被砍伐或倒下後再生的枝芽。㊽搔 抓。㊾擢 提拔。㊿磨 磨粉的工具。(51)礱 農具名。用來破穀取米。(52)景帝 指劉啟。詳見卷五〈景帝紀〉。(53)御史大夫 官名。秦漢時是僅次於丞相的中央最高長官之一，主要職責為監察、執法。(54)鼂錯 漢景帝的謀臣，主張採取削弱諸侯王國的政策。七國之亂初起，景帝為平息叛亂，聽從爰盎的建議將其處死。(55)舉 攻克；克服。(56)榆中 古地名。具體所在說法不一。三國魏蘇林說在上郡，即今陝西東北角；唐張守節說在勝州北河北岸，即今內蒙古河套東北岸。二說都認為榆中即榆林塞（秦始皇時蒙恬北取今河套地，樹榆為塞，故名）。
57距 通「拒」。抵禦。58羌 古代部族名。主要分布於今甘肅、青海、四川一帶。59筰 古代部族名。西南夷的一支。分布在今四川漢源一帶。60六國乘信陵之籍 信陵，指魏無忌。戰國時魏國貴族。魏安僖王元年（西元前二七六年）被封為信陵（邑名。在今河南寧陵）君。門下有食客三千。魏安僖王三十年（西元前二四七年），聯合五國擊退秦軍的進攻。籍，通「藉」。61蘇秦之約 指六國合縱抗秦之約。62厲 振奮。63地利 戰略上的有利地勢。64輕重 指人民的多少。人多則重，人少則輕。65修戎狄之義 顏師古注曰：「修恩義以撫慰戎狄。」66朝 朝見。這裡指使羌筰來朝見。使動用法。67地相什而民相百 指土地十倍於秦，人口百倍於秦。68訾 計量；估量。69蚋 蚊子。70齒 當；觸。71失職諸侯 指被貶謫廢黜或削減封地的諸侯。顏師古注曰：「失職，謂被削黜，失其常分。」72三公 漢代丞相（大司徒）、太尉（大司馬）、御史大夫（大司空）合稱三公。此處指御史大夫鼂錯。73隱匿 顏師古注曰：「隱匿，謂僻在東南也。」74居過於中國 把過失歸於朝廷。指漢誅鼂錯以謝前過。中國，指漢朝廷。75方輸錯出 並軌而輸，雜出貢賦。方軌，並軌。76東山之府 吳王收藏財物的庫房。77轉粟西鄉 顏師古注引如淳曰：「言漢京師仰須山東漕運以自給也。」78海陵 縣名。在今江蘇泰州。79上林 即「上林苑」。故址在今陝西西安西南，秦漢時為帝王射獵遊樂之所。80長洲之苑 古苑名。春秋時為吳王闔閭遊獵之所。在今江蘇蘇州西南。81朝夕之池 指大海。朝夕，通「潮汐」。82壁 營壘。83副 輔助。84江淮 指長江、淮河。85十半 十分之中可希望五分無禍患。86赫然 發怒的樣子。87羽林黃頭 顏師古注引蘇林曰：「羽林黃頭，習水戰者也。」88魯 諸侯國名。西漢初改薛縣置。治魯縣（今山東曲阜）。89東海 郡名。治郯城（今山東郯城北）。90飭 整治。91滎陽 縣名。在今河南滎陽東北。92三淮南句 指吳楚之亂時，淮南厲王劉長的三個兒子淮南王劉安、衡山王劉賜、濟北王劉勃都守約不從。93齊王 指劉將閭。吳楚反，他堅守抵拒膠西、菑川、濟南三國兵。後來欒布聞齊起初與三國有謀，將要討伐他，他自殺。94四國不得出兵其郡 指膠東、膠西、菑川、濟南等國為齊國所牽制，不能出兵與吳楚匯合。95趙囚邯鄲 指漢將酈寄將趙王圍於邯鄲。囚，被囚。96不可掩 指事情已經彰明顯著。掩，掩蓋。97張 指張羽。梁國將領。98韓 指韓安國，時為梁國將領。99將北地 統率軍隊處在吳國軍隊的北面，以抵禦吳軍。100弓高 指弓高侯韓穨當。101宿左右 指弓高侯所統率的軍隊屯駐於吳軍的左右。宿，屯止。102兵不得下壁二句 指吳軍不得下營壘而好好休息。壁，營壘。103拜 授予官職。104弘農 郡名。治弘農（今河南靈寶北）。105都尉 官名。秦設郡尉，漢初沿置。景帝時改稱都尉，輔佐郡守並掌全郡軍事。106英俊 指才智傑出的人士。107不樂郡吏 指不願意擔任郡吏。郡吏，這裡指弘農都尉一職。108以病去官 託辭害病，辭去官職。

(109)辭賦　辭產生於戰國楚地而叫楚辭，以屈原〈離騷〉為代表，故又稱騷體。賦的名稱始於戰國趙人荀卿的〈賦篇〉，到漢代形成一種特定的體制。它繼承了《楚辭》一些形式上的特點，但較多運用散文的手法，與「辭」已有不同。但漢代常把辭和賦統稱為辭賦。(110)安車　用一匹馬拉的可以坐乘的小車。古車多立乘，此為坐乘，以其可以安坐，故名「安車」。高官告老或徵召有重望的人，往往賜乘安車。安車多用一馬，禮尊者用四馬。(111)蒲輪　用蒲草裹輪子，使車在行駛中顛簸小。(112)道死　在路上病死。(113)孽子　亦稱「庶子」，與「嫡子」相對。非正妻所生之子。(114)小妻　與「正妻」相對，即妾。(115)梁共王　梁孝王的兒子劉買。共，通「恭」。(116)郎　官名。亦稱「郎官」、「郎吏」。秦置，漢沿設，為九卿之一郎中令的屬官。有議郎、中郎、侍郎、郎中等名目，職責為護衛陪從、隨時建議、備顧問及差遣。諸侯國中亦設此官。(117)冗從　顏師古注曰：「冗從，散職之從王者也。」指梁王身邊的散職侍從人員。(118)讒惡　進讒言，說壞話。惡，顏師古注曰：「惡謂冗從言其短惡之事。」(119)家室　指家屬和財產。(120)沒入　沒收犯罪者的家屬或財產入官。(121)亡　逃亡。(122)會　適逢。(123)北闕　古代宮殿北面的門樓。是大臣等候朝見或上書奏事的地方。亦用為朝廷的別稱。(124)待詔　等候皇帝的命令。(125)平樂館　亦稱平樂觀。漢高祖時始建，武帝時增修，在上林苑。(126)使　出使。(127)經術　經學。(128)詼笑類俳倡　詼諧戲笑像雜戲樂人。類，像；相似。俳倡，古時稱雜戲為「俳」，樂人為「倡」。(129)嫚戲　戲謔。(130)媟黷　輕慢；褻狎。(131)貴幸　位尊而為帝王所親近的人。(132)東方朔　西漢文學家。卷六十五有傳。(133)郭舍人　西漢皇宮優倡，為漢武帝所寵幸。(134)嚴助　本姓莊，被史家改為「嚴」以避漢明帝劉莊之諱。他善應對，有辯才，長於文辭。卷六十四有傳。(135)尊　高。(136)春秋　指年齡。(137)禖祝　顏師古注曰：「《禮・月令》『祀于高禖』。高禖，求子之神也。武帝晚得太子，喜而立此禖祀，而令皋作祭祀之文也。」(138)故事　成例。(139)重　重視；尊重。(140)衛皇后　武帝的皇后衛子夫。卷九十七有傳。(141)戒終　顏師古注曰：「令慎終如始也。」(142)甘泉　即甘泉宮。本秦林光宮，漢武帝時擴建。武帝常在此避暑，接見諸侯王、郡國上計吏及外國賓客。舊址在今陝西淳化西北甘泉山。(143)河東　郡名。治安邑（今山西夏縣西北）。(144)封　築壇祭天。(145)宣房　宮殿名。武帝元光（西元前一三四―前一二九年）中，黃河在瓠子決堤。後二十餘年，武帝命堵塞瓠子決口，在上面建造宮殿，稱為「宣房」。舊址在今河南濮陽西南。(146)三輔　官名、地區名。西漢建都長安，初置內史管轄京畿之地。漢景帝二年（西元前一五五年），分內史為左、右內史與主爵中尉（後改稱主爵都尉）同治京畿地區，故合稱「三輔」。其地亦稱三輔。武帝太初元年（西元前一〇四年）改左、右內史、主爵都尉為京兆尹、左馮翊、右扶風。轄境相當於今陝西中部。(147)蹵鞠　古時一種健身娛樂的遊戲。類似今天的足球。蹵，踢。鞠，古代一種用皮革製成的球。(148)司馬相如　字長卿，西漢著名詞賦家。其賦為武帝所賞識，曾任孝文園令。明人輯有《司馬文園集》。卷五十七有傳。

[149]詆娸　詆毀；毀謗。[150]骫骳　委曲宛轉。[151]閒靡　閒婉而柔靡。

【語　譯】枚乘，字叔，是淮陰人，擔任吳王劉濞的郎中。吳王起初怨恨漢朝，陰謀造反，枚乘上書勸諫說：

2 「臣聽說得全的人全昌盛，失全的人全滅亡。虞舜沒有立錐之地而統治天下；夏禹沒有十戶人家的聚邑而為諸侯之王。商湯、周武王的土地不過百里，但施德政，上不絕日月星的光明，下不傷害百姓的心，是有王道的緣故。所以父子之道出於天性，君臣和父子同一個義理；忠臣不逃避嚴重的誅罰而正言直諫，事情就不會失策，功業流傳萬代。臣枚乘願意敞開腹心，呈獻愚忠，望大王對臣的話稍微留意，懷著憂傷的意念去考慮。

3 「用一根絲縷繫著千鈞的重量，懸掛在無盡的高處，下臨無底深淵，即使是很愚蠢的人也還知道為它將要斷絕而悲哀。馬正在驚駭，又擊鼓震驚牠；繩子正要斷絕，又給它以重壓。在天上斷絕不可以再連結，落入深淵難以再撈出。這出與不出之間，不能容一根頭髮的差異。能夠聽忠臣的話，各種舉措一定可以避免禍患。如果一定要照大王所想的去做，比重疊堆放雞蛋還要危險，比上天還要困難；改變所想要做的，比翻過手掌還容易，比泰山還安穩。如今想要享盡自然的壽命，過盡無窮的快樂，窮盡萬乘的權勢，不選擇易如翻掌的途徑，以處於安如泰山的境地，而想要冒著重疊堆放雞蛋的危險，趨向上天的難路，這是愚臣所以為大王疑惑不解的所在。

4 「有個生性害怕自己的影子而憎惡自己腳跡的人，轉過身來跑，腳跡越多，影子越快，不知道走到沒有陽光之地方停下來，影子就沒了，腳跡就絕了。不想讓人家聽見，不如不說；不想讓人家知道，不如不做。想要湯冷卻，一個人燒火煮，百個人幫著揚風，也沒有益處，不如斷絕柴薪停止燒火就得了。不在那裡斷絕它，而在這裡挽救它，譬如抱著柴薪去救火。養由基，是楚國善於射箭的人，距離楊葉一百步，百次發射，百次射中。楊葉那麼小，加上百次都能射中它，可以說是善於射箭了。但是他所站的位置，相距不過百步以內罷了，和臣枚乘相比，臣所知道的遠，不是只看見百步以內，這樣說來，養由基是不通曉射箭。

5　「產生福有基礎，產生禍有根源；接受產生福的基礎，杜絕產生禍的根源，禍從哪裡來呢？泰山流下來的水可以滴穿石頭，井上轆轤的繩索可以磨斷四交的木欄。水不是石頭的鑽子，繩索不是木欄的鋸子，是逐漸磨盡使它這樣的。一銖一銖地去稱它，到一石合起來稱，一定有輕重的差別；一寸一寸地去量它，到一丈總起來量，一定有長短的不同。以石稱、以丈量，直截了當而少有誤差。樹徑十圍的大樹，開始萌生時如同樹木被砍伐或倒下後再生的枝芽，腳可以抓斷，手可以拔起，是因為在它沒有長大，在它沒有成形之先動手的原故。磨、礱、砥、礪，不看見它們減損，可到一定時候磨盡了；種樹畜養，不看見它們增加，可到一定時候長大了；積累德行，當時不知道它的好處，可到一定時候發生功用；背棄理義，當時不知道它的弊害，可到一定時候遭到滅亡。臣希望大王仔細考慮而親身實行它，這是百代不變的道理。」

6　吳王不肯採納。枚乘等離開吳國往梁國，在孝王門下交游。

7　景帝登上皇位，御史大夫鼂錯為漢朝制定制度，減削諸侯國土地，吳王劉濞就與六國謀劃叛亂，起兵向西進攻漢朝，以誅殺鼂錯為名義。漢朝聽到以後，斬殺鼂錯向諸侯道歉。枚乘再次勸說吳王劉濞道：

8　「從前，秦國在西邊克服胡、戎的作難，北邊警戒榆中的關塞，南邊抵禦羌筰的險要之處，東邊抵敵六國的合縱。六國憑藉信陵君的聯合，申明蘇秦的縱約，振奮荊軻的威力，合力一心防備秦國。但是秦國終於征服六國，滅掉他們的國家，統一天下，這是什麼原因呢？是因為地利不相同，人民的多少不相等。現在漢朝擁有整個秦朝的土地，兼有六國的人眾，修恩施義以撫慰戎狄，又使南方的羌、筰前來朝見，這與秦國相比，土地十倍於秦，人民百倍於秦，是大王所明知的。如今那些逢迎諂諛的臣子替大王謀劃的，不計議骨肉的大義、人民的多少、國家的大小，而給吳國帶來大禍，這是臣替大王憂患的原因。

9　「拿吳軍和漢軍相比，譬如蒼蠅蚊子附在群牛身上，腐肉觸在銳利的劍刃上，與劍鋒相接，一定像沒事一樣起不了作用。天子聽說吳國率領被貶謫廢黜或削減封地的諸侯，希望維持先帝的遺約，如今漢朝親自誅殺它的三公，為以前的過失道歉，這是大王的威勢施及天下，功績超越商湯、周武王。吳國雖然居於諸侯的地位，但實際比天子還富有；有僻處東南的名聲，但把過失歸於漢朝。漢朝總共二十四郡，十七個諸侯，並軌輸送，雜出貢賦，運行幾千里路而不斷絕，它的奇珍異寶比不上東山府庫豐富。轉運糧食進入京師，陸運不斷絕，水運滿黃河，糧食卻比不上吳國海陵的大倉充實。修治上林苑，其中建有離宮，積聚賞玩嗜好的物品，用圈牢蓄養禽獸，卻不如吳國的長洲之苑。遊曲臺，臨大路，卻不如在吳國海邊觀看潮汐。壁壘高深，又用關城輔助，卻不如長江、淮河的險阻。這是臣為大王喜悅的原因。

10 「如今大王返兵快回，十分之中還可希望五分沒有禍患。不然，漢朝知道吳國有併吞天下的野心，赫然發怒，派遣水軍沿著長江而下，襲擊大王的都城；魯國、東海郡截斷吳國的糧道；梁王整治車騎，練習作戰射箭，儲積糧食固守，以便警戒滎陽，等待吳軍的飢餓。大王雖然想要返回國都，也不可得了。淮南厲王的三個兒子都守約不從吳楚，齊王自殺來消滅他的反跡，膠東、膠西、濟南、菑川四國為齊國所牽制，不得出兵與吳、楚匯合，趙王被漢將酈寄囚困於邯鄲，這事不能掩蓋，也已經很明白了。大王已離開千里的大國，而受扼制於十里之內了。張羽、韓安國統率軍隊屯駐在吳國軍隊的北面，弓高侯韓頹當統率軍隊屯止在吳國軍隊的左右，吳國軍隊不得撤下營壘而好好休息，臣私下為這哀傷。希望大王詳細審察這件事。」

11 吳王不採納枚乘的計策，終於被捉住殺掉了。

12 漢已經平定七國，枚乘由此著名。景帝任命他為弘農都尉。枚乘長時間為大國的貴賓，與才智傑出的人交往，得其所好，不願意擔任弘農都尉之職，託病辭去官職。

13 又遊於梁國，梁國的賓客都善於撰寫辭賦，枚乘的才華更高。梁孝王去世，枚乘回到淮陰。

14 武帝從做太子時就聽過枚乘的大名，等到登上皇位，枚乘年老，於是用安車蒲輪徵召枚乘，枚乘死在路上。下詔詢問枚乘的兒子，沒有能夠寫文章的，後來才得到他的庶子枚皋。

15 枚皋字少孺。枚乘在梁國時，娶枚皋的母親為妾。枚乘東歸時，枚乘的母親不肯跟隨枚乘，枚乘發怒，分給枚皋數千錢，要他與母親留居梁國。枚皋十七歲，上書給梁共王，得以被召為郎。三年，為梁共王使者，與散職侍從人員相爭，遭讒言、受誹謗得罪，家屬和財產被沒收入官。枚皋逃到長安。適逢大赦，枚皋向朝廷上書，陳述自己是枚乘的兒子。皇上得到枚皋大喜，召他進見等待詔命，枚皋於是在殿中作賦。武帝令他為平樂館作賦，寫成後，武帝認為他寫得好。武帝任命他為郎，出使匈奴。枚皋不通經學，詼諧戲笑像雜戲樂人，作賦頌，喜愛戲謔，因輕慢褻狎的品行而為武帝所親近的人，就像東方朔、郭舍人等一樣，但不能比於嚴助等獲得高官。

16 武帝二十九歲才得皇子，群臣歡喜，所以枚皋與東方朔作〈皇太子生賦〉及〈立皇太子禖祝〉，受詔命所作，都不遵從成例，是為了尊重皇子。

17 起初，立衛皇后，枚皋獻賦，要武帝慎始慎終。枚皋作賦比東方朔好。

18 枚皋跟武帝行幸到甘泉宮、雍縣、河東郡，巡視東方，在泰山築壇祭天，堵塞黃河決口，在上面建造宣房宮，遊觀三輔地區的離宮館舍，登山臨澤，弋獵、射馭、狗馬、蹴鞠、刻鏤，皇上有所感觸，就叫他作賦。枚皋寫文章敏捷，受命便能成章，因此所作的賦多。司馬相如善於寫文章，但較遲緩，因此所作的少但比枚皋的要好。枚皋在賦辭中自己說作賦不如司馬相如，又說作賦是雜戲，自己被視為樂人，自己後悔像樂人。所以他的賦有毀謗東方朔的話，又毀謗自己。他的文章委曲宛轉，隨著事情的發展而屈曲，皆致其意，稍帶詼諧嘲笑，不很閒婉柔靡。總計可讀的一百二十篇，那特別褻狎戲謔不可讀的還有幾十篇。

1 路溫舒，字長君，鉅鹿❶東里❷人也。父為里監門❸。使溫舒牧羊，溫舒取澤中蒲，截以為牒❹，編用寫書。稍❺習善，求為獄小吏，因學律令❻，轉為獄史❼，縣中疑事皆問焉。太守行❽縣，見而異之❾，署決曹史❿。又受春秋，通大義。舉孝廉⓫，為山邑丞⓬，坐法免，復為郡吏。

2 元鳳⓭中，廷尉⓮光⓯以治詔獄⓰，請溫舒署奏曹掾⓱，守廷尉史⓲。會昭帝⓳

崩，昌邑王賀⑳廢，宣帝㉑初即位，溫舒上書，言宜尚德緩刑。其辭曰：

3 「臣聞齊有無知之禍㉒，而桓公以興；晉有驪姬之難㉓，而文公用伯。近世趙王㉔不終，諸呂作亂㉕，而孝文為太宗㉖。繇㉗是觀之，禍亂之作，將以開聖人也。故桓文㉘扶微興壞，尊文武之業，澤加百姓，功潤諸侯，雖不及三王，天下歸仁焉。文帝永思至惪，以承天心㉙，崇仁義，省刑罰，通關梁㉚，一遠近㉛，敬賢如大賓㉜，愛民如赤子㉝，內恕㉞情之所安，而施之於海內，是以囹圄㉟空虛，天下太平。夫繼變化㊱之後，必有異舊㊲之恩，此賢聖所以昭天命也。往者，昭帝即世㊳而無嗣，大臣憂戚，焦心㊴合謀，皆以昌邑㊵尊親，援㊶而立之。然天不授命，淫亂其心，遂以自亡。深察禍變之故，迺皇天之所以開至聖也。故大將軍㊷受命武帝，股肱㊸漢國，披肝膽，決大計，黜亡義，立有德，輔天而行，然後宗廟以安，天下咸寧。

4 「臣聞春秋正㊹即位，大一統㊺而慎始也。陛下初登至尊㊻，與天合符，宜改前世之失，正始受㊼之統㊽，滌㊾煩文㊿，除民疾，存亡繼絕，以應天意。

5 「臣聞秦有十失，其一尚存，治獄之吏是也。秦之時，羞文學，好武勇，賤仁義之士，貴(51)治獄之吏；正言(52)者謂之誹謗，遏(53)過者謂之妖言(54)。故盛服先生(55)

不用於世，忠良切言皆鬱[56]於胸，譽諛之聲日滿於耳；虛美熏[57]心，實禍蔽塞。此乃秦之所以亡天下也。方今天下賴陛下恩厚，亡金革[58]之危，飢寒之患，父子夫妻勠力[59]安家，然太平未洽[60]者，獄亂之也。夫獄者，天下之大命也，死者不可復生，絕[61]者不可復屬[62]。書曰：『與其殺不辜，寧失不經[63]。』今治獄吏則不然，上下相敺，以刻[64]為明；深[65]者獲公名，平[66]者多後患。故治獄之吏皆欲人死，非憎人也，自安之道在人之死。是以死人之血流離[67]於市，被刑之徒比肩[68]而立，大辟[69]之計歲以萬數[70]，此仁聖之所以傷也。太平之未洽，凡[71]以此也。夫人情安則樂生，痛則思死。棰楚[72]之下，何求而不得？故囚人不勝痛，則飾辭[73]以視[74]之；吏治者利其然，則指道[75]以明之；上奏畏卻[76]，則鍛鍊而周內之[77]。蓋奏當[78]之成，雖咎繇[79]聽之，猶以為死有餘辜。何則？成練者眾，文致[80]之罪明也。是以獄吏專為深刻[81]，殘賊而亡極，媮[82]為一切[83]，不顧國患，此世之大賊也。故俗語曰：『畫地為獄，議[84]不入；刻木為吏，期[85]不對。』此皆疾吏之風[86]，悲痛之辭也。故天下之患，莫深[87]於獄；敗法亂正[88]，離親塞道，莫甚乎治獄之吏。此所謂一尚存者也。

6 「臣聞烏鳶[89]之卵不毀，而後鳳皇[90]集；誹謗之罪不誅，而後良言進。故古人有言：『山藪(91)臧疾(92)，川澤納汙(93)。瑾瑜(94)匿惡(95)，國君含詬(96)。』唯陛下除誹謗以招切言(97)，開天下之口，廣箴諫(98)之路，掃(99)亡秦之失，尊文武之惪，省法制，寬刑罰，以廢治獄(100)，則太平之風可興於世，永履(101)和樂，與天亡極(102)，天下幸甚。」

7 上善其言(103)，遷廣陽(104)私府長(105)。

8 內史(106)舉溫舒文學高第(107)，遷右扶風丞(108)。時，詔書令公卿選可使匈奴者，溫舒上書，願給廝養(109)，暴骨(110)方外(111)，以盡臣節。事下度遼將軍(112)范明友、太僕(113)杜延年(114)問狀，罷歸故官(115)。久之，遷臨淮(116)太守(117)，治有異迹(118)，卒於官(119)。

9 溫舒從祖父受曆數(120)天文(121)，以為漢厄三七之間(122)，上封事(123)以豫(124)戒。成帝(125)時，谷永(126)亦言如此。及王莽(127)篡位，欲章代漢之符(128)，著(129)其語焉。溫舒子及孫皆至牧守(130)大官。

【章旨】以上是〈路溫舒傳〉，記載路溫舒的出身和仕宦經歷，並轉載其〈尚德緩刑疏〉。

【注釋】❶鉅鹿 縣名。在今河北平鄉西南。❷東里 鉅鹿縣下的里名。里，古代居民組織單位。在鄉之下。❸監門 守門人。❹牒 小的簡片。❺稍 逐漸。❻律令 法令。❼獄史 管理牢獄的佐吏。❽行 巡視。❾異之 即「以之為異」。異，特異。動詞。意動用法。❿署決曹史 讓他擔任治獄的佐吏。決曹，掌理獄訟的部門。曹，分科辦事的官署。史，長官手下分曹辦事官吏的通稱。常與「掾」合稱為「掾史」。「掾史」多由長官自行選任。⓫孝廉 漢代選拔官吏的科目之一。由郡國舉薦孝廉各一人。孝謂善事父母的人，廉謂廉潔的人。⓬山邑丞 山邑縣的縣丞。山邑，縣名。屬常山郡。丞，縣丞。

輔佐縣令掌理一縣的行政事務。⑬元鳳　漢昭帝的年號。⑭廷尉　官名。為九卿之一。掌刑獄。⑮光　指解光。⑯詔獄　奉詔令審訊的案件。⑰奏曹掾　官名。為廷尉的屬官。⑱守廷尉史　代理廷尉史。守，試職；代理。廷尉史，為廷尉的屬官。⑲昭帝　漢武帝之子劉弗陵。詳見卷七〈昭帝紀〉。⑳昌邑王賀　指昌邑王劉賀。昌邑，國名。建都昌邑（今山東金鄉西北）。㉑宣帝　劉詢。詳見卷七〈宣帝紀〉。㉒無知之禍　齊襄公十二年（西元前六八六年），公孫無知殺襄公，自立為齊君。㉓驪姬之難　驪姬，晉獻公的夫人，得寵。譖殺太子申生，迫使公子重耳、夷吾出奔。獻公死，立己子奚齊。後為晉大夫里克所殺。㉔趙王　指趙隱王劉如意。漢高祖之子，後被呂后鴆殺。卷三十八有傳。㉕諸呂作亂　高后八年（西元前一八〇年），上將軍呂祿、相國呂產等謀作亂，太尉周勃、丞相陳平等平定之。㉖太宗　漢文帝的廟號。㉗繇　通「由」。㉘桓文　指齊桓公和晉文公。㉙天心　天意；天帝的旨意。㉚關梁　水陸交通要隘。梁，津梁。㉛一遠近　指遠近一體。㉜大賓　尊貴的賓客。㉝赤子　初生的嬰兒。嬰兒初生，皮膚帶紅色，故稱赤子。㉞恕　以仁愛之心待人。㉟囹圄　牢獄。㊱變化　指變亂、禍亂。㊲異舊　非常。㊳即世　去世；死。㊴焦心　心情焦慮。㊵昌邑　指昌邑王劉賀。㊶援　援引。㊷大將軍　指霍光。霍去病的同父異母弟。受武帝遺命，輔佐年幼的昭帝。昭帝死後，他迎立昌邑王為帝，後又改立宣帝，執政二十餘年。卷六十八有傳。㊸股肱　大腿和手臂，比喻輔佐帝王的臣子。這裡用作動詞。股，大腿。肱，胳膊從肩到肘的部分。㊹正　正統；嫡傳。㊺大一統　重視統一。大，尊大；重視。一統，統一，多指全國統一於一個政權。㊻至尊　最尊貴的地位。指皇位。㊼受　原作「受命」。據王念孫說改。㊽統　統緒。指帝王之業。㊾滌　滌蕩。㊿煩文　這裡指繁瑣的法律條文。51貴　尊貴；尊顯。動詞。52正言　正直的規諫之辭。53遏　阻止。54妖言　怪誕的邪說，蠱惑人心的話。55盛服先生　指儒生。儒生戴儒冠，穿戴整齊，故稱盛服先生。56鬱　積滯。57熏　氣蒸。58金革　甲兵。59勠力　合力；并力。60洽　周遍。61絕　斷絕。62屬　相連；連接。63與其二句　指人命至重，斷案應慎重，與其殺無罪的人，寧可有不遵守成例的過失。不辜，無罪的人。寧，寧可。不經，指不遵循成例。經，常。64刻　苛嚴。65深　指援引法律條文苛細嚴峻，陷人於罪。66平　指公平執法。67流離　即「淋漓」。血流的樣子。68比肩　並肩。比，並列。69大辟　死刑。70數　計算。71凡　都。72棰楚　指大棒和刑杖，都是古代行刑的用具。這裡用作動詞。73飾辭　屈打成招，所供虛妄之辭。74視　通「示」。75指道　指畫引導。道，通「導」。76卻　退回。77鍛鍊而周內之　精心錘煉文字並加以周密的補綴。鍛鍊，指錘煉文字，使它精煉成熟。鍊，通「煉」。周，周密。內，通「衲」。補綴；修補。78奏當　案件審理完畢後向皇帝提交的處罪意見。顏師古注曰：「當，謂處其罪也。」79咎繇　亦作「皋陶」。傳說中東夷族的首領。被舜任命為掌管刑法的官，善於審理案件。80文致　玩弄法律條文，陷人於罪。(81)深刻　苛細嚴峻。(82)婾　通「偷」。苟且。(83)一切　權時；衡量時勢。(84)議　謀慮；商議。(85)期　必。(86)風　通「諷」。用委婉含蓄的語言暗示、勸告。(87)深　重大。(88)正　通「政」。(89)鳶　鴟鷹。(90)鳳皇　也作「鳳凰」。古代傳說中的神鳥，雄性叫鳳，雌性叫凰，是祥瑞之物。(91)山藪　山深林密之地。(92)疾　指毒害人的東西。(93)汙　汙濁的東西。(94)瑾瑜　美玉。(95)惡　瑕疵；玉的斑點。(96)詬　恥辱。(97)切言　切中時病的直言。(98)箴諫　規誡切諫。(99)掃　除。(100)廢治獄　指除去治獄的弊政。廢，廢除；除去。(101)履　施行。(102)與天亡極　顏師古注曰：「與天長久，無窮盡也。」(103)善其言　即「以其言為善」。(104)廣陽　郡、國名。秦代置郡。漢初改置燕國。昭帝時復為廣陽郡。宣帝初改為國。治薊縣（今北京西南）。(105)私府長　掌管諸侯王私府的長官。私府，諸侯藏錢的府庫。(106)內史　西漢初，諸侯王國置內史，掌民政。(107)文學高第　漢朝察舉科目名。高第，指考績列入優等。(108)右扶風丞　官名。右扶風為三輔之一。西漢太初元年（西元前一〇四年）改主爵都尉置，分右內史西半部為其轄區，職守相當於郡太守。治長安（今陝西西安西北）。(109)願給廝養　指願效犬馬之勞。自謙之辭。給，供事；服役。廝，析薪養馬的勞役。養，給事烹煮的勞役。(110)暴骨　暴露屍骨。(111)方外　邊遠地區。(112)度遼將軍　漢時將軍名號。漢昭帝時初置度遼將軍，以范明友擔任。(113)太僕　官名。為九卿之一，掌皇帝的輿馬和馬政。(114)杜延年　御史大夫杜周之子。宣帝時曾任御史大夫。卷六十有傳。(115)罷歸故官　因為路溫舒的話無可取，所以罷歸故官。故官，原來的官職。(116)臨淮　郡名。治徐縣（今江蘇泗洪南）。(117)太守　官名。秦設郡守，漢初沿置，景帝時改稱太守，為一郡最高行政長官。(118)異迹　優異的成績。(119)卒於官　死在官任上。(120)曆數　推算歲時節候的次序。(121)天文　日月星辰等天體在宇宙間分布運行的現象。古人把風、雲、雨、雪等地文現象也列入天文的範圍。(122)漢厄三七之間　指漢朝的災難在三七二百一十年之間。自漢元年（西元前二〇六年）至哀帝元年（西元前六年），凡二百零一年，至平帝死（西元五年），凡二百一十一年。(123)封事　密封的奏章。古代臣下上書奏機密事，為防止洩露，用皁囊封緘呈進，也稱封章。(124)豫　通「預」。(125)成帝　指劉驁。詳見卷十〈成帝紀〉。(126)谷永　研究《京氏易》，好言災異。前後所上四十餘事，言頗切直。卷八十五有傳。(127)王莽　新王朝的建立者。卷九十九有傳。(128)欲章代漢之符　想要彰顯代替漢朝的符命。章，通「彰」。彰明；顯揚。符，即符命，祥瑞的徵兆。古人把它說成是君主受命於天的憑證，藉以神化最高統治者。(129)著　顯露。(130)牧守　州郡的最高行政長官。在州稱「牧」，在郡稱「守」。

【語　譯】路溫舒，字長君，是鉅鹿東里人。父親是東里的守門人。父親叫路溫舒牧羊，他收取澤中的蒲草，截成小的簡片，把它們編聯起來練字。逐漸練習好了，求得做管理監獄的小吏，於是學習法令，轉任為管理牢獄的佐吏。他又學習《春秋》，懂得大義。被舉薦為孝廉，擔任山邑縣縣丞，因獲罪被免職，再次擔任郡吏。太守到縣裡來視察，看見路溫舒，認為他才能出眾，叫他擔任治獄的佐吏。縣中的疑難事都問他。

2 元鳳年間，廷尉解光因為辦理奉皇帝詔令審訊的案件，請路溫舒擔任奏曹掾，代理廷尉史。適逢昭帝去世，昌邑王劉賀被廢，宣帝剛登上皇位，路溫舒上書，說應該崇尚德政、寬緩刑罰。他的文辭說：

3 「臣聽說齊國有公孫無知殺死襄公的禍難，桓公因之興起；晉國有驪姬譖殺太子申生的禍難，晉文公以此稱霸。近世趙隱王劉如意被呂后鴆殺，不得善終，諸呂氏作亂，而孝文帝成為太宗。由此看來，禍亂的興起，是將要用來開啟聖人的。所以齊桓公、晉文公扶持衰微的王室，振興衰亂的國家，尊重周文王、周武王的功業，恩澤加於百姓，功績滋潤諸侯，雖然比不上三王，天下的人卻歸服於仁德。文帝常想念最高尚的道德，以承奉天帝的心意，崇尚仁義，省緩刑罰，使關梁通暢、遠近一體，禮敬賢士像禮敬貴賓一樣，愛民像愛護赤子一樣，以仁愛之心待人以安民情，並延及海內，所以監獄空虛，天下太平。接著變亂之後，一定要有非常的恩澤，這是賢君聖王所用來昭顯天命的。從前，昭帝去世而沒有繼承人，大臣憂慮悲傷，心情焦急，共同謀劃，都認為昌邑王劉賀尊貴親近，援引並擁立他為帝。但是上天不給予任命，使他的心思淫亂，因而自取滅亡。深入考察禍變的緣故，是皇天所用來開啟至聖的。所以大將軍霍光接受武帝的詔命，輔助漢朝，披肝瀝膽，決斷大計，廢黜無義，擁立有德，助天而行，然後國家得以安定，天下人民都得安寧。

4 「臣聽說《春秋》嫡傳即位，重視全國統一而小心它的開始。陛下剛登上皇位，與天意相合，應改變前代的過失，端正剛剛接受的帝王大業，滌蕩煩瑣的法律條文，革除人民的疾苦，使滅亡了的國家能夠再存在，斷絕了的後嗣得以繼續下去，來順應天意。

5 「臣聽說秦朝有十個過失，其中一個還存在，就是掌理獄訟的官吏。秦朝時，恥於文學，愛好武勇，輕賤仁義的士人，尊顯掌理獄訟的官吏；正直的規諫叫做誹謗，勸過的言詞叫做妖言。所以儒生不為當世所用，忠良切直的話語都積滯於胸，阿諛奉承的聲音每天充斥於耳；虛美之辭熏炙心靈，實際的禍患被遮蔽隔塞。這就是秦朝喪亡天下的原因。當今天下的人民依賴陛下的深恩厚澤，沒有戰爭的危險和飢寒的憂患，父子夫妻合力安家，但是太平沒有周遍，這是獄訟擾亂的。獄訟，是天下的大事，死去的人不可復生，斷絕的肢體不能再連接。《尚書》說：『與其殺無罪的人，寧可有不遵守成例的過失。』現在掌理獄訟的官吏就不是這樣，他們上下競驅，把苛嚴當作明斷，援引法律條文苛細嚴峻、使人陷於重罪的人獲得公平的名聲，公平斷案的人反多後患。所以掌理獄訟的官吏都想置人於死地，不是憎恨人，而是自己求得安全的辦法在於人的死。所以死人的血在市上淋漓，遭受刑罰的人肩挨肩站著，判處死刑的人每年用萬計算，這是仁聖君主所以悲傷的原因。太平沒有周遍，都是因為這個原因。人情安逸就樂意生存，痛苦就想死亡。在棒杖痛打的情況下，什麼供辭得不到呢？所以被囚的人禁不住痛苦，就亂供虛妄之辭應付；辦案的獄吏認為囚人這樣做對自己有利，就指畫引導使囚人明白自己的意向；案情上奏怕被駁回，就精心錘煉文字並加以周密的補綴。大抵上奏的處罪意見寫成以後，即使是咎繇來斷決此案，也還認為死有餘辜。為什麼呢？羅織罪名的地方多，玩弄法律條文而陷之於罪是很明白的。所以獄吏專為苛刻嚴峻，殘酷迫害沒有窮盡，他們苟且權衡形勢，不顧國家禍患，這是世間的大害。所以俗語說：『畫地為獄，謀議不進去；刻木為吏，必不與之對話。』這都是對獄吏憎恨的委婉含蓄的譏諷，是悲痛的言詞。所以天下的禍患，沒有比獄訟更重大的；敗壞法令，擾亂政治，離間親近，堵塞正道，沒有比治獄之吏更厲害的。這就是一個還存在的過失。

6 「臣聽說不毀壞烏鴉、鷂鷹的蛋，然後鳳凰飛來棲息；不誅殺犯誹謗之罪的人，然後有良言進上。所以古人說：『山深林密的地方，隱藏毒害人的東西；水流匯聚的川澤，容納汙濁的東西。瑾瑜美玉隱匿瑕疵，一國的君主含忍恥辱。』希望陛下廢除誹謗罪以招徠切中時弊的直言，敞開天下人的口，廣開規諫的道路，掃除亡秦的失誤，尊重周文王、武王的德行，簡省法制，寬緩刑罰，以除去治獄的弊政，那麼太平的風氣可以在世上興起，長久施行和樂，與蒼天一樣長久，沒有窮盡，天下幸運之至。」

7 皇上認為他的話很對，調遷他為廣陽國私府長。

8 內史舉拔路溫舒為文學高第，皇帝調遷他為右扶風丞。這時，詔書叫公卿選拔可以出使匈奴的人，路溫舒上書，表示願效犬馬之勞，暴露屍骨在邊遠地區，以盡臣子之節。事情下交度遼將軍范明友、太僕杜延年詢問情況，因為路溫舒的話無可取，放遣回原官。過了許久，調遷為臨淮郡太守，政績突出，死在官任上。

9 路溫舒跟從祖父學習曆數、天文，認為漢朝的厄運在三七二百一十年之間，上密封奏章預先警戒。成帝時，谷永也說是這樣。等到王莽篡位，想要彰顯代替漢朝的符命，刻意顯露出路溫舒所說的話。路溫舒的兒子及孫子都做到州牧、郡太守一類的大官。

贊曰：春秋魯臧孫達以禮諫君，君子以為有後❶。賈山自下劘❷上，鄒陽、枚乘游於危國❸，然卒免刑戮者，以其言正也。路溫舒辭順而意篤❹，遂為世家❺，宜哉！

【章　旨】以上是作者的評論。作者稱讚四人皆能以正直之辭規諫。

【注　釋】❶春秋魯臧孫達二句　臧孫達，即魯國大夫臧哀伯。魯桓公在宋國取得郜國大鼎，臧哀伯勸諫他。周王朝內史聽到這件事，說道：「臧孫達在魯國將有後代吧！國君違禮，不忘用功德勸諫他。」❷劘　磨礪。❸危國　危險的國家。這裡指吳國。❹篤　真誠。❺世家　顏師古注曰：「謂子孫為大官不絕。」

【語　譯】史官評議說：春秋魯國臧孫達以禮勸諫國君，君子認為他將有後代。賈山從下位磨礪皇上，鄒陽、枚乘宦遊於危險的國家，但是終於沒有受到刑戮，因為他們的言詞是正直的。路溫舒言詞和順而旨意真誠，子孫為大官者不絕，應該啊！

【研　析】本篇所傳四人，具有共同的特徵，那就是他們屬於西漢時代的「士」，按當今的話說，算得上當時的知識分子、文化人，因而也就具有知識分子的共性，喜歡發表意見。只不過他們各自所處時代不同，提意見的對象有別，所提意見的內容、主旨也大相逕庭。因而，合觀四人傳記，結合各人所處的時代背景，可以使我們對於西漢時代士人群體，在觀念與行為風格上的變化，有一個具體的了解。

戰國時代，百家爭鳴，士人各懷其術以干時主、取功名。秦朝建立後，一從於法，除法家外，諸子百家均在禁止傳播之列，在政治高壓下，士人銷聲匿跡。秦末動亂，六國復興，漢朝建立，諸侯王國林立，儼然戰國之舊，給一度沉寂的士人，提供了廣闊的活動空間。「伏軾掉三寸舌，下齊七十餘城」的酈食其、活躍在漢初政壇上的叔孫通、陸賈，以及本篇中的賈山、鄒陽等人，就是他們的代表。作為知識分子，他們總試圖批評時政，改變現狀，實現自己的抱負與理想。

西漢前期，如本書〈刑法志〉所說，「將相皆舊功臣，少文多質，懲惡亡秦之政，論議務在寬厚，恥言人之過失」。軍功貴族當政，大都鄙陋無文，政治上實行休養生息政策，所用皆木訥長者，漢朝廷並沒有給他們施展才華提供太多的機會。相反地，文帝、景帝時，不斷成長壯大的諸侯王國，政治經濟勢力增強，隱隱與漢廷對立。如劉邦最小的兒子淮南王劉長，「不用漢法，出入警蹕，稱制，自作法令，數上書不遜順」。如本篇中枚乘對吳的描述：「吳有諸侯之位，而實富於天子。有隱匿之名，而居過於中國。」梁國「多作兵弩弓數十萬，而府庫金錢且百鉅萬，珠玉寶器多於京師」。它們各自搜羅人才，游士奔走效力，成為一時風氣。〈鄒陽傳〉所謂「諸侯王皆自治民聘賢。吳王濞招致四方游士」。又如劉長之子淮南王劉安「招致賓客方術之士數千人」，文帝子梁王劉武「招延四方豪傑，自山東游士莫不至」。

對於西漢前期的知識分子來說，知識並不限於儒家一種，士人行事，亦不只出儒者一途，如鄒陽所說：「鄒魯守經學，齊楚多辯知，韓魏時有奇節。」賈山「涉獵書記，不能為醇儒」；鄒陽為分析利弊，不見儒者說教，「先引秦為諭，因道胡、越、齊、趙、淮南之難，然後乃致其意」，言事頗如戰國游士遺風；枚乘及其子枚皋，以文章詼諧著稱。賈山議事，多引史事為說；枚乘則慣以平常經驗、淺近俗語為譬。他們奔走於諸侯王之門，依附其政治權勢與經濟力量，利用自身的人際網絡，周遊天下，為其出謀劃策，排難解紛。梁王與鄒陽千金，「令求方略解罪於上」。鄒陽歷問天下，遍求謀士，最終求得「齊人王先生」出主意，使梁王免受處罰。〈鄒陽傳〉附載之「齊人公孫獲」免濟北王之禍，性質相同。

其時士人與君主之間嚴格的凝固關係尚未形成，君臣大義的觀念還相當稀薄，合則留，不合則轉投他處。鄒陽、枚乘、嚴忌等不合於吳，「皆去之梁，從孝王游」。士人與君主以利相合，士人群體觀念亦很淡薄，彼此拆臺、相互攻訐，亦屬常事。鄒陽即曾因羊勝等的陷害，一度被梁王投進監獄。法家理論張羅出來的統一集權國家，對他們中的大多數人來說，仍是一個有待認知的新事物。鄒陽獄中上書梁王，稱：「今人主誠能用齊、秦之明，後宋、魯之聽，則五伯不足侔，而三王易為也。」竟似生活在戰國時代，不知中央集權為何物。可以說，這些游於天下，奔於識貨王侯之門的知識分子，正是西漢前期諸侯王與漢朝廷對抗的人才基礎，只不過《漢書》此篇表彰的是鄒陽、枚乘等勸阻諸侯與漢朝廷對立的人物，而為諸侯王的利益奔走賣命者，自然不在少數。

中央集權畢竟是漢代歷史發展的趨勢。七國之亂平定後，枚乘得到朝廷召用，被任命為弘農都尉。「乘久為大國上賓，與英俊並游，得其所好，不樂郡吏，以病去官。復游梁」，習慣「自由」的士人一時間還頗不適應集權的羈絆。漢武帝強化中央集權，打擊諸侯王，以儒學統一思想，「開東閣，延賢人」，頒布「左官律」，降低諸侯王國官員的政治地位，開放政權，實行察舉徵辟制，將人才網羅於中央集權的體制之中。此後的知識分子，漸以儒學為歸依。本篇中的路溫舒，早先學法律，後轉而習儒典，昭帝時上書言事，主張「尚德緩刑」，引經據典，高唱《春秋》「主旋律」。其人雖與賈山、枚乘等合傳，但他與他的這些頗為自由的前輩，顯然已非同道。

卷五十二

竇田灌韓傳第二十二

【題解】本卷是竇嬰、田蚡、灌夫、韓安國四人的合傳。竇嬰是文帝竇皇后的堂姪，田蚡是景帝王皇后的同母弟，二人同為外戚，互相傾軋鬥爭，所以同卷記載。灌夫本以平息吳楚反叛功名揚天下，後與竇嬰交往，互為倚重，結為同黨，所以隨竇嬰記於本卷。韓安國原在梁國孝王處任職，梁孝王是景帝的同母弟，竇太后最喜歡的小兒子。韓安國幾次使梁孝王從危境中解脫，梁孝王很感激，也深得景帝與竇太后的好感與器重。梁孝王去世後，韓安國另求靠山，選中了田蚡。田蚡是武帝的舅舅，武帝即位，田蚡為太尉，親貴用事，韓安國送五百金賄賂他，於是韓安國便從王國調出，授任北地都尉，很快升任大司農，不久又升任御史大夫，為三公之一。在田蚡與竇嬰的矛盾鬥爭中，韓安國表面不偏向任何一方，而私下為田蚡出謀劃策，實為田蚡同黨。韓安國先依附竇氏，後投靠王氏（田氏），所以《漢書》作者將其隨竇、田記於本卷。四人合傳，而以竇、田為主線。竇、田同為外戚，有其共同點，即受親寵，居高位，有權勢；但是，二人的為人卻又不同。竇嬰以其德才授任大將軍，在平息吳楚七國反叛中立有大功，得封魏其侯。他是竇氏家族中最有德才的人，薦名將，舉賢士，所得賞賜都讓軍吏取用，在朝喜善疾惡。田蚡無絲毫之功而尊貴，封侯拜相。請求占用官府宅園擴大府第，奪占竇嬰城南田，治宅甲諸第，田園極膏腴，採購大量器物，姬妾以百數，珍物狗馬玩好不可勝數，為淩駕將相眾臣之上而敬賓客、進名士，受賄徇私，於外結交淮南王劉安，於內陷害竇嬰、灌夫，完全是一個無賴小人。灌夫為人剛直好義，喜任俠，重然諾，凌辱權貴，禮敬貧士，使酒性烈，易惹事端，而又結交奸詐之徒，橫暴鄉里。韓安國善察時勢，隨形勢變化而順應行事，貪嗜財利，處世圓滑，仕進得門，自保有方，而又謀略遠大，推舉賢士。

1 竇嬰，字王孫，孝文皇后從兄❶子也。父世觀津❷人也。喜賓客❸。孝文時為吳相❹，病免。孝景即位，為詹事❺。

2 帝弟梁孝王❻，母竇太后愛之。孝王朝❼，因燕昆弟飲❽。是時上未立太子，酒酣❾，上從容❿曰：「千秋萬歲⓫後傳⓬王。」太后驩⓭。嬰引卮酒進上⓮曰：「天下者，高祖天下，父子相傳，漢之約也，上何以得⓯傳梁王！」太后由此憎嬰。嬰亦薄⓰其官，因病免⓱。太后除嬰門籍⓲，不得朝請⓳。

3 孝景三年⓴，吳楚反㉑，上察宗室諸竇無如嬰賢㉒。召入見，固讓謝㉓，稱病㉔不足任。太后亦慚㉕。於是上曰：「天下方有急，王孫寧㉖可以讓邪？」迺拜嬰為大將軍㉗，賜金千斤。嬰言爰盎、欒布諸名將賢士在家者進之㉘。所賜金，陳廊廡㉙下，軍吏過，輒令財㉚取為用，金無入家者。嬰守滎陽㉛，監齊趙兵㉜。七國破㉝，封為魏其侯㉞。游士㉟賓客爭歸之。每朝議㊱大事，條侯㊲、魏其，列侯莫敢與亢禮㊳。

四年，立栗太子[39]，以嬰為傅[40]。七年，栗太子廢，嬰爭[41]弗能得[42]，謝病[43]，屏[44]居藍田[45]南山下數月。諸竇賓客辯士[46]說[47]，莫能來[48]。梁人高遂[49]迺說嬰曰：「能富貴將軍[50]者，上也；能親將軍[51]者，太后也。今將軍傅[52]太子，太子廢，爭不能拔[53]，又不能死[54]，自引[55]謝病，擁趙女屏閒處而不朝[56]，祗加懟[57]自明，揚[58]主之過。有如兩宮奭將軍[59]，則妻子無類[60]矣。」嬰然之[61]，迺起[62]，朝請如故。

桃侯[63]免相[64]，竇太后數言魏其。景帝曰：「太后豈以臣有愛相魏其者[65]？魏其沾沾自喜[66]耳，多易[67]，難以為相持重[68]。」遂不用，用建陵侯衛綰[69]為丞相。

【章　旨】以上是第一部分，寫文帝竇皇后的堂姪竇嬰在文、景二朝的情況。其中，著重記述了景帝時因反對帝位兄傳弟而遭竇太后所恨、以平息吳楚七國反叛功封魏其侯、因爭栗太子之廢不成而屏居藍田諸事。

【注　釋】❶孝文皇后從兄　孝文皇后，指文帝竇皇后。景帝母，其少子劉武為梁孝王。後患疾失明。景帝立，為皇太后，好黃老之言。武帝建元六年（西元前一三五年）去世。本書卷九十七〈外戚傳〉有傳。從兄，同祖伯、叔之子，即堂兄。❷觀津　縣名，在今河北武邑東南。❸賓客　指依附貴族的門客、策士。❹吳相　吳，西漢初年所封同姓諸侯王國名。漢高祖十二年（西元前一九五年），改荊國為吳國，封兄劉仲的兒子劉濞為吳王，都廣陵（今江蘇揚州西北），轄東陽、鄣郡、會稽三郡五十三城，即今江蘇淮河以南與皖南、浙江甌江流域以北地區。景帝前三年（西元前一五四年），削吳之鄣郡、會稽二郡。吳王濞聯絡楚、膠西、膠東、菑川、濟南、趙六國起兵反叛，旋敗被殺，國除，其地入漢設郡。相，諸侯王國的行政長官。❺詹事　官名，掌皇后、太子家事務。❻梁孝王　即劉武。漢景帝的同母弟，竇太后的少子，封梁王。死後諡孝，史稱梁孝王。梁，諸侯王國名，都睢陽（今河南商丘南）。本書卷四十七有傳。❼朝　臣見君。此言梁孝王劉武自王國入朝朝見景帝。這次孝王朝，在景帝三年（西元前一五四年）。❽因燕昆弟飲　便以兄弟關係宴飲。因，於是。燕，通「宴」。宴享；宴飲。昆弟，兄弟。❾酣　飲酒盡興。❿從容　不慌不忙的樣子。⓫千秋萬歲　指死。千秋，千年。⓬傳　指傳天子之位。⓭驩　同「歡」。⓮引卮酒進上　拿過來一杯酒獻給皇上。引，拉。此言拿來。卮，酒器。進，進獻。⓯得　能夠。⓰薄　輕視。⓱因病免　趁著有病辭去了官職。⓲門籍　籍，名冊。古代懸掛在宮殿門前的記名牌，上寫官名、姓名、年齡、身分等。名冊上有名者方可出入此門，故稱此為門籍。⓳朝請　漢律，諸侯春天朝見皇帝叫朝，秋天朝見皇帝叫請。外戚按時進宮朝見皇帝也叫朝請。⓴孝景三年　西元前一五四年。㉑吳楚反　楚，西漢初年所封同姓諸侯王國名。高祖六年（西元前二〇一年），封弟劉交為楚王，轄彭城、薛郡、東海三郡，都彭城（今江蘇徐州）。傳至孫劉戊，淫暴，削其東海、薛郡二郡封地，遂與吳通謀，起兵反叛朝廷。事敗，劉戊自殺。吳楚反，指吳、楚、膠東、膠西、菑川、濟南、趙等七個同姓諸侯王國於漢景帝三年（西元前一五四年）發動的武裝叛亂。㉒上察句　宗室，指帝之同姓親屬。諸竇，指景帝母竇太后娘家的親屬。無如，沒有人比得上。賢，有德才。㉓固讓謝　堅決推辭拒絕。固，堅決。讓，推辭。謝，拒絕。㉔稱病　託言有病。㉕慙　同「慚」。㉖寧　豈；難道。㉗大將軍　高級軍事統帥名號。西漢時，大將軍不常設，遇有戰事，臨時委任統兵，戰事結束便免去此名號。㉘嬰言句　爰盎（西元前？—前一四八年），《史記》本傳作袁盎。本書卷四十九有傳。欒布（西元前？—前一四五年），本書卷三十七有傳。在家，無官職而在家閒居。進，引薦。㉙廊廡　走廊；穿堂。㉚財　通「裁」。揣量。㉛滎陽　縣名，在今河南滎陽東北。㉜監齊趙兵　監，監視。齊，西漢初年所封同姓王國名。高祖六年（西元前二〇一年），封子劉肥為齊王，都臨淄（今山東淄博東北），轄臨淄、膠東、膠西、濟北、博陽、城陽、琅邪七郡凡七十餘城。文帝時，先後由齊分出城陽、濟北、濟南、菑川、膠西、膠東六國，而齊國所轄之地，已大為縮小。趙，也是西漢初年所封同姓王國名。高祖九年（西元前一九八年），封子劉如意為趙王，都邯鄲（今河北邯鄲），轄邯鄲、魏郡、常山、中山、鉅鹿、河間、清河七郡。㉝破　失敗。㉞魏其侯　以魏其縣為封地的侯爵。魏其縣在今山東臨沂南。㉟游士　以遊說謀求官職的人。㊱朝議　在朝廷討論軍政要事。㊲條侯　即周亞夫（西元前？—前一四三年）。條，縣名，屬渤海郡。周亞夫，本書卷四十有傳。吳楚七國叛亂，景帝命周亞夫為太尉率兵平叛，以竇嬰為大將軍屯駐滎陽，三月而叛亂平息。周亞夫、竇嬰二人在平亂中立有大功。㊳列侯莫敢與亢禮　列侯，爵位名。秦制爵位分二十級，第二十級爵位最高，稱徹侯。西漢沿置，因避武帝名諱，徹侯改稱通侯，又稱列侯。莫，沒有人。亢，通「抗」。抗衡；匹敵。亢禮，即抗禮，謂以對等的禮節相待。㊴栗太子　即劉榮。景帝長子，栗姬生。景帝四年(西元前一五三年),立為太子。七年(西元前一五〇年)廢太子,改封臨江王。後三年,因罪自殺。從母姓,史稱栗太子。本書卷五十三有傳。㊵傅 太子的師傅,有太子太傅、太子少傅,以養護、輔佐太子。㊶爭 通「諍」。進言勸告。㊷得 成功。㊸謝病 即以病謝,意謂藉口有病而引退辭職。謝,辭職。㊹屏 退隱。㊺藍田 縣名,在今陝西藍田西。㊻辯士 有口才、善言談的人。㊼說 勸說。㊽莫能來 沒有人能夠使竇嬰回到長安來。莫,沒有人。來,使動用法,使之來。㊾高遂 竇嬰門客名。㊿富貴將軍 使將軍富貴。富貴,作動詞用,使動用法。(51)親將軍 使將軍親幸,成為親信。親,作動詞用,使動用法。(52)傅 師傅。此作動詞,做師傅。(53)拔 解救。(54)死 為使動用法,為之而死。(55)引 避開;退卻。(56)擁趙女句 擁,抱。趙女,趙地女子。今河北中、南部為古代趙國地,古人認為趙地多美女。不朝,不參加朝會;不入朝參議國事。(57)懟 怨恨。(58)揚 張揚;顯露。(59)有如兩宮奭將軍 有如,如果;假如。兩宮,指竇太后(住長樂宮)、景帝(住未央宮)。奭,惱怒。(60)無類 顏師古注:「言被誅戮無遺類也。」(61)然之 認為高遂的意見是對的。然,對;正確。(62)起 動身。此指動身入朝。(63)桃侯 即劉舍(西元前?—前一四〇年)。其父劉襄於劉邦二年(西元前二〇五年),以功封桃侯。文帝十年(西元前一七〇年),襄卒,舍嗣封為桃侯。(64)免相 劉舍於景帝五年(西元前一五二年)為太僕,七年為御史大夫。景帝中元三年(西元前一四七年)為丞相,後元元年(西元前一四三年)免相職。(65)太后句 臣,自我謙稱之詞。以臣,認為我。愛,吝惜;捨不得。相,使動用法,使之為相。有……者,有……的想法。(66)沾沾自喜 驕矜自得的樣子。(67)易 輕。此言輕率不持重。(68)持重 指擔負重大任務。(69)建陵侯衛綰 衛綰醇謹忠廉,文、景二帝稱長者。本書卷四十六有傳。建陵,縣名,在今江蘇新沂。

【語譯】竇嬰,字王孫,文帝竇皇后堂兄的兒子。父親輩是觀津縣人。竇嬰喜歡受納依附自己的人。文帝時擔任吳國的相,因有病而辭去職位。景帝即位,擔任詹事。

2 景帝的弟弟梁孝王,母親竇太后喜愛他。梁孝王入朝朝見景帝,景帝便設宴以兄弟關係與孝王飲酒。這時,皇上沒有立太子,酒喝到興頭上的時候,皇上不慌不忙地說:「我死後,帝位傳給梁王。」竇太后很高興。竇嬰拿來一杯酒獻給皇上說:「天下是高祖的天下,帝位父子相傳是漢朝的規定,皇上怎麼能夠傳給梁王!」竇太后因此而憎恨竇嬰。竇嬰也瞧不上他擔任的官職,便趁著有病辭去了官職。竇太后除去了竇嬰進出宮殿門的名籍,不准竇嬰參加春、秋二季大臣朝見皇帝的朝會。

3 景帝三年，吳、楚等諸侯王國叛亂，皇上考察皇族、竇家沒有人比得上竇嬰的品德與才能。召竇嬰入宮見皇上，竇嬰堅決推辭拒絕，藉口有病，不能勝任。竇太后也感到慚愧。在這種情況下，皇上說：「天下正有急難，王孫難道可以推辭不管嗎？」於是，任命竇嬰為大將軍，賞賜黃金千斤。竇嬰提及爰盎、欒布等諸位沒有官職而在家閒住的名將、賢士，向皇上推薦他們。賞賜的黃金，擺放在走廊裡，軍中下屬軍官經過，就讓他們根據需要拿取使用，金子沒有收進自己家裡的。竇嬰駐守滎陽，監視齊、趙兩國軍隊的動向。吳、楚等七國叛亂被粉碎後，皇上封竇嬰為魏其侯。以遊說謀求官職的人及門客、策士爭著歸附竇嬰。每次朝廷討論軍政大事，列侯沒有人敢和條侯、魏其侯以平等的禮節相待。

4 景帝四年，立栗太子，命竇嬰擔任太子的師傅。景帝七年，栗太子被廢掉，竇嬰進言勸阻沒能奏效，藉口有病而引退辭職，退居藍田縣南山腳下幾個月。竇嬰的許多賓客辯士勸說，沒人能夠使他回來。梁地人高遂於是勸說竇嬰說：「能夠使將軍富貴的是皇上；能夠使將軍親幸的是太后。如今將軍做太子的師傅，太子被廢掉，進言勸阻沒能夠解救，又不能夠為太子而死，自己退避，藉口有病而辭職，抱著趙地的女子隱避閒居而不參加朝會，只會增加怨恨，張揚君主的過失。假如太后與皇上惱怒將軍，那麼妻子兒女就會完全被殺死而一個不剩。」竇嬰認為高遂的意見是對的，於是動身入朝，像往常一樣參加春、秋二季大臣朝見皇帝的朝會。

5 桃侯被罷免了丞相職務，竇太后幾次向景帝提到魏其侯竇嬰。景帝說：「太后難道以為我有捨不得使魏其侯擔任丞相職務的想法嗎？魏其侯沾沾自喜，常有輕率行為，難以做丞相擔負重任。」於是不用魏其侯竇嬰，而用建陵侯衛綰為丞相。

1 田蚡，孝景王皇后❶同母弟也，生長陵❷。竇嬰已為大將軍，方盛❸，蚡為諸曹郎❹，未貴，往來侍酒❺嬰所，跪起❻如子姓❼。及孝景晚節❽，蚡益貴幸❾，為中大夫[10]。辯[11]有口，學盤盂[12]諸書，王皇后賢之[13]。

孝景崩，武帝初即位，蚡以舅封為武安[14]侯，弟勝[15]為周陽[16]侯。

蚡新用事[17]，卑下賓客[18]，進名士家居者貴之[19]，欲以傾[20]諸將相。上所填[21]撫，多蚡賓客計策。會[22]丞相綰病免[23]，上議置丞相、太尉。藉福[24]說蚡曰：「魏其侯貴久矣，素[25]天下士歸之。今將軍初興，未如，即[26]上以將軍為相，必讓魏其。魏其為相，將軍必為太尉。太尉、相尊等[27]耳，有讓賢名。」蚡乃微言[28]太后風[29]上，於是迺以嬰為丞相，蚡為太尉。藉福賀嬰，因弔[30]曰：「君侯資性[31]喜善疾惡。方今善人譽[32]君侯，故至丞相；然惡人眾，亦且毀[33]君侯。君侯能兼容，則幸久[34]；不能，今[35]以毀去[36]矣。」嬰不聽。

嬰、蚡俱好儒術，推轂[37]趙綰為御史大夫，王臧[38]為郎中令。迎魯申公[39]，欲設明堂[40]，令列侯就國[41]，除關[42]，以禮為服制[43]，以興太平。舉適[44]諸竇宗室無行[45]者，除其屬籍[46]。諸外家[47]為列侯，列侯多尚公主[48]，皆不欲就國，以故毀日至竇太后。太后好黃老言[49]，而嬰、蚡、趙綰等務隆推[50]儒術，貶道家言，是以竇太后滋[51]不說。二年[52]，御史大夫趙綰請毋奏事東宮[53]。竇太后大怒，曰：「此欲復為新垣平[54]邪！」迺罷逐[55]趙綰、王臧，而免丞相嬰、太尉蚡，以柏至侯許昌[56]為丞相，武彊侯莊青翟[57]為御史大夫。嬰、蚡以侯家居。

5 蚡雖不任職，以王太后故親幸，數言事，多效[58]，士吏趨[59]勢利者皆去[60]嬰而歸蚡。蚡日益橫[61]。六年，竇太后崩，丞相昌[62]、御史大夫青翟坐喪事不辦[63]，免。上以蚡為丞相，大司農[64]韓安國[65]為御史大夫。天下士郡[66]諸侯[67]愈益附蚡。

6 蚡為人貌侵[68]，生貴甚。又以為諸侯王多長，上初即位，富於春秋[69]，蚡以肺附[70]為相，非痛折節以禮屈之[71]，天下不肅[72]。當是時，丞相入奏事，語移日[73]，所言皆聽。薦人或起家[74]至二千石[75]，權移主上[76]。上迺曰：「君除吏盡未[77]？吾亦欲除吏。」嘗請考工[78]地益宅[79]，上怒曰：「遂取武庫[80]！」是後迺退[81]。召客飲，坐其兄蓋侯北鄉[82]，自坐東鄉，以為漢相尊，不可以兄故私橈[83]。由此滋驕，治宅甲諸第[84]，田園極膏腴[85]，市買[86]郡縣器物相屬[87]於道。前堂羅[88]鐘鼓，立曲旃[89]；後房婦女[90]以百數。諸奏[91]珍物狗馬玩好，不可勝數[92]。

7 而嬰失竇太后，益疏[93]不用，無勢。諸公稍自引而怠驁[94]，唯灌夫獨否。故嬰墨墨[95]不得意，而厚遇[96]夫也。

【章 旨】以上是第二部分，寫景帝王皇后同母弟田蚡，在景帝後期始貴幸得勢及武帝初期與竇嬰的交往，田蚡騰貴而滋驕，竇嬰失去竇太后的依託日遭疏怠而失勢。

【注　釋】❶孝景王皇后　武帝母。王皇后之母臧兒，初為王仲妻，生子王信與兩女，大女即皇后。仲死，臧兒改嫁長陵田氏妻，生二男田蚡、田勝。所以，下言田蚡是景帝王皇后的同母弟。景帝七年（西元前一五〇年），立為皇后，子膠東王劉徹立為太子。景帝死，子徹即位，是為武帝，尊王皇后為皇太后。元朔三年（西元前一二六年），王太后去世。本書卷九十七〈外戚傳〉有傳。❷長陵　縣名，在今陝西咸陽東北。長陵，為漢高祖劉邦的陵墓；因陵置縣，名長陵縣。❸方盛　正是位尊權重、威勢顯赫的時候。方，正。❹諸曹郎　郎，郎中令屬官名，執掌守衛宮殿門戶，外出時扈從衛護，有議郎、中郎、侍郎、郎中等，都無定員。據本書卷〈百官公卿表〉，郎中令屬官外，其他官署的屬官無稱郎者。「諸曹郎」之「曹」字，義為官署、部門。《史記》同傳無，疑此衍。❺侍酒　侍奉飲酒。❻跪起　跪下與站起，這是古代卑幼對尊長表示敬意的一種禮儀。跪，屈膝，使單膝或雙膝著地，臀部抬起。❼子姓　指子孫，後輩。顏師古注：「姓，生也。言同子禮，若己所生。」❽晚節　晚年；後期。❾益貴幸　益，逐漸。貴，尊貴，指官位高。幸，受到皇上親近。❿中大夫　郎中令屬官名，執掌論議，秩比二千石。⓫辯　善於言詞；口才好。⓬盤盂　書名。本書卷三十〈藝文志・諸子略〉雜家類著錄：「孔甲《盤盂》二十六篇。黃帝之史，或曰夏帝孔甲，似皆非。」蓋為後人偽託之作。此書早已失傳。⓭賢之　認為他品德好，有才幹。賢，有德才。意動用法，認為賢。⓮武安　縣名，在今河北武安西南。⓯勝　田勝，田蚡弟。⓰周陽　地名，在今山西聞喜東北、絳縣西南。⓱用事　當權。⓲卑下賓客　以謙卑的態度禮待賓客。⓳進名士句　進，引薦。名士家居者，即「家居的名士」。貴，使動用法。貴之，使之尊貴。⓴傾　凌駕；壓倒。㉑填　通「鎮」。安定。㉒會　適逢。㉓病免　因病免職。㉔藉福　《史記》作籍福，田蚡門客名。㉕素　一向；向來。㉖即　如果。㉗等　等同；一樣。㉘微言　暗中進言。微，暗地裡。㉙風　通「諷」。用委婉的語言暗示以勸告對方。㉚弔　慰問。㉛君侯資性　君侯，漢時稱任丞相的列侯為君侯。資性，天性；本性。㉜譽　稱讚。㉝且毀　將要詆毀。㉞幸久　長期得到皇上親近。㉟今　即；將。㊱去　指罷免離職。㊲推轂　轂，車輪的中心部位，周圍與車輻條的一端相接，中有圓孔，用來插車軸。此用來指車。推轂，推車前進。此用來表示舉薦、援引人才。㊳王臧　東海郡蘭陵縣（今山東蒼山縣）人。景帝時為太子少傅，武帝即位為郎中令。㊴魯申公　魯地申公。魯，今山東南部，周朝時為魯國地。申公，漢初傳《詩》。趙綰、王臧都曾從申公學《詩》，是申公的學生。本書卷八十八〈儒林傳〉有傳。㊵明堂　帝王宣明政教的地方。凡朝會、祭祀、慶賞、選士、養老、教學等大典，都在此舉行。㊶就國　到封國去。就，到。㊷除關　廢除關禁。㊸以禮為服制　根據禮制制定服飾制度。以，根據。為，制定。服，服飾，也就是衣服與裝飾。㊹舉謫　檢舉譴責。㊺無行　沒有善行；行為不端。㊻屬籍　指宗室譜籍。㊼外家　母與妻的娘家。此指外戚。㊽尚公主　娶公主為妻。(49)黃老言　指道家清淨無為的治世學說。黃，指黃帝。老，指老子。老子，道家學派的創始人。今存《老子》一書，主張「無為而治」，認為「道」是天地萬物的本原。黃老家言是西漢初年占主導地位的思想學說。(50)務隆推　務，從事；專注其力謀求。隆推，尊崇。(51)滋　更加。(52)二年　指武帝建元二年（西元前一三九年）。(53)東宮　漢代太后常居長樂宮，皇帝常居未央宮。長樂宮在未央宮之東，所以稱東宮。此借指竇太皇太后。(54)新垣平　複姓新垣，名平。文帝十五年（西元前一六五年），以望氣得文帝歡心，為上大夫。次年因令人獻刻有「人主延壽」的玉杯，其詐被發覺，夷三族。(55)罷逐　罷免放逐。本書卷〈武帝紀〉：「二年冬十月，御史大夫趙綰坐請毋奏事太皇太后，及郎中令王臧皆下獄，自殺。」顏師古注引應劭曰：「禮，婦人不豫政事，時帝已自躬省萬機。王臧儒者，欲立明堂辟雍。太后素好黃老術，非薄《五經》。因欲絕奏事太后，太后怒，故殺之。」(56)柏至侯許昌　許昌，侯名。柏至，地名，今地不詳。(57)武彊侯莊青翟　莊青翟，侯名。其父以軍功封侯，莊青翟於文帝後元二年（西元前一六二年）嗣侯。武帝建元四年（西元前一三七年）為御史大夫，後官至丞相。武帝元鼎二年（西元前一一五年），獲罪自殺。武彊，地名，在今河南鄭州東北。(58)效　有成效。(59)趨　追逐。(60)去　離開。(61)橫　驕縱。(62)昌　許昌。(63)不辦　沒有辦好。(64)大司農　官名，卿職，掌管錢糧。(65)韓安國　詳見本卷下文本傳。(66)郡　地方行政區劃名。郡下設縣，一郡轄數縣。(67)諸侯　漢代分封，爵分王、侯二等。(68)侵　形貌矮小醜陋。(69)富於春秋　謂年輕。(70)肺附　喻指帝王的宗室近親。(71)非痛句　痛，極甚；盡情。折節，屈己以處人下。此為使動用法，使人屈節事己。以，用。(72)肅敬畏。(73)移日　指時間長。(74)起家　起用於家中；從家中徵召出來授以官職。(75)二千石　官員的級別。(76)權移主上　權勢淩駕皇帝之上。移，同「侈」。大。(77)除吏盡未　任命官吏完了沒有。除，任命。(78)考工　少府屬官，執掌製作器械。(79)益宅增加私宅用地。(80)武庫　儲存兵器的倉庫。顏師古注：「考工，少府之屬官也，作主器械。上責其此請，故謂之曰：『何不遂取武庫！』蚡乃退也。」(81)退　退縮；收斂。(82)坐其兄句　坐，使動用法。蓋侯，謂王信。王信，王太后之兄，武帝之舅，封蓋侯。蓋，縣名，在今山東沂源東南。鄉，通「向」。北鄉，面向北。(83)不可以兄故私橈　以，因為。橈，屈。此言不可因為對方是兄長的緣故就使尊位屈居下位。(84)甲諸第　在眾大臣的府第中位居第一。甲，十干首字，所以事居第一稱甲。第，府第；住宅。(85)膏腴　肥沃。(86)市買　購買。市，買。(87)相屬　前後連接。相，遞相；一個接一個。屬，連接。(88)羅　陳列；擺設。(89)曲旃　用整幅帛製成旗桿上端彎曲的長幡旗子。顏師古注：「如淳曰：『旃，旗之名也，通帛曰旃。曲旃，僭也。』蘇林曰：『禮，大夫建旃。曲柄上曲也。』師古曰：『蘇說是也。許慎云「旃，旗曲柄也，所以旃表士眾」也。』」(90)後房婦女　指姬妾。(91)奏　進獻。(92)勝數　盡數，全部數清。勝，盡。(93)疏　疏遠。(94)諸公句　稍，逐漸。自引，自行退避。引，後退；退避。怠驁，怠慢驕傲。95墨墨　通「默默」。不得意的樣子。96厚遇　厚待；懷著深厚的情意對待。

【語　譯】田蚡，是景帝王皇后的同母弟，生於長陵縣。竇嬰已經做大將軍，正是位尊權重的顯赫時期，當時田蚡做各種郎官，尚未顯貴，往來於竇嬰府中侍奉飲酒，跪拜、站立像晚輩一樣。到了景帝後期，田蚡逐漸尊貴，得到皇上親近，做中大夫。田蚡善言詞，有口才，學習《盤盂》等各種書籍，王皇后認為他品德好，有才幹。

2　景帝去世，武帝剛剛即位，田蚡以舅舅的身分封為武安侯，弟田勝封為周陽侯。

3　田蚡新近掌權，用謙卑的態度禮待賓客，引薦在家閒住的名士，使他們取得尊貴地位，想要藉此淩駕在眾將相之上。皇上的安撫措施，大多是田蚡賓客的計策。正好趕上丞相衛綰因病免職，皇上商議要確立丞相、太尉。藉福勸說田蚡道：「魏其侯顯貴時久，長期以來天下士人歸附他。如今將軍剛剛取得權勢，比不上他，如果皇上用將軍擔任丞相，一定要讓給魏其侯。魏其侯擔任丞相，將軍一定擔任太尉。太尉、丞相地位的尊貴是一樣的，卻有謙讓賢能的名聲。」田蚡就暗中勸告王太后用委婉的言詞示意皇上，於是皇上便用竇嬰擔任丞相，田蚡擔任太尉。藉福恭賀竇嬰，順便告慰他說：「君侯生來喜愛良善，嫉恨邪惡。如今好人稱讚君侯，所以君侯官至丞相；然而惡人眾多，也將詆毀君侯。君侯能夠對各種人、事包容，就可長久得到皇上親幸；如果不能做到，就將因眾人的詆毀而被罷免離職。」竇嬰沒有聽從。

4　竇嬰、田蚡都愛好儒家學說，推薦趙綰擔任御史大夫，王臧擔任郎中令。接來魯地的申公，想要設置明堂，命令列侯到封國去，廢除關卡禁令，根據禮制制定服飾制度，用這些措施振興太平盛世。檢舉譴責竇家、皇族中那些品德行為不端正的人，除去他們的宗族譜籍。各家外戚封為列侯，列侯大多娶公主為妻，都不想到封國去，因此詆毀的話每天都傳到竇太后那裡。竇太后愛好黃老學說，而竇嬰、田蚡、趙綰等人專注其力推崇儒家學術，貶斥道家學說，因此竇太后更加不高興。建元二年，御史大夫趙綰請求皇上不要再向竇太后稟告政事。竇太后大怒，說：「這人想要又成為新垣平呢！」於是罷免放逐趙綰、王臧，而免去丞相竇嬰、太尉田蚡的職務，用柏至侯許昌擔任丞相，武彊侯莊青翟擔任御史大夫。竇嬰、田蚡以列侯的身分在家閒住。

5 田蚡雖然沒有擔任官職，由於王太后的緣故得到皇上親近，屢次陳述對政事的意見，多被採納。追逐權勢私利的士人、官吏，都離開竇嬰而依附了田蚡。田蚡一天天地更加驕縱。建元六年，竇太后去世，丞相許昌、御史大夫莊青翟因喪事沒有辦好而被免職。皇上用田蚡擔任丞相，大司農韓安國擔任御史大夫。天下的士人、郡太守、封國王侯更加依附田蚡。

6 田蚡外貌矮小醜陋，出生就很尊貴。田蚡又認為諸侯王大多年長，皇上剛即位，年輕，田蚡以外戚近親擔任丞相，不狠狠地使他們屈身事己用禮制使他們屈服，天下不會敬畏服從。在這時，丞相上朝報告事情，交談很長時間，提出的意見都被採納。舉薦的人才有的從家中徵召出來授給官職到二千石，權勢淩駕皇帝之上。皇上於是說：「您任命的官吏完了沒有？我也想要任命官吏。」田蚡曾經請求考工官署的土地用來擴大他的宅院，皇上發怒說：「接著就占取武器庫！」在這以後，才有所收斂。田蚡召集賓客飲酒，使他的哥哥蓋侯王信面向北坐，自己面向東坐，認為漢朝丞相尊貴，不可以因為哥哥的緣故就私自屈身坐在下位。從此以後更加驕縱，建造住宅在眾大臣的府第中位居第一，農田園林的土地非常肥沃，購買各地郡縣的器具物品，在道路上運輸接連不斷。前面的廳堂，陳設著鐘鼓，豎立著帛製的曲柄長幡；後房的姬妾用百計算。各種進獻的供玩賞的珍貴物品、狗馬寵物，無法全部數清楚。

7 而竇嬰失去了竇太后，更加被皇上疏遠，不被信用，沒有了權勢。人們逐漸自行退避，對他怠慢驕傲起來，只有灌夫一人不是這樣。所以竇嬰不得意的時候，懷著深厚的情意對待灌夫。

1 灌夫，字仲孺，潁陰❶人也。父張孟，常為潁陰侯灌嬰舍人❷，得幸，因進❸之，至二千石，故蒙❹灌氏姓為灌孟。吳楚反時，潁陰侯灌嬰❺為將軍❻，屬❼太尉，請孟為校尉[8]。夫以千人與父俱[9]。孟年老，潁陰侯彊[10]請之，鬱鬱[11]不得意，故戰常陷堅[12]，遂死吳軍中。漢法，父子俱，有死事[13]，得與喪歸[14]。夫不肯隨喪歸，奮曰：「願取吳王若[15]將軍頭以報父仇。」於是夫被甲持戟[16]，募[17]軍中壯士所善[18]願從數十人。及出壁[19]門，莫[20]敢前。獨兩人及從奴[21]十餘騎馳入吳軍，至戲下[22]，所殺傷數十人。不得前，復還走[23]漢壁，亡其奴，獨與一騎歸。夫身中大創[24]十餘，適[25]有萬金良藥，故得無死。創少瘳[26]，又復請將軍曰：「吾益知吳壁曲折[27]，請復往。」將軍壯而義之[28]，恐亡夫，迺言太尉。太尉召固[29]止之。吳軍破，夫以此名聞天下。

2　潁陰侯言[30]夫，夫為郎中將[31]。數歲，坐法去[32]，家居長安[33]中。諸公莫不稱[34]，由是復為代相[35]。

3　武帝即位，以為淮陽天下郊[36]，勁兵處[37]，故徙[38]夫為淮陽太守。入為太僕[39]。二年[40]，夫與長樂衛尉竇甫[41]飲，輕重不得[42]，夫醉，搏[43]甫。甫，竇太后昆弟[44]。上恐太后誅夫，徙夫為燕[45]相。數歲，坐法免，家居長安。

4　夫為人剛直，使酒[46]，不好面諛[47]。貴戚諸勢在己之右[48]，欲必陵[49]之；士在己左[50]，愈貧賤，尤益禮敬，與鈞[51]。稠人廣眾[52]，薦寵下輩[53]，士亦以此多[54]之。

夫不好文學55，喜任俠56，已然諾57。諸所與交通58，無非豪桀大猾59。家累60數千萬，食客61日數十百人。波62池田園，宗族賓客為權利63，橫潁川64。潁川兒歌之曰：「潁水65清，灌氏寧；潁水濁，灌氏族66。」

【章　旨】以上是第三部分，寫灌夫以平息吳楚七國反叛之功揚名。其為人，剛直任俠，凌辱貴戚，禮敬貧士，而又結交奸詐之徒，橫暴鄉里。

【注　釋】❶潁陰　縣名，在今河南許昌。❷常為潁陰侯句　常，通「嘗」，曾經。潁陰侯灌嬰，睢陽縣（今河南商丘）人。從劉邦征戰，以軍功，賜爵列侯，食邑杜縣平鄉（今陝西長安西南）。劉邦稱帝，封潁陰侯。後與周勃等謀誅諸呂，立文帝，官至太尉、丞相。本書卷四十一有傳。舍人，家臣。❸進　推薦。❹蒙　假冒。❺灌嬰　當為灌何。《史記．魏其武安侯列傳》作灌何。據本書卷十六〈高惠高后文功臣表〉，灌嬰於文帝五年（西元前一七五年）去世，子灌何嗣侯。灌何於景帝中元三年（西元前一四七年）去世，子灌強嗣侯。以時推之，景帝三年（西元前一五四年）吳楚七國之亂時的潁陰侯為灌何。❻將軍　武職官名。❼屬　隸屬。❽請孟為校尉　謂請求太尉任用灌孟為校尉。校尉，武職官名，秩級在將軍下。❾夫以千人與父俱　千人，武職官名。顏師古注引孟康曰：「官主千人，如候司馬也。」以千人，以千人的官職。俱，同行。此言一起出征平叛。❿彊　彊即強，勉彊，即使人做不願意做的事。⓫鬱鬱　愁悶的樣子。⓬陷堅　深入敵人堅固陣地。⓭有死事　在父子一起參加的國家軍政事務中有一人陣亡或殉職。⓮得與喪歸　活著的人可以隨同死者的靈柩返鄉。⓯若　或者。⓰被甲持戟　被，通「披」。穿。甲，戰衣。持，拿。戟，兵器名，長柄，頂端有直刃，兩旁各有橫刃，既可直刺，又可橫擊。⓱募　召集；廣求。⓲善　關係好。⓳壁　營壘。⓴莫　沒有人。㉑從奴　指發配到軍中參戰的刑徒。㉒戲下　謂將旗之下。戲，通「麾」。用來指揮軍隊的旗幟。㉓走　奔跑。㉔中大創　受重傷。中，受。創，傷。㉕適　正好。㉖瘳　病癒。㉗曲折　謂虛實。㉘壯而義之　壯之、義之。壯、義都作動詞用，意動用法，認為他有膽量，認為他有志氣。㉙固　堅決。㉚言　指上言皇上。㉛郎中將　郎中令屬官。本書卷十九〈百官公卿表〉：「郎中令，秦官，掌宮殿掖門戶，有丞。武帝太初元年更名光祿勳。屬官有大夫、郎、謁者，皆秦官；又期門、羽林皆屬焉。」其中屬官「郎中有車、戶、騎三將，秩皆比千石」。㉜坐

法去　坐法，犯法。坐法去，因犯法獲罪而罷官離職。㉝長安　縣名，屬右內史。長安是西漢的首都，其城在今陝西西安西北。㉞稱　稱讚。㉟代相　代國的國相。代，諸侯王國名，轄今河北西北部、內蒙古南部、山西中北部等地區，都晉陽（今山西太原西南）。相，諸侯王國的行政長官。㊱以為淮陽天下郊　以為，認為。淮陽，郡國名。西漢高祖十一年（西元前一九六年）以陳、沛、潁川三郡置淮陽國，因在淮水之北而得名。惠帝元年（西元前一九四年），改國為郡。此後，時國時郡。郊，交通要衝。㊲勁兵處　強勁的軍隊駐守的地方。勁兵，強勁的軍隊。處，指駐守。㊳徙　調動。㊴太僕　官名，卿職，掌管車馬。《史記．魏其武安侯列傳》云：「建元元年，入為太僕。」㊵二年　武帝建元二年（西元前一三九年）。㊶長樂衛尉竇甫　長樂，宮名。《史記．劉敬叔孫通列傳》「孝惠帝為東朝長樂宮」句《集解》引《關中記》曰：「長樂宮本秦之興樂宮也，漢太后常居之。」衛尉，官名，卿職，掌管宮門衛隊。竇甫，長樂宮衛尉名。㊷輕重不得　顏師古注：「晉灼曰：『飲酒輕重不得其平也。』師古曰：『禮數之輕重也。』」㊸搏　毆打。㊹昆弟　兄弟。昆，兄。㊺燕　諸侯王國名。轄今河北北部、遼寧西部等地區，都薊（今北京大興）。㊻使酒　飲酒使性子，發酒瘋。使，放縱。㊼面諛　當面奉承。㊽右　上。古人以右為尊。㊾陵　凌辱。㊿左　下。古人以左為卑。51與鈞　和對方平等相待。鈞，通「均」。等。52稱人廣眾　謂公眾場合。53薦寵下輩　舉薦親近地位低下的人。54多　稱讚。55文學　文章禮樂。56任俠　憑藉權勢、財力或勇力等手段，扶助弱小，幫助他人。57已然諾　表示應允者必兌現，言必有信。已，必；一定。然諾，都是表示應允的應答之詞。58交通　交往。59無非豪桀大猾　無非，沒有不是。豪桀，即豪傑，指有地位有權勢的人。猾，刁滑奸詐。大猾，指有名的刁滑奸詐之人。60累積聚。61食客　寄食貴族門下以幫主人做事的人。62波　通「陂」。池塘。63為權利　謂爭權奪利。64橫潁川　橫行潁川。潁川，郡名，治陽翟縣（今河南禹州）。潁陰縣為潁川郡的一個轄縣。65潁水　水名。源出河南登封嵩山西南，東南流，至安徽潁上東南注入淮河。66族　滅族，刑罰名。古代一人犯罪，刑及親族的刑罰。

【語譯】灌夫，字仲孺，潁陰縣人。父親張孟，曾經擔任潁陰侯灌嬰的家臣，得到灌嬰的喜愛，於是便推薦他，官職升到二千石，所以假冒灌氏姓叫灌孟。吳、楚七國反叛時，潁陰侯灌嬰任將軍，隸屬太尉，請求太尉任用灌孟為校尉。灌夫以千人的軍職和父親一起出征平定反叛。灌孟年老，潁陰侯勉強請求太尉任孟為校尉，孟愁悶不快，所以作戰常深入敵人的堅固陣地，最後戰死在吳國的軍陣中。漢朝法律規定，父子一起參加國家的軍政事務，有一人陣亡或殉職，允許活著的人護送靈柩返鄉。灌夫不願意隨同父喪返鄉，憤慨地說：

「我希望割下吳王或者將軍的頭顱來報父仇。」於是灌夫穿上鎧甲，拿起長戟，召集和自己關係好、願意跟隨的軍中勇士幾十人。等到出了營門，沒有人敢前進。只有兩個人和發配到軍中參戰的刑徒十多個人騎馬飛奔衝進吳軍，直到吳軍將領的指揮旗下，殺死殺傷的吳軍有幾十人。不能前進，又往回跑進漢營，那些刑徒戰死，只與一個騎兵回來。灌夫身上受重傷十多處，正好有價值萬金的名貴好藥，所以能夠不死。傷稍好些，又再一次向將軍請求說：「我更加了解吳軍的虛實，請將軍讓我再去。」將軍認為灌夫有膽量，有志氣，怕灌夫戰死，就報告了太尉。太尉召見灌夫，堅決阻止他。吳國軍隊被打敗，灌夫由此聞名天下。

2 潁陰侯將灌夫的戰績上報皇上，皇上命灌夫任郎中將。幾年以後，因犯法免官離職，在長安家中閒住。眾人沒有誰不稱讚他，因此又命他任代國的相。

3 武帝即位，認為淮陽是天下的交通要衝，強勁的軍隊駐守的地方，所以調動灌夫任淮陽太守。其後又調回朝廷任太僕。二年，灌夫與長樂宮衛尉竇甫飲酒，尊卑的禮節處理不當，灌夫喝醉後打了竇甫。竇甫是竇太后的兄弟。皇上恐怕竇太后要處死灌夫，調動灌夫任燕國的相。幾年以後，因犯法免官離職，在長安家中閒住。

4 灌夫做人剛強耿直，一喝酒就會使性子發酒瘋，不喜歡當面奉承。皇親國戚及眾多權勢在自己之上的人，灌夫一定要凌辱他們；士人在自己之下，越是貧窮而又地位低微，就更加禮遇而敬重，以平等地位相對待。在公眾場合，舉薦親近地位低下的人，士人也因此稱讚他。

5 灌夫不愛好文章禮樂，喜歡憑藉權勢財力扶助弱小，許諾的事一定兌現。那些和他交往的人，沒有不是有地位有權勢刁滑奸詐的人。家中積聚財富幾千萬，依附灌家的食客每天數十百人。有池塘、田地、園林，他家族的人、賓客爭權奪利，在潁川郡橫行作惡。潁川郡的兒童把灌家的事編成兒歌唱道：「潁水澄清，灌氏安寧太平；潁水變混，灌氏斷子絕孫。」

1　夫家居，卿相侍中賓客益衰[1]。及[2]竇嬰失勢，亦欲倚夫引繩排根生平慕之後棄者[3]。夫亦得嬰通列侯宗室為名高[4]。兩人相為引重[5]，其游[6]如父子然[7]，相得[8]驩甚，無厭[9]，恨相知[10]之晚。

2　夫嘗有服[11]，過[12]丞相蚡。蚡從容[13]曰：「吾欲與仲孺[14]過魏其侯，會[15]仲孺有服。」夫曰：「將軍迺肯幸臨況魏其侯[16]，夫安[17]敢以服為解[18]！請語[19]魏其具[20]，將軍旦日[21]蚤[22]臨。」蚡許諾。夫以語嬰。嬰與夫人益市[23]牛酒，夜洒埽張具至旦[24]。平明[25]，令門下侯司[26]。至日中[27]，蚡不來。嬰謂夫曰：「丞相豈忘之哉？」夫不懌[28]，曰：「夫以服請，不宜[29]。」迺駕[30]，自往迎蚡。蚡特[31]前戲[32]許夫，殊[33]無意往。夫至門，蚡尚[34]臥也。於是[35]夫見，曰：「將軍昨日幸許過魏其，魏其夫妻治具，至今未敢嘗食[36]。」蚡悟，謝[37]曰：「吾醉，忘與仲孺言。」乃駕往。往又徐[38]行，夫愈益怒。及飲酒酣[39]，夫起舞屬蚡[40]，蚡不起。夫徙坐[41]，語侵[42]之。嬰迺扶夫去，謝蚡。蚡卒[43]飲至夜，極驩而去。

3　後蚡使藉福請[44]嬰城南田，嬰大望[45]曰：「老僕[46]雖棄[47]，將軍雖貴，寧[48]可以勢相奪乎！」不許。夫聞，怒罵福。福惡[49]兩人有隙[50]，迺謾好[51]謝[52]蚡曰：「魏其老且[53]死，易忍[54]，且[55]待之。」已而[56]蚡聞嬰、夫實怒不予，亦怒曰：「魏其子嘗殺人，蚡活之[57]。蚡事魏其無所不可，愛[58]數頃[59]田？且[60]灌夫何與[61]也？吾不敢復求田。」由此大怒。

4 元光四年[62]春，蚡言灌夫家在潁川，橫[63]甚，民苦之[64]。請案之[65]。上曰：「此丞相事，何請？」夫亦持[66]蚡陰事[67]，為姦利[68]，受淮南王[69]金與語言。賓客居間[70]，遂已[71]，俱解[72]。

5 夏，蚡取燕王女[73]為夫人，太后詔召列侯宗室皆往賀。嬰過夫，欲與俱。夫謝曰：「夫數以酒失過[74]丞相，丞相今者又與夫有隙。」嬰曰：「事已解。」彊與俱。酒酣，蚡起為壽[75]，坐皆避席伏[76]。已[77]嬰為壽，獨故人避席，餘半膝席[78]。夫行酒[79]，至蚡，蚡膝席曰：「不能滿觴[80]。」夫怒，因嘻[81]笑曰：「將軍貴人也，畢[82]之！」時蚡不肯。行酒次[83]至臨汝侯灌賢[84]，賢方與程不識[85]耳語[86]，又不避席。夫無所發怒，迺罵賢曰：「平生毀[87]程不識不直[88]一錢，今日長者為壽，迺效女曹兒[89]呫囁[90]耳語！」蚡謂夫曰：「程、李俱東西宮衛尉[91]，今眾辱[92]程將軍，仲孺獨[93]不為李將軍地[94]乎？」夫曰：「今日斬頭穴匈[95]，何知程、李！」坐乃起更衣[96]，稍稍去[97]。嬰去，戲[98]夫。夫出，蚡遂怒曰：「此吾驕[99]灌夫罪也！」迺令騎留夫[100]，夫不得出。藉福起為謝[101]，案夫項令謝[102]。夫愈怒，不肯順。蚡迺戲騎縛夫置傳舍[103]，召長史[104]曰：「今日召宗室，有詔。」劾[105]灌夫罵坐不敬[106]，繫居室[107]。遂[108]其前事，遣吏分曹[109]逐捕諸灌氏支屬[110]，皆得棄市[111]罪。嬰愧，為資[112]使賓客請，莫能解。蚡吏皆為耳目[113]，諸灌氏皆亡匿，夫繫，遂不得告言蚡陰事。

6 嬰銳[114]為救夫，嬰夫人諫曰：「灌將軍得罪丞相，與太后家迕[115]，寧可救邪？」嬰曰：「侯自我得之，自我捐[116]之，無所恨。且終不令灌仲孺獨死，嬰獨生。」乃匿[117]其家，竊[118]出上書。立召入，具告言灌夫醉飽事，不足誅[119]。上然[120]之，賜嬰食，曰：「東朝[121]廷辯之。」

7 嬰東朝，盛推[122]夫善，言其醉飽得過，迺丞相以他事誣罪之[123]。蚡盛毀夫所為橫恣，罪逆不道[124]。嬰度[125]無可奈何，因言蚡短。蚡曰：「天下幸而安樂無事，蚡得為肺附，所好音樂狗馬田宅，所愛倡優[126]巧匠之屬，不如魏其、灌夫日夜招聚天下豪桀壯士與論議，腹誹而心謗，卬視天[127]，俛畫地，辟睨[128]兩宮間，幸[129]天下有變，而欲有大功。臣乃不如魏其等所為。」上問朝臣：「兩人孰是[130]？」御史大夫韓安國曰：「魏其言灌夫父死事，身荷戟馳不測之吳軍[131]，身被[132]數十創，名冠三軍[133]，此天下壯士，非有大惡，爭杯酒，不足[134]引它過以誅也。魏其言是。丞相亦言灌夫通姦猾，侵細民[135]，家累巨萬，橫恣潁川，輘轢[136]宗室，侵犯骨肉[137]，此所謂『支大於幹，脛大於股[138]，不折必披[139]』。丞相言亦是。唯[140]明主裁[141]之。」主爵都尉汲黯是魏其[142]。內史鄭當時[143]是魏其，後不堅。餘皆莫敢對。上怒內史曰：「公平生數言魏其、武安長短[144]，今日廷論[145]，局趣效轅下駒[146]，吾并[147]斬若屬[148]矣！」即罷起入，上食太后[149]。太后亦已使人候司，具以語太后。太后怒，不食，曰：「我在也，而人皆藉[150]吾弟，令[151]我百歲[152]後，皆魚肉[153]之乎！且帝寧能為石人[154]邪！此特[155]帝在，即錄錄[156]，設[157]百歲後，是屬[158]寧有可信者乎？」上謝[159]曰：「俱外家[160]，故廷辨之。不然，此一獄吏[161]所決耳。」是時郎中令石建[162]為上分別言兩人。

8 蚡已罷朝，出止車門[163]，召御史大夫安國載[164]，怒曰：「與長孺共一禿翁[165]，何為首鼠兩端[166]？」安國良久[167]謂蚡曰：「君何不自喜[168]！夫魏其毀君，君當免冠解印綬[169]歸[170]，曰『臣以肺附幸得待罪[171]，固[172]非其任，魏其言皆是』。如此，上必多君有讓，不廢君。魏其必媿[173]，杜門齰舌[174]自殺。今人毀君，君亦毀之，譬如賈豎[175]女子爭言，何其[176]無大體[177]也！」蚡謝曰：「爭時急，不知出此。」

9 於是上使御史簿責[178]嬰所言灌夫頗不讎[179]，劾繫都司空[180]。孝景時，嬰嘗受遺詔[181]，曰：「事有不便[182]，以便宜論上[183]。」及繫，灌夫罪至族，事日急，諸公莫敢復明言於上。嬰迺使昆弟子上書言之，幸得召見。書奏，案尚書[184]，大行[185]無遺詔。詔書獨臧[186]嬰家，嬰家丞[187]封。迺劾嬰矯[188]先帝[189]詔害，罪當[190]棄市。五年十月，悉論[191]灌夫支屬。嬰良久迺聞有劾，即陽病痱[192]，不食欲死。或[193]聞上無意殺嬰，復食，治病。議定不死[194]矣，迺有飛語為惡言聞上[195]，故以十二月晦[196]論棄市渭城[197]。

春[198]，蚡疾，一身盡痛，若有擊者，謼服謝罪[199]。上使視鬼者[200]瞻[201]之，曰：「魏其侯與灌夫共守，笞[202]欲殺之。」竟[203]死。子恬嗣[204]，元朔[205]中有罪免[206]。

後淮南王安[207]謀反[208]，覺。始安入朝時[209]，蚡為太尉，迎安霸上[210]，謂安曰：「上未有太子，大王最賢，高祖孫，即宮車晏駕[211]，非大王立，尚誰立哉？」淮南王大喜，厚遺[212]金錢財物。上自嬰、夫事時不直[213]蚡，特[214]為太后故。及聞淮南事，上曰：「使[215]武安侯在者，族矣。」

【章　旨】以上是第四部分，寫田蚡與竇嬰、灌夫交惡及竇嬰、灌夫被害與田蚡暴死等情況。

【注　釋】❶卿相句　侍中，官名，掌管侍從皇帝左右，侍奉生活起居。為加官，凡列侯、將軍、卿大夫、將、都尉、尚書、太醫、太官令至郎中，都可以侍中官號入侍宮中。實際上，侍中官號，多加授給外戚、親信、文學侍從、武臣子弟等，無定員。益，逐漸。衰，減少。❷及　等到；到了。❸亦欲句　倚，依靠。引，拉。引繩，牽拉繩索。排根，排斥。引繩排根，喻指猶如雙方相對各持繩之一端相持，若能二人合力，必能勝而排斥之。顏師古注：「言嬰與夫共相提挈，有人生平慕嬰、夫，後見其失職而頗慢弛，如此者，共排退之，不復與交。譬如相對挽繩而根格之也。」生平慕之，而後棄之」。❹夫亦句　得，指得到竇嬰的幫助。通，結交。高，提高。此作動詞用，使動用法。名高，使名望提高。❺相為引重　互相援助、推重。❻游　交往。❼然　那樣。❽相得　謂彼此投緣，情投意合。❾無厭　不厭煩。言其二人在一起時總覺時間短，分開時總覺意猶未足而心緒依依。❿相知　互相了解。⓫有服　指有喪事。《史記・魏其武安侯列傳》「會仲孺有服」句《索隱》云：「案：服謂朞功之服也。故應璩書曰『仲孺不辭同生之服』是也。」服，喪服。⓬過　前往拜訪。⓭從容　悠閒不迫；不慌不忙。此指漫不經心。⓮仲孺　指灌夫。灌夫字仲孺。⓯會　正好遇上。⓰將軍迺肯句　迺，竟。臨，到。幸臨，謂將軍到魏其侯家去是魏其侯的榮幸。況，通「貺」。賞賜。⓱安　怎麼；哪裡。⓲為解　作為推辭的理由。解，推辭。⓳請語　請您允許我告訴。請，謂請對方允許自己做某事。語，告訴。⓴具　備辦。㉑旦日　明日。㉒蚤　通「早」。㉓益市　多買。㉔張具至旦　陳設器具直到天明。張，陳設；布置。旦，明；天亮。㉕平明　時辰名，天大亮。㉖候司　等候。司，通「伺」。㉗日中　時辰名，正中午。㉘懌　高興。㉙不宜　顏師古注：「不當忘也。」宜，應當。㉚駕　駕車。㉛特　只是。㉜戲　開玩笑。㉝殊　甚；很。㉞尚　還。㉟於是　在這種情況下。㊱嘗食　吃飯。㊲謝　道歉。㊳徐　緩慢。㊴酣　飲酒到最有興致的時候。㊵屬蚡　謂灌夫起舞，意在邀蚡起舞。屬，屬意。㊶徙坐　灌夫移動自己的座位以就近田蚡。坐，通「座」。座位。㊷侵　冒犯。㊸卒　結束。㊹請　謂索求。㊺望　怨恨。㊻老僕　老人的自謙之稱。㊼棄　指被廢棄。㊽寧　豈；難道。㊾惡　討厭。㊿隙　仇怨。(51)謾好　謾，欺騙。謾好，顏師古注：「詐為好言也。」(52)謝　告知。(53)且將要。(54)易忍　意謂魏其年老將死，稍作忍耐就可等到魏其死日，那時其田不難到手。(55)且　暫且。(56)已而　不久。(57)活之　使動用法。使之活。活，救活。(58)愛　吝惜。(59)頃　田地百畝為頃。(60)且　況且。(61)與　參與其間；干預。(62)元光四年　西元前一三一年。元光，武帝年號。(63)橫　暴虐。(64)苦之　以之為苦。意謂厭惡，憎恨。苦，意動用法。(65)請案之　請求稽查此事。案，考察。(66)持　掌握。(67)陰事　隱密的事情。多指不可告人的徇私舞弊、貪贓枉法的勾當。(68)為姦利　做壞事以謀利。(69)淮南王　指淮南王劉安（西元前一七九—前一二二年）。高祖十一年（西元前一九六年）封少子劉長為淮南王，徙都壽春縣（今安徽壽縣）。文帝六年（西元前一七四年），劉長因謀反事被謫徙楚，途中不食而死。文帝十六年（西元前一六四年），復立劉長子劉安為淮南王。劉安好文學，招致賓客方術之士數千人撰成《淮南子》一書。武帝元狩元年（西元前一二二年），有人告安謀反，下獄自殺。本書卷四十四有傳。(70)居間　謂從中調解。(71)已　止；結束。(72)俱解　雙方都同意和解。(73)取燕王女　取，通「娶」。燕王女，顏師古注：「燕王澤之子康王嘉女。」(74)過　謂得罪。(75)為壽　敬酒祝福。(76)坐皆避席伏坐，通「座」。座位。此指座位上坐的人。席，坐的鋪墊器具，即座席。古人席地而坐，坐時雙膝著地，臀部放在腳後跟上。避席，離開座席。伏，趴在地上。避席而伏，表現出對敬酒者的敬畏。(77)已　隨後。(78)膝席　古人坐姿，雙膝著地，臀部放在腳後跟上。遇有情況，將臀部離起腳後跟，腰身挺直，以表示敬肅，此為跪。膝席，膝跪席上；跪姿。《史記・魏其武安侯列傳》「餘半膝席」句《集解》引如淳曰：「以膝跪席上也。」(79)行酒　依次敬酒。(80)觴　飲酒杯。(81)嘻　顏師古注：「嘻，強笑也。」(82)畢　謂把酒喝完。(83)次　依次；按照順序。(84)臨汝侯灌賢　灌賢，灌嬰之孫，武帝元光二年（西元前一三三年）封臨汝侯。(85)程不識　時任長樂宮衛尉。(86)耳語　二人交談，一人的口貼近另一人的耳朵小聲說話。(87)毀　詆毀；說人壞話。(88)直　通「值」。(89)女曹兒　女人們。曹，輩。(90)呫囁　低聲耳語的樣子。(91)程李句　李，謂李廣。李廣（西元前？—前一一九年），隴西成紀（今甘肅通渭）人。善騎射。本書卷五十四有傳。東西宮，謂未央宮（西宮）、長樂宮（東宮）。未央宮是西漢諸帝聽政之所，長樂宮是西漢太后居住之處。二宮之地，未央宮在西，長樂宮在東，所以稱東西宮。(92)眾辱　在眾人面前羞辱。(93)獨　豈；難道。(94)地　地方；場所。此作動詞，留餘地，謂留體面。(95)穴匈　穿透胸膛。穴，洞。此作動詞用，穿洞。匈，通「胸」。(96)更衣　入廁的委婉說法。(97)稍稍去　漸漸離去。(98)戲　通「麾」。揮手示意招呼。(99)驕　驕縱。使動用法。(100)令騎留夫　命令武裝騎士追回扣留灌夫。(101)為謝　替灌夫認錯。謝，道歉；認錯。(102)案夫項令謝　案，按；用手往下按。項，頸；脖子。(103)傳舍　供人休息住宿的處所。(104)長史　官名，丞相主要屬官，秩千石。(105)劾　揭發錯誤或罪行。(106)不敬　罪名。奉太后詔飲而灌夫罵坐，所以說灌夫犯了大不敬之罪。(107)繫居室　拘禁在居室。繫，綁；拘禁。居室，少府屬官有居室，其官署為拘禁犯人的地方。(108)遂　謂徹底追究。(109)分曹　指分事類。(110)支屬　旁支親屬。(111)棄市　死刑。(112)為資　準備費用。(113)耳目　探察情況傳遞資訊的人。(114)銳　急切。(115)迕　背逆。(116)捐　廢棄；失去。(117)匿　隱瞞。(118)竊　暗地裡；偷偷地。(119)不足誅　足，夠得上某種條件。不足誅，夠不上處死的條件。(120)然　同意。(121)東朝　指東宮。(122)盛推　盛讚；極力推崇。(123)誣罪之　誣陷加罪於他。(124)罪逆不道　犯了大逆不道的罪行。(125)度　估計；揣想。(126)倡優　顏師古注：「倡，樂人也。優，諧戲者也。」故稱以音樂歌舞娛人者為倡，以雜技戲謔娛人者為優。(127)卬視天　卬，通「仰」。抬頭。顏師古注引張晏曰：「視天占三光也，畫地知分野所在也，念欲作反事也。」(128)辟睨　謂窺視、偵伺。(129)幸　期望。(130)孰是　誰對。(131)身荷戟句　身，自身；親自。荷，扛。馳，飛奔。不測，難以意料；危險。(132)被　受。(133)名冠三軍　名聲在全軍為第一。三軍，古分上、中、下三軍，此指全軍。(134)足　值得。(135)細民　小民；平民百姓。(136)輘轢　車輪碾壓。此喻指踐踏，欺壓。(137)骨肉　謂皇上的骨肉。指皇親國戚。(138)脛大於股　脛，小腿。股，大腿。(139)不折必披　折，斷。披，分。(140)唯　希望。(141)裁　裁決；

決斷。142主爵都尉句　主爵都尉，官名，卿職，負責列侯封爵方面的事務。汲黯（西元前？—前一一二年），字長孺，濮陽縣（今河南濮陽）人。本書卷五十有傳。是，作動詞用，意動用法，認為對。是魏其，認為魏其侯是對的。143內史鄭當時　內史，漢初治理京畿地區的官叫內史。景帝二年（西元前一五五年），分置左右內史，與主爵中尉（後改都尉）合稱三輔。武帝太初元年（西元前一〇四年），更名主爵都尉為右扶風，右內史為京兆尹，左內史為左馮翊。三輔治所都在長安城中，分治京畿地區。據本書卷五十鄭當時本傳，鄭當時任右內史，因廷辯武安、魏其事態度曖昧降職詹事，調任大司農，後出任汝南太守。鄭當時為政清廉，不治產業，禮賢下士，薦舉人才，儼然有長者之風，然在朝常隨聲附和，不敢大膽褒貶善惡是非。144長短　謂長處與短處，是與非。145廷論　即廷辯，在朝廷辯論。146局趣句　局趣，拘束。轅，車轅，車駕牲口的地方。駒，幼馬。此以「轅下駒」喻在是非面前不敢仗義直言，而是畏畏縮縮，無所作為。147并　一起。148若屬　你輩。若，你。屬，類；輩。149上食太后　獻食給太后，陪侍太后吃飯。150藉　踐踏。151令　假設。152百歲　死的諱稱。153魚肉　此作動詞用，像魚和肉一樣任人宰割、吞食，喻被人殘害、欺淩。154石人　顏師古注：「言徒有人形耳，不知好惡也。」155特　特別；尤其。156錄錄　猶「碌碌」，平庸無為，隨聲附和。顏師古注：「錄錄，循眾也。」157設　設使；假如。158是屬　此輩；這些人。159謝　解釋。160外家　外戚，即皇帝的母族、妻族。161獄吏　掌管訴訟案件與刑獄的官吏。162石建　（西元前？—前一二五年），萬石君石奮的長子，在家孝親，為官謹慎。向皇上奏事，無人時其言極切，有人時若不能言。石建於武帝建元二年（西元前一三九年）繼王臧為郎中令。本書卷四十六〈萬石君石奮傳〉後有附傳。163止車門　王先謙補注：「止車，門名。」164載　同載。165與長孺共一禿翁　長孺，韓安國字。共，謂共同對付。禿翁，禿頭老漢，指竇嬰。166首鼠兩端　謂猶豫不決，動搖游移於兩方之間。167良久　很久。168自喜　《史記．魏其武安侯列傳》「君何不自喜」句《集解》引蘇林曰：「何不自解釋為喜樂邪？」意謂自我解釋即可得到喜樂的結果。下句就是對如何自我解釋的具體說明。169免冠解印綬　摘下冠，解下官印。綬，用來繫印的絲帶。170歸　顏師古注：「歸印綬於天子也。」171待罪　古代官吏任職的謙稱，意謂自己的能力不能勝任所擔任的職務而將獲罪。172固　本來。173媿　同「愧」。174杜門齰舌　杜，堵塞；封閉。杜門，閉門。齰，咬嚼。杜門齰舌，表示其極度愧恨。175賈豎　對商人的蔑稱。賈，商人。豎，小子。176何其　怎麼那樣；多麼。177大體　重要的道理。178簿責　根據簿籍究查。簿，簿冊，此指案件的卷宗。責，究查。御史負責糾察百官。179讎　符合。180都司空　宗正下屬官署，其官有都司空令、丞。本書卷十九〈百官公卿表〉顏師古注引如淳曰：「律，司空主水及罪人。」宗正掌管皇親國戚，其下屬官署負責官吏罪犯，其罪犯自當是皇親國戚中的犯罪者。181遺詔　皇帝臨死前發布的詔書。182便　利。183便宜論上　便宜，謂斟酌情況，不拘規制，採用符合時勢的辦法處理問題。論上，論事上奏。顏師古注：「論說其事而上於天子。」[184]案尚書　案，考察；稽查。尚書，官名，少府屬官，掌管文書。[185]大行　即大行皇帝。剛死而尚未議定謚號的皇帝、皇后稱大行。此指漢景帝。[186]臧　通「藏」。收藏。[187]家丞　官名。列侯屬官，掌管家政事務。[188]矯　假造；謊稱。[189]先帝　本朝已去世的皇帝。[190]當　判決。[191]論　定罪。[192]陽病痱　陽，通「佯」。假裝。病，作動詞用，患病。痱，病名，中風，偏癱。[193]或　表示相承，相當於「又」。[194]不死　不處治。[195]迺有句　迺，竟然。飛語，沒有根據的傳言。為，編造。惡言，壞話。聞上，被皇上聽到。[196]晦　每月的最後一天。[197]渭城　縣名，在今陝西咸陽東北。[198]春　武帝元光五年春天。西漢前期，沿用秦曆，以建亥之月（即夏曆十月）為歲首。武帝太初元年頒布新曆，改以夏曆建寅之月為歲首。《史記》、《漢書》記載西漢前期（太初元年前）事，每年都以十月始，九月終，其四時之序為冬、春、夏、秋。[199]謼服謝罪　謼，同「呼」。喊叫。服，謂服罪。謝罪，認罪；承認過錯。[200]視鬼者　可以看見鬼的人，巫師之類。[201]瞻　看。[202]笞　用鞭、杖、竹板打人。[203]竟　終於。[204]嗣　繼承。[205]元朔　武帝年號，共六年（西元前一二八－前一二三年）。據本書卷十八〈外戚恩澤侯表〉，田恬於元朔三年「坐衣襜褕入宮不敬免」。[206]免　謂廢除侯爵。[207]淮南王安　見本卷上文「受淮南王金與語言」句注。[208]謀反　淮南王劉安謀奪天子位，治反具，事被發覺，於元狩元年（西元前一二二年）自殺。[209]始安入朝時　事在武帝建元二年（西元前一三九年）。[210]霸上　地名，又作灞上，地處灞水西，在今陝西西安東。[211]宮車晏駕　皇帝死的諱稱。晏，晚。《史記・范睢蔡澤列傳》「宮車一日晏駕」句《集解》引韋昭曰：「凡初崩為『晏駕』者，臣子之心猶謂宮車當駕而晚出。」[212]遺　贈送。[213]直　正確。此作動詞用，意動用法，認為正確。[214]特　只是。[215]使　假使。

【語　譯】灌夫在家閒住，卿、相、侍中等朝中顯貴及賓客和他來往的日益減少。等到竇嬰失去權勢，也想依靠灌夫，合力排斥先前仰慕他們二人而後又拋棄他們的那些人。灌夫也依靠竇嬰結交列侯、皇親使自己名望提高。二人相互援引、推重，像父子那樣親密交往，彼此情投意合，從不厭煩，只遺憾相互了解得太晚了。

2　灌夫在服喪期間，前往拜訪丞相田蚡。田蚡漫不經心地說：「我想和仲孺前往拜訪魏其侯，正好遇上仲孺服喪。」灌夫說：「將軍竟肯光臨恩賜魏其侯，灌夫怎敢用服喪作為推辭的理由！請讓我告訴魏其侯備辦，將軍明天早到。」田蚡答應了。灌夫告訴竇嬰。竇嬰與夫人多買了牛肉和酒，夜裡灑水打掃、陳設器具一直忙到天明。天亮的時候，吩咐家中管事人員在門口察看等候。直到正中午，田蚡都沒來。竇嬰對灌夫說：「丞相難道忘了這事嗎？」灌夫不高興，說：「我灌夫用服喪人的身分約請，對方不應當忘記。」於是駕車，親自前往接田蚡。田蚡前時只是開玩笑答應了灌夫，沒有一點去的意思。灌夫到了田蚡門口，田蚡還在睡覺。在這種情況下，灌夫見到田蚡說：「昨天有幸蒙將軍答應前往拜訪魏其侯，魏其侯夫妻二人備辦器具酒食，直到現在沒敢吃半點東西。」田蚡想起此事，道歉說：「我喝醉了，忘記了與仲孺說的話。」於是駕車前往。前往的路上又慢騰騰地走，灌夫更加惱怒。等飲酒到最有興致的時候，灌夫起身舞蹈，意在邀請田蚡同舞，田蚡沒有起身。灌夫移動座位以靠近田蚡，言談中冒犯田蚡。竇嬰便扶著灌夫離去，向田蚡道歉。田蚡飲酒到晚上結束，盡歡而後離去。

3 後來，田蚡使藉福向竇嬰索求竇嬰城南的土地，竇嬰十分怨恨，說：「我老漢雖已棄而不用，將軍雖然尊貴，難道可以用權勢奪取我的土地嗎！」沒有答應。灌夫聽說，怒罵藉福。藉福不想讓二人有仇怨，就假說好話告訴田蚡說：「魏其侯上了年紀，快要死了，不妨忍耐，暫且等到他死了再說吧。」不久，田蚡聽說竇嬰、灌夫實際是惱怒而不給，也發怒說：「魏其侯的兒子曾殺人，我田蚡救活了他。我田蚡對待魏其侯，沒有不滿足他的，他居然會吝惜幾頃土地？況且灌夫干預什麼呢？我不敢再索要土地。」因此十分惱怒。

4 武帝元光四年春天，田蚡說灌夫家在潁川郡，暴虐得很，百姓對此都很憎惡，請求加以查辦。皇上說：「這是丞相權限範圍的事，何必請示？」灌夫也掌握田蚡隱密不法以謀取私利的事，接受淮南王的贈金與恭維淮南王應繼立為帝的言詞。雙方的賓客從中調解，於是結束互相詆毀，都同意和解。

5 夏天，田蚡娶燕王的女兒做夫人，太后下詔召集列侯、皇室宗親都前去祝賀。竇嬰前往拜訪灌夫，想要灌夫與他同去。灌夫推辭說：「我灌夫幾次因酒醉失禮得罪丞相，丞相如今又與我灌夫有仇怨。」竇嬰說：「事情已經化解。」竇嬰硬要灌夫與他同去。飲酒到最有興致的時候，田蚡站起來敬酒，座位上的人都離開座席，趴在地上。隨後，竇嬰敬酒，只有老朋友離開座席，其餘的一半人膝跪在席上。灌夫敬酒，到田蚡，田蚡膝跪在席上說：「不能喝滿杯。」灌夫發怒，於是強笑著說：「將軍是貴人，喝完這杯酒！」當時田蚡不肯喝完滿杯。敬酒依照順序到了臨汝侯灌賢，灌賢正與程不識小聲說話，又不離開座席。灌夫正沒有地方發洩怒氣，於是便罵灌賢說：「一向詆毀程不識一錢不值，今天長輩敬酒，卻學著女孩子們那樣低聲耳語！」田蚡對灌夫說：「程不識、李廣都為東西二宮的衛尉，如今當眾羞辱程將軍，仲孺難道不給李將軍留點面子嗎？」灌夫說：「今天殺頭穿胸，哪裡知道程、李！」座位上的人便站起來入廁方便，漸漸地離去了。竇嬰要走，用手招呼灌夫。灌夫走出來，田蚡於是發怒說：「這是我使灌夫驕縱的罪過呀！」於是命令武裝騎士扣留灌夫，灌夫不能出來。藉福站起來替灌夫認錯，按住灌夫的脖子讓他向田蚡認錯。灌夫更加惱火，不肯順從。田蚡就指揮武裝騎士捆綁灌夫拘禁在傳舍。田蚡叫來長史說：「今天叫來皇室宗親喝酒，是奉了太后的詔命。」彈劾灌夫在酒宴的座位上罵人是對朝廷的大不敬，把他拘禁在居室監獄。徹底追查灌夫以前的事情，派遣官吏分別事類追捕各個灌家的旁支親屬，都被判處死刑。竇嬰慚愧，準備費用讓賓客找人向田蚡求情，沒有人能夠化解。田蚡的屬吏都是他的耳目，所有灌家的人都逃跑躲藏了，灌夫被拘禁，於是沒能告發田蚡隱密不法的事實。

6 竇嬰急切地想營救灌夫，竇嬰的夫人規勸說：「灌將軍得罪丞相，與太后家作對，難道可以營救嗎？」竇嬰說：「侯的爵位由我得來，如果是由我而失去，沒什麼遺憾。再說終究不能讓灌仲孺一個人死去，我一個人活著。」於是瞞著他的家人，偷偷地出去向皇上報告。皇上立刻召竇嬰入宮，竇嬰詳細報告了灌夫酒醉飯飽後惹出的事端，認為夠不上處死。皇上同意竇嬰的意見，賞賜竇嬰酒食，說：「在東宮辯論這件事。」

7 竇嬰到東朝，極力稱讚灌夫優點，說灌夫酒醉飯飽之後犯的過失，是丞相拿別的事誣陷治他的罪。田蚡極力詆毀灌夫做的事情暴戾驕縱，犯下大逆不道的罪行。竇嬰估計沒有辦法占上風，於是便說田蚡的過失。田蚡說：「天下幸運安樂無事，我田蚡能夠成為外戚近親，愛好的是音樂歌舞、蓄養狗馬、置購田地房舍，以及雜技戲謔的演員及靈巧的工匠，比不上魏其侯、灌夫日夜聚集天下有地位權勢的人及勇士和他們議論國家大事，肚裡詆毀，心中誹謗，抬頭觀天，俯首畫地，窺視東、西兩宮之間的動靜，以審度時勢，希望天下動亂，而想要趁機建樹大功。我確實比不上魏其侯等人做的事。」皇上問朝廷大臣：「兩個人誰對？」御史大夫韓安國說：「魏其侯說灌夫的父親死於國事，親自扛著長戟奔入不知虛實的吳軍，身上數十處受傷，名聲在全軍為第一，這是天下的勇士，如今沒有大的罪惡，只為飲杯酒發生爭執，不值得拿別的過失作為理由來處死。魏其侯說的對。丞相也說灌夫勾結奸詐之徒，侵害百姓，積聚上億家財，在潁川暴虐驕縱，欺壓皇族，侵害皇上的親人，這就是所謂『枝條大於主幹，小腿大於大腿，不斷一定裂』的情況。丞相說的也對。希望英明的皇上裁決這件事。」主爵都尉汲黯認為魏其侯的意見對。內史鄭當時先是認為魏其侯的意見對，後又態度猶豫不堅決。其餘的人都不敢回答。皇上怒斥內史鄭當時說：「你平時多次說到魏其侯、武安侯的是非，今天在朝廷辯論，卻學那車轅駕車幼馬的樣子，畏畏縮縮，不敢直言，我一併殺了你們這班人！」立即停止朝廷辯論，起身走進去，陪侍太后吃飯。太后已讓人打聽，那人將情況都告訴了太后。太后發怒，不吃飯，說：「我在，人都踐踏我弟弟，假設我死後，都像魚、肉一樣任人宰割、欺凌嗎！況且皇帝難道可以是一個不知黑白是非的石頭人嗎！朝廷辯論，尤其是皇帝在，就已如此平庸附和，假設皇帝死後，這班人難道有可以信任的嗎？」皇上解釋說：「都是外家，所以在朝廷辯論這件事。不然的話，這件事一個審理訴訟案件的官吏就可以判決了。」這時，郎中令石建給皇上分別談了竇嬰、田蚡兩個人的情況。

8 田蚡結束朝會以後，走出止車門，召呼御史大夫韓安國同乘一輛車，田蚡發怒說：「我與您共同對付一個禿老頭，為什麼動搖游移於兩方之間？」韓安國停了好久對田蚡說：「您為什麼不用自免官職來取得滿意的結果呢！那魏其侯詆毀您，您應該摘下冠，解下相印交還皇上，就說『我憑著外戚親近僥倖得以擔任丞相，本來我就不勝任這一職務，魏其侯說的都對』。您這樣做，皇上一定稱讚您能夠謙讓，不罷免您的官職。魏其侯一定慚愧，緊閉大門，咬舌自殺。如今人家詆毀您，您也詆毀人家，好像商人、婦女爭吵，怎麼那樣不識大體呢！」田蚡抱歉地說：「爭辯時情況緊急，沒能想到這些。」

9 於是，皇上使御史根據案卷究查竇嬰說的灌夫情況，與實際很不符合，彈劾竇嬰，拘禁都司空監獄。景帝時，竇嬰曾接受景帝臨死前留給他的詔書，說：「事情有不利的情況時，可以便宜行事上奏皇上。」等到被拘禁時，灌夫的罪行已可被判滅族，事情日益急迫，諸位大臣沒人敢再向皇上說明此事。竇嬰就讓兄弟的兒子上書說明此事，希望能夠被皇上召見。書奏上以後，查閱尚書所存文書，景帝臨終沒有遺詔。詔書只收藏在竇嬰家，竇嬰的家丞封存。於是彈劾竇嬰假造先帝遺詔，造成危害，罪行判處死刑。五年十月，全部判決了灌夫家族的罪犯。竇嬰在獄中很久才聽說有彈劾他矯詔處死的事，立即假裝患了中風，不吃飯，想死。又聽說皇上沒有殺死竇嬰的意思，又開始吃飯，治病。論定不處死刑了，竟然有流言蜚語編造的壞話被皇上聽到，所以在十二月的最後一天判決於渭城處死了。

10 春天，田蚡患病，全身疼痛，像有人打他的樣子，叫喊著服罪認錯。皇上讓能看見鬼的人察看他，那人說：「魏其侯與灌夫一起守在他身邊，用東西抽打他，想要打死他。」田蚡終於死了。田蚡的兒子田恬繼承爵位，元朔年間因犯罪被免去爵位。

11 後來，淮南王劉安圖謀反叛，事被發覺。當初劉安到朝廷朝見皇上時，田蚡任太尉，到霸上迎接劉安，對劉安說：「皇上沒有立太子，大王最有賢德，是高祖的孫子，如果皇上去世，不是大王繼立，還有誰可立呢？」淮南王很高興，贈送田蚡豐厚的金錢財物。皇上從竇嬰、灌夫事件時就不認為田蚡正確，只是顧忌太后的緣故。等到聽說田蚡與淮南王的事情後，皇上說：「假使武安侯在世，要滅族了。」

1 韓安國，字長孺，梁成安❶人也，後徙睢陽。嘗受韓子、雜說鄒田生所❷。事❸梁孝王，為中大夫。吳楚反時，孝王使安國及張羽❹為將，扞❺吳兵於東界❻。張羽力戰，安國持重❼，以故吳不能過梁。吳楚破，安國、張羽名由此顯梁。

2 梁王以至親❽故，得❾自置相、二千石，出入游戲，僭❿於天子。天子聞之，心不善⓫。太后知帝弗善，迺怒⓬梁使者，弗見，案責⓭王所為。安國為梁使，見大長公主⓮而泣⓯曰：「何梁王為人子之孝，為人臣之忠，而太后曾⓰不省⓱也？

夫前日吳、楚、齊、趙七國反，自關以東皆合從而西嚮⑱，唯梁最親，為限難。梁王念太后、帝在中⑲，而諸侯擾亂，壹⑳言泣㉑數行而下，跪送臣等六人將兵擊卻㉒吳楚，吳楚以故兵不敢西，而卒㉓破亡，梁之力也。今太后以小苛禮㉔責望㉕梁王。梁王父兄㉖皆帝王，而所見者大，故出稱蹕㉗，入言警㉘，車旗皆帝所賜，即以嫮鄙小縣㉙，驅馳國中，欲夸諸侯㉚，令天下知太后、帝愛之也。今梁使來，輒案責之，梁王恐，日夜涕泣思慕㉛，不知所為。何梁王之忠孝而太后不卹㉜也？」長公主具㉝以告太后，太后喜曰：「為帝言之。」言之，帝心乃解㉞，而免冠謝太后曰：「兄弟不能相教，迺為太后遺憂㉟。」悉見梁使，厚賜之。其後，梁王益親驩。太后、長公主更賜安國直千餘金。由此顯，結於漢㊱。

3 其後，安國坐法抵罪㊲，蒙㊳獄吏田甲㊴辱安國。安國曰：「死灰獨㊵不復然㊶乎？」甲曰：「然即溺㊷之。」居無幾㊸，梁內史㊹缺，漢使使者拜㊺安國為梁內史，起徒中㊻為二千石。田甲亡㊼。安國曰：「甲不就官㊽，我滅而宗㊾。」甲肉袒㊿謝，安國笑曰：「公等足與治乎(51)？」卒善遇之(52)。

4 內史之缺也，王新得齊人公孫詭(53)，說之，欲請為內史竇太后所，迺詔王以安國為內史。

5 公孫詭、羊勝[54]說王求為帝太子及益地[55]事，恐漢大臣不聽，迺陰[56]使人刺漢用事謀臣。及殺故吳相爰盎，景帝遂聞詭、勝等計畫，迺使使捕詭、勝，必得。漢使十輩[57]至梁，相以下舉國大索，月餘弗得。安國聞詭、勝匿王所，迺入見王而泣曰：「主辱者臣死。大王無良臣，故紛紛[58]至此。今勝、詭不得，請辭賜死[59]。」王曰：「何至此？」安國泣數行下，曰：「大王自度於皇帝，孰與太上皇之與高帝及皇帝與臨江王親[60]？」王曰：「弗如[61]也。」安國曰：「夫太上皇、臨江親父子間，然高帝曰『提三尺取天下者朕也』，故太上終不得制[62]事，居于櫟陽[63]。臨江，適長太子，以一言過，廢王臨江[64]；用宮垣事，卒自殺中尉[65]府。何者？治天下終不用私亂公。語曰：『雖有親父，安知不為虎？雖有親兄，安知不為狼？』今大王列[66]在諸侯，訹[67]邪臣浮說[68]，犯上禁，橈[69]明法。天子以太后故，不忍致法[70]於大王。太后日夜涕泣，幸大王自改，大王終不覺寤[71]。有如[72]太后宮車即[73]晏駕，大王尚誰攀[74]乎？」語未卒，王泣數行而下，謝安國曰：「吾今出之[75]。」即日[76]詭、勝自殺。漢使還報，梁事皆得釋[77]，安國力也。景帝、太后益重安國。

6 孝王薨，共王[78]即位，安國坐法失官，家居。武帝即位，武安侯田蚡為太尉，親貴用事。安國以五百金遺蚡，蚡言安國太后。上素聞安國賢，即召以為北地都尉[79]，遷[80]為大司農。閩[81]、東越[82]相攻，遣安國、大行王恢[83]將兵。未至越，越殺其王降，漢兵亦罷[84]。其年[85]，田蚡為丞相，安國為御史大夫。

7 匈奴[86]來請和親[87]，上下[88]其議。大行王恢，燕人，數為邊吏，習[89]胡事。議曰：「漢與匈奴和親，率[90]不過數歲即背約。不如勿許，舉兵擊之。」安國曰：「千里而戰，即兵[91]不獲利。今匈奴負[92]戎馬[93]足，懷鳥獸心[94]，遷徙鳥集[95]，難得而制[96]。得其地不足為廣，有其眾不足為彊，自上古弗屬[97]。漢數千里爭利，則人馬罷[98]，虜[99]以全制其敝，勢必危殆[100]。臣故以為不如和親。」群臣議多附[101]安國，於是上許和親。

8 明年[102]，雁門馬邑豪聶壹[103]因大行王恢言：「匈奴初和親，親信邊，可誘以利致之[104]，伏兵襲擊，必破之道[105]也。」上迺召問公卿曰：「朕飾子女[106]以配單于[107]，幣帛文錦[108]，賂[109]之甚厚。單于待命加嫚[110]，侵盜無已[111]，邊竟[112]數驚，朕甚閔之。今欲舉兵攻之，何如？」

9 大行恢對曰：「陛下雖未言，臣固願效之[113]。臣聞全代之時[114]，北有彊胡之敵，內連中國[115]之兵，然尚得養老長幼[116]，種樹[117]以時，倉廩[118]常實，匈奴不輕侵也。今以陛下之威，海內為一，天下同任[119]，又遣子弟乘邊守塞[120]，轉粟輓[121]輸，以為之備，然匈奴侵盜不已者，無它，以不恐之[122]故耳。臣竊[123]以為擊之便[124]。」

10

御史大夫安國曰：「不然。臣聞高皇帝嘗圍於平城[125]，匈奴至者投[126]鞍高如城者數所。平城之飢，七日不食，天下歌之[127]。及解圍反位[128]，而無忿怒之心。夫聖人以天下為度[129]者也，不以己私怒傷天下之功[130]，故迺遣劉敬[131]奉[132]金千斤，以結和親，至今為五世[133]利。孝文皇帝又嘗壹擁[134]天下之精兵聚之廣武常谿[135]，然終無尺寸之功，而天下黔首[136]無不憂者。孝文寤於兵之不可宿[137]，故復合[138]和親之約。此二聖之迹[139]，足以為效[140]矣。臣竊以為勿擊便。」

11

恢曰：「不然。臣聞五帝不相襲禮[141]，三王[142]不相復樂[143]，非故[144]相反也，各因[145]世宜也。且高帝身被堅執銳[146]，蒙[147]霧露，沐[148]霜雪，行[149]幾[150]十年，所以不報平城之怨者[151]，非力不能，所以休天下之心也[152]。今邊竟數驚，士卒傷死，中國槥車[153]相望，此仁人之所隱[154]也。臣故曰擊之便。」

12

安國曰：「不然。臣聞利不十[155]者不易[156]業，功不百者不變常[157]，是以古之人君謀事必就祖[158]，發政占古語[159]，重作事也。且自三代之盛，夷狄不與正朔服色[160]，非威不能制，彊弗能服也，以為遠方絕地[161]不牧[162]之民，不足煩[163]中國也。且匈奴，輕疾悍亟[164]之兵也，至如猋風[165]，去如收電，畜牧為業，弧弓[166]射獵，逐獸隨草，居處無常，難得而制。今使邊郡久廢耕織，以支[167]胡之常事[168]，其勢不相權[169]也。臣故曰勿擊便。」

13 恢曰：「不然。臣聞鳳鳥[170]乘[171]於風，聖人因[172]於時。昔秦繆公[173]都雍[174]，地方[175]三百里，知時宜[176]之變，攻取西戎[177]，辟[178]地千里，并[179]國十四，隴西、北地[180]是也。及後蒙恬[181]為秦侵胡，辟數千里，以河[182]為竟，累[183]石為城，樹榆[184]為塞，匈奴不敢飲馬於河，置逢燧[185]然後敢牧馬。夫匈奴獨[186]可以威服，不可以仁畜[187]也。今以中國之盛，萬倍之資，遣百分之一以攻匈奴，譬猶以彊弩射且潰之癰也[188]，必不留行[189]矣。若是[190]，則北發月氏[191]可得而臣[192]也。臣故曰擊之便。」

14 安國曰：「不然。臣聞用兵者以飽待[193]饑，正治以待其亂，定舍[194]以待其勞。故接兵[195]覆眾[196]，伐國墮[197]城，常坐而役[198]敵國，此聖人之兵也。且臣聞之，衝風[199]之衰，不能起毛羽；彊弩之末，力不能入魯縞[200]。夫盛之有衰，猶朝之必莫[201]也。今將卷甲[202]輕舉[203]，深入長敺，難以為功；從行則迫脅[204]，衡行則中絕[205]；疾[206]則糧乏，徐[207]則後利[208]，不至千里，人馬乏食。兵法[209]曰：『遺人獲[210]也。』意者有它繆巧可以禽之[211]，則臣不知也；不然，則未見深入之利也。臣故曰勿擊便。」

15 恢曰：「不然。夫草木遭霜者不可以風過[212]，清水明鏡不可以形逃[213]，通方之士[214]，不可以文亂[215]。今臣言擊之者，固非發[216]而深入也，將順因[217]單于之欲，誘而致之邊，吾選梟騎[218]壯士陰伏[219]而處以為之備，審遮[220]險阻以為其戒。吾勢已定，或[221]營[222]其左，或營其右，或當其前，或絕其後，單于可禽，百全必取[223]。」

16 上曰：「善[224]。」迺從[225]恢議。陰使聶壹為間[226]，亡入匈奴，謂單于曰：「吾能斬馬邑令丞[227]，以城降，財物可盡得。」單于愛[228]信，以為然而許之。聶壹迺詐斬死罪囚，縣[229]其頭馬邑城下，視[230]單于使者為信[231]，曰：「馬邑長吏[232]已死，可急來。」於是單于穿塞[233]，將十萬騎入武州[234]塞。

17 當是時，漢伏兵車騎材官[235]三十餘萬，匿馬邑旁谷中。衛尉[236]李廣為驍騎將軍[237]，太僕公孫賀[238]為輕車將軍，大行王恢為將屯將軍，太中大夫李息[239]為材官將軍。御史大夫安國為護軍將軍，諸將皆屬。約單于入馬邑縱兵[240]。王恢、李息別從代主擊輜重[241]。於是單于入塞，未至馬邑百餘里，覺之[242]，還去。語在匈奴傳。塞下傳言單于已去，漢兵追至塞，度弗及，王恢等皆罷兵。

18 上怒恢不出擊單于輜重也，恢曰：「始約為入馬邑城，兵與單于接，而臣擊其輜重，可得利。今單于不至而還，臣以三萬人眾不敵[243]，祇取辱。固知還而斬，然完[244]陛下士三萬人。」於是下[245]恢廷尉[246]，廷尉當[247]恢逗橈[248]，當斬。恢行[249]千金丞相蚡。蚡不敢言上，而言於太后曰：「王恢首為馬邑事，今不成而誅恢，是為匈奴報仇也。」上朝太后，太后以蚡言告上。上曰：「首為馬邑事者恢，故發天下兵數十萬，從其言，為此。且縱[250]單于不可得，恢所部擊，猶頗[251]可得，以尉[252]士大夫[253]心。今不誅恢，無以謝天下。」於是恢聞，迺自殺。

19 安國為人多大略[254]，知足以當世取舍[255]，而出於忠厚。貪耆[256]財利，然所推舉皆廉士賢[257]於己者。於梁舉壺遂[258]、臧固[259]、至它[260]，皆天下名士，士亦以此稱慕[261]之，唯天子以為國器[262]。安國為御史大夫五年[263]，丞相蚡薨。安國行[264]丞相事，引墮車[265]，蹇[266]。上欲用安國為丞相，使使[267]視，蹇甚，迺更以平棘侯薛澤為丞相[268]。安國病免[269]，數月，瘉[270]，復為中尉[271]。

20 歲餘，徙為衛尉。而將軍衛青等擊匈奴，破龍城[272]。明年，匈奴大入邊。語在青傳。安國為材官將軍，屯[273]漁陽[274]，捕生口虜[275]，言匈奴遠去。即上言方佃作[276]時，請且罷屯。罷屯月餘，匈奴大入上谷[277]、漁陽。安國壁[278]迺[279]有七百餘人，出與戰，安國傷，入壁。匈奴虜略[280]千餘人及畜產去。上怒，使使責讓[281]安國。徙益[282]東，屯右北平[283]。是時虜言當[284]入東方。

21 安國始為御史大夫及護軍[285]，後稍[286]下遷[287]。新壯[288]將軍衛青等有功，益貴。安國既斥疏[289]，將屯[290]又失亡多，甚自媿。幸[291]得罷歸，迺[292]益東徙，意忽忽[293]不樂，數月，病歐[294]血死。

22 壺遂與太史遷[295]等定漢律曆[296]，官至詹事，其人深中篤行[297]君子。上方倚[298]欲以為相，會其病卒。

【章旨】以上是第五部分，寫韓安國在梁國任職的情況、在馬邑事件上主張和親的立場及薦舉賢士的長者風範。

【注釋】❶梁成安　梁國成安縣。梁，諸侯王國名，都睢陽（今河南商丘南）。成安，梁國屬縣，在今河南民權北。❷嘗受句　受，受學。韓子，書名，即《韓非子》。韓非是戰國末年韓國人，先秦法家的殿軍人物，提出以法為主，法、術、勢三位一體的法治思想理論體系，其著作彙編為《韓非子》一書。騶，縣名，在今山東鄒縣東南。田生，田先生。所，處所。❸事　侍奉；在其下任職。❹張羽　梁將，吳楚亂時力戰平叛，名顯於梁。❺扞　抵禦。❻東界　指梁國東部邊界地區。❼持重　謹慎穩重。❽至親　最親近的親屬。❾得　能夠；可以。❿僭　超越本分。⓫善　贊同。⓬怒　責怪。⓭案責　究查責備。⓮大長公主　文帝女劉嫖。景帝的姊姊，武帝的姑姑，稱大長公主。武帝陳皇后的母親。因是竇太后所生，稱竇太主。⓯泣　哭。⓰曾　竟然；卻。⓱省　視。⓲自關以東句　關，指函谷關。從，通「縱」。合從，謂聯合。鄉，通「向」。西鄉，向西。此謂吳、楚、齊、趙七國的軍隊都向西進攻長安。⓳中　指京師。⓴壹　一。㉑泣　眼淚。㉒卻　退。㉓卒　終於。㉔小苛禮　苛，繁細。小苛禮，微小的禮節。㉕責望　責怪。㉖梁王父兄　父，文帝。兄，景帝。㉗趩　又作「蹕」，皇帝出行時，清理道路，禁止行人通過。㉘警　警戒；戒備。㉙嫮鄙小縣　在邊遠小縣炫耀。嫮，誇耀。鄙，邊遠。㉚夸諸侯　向各諸侯王誇耀。㉛思慕　思念。㉜卹　體卹；憐憫。㉝具　詳備。㉞解　寬舒；化解。㉟遺憂　留下煩惱。㊱結於漢　結，交往；聯繫。結於漢，與漢朝廷有了交往。㊲抵罪　抵，當。抵罪，謂處以與罪行相當的懲罰。㊳蒙　梁國屬縣名，在今河南商丘北。(39)田甲　獄吏名。(40)獨　豈；難道。(41)然　「燃」本字。(42)溺　撒尿。(43)居無幾　過了不久。(44)內史　王國官名，掌管民政。(45)拜　授予官職。(46)起徒中　從犯人中起用。起，起用。徒，刑徒。(47)亡　逃亡。(48)就官　就，到。就官，到官署職位上工作。(49)而宗　你的家族。而，你。宗，宗族。(50)袒　脫去或敞開上衣，露出身體的某一部分。(51)公等足與治乎　公等，諸位。足，值得。與，被。治，懲治。(52)卒善遇之　終究善待了他。遇，對待。(53)公孫詭　複姓公孫，名詭，齊地人。本書卷四十七〈文三王傳〉：「公孫詭多奇邪計，初見日，王賜千金，官至中尉，號曰公孫將軍。」(54)羊勝　齊人，遊說之士。(55)益地　增加封地。(56)陰　暗地裡。(57)輩　批；班。(58)紛紛　亂的樣子。(59)今勝詭二句　今，如果。請辭賜死，謂韓安國自請王命賜己一死。(60)大王自度二句　度，估量；揣想。孰與，固定詞語，表示比較，意謂某與某相比，哪一方怎麼樣。太上皇，謂高帝劉邦的父親。臨江王，指景帝長子劉榮。原封為皇太子，景帝七年（西元前一五〇年）廢，因栗姬所生，史稱栗太子。改封臨江王，坐侵廟壖地為宮被朝廷收捕，到中尉府受審。榮恐，自殺。本書卷五十三有傳。(61)弗如　比不上。(62)制治理。(63)櫟陽　三輔左馮翊屬縣名，在今陝西富平東南。(64)以一言過二句　本書卷九十七〈外戚傳〉：「大行奏事，文曰：『「子以母貴，母以子貴。」今太子母號宜為皇后。』帝怒曰：『是乃所當言邪！』遂案誅大行，而廢太子為臨江王。」王，做王；封王。(65)中尉　卿職，掌管京師治安。武帝後改稱執金吾。(66)列　排列。(67)訹　誘惑。此言被誘惑，受到誘惑。(68)浮說　沒有根據的不實言詞。(69)橈　曲。橈法，枉法；破壞法紀。(70)致法　謂依法給予懲治。(71)寤　醒悟；覺醒。(72)有如　出現像……的情況。(73)即　假如。(74)誰攀　攀，依附。誰攀，即「攀誰」。(75)出之　出，出去。此為使動用法。出之，使之出去，意謂把他們交出。(76)即日　當天。(77)釋　化解；消除。(78)共王　本書卷十四〈諸侯王表〉作恭王，梁孝王劉武的太子劉買，繼孝王為梁王。(79)北地都尉　北地，郡名，在今寧夏東南部與甘肅東北部，治馬領縣（今甘肅慶陽西北）。都尉，武職官名。郡都尉，秩比二千石，輔佐郡太守掌管全郡軍事。(80)遷　調任。此指升遷。(81)閩　即閩越，越族的一支，居住在今福建。秦時，閩越王無諸是越王句踐之後，秦於其地設閩中郡。劉邦建漢稱帝，以無諸在楚漢戰爭中助漢有功，復立其為閩越王，都治（今福建福州）。(82)東越　越族一支，居住在今福建北部與浙江南部。漢惠帝三年（西元前一九二年），以越族搖在楚漢戰爭中助漢有功，立為東海王，都東甌（今浙江永嘉西南）。(83)大行王恢　大行，即大行令，卿職，掌管少數民族事務。王恢，武帝建元五年（西元前一三六年）為大行令，後因馬邑事件失敗而自殺。詳本卷下文。(84)漢兵亦罷　罷，撤退。據本書卷六〈武帝紀〉：「閩越王郢攻南越，遣大行王恢將兵出豫章、大司農韓安國出會稽擊之。未至，越人殺郢降，兵還。」(85)其年　漢武帝建元六年（西元前一三五年）。(86)匈奴　中國古代北方民族之一，是胡族的一支，生活於蒙古高原，以游牧射獵為生。

戰國末期，逐漸強大，建立統一的匈奴國，不斷南下侵擾。(87)和親　與敵議和，結為姻親。(88)下　下達；交付朝臣。言皇上把匈奴請求和親的事交給朝臣討論。(89)習　熟悉。(90)率　大概；一般。(91)即兵　謂交戰。即，作動詞用，就，接觸。兵，兵器。雙方兵器相接，謂交戰。(92)負　憑仗；依靠。(93)戎馬　戰馬。(94)鳥獸心　喻謂惡念。(95)鳥集　像成群的飛鳥集聚在一起。(96)難得而制　很難做到制服。(97)屬　內屬；歸順降服。(98)罷　通「疲」。疲憊；困乏。(99)虜　謂敵人。此指匈奴。(100)危殆　危險。(101)附　附和；同意。(102)明年　第二年，是元光元年（西元前一三四年）。(103)雁門馬邑豪聶壹　雁門，郡名，在今山西北部與內蒙古南部，治善無縣（今陝西左雲西）。馬邑，縣名，在今山西朔州。豪，首領。顏師古注引張晏曰：「豪，猶帥也。」聶壹，《史記・韓長孺列傳》作聶翁壹，豪名。(104)可誘以利致之　誘以利，即「以利誘」。致，招引；引來。(105)道　做法。(106)飾子女　飾，飾妝打扮。子女，指美女。(107)單于　匈奴君主的稱號。(108)幣帛文錦　幣帛，絲織品，古代常用作饋贈的禮品。文，彩色交錯的華麗文采。錦，有彩色花紋的絲織品。(109)賂　贈送財物。(110)加嫚　嫚，傲慢。加嫚，此言單于對待漢朝皇帝的命令比過去越來越傲慢。(111)已　止。(112)竟　通「境」。(113)效之　效，獻出。效之，進獻破匈奴之策。(114)全代之時　代，國名，在今河北西北部與山西東北部，北邊與匈奴鄰接。戰國初年，代國被趙襄子所滅，其後代為趙國地。劉邦建漢，代為諸侯王國之一，轄地時有分合。文帝以後，國域日小。關於「全代之時」所指，顏師古注：「服虔曰：『代未分之時也。』李奇曰：『六國之時全代為一國，尚能以擊匈奴，況今加以漢之大乎！』」(115)中國　指中原地區。此言內部常要對抗中原各諸侯國的軍隊。(116)長幼　長，成長。此為使動用法，使成長。長幼，使幼兒成長，意謂撫養幼兒。(117)樹　動詞，種植。(118)倉廩　貯藏糧食的倉庫。《禮記・月令》「發倉廩」句孔穎達正義引蔡邕曰：「穀藏曰倉，米藏曰廩。」「倉廩」連用，多泛指糧倉。(119)任　責任。(120)乘邊守塞　乘邊，防守邊境。顏師古注：「乘，登也。登其城而備守之。」塞，險要的地方。此指邊境可以據險固守的要地。(121)輓　拉；牽引。(122)恐之　使匈奴懼怕。恐，懼怕。此為使動用法。(123)竊　自謙之詞，私自；私下。(124)便　利。(125)高皇帝嘗圍於平城　漢高帝劉邦六年九月，韓王信降匈奴。十月，劉邦親自率軍討伐韓王信，至晉陽（今山西太原西南）。而後從晉陽乘勝追擊，由於心存輕敵思想，追到平城（今山西大同東北），被匈奴軍隊包圍，七日後才得突圍而出。(126)投　扔下。此言解下的馬鞍。(127)天下歌之　本書卷九十四〈匈奴傳〉記載：匈奴圍高帝於平城七日，「天下歌之曰：『平城之下亦誠苦，七日不食，不能彀弩。』」(128)反位　反，通「返」。位，位置；處所。此言高帝，反位指其回到長安。(129)度　度量。(130)功　事；事業。(131)劉敬　劉邦自平城回到長安，問劉敬對付匈奴之策，敬對以和親，於是派敬為使臣前往匈奴結和親約。本書卷四十三有傳。(132)奉　送上；贈與。(133)五世　高帝、惠帝、文帝、景帝、武帝。(134)壹擁　謂一度統領。(135)廣武常谿　廣武，縣名，在今山西代縣西南。常谿，溪名。136黔首　謂老百姓。137宿　顏師古注：「宿，久留也。」138合　制定；訂立。139迹　功業；事跡。140效　效法。此謂效法的榜樣。141臣聞句　五帝，根據《史記・五帝本紀》記載，五帝為：黃帝、顓頊、帝嚳、堯、舜。相，遞相，即一個接一個。襲，沿襲。142三王　指夏禹、商湯、周文王與周武王。143樂　音樂。144故　故意。145因　根據。146被堅執銳　被，通「披」。穿。堅，指堅固的甲衣。執，拿著。銳，鋒利，此指鋒利的兵器。147蒙　遭受。148沐　潤澤。此指遭受。149行　經歷。150幾　幾乎；差不多。151所以不報句　所以，表示原因。報，報復。152所以休句　所以，表示做法。休，休息。此為使動用法，言使百姓經秦末戰亂疲憊困乏的精神狀態能夠在一段寬鬆舒緩的和平環境中得到休息。153櫘車　顏師古注：「櫘，小棺也。從軍死者以櫘送致其喪，載櫘之車相望於道，言其多也。」154隱　哀痛。155十　十倍。156易　改變。157常　常規。158就祖　就，到。祖，謂祖廟。159發政占古語　發政，發布政令。占，卜問。古語，謂如《易》之卦、爻辭之類。160夷狄句　夷狄，泛指華夏族以外的其他部族。與，用。正朔，謂曆法。正，一年之始。朔，一月之始。古代改朝換代，必改正朔，表示棄舊更新。服色，指車旗服飾與祭祀用牲的顏色。服色歷代各有所尚，新王朝建立後要改用當朝崇尚的服色，如夏尚黑，殷尚白，周尚赤等。161絕地　極遠的地方。162不牧　不受管轄。牧，治。163煩　擾亂。164輕疾悍亟　輕捷勇猛。165猋風　狂風；暴風。166弧弓　謂弓箭。167支　支撐；應付。168胡之常事　指侵邊，掠奪。169權　均等；平衡。170鳳鳥　鳳凰。傳說中的一種吉祥的鳥，為百鳥之王。171乘　憑藉。172因　順應；根據。173秦繆公　即秦穆公。春秋中期秦國國君，繼其兄成公立，在位三十九年（西元前六五九—前六二一年）。穆公舉賢任能，國力日強，稱霸西戎，為春秋五霸之一。174都雍　建都雍。都，作動詞，建都，作為國都。雍，秦國都城，在今陝西鳳翔南。175方　見方；面積。176時宜　當時的需要或風尚。177西戎　居住在西北地區的戎族的總稱。178辟　通「闢」。開拓。179并　兼併。180隴西北地　二郡名。隴西郡，在今甘肅東南部，治狄道縣（今甘肅臨洮）。北地郡，在今寧夏東南部與甘肅東北部，治馬領縣（今甘肅慶陽西北）。181蒙恬　（西元前？—前二一〇年），秦始皇時名將，於秦統一後率軍三十萬北擊匈奴，奪取河南地，修築長城，駐守上郡（今陝西榆林南）。始皇死，為秦二世與趙高迫害自殺。182河　黃河。183累　堆積。184樹榆　栽種榆樹。樹，種植。榆，樹名。185㷭燧　古代邊防報警的信號，白天放煙叫㷭，夜間舉火叫燧。186獨　唯獨。187畜　治理。188譬猶句　譬猶，譬如。弩，用機械發箭的弓。彊弩，硬弓。且，將要。潰，爛。癰，一種皮膚與皮下組織化膿性的炎症。189留行　謂因受阻而停止。190若是　如此。191北發月氏　西域二國名。192臣　稱臣；臣服。此作使動用法。193待　等待。此言等待敵人。194定舍　駐紮休息。195接兵　交戰。兵，兵器。196覆眾　消滅敵人。覆，滅。眾，指敵軍。197墮　毀壞。198役　役使；驅使。199衝風　暴風；猛烈的風。[200]魯縞　魯地生產的一種白色的薄生絹。顏師古注：「縞，素也。曲阜之地，俗善作之，尤為輕細，故以取喻也。」[201]莫　「暮」本字。[202]卷甲　捲起鎧甲。卷，收起。此言軍隊輕裝疾進之狀。[203]舉　行動。[204]從行則迫脅　從行，即縱行，謂軍隊魚貫前進。從，通「縱」。迫脅，逼近威脅，言遭敵迎面近距離襲擊。[205]衡行則中絕　衡行，即橫行，謂軍隊齊頭並進。衡，通「橫」。中絕，隊列中間斷裂。言遭敵從中間阻擊截斷。王先謙《漢書補注》引王文彬曰：「軍魚貫則慮其迎擊而前受迫脅，併進則防其鈔截而中路斷絕。」[206]疾　快速。[207]徐　緩慢。[208]後利　謂不能快速取勝。[209]兵法　指論述作戰用兵方法的書。[210]遺人獲　送給人抓獲。[211]意者句　意者，表示心裡揣度，意謂大概，或許。它，別的。繆巧，計謀。禽，通「擒」。抓獲。[212]夫草木句　風過，謂風從遭霜的草木上吹過。此言遭霜的草木，稍經風吹，葉易凋落。[213]清水句　形逃，謂人的形貌避開清水的映照。此言人的形貌，在乎如明鏡的清水中，清楚地映照出美與醜。[214]通方之士　通曉治國方略、為政之道的人。[215]文亂　謂被文辭擾亂。[216]發　指發兵。[217]順因　順應；迎合。[218]梟騎　勇猛的騎兵。[219]陰伏　暗地埋伏。[220]審遮　小心地掩蔽。審，審慎；謹慎。遮，掩蔽。[221]或　有的。[222]營　圍繞。[223]百全必取　謂萬無一失，一定取勝。[224]善　表示贊同的應諾詞。[225]從　聽從；採納。[226]間　間諜，即潛入敵方，偵察情況、刺探情報、進行破壞活動的人。[227]令丞　縣的行政官吏。令，縣的行政長官。秦漢時縣的行政長官，所治縣的戶口在萬戶以上者稱令，在萬戶以下者稱長。丞，縣令的主要佐吏。[228]愛　吝惜；貪愛。[229]縣　「懸」本字。[230]視　通「示」。給人看。[231]信　憑信之物。[232]長吏　地位較高官吏的統稱。秦漢時一般指秩六百石以上官吏，而縣丞、縣尉秩雖低（四百石至二百石），也可稱長吏。[233]穿塞　穿過邊塞。[234]武州　縣名，在今山西左雲，其地在馬邑北。[235]車騎材官　車，戰車。騎，騎兵。材官，勇武步卒。[236]衛尉　官名，卿職，掌管宮門衛屯兵。[237]驍騎將軍　與下文將屯將軍、材官將軍、護軍將軍，都是將軍名號，武職。[238]公孫賀　（西元前？—前九一年），字子叔，北地郡義渠道（今甘肅合水縣）人。武帝當太子時為舍人，武帝即位任太僕。元光年間為輕車將軍，駐軍馬邑。後官至丞相，封侯。本書卷六十六有傳。[239]太中大夫李息　太中大夫，郎中令屬官，掌管論議，秩比千石。李息，北地郡鬱郅縣（今甘肅慶陽）人。武帝立八年，為材官將軍，駐軍馬邑。本書卷五十五〈衛青傳〉後有附傳。[240]縱兵　謂發兵出擊。《史記・韓長孺列傳》本句作「約單于入馬邑而漢兵縱發。」[241]輜重　指軍用物資。顏師古注：「輜，衣車也。重，謂載重物車也。故行者之資，總曰輜重。」[242]覺之　《史記・韓長孺列傳》「未至馬邑百餘里」句下有以下數句：「行掠鹵，徒見畜牧於野，不見一人。單于怪之，攻烽燧，得武州尉史。欲刺問，尉史曰：『漢兵數十萬伏馬邑下。』單于顧謂左右曰：『幾為漢所賣！』乃引兵還。」《漢書》此用「覺之」二字概括言之。[243]不敵　敵，對等。不敵，敵不過。[244]完　全；保全。[245]下　對付。[246]廷

尉　官名，卿職，掌管刑法。[247]當　判罪。[248]逗橈　逗留觀望，畏敵不前。[249]行　用。[250]縱　即使。[251]頗　稍微。[252]尉　通「慰」。安慰；慰撫。[253]士大夫　指將士。[254]大略　遠大的謀略。[255]知足以當世取舍　知，通「智」。當，順應。當世，隨順世俗。取舍，取用與捨棄。此言韓安國的智慧使他能夠做到隨應時尚，該用就用，不該用就拋棄；該做就行動，不該做就停止。[256]耆　通「嗜」。愛好。[257]賢　勝過；超過。[258]壺遂　梁國人，任大中大夫時參與制定《太初曆》。後官至詹事。[259]臧固　也是梁國人。本書僅此一見。[260]至它　顏師古注：「於梁舉二人，至於他餘所舉，亦皆名士也。」《史記．韓長孺列傳》作「郅他」，《索隱》云：「謂三人姓名也，壺遂也，臧固也，郅他也。若《漢書》則云『至他』，言至於他處，亦舉名士也。」今以「至它」為人名。[261]稱慕　稱讚仰慕。[262]國器　器，喻指人才。國器，可以治理國家的人才。[263]五年　自武帝建元六年至元光四年（西元前一三五－前一三一年）韓安國任御史大夫。[264]行　治理。[265]引墮車　引，導引。墮車，從車上跌到地上。[266]蹇　瘸。顏師古注：「為天子導引，而墮車跛蹇也。」[267]使使　派人。[268]迺更一句　更，另外；更加。平棘，縣名，在今河北趙縣東南。薛澤封侯，封地平棘縣，稱平棘侯。丞相田蚡於元光四年（西元前一三一年）三月死，當時韓安國任御史大夫，武帝想由韓安國代行丞相之職，但因韓安國墮車摔傷嚴重，腿瘸得厲害，所以五月便任命薛澤為丞相。[269]病免　因腳病被免職。[270]瘉　病痊癒。[271]中尉　官名，卿職，掌管京城治安。[272]而將軍二句　將軍，衛青當時為車騎將軍。衛青（西元前？－前一〇六年），先後七次率軍出擊匈奴，屢建戰功，官至大將軍，封長平侯。本書卷五十五有傳。等，謂軍隊分幾路出擊。龍城，又作蘢城、籠城，匈奴地名，在今蒙古鄂爾渾河地區，每年五月單于在此大會各部首領，祭祀祖先、天地、鬼、神，所以此地又稱龍庭。本書卷五十五〈衛青傳〉：元光六年（西元前一二九年），派兵四路出擊匈奴，其中一路是衛青，衛青「拜為車騎將軍，擊匈奴，出上谷」，「青至龍城」。[273]屯　駐守。[274]漁陽　郡名，治漁陽縣（今北京密雲西南）。[275]生口虜　指俘虜。[276]方佃作　正在農作。方，正。佃，耕作。[277]上谷　郡名，治沮陽縣（今河北懷來東南）。[278]壁　營壘。[279]迺　才。[280]虜略　捉拿搶掠。[281]責讓　責備。[282]益　更加。[283]右北平　郡名，治剛平縣（今內蒙古寧城西南）。右北平郡在漁陽郡東。[284]當　將要。[285]護軍　謂護軍將軍。馬邑事件中，韓安國以御史大夫為護軍將軍，四路軍隊的統帥都隸屬韓安國。[286]稍　逐漸。[287]下遷　降職調任。[288]新壯　新起的少壯。[289]斥疏　謂被斥責疏遠。[290]將屯　率軍駐守。[291]幸　希望。[292]迺　卻。[293]忽忽　失意的樣子。[294]歐　通「嘔」。吐。[295]太史遷　即太史司馬遷。太史，太常屬官，掌管圖籍文書、天文曆法、祭祀諸事。司馬遷，字子長，左馮翊夏陽縣（今陝西韓城）人。撰《史記》，創紀傳體。參與制定《太初曆》。因言李陵降匈奴事不合武帝意，被下獄，遭宮刑。本書卷六十二有傳。[296]律曆　樂律與曆法。[297]深中篤行　謂內心廉正，行為淳厚。[298]倚　依靠；信賴。

【語　譯】韓安國，字長孺，梁國成安縣人，後來遷居睢陽。曾在鄒縣田先生那裡學習《韓非子》和雜家學說。在梁孝王手下任職，為中大夫。吳、楚七國反叛時，梁孝王派韓安國、張羽為將軍，在梁國東部邊界地區抵禦吳國軍隊。張羽奮力作戰，韓安國謹慎穩重，因此吳國軍隊不能越過梁國。吳、楚七國反叛失敗，韓安國、張羽的名字因此在梁國顯揚。

2　梁王因為是最親近的親屬的緣故，可以自行設置國相與二千石級別的官員，出入遊戲的規格，超越本分，比擬天子的樣子。天子聽說，心裡很不贊同。太后知道皇帝不贊同，就責怪梁國派來的使臣，不見他們，究查責備梁王的所作所為。韓安國是梁國使臣，去見大長公主，哭訴道：「為什麼梁王作為人子的孝心，作為人臣的忠信，太后竟然看不到呢？前些時候，吳、楚、齊、趙等七國反叛，從函谷關以東都聯合起來向西進攻朝廷，只有梁王與皇帝最親近，處境最為艱難。梁王想到太后、皇帝在京師而諸侯反叛擾亂，一說到這個一行行的眼淚紛紛落下，梁王跪著送我們六人率軍擊退吳、楚軍隊，吳、楚軍隊因此不敢西進，而且終於被消滅，是梁國的力量。如今太后從細小的禮節方面責怪梁王。梁王的父親、哥哥都是天子，見的是大世面，所以梁王也是外出清理道路，禁人通行，回來加強警戒，車輛旌旗都是皇帝賞賜的，即使用來在邊遠小縣炫耀，在封國內奔跑，想要向各諸侯王國炫耀，讓天下的人都知道太后、皇帝寵愛他。如今梁國的使臣來到朝廷，卻究查責備梁王，梁王惶恐，日夜哭泣思念，不知該怎麼辦。為什麼梁王的忠孝之心太后不體卹憐憫呢？」長公主把韓安國說的話詳細地告訴了太后，太后高興地說：「給皇帝談談這些事。」給皇帝談過這些事以後，皇帝心裡的疙瘩便解開了，摘下冠向太后認錯說：「作為兄弟不能夠教導他，卻給太后留下煩惱。」接見全部梁國使臣，豐厚地賞賜他們。在這以後，梁王更加受親寵，得歡心。太后、長公主又賞賜韓安國價值一千餘金的財物。韓安國因此揚名，與漢朝廷有了聯繫。

3　在這以後，韓安國因犯法處以與罪行相當的懲罰，蒙縣司法官吏田甲侮辱韓安國。韓安國說：「滅了的灰難道不可以再燃燒起來嗎？」田甲說：「燃燒起來就撒尿滅了它。」過了不久，梁國內史缺位，漢朝廷派使臣任命韓安國為梁國內史，從刑徒中起用為二千石級別的官職。田甲逃亡。韓安國說：「田甲不到官署職位上工作，我滅掉你的家族。」田甲脫衣露體請罪，韓安國笑著說：「諸位值得被懲治嗎？」最終善待於他。

4 梁國內史缺人，梁王剛得到了一位齊地人公孫詭，喜歡他，想讓他做內史，梁王到竇太后處請求此事，竇太后卻命梁王用韓安國任內史。

5 公孫詭、羊勝勸說梁王謀求立為皇帝繼承人的太子及增加封地的事情，恐怕漢朝廷的大臣不聽從，就暗地派人刺殺漢朝廷主持政事的謀劃大臣。等到刺殺了前吳國相爰盎的時候，景帝便聽說是公孫詭、羊勝等人所謀劃，於是派使臣抓捕公孫詭、羊勝，一定要抓到。漢朝廷的使臣有十批到梁國，王國丞相以下全國大搜查，一個多月沒有抓獲。韓安國聽說公孫詭、羊勝藏在梁王那裡，就進去見梁王，哭著說：「主人遭受恥辱，臣子為此而死。大王沒有好的臣子，所以擾亂到如此地步。如果羊勝、公孫詭抓不到，我請王命賜我一死。」梁王說：「怎麼會到這種地步呢？」韓安國眼淚一行行地掉下來，說：「大王自己揣度對於皇帝，與太上皇和高帝、皇帝和臨江王之間的關係相比，哪個親近？」梁王說：「比不上。」韓安國說：「太上皇與高帝、皇帝與臨江王是親父子關係，然而高帝說『提著三尺劍奪取天下的人是我』，所以太上皇始終不能治理政事，居住在櫟陽。臨江王是嫡長太子，因為一句話的過錯，被廢黜為臨江王；因侵占廟地的事情，終於在中尉府自殺。為什麼呢？治理天下終究不能因為私情破壞法度。俗話說：『雖然是親父親，怎麼知道不會變成老虎？雖然是親哥哥，怎麼知道不會變成豺狼？』如今大王排列在諸侯王中，受到奸臣沒有根據的不實言詞的誘惑，違犯朝廷的禁令，破壞嚴明的法紀。天子因為太后的緣故，不忍心對大王依法給予懲處。太后日夜哭泣，希望大王自己改正，而大王始終不覺悟。假如出現像太后去世的情況，大王還能依靠誰呢？」韓安國的話沒有說完，梁王的眼淚一行行地掉下來，感謝韓安國說：「我現在就交出他們。」當天，公孫詭、羊勝自殺。漢朝廷的使臣回朝廷復命，說梁國問題都得到了化解，是韓安國的力量。景帝、太后更加器重韓安國。

6 梁孝王去世，梁共王繼位，韓安國因犯法失去官職，在家閒住。漢武帝即位，武安侯田蚡擔任太尉，憑藉親近尊貴而掌握大權。韓安國拿五百金贈送田蚡，田蚡向太后談了韓安國的情況。皇上以前聽說過韓安國賢能，就調他擔任北地郡都尉，升任大司農。閩越、東越互相攻打，朝廷派韓安國、大行令王恢率領軍隊討伐。沒有到達越地，越人殺了他們的王向漢軍投降，漢軍也撤退回來。這一年，田蚡擔任了丞相，韓安國擔任了御史大夫。

7 匈奴派人來請求和親，皇上把匈奴請求和親的事交給朝臣討論。大行令王恢，燕地人，多次擔任邊地的官吏，熟悉匈奴情況。王恢發表意見說：「漢朝廷與匈奴和親，一般不超過幾年就背棄和約。不如不答應和親，出兵攻打它。」韓安國說：「遠征千里作戰，打起仗來，不容易取得勝利。如今匈奴依仗戰馬充足，懷著鳥獸般的貪心惡念，既四處流動，又可像飛鳥般的快速聚集，很難做到制服。得到它的土地不能算是廣闊，擁有它的民眾不能算是強大，自上古以來就沒有歸順降服。漢軍遠征千里爭奪利益，則人馬疲憊困乏，敵人用絲毫沒有遭受挫折的軍隊對付我們疲憊困乏之軍，形勢一定危險。所以我認為不如和親。」群臣討論多數人附和韓安國的意見，於是皇上同意和親。

8 第二年，雁門郡馬邑縣的首領聶壹通過大行令王恢向皇上進言說：「匈奴剛剛和親，親近信任邊境人民，可以用利益誘惑引來他們，埋伏軍隊襲擊，這是一定能夠打敗匈奴的做法。」皇上於是召集公卿大臣，詢問他們的意見說：「我妝飾打扮女子來許配單于，以絲織品及有彩色花紋的織錦等財物贈送非常豐厚。單于對待漢朝廷命令的態度卻比過去日增傲慢，侵擾搶掠不止，邊境地區屢受驚擾，我非常憂慮這種情況。如今想要發兵攻打匈奴，怎麼樣？」

9 大行令王恢回答說：「陛下雖然沒說，我本來就希望進獻對付匈奴的計策。我聽說，代國在擁有它全部地域的時候，北面有強大匈奴這樣的敵人，對內常要抵禦中原各諸侯國的軍隊，可是還能夠贍養老人，撫育幼兒，按農時種植作物，糧倉總是滿滿的，匈奴不敢輕易侵犯。如今憑著陛下的聲威，海內成為一統，天下人責任、目標一致，又派青壯子弟登防邊城，守禦要塞，轉運糧食，作為戰備，可是匈奴侵擾搶掠不止，沒有別的原因，只是因為沒有懼怕之心的緣故而已。我個人認為，攻打匈奴有利。」

10 御史大夫韓安國說：「不是這樣。我聽說高皇帝曾經被圍困在平城，匈奴軍隊解下的馬鞍堆在那裡像城牆一樣高的就有好幾處。平城內的人忍飢挨餓，一連七天吃不到食物，天下人為此而用歌謠加以傳述。等到解圍回到京師長安，沒有憤怒的念頭。聖人根據天下的廣大作為度量，不因為自己的個人憤怒損害天下的功業，所以就派遣劉敬向匈奴送上金千斤，來締結和親的盟約，至今已有五世得到好處。文帝又曾經一度統領天下精銳軍隊聚集廣武縣常谿一帶，然而最終沒有取得一尺一寸的點滴成效，而天下百姓卻無不為之憂慮。文帝覺悟到軍隊不能長期聚留此地，所以又訂立和親的盟約。這兩位聖人的功業，足夠用來作為我們效法的榜樣了。我個人認為，不攻打匈奴有利。」

11 王恢說：「不是這樣。我聽說五帝不一代接一代地因襲前代的禮儀制度，三王不一代接一代的重複前代的音樂制度，不是故意相反，是各代根據當世的社會情況施行了適宜的制度。況且高帝親自穿著堅固的戰衣，拿著銳利的兵器，受著霧露，冒著霜雪，經歷了差不多十年時間，不報復平城仇恨的原因，不是力量不能夠做到，是用這種做法來使天下人的身心都能得到休息。如今邊境地區多次受到侵擾，士卒死傷，中原地區的道路上運載棺柩的車子絡繹不絕，這是有仁德的人所哀痛的。我所以說攻打匈奴有利。」

12 韓安國說：「不是這樣。我聽說利益達不到十倍的不改變職業，功效達不到百倍的不改變原有做法，因此古代的君主謀劃國事一定到祖廟，發布政令必卜問古人的卦、爻辭語，重視所做的事情。而且從夏、商、周三代的盛世以來，四方民族不用華夏族的正朔曆法、衣服裝飾與喜好的顏色，不是威勢不能對它控制、強大不能使它順服，是認為遠方道路極遠不受管轄的人民，不值得擾亂中原地區。而且匈奴，是輕捷勇猛的軍隊，來如暴風驟起，去像閃電瞬逝，把畜牧作為職業，用弓箭騎射打獵，追殺野獸，隨草遷徙，住的地方不固定，很難做到制服。如今使邊境地區各郡長期荒廢農耕紡織，來對付匈奴的侵擾搶掠，雙方的形勢是不相等的。我所以說不攻打匈奴有利。」

13 王恢說：「不是這樣。我聽說鳳凰憑藉著風翱翔太空，聖人順應時勢縱橫治理天下。從前秦繆公建都雍，國土縱橫三百里，知道適合時代需要的變化，攻占西戎，開拓國土縱橫千里，兼併十四個國家，就是今天隴西郡、北地郡地區。等到後來，蒙恬為秦朝攻打匈奴，開拓國土縱橫幾千里，以黃河為邊界，堆積石塊修築城堡，栽種榆樹作為關塞，匈奴不敢在黃河邊給馬喝水，設置了報警烽燧設施以後才敢放牧馬匹。匈奴唯獨可以憑藉威勢使它順服，卻不可以用仁德治理。如今憑藉漢朝的強盛，萬倍的財富，派遣百分之一的軍隊攻打匈奴，譬如用強弓射將要潰爛的癰瘡一樣，一定不會因受阻而停止。這樣，那麼西域的北發、月氏二國都可以使它們歸服稱臣了。我所以說攻打匈奴有利。」

14 韓安國說：「不是這樣。我聽說用兵的方法，用我軍的糧足飯飽等待敵軍的糧缺挨餓，用我軍的嚴整軍陣等待敵軍的軍容混亂，用我軍的駐紮休整等待敵軍的疲憊勞頓。所以交戰就殲滅敵人，攻打敵國就摧毀城邑，常常不費力氣而使敵國被我驅使，這是聖人的用兵方法。況且我聽說，暴風的風力減弱，吹不起來羽毛；強勁的弓射出的箭到了它射程的最後，力量不能夠穿透魯地生產的極薄的白色生絹。興盛以後會有衰敗，像早晨以後必有黃昏一樣。現在如果捲起鎧甲輕裝快速行動，長驅深入敵國，很難用這種做法取得功效，軍隊魚貫前進會遭到敵人迎面近距離襲擊，軍隊齊頭並進會遭到敵人從中間阻擊截斷，快速進軍會糧草供應不上，緩慢行進會喪失快速取勝的戰機，軍隊前進不了一千里，就會人馬沒了糧草。兵法說：『這是送給敵人做俘虜。』或許有別的計謀抓獲敵人，但是我不知道；如果沒有別的計謀抓獲敵人，就看不到長驅深入攻打匈奴的好處了。我所以說不攻打匈奴有利。」

15 王恢說：「不是這樣。草木遭霜打以後經不起風吹，清水明鏡使人的容貌避不開它的映照，通曉經國方略的人，不會被文辭擾亂。如今我提出攻打匈奴，本就不是要發兵深入匈奴攻打，是要順應著單于的欲望，利用引誘的辦法引他到邊境，我們挑選勇猛騎兵暗地埋伏作為防備，小心地掩蔽在險要的地方作為警戒。我們的陣勢部署好以後，有的包圍在敵軍的左邊，有的包圍在敵軍的右邊，有的在敵軍的正面，有的截斷敵軍的後路，單于可以抓獲，萬無一失，必定取勝。」

16 皇上說：「好。」於是採納了王恢的意見。暗地裡派聶壹為間諜，逃到匈奴，對單于說：「我能夠殺死馬邑縣的縣令與縣丞，拿著縣城投降，財物可以全部得到。」單于貪愛城邑財物，相信了聶壹，認為這樣做是對的，就同意了聶壹的做法。聶壹於是殺死判死罪的囚犯，把他們的頭懸掛在馬邑城下，謊稱是馬邑令丞的頭顱，給單于派來的使臣看，作為憑信的證據，說：「馬邑縣的令、丞已死，你們可以火速前來。」於是單于穿過邊界，率領十萬騎兵進入武州要塞。

17 在這時，漢朝埋伏的軍隊有戰車、騎兵、勇武步卒等三十多萬人，隱藏在馬邑附近的山谷中。衛尉李廣為驍騎將軍，太僕公孫賀為輕車將軍，大行令王恢為將屯將軍，太中大夫李息為材官將軍。御史大夫韓安國為護軍將軍，各位將軍都隸屬於他的統領。約定單于進入馬邑後，漢軍各部出兵攻擊。王恢、李息另外從代郡主攻匈奴軍的後勤物資。當時單于進入漢界，距離馬邑還有一百多里，發覺了漢軍暗中埋伏，退回去了。這些情況，記載在〈匈奴傳〉中。邊境地區傳說單于已經退走，漢軍追到邊界，估計追不上了，王恢等都撤回了軍隊。

18 皇上惱怒王恢不出擊單于的後勤物資，王恢說：「開始約定，是為了引誘單于進入馬邑城，軍隊與單于交戰，而我攻擊他的後勤物資，可以取得勝利。如今單于沒走到馬邑就退回去了，我用三萬軍隊，打不過他，只會自取羞辱。我知道回來一定會被殺，但是保全了陛下三萬軍隊。」於是皇上把王恢交付廷尉，廷尉判定王恢逗留觀望、畏敵不前的罪行，應當斬首。王恢用千金賄賂宰相田蚡。田蚡不敢向皇上談此事，而向太后談了此事，說：「王恢首先謀劃馬邑事件，如今事情沒有成功而殺了王恢，這是替匈奴報仇。」皇上朝見太后，太后把田蚡說的告訴了皇上。皇上說：「首先謀劃馬邑事件的人是王恢，所以調動全國軍隊數十萬人，採納王恢建議，採取了這次軍事行動。況且即使單于不能抓獲，王恢率領的軍隊如果攻擊匈奴軍隊，還是可以稍有收穫，用來安慰將士的心。如今不殺王恢，沒有辦法向天下人認錯道歉。」當時王恢聽到，就自殺了。

19 韓安國做人多有遠大的謀略，智慧足夠用來隨順著時勢的發展去就進止，這是出於忠厚的秉性。貪愛財利，但所推舉的人都是勝過自己的廉潔人才。在梁國舉薦壺遂、臧固、至它，都是全國著名人士，人們也因此稱讚仰慕他，就連天子也認為他是可以治理國家的人才。韓安國任御史大夫五年，丞相田蚡死。韓安國代理丞相職務，為天子引導墮車摔瘸了腿。皇上想用韓安國任丞相，使人探視，看到他腿瘸得厲害，於是改用平棘侯薛澤任丞相。韓安國因腿病被免去官職，數月後，腳病好了，又擔任了中尉。

20 過了一年多，調任衛尉。將軍衛青等人出擊匈奴，攻占龍城。第二年，匈奴大舉侵入邊境。以上情況，記載在〈衛青傳〉中。韓安國任材官將軍，駐守漁陽郡，捕獲俘虜，說匈奴已經遠遠地離開了。韓安國馬上向朝廷報告，提出正是農作季節，請求本部軍隊停止駐守。停止駐守一個多月，匈奴大舉侵入上谷、漁陽二郡。韓安國軍營中只有七百多人，出營與匈奴作戰，韓安國受傷，撤回軍營。匈奴捕獲一千多人及搶掠牲畜財物，而後撤走。皇上發怒，派人責備韓安國。調韓安國到更東的地方，駐守右北平郡。這時，匈奴揚言將要進犯東部地區。

21 韓安國當初擔任御史大夫與護軍將軍，後來逐漸降職調任。新起來的少壯將軍衛青等人立有軍功，日益尊貴。韓安國既被斥責疏遠，率軍駐守又損失傷亡眾多，自己感到非常慚愧。原本希望能夠免職回京，卻更加向東調動，心中悒鬱不樂。幾個月後，得了病，吐血而死。

22 壺遂與太史司馬遷等人制定了漢朝的樂律與曆法，官職升到詹事，這人是內心廉正、行為淳厚的君子。皇上正想要用他任丞相，卻遇上他因病去世了。

贊曰：竇嬰、田蚡皆以外戚重❶，灌夫用一時決策❷，而各名顯，並❸位卿相，大業定❹矣。然嬰不知時變❺，夫亡術❻而不遜❼，蚡負❽貴而驕溢。凶德❾參❿會，待時而發⓫，藉福區區⓬其間，惡⓭能救斯⓮敗哉！以韓安國之見器⓯，臨其摯⓰而顛墜⓱，陵夷⓲以憂死，遇合⓳有命，悲夫！若王恢為兵首而受其咎⓴，豈命也虖㉑？

【章　旨】以上為全卷總結，概言竇、田、灌、韓四人的興衰之由。

【注　釋】❶重　謂位尊權重。❷用一時決策　用，以。顏師古注：「謂馳入吳軍，欲報父讎也。」事見本卷上文。❸並都。❹定 奠定。❺時變 時勢的變化。❻亡術 沒有權術。亡，同「無」。❼遜 謙遜。❽負 依仗。❾凶德 違背仁德的惡性。❿參 通「三」。⓫發 發生；暴露。⓬區區 謂奔走盡力。區，通「驅」。⓭惡 怎麼。⓮斯 指竇嬰、田蚡、灌夫三人。⓯見器 被器重。見，被。⓰摯 極限；頂點。⓱顛墜 墜落；此喻指覆滅，敗亡。⓲陵夷 衰弱。⓳遇合 遇到彼此投合賞識自己的人。⓴咎 過錯；罪責。㉑虖 通「乎」。

【語譯】史官評議說：竇嬰、田蚡都憑仗外戚身分位高權重，灌夫憑藉短時間內決定的策略殺敵立功，各個名聲顯赫，都官位高到卿、相，每個人的宏大事業由此奠定。然而竇嬰不懂時勢的變化，灌夫沒有權術，又不謙遜，田蚡依仗尊貴地位而驕縱恣傲。違背仁德的三個人聚集在同一個時期，一遇到適合的時機，彼此傾軋鬥爭的惡行便爆發出來，藉福在他們中間奔走盡力，怎能拯救這些人的滅亡呢！憑著韓安國的被器重，到了他的頂點卻走向敗亡，衰弱失勢，憂鬱而死，可見遇到賞識自己的人也是由命運決定，悲哀呀！像王恢是馬邑之戰第一個謀劃的人，卻承受失敗的罪責，難道是命嗎？

【研 析】本卷的篇章布局與記載的人物事件，透露出如下歷史信息。

一、本卷是竇嬰、田蚡、灌夫、韓安國四人的合傳，但是，四者實分主次，以外戚竇、田二傳為主線，灌、韓二傳猶似附傳地位。只有這樣認識本卷的篇章布局，才能深入地體察本卷內容傳遞給後人的歷史信息。

二、本卷立傳的竇嬰、田蚡、灌夫、韓安國四人，灌、韓二人的命運與竇、田二人的命運不無關係。而竇、田的命運也並非由他們自己決定，而是隨著傳外人的命運升降浮沉，其人就是竇太后與王太后。劉邦建漢，死後傳子惠帝，惠帝在位七年，實由其母呂太后掌權。惠帝死後，呂太后更是稱制八年。景、武時期，二帝生母竇太后與王太后先後干政，實為呂太后干預朝政的餘緒。本卷記載的是立傳四人的事情，但反映的卻是竇、王（田）兩家外戚勢力的鬥爭與消長、太后干政與天子集權的矛盾與較量。竇、王鬥爭的結果是新盛舊衰，天子與太后較量的結果是景、武都在無奈之下敗下陣來。西漢後期，元帝王皇后連續影響成、哀、平三世，終使劉漢易姓，王莽建新。東漢時期，宦官勢起，與外戚交替操縱朝政，綱紀日壞，龜鼎播遷。由此審視本卷給予人們的警示，十分深刻。

三、西漢建立之初，社會經濟凋弊蕭條，統治者尊崇道家的黃老之術，實行無為而治，以與民休養生息，發展經濟，安定社會。文、景時期，社會漸趨穩定，經濟得到恢復並有所發展。武帝即位，欲有所作為，於是儒家入世有為的思想學說受到重視。武帝正欲尊崇儒家之際，卻遭到竇太后的激烈反對。竇太后歷文、景、武三帝，國家的政治形勢與經濟形勢都發生了變化，而她還在拘守故我，不能與時俱進。竇太后的反對不是她的個人行為，她是一股社會勢力的代表，由此演化成一場殘酷的政治鬥爭，有的被殺，有的免職，尊崇儒術的好戲剛敲響鑼鼓就不得不草草收場。武帝建元六年（西元前一三五年），竇太后去世，尊崇儒術才在士人中形成潮流。此後兩千年的歷代王朝，儒家思想成為官方政治統治的主導思想，其影響的深遠不言而喻。

四、如何對付匈奴，是漢朝面對的一個棘手問題。秦漢之際，匈奴始強，趁中原秦末戰亂及漢初勢弱，屢屢南侵，漢朝以下嫁公主，結和親之約來求得緩解匈奴南侵之勢。到武帝時，漢朝已經長期的休養生息，經濟發展，國力充足，於是便想北逐匈奴以解除邊患。在這種整體的發展形勢下，才有對匈奴政策上的和、戰之議與謀劃馬邑之戰的重大軍事行動。馬邑設謀雖然失敗，王恢也因此被殺，但此後漢朝一改和、戰兩用之策，集中以軍事打擊來解決問題。韓安國未能深察朝廷對待匈奴的政策變化，在和、戰之議中一意主和；馬邑之戰，漢軍諸將皆屬韓安國統領，卻以失敗告終；其後，率軍駐守漁陽，疏於防守，遭匈奴虜掠。傳中感歎韓安國自馬邑失敗之後日漸「下遷」，最後「陵夷以憂死」，將其歸之於「有命」，而這種命運，實為時勢所決定。

卷五十三

景十三王傳第二十三

【題解】漢景帝有十四個兒子，在西漢歷代皇帝中子嗣最多。其中王皇后所生子劉徹繼承皇位，是為武帝，其餘十三子被封為諸侯王。〈景十三王傳〉詳細記錄了這十三個諸侯王的生平以及封國承嗣情況。景十三王及其子孫生於承平之世，大多驕奢淫逸，班固對此毫不曲筆，為後人了解漢代皇室的腐朽生活留下了珍貴史料。景帝時漢王朝開始著手調整對諸侯國政策，抑制諸侯，加強中央集權，〈景十三王傳〉通過十三王及其子孫的經歷生動地反映了這一重大歷史變化。

孝景皇帝❶十四男❷。王皇后❸生孝武皇帝。栗姬❹生臨江閔王❺榮、河間❻獻王德、臨江哀王閼❼。程姬生魯❽共❾王餘、江都❿易⓫王非、膠西⓬于⓭王端。賈夫人生趙⓮敬肅王彭祖、中山⓯靖王勝。唐姬生長沙⓰定王發。王夫人⓱生廣川⓲惠王越、膠東⓳康王寄、清河⓴哀王乘、常山㉑憲王舜。

【章　旨】以上總述景帝十四個兒子的名字、生母、封國、謚號。

【注　釋】❶孝景皇帝　西漢第四任皇帝，名劉啟（西元前一八八—前一四一年），在位十七年（西元前一五六—前一四一年）。事詳見卷五〈景帝紀〉。❷男　子男；兒子。本書卷〈天文志〉：「鉅鹿都尉謝君男詐為神人。」顏師古注引孟康曰：「男者，兒也。」❸王皇后　景帝第二任皇后，武帝的母親。事見卷九十七〈外戚傳上〉孝景王皇后條。皇后，皇帝的正妻。❹姬　皇帝妃的稱呼。《集韻・之部》：「姬，妾稱。」栗姬的事跡可參見卷九十七上〈外戚傳上〉孝景王皇后條。❺臨江閔王　臨江，封國名。在今湖北中西部，王都江陵（今江陵）。閔，謚號。《說文・門部》：「閔，吊者在門也。」下文「王」前的「哀」、「獻」、「肅」等均為謚號。❻河間　封國名。在今河北中南部，王都樂城（今獻縣東南）。❼閼　《史記・五宗世家》作閼于。梁玉繩《史記志疑》卷二十六云：《史》、《漢》紀、表、傳俱云臨江哀王閼，「于」蓋衍字。王先謙《漢書補注》認為閼、閼于二說可並存。❽魯　封國名。在今山東西南部，王都魯縣（今曲阜）。❾共　通「恭」。作謚號時均通此義。❿江都　封國名。在今江蘇中部，王都江都（今揚州西南）。⓫易　謚號。改易之意。顏師古注引謚法說「好更故舊曰易」。⓬膠西　封國名。在今山東膠河以西地區，王都高密（今高密西南）。⓭于　謚號。遠的意思。因劉端行為不正，背離道德，故以此為謚號。⓮趙　封國名。在今河北西南部，王都邯鄲（今邯鄲）。⓯中山　封國名。在今河北中西部，王都盧奴（今定州）。⓰長沙　封國名。在今湖南中部，王都臨湘（今長沙）。⓱王夫人　王皇后的妹妹，名兒姁。事見卷九十七上〈外戚傳上〉孝景王皇后條。⓲廣川　封國名。在今河北東部，王都信都（今冀州）。⓳膠東　封國名。在今山東東部，王都即墨（今平度東南）。⓴清河　封國名。在今河北、山東交界地區，王都建陽（今河北清河東南）。㉑常山　封國名。在今河北西南部，王都元氏（今元氏西北）。

【語　譯】景帝有十四個兒子。王皇后生武帝。栗姬生臨江閔王劉榮、河間獻王劉德、臨江哀王劉閼。程姬生魯共王劉餘、江都易王劉非、膠西于王劉端。賈夫人生趙敬肅王劉彭祖、中山靖王劉勝。唐姬生長沙定王劉發。王夫人生廣川惠王劉越、膠東康王劉寄、清河哀王劉乘、常山憲王劉舜。

1

河間獻王德以孝景前二年立❶，脩學好古，實事求是❷。從民得善書，必為好寫與之，留其真[3]，加金帛賜以招之。繇是[4]四方道術[5]之人不遠千里[6]，或有先祖舊書，多奉以奏[7]獻王者，故得書多，與漢朝等。是時，淮南王安[8]亦好書，所招致率[9]多浮辯[10]。獻王所得書皆古文[11]先秦[12]舊書，周官[13]、尚書[14]、禮[15]、禮記[16]、孟子[17]、老子[18]之屬[19]，皆經傳說記[20]，七十子之徒[21]所論。其學舉[22]六藝[23]，立毛氏詩[24]、左氏春秋[25]博士[26]。脩禮樂[27]，被服儒術[28]，造次[29]必於儒者。山東[30]諸儒多[31]從而遊。

2 武帝時，獻王來朝[32]，獻雅樂，對[33]三雍宮[34]及詔策[35]所問三十餘事。其對推[36]道術而言，得事之中[37]，文約[38]指[39]明。

3 立二十六年薨[40]。中尉[41]常麗以聞[42]，曰[43]：「王身端行治[44]，溫仁恭儉，篤[45]敬愛下，明知深察，惠[46]于鰥[47]寡[48]。」大行令[49]奏：「謚法[50]曰『聰明睿知[51]曰獻』，宜謚曰獻王。」子共王不害[52]嗣[53]，四年薨。子剛王堪[54]嗣，十二年薨。子頃王授[55]嗣，十七年[56]薨。子孝王慶嗣，四十三年薨。子元嗣。

4 元取故廣陵[57]厲王、厲王太子及中山懷王故姬廉等以為姬。甘露[58]中，冀州[59]刺史[60]敞[61]奏[62]元，事下廷尉[63]，逮召廉等。元迫脅凡七人，令自殺。有司[64]奏請誅元，有詔削二縣[65]，萬一千戶。後元怒少史[66]留貴，留貴踰垣[67]出，欲告元，元使人殺留貴母。有司奏元殘賊不改，不可君國子民[68]。廢勿王[69]，處漢中[70]房陵[71]。居數年，坐[72]與妻若共乘朱輪車，怒若，又笞擊，令自髡[73]。漢中太守[74]請治，病死。立十七年，國除[75]。

絕[76]五歲，成帝建始元年，復立元弟上郡[77]庫令[78]良，是為河間惠王。良脩獻王之行，母太后[79]薨，服喪如禮。哀帝下詔褒揚曰：「河間王良，喪太后三年，為宗室[80]儀表，其益封萬戶。」二十七年薨。子尚嗣，王莽[81]時絕。

【章　旨】以上敘述栗姬次子河間獻王劉德及其子嗣情況。劉德尊崇儒術，喜歡搜集古籍，對當時的政治、文化有一定影響。像劉德這樣品行優秀的諸侯王在漢朝較為罕見，但其子嗣仍免不了走上驕奢淫逸的道路。

【注　釋】❶立　封立為王。❷實事求是　對事物進行認真考察，尋求事物的真相、本意。實，查驗；考察。《字彙・宀部》：「實，驗也。」❸真　指真跡，書的正本。❹繇是　因此。繇，通「由」。❺道術　道、術均指技藝、方術。《周禮・春官・大司樂》：「凡有道者，有德者，使教焉。」鄭玄注：「道，多才藝者。」《廣韻・術韻》：「術，技術。」《禮記・鄉飲酒義》：「故曰古之學術道者，將以得身也。」鄭玄注：「術，猶藝也。」孔穎達疏：「術者，藝也。」❻不遠千里　意為不以千里為遠，投奔到河間獻王門下。❼奏　進；進獻。❽淮南王安　（西元前一七九－前一二二年），淮南厲王劉長之子，漢高祖劉邦之孫。文帝十六年（西元前一六四年）立。善為文辭，曾仿呂不韋作《呂氏春秋》，招賓客編纂《淮南子》二十一篇。後與衡山王劉賜謀反，事發覺自殺。事見卷四十四〈淮南王傳〉。❾率　大約；大體。《古今韻會舉要・質韻》：「率，大略也。」❿浮辯　指玩弄詞藻、故弄玄虛，沒有多少實際內容。浮，輕浮；浮誇。辯，巧言；善言詞。⓫古文　與「今文」（漢代通行的隸書）相對的文字，通常指小篆以前各諸侯國所用的文字。⓬先秦　秦統一以前的時代。此處猶言前朝。⓭周官即《周禮》。漢代初出時稱《周官》，因容易與《尚書・周官》相混，改稱《周官經》。自劉歆以後稱《周禮》。⑭尚書　書名。現存最早的上古典章文獻彙編，為儒家經典《五經》之一，相傳由孔子編撰。也單稱《書》。⑮禮　即《儀禮》，又稱《禮經》，十七篇。為儒家經典《五經》之一。⑯禮記　指漢代諸儒編集《禮經》的四十九篇「記」，與《禮經》、《周禮》合稱「三禮」。⑰孟子　記述戰國時著名思想家孟子思想、事跡的書。孟子（西元前三七二—前二八九年），名軻，字子輿，鄒人。儒家學派的創始人之一，地位僅次於孔子。⑱老子　春秋戰國時期老子所著的書，又名《道德經》，五千餘字。老子名老聃，楚人，老莊學派創始人。⑲屬　類別；種類。《廣韻・燭韻》：「屬，類也。」⑳經傳說記　《五經》以及解釋《五經》的書。經，指《五經》經文。傳、說、記，均是解釋經文的文字。㉑七十子之徒　指孔子的弟子。相傳孔子有弟子三千，親自受業的弟子有七十餘人，具體數字各家說法不同。稱七十子是取其整數。參見卷三十〈藝文志〉的解釋。㉒舉　包舉。㉓六藝　《六經》。㉔毛氏詩　毛氏所傳《詩經》，簡稱《毛詩》。㉕左氏春秋　左丘明為《春秋》所作的傳。左丘明，春秋時魯國人，相傳曾任魯太史，曾為魯國國史《春秋》作傳，稱《春秋左氏傳》，亦稱《左氏春秋》，簡稱《左傳》。與《穀梁傳》、《公羊傳》並稱《春秋》三傳，而以《左傳》史料價值最高。㉖博士　官名。漢承秦置，屬太常，秩比六百石，員數無常。充當皇帝顧問，參與議政、制禮。傳中的博士指王國所置的博士。㉗禮樂　禮與樂的合稱。規定社會行為的法則、規範、儀式總稱為禮。樂，音樂。古人認為樂有教化作用，故把樂和禮一起視為規範社會秩序、整齊風俗的兩個重要手段。㉘被服儒術　意謂浸潤在儒術之中。被服，指常居處其中。㉙造次　行止。㉚山東　戰國秦漢時期稱崤山或華山以東地區為山東，以西為山西。㉛多　舊本作「者」字誤，今據殿本、《史記》改。㉜朝　朝見。漢代制度，諸侯王每年要上京進見皇帝，稱「朝」。㉝對　回答皇帝的詢問稱「對」。㉞三雍宮　辟雍、明堂、靈臺。雍，和。三雍意指天地、君臣、人民皆和。本書卷三十〈藝文志〉有獻王對上下三雍宮三篇。「對三雍宮」非指召對於三雍宮。㉟詔策　詔書、策書的合稱，是皇帝所下命令文書的兩種形式。詔書，詔告，皇帝向有關官屬下達命令或許可大臣奏請時稱詔書。策書則用於封土授爵、任免三公等。㊱推　推薦；推舉。㊲中　內裡；本質。㊳約　少；簡約。㊴指　通「旨」。旨意；目的。㊵薨　諸侯王、列侯等死，諱稱薨。㊶中尉　官名。秦、西漢京城治安長官，為列卿之一，秩中二千石。武帝太初元年更名執金吾。㊷以聞　以之聞於皇帝；報告皇帝。㊸曰　王先謙《漢書補注》引李慈銘曰：「『曰』上當有『制』字。制，皇帝詔書的一種形式。《史記・秦始皇本紀》：『命為制。』」㊹身端行治　為人正直，舉止得當。端，直；正。治，理。㊺篤　篤厚；真誠；純一。㊻惠　施惠；有恩。㊼鰥　無妻的成年男子。㊽寡　喪夫的成年女子。㊾大行令　官名。西漢景帝時更名典客為大行令，為列卿之一，秩中二千石，執掌少數民族事務。武帝太初元年更名大鴻臚。(50)謚法　帝王、貴族、大臣等死後，依其生前事跡定其稱號的制度。(51)睿知　通達智慧。睿，通達。知，通「智」。(52)不害　本書卷十四〈諸侯王表〉作「不周」，王先謙《漢書補注》認為〈表〉誤。(53)嗣　繼位。此處指繼承諸侯王位。(54)堪　《史記．五宗世家》作「基」。(55)授　本書卷十四〈諸侯王表〉作「緩」，王先謙《漢書補注》認為〈表〉誤。(56)十七年　王先謙《漢書補注》認為應為十六年，十七年誤。(57)廣陵　諸侯國名。在今江蘇中部，王都廣陵（今揚州西北）。(58)甘露　漢宣帝年號，西元前五三—前五〇年，共四年。(59)冀州　西漢十三刺史部之一，轄區包括今河北中南部、河南北部、山東西部。(60)刺史　官名。漢武帝元封五年（西元前一〇六年）將全國分為十三州部，每州部設置刺史一人，秩六百石。執掌奉詔條監察州內官吏和強宗大族。(61)敞　張敞，事跡見本傳。(62)奏　上書彈劾。(63)廷尉　官名。漢承秦置。為列卿之一，秩中二千石，執掌全國刑獄。(64)有司　主管部門、主管官員。古代設官分職，事各有專司，故稱有司。(65)縣　地方行政區劃單位。郡下設縣，萬戶以上置縣令，以下置縣長。縣下設鄉、里。(66)少史　漢代低級官吏名，掌文書。(67)踰垣　翻牆。踰，同「逾」。跨過。垣，院牆。(68)君國子民　統治國家和人民。君、子均作動詞解，為國之君、以民為子。(69)王　作動詞解，王其國，做諸侯王。(70)漢中　郡名。在今陝西南部、湖北西北部。治西城（今陝西安康西北）。(71)房陵　縣名，屬漢中郡。在今湖北房縣。(72)坐　因……獲罪。(73)髡　剪短頭髮，古代的一種刑罰。(74)太守　官名。秦漢時郡行政長官，秩二千石。原名郡守，景帝中二年（西元前一四八年）更名太守。(75)國除　封國被廢除。(76)絕　斷。《說文》：「絕，斷絲也。」引申為「斷」義，意指河間國被廢除。(77)上郡　郡名。在今陝西北部和內蒙古交界處，治膚施（今陝西榆林東南）。(78)庫令　官名，管理庫的長官。庫，收藏武器等軍事物資的倉庫。(79)太后　皇帝或諸侯王母親的稱號。此處為諸侯王母親。(80)宗室　皇室家族，漢代為劉姓。掌管皇室事務的宗正專門設有宗室戶籍。(81)王莽　新朝皇帝。事跡見卷九十九〈王莽傳〉。

【語　譯】河間獻王劉德在景帝前二年被立為王，他研修學問，喜好歷史，通過實證探求事物的真相。從百姓那兒得到好書，必定認真地謄寫一份給書主，將正本留下，並加以黃金、絲帛等賞賜，以此招徠更多的人獻書。因此四方有道術的人不遠千里來投奔他，有的人家中藏有先祖留下的舊書，多進獻給他，獻王因此得到很多書，他的藏書數量與朝廷相當。當時，淮南王劉安也喜歡書，但他搜集的多是浮誇詭辯類的書。獻王搜集的都是前朝古文舊書，如《周官》、《尚書》、《禮》、《禮記》、《孟子》、《老子》之類，大都是儒學經典和注釋經文的傳說記、孔子七十弟子所著書。他的學問包舉《六經》，設立《毛氏詩》、《左氏春秋》博士。他研習禮樂，浸潤在儒術之中，言行必定遵循儒者的方式。關東地區的儒士多追隨他遊歷。

2 武帝時，獻王進京朝見，進獻雅樂，回答有關辟雍、明堂、靈臺三雍宮以及皇帝詔策詢問的三十多件事。他的回答均從儒家學說推演開來，判斷事情能切中要害，文辭簡約，意思清楚。

3 立為王二十六年去世。中尉常麗上奏皇上，皇帝下詔說：「河間王品行端正，溫和仁愛，恭敬節儉，敬上愛下，聰明睿智，明察秋毫，他的恩惠施及鰥寡。」大行令上奏說：「諡法說『聰明睿智稱獻』，應當起諡號為獻王。」他的兒子共王劉不害繼承王位，在位四年去世。共王的兒子剛王劉堪繼位，在位十二年去世。剛王的兒子頃王劉授繼位，在位十六年去世。頃王的兒子孝王劉慶繼位，在位四十三年去世。孝王的兒子劉元繼位。

4 劉元娶原廣陵厲王、厲王太子及中山懷王的嬪妃廉等作自己的姬妾。漢宣帝甘露年中，冀州刺史張敞上書彈劾劉元，此案下到廷尉，廷尉要逮捕廉等押送進京。劉元脅迫廉等七人，令她們自殺。主管官員上奏請求誅殺劉元，宣帝下詔削減劉元封國中的兩個縣歸還朝廷，計一萬一千戶。後來，少史留貴觸怒劉元，留貴翻宮牆逃出來，想要告劉元，劉元派人殺了留貴的母親。主管官員上奏劉元殘暴邪惡不改，不能再統治國家治理百姓。宣帝下詔廢黜劉元不再為王，將其流放到漢中房陵。在房陵住了幾年，一次與妻若一起乘坐朱輪車，若惹怒了他，他便毆打若，強迫若自己剪短頭髮，因此犯法。漢中太守請求治劉元的罪，皇上還未及回覆，劉元就病死了。立王十七年後，封國被除。

5 封國被除五年，成帝建始元年，又封劉元的弟弟上郡庫令劉良為王，即河間惠王。劉良學習獻王劉德的品行，他母親王太后去世後，按照禮制服喪。哀帝下詔褒獎宣揚劉良的行為說：「河間王劉良，為太后服喪三年，是宗室的榜樣，加封河間國一萬戶。」在位二十七年去世。他的兒子劉尚繼位，王莽時封國被廢。

臨江哀王閼以孝景前二年立，三年薨。無子，國除為郡❶。

【章　旨】以上簡述栗姬第三子臨江哀王劉閼的情況。由於劉閼早死，無子，故此段內容很簡略。

【注　釋】❶郡　地方行政區劃單位。郡下設縣。

【語　譯】臨江哀王劉閼在景帝前二年立為王，三年後死。沒有兒子，封國被廢除，在其地設郡。

臨江閔王榮以孝景前四年為皇太子，四歲廢為臨江王。三歲，坐侵❶廟壖地❷為宮❸，上徵榮。榮行，祖❹於江陵北門，既上車，軸折車廢❺。江陵父老流涕竊言曰：「吾王不反❻矣！」榮至，詣中尉府對簿❼。中尉郅都❽簿責❾訊❿王，王恐，自殺。葬藍田⓫，燕數萬銜土置冢上。百姓憐之。

榮最長⓬，亡子，國除。地入于漢，為南郡。

【章　旨】以上敘述栗姬長子臨江閔王劉榮事跡。劉榮原為皇太子，後被廢為臨江王。因侵占宗廟土地，被召到京師問罪，當時負責此案的中尉正是著名的酷吏郅都。在郅都的嚴厲訊問下，劉榮恐懼自殺。雖然郅都以嚴酷著稱，但是劉榮之死，仍應放在西漢文景以後壓制諸侯王的大背景下看待。

【注　釋】❶坐侵　坐，坐罪。侵，侵占。❷廟壖地　宗廟內牆外的空地。廟，宗廟，祭祀祖宗的場所。壖地，邊地。❸為宮　建造宮殿。❹祖　秦漢風俗。遠行前舉行祭祀道路神「祖」的儀式，儀式完畢後要設宴餞行。❺廢　壞。❻反　通「返」。❼對簿　接受訊問。❽郅都　西漢文、景時人，事跡見卷九十〈酷吏傳〉。❾簿責　按文簿責問。❿訊　審問。⓫藍田　縣名。在今陝西藍田西。⓬榮最長　榮在景帝子中年齡最大。

【語　譯】臨江閔王劉榮在景帝前四年被立為皇太子，四年後被廢黜為臨江王。又過三年，因侵占宗廟周圍的土地修建宮殿犯法，皇帝召他進京。劉榮臨行前，在江陵北門祭祀道路神，儀式結束後上車，車軸斷了，車無法行走。江陵父老流淚私下竊語：「我們的王回不來了！」劉榮到京後，前往中尉府接受訊問。中尉郅都按簿書嚴辭審問劉榮，劉榮十分害怕，自殺。被葬在藍田，數萬隻燕子銜土到他的墳上。老百姓對他的死感到惋惜。

劉榮在景帝子中年齡最大，沒有兒子，封國被廢除。封地被漢朝收回，建立南郡。

魯恭❶王餘以孝景前二年立為淮陽❷王。吳楚反❸破❹後，以孝景前三年徙王魯。好治宮室苑囿❺狗馬，季年❻好音❼，不喜辭。為人口吃難言。二十八年薨。子安王光嗣，初好音樂輿馬，晚節❽遴❾，唯恐不足於財。四十年薨。子孝王慶忌嗣，三十七年薨。子頃王勁❿嗣，二十八年薨。子文王晙嗣，十八年薨⓫，亡子，國除。哀帝建平三年，復立頃王子晙弟郚鄉⓬侯閔為王。王莽時絕。

恭王初好治宮室，壞孔子⓭舊宅以廣⓮其宮，聞鐘磬琴瑟之聲，遂不敢復壞，於其壁中得古文經傳。

【章　旨】以上敘述程姬長子魯恭王劉餘的生平以及子嗣情況。魯恭王壞孔子舊宅發現古文經，從而引發聚訟多年的今古文之爭，乃為學術史上一重大事件。

【注釋】❶恭　《史記》本傳及本書卷十四〈諸侯王表〉作「共」，王先謙《漢書補注》據此認為「恭」是「共」的誤寫。❷淮陽　封國名。在今河南東部，王都陳縣（今淮陽）。❸吳楚反　即吳楚七國之亂。漢景帝三年（西元前一五四年），以吳王劉濞、楚王劉戊為首，聯合膠西、膠東、菑川、濟南、趙王，以誅鼂錯、清君側為名，發動武裝叛亂。景帝命太尉周亞夫率兵平亂，三個月後平息叛亂。❹破　攻破；破敗。此處為被動用法。❺苑囿　皇帝圈占的用以畜養禽獸的山林川澤。❻季年　晚年。❼好音　喜歡音樂。❽晚節　晚年。❾遴　通「吝」。吝嗇貪婪。❿勁　本書卷十四〈諸侯王表〉作「封」。⓫十八年薨　本書卷十四〈諸侯王表〉作十九年。⓬郚鄉　縣名，屬東海郡。在今山東泗水縣東南。⓭孔子　（西元前五五一—前四七九年），姓孔名丘，字仲尼，春秋魯國人。古代著名的思想家、教育家，儒家學派的創始人。事跡見《史記・孔子世家》。⓮廣　此處作動詞用。擴建；使寬廣。

【語譯】魯恭王劉餘在景帝前二年被立為淮陽王。吳楚反叛被平定後，於景帝前三年遷封為魯王。喜好修建宮室、苑囿、狗馬，晚年喜好音樂，不喜歡辭辯。說話口吃，不善言詞。

在位二十八年去世。兒子安王劉光繼位，年輕的時候喜好音樂、車馬，晚年時很吝嗇，惟恐財產不夠用。在位四十年去世。安王的兒子孝王劉慶忌繼位，在位三十七年去世。孝王的兒子頃王劉勁繼位，在位二十八年去世。頃王的兒子文王劉睃繼位，在位十八年去世，沒有兒子，封國被取消。漢哀帝建平三年，重新封頃王的兒子劉睃的弟弟郚鄉侯劉閔為魯王。王莽時封國被廢除。

恭王年輕時喜歡修建宮室，拆孔子舊宅用以擴大自己王宮時，聽到鐘磬琴瑟的聲音，於是不敢再拆，在牆壁的夾層中發現古文經傳。

1

江都易王非以孝景前二年立為汝南❶王。吳楚反時，非年十五，有材❷氣，上書自請擊吳。景帝賜非將軍印，擊吳。吳已破，徙❸王江都，治故吳國❹，以軍功賜天子旗❺。元光❻中，匈奴❼大入漢邊，非上書願擊匈奴，上不許。非好氣力，治宮館，招四方豪傑，驕奢甚。二十七年⑧薨，子建嗣。

2 建為太子時，邯鄲人梁蚡持女欲獻之易王，建聞其美，私呼之，因留不出。蚡宣言曰：「子迺與其公⑨爭妻！」建使人殺蚡。蚡家上書，下廷尉考⑩，會赦，不治。易王薨未葬，建居服舍⑪，召易王所愛美人⑫淖姬等凡十人與姦。建女弟⑬徵臣為蓋侯⑭子婦，以易王喪來歸，建復與姦。建異母弟定國為淮陽侯⑮，易王最小子也，其母幸立之⑯，具⑰知建事，行錢⑱使男子荼恬上書告建淫亂，不當為後。事下廷尉，廷尉治恬受人錢財為上書，論棄市⑲。建罪不治。後數使使⑳至長安迎徵臣，魯恭王太后㉑聞之，遺徵臣書曰：「國中口語籍籍㉒，慎無復至江都。」後建使謁者㉓吉請問㉔共太后，太后泣謂吉：「歸以吾言謂而王㉕，王前事漫漫㉖，今當自謹，獨不聞燕齊事㉗乎？言吾為而王泣也。」吉歸，致共太后語，建大怒，擊吉，斥㉘之。

3 建游章臺宮，令四女子乘小船，建以足蹈㉙覆其船，四人皆溺，二人死。後游雷波㉚，天大風，建使郎㉛二人乘小船入波中。船覆，兩郎溺，攀船，乍見乍沒。建臨觀大笑，令皆死㉜。

4 宮人姬八子㉝有過者，輒令臝㉞立擊鼓，或置樹上，久者三十日乃得衣；或髡鉗[35]以鉆[36]杵舂，不中程[37]，輒掠[38]；或縱狼令齧[39]殺之，建觀而大笑；或閉不食，令餓死。凡殺不辜三十五人。建欲令人與禽獸交而生子，彊[40]令宮人贏而四據[41]，與羝羊[42]及狗交[43]。

5 專為淫虐，自知罪多，國中多欲告言者，建恐誅，心內不安，與其后成光共使越婢[44]下神，祝詛[45]上[46]。與郎中令[47]等語怨望[48]：「漢廷[49]使者即[50]復來覆[51]我，我決不獨死[52]！」

6 建亦頗聞淮南、衡山陰謀[53]，恐一日發，為所并，遂作兵器。號王后父胡應為將軍。中大夫[54]疾[55]有材力，善騎射，號曰靈武君。作治黃屋蓋[56]；刻皇帝璽[57]，鑄將軍、都尉[58]金銀印；作漢使節[59]二十，綬[60]千餘；具置軍官品員，及拜爵封侯[61]之賞；具[62]天下之輿地[63]及軍陳[64]圖。遣人通越繇王[65]、閩侯[66]，遺以錦帛奇珍，繇王、閩侯亦遺建荃[67]、葛[68]、珠璣[69]、犀甲[70]、翠羽[71]、蝯[72]熊奇獸，數通使往來，約[73]有急相助。及淮南事發，治黨與[74]，頗連及建，建使人多推金錢絕其獄[75]。

7 後復謂近臣曰：「我為王，詔獄[76]歲至，生又無驩[77]怡日，壯士不坐死，欲為人所不能為耳[78]。」建時佩其父所賜將軍印，載天子旗出。積數歲，事發覺，漢遣丞相長史[79]與江都相[80]雜案[81]，索[82]得兵器璽綬節反具[83]，有司請捕誅建。制曰：「與列侯吏二千石[84]博士議。」議皆曰：「建失臣子道，積久，輒蒙不忍，遂謀反逆。所行無道，雖桀紂[85]惡不至於此。天誅所不赦，當以謀反法誅。」有詔宗正[86]、廷尉即[87]問建。建自殺，后成光等皆棄市。六年國除，地入于漢，為廣陵郡。

8 絕百二十一年，平帝[88]時新都侯[89]王莽秉[90]政，興滅繼絕[91]，立建弟盱眙[92]侯子宮為廣陵王，奉易王後。莽篡，國絕[93]。

【章　旨】以上敘述程姬次子江都易王劉非及子嗣情況。劉非的兒子劉建極其荒淫殘暴，作惡多端，為了逃避朝廷的懲罰，製造兵器等預謀反叛，發覺後畏罪自殺。漢朝廷對劉建荒淫的生活不聞不問，但是對其預謀反叛卻絕不寬貸，反映了西漢王朝對諸侯王的基本態度和政策。

【注　釋】❶汝南　封國名。在今河南、安徽交界處，王都上蔡（今河南上蔡西南）。❷材　才能；才藝。❸徙　遷。指遷其國。❹治故吳國　以故吳國為國都。治，以為都城。故吳國，故吳王劉濞的王都。❺天子旗　《太平御覽》卷一百五十引《漢書》及《史記・五宗世家》「旗」前有「旌」，王先謙《漢書補注》據此認為此處脫「旌」字。天子旌旗，皇帝出行時隨從所舉旗幟。天子，即皇帝。❻元光　漢武帝年號，西元前一三四—前一二九年，凡六年。❼匈奴　戰國秦漢時地處北邊的游牧民族，基本情況詳見卷九十四〈匈奴傳〉。❽二十七年　本書卷十四〈諸侯王表〉作「二十八年」；《史記・漢興以來諸侯王年表》及〈五宗世家〉均作「二十六年」，王先謙《漢書補注》考證二十七年、二十八年均誤，應為二十六年。❾其公　他的父親。❿考　拷問；考校；查驗案件。⓫服舍　服喪時的住所。漢代風俗，子遇父母之喪，未葬居服舍，已葬居廬墓，即在墓旁建簡易的廬舍。⓬美人　漢代皇帝、諸侯王嬪妃名號之一。位在皇后、倢伃等下，良人、八子等之上。參見卷九十七〈外戚傳上〉。⓭女弟　妹妹。⓮蓋侯　景帝皇后（武帝的母親）王長君的哥哥王信，景帝七年（西元前一五〇年），因武帝被立為太子、王長君被立為皇后，被封為蓋侯。蓋為其封邑。蓋，縣名，屬泰山郡，在今山東沂源東南。王先謙《漢書補注》認為此處的蓋侯指的是王信之子王充。⑮淮陽侯　王先謙《漢書補注》據本書卷十五〈王子侯表上〉認為「淮陽」當為「淮陵」。淮陵在今江蘇盱眙西北。⑯幸立之　希望立她的兒子為易王的繼承人。幸，希望。⑰具　通「俱」。都；全部。⑱行錢　用錢（賄賂）。行，使用。⑲論棄市　判為棄市刑。論，依法判罪。棄市，刑名，將罪犯在鬧市執行死刑，將其屍體暴露數日。⑳數使使　多次派使者。數，多次；屢次。㉑魯恭王太后　即景帝程姬。其子被立為魯恭王以後，尊稱魯恭王太后，徵臣是她的孫女，故寫信勸誡她。㉒籍籍　諠聒；議論紛紛。形容傳言很多。㉓謁者　官名。郎中令（武帝太初元年更名光祿勳）屬官，掌接待賓客，傳達皇帝指示。秩比六百石。㉔請問　問候起居。㉕謂而王　告訴你的王。謂，告。而，你。㉖漫漫　放縱；不檢點；任意妄為。㉗燕齊事　指燕王劉定國、齊王劉次昌與子女、妹妹通姦，發覺後自殺事。燕王劉定國事見卷三十五〈荊燕吳傳・燕王劉澤〉。齊王劉次昌事見卷三十八〈高五王傳・齊悼惠王劉肥〉。㉘斥　棄而不用。㉙蹈　踏；頓足踩。㉚雷波　陂名。波，當作「陂」。其下「入波中」亦同。雷陂又名雷塘，在今江蘇揚州北。㉛郎　泛指郎官。漢代依職責不同，有郎中、中郎、外郎、侍郎、議郎等。執掌守衛皇宮殿廊門戶，或出充車騎扈從。諸侯王亦設郎官，職掌同。㉜令皆死　不進行救護，任其溺水而死。㉝八子　皇帝、諸侯王嬪妃名號。位在美人、良子下。㉞贏　通「裸」。㉟鉗　刑名。以鐵圈束住脖頸。㊱鈆　通「鉛」。㊲中程　合乎規定。中，符合。程，規定的數量、標準等。㊳掠　拷打。㊴齧　咬。㊵彊通「強」。強迫。㊶據　著地；撐住地。㊷羝羊　公羊。㊸交　交媾。㊹越婢　生於越的婢女。越，南越、東越、閩越的泛稱，在今長江三角洲至珠江三角洲一帶。傳說這裡的人善於通神、詛咒。㊺祝詛　詛咒。㊻上　皇上；皇帝。㊼郎中令　秦漢官名。掌管宮廷宿衛，職甚親重，為列卿之一，秩中二千石。武帝太初元年（西元前一〇四年）更名光祿勳。㊽怨望　怨恨。望，怨恨；責怪。㊾漢廷　漢朝廷；漢中央政府。㊿即　如果。(51)覆　審查。(52)不獨死　不只是等死，意欲造反。獨，只是；僅僅。(53)淮南衡山陰謀　淮南王劉安、衡山王劉賜密謀造反。事見卷四十四〈淮南衡山濟北王傳〉。(54)中大夫　官名。郎中令（後稱光祿勳）屬官，掌議論朝政。(55)疾　人名。(56)黃屋蓋　黃色的車頂棚。屋蓋，車上用以遮擋陽光和風雨的頂棚。黃色為皇帝所用服色，他人不得用，否則即為僭越篡逆。(57)璽　玉璽。皇帝所用印章。(58)都尉　官名。秦及漢初稱郡尉，景帝中二年（西元前一四八年）更名都尉。執掌郡內軍事，備盜賊。(59)節　代表皇帝權力的信物。因其像竹節，故稱節，上有毛。令執行皇帝特殊使命的使者持之，以作信物。(60)綬　繫在官印上的絲帶，以顏色區別官吏的身分和等級。(61)拜爵封侯　秦漢以爵位劃分人的社會等級。漢承秦制，實行二十等爵制，第十九級為關內侯，第二十級為列侯（徹侯）。國家授予爵位稱拜爵，授予十九、二十級爵稱封侯。62具 備辦；準備。63輿地 國土；領土。64陳 通「陣」。65越繇王 閩越王無諸之孫醜，武帝建元六年（西元前一四五年）立。66閩侯 不詳，應是漢朝在閩越所封侯。67荃 當時南方盛產的細布，也叫筒布。68葛 葛布。69珠璣 珍珠。璣，珍珠不圓者。70犀甲 犀牛皮做的甲。71翠羽 翠色的鳥羽，疑指孔雀羽。72蝯 「猿」的本字。73約 約定。74黨與 從犯；同黨。75推金錢絕其獄 用金錢進行賄賂，使不能將其治罪入獄。推，送。76詔獄 皇帝下詔辦理的案件。77驩 同「歡」。78欲為人所不能為耳 想要做一般人不能做到的事情。指造反。79丞相長史 官名。西漢時為丞相主要屬員，設二人，秩千石，分管刑獄等事宜。80江都相 江都國相。漢初，諸侯王國官屬設置與漢中央同，設丞相，為最高行政長官。景帝中五年（西元前一四五年）降低諸侯國官署級別，改丞相為相，職與郡太守同。81雜案 共同審理。案，審理；查辦。82索 搜查。83反具 謀反的器具。84二千石 漢代重要的官秩等級，主要包括太子太傅、將作大匠、大長秋、水衡都尉、三輔、司隸校尉、八校尉等及郡太守。85桀紂 夏桀、商紂，分別為夏王朝、商王朝的末代君主，以殘暴著稱。86宗正 官名。漢承秦制，位列卿，秩中二千石。執掌皇帝宗族事務。87即 就；前往。88平帝 西漢王朝最後一位皇帝，名劉衎，西元前九—五年。生平參見卷十二〈平帝紀〉。89新都侯 成帝永始元年（西元前一六年）王莽以外戚封新都侯。新都，縣名，屬南陽郡，在今河南新野東。90秉 把持；執持。91興滅繼絕 興滅國，繼絕世，即恢復已滅絕的封國。92盱眙 縣名，屬臨淮郡，在今江蘇盱眙東北。93國絕 封國被除。絕，斷絕。

【語譯】江都易王劉非在景帝前二年被封為汝南王。吳楚反叛時，劉非十五歲，有武藝膽氣，上書請求攻打吳國。景帝賜劉非將軍印，攻打吳國。吳國被攻破後，劉非遷為江都王，以原吳國國都為都城，因軍功賜給他天子旌旗。武帝元光年間，匈奴大肆入侵漢邊境，劉非上書請求抗擊匈奴，武帝沒有答應。劉非喜歡勇力，修建宮館，招集四方豪傑，非常驕傲奢侈。在位二十六年去世，兒子劉建繼位。

2 劉建做太子時，邯鄲人梁蚡帶女兒來想獻給易王，劉建聽說她漂亮，偷偷招她進宮，就把她留下來不讓她出去。梁蚡四處宣揚：「兒子竟然和他父親爭奪妻子！」劉建派人殺了梁蚡。梁蚡家上書告發他，案件下到廷尉查問，適逢大赦，不予審理。易王死後還沒有下葬，劉建住在服喪的房舍中，叫來易王喜愛的美人淖姬等共十人，和她們通姦。劉建的妹妹劉徵臣是蓋侯的兒媳，因參加易王的喪禮回到娘家，劉建又和她通姦。

劉建的異母弟弟劉定國為淮陵侯，是易王最小的兒子，他母親希望能立他為王，全都知道劉建的事情，花錢賄賂男子荼恬，讓他上書告劉建淫亂，不應當繼承王位。此案下到廷尉，廷尉審問出荼恬接受別人的錢財才上書，判他棄市罪。劉建的罪不予審理。劉建後來屢次派人到長安接徵臣，魯恭王太后聽說此事，給徵臣寫信說：「國中議論紛紛，切記不要再來江都。」後來劉建派謁者吉給恭太后請安，太后哭著對吉說：「回去把我的話轉告給你們的王，王以前行為放蕩，現在應當自我約束了，難道沒有聽說燕王、齊王的事情嗎？說我為你們的王哭泣。」吉回去後，把恭太后的話轉告劉建，劉建大怒，毆打吉，不再任用他。

3 劉建到章臺宮遊玩，讓四個女子坐小船，劉建用腳踩翻小船，四人均落入水中，兩人溺死。後來，到雷陂遊玩，適逢天颳大風，劉建派兩名郎官乘小船駛入陂中。船翻了，兩郎官落入水中，抓住船，在波浪中忽隱忽現。劉建在旁觀看大笑，任兩人被淹死。

4 宮女、姬、八子犯了過錯，就命令她們裸體站著敲鼓，或把她們放在樹上，時間長的三十天才讓她們穿衣服；有的被剃了頭髮，用鐵圈束住她們的脖頸，讓她們用鉛杵舂米，沒達到規定的數量，就毆打她們；有的放狼咬死她們，劉建站在旁邊觀看大笑；有的被關起來不給吃的，讓她們餓死。一共殺害了無辜女子三十五人。劉建想讓人與動物交配生子，強迫宮女裸體四肢撐地，與公羊和狗交媾。

5 劉建專門幹淫亂暴虐的事，自知罪惡深重，國中有很多人想告發他，他害怕被誅殺，內心不安，和他的王后成光一起指使越婢跳大神，詛咒皇上。對郎中令等發洩對皇帝的怨恨：「漢廷使者假如再來審問我，我決不會白白等死！」

6 劉建也聽說了很多關於淮南、衡山陰謀造反的消息，害怕他們一旦舉兵，被他們吞併，於是開始製造兵器。封王后的父親胡應為將軍。中大夫疾有武藝，擅長騎馬射箭，劉建封他為靈武君。製作黃色的車頂棚；刻皇帝璽，鑄造將軍、都尉金銀印；製作漢使節二十個，綬一千餘；全部擬定好軍官的官品和人數，以及拜爵封侯的賞賜規格；準備全國的地圖和軍事地圖。派人聯絡越繇王、閩侯，送給他們絲綢奇珍異寶，繇王、閩侯回送給劉建荃、葛、珍珠、犀角、龜甲、翠羽、猿、熊等奇獸，頻繁通使往來，約定有急事時互相援助。

等到淮南王事發，稽查他的黨羽，多牽涉到劉建，劉建派人大肆用金錢進行賄賂，以避免被治罪入獄。

7 後來又對他的近臣說：「我當王之後，每年皇上都下詔設案調查我，活著又沒有高興的日子，壯士不坐著等死，想要幹一般人不能幹的大事。」劉建當時佩帶著皇帝賜給他父親的將軍印，車上插著天子旗出行。過了幾年，他的事情被發現，朝廷派丞相長史和江都相共同審理此案，搜查出兵器、璽、綬、節等造反器物，主管官員請求逮捕誅殺劉建。皇帝下令說：「和列侯、二千石官、博士商議此事。」參加議論的人都說：「劉建喪失臣子之道已經很久了，就因為皇帝不忍治他的罪，終至謀反叛逆。他的行為沒有道義可言，即使是夏桀、商紂的罪惡也到不了這種程度。這是上天的誅罰，不能赦免，應當按謀反法誅殺他。」皇帝下詔宗正、廷尉前往江都審問劉建。劉建自殺，王后成光等都被判處棄市罪。在位六年，封國被廢除，封地被朝廷收回，設立廣陵郡。

8 封國被廢除一百二十一年後，時值平帝時，新都侯王莽把持朝政，恢復已滅絕的封國，立劉建的弟弟盱眙侯的兒子劉宮為廣陵王，承繼易王的後嗣。王莽篡位後，封國被廢除。

膠西于王端，孝景前三年立。為人賊盭❶，又陰痿❷，一近婦人，病數月。有所愛幸少年，以為郎。郎與後宮亂，端禽滅之，及殺其子母。數犯法，漢公卿數請誅端，天子弗忍，而端所為滋❸甚。有司比❹再請，削其國，去太半❺。端心慍，遂為無訾省❻。府庫壞漏，盡腐財物❼，以鉅萬❽計，終不得收徙。令吏毋得收租賦❾。端皆去衛，封其宮門，從一門出入。數變名姓，為布衣❿，之⓫它國。相二千石至者，奉漢法以治，端輒求其罪告之，亡罪者詐藥殺之。所以設詐究變⑫，彊足以距諫，知⑬足以飾非。相二千石從王治，則漢繩以法。故膠西小國，而所殺傷二千石甚眾。

立四十七年薨，無子，國除。地入于漢，為膠西郡。

【章　旨】以上敘述程姬第三子膠西于王劉端事跡。劉端行為乖張變態，既有其身體的原因，也有深刻的社會原因。朝廷削減他的封國，他採取不視產業的自暴自棄方式，在諸侯王中較為獨特。

【注　釋】❶賊盭　殘忍暴戾。賊，殘忍；殘酷。盭，古「戾」字。❷陰痿　即陽痿。❸滋　益；更加。❹比　頻；接連；一再。❺太半　大半，三分之二以上。❻無訾省　即「無省訾」，不再關心家財。訾，通「貲」。省，視；看。❼盡腐財物　財物都腐爛了。腐，聽任其腐。❽鉅萬　億萬。❾租賦　田租賦稅。租，田租。賦，賦稅，主要指人頭稅。❿為布衣　穿布衣，打扮成普通百姓的樣子。古時只有有爵者和七十歲以上老人可以穿絲織品，普通平民只能穿布衣，故將其作為平民的代稱。⓫之　往；去。⓬設詐究變　設置騙局的方法極盡變化。究，極。⓭知　通「智」。

【語　譯】膠西于王劉端，在景帝前三年被封立為王。為人殘忍暴戾，還有陽痿病，一和婦人親近，就病上好幾個月。他有一個喜歡的少年，封他做了郎官。郎官和劉端後宮姬妾淫亂，劉端把他抓起來殺了，又殺了他的兒子和母親。端屢屢犯法，朝廷公卿多次請求誅殺劉端，皇帝不忍心，劉端則變本加厲。在主管官員的一再請求下，皇帝削減了他的封國，三分之二國土被朝廷收回。劉端心中惱怒，於是不再關心財產。王國的倉庫損壞暴露，裡面的財物都腐敗了，損失以億萬計算，但始終不將財物加以收納或搬到其他地方。命令官吏不得向百姓收取租賦。劉端撤掉了全部警衛，封上宮門，只留一個門出入。多次改名易姓，裝扮成老百姓，前往其他國家。

相、二千石官到此任職，如果按照漢朝的法律進行治理，劉端就搜集他們的罪狀告發他們，無罪的就騙他們喝下毒藥殺了他們。他設置騙局的方法極盡變化，他的強橫足以拒絕勸諫，智慧足以掩飾過錯。相、二千石如果按照劉端的旨意治理膠西國，那麼朝廷就會將這些官員繩之以法。因此膠西雖然是個小國，但被殺、受害的二千石官卻很多。

被立四十七年去世，沒有兒子，封國被除。封地併入漢中央朝廷，設立膠西郡。

1

趙敬肅王彭祖以孝景前二年立為廣川王。趙王遂反破後，徙王趙。彭祖為人巧佞❶，卑諂足共❷，而心刻深❸，好法律，持詭辯以中人❹。多內寵姬及子孫。相二千石欲奉漢法以治，則害於王家。是以每相二千石至，彭祖衣帛布單衣❺，自行迎除舍❻，多設疑事以詐動之❼，得二千石失言，中❽忌諱，輒書之。二千石欲治者，則以此迫劫；不聽，迺上書告之，及汙以姦利事❾。彭祖立六十餘年，相二千石無能滿二歲，輒以罪去，大者死，小者刑。以故二千石莫敢治，而趙王擅權。使使即縣為賈人榷會❿，入多於國租稅⓫。以是趙王家多金錢，然所賜姬諸子，亦盡之矣。

2

彭祖不好治宮室禨祥⓬，好為吏。上書願督⓭國中盜賊。常夜從走卒行徼⓮邯鄲中。諸使過客⓯，以彭祖險陂⓰，莫敢留邯鄲。

3

久之，太子丹與其女弟及同產⓱姊姦。江充⓲告丹淫亂，又使人椎埋攻剽⓳，為姦甚眾。武帝遣使者發吏卒⓴捕丹，下魏郡㉑詔獄，治罪至死。彭祖上書冤㉒訟丹，願從國中勇敢㉓擊匈奴，贖丹罪，上不許。久之，竟赦出。後彭祖入朝，因帝姊平陽隆慮公主㉔，求復立丹為太子，上不許。

4 彭祖取江都易王寵姬，王建所姦淖姬者，甚愛之，生一男，號淖子。彭祖以征和㉕元年薨㉖，諡敬肅王。彭祖薨時，淖姬兄為漢宦者㉗，上召問：「淖子何如？」對曰：「為人多欲。」上曰：「多欲不宜君國子民。」問武始侯昌㉘，曰：「無咎無譽㉙。」上曰：「如是可矣。」遣使者立昌，是為頃王，十九年薨。子懷王尊嗣，五年薨。無子，絕二歲。宣帝㉚立尊弟高，是為哀王，數月薨。子共王充嗣，五十六年薨。子隱嗣，王莽時絕。

5 初，武帝復以親親㉛故，立敬肅王小子偃為平干㉜王，是為頃王，十一年薨。子繆王元嗣，二十五年薨。大鴻臚㉝禹㉞奏：「元前以刃賊殺奴婢，子男殺謁者，為刺史所舉奏，罪名明白。病先令㉟，令能為樂㊱奴婢從死㊲，迫脅㊳自殺者凡十六人，暴虐不道。故春秋之義，誅君之子不宜立㊴。元雖未伏誅，不宜立嗣。」奏可，國除。

【章　旨】以上敘述賈夫人長子趙敬肅王劉彭祖封國情況。劉彭祖十分奸詐，他通過各種手段挾持陷害中央派來的二千石官，不僅控制了王國大權，而且大肆聚斂錢財。劉彭祖是諸侯王中與朝廷周旋最為成功的。

【注　釋】❶巧佞　虛偽奸詐。巧，虛偽不實。《淮南子・本經》：「飾智以驚愚，設詐以巧上。」高誘注：「巧，欺也。」佞，諂諛討好。❷卑諂足共　謙卑諂媚，極盡逢迎。共，通「恭」。❸心刻深　內心狹隘陰毒。❹持詭辯以中人　用詭辯之術陷害人。詭辯，違背常理的說辭。中，中傷；傷害。❺帛布單衣　王先謙《漢書補注》引王念孫云：當依《史記・五宗世家》作「皁布單衣」。皁布單衣，漢代賤者之服。❻除舍　打掃、布置房間。❼動之　使其有所表露。動，使之動。❽中著，為外物所著。❾汙以姦利事　用行奸謀利事陷害。汙，同「污」。❿為賈人榷會　強行向行商收取參加集市的費用。賈人，行商，坐曰商，行曰賈。榷，壟斷經營；專賣。⓫國租稅　諸侯國法定的租稅收入。⓬禨祥　鬼神迷信之事。禨，鬼俗。祥，祥瑞。⓭督　督察；監察。⓮徼　巡察。⓯諸使過客　那些使者過客。使，使者。過客，行客，路過趙國的行旅。⓰險陂　陰險邪惡。陂，不正。⓱同產　指同胞兄弟姊妹。⓲江充　原名江齊，趙國邯鄲人。其妹嫁趙太子丹。後與太子丹有隙，太子丹欲抓他治罪，逃入關，更名江充。其父兄被太子丹殺害。江充到闕下告太子丹。江充後為武帝寵信，升至水衡都尉。與衛太子有隙，因告太子為巫蠱，太子起兵殺充。是為著名的巫蠱之亂。詳見卷四十五〈江充傳〉。⓳椎埋攻剽　殺人埋屍，襲擊搶劫。椎，通「錘」。椎埋，錘殺人埋屍滅跡。剽，劫。⓴吏卒　官吏和士卒。㉑魏郡　郡名。在今河北、河南、山東三省交界地區，治鄴縣（今河北臨漳西南）。㉒冤　認為冤枉。㉓從國中勇敢　以國中勇敢者隨從，即率領國中勇敢者。「從」為使役動詞。㉔平陽隆慮公主　漢武帝的兩個姊姊。平陽，縣名，屬河東郡，在今山西臨汾西南。隆慮，縣名，屬河內郡，在今河南林州。平陽、隆慮是兩個姊姊的食邑。㉕征和　漢武帝年號，西元前九二—前八九年，凡四年。㉖元年薨　王先謙《漢書補注》據〈諸侯王表〉認為劉彭祖死於武帝太始四年（西元前一〇一年），本傳誤。㉗漢宦者　漢皇帝宦官。㉘武始侯昌　劉彭祖的兒子劉昌，被封為武始侯。武始，縣名，屬魏郡，在今河北邯鄲西南。㉙無咎無譽　沒有人說他壞話，也沒有人讚譽他。㉚宣帝　漢宣帝劉詢。西元前七四—前四九年在位。詳見卷八〈宣帝紀〉。㉛親親　對親屬表示親愛，給以優待。㉜平干　封國名。漢武帝末年改廣平郡置，王都廣平（今河北曲周北）。㉝大鴻臚　官名。漢武帝太初元年（西元前一〇四年）更大行令為大鴻臚，為列卿之一，秩中二千石。執掌少數民族以及諸侯王事務。㉞禹　王禹。宣帝五鳳元年（西元前五七年）至黃龍元年（西元前四九年）任大鴻臚。㉟先令　遺囑。㊱能為樂　會奏樂。㊲從死　殉葬；陪葬。㊳迫脅　脅迫。㊴故春秋之義二句　所以《春秋》大義說，犯罪當誅的國君，其子不宜繼承王位。《春秋公羊傳・昭公十一年》：「誅君之子不立。」

【語　譯】趙敬肅王劉彭祖在景帝前二年被封為廣川王。趙王劉遂反叛被平定後，遷劉彭祖為趙王。劉彭祖為人虛偽奸詐，表面謙卑諂媚，極盡逢迎，但內心狹隘陰毒，喜好法律，用詭辯術陷害人。他有很多寵姬和子孫。相、二千石想要按照法律治理王國，就會對王家不利。因此每當有相、二千石官上任，彭祖就穿上皂布單衣，親自迎接，並為其打掃下榻的房舍，故意設一些難題引誘他們發表意見，一旦發現他們失言，犯了忌諱，就記下來。二千石官若要依法治理王家，就拿這件事威脅他；如果不受脅迫，就上書告發他，並編造一些違法亂紀的事情栽贓他。彭祖在位六十餘年，相、二千石無人能任滿兩年，都因罪離官，重者被處死，輕者被判刑。因此二千石官無人敢治理國事，趙王控制了大權。他派人到各縣徵收集市商人的營業稅，所得超過封國的租稅。趙王家也因此聚斂了很多金錢，但是都用以賞賜姬妾兒女了，家產所剩無幾。

2 彭祖不喜歡修建宮室和鬼神迷信之事，喜好做官吏。他上書請求督察國中的盜賊。常常在夜間率領士兵在邯鄲城中巡邏。派往趙國的使者和過往客人，因為彭祖陰險邪惡，都不敢在邯鄲停留。

3 過了很長時間，太子劉丹和他妹妹以及同胞姊姊通姦。江充告發劉丹淫亂，以及派人行兇殺人，攔路搶劫，做了很多壞事。武帝派使者調集官兵抓捕劉丹，將他押往魏郡詔獄，經審理判為死刑。彭祖上書為劉丹訴冤，願意率領國中勇敢者攻打匈奴，為劉丹贖罪，皇上不允許。過了一段時間，遇大赦劉丹竟被放了出來。後來彭祖進京朝見皇上，通過武帝的姊姊平陽公主和隆慮公主，請求重新立劉丹為太子，皇上不同意。

4 彭祖娶了江都易王的寵姬，就是與江都王劉建通姦的淖姬，彭祖十分愛她，生了一個兒子，叫淖子。彭祖太始四年去世，諡號敬肅王。彭祖死的時候，淖姬的哥哥在朝廷做宦官，武帝召見他問：「淖子怎麼樣？」回答說：「為人欲望很多。」武帝說：「欲望多不適宜統治國家和人民。」問武始侯劉昌怎麼樣，淖姬的哥哥回答說：「沒有人說他壞話，也沒有人說他好話。」武帝說：「這樣就可以。」於是派使者立劉昌為王，就是頃王，在位十九年去世。他的兒子懷王劉尊繼位，在位五年去世。沒有兒子，封國被取消兩年後，宣帝立劉尊的弟弟劉高為王，即哀王，封王後幾個月就去世了。他的兒子共王劉充繼位，在位五十六年去世。共王的兒子劉隱繼位，王莽時封國被廢。

5 當初，武帝因為親愛親屬的緣故，又封立敬肅王的小兒子劉偃為平干王，即頃王，在位十一年去世。他的兒子繆王劉元繼位，在位二十五年去世。大鴻臚王禹上奏：「劉元以前用刀殘殺奴婢，他的兒子殺了謁者，被刺史上奏彈劾，罪行明白。劉元病的時候立下遺囑，讓會奏樂的奴婢陪葬，被脅迫自殺的共有十六人，暴虐不道。所以《春秋》大義說，犯罪被誅殺的國君，他的兒子不宜再立為國君。劉元雖然沒有被處死，但也不宜讓其後人繼承王位。」皇上准許了他的奏書，封國被廢除。

1 中山靖王勝以孝景前三年立。武帝初即位，大臣懲❶吳楚七國行事，議者多冤鼂錯❷之策，皆以諸侯連城數十，泰❸彊，欲稍侵削，數奏暴❹其過惡。諸侯王自以骨肉至親，先帝所以廣封連城，犬牙相錯❺者，為盤石宗也❻。今或無罪，為臣下所侵辱，有司吹毛求疵❼，笞服其臣，使證其君❽，多自以侵冤。

2 建元❾三年，代❿王登、長沙王發、中山王勝、濟川⓫王明來朝，天子置酒，勝聞樂聲而泣。問其故，勝對曰：

3 「臣聞悲者不可為絫欷⓬，思者不可為歎息。故高漸離擊筑易水之上，荊軻為之低而不食⓭；雍門子壹微吟，孟嘗君為之於邑⓮。今臣心結日久，每聞幼眇⓯之聲，不知涕泣之橫集也。

4 「夫眾喣漂山⓰，聚蟁成靁，朋黨執虎，十夫橈椎⓱。是以文王拘於牖里⓲，孔子阨於陳、蔡[19]。此乃烝庶[20]之成風，增積之生害也。臣身遠與寡[21]，莫為之先[22]，眾口鑠金[23]，積毀銷骨[24]；叢輕折軸[25]，羽翮飛肉[26]；紛驚逢羅[27]，潸[28]然出涕。

5 「臣聞白日曬[29]光，幽隱[30]皆照；明月曜[31]夜，蟁虻[32]宵見。然雲蒸[33]列布，杳冥[34]晝昏；塵埃抪[35]覆，眛[36]不見泰山。何則？物有蔽之也。今臣雍閼不得聞[37]，讒言之徒蠭生[38]。道遼[39]路遠，曾莫為臣聞[40]，臣竊自悲也。

6 「臣聞社鼷不灌[41]，屋鼠不熏。何則？所託者然也[42]。臣雖薄也，得蒙肺附；位雖卑也，得為東藩[43]，屬又稱兄[44]。今群臣非有葭莩之親[45]，鴻毛之重[46]，群居黨議，朋友相為，使夫宗室擯卻[47]，骨肉冰釋[48]。斯伯奇所以流離，比干所以橫分也[49]。詩云：『我心憂傷，惄焉如擣；假寐永歎，唯憂用老；心之憂矣，疢如疾首。』[50]臣之謂也。」

7 具以吏所侵聞。於是上乃厚諸侯之禮，省[51]有司所奏諸侯事，加親親之恩焉。其後更用主父偃[52]謀，令諸侯以私恩自裂地分其子弟，而漢為定制封號，輒別屬漢郡。漢有厚恩，而諸侯地稍自分析弱小云。

8 勝為人樂酒好內[53]，有子百二十餘人。常與趙王彭祖相非曰：「兄為王，專代吏治事。王者當日聽音樂，御[54]聲色。」趙王亦曰：「中山王但奢淫，不佐天子拊循[55]百姓，何以稱為藩臣！」

9 四十三年薨[56]。子哀王昌嗣，一年薨[57]。子康王[58]昆侈嗣，二十一年薨。子頃王輔嗣，四年薨[59]。子憲王福嗣，十七年薨。子懷王循[60]嗣，十五年薨，無子，絕四十五歲[61]。成帝鴻嘉[62]二年復立憲王弟孫利鄉侯子雲客，是為廣德夷王。三年薨[63]，無子，絕十四歲。哀帝復立雲客弟廣漢為廣平王。薨，無後。平帝元始二年復立廣川惠王曾孫倫為廣德王，奉靖王後。王莽時絕[64]。

【章　旨】以上敘述賈夫人次子中山靖王劉勝的王國承嗣情況。武帝即位不久，劉勝進京朝見，將吳楚七國之亂後中央官抑制諸侯、諸侯王處境窘迫的情況上奏武帝。表面上諸侯王的待遇得到改善，但事實上，武帝不僅沒有改變文帝以來削弱諸侯的政策，反而通過實行推恩令，進一步削弱諸侯王的勢力，從根本上解除了諸侯王的威脅。這一部分是集中反映西漢中央王朝與諸侯王關係的重要史料。

【注　釋】❶懲　以……為戒。❷鼂錯　西漢文景時人。著名的政論家和政治家，官至御史大夫。主張削弱諸侯王勢力，景帝從其計進行削藩，引發吳楚七國之亂。吳楚七國打出「誅鼂錯、清君側」的旗號，景帝為平息叛亂，殺鼂錯。詳見卷四十九〈鼂錯傳〉。❸泰　極大；過甚。❹暴　披露；暴露。❺犬牙相錯　形容如狗牙一樣相互交雜。錯，雜。❻為盤石宗也　使宗室像磐石一樣穩固。盤石，巨石。❼吹毛求疵　比喻故意挑毛病。疵，病；缺點。❽笞服其臣二句　拷打制服諸侯王國的官屬，讓他們證明諸侯王有罪。笞，鞭打。❾建元　漢武帝年號，西元前一四〇—前一三五年，凡六年。❿代　封國名。在今山西北部至河北西北部，王都代（今河北蔚縣東北）。⓫濟川　封國名。在今河南中東部，王都濟陽（今蘭考東北）。⓬絫欷　長久啜泣。絫，古「累」字。重複；一再。欷，歔欷，歎息啜泣貌。⓭故高漸離二句　當初高漸離在易水旁擊筑，荊軻為此低頭吃不下飯。高漸離，戰國末燕國樂者，善擊筑。荊軻，衛人，好讀書擊劍。與高漸離交善。燕太子丹為阻止秦國兼併之勢，派荊軻入秦刺殺秦王嬴政。荊軻臨行前，燕太子丹在易水旁為其餞行，高漸離擊筑。荊軻刺殺未遂，被殺。詳見《史記・刺客列傳》。筑，一種打擊樂器。⑭雍門子二句　雍門子善鼓琴，求見孟嘗君，述說人百年後的淒涼，琴聲淒婉悲涼，孟嘗君聽了之後不禁悵然傷感。於邑，氣短貌。⑮幼眇　精微；微妙。⑯夫眾喣漂山　眾人一起吹氣，可以移動大山。形容說讒言的人太多，皇帝就會信以為真。夫，語氣詞。喣，吹氣。漂，移動。⑰十夫橈椎　十個男人一起發力，錘子也會被折彎。夫，成年男子。橈，曲；彎。⑱是以文王拘於牖里　所以周文王被拘禁在羑里。是以，所以。文王，周文王姬昌。殷末，姬昌為周的國君，十分賢能，殷紂王聽信讒言，將其拘於羑里。牖里，即「羑里」，在今河南湯陰北。事跡詳見《史記・周本紀》。⑲孔子阨於陳蔡　孔子曾受困於陳國、蔡國。阨，困厄；受困。陳，春秋時諸侯國名，在今河南淮陽一帶。蔡，春秋時諸侯國名，在今河南新蔡一帶。⑳烝庶　眾人。烝，眾；多。㉑身遠與寡　離京城皇帝遠，黨與少。㉒先　推崇；讚譽。㉓眾口鑠金　眾口一詞，能夠熔化金屬。鑠，熔化。比喻流言、讒言多了，假的也會變成真的。㉔積毀銷骨　誹謗太多，足以破壞骨肉至親關係。毀，誹謗；毀壞。銷，熔化；銷毀。㉕叢輕折軸　裝載輕的東西，多了也能壓斷車軸。叢，聚集。㉖羽翮飛肉　鳥羽雖輕，但是可以令鳥飛翔。翮，鳥羽的莖，又指鳥的翅膀。㉗紛驚逢羅　諸侯王動輒觸犯法網，紛紛受到驚擾。羅，指法網。㉘潸　眼淚不知不覺流淌下來的樣子。㉙曬　暴；灑。㉚幽隱　昏暗隱蔽之處。㉛曜　同「耀」。㉜宵　夜晚。㉝蒸　熱氣上升。㉞杳冥　昏暗；幽暗。㉟拂　布散；瀰漫。㊱昧　暗；黑暗。㊲今臣雍閼不得聞　現在臣與朝廷隔絕，無法向皇帝上言。雍，通「壅」。堵塞。閼，止。㊳螽生　眾多。螽，或說通「鋒」，形容讒言鋒利傷人。㊴遰　遙遠。㊵聞　報告。㊶社鼷不灌　對社中的小鼠不用灌水的方法驅除。社，古代祭祀土地神的場所。通常封土為壇，以立社。因此，驅趕鼠時不能用灌水的方法，以免把社壇沖垮。鼷，小鼠。㊷所託者然也　是為了它所託託的場所。託，依託。㊸東藩　東面的藩國。藩，遮蔽。諸侯國被視為中央王朝的藩屏，故用以稱之。㊹屬又稱兄　從親屬關係上論是皇帝的哥哥。㊺葭莩之親　比喻關係較遠的親屬。葭，蘆葦。葭莩，蘆葦稈中的薄膜。㊻鴻毛之重　比喻極輕薄。㊼擯卻　斥退。擯，排除；拋棄。卻，推離；後退。㊽冰釋　冰融化。比喻斷絕骨肉關係。㊾斯伯奇所以流離二句　這就是伯奇之所以流離失所，比干之所以被殘害的原因。斯，這。伯奇，周代大臣尹吉甫之子，事繼母至孝，卻被繼母讒言中傷，吉甫欲殺之，伯奇流亡山林。比干，商末賢臣，因直言進諫，被商紂王剖心而死。㊿詩云七句　此詩出自《詩經・小雅・小弁》。惄，憂思。擣，捶打；敲擊。假寐，和衣小憩。永歎，長歎。永，長。疢，病。(51)省　減。(52)主父偃　西漢中期齊國臨淄人，武帝時官至中大夫、齊相，後因罪被滅族。事跡見卷六十四上〈主父偃傳〉。(53)好內　喜好房中之事。(54)御　御幸。(55)拊循　撫慰安撫。拊、循，均為撫摸、安撫之意。

(56)四十三年薨　王先謙《漢書補注》認為應為四十二年，四十三年誤。(57)一年薨　王先謙《漢書補注》考證應為二年，一年誤。(58)康王　王先謙《漢書補注》認為「康王」應為「糠王」。(59)四年薨　王先謙《漢書補注》考證應為三年，四年誤。(60)循　本書卷十四〈諸侯王表〉作「修」。(61)絕四十五歲　王先謙《漢書補注》考證應為三十五年，四十五年誤。(62)鴻嘉　漢成帝年號，西元前二〇—前一七年，共四年。(63)三年薨　王先謙《漢書補注》考證應為一年，三年誤。(64)平帝元始三句　元始，漢平帝年號，西元一—五年，共五年。王先謙《漢書補注》引錢大昕考證，自「平帝元始二年」以下至「王莽時絕」二十三字為衍文。

【語　譯】中山靖王劉勝在景帝前三年被立為王。武帝剛即位時，大臣以吳楚七國叛亂為戒，議論的人多為鼂錯的計策申冤，都認為諸侯國的城邑數十座相連，勢力過於強大，想逐漸削弱他們，因此屢屢上奏揭露他們的過失、惡行。諸侯王自認為是皇帝的骨肉至親，先帝之所以大封諸侯，城邑相連，犬牙交錯，就是為了使宗室像磐石一樣穩固。現在有的諸侯王沒有犯罪，也受到大臣、屬下的侵犯欺辱，主管官員吹毛求疵，鞭打制服王的臣僚，讓他們證明他們的王有罪，諸侯王大多認為受到侵犯和冤枉。

2　建元三年，代王劉登、長沙王劉發、中山王劉勝、濟川王劉明進京朝見，武帝為他們擺酒設宴，劉勝聽到樂聲不禁哭泣起來。武帝問他為什麼哭，劉勝回答說：

3　「臣聽說不能當著悲傷的人啜泣，不能當著思念的人歎息。所以高漸離在易水邊擊筑，荊軻為此難過得低下頭，吃不下飯；雍門子彈琴一聲低吟，孟嘗君不禁悵然感傷。臣心中鬱悶壓抑好些日子了，每次聽到婉轉動人的音樂，不知不覺就會涕淚縱橫。

4　「眾人一起吹氣可以漂移大山，蚊子聚多了聲音像打雷，眾人合力可以制服老虎，十個壯漢可以折彎鐵錘。所以文王被關押在羑里，孔子被困在陳、蔡。這是因為人多可以形成風氣，積怨可以生出禍患。臣身在遠方，結交的人少，沒有人肯為臣說話，眾口一詞能夠熔化金屬，誹謗太多足以破壞骨肉親情；裝載的東西雖輕，多了也會壓斷車軸，鳥的羽毛雖輕，卻可以使鳥飛翔起來；諸侯王動輒觸犯法網，紛紛受到驚擾，所以不知不覺潸然淚下。

5「臣聽說太陽放射光芒，即使是昏暗隱蔽的地方也能照到；明月照耀夜空，蚊、虻這樣的小飛蟲在黑夜中都能看見。然而雲霧蒸騰，瀰漫空中，白天也變昏暗了；塵埃密布，籠罩大地，昏暗地看不到泰山。為什麼？是因為有東西遮住了光亮。現在臣與朝廷隔絕，無法向皇帝上言，以致說臣壞話的人很多。道路遙遠，沒有人曾為臣向皇上報告，臣暗自覺得傷心。

6「臣聽說驅除社中的小鼠不採用灌水的方式，驅除屋中的老鼠不採用煙燻的方式。為什麼？是為了避免破壞牠們依託的場所。臣雖然力量微薄，但承蒙皇上視為肺腑；臣地位雖然卑賤，但是仍被列為東方藩國，從親屬關係上論是皇帝的哥哥。現在群臣和皇上沒有一點親屬關係，未被委以重任，卻聚在一起議論朝政，交朋結黨，彼此之間互通聲氣，使宗室受到排斥，骨肉疏遠離散。這正是伯奇之所以流離失所，比干之所以被殘害的原因。《詩》說：『我心中憂傷愁苦，如同經受著不斷的捶打；和衣而臥，長長地歎息，因為愁苦而變得哀老；心中憂愁苦悶，好像得了頭疼病。』說的正是我的情況啊。」

7 他將官吏欺侮諸侯王的情況都呈報給皇上。於是皇上才提高了諸侯王的待遇，減省大臣們所奏諸侯王事，對諸侯王施予親親的恩惠。此後，進一步採納主父偃的建議，允許諸侯王憑私恩自行分割國土給子弟，朝廷負責為他們制定封號，由漢郡管理。這樣朝廷對諸侯王有厚恩，而諸侯王的封地也漸漸被自行分割，變得弱小。

8 劉勝為人嗜酒好色，有一百二十多個兒子。常和趙王彭祖互相詆毀，說：「兄長做王，只會替吏辦事。當王應該每天聽音樂，享受音樂和女色。」趙王反唇相譏：「中山王只知道奢侈淫佚，不幫助皇上撫慰百姓，怎麼能配上藩臣的稱號！」

9 在位四十二年去世。兒子哀王劉昌繼位，在位二年去世。哀王的兒子糠王劉昆侈繼位，在位二十一年去世。糠王的兒子頃王劉輔繼位，在位三年去世。頃王的兒子憲王劉福繼位，在位十七年去世。憲王的兒子懷王劉循繼位，在位十五年去世，沒有兒子，封國被廢三十五年。成帝鴻嘉二年再次封立憲王弟弟的孫子利鄉侯的兒子劉雲客為王，即廣德夷王。在位一年去世，沒有兒子，封國被廢十四年。哀帝又立雲客的弟弟劉廣漢為廣平王。去世時，沒有子嗣。

長沙定王發，母唐姬，故程姬侍者。景帝召程姬，程姬有所避❶，不願進，而飾侍者唐兒使夜進。上醉，不知，以為程姬而幸之，遂有身❷。已乃覺非程姬也。及生子，因名曰發❸。以孝景前二年立。以其母微無寵，故王卑溼貧國❹。二十八年薨。子戴王庸嗣，二十七年薨。子頃王鮒鮈❺嗣，十七年薨。子剌❻王建德嗣，宣帝時坐獵縱火燔民九十六家❼，殺二人，又以縣官❽事怨內史❾，教人誣告以棄市罪，削八縣，罷中尉官❿。三十四年薨。子煬王旦嗣，二年薨。無子，絕歲餘。元帝初元⓫三年復立旦弟宗，是為孝王，五年薨⓬。子魯人嗣，王莽時絕⓭。

【章　旨】以上敘述長沙定王劉發身世本末，以及承嗣情況。劉發的母親原是宮女，偶然的機遇被景帝御幸生下劉發。因母親地位微賤，劉發被分封到氣候暑溼且貧窮的長沙。

【注　釋】❶有所避　有所避諱。指在經期。❷身　懷孕。❸發　王先謙《漢書補注》認為一幸唐姬而有子，故取發祥之義以志喜，遂開後漢二百年之基業。按：王先謙說過於附會牽強，結合上下文，起此名應志發覺誤幸唐姬。❹故王卑溼貧國　因此分封給他低溼窮國做諸侯王。王，做王；封王。當時長沙國地勢低窪，氣候暑溼，經濟不發達。據應劭注，景帝後二年諸王來朝，景帝下詔令諸王依次上前祝壽獻歌舞。定王袖子又短又窄，一舉手露出手來，旁邊的人哄笑他寒酸。景帝奇怪地問他為什麼穿成這樣，他回答說：「臣國小地狹，不足迴旋。」景帝於是增加他的封地，將武陵、零陵、桂陽賜給他。❺鮒

鮒　本書卷十四〈諸侯王表〉作附朐。❻刺　謚號。乖戾之意。❼縱火燔民九十六家　放火燒民宅九十六家。縱，放。燔，燒。❽縣官　指朝廷或皇帝。《史記・絳侯周勃世家》《索隱》注：所以稱國家為縣官，是因為〈夏官〉王畿內縣為國都。王者官天下，所以稱縣官。❾內史　官名。京城行政長官。漢承秦制，景帝二年分為左右內史。武帝太初元年（西元前一〇四年）將左右內史更名為左馮翊、京兆尹。漢初，諸侯國官屬如中央，也設內史，掌治民。成帝綏和元年（西元前八年）罷王國內史，令相治民。❿罷中尉官　撤銷王國的中尉官。裁撤他的官屬，以懲罰他。⓫初元　漢元帝年號。西元前四八－前四四年，共五年。⓬五年薨　王先謙《漢書補注》考證應為三年，五年誤。⓭王莽時絕　王先謙《漢書補注》據〈諸侯王表〉長沙王世系，認為「魯人嗣」和「王莽時絕」之間有脫文。

【語譯】長沙定王劉發，母親唐姬原是程姬的侍者。景帝召程姬侍寢，程姬因為月經來，不願進侍，就把侍者唐兒裝扮成自己的樣子讓她夜裡進侍。皇上醉了，沒有發現，以為她是程姬而和她同了房，就懷孕了。景帝事後才發覺她不是程姬。等到生下兒子，就給他起名叫「發」。在景帝前二年被立為長沙王。因為他母親出身低賤，不受寵愛，所以封他做低溼貧窮的長沙國的國君。

在位二十八年去世。兒子戴王劉庸繼位，在位二十七年去世。戴王的兒子頃王劉鮒朐繼位，在位十七年去世。頃王的兒子刺王劉建德繼位，宣帝時因為打獵放火燒了民宅九十六家，燒死二人，又因為朝廷的事情怨恨內史，教唆人誣告內史，犯了棄市罪，封國被削減八縣，撤銷中尉官。在位三十四年去世。兒子煬王劉旦繼位，在位兩年去世。沒有兒子，封國斷絕一年多。元帝初元三年，又封立劉旦的弟弟劉宗為王，即孝王，在位三年去世。孝王的兒子劉魯人繼位，王莽時封國被廢除。

1

廣川惠王越以孝景中二年立，十三年薨❶。子繆❷王齊嗣，四十四年薨❸。初，齊有幸臣乘距，已而有罪，欲誅距。距亡，齊因禽❹其宗族。距怨王，乃上書告齊與同產姦❺。是後，齊數告言漢公卿及幸臣所忠❻等，又告中尉蔡彭祖捕子明❼，罵曰：「吾盡汝種矣❽！」案驗不如王言，劾齊誣罔❾，大不敬❿，請繫治⓫。齊恐，上書願與廣川勇士奮擊匈奴，上許之。未發，病薨。有司請除國，奏可。

2 後數月，下詔曰：「廣川惠王於朕為兄，朕不忍絕其宗廟，其以惠王孫去為廣川王。」去即繆王齊太子也，師受易、論語、孝經⓬皆通，好文辭、方技、博奕、倡優⓭。其殿門有成慶⓮畫，短衣大袴長劍，去好之，作七尺五寸劍，被服皆效焉。有幸姬王昭平、王地餘，許以為后。去嘗疾，姬陽成昭信⓯侍視甚謹，更⓰愛之。去與地餘戲，得褏中刀，笞問狀，服欲與昭平共殺昭信。笞問昭平，不服，以鐵鍼鍼之⓱，彊服⓲。乃會諸姬，去以劍自擊地餘，令昭信擊昭平，皆死。昭信曰：「兩姬婢且泄口。」復絞殺從婢三人。後昭信病，夢見昭平等，以狀告去。去曰：「虜乃復見畏我⓳！獨可燔燒耳。」掘出尸，皆燒為灰。

3 後去立昭信為后，幸姬陶望卿為脩靡夫人，主繒帛⓴；崔脩成為明貞夫人，主永巷㉑。昭信復譖望卿曰：「與我無禮，衣服常鮮於我㉒，盡取善繒匄㉓諸宮人。」去曰：「若數惡望卿，不能減我愛㉔；設聞其淫，我亨㉕之矣。」後昭信謂去曰：「前畫工畫望卿舍，望卿袒裼㉖傅粉其傍。又數出入南戶窺郎吏，疑有姦。」去曰：「善司之。」以故益㉗不愛望卿。後與昭信等飲，諸姬皆侍，去為望卿作歌曰：「背尊章，嫖以忽㉘，謀屈奇㉙，起自絕。行周流㉚，自生患，諒非望，今誰怨㉛！」使美人相和歌之。去曰：「是中當有自知者。」昭信知去已怒，即誣言望卿歷指郎吏臥處，具知其主名，又言郎中令錦被，疑有姦。去即與昭信從諸姬至望卿所，臝其身，更㉜擊之。令諸姬各持燒鐵共灼望卿。望卿走，自投井死。昭信出之，椓杙其陰中㉝，割其鼻脣，斷其舌。謂去曰：「前殺昭平，反來畏我㉞，今欲靡爛望卿，使不能神㉟。」與去共支解，置大鑊㊱中，取桃灰毒藥并煮之，召諸姬皆臨觀，連日夜靡盡。復共殺其女弟都。

4　後去數召姬榮愛與飲，昭信復譖之，曰：「榮姬視瞻，意態不善，疑有私。」時愛為去刺方領繡㊲，去取燒之。愛恐，自投井。出之未死，笞問愛，自誣與醫姦。去縛繫柱，燒刀灼潰㊳兩目，生割兩股，銷鉛㊴灌其口中。愛死，支解以棘埋之。諸幸於去者，昭信輒譖殺之，凡十四人，皆埋太后所居長壽宮中。宮人畏之，莫敢復迕㊵。

5　昭信欲擅愛，曰：「王使明貞夫人主諸姬，淫亂難禁。請閉諸姬舍門，無令出敖㊶。」使其大婢為僕射㊷，主永巷，盡封閉諸舍，上籥㊸於后，非大置酒召，不得見。去憐之，為作歌曰：「愁莫愁，居無聊㊹。心重結，意不舒。內茀鬱㊺，憂哀積。上不見天，生何益！日崔隤[46]，時不再。願棄軀，死無悔。」令昭信聲鼓為節，以教諸姬歌之，歌罷輒歸永巷，封門。獨昭信兄子初為乘華夫人，得朝夕見。昭信與去從十餘奴博飲游敖。

6　初去年十四五，事[47]師受易，師數諫正去，去益大[48]，逐之。內史請以為掾[49]，師數令內史禁切[50]王家。去使奴殺師父子，不發覺。後去數置酒，令倡俳贏戲坐中[51]以為樂。相彊[52]劾繫倡，闌[53]入殿門，奏狀。事下考案，倡辭，本為王教脩靡夫人望卿弟都歌舞。使者召望卿、都，去對皆淫亂自殺。會赦不治。望卿前亨煮，即取他死人與都死[54]并付其母。母曰：「都是，望卿非也。」數號哭求死，昭信令奴殺之。奴得[55]，辭服[56]。本始[57]三年，相內史奏狀，具言赦前所犯。天子遣大鴻臚、丞相長史、御史丞[58]、廷尉正[59]雜治[60]鉅鹿[61]詔獄，奏請逮捕去及后昭信。制曰：「王后昭信、諸姬奴婢證者皆下獄。」辭服。有司復請誅王。制曰：「與列侯、中二千石[62]、二千石、博士議。」議者皆以為去悖虐，聽后昭信讒言，燔燒亨煮，生割剝人，距師之諫，殺其父子。凡殺無辜十六人，至一家母子三人，逆節絕理。其十五人在赦前，大惡仍[63]重，當伏顯戮以示眾。制曰：「朕不忍致王於法，議其罰。」有司請廢勿王，與妻[64]子徙上庸[65]。奏可。與湯沐邑[66]百戶。

去道自殺，昭信棄市。

7 立二十二年，國除。後四歲，宣帝地節(67)四年，復立去兄文，是為戴王。文素正直，數諫王去，故上立焉，二年薨。子海陽嗣，十五年，坐畫屋為男女贏交接(68)，置酒請諸父姊妹飲，令仰視畫；又海陽女弟為人妻，而使與幸臣姦；又與從弟調等謀殺一家三人，已殺。甘露四年坐廢，徙房陵，國除。後十五年(69)，平帝元始二年，復立戴王弟襄隄侯子瘉為廣德王，奉惠王後，二年薨(70)。子赤嗣，王莽時絕。

【章　旨】以上敘述廣川國的承嗣情況。廣川惠王劉越的兒子劉齊、孫子劉去，均為淫邪殘暴之徒，尤其是劉去，在其王后陽成昭信的唆使下殘殺多名姬妾，其殘暴程度令人髮指。充分反映了皇室生活的腐朽。

【注　釋】❶十三年薨　王先謙《漢書補注》考證應為十二年，十三年誤。❷繆　諡號。諡法說「蔽仁傷善曰繆」。❸四十四年薨　王先謙《漢書補注》考證應為四十五年，四十四年誤。❹禽　通「擒」。捉拿；抓捕。❺姦　通姦。❻所忠　人名。姓所，名忠。武帝近臣。事跡見本書卷二十四〈食貨志下〉。❼子明　王先謙《漢書補注》引錢大昭考證，劉明係劉齊之弟，而非其子。❽吾盡汝種矣　我要殺光你全家。種，同宗族的人。❾劾齊誣罔　彈劾齊以不實之辭誣陷、欺騙。劾，揭發罪行。❿大不敬　罪名。對皇帝侮慢、不尊重，要從重論處。⓫繫治　拘捕審訊。繫，拘囚。⓬師受易論語孝經　跟隨老師學習《易》、《論語》、《孝經》。《易》、《論語》、《孝經》均為儒家經典。⓭好文辭方技博奕倡優　喜好文學、方技、博弈、倡優。方技，指醫、卜、星、相之術。奕，通「弈」。博弈，六博和圍棋，古代的兩種遊戲。倡優，歌舞雜技藝人。⓮成慶　古代的勇士。

事跡見《淮南子》。一說為荊軻。⑮陽成昭信　複姓陽成，名昭信。⑯更　轉而；更換。⑰以鐵鍼鍼之　用鐵針刺她。鍼，「針」的本字。第二個「鍼」為動詞，針刺。⑱彊服　強迫她屈服，即屈打成招。彊，通「強」。⑲虜乃復見畏我　這兩傢伙竟然現形出來嚇唬我。虜，秦漢時對人的蔑稱，罵語。見，通「現」。⑳繒帛　漢代將絲織品總稱為繒帛。㉑永巷　漢代皇帝和諸侯王嬪妃居住的地方。宮人有罪也關押於此。㉒與我無禮二句　對我無禮，穿的衣服常比我鮮豔。鮮，鮮亮；鮮豔。㉓匄通「丐」。送給。㉔若數惡望卿二句　你多次說望卿的壞話，但仍不能減少我對她的愛。若，汝；你。惡，譭毀；說壞話。㉕亨通「烹」。用鍋煮。㉖袒裼　脫衣露出肩背。㉗益　漸。㉘背尊章二句　違背公婆，輕佻懶散。尊章，公婆。嫖，輕浮。忽，疏忽；不謹慎。㉙屈奇　奇異。㉚周流　到處遊蕩。㉛諒非望二句　過去信任你，但你辜負了我的期望，今見罪責，無法埋怨別人。諒，信任。㉜更　輪換；輪流。㉝椓杙其陰中　將木樁塞在她的陰道裡。椓杙，捶釘拴牲口的木樁。㉞反來畏我反過來嚇我。㉟今欲靡爛望卿二句　現在想弄爛望卿的屍體，使她不能作祟。靡，碎。㊱鑊　大鍋；釜類。㊲刺方領繡　在方領上刺繡。方領，直領。漢代人領子有直、斜之分，領子的質地不同於衣服，上可刺繡。㊳潰　決；爛。㊴銷鈆　熔化鉛。銷，熔化。鈆，通「鉛」。㊵迕　逆；違背。㊶敖　遊戲。㊷大婢為僕射　年長的婢女為僕射。大婢，婢中年長者。僕射，官名，此處為永巷僕射，主管後宮。㊸籥　通「鑰」。鑰匙。㊹聊　賴；依賴。㊺茀鬱　草木繁多阻塞道路。喻心情抑鬱不舒。㊻崔隤　蹉跎；虛度光陰。㊼事　侍奉。㊽益大　年齡漸漸長大。㊾掾　吏名。官署屬僚、屬吏。㊿禁切　嚴厲限制；嚴格約束。禁，限制。切，嚴厲；苛刻。(51)倡俳贏戲坐中　藝人在席間裸體遊戲。倡，樂人。俳，表演雜戲者。贏，同「裸」。(52)相彊　彊為廣川王之相。彊，人名。(53)闌　自行；未經允許。(54)死　屍體。下文中「求死」的「死」亦指屍體。(55)得　被官吏抓到。(56)辭服　供認罪行。(57)本始　漢宣帝年號。西元前七三—前七〇年，凡四年。(58)御史丞　官名。御史大夫副手，秩千石。(59)廷尉正　官名。廷尉屬官，秩千石。(60)雜治　共同審理。(61)鉅鹿　郡名。在今河北滹沱河以南地區，治鉅鹿（今平鄉西南）。(62)中二千石　漢代秩祿名，列卿中太常、光祿勳、衛尉、太僕、廷尉、大鴻臚、宗正、大司農、少府、執金吾等均秩中二千石。(63)仍　頻。(64)妻　王先謙《漢書補注》考證「妻」字為衍文。(65)上庸　縣名。屬漢中郡，在今湖北竹山西南。(66)湯沐邑　封邑。所封者可收取邑中的賦稅，用以生活。漢代皇帝、皇后、公主、諸侯王、列侯等均有湯沐邑。湯沐，即用水沐浴，比喻日常生活。(67)地節　漢宣帝年號。西元前六九—前六六年，凡四年。(68)交接　交媾；交合。(69)後十五年　王先謙《漢書補注》考證應為五十三年，十五年誤。(70)二年薨　王先謙《漢書補注》考證應為四年，二年誤。

【語　譯】廣川惠王劉越在景帝中二年被封立為王，在位十二年去世。他的兒子繆王劉齊繼位，在位四十四年去世。當初劉齊有一個寵幸的大臣叫乘距，後來犯了法，劉齊要殺他。乘距逃跑了，劉齊就抓了他的宗族。乘距怨恨劉齊，上書告發他和姊妹通姦。此後，劉齊多次告發朝廷的公卿及皇帝的寵臣所忠等人，又告中尉蔡彭祖抓捕他的弟弟劉明，罵劉明說：「我要滅你家門！」主管官員立案調查，發現情況跟繆王說的不一樣，因此彈劾劉齊誣衊欺騙，犯了大不敬的罪行，請求抓捕懲辦。劉齊害怕了，上書說願意和廣川的勇士奮力攻打匈奴，皇上答應了他的請求。還沒有出發，劉齊就病死了。主管官員請求廢除他的封國，皇帝下詔准許。

2 過了數月，皇帝下詔說：「從輩分上論廣川惠王是朕的哥哥，朕不忍心斷絕他的宗廟，就讓惠王的孫子劉去做廣川王吧。」劉去是繆王劉齊的太子，隨師學習《易》、《論語》、《孝經》，全部精通，喜好文辭、方技、六博、弈棋、倡優。殿門上畫有壯士成慶的畫像，穿短衣寬腿褲，佩長劍，劉去十分欣賞他，造了一柄七尺五寸的劍，穿戴都仿照成慶的樣子。他喜愛兩個姬妾，叫王昭平、王地餘，他答應立她們為王后。劉去曾經生病，妃子陽成昭信侍候得十分周到，劉去轉而喜愛她。劉去與地餘遊戲，發現地餘袖中有刀，於是用鞭子抽打她，追問為什麼藏刀，地餘認罪說想和昭平一起殺昭信。鞭打昭平，昭平不認罪，就用鐵針刺她，強迫她認罪。於是召集眾妃子，劉去自己用劍刺地餘，讓昭信刺昭平，兩人均被刺死。昭信說：「兩姬的婢女可能會把此事洩露出去。」就用繩子勒死了兩人的貼身婢女三人。後來昭信生病，夢見昭平等人，醒來後把夢告訴劉去。劉去說：「這兩傢伙竟然現形出來嚇唬我！只有把她們燒了才行。」挖出她們的屍體，都燒成灰。

3 後來劉去立昭信為王后；劉去喜愛的姬陶望卿為脩靡夫人，主管繒帛；崔脩成為明貞夫人，主管永巷。昭信又詆毀望卿說：「她對我無禮，衣服經常比我鮮豔，把好的絲綢都送給了那些宮人。」劉去說：「你屢次說望卿的壞話，但仍不能減少我對她的愛；假如我聽說她有淫亂的事，我就用鍋煮了她。」後來昭信對劉去說：「先前畫工在望卿的房間繪畫，望卿在他旁邊袒胸露背，抹著粉。又常常出南門偷窺郎吏，懷疑她和他們有姦事。」劉去說：「你好好監視她。」因此漸漸不愛望卿。後來和昭信等飲酒，眾姬妾陪侍在旁，劉去為望卿作歌唱道：「違背公婆，輕佻懶散，標新立異，自走絕路。到處遊蕩，自生禍患，辜負了我的信任和期望，事到如今你怨誰！」讓美人和著一起唱。劉去說：「你們中應當有人知道說的是誰。」昭信知道劉去已經生望卿的氣了，於是就誣告望卿指著郎吏的宿舍，能一一說出它們的主人是誰，又說郎中令蓋錦被，懷疑她和郎吏有姦情。劉去當即和昭信帶著眾妃子來到望卿的住所，扒光她的衣服，輪流毆打她。又令眾妃子每人拿著燒紅的鐵一起灼燙望卿。望卿掙脫開，自己投井死了。昭信派人把她拽上來，將木樁塞在她的陰道裡，割掉她的鼻、唇，割斷她的舌頭。昭信對劉去說：「以前殺了昭平，反來嚇唬我，現在想弄爛望卿的屍體，讓她不能作祟。」和劉去一起肢解了望卿的屍體，放在大鍋中，取來桃灰、毒藥一起煮，召來眾姬妾都來觀看，用了一天一夜才燒爛。又一起殺了望卿的妹妹都。

4 後來劉去幾次召姬榮愛和他喝酒，昭信又詆毀她，說：「榮姬眼神輕佻，神態不善，懷疑她有私情。」當時榮愛正在為劉去繡方領，劉去奪過來燒了。榮愛害怕，自己投了井。撈上來還沒有死，鞭打訊問榮愛，屈招和醫通姦。劉去把她綁在柱子上，用火燒紅了刀子燙爛她的眼睛，活活割下她大腿上的肉，將熔化的鉛灌在她的口裡。榮愛死後，將她肢解，用荊棘掩埋。只要姬妾中有人被劉去寵幸，昭信就詆毀殺了她，共死了十四個人，都埋在太后居住的長壽宮中。宮人害怕昭信，沒有人再敢違背、衝撞她。

5 昭信想要獨占劉去的寵愛，說：「王派明貞夫人管理眾妃子，但卻無法禁止淫亂之事。請求封閉眾姬的屋門，不讓她們出來遊玩。」派她的老婢女做僕射，主管永巷，關閉了所有姬妾房舍的大門，把鑰匙上交給王后，不是大擺酒宴召見，就不能見劉去。劉去可憐她們，為她們作歌道：「憂愁得不能再憂愁了，生活真無聊。心中不斷鬱結，意氣不得舒展。內心陰鬱，憂傷哀愁與日俱增。抬頭看不見天日，活著有什麼益處！日月蹉跎，時光不再。甘願拋棄軀體，死而無悔。」讓昭信敲鼓打節拍，教眾姬妾唱這首歌，唱完了就回到永巷，封上門。只有昭信哥哥的女兒陽成初做了乘華夫人，能每天見到劉去。昭信和劉去率領十多個家奴博戲、飲酒、遊樂。

6 當初劉去十四五歲時，跟隨老師學習《易》，老師多次規勸劉去，劉去稍大一些後，就趕走了老師。內史聘請老師做他的屬僚，老師屢屢建議內史管束王家。劉去派家奴殺了老師父子，事情未被人發現。後來劉去多次擺設酒宴，讓表演歌舞的藝人在席間裸體遊戲，以此取樂。名叫彊的廣川王相彈劾藝人擅自出入王宮殿門，上奏朝廷。此事被立案調查，藝人供詞說，本來廣川王叫他教授脩靡夫人陶望卿的妹妹陶都歌舞。使者召見望卿、都，劉去回答說她們都因為淫亂自殺了。正巧遇到大赦，就撤案了。當初陶望卿被煮爛以後，劉去另找來一具屍體和陶都的屍體一同交給她們的母親。她們的母親說：「一個是陶都，另一個卻不是望卿。」多次嚎啕大哭著追討望卿的屍體，昭信讓家奴殺死了她。家奴被抓後，供認了罪行。本始三年，王相、內史上奏朝廷，詳細陳述了劉去大赦前所犯下的罪行。皇帝派大鴻臚、丞相長史、御史丞、廷尉正共同在鉅鹿審理此案，他們上奏請求逮捕劉去和王后昭信。皇帝命令說：「將王后昭信、眾姬妾、奴婢等證人都關入監獄。」他們均供認了罪行。主管官員再次請求誅殺廣川王劉去。皇帝下令說：「和列侯、中二千石、二千石、博士討論此事。」參加討論的人都認為劉去乖戾殘暴，聽信王后昭信的讒言，焚燒烹煮人的屍體，活活地宰割人，拒不聽老師的勸諫，殺死老師父子。總共殺死了無辜者十六人，甚至一家母子三人均遭其殘害，違背人倫，滅絕天理。其中十五個人死在大赦前，但罪行深重，且頻頻發生，應當處以極刑以示眾。皇帝下令說：「朕不忍心將廣川王付諸刑罰，討論如何懲罰他。」主管官員請求廢黜他的王位，和兒子一起遷到上庸。皇帝准許了這一奏請。賜給他湯沐邑一百戶。劉去在前往上庸的路上自殺，昭信在鬧市被處死，暴屍示眾。

7 劉去在位二十二年，封國被廢除。過了四年，時當宣帝地節四年，又封立劉去的哥哥劉文為王，即戴王。劉文向來正直，屢次勸諫廣川王劉去，所以宣帝才立他為王，在位二年去世。他的兒子劉海陽繼位，在位十五年，犯下以下罪行：在屋子中畫男女裸體交歡圖，設宴請叔父姊妹飲酒時，讓他們抬頭看這些畫；海陽的妹妹已嫁為人妻，海陽卻讓她與自己的寵臣通姦；又和堂弟劉調等人謀殺一家三口人，殺害了他們。甘露四年劉海陽因上述罪行被廢黜王位，遷徙到房陵，封國被廢除。過了五十三年，即平帝元始二年，又封立戴王的弟弟襄隄侯兒子劉瘉為廣德王，承繼惠王的後嗣，在位四年去世。劉瘉的兒子劉赤即位，王莽時封國被廢。

膠東康王寄以孝景中二年立，二十八年薨。淮南王謀反時，寄微聞其事，私作兵車❶鏃矢❷，戰守備，備淮南之起。及吏治淮南事，辭出之❸。寄於上最親❹，意自傷，發病而死，不敢置後。於是上聞寄有長子賢，母無寵，少子慶，母愛幸，寄常欲立之，為非次，因有過，遂無所言。上憐之，立賢為膠東王，奉康王祀，而封慶為六安王，王故衡山地。膠東王賢立十五年❺薨，謚為哀王。子戴王通平嗣，二十四年薨。子頃王音嗣，五十四年薨。子共王授嗣，十四年薨。子殷嗣，王莽時絕。

六安共王慶立三十八年薨。子夷王祿嗣，十年薨。子繆王定嗣，二十二年❻薨。子頃王光嗣，二十七年薨。子育嗣，王莽時絕。

【章旨】以上敘述膠東康王劉寄封國情況。劉寄是武帝姨母王夫人的次子，與武帝的關係最近，他聽說淮南王劉安預謀反叛，於是私下進行軍事準備，以防不測。淮南王事發後，供詞牽連到他，劉寄抑鬱而終。劉寄進行軍事武備，應該是針對淮南王的，但是他的這一舉動卻犯了朝廷的大忌。此事較為充分地反映了當時諸侯王與中央的複雜敏感關係。

【注釋】❶兵車　戰車。❷鏃矢　大箭頭的箭。❸辭出之　供詞牽連出劉寄私作兵器之事。辭，供詞。❹寄於上最親　劉寄在諸兄弟之中和武帝關係最親。劉寄的母親王夫人是景帝王皇后的妹妹，即武帝的姨媽。❺十五年　王先謙《漢書補注》考證應為十四年，十五年誤。❻二十二年　王先謙《漢書補注》考證應為二十三年，二十二年誤。

【語譯】膠東康王劉寄立於景帝中二年，在位二十八年去世。淮南王謀反時，劉寄聽到了一些風聲，便私下製造兵車和箭矢，進行戰爭防守準備，防備淮南王起兵。等到朝廷官審理淮南王案件時，牽出劉寄私作武備的事。劉寄和皇上的親屬關係最近，心中很自責，發病死了，死前不敢立繼承人。於是皇上聽說劉寄有長子劉賢，母親不受劉寄的寵愛，小兒子劉慶，母親甚得劉寄的喜愛。劉寄常想立劉慶為繼承人，但因為不合立嗣的順序，自己又犯了過失，就沒有把自己的想法稟告皇上。皇上為劉寄的死感到難過，於是立劉賢為膠東王，做康王的繼承人，而封劉慶為六安王，統治原衡山國的國土。膠東王劉賢立十四年而去世，諡號為哀王。他的兒子戴王劉通平繼承王位，在位二十四年去世。劉通平的兒子頃王劉音繼位，在位五十四年去世。劉音的兒子共王劉授繼位，在位十四年去世。劉授的兒子劉殷繼位，王莽時王位斷絕。

六安共王劉慶被封為王三十八年去世。他的兒子夷王劉祿繼位，在位十年去世。劉祿的兒子繆王劉定繼位，在位二十三年去世。劉定的兒子頃王劉光繼位，在位二十七年去世。劉光的兒子劉育繼位，王莽時王位斷絕。

清河哀王乘以孝景中三年立，十二年薨。無子，國除。

【章旨】以上簡述清河哀王劉乘立廢經過。

【語譯】清河哀王劉乘於景帝中三年被立為王，在位十二年去世。沒有兒子，封國被廢除。

1 常山憲王舜以孝景中五年立。舜，帝少子，驕淫，數犯禁，上常寬之。三十三年❶薨，子勃嗣為王。

2　初，憲王有不愛姬生長男梲，梲以母無寵故，亦不得幸於王。王后脩生太子勃。王內❷多，所幸姬生子平、子商，王后稀得幸。及憲王疾甚，諸幸姬侍病，王后以妒媢不常在❸，輒歸舍。醫進藥，太子勃不自嘗藥，又不宿留侍疾。及王薨，王后、太子乃至。憲王雅不以梲為子數❹，不分與財物。郎或說太子、王后，令分梲財，皆不聽。太子代立，又不收恤梲。梲怨王后及太子。漢使者視憲王喪，梲自言憲王病時，王后、太子不侍，及薨，六日出舍❺，太子勃私姦、飲酒、博戲、擊筑，與女子載馳，環❻城過市，入獄視囚。天子遣大行❼騫❽驗問，逮❾諸證者，王又匿之。吏求捕，勃使人致擊笞掠，擅出漢所疑囚。有司請誅勃及憲王后脩。上曰：「脩素無行，使梲陷之罪。勃無良師傅，不忍致誅。」有司請廢勿王，徙王勃以家屬處房陵，上許之。

3　勃王數月，廢，國除。月餘，天子為最親，詔有司曰：「常山憲王早夭，后妾不和，適孽誣爭❿，陷于不誼以滅國，朕甚閔焉。其封憲王子平三萬戶，為真定王；子商三萬戶，為泗水王。」頃王平⓫立二十五年薨。子烈王偃嗣，十八年薨。子孝王由嗣，二十二年⓬薨。子安王雍嗣，二十六年⓭薨。子共王普嗣，十五年薨。子陽⓮嗣，王莽時絕。

4 泗水思王商立十二年⑮薨。子哀王安世嗣，十一年⑯薨，無子。於是武帝憐泗水王絕，復立安世弟賀，是為戴王。立二十二年薨，有遺腹子煖，相內史不以聞。太后上書，昭帝⑰閔之，抵相內史罪，立煖，是為勤王。立三十九年薨。子戾王駿嗣，三十一年薨。子靖嗣，王莽時絕。

【章旨】以上敘述常山憲王劉舜封國情況。劉舜長子劉棁因為母親無寵，受到歧視，於是在劉舜死後告發了王后及太子劉勃的罪行，以致劉勃被廢。反映了諸侯王多妻妾、子孫，生活極為複雜和糜爛的現實。

【注釋】❶三十三年　王先謙《漢書補注》考證應為三十二年，三十三年誤。❷內　姬妾。❸以妒媢不常在　因妒嫉不常在旁邊侍候。媢，同「妒」。❹雅不以棁為子數　向來不把棁當作兒子看待。雅，素；平常。數，禮數。❺舍　服舍；服喪所。❻環　繞；環繞。❼大行　即大行令。❽騫　張騫。西漢景、武時人，武帝時，曾兩次奉詔出使西域。元鼎二年（西元前一一五年）拜大行令。事跡見卷六十一〈張騫傳〉。❾逮　逮捕。❿適孽誣爭　嫡庶互相誣陷爭鬥。適，同「嫡」。孽，庶。⓫頃王平　真定王平的謚號為頃。⓬二十二年　王先謙《漢書補注》考證應為三十三年，二十二年誤。⓭二十六年　王先謙《漢書補注》考證應為十六年，二十六年誤。⓮陽　本書卷十四〈諸侯王表〉作「楊」。⓯十二年　王先謙《漢書補注》考證應為十一年，十二年誤。⓰十一年　王先謙《漢書補注》考證應為一年，十一年誤。⓱昭帝　漢昭帝劉弗陵，西元前八六－前七四年在位。詳見卷七〈昭帝紀〉。

【語譯】常山憲王劉舜在景帝中五年被立為王。劉舜，是景帝的小兒子，驕奢淫佚，多次觸犯法規，皇帝常常寬赦他。在位三十二年去世，他的兒子劉勃繼位為王。

2 當初，憲王有一個不喜歡的妃子生下長男劉棁，劉棁因為母親不受寵愛的原故，也不被憲王喜歡。王后脩生太子劉勃。憲王有很多姬妾，他喜歡的妃子生了兒子劉平、劉商，王后很少被憲王御幸。等到憲王病重的時候，那些得寵的妃子都在左右照顧他的病，王后因為嫉妒不常在旁邊侍候，動輒回到自己的房舍。醫生送來藥，太子劉勃不親自品嘗藥，又不留宿在憲王身邊侍候他。等到憲王去世了，王后、太子才來。憲王向來不把劉棁當作兒子看待，不分給他財產。有郎官勸太子、王后，讓他們分給劉棁財產，他們不聽。太子劉勃繼承王位後，也不收留照顧劉棁。劉棁因此怨恨王后和太子。朝廷使者來參加憲王的喪禮，劉棁面見他們舉報說，憲王病的時候王后、太子不侍候，等到憲王去世了，六天就出了服喪的服舍，太子劉勃私下通姦、飲酒、玩六博遊戲、擊筑，和女子乘車飛馳，繞城過市，到監獄看囚徒。皇上派大行張騫查驗審問此事，要逮捕那些證人，劉勃又把他們藏起來。官吏搜捕證人，劉勃派人阻撓毆打他們，擅自放出朝廷關押的嫌疑犯。主管官員請求誅殺劉勃和憲王王后脩。皇上說：「脩向來行為不端，以致劉棁告發她的罪行。劉勃沒有好的師傅教導他，我不忍心將他處死。」主管官員請求廢黜他不讓他為王，遷徙常山王劉勃及家屬到房陵，皇上准許了。

3 劉勃被立王數月，就被廢黜，封國被取消。過了一個多月，皇上因為憲王和自己的關係最親近，下詔主管官員說：「常山憲王過早夭折，王后和姬妾不和睦，嫡子和庶子互相詆毀爭鬥，陷入不義以致滅了封國，朕十分痛惜。封憲王的兒子劉平三萬戶，做真定王；兒子劉商三萬戶，做泗水王。」頃王劉平被立二十五年去世。兒子烈王劉偃繼位，在位十八年去世。劉偃的兒子孝王劉由繼位，在位三十三年去世。劉由的兒子安王劉雍繼位，在位十六年去世。劉雍的兒子共王劉普繼位，在位十五年去世。劉普的兒子劉陽繼位，王莽時王位斷絕。

4 泗水思王劉商被立十一年去世。兒子哀王劉安世繼位，在位一年去世，沒有兒子。於是武帝憐惜泗水王絕後，又立安世的弟弟劉賀為泗水王，即戴王。被立二十二年去世，有個遺腹子劉煖，王相、內史不把此事報告朝廷。王太后上書，昭帝憐憫他們，將相、內史問罪，立煖為王，即勤王。被立三十九年去世。兒子戾王劉駿繼位，在位三十一年去世。劉駿的兒子劉靖繼位，王莽時王位斷絕。

贊曰：昔魯哀公❶有言：「寡人生於深宮之中，長於婦人之手，未嘗知憂，未嘗知懼❷。」信哉斯言也！雖欲不危亡，不可得已❸。是故古人以宴安為鴆毒❹，亡德而富貴，謂之不幸。漢興，至于孝平，諸侯王以百數，率多驕淫失道。何則？沉溺放恣之中，居勢使然也。自凡人猶繫于習俗❺，而況哀公之倫乎！夫唯大雅❻，卓爾不群❼，河間獻王近之矣。

【章 旨】以上是班固在結尾處就此篇內容所發的議論和感慨。他借用魯哀公的話，說明景帝的子孫大多驕淫無道，犯法觸禁，是深居宮中、養尊處優的環境所致。只有河間獻王劉德這樣品德優異的人才可能不受環境的影響。

【注 釋】❶魯哀公　春秋戰國之際的魯國國君，西元前四九四—前四六七年在位，共二十八年。❷寡人生於深宮之中四句　這是哀公對孔子說的話，出自《荀子・哀公》，與原文略有出入。❸已　語終詞。❹古人以宴安為鴆毒　出自《左傳・閔公元年》管敬仲語：「宴安鴆毒，不可懷也。」❺凡人猶繫于習俗　普通人尚且受風俗的影響。❻大雅　品德高尚。❼卓爾不群　十分卓越，不與普通人等列為伍。

【語 譯】史官評議說：從前魯哀公說過：「我生在深宮之中，在女人的養育下長大，不曾了解憂愁和恐懼的滋味。」這話說得太對了！在這種情況下，即使想要國家不危亡，也不可能啊。所以古人將安逸視為鴆毒，將無德而獲得富貴稱作不幸。漢代自建立到平帝，諸侯王以百位數計，大多驕奢淫佚，沒有道德。為什麼呢？沉溺在恣意放縱之中，是他們所處的地位使他們這樣的。普通人尚且受習俗的牽制影響，何況魯哀公這些人呢！只有品德高尚的人，才卓然特立，不與一般人等同，河間獻王接近這種境界了。

【研　析】〈景十三王傳〉通過生動的筆觸、翔實的材料，記錄了景帝十三王的生平及其封國沿襲情況。

景帝之子河間獻王劉德，品行優秀，他崇尚儒術，以儒家道德約束自己的言行。他喜好搜集古書，召集術士對搜集的典籍加以注釋和整理，對保存文化遺產、弘揚儒學起了重要作用。但是，具有河間獻王這樣品行的諸侯王在景帝子孫中難覓其雙，其他人大多奢侈淫佚，一些人甚至性格扭曲變態，殘暴至極，其所作所為不堪入目，令人髮指。班固評論說，這是由於他們長期深居宮中養尊處優所致，可謂一語中的。

景帝分封這十三個諸侯國的時間是在吳楚七國之亂前後，因此，此篇充分反映了這一時期西漢王朝對諸侯王政策的轉折和變化。諸侯王的勢力逐漸被削弱，其治國治民權被一點點剝奪，一舉一動均受到中央派來的二千石官的監視，性格懦弱的甚至受到這些官吏的欺壓。中山王劉勝面見武帝時，聞樂聲而泣，應當不是矯情造作之舉。武帝聽從主父偃的建議實行推恩令後，諸侯王對中央的威脅基本消除，諸侯王的權力也被剝奪殆盡。諸侯王在政治上無法作為，每日無所事事，為了尋求刺激，竭盡殘忍與荒淫，其背後也有著深刻的社會政治背景。

景十三王及其子嗣的經歷在漢代同姓諸侯王中極具典型特色，因此，班固不惜筆墨，著意刻劃，可讀性很強。

卷五十四

李廣蘇建傳第二十四

【題解】李廣、蘇建均是西漢前中期特別是武帝時期抗擊匈奴的重要將領，本傳是兩人的合傳，並分別附錄兩人的子嗣情況，其中李廣孫李陵和蘇建子蘇武均是漢代與匈奴關係史上的重要人物，故記載尤為詳盡。李廣擅長騎射，事文、景、武三世，歷任北邊七郡太守，畢生與匈奴大小七十餘戰，威震匈奴，匈奴號之「飛將軍」。在武帝對匈奴展開大規模反擊戰中，李廣四次擔任將軍統兵出征，但是由於各種原因未取得一次勝績，最後一次因迷路延誤戰機，不願下獄而自殺。李廣的孫子李陵有李廣之風，天漢二年（西元前九九年），他自願請纓率領步兵五千人出擊匈奴，被匈奴單于八萬餘騎圍困。李陵率部英勇奮戰數日，終因寡不敵眾，在戰士死傷殆盡、箭矢用光的情況下投降匈奴。蘇建也幾次出擊匈奴，並築朔方城，但由於事跡不甚突出，故本傳著墨甚少。蘇建的次子蘇武天漢元年（西元前一〇〇年）奉命出使匈奴，被匈奴扣留，匈奴對他百般威脅利誘，勸他投降，他手持漢節，堅貞不屈，歷盡苦難，終於在十九年後回到漢朝。本傳是了解漢代與匈奴關係史的重要史料。

李廣，隴西成紀❶人也。其先❷曰李信，秦時為將，逐得❸燕太子丹❹者也❺。

廣❻世世受射❼。孝文十四年❽，匈奴❾大入蕭關❿，而廣以良家⓫子從軍擊胡⓬，用善射，殺首虜⓭多，為郎⓮，騎常侍⓯。數從射獵，格⓰殺猛獸，文帝曰：「惜廣不逢時，令當高祖⓱世，萬戶侯⓲豈足道哉！」

【章　旨】以上敘述李廣出身家世及文帝時入仕情況。李廣祖先曾為秦國良將，家傳射法。文帝十四年在抗擊匈奴的戰鬥中，李廣初次顯露其勇武和高超的射技，以戰功得任郎官，侍從文帝。

【注　釋】❶隴西成紀　隴西郡成紀縣。隴西郡在今甘肅東部，治狄道（今甘肅臨洮南）。成紀縣在今甘肅秦安北。成紀漢初屬隴西，武帝元光年間置天水郡，改屬之，故〈地理志〉成紀屬天水郡。❷先　祖先。❸逐得　在追擊中捕獲。❹燕太子丹　燕王喜的太子，名丹。戰國末年，燕國將太子丹送到秦國做人質，以修好，後太子丹逃回燕國，為阻止秦國兼併之勢，派刺客荊軻刺殺秦王嬴政，事敗。事見《史記．燕召公世家》和〈刺客列傳〉。❺者也　《史記．李將軍列傳》此處有「故槐里，徙成紀」語。槐里，縣名，今陝西興平東南。❻廣　《史記．李將軍列傳》「廣」下有「家」字。❼受射　傳授射法。受，傳承；繼承。❽孝文十四年　西元前一六六年。孝文，即孝文帝劉恒，西元前一七九—前一五七年在位。事跡詳見卷四〈文帝紀〉。❾匈奴　北方部族名，亦稱胡。西元前三世紀興起於長城以北地區。詳見卷九十四〈匈奴傳〉。❿蕭關　關塞名。在今寧夏固原東南。古代關中四大關之一，是關中通往塞北的交通要衝。⓫良家　身世清白的人家。漢時指醫、巫、商賈、百工之外的人家。⓬胡　此處指匈奴。古代多泛稱西、北方各部族。⓭首虜　首級和俘虜。首，首級，指砍下的人頭。虜，俘虜。⓮郎　官名。屬郎中令。漢代依職責不同，有郎中、中郎、外郎、侍郎、議郎等。執掌守衛皇宮殿廊門戶，皇帝出行時充當車騎扈從。⓯騎常侍　即武騎常侍。據王先謙《漢書補注》推測當是文景時設，後省。⓰格　格鬥；搏擊。⓱高祖　西漢王朝的開國皇帝劉邦。西元前二〇六—前一九五年在位。事跡詳見卷一〈高帝紀〉。⓲萬戶侯　封邑戶數達到萬戶的列侯。

【語　譯】李廣是隴西郡成紀縣人。他的祖先叫李信，秦時任將軍，就是追捕抓到燕太子丹的人。李廣家世代傳授射法。文帝十四年，匈奴大舉入侵蕭關，李廣以良家子身分從軍抗擊匈奴，因為善射，斬殺俘獲敵人數量多，任郎官，為武騎常侍。多次隨從文帝狩獵，格殺猛獸，文帝說：「可惜李廣生不逢時，如果生在高祖時，封個萬戶侯根本不在話下！」

景帝❶即位，為騎郎將❷。吳楚反❸時，為驍騎都尉❹，從太尉❺亞夫❻戰昌邑❼下，顯名。以梁王授廣將軍印，故還，賞不行❽。為上谷❾太守❿，數與匈奴戰。典屬國⓫公孫昆邪為⓬上泣曰：「李廣材氣，天下亡雙，自負⓭其能，數與虜确⓮，恐亡⓯之。」上乃徙廣為上郡⓰太守。

匈奴侵上郡，上使中貴人⓱從廣勒⓲習兵擊匈奴。中貴人者將⓳數十騎⓴從㉑，見匈奴三人，與戰。射傷中貴人，殺其騎且盡。中貴人走㉒廣，廣曰：「是必射鵰㉓者也。」廣乃從百騎㉔往馳㉕三人。三人亡馬步行，行數十里。廣令其騎張左右翼㉖，而廣身㉗自射彼三人者，殺其二人，生得一人，果匈奴射鵰者也。已縛之上山㉘，望匈奴數千騎，見廣，以為誘騎，驚，上山陳㉙。廣之百騎皆大恐，欲馳還走。廣曰：「我去大軍數十里，今如此走，匈奴追射，我立盡。今我留，匈奴必以我為大軍之誘，不我擊㉚。」廣令曰：「前！」未到匈奴陳二里所㉛，止，令曰：「皆下馬解鞍！」騎曰：「虜多如是，解鞍，即㉜急，奈何？」廣曰：

「彼虜以我為走，今解鞍以示不去㉝，用堅其意㉞。」有白馬將㉟出護㊱兵。廣上馬，與十餘騎奔射殺白馬將，而復還至其百騎中，解鞍，縱㊲馬臥。時會㊳暮，胡兵終怪之，弗敢擊。夜半，胡兵以為漢有伏軍於傍欲夜取之，即引去。平旦，廣乃歸其大軍。後徙為隴西、北地、雁門、雲中太守㊴。

【章　旨】以上敘述景帝時李廣為官情況。李廣曾參加平定吳楚之亂，並由此顯名。後歷任上谷、上郡等邊郡太守，數與匈奴交戰。典屬國公孫昆邪勸景帝將他調離邊郡，說他「自負其能」，好與敵人決一死戰，點出其弱點所在。本文還通過李廣任上郡太守時與匈奴交鋒的一次經歷，生動地再現了李廣不畏強敵、勇敢善戰的個性特徵。

【注　釋】❶景帝　漢景帝劉啟。西元前一五六—前一四一年在位。詳見卷五〈景帝紀〉。❷騎郎將　官名。統領騎郎的長官，秩比千石。騎郎，是皇帝外出時騎馬護衛皇帝的郎官。❸吳楚反　即吳楚七國之亂。漢景帝三年（西元前一五四年），以吳王劉濞、楚王劉戊為首，聯合膠西、膠東、菑川、濟南、趙王，以誅鼂錯、清君側為名，發動武裝叛亂。景帝命太尉周亞夫率兵平亂，三個月後平息叛亂。❹驍騎都尉　官名。統領騎兵的軍官。驍騎，輕捷矯健的騎兵。❺太尉　官名。秦漢時掌管全國軍事的最高長官，位僅次於丞相，武帝時改置大司馬，東漢時又稱太尉，位在司徒（丞相改）上，為三公之首。❻亞夫　周亞夫，沛縣（今江蘇沛縣）人。漢初開國功臣周勃之子。文帝時，匈奴騷擾邊郡，周亞夫以河內守為將軍，駐軍細柳（今陝西咸陽西南），以軍令嚴整得到文帝賞識。吳楚七國反叛後，周亞夫被任命為平叛統帥。後獲罪入獄，絕食而死。詳見卷四十〈周勃傳附子亞夫〉。❼昌邑　縣名。在今山東金鄉西北。❽以梁王授廣將軍印三句　因梁王授李廣將軍印，屬私授，所以班師回朝後，沒有獎賞他。❾上谷　郡名。在今河北西北，治沮陽（今河北懷來東南）。❿太守　官名。秦漢時郡行政長官，秩二千石。原名郡守，景帝中二年（西元前一四八年）更名太守。⓫典屬國　官名。掌附屬國及外族事務，秩二千石。成帝河平元年（西元前二十八年）省併入大鴻臚。⓬為　對。⓭負　依恃。⓮确　「角」的借字。較量；決勝負。⓯亡　失去，指戰死。⑯上郡　郡名。在今陝西北部和內蒙古交界處，治膚施（今陝西榆林東南）。⑰中貴人　皇帝寵幸的宦官。⑱勒約束；統率。⑲將　統領；率領。⑳騎　騎兵；騎士。㉑從　通「縱」。放馬奔馳。㉒走　奔向。㉓鵰　禽類。一名鷲，黑色，性兇猛，飛翔迅速，羽毛可以做箭羽。㉔從百騎　率領一百騎兵。從，使隨從，使動用法。㉕馳　馳馬追逐。㉖張左右翼　令騎兵分兩翼包抄三人。㉗身　自身；自己。㉘上山　周壽昌說應為「上馬」。㉙陳　通「陣」。列陣。㉚不我擊　即不擊我。不進攻我。動賓倒置句型。㉛所　地方。㉜即　如果。㉝不去　王念孫說應為「不走」。㉞用堅其意　讓他們堅信自己的判斷。㉟白馬將　騎白馬的將領。㊱護　監視。㊲縱　放。㊳會　恰逢；適逢。㊴後徙為句　北地，郡名。在今甘肅東北部至寧夏東南端，治馬嶺（今甘肅慶陽西北）。雁門，郡名。在今山西北部和內蒙古南部，治善無（今山西右玉南）。雲中，郡名。在今內蒙古東南部，治雲中（今內蒙古托克托東北）。王先謙《漢書補注》考證，《史記・李將軍列傳》此句記在「匈奴入上郡」前，且曰「嘗為隴西、北地、雁門、代郡、雲中太守」，則本傳少「代郡」。此外，《史記・李將軍列傳》載李廣以上郡太守為衛尉，而本書卷十九〈百官公卿表〉載以隴西太守為衛尉。不知孰是。

【語譯】漢景帝即位，李廣任騎郎將。吳楚反叛時，李廣任驍騎都尉，隨太尉周亞夫戰鬥在昌邑城下，聲名顯赫。由於接受了梁孝王授予的將軍印，所以回京後沒有得到朝廷的封賞。調任上谷太守後，多次與匈奴交戰。典屬國公孫昆邪流淚對皇上說：「李廣的武藝膽氣，天下無雙，他自恃有本領，數次與匈奴決一死戰，很擔心失去這員大將。」皇上於是調李廣擔任上郡太守。

匈奴入侵上郡，皇上派中貴人隨李廣統帥訓練隊伍抗擊匈奴。中貴人帶領數十騎兵縱馬奔馳，遇見三個匈奴人，發生交戰。匈奴人射傷中貴人，他帶的騎兵幾乎被殺光。中貴人逃到李廣那兒，李廣說：「他們一定是射鵰手。」李廣於是率領一百騎兵追趕三人。三人沒有馬，步行，行走了數十里。李廣命令所率騎兵分左右翼包抄，自己向三人射箭，射死其中的兩人，活捉一人，經盤問果然是匈奴射鵰手。剛將他綁上馬，突然望見匈奴數千騎兵，他們看見李廣，以為是漢軍做誘餌的騎兵，十分驚恐，上山列陣以待。李廣的一百騎兵也十分害怕，想策馬跑回來。李廣說：「我們距離大軍數十里，現在如果往回跑，匈奴追射，我們馬上就會被殺光。如果我們留下來，匈奴一定以為我們是大軍的誘兵，不敢進攻我們。」李廣下令說：「前進！」

距匈奴列陣不到兩里的地方，停下來，下令說：「都下馬卸下馬鞍！」騎兵說：「敵人這麼多，卸下馬鞍，如果有緊急情況，怎麼辦？」李廣說：「敵人以為我們會逃走，現在我們卸下馬鞍表示不走，讓他們堅信我們是誘兵。」匈奴有一騎白馬的將領出列整頓隊伍。李廣跳上馬，和十多名騎兵策馬衝過去射殺那個騎白馬的將領，然後又回到一百騎兵中，卸下馬鞍，讓馬臥下。這時正是黃昏，匈奴兵始終覺得奇怪，不敢進攻。到了半夜，匈奴兵以為漢在附近有伏軍，想在夜裡襲擊他們，就撤走了。天亮時，李廣才率兵回到大部隊。李廣後來被調任隴西、北地、雁門、雲中各郡太守。

武帝❶即位，左右❷言廣名將也，由是入為未央衛尉❸，而程不識❹時亦為長樂衛尉❺。程不識故與廣俱以邊❻太守將屯❼。及出擊胡，而廣行無部曲❽行陳❾，就善水草頓舍❿，人人自便，不擊刁斗⓫自衛，莫府⓬省⓭文書，然亦遠斥候⓮，未嘗遇害。程不識正⓯部曲行伍營陳，擊刁斗，吏治軍簿⓰至明，軍不得自便。不識曰：「李將軍極簡易，然虜卒⓱犯之，無以禁；而其士亦佚樂⓲，為之死。我軍雖煩擾，虜亦不得犯我。」是時漢邊郡李廣、程不識為名將，然匈奴畏廣，士卒多樂從，而苦程不識⓳。不識孝景⓴時以數直諫㉑為太中大夫㉒，為人廉，謹於文法㉓。

【章旨】以上敘述武帝時李廣入為未央衛尉，任長樂衛尉的程不識經歷與李廣相仿，但兩人統兵風格截然相反。李廣治軍沒有嚴格的編制，不拘小節，與士兵同甘共苦。程不識治軍嚴整，政從苛細。兩人雖均為名將，但匈奴畏懼李廣，士兵也樂意追隨他。

【注　釋】❶武帝　漢武帝劉徹。西元前一四〇—前八七年在位。生平詳見卷六〈武帝紀〉。❷左右　在旁侍候的人；近侍；近臣。❸未央衛尉　武官名。執掌守衛未央宮。未央，宮名。漢王朝建立後，蕭何組織人營造，為歷代皇帝所居。位於漢長安城西南，在今陝西西安北郊。因位於長樂宮之西，又稱西宮。❹程不識　武將。武帝時，曾多次作為一路軍統帥攻打匈奴。❺長樂衛尉　武官名。執掌長樂宮警備，不常置。長樂，宮名。在長安城東南，為太后所居，因位於未央宮東，又稱東宮。❻邊　邊郡。❼屯　屯兵；駐防。❽部曲　漢代軍隊編制。大將軍領兵設五部，部置部校尉一人。部下有曲，曲有軍候一人。❾行陳　軍隊隊列陣形。❿頓舍　宿營。頓，止；停留。舍，息；休息。⓫刁斗　炊具銅鍋，容量一斗。白天用於做飯，晚上用作報更巡邏的敲擊具。⓬莫府　本義指將帥出征時駐地的大帳幕，後借代指將帥的官署。莫，通「幕」。⓭省　減省。⓮斥候　偵察。斥，度。候，視；望。⓯正　嚴正；整齊。⓰簿　文簿；文書。⓱卒　通「猝」。突然。⓲佚樂　安逸自在。佚，同「逸」。⓳苦程不識　不願意隨程不識從軍。苦，以……為苦。⓴孝景　（西元前一八八—前一四一年），名劉啟。西漢第四任皇帝，在位十七年（西元前一五六—前一四一年）。事詳見卷五〈景帝紀〉。㉑直諫　直言進諫。諫，規勸；批評。㉒太中大夫　官名。光祿勳屬官，掌參議朝政，秩比千石。㉓文法　法令條文。

【語　譯】漢武帝即位，近臣都說李廣是著名的將領，於是調他進京擔任未央衛尉，當時程不識擔任長樂衛尉。程不識過去和李廣都以邊郡太守領兵駐守邊疆。等到出兵攻打匈奴時，李廣的部隊不設部曲、行伍編制，不列陣形，到水草豐盛的地方就駐兵屯紮，士兵行動自由，晚上不敲刁斗巡更，軍隊的文書報表一概從簡，只是在遠處設哨兵監視敵人動靜，也不曾遇到敵害。程不識嚴格設置部隊編制、行伍、營陣，夜間敲刁斗巡邏，軍吏將文件報表管理得十分詳細，士兵管束嚴格。不識說：「李將軍治軍過於簡易，當敵人突然進攻他們時，無法約束部下；但是他的士兵由於安逸自在，也願意為他效死。我軍雖然約束較多，但敵人也不能進犯我們。」當時在漢邊郡李廣、程不識是著名的將領，但匈奴人害怕李廣，士兵也大多願意追隨他，認為隨程不識當兵很苦。景帝時不識因屢次直言勸諫當上太中大夫，為人廉潔，嚴格按法令辦事。

後漢誘單于❶以馬邑❷城，使大軍伏馬邑傍，而廣為驍騎將軍❸，屬護軍將軍❹。單于覺之，去，漢軍皆無功。後四歲❺，廣以衛尉❻為將軍，出雁門擊匈奴。匈奴兵多，破廣軍，生得廣。單于素聞廣賢，令曰：「得李廣必生致之。」胡騎得廣，廣時傷，置兩馬間，絡❼而盛之臥❽。行十餘里，廣陽❾死，睨❿其傍有一兒騎善馬，暫⓫騰⓬而上胡兒馬，因抱⓭兒鞭馬南馳數十里，得其餘軍。匈奴騎數百追之，廣行取兒弓射殺追騎，以故得脫。於是至漢，漢下廣吏。吏當廣亡失多，為虜所生得，當⓮斬，贖為庶人⓯。

【章　旨】以上記述馬邑之謀拉開了漢大規模反擊匈奴的序幕，但是，在元光六年李廣第一次任將軍領兵出征的戰役中，因寡不敵眾，兵敗被俘，幸賴其神勇才得以逃脫，贖為庶人。

【注　釋】❶單于　匈奴部族最高首領的稱號。「廣大」之意。❷馬邑　縣名。在今山西朔州。❸驍騎將軍　將軍名號。漢代冠號將軍不常置，只在戰時設置，戰後則免。❹護軍將軍　將軍名號。不常置。時韓安國任護軍將軍。❺後四歲　即武帝元光六年（西元前一二九年）。❻衛尉　官名。列卿之一，秩中二千石。掌皇宮禁衛，統領屯駐衛士。景帝時曾一度改名中大夫令。❼絡　結成網。❽盛之臥　景祐本、越本均無「之」字。王先謙《漢書補注》認為當從兩本。❾陽　通「佯」。假裝。❿睨　斜視。⓫暫　突然。⓬騰　跳躍。⓭抱　通「拋」。⓮當　判處其罪。⓯贖為庶人　出錢贖罪，為平民。

【語　譯】後來漢在馬邑城引誘匈奴單于，派大軍埋伏在馬邑城旁，李廣為驍騎將軍，隸屬護軍將軍。單于發覺漢軍的計謀，撤走，漢各路將軍都無功而返。四年後，李廣以衛尉身分任將軍，從雁門郡出兵攻打匈奴。匈奴兵多，打敗李廣軍，生俘李廣。單于一向聽說李廣賢勇，下令說：「抓到李廣一定要把他活著帶回來。」

匈奴騎兵抓到李廣時，李廣負了傷，他們在兩馬間做了一個網，讓李廣躺在上面。行走了十多里，李廣裝死，瞇眼斜視看到旁邊一個匈奴少年騎著一匹好馬，他突然騰空而起躍上少年的馬背，拋下少年揚鞭策馬向南奔馳數十里，找到他的殘部。匈奴數百騎兵追趕他，李廣一邊縱馬飛奔一邊取少年的弓箭射殺追騎，因此得以逃脫。回到漢境，朝廷將李廣送交執法官吏。辦案官吏認為李廣軍隊損失慘重，他本人又被敵人俘虜，應判處斬刑，李廣花錢贖罪，降為平民。

數歲，與故潁陰侯❶屏居❷藍田❸南山中射獵。嘗夜從一騎出，從人田間飲。還至亭❹，霸陵尉❺醉，呵❻止廣，廣騎曰：「故李將軍。」尉曰：「今將軍尚不得夜行，何故也！」宿❼廣亭下。居無何❽，匈奴入遼西❾，殺太守，敗韓將軍❿。韓將軍後徙居右北平⓫，死。於是上乃召拜⓬廣為右北平太守。廣請霸陵尉與俱⓭，至軍而斬之，上書自陳⓮謝罪。上報⓯曰：「將軍者，國之爪牙也。司馬法⓰曰：『登車不式⓱，遭喪不服⓲，振旅⓳撫師，以征不服；率三軍之心，同戰士之力，故怒形⓴則千里竦㉑，威振則萬物伏；是以名聲暴於夷貉㉒，威稜㉓憺㉔乎鄰國。』夫報忿除害，捐殘㉕去殺，朕之所圖㉖於將軍也；若迺㉗免冠㉘徒跣㉙，稽顙㉚請罪，豈朕之指㉛哉！將軍其㉜率師東轅㉝，彌節㉞白檀㉟，以臨㊱右北平盛秋㊲。」廣在郡，匈奴號曰「漢飛將軍」，避之，數歲不入界。

廣出獵，見草中石，以為虎而射之，中石沒矢，視之，石也。他日射之，終不能入矣。廣所居郡聞有虎，常自射之。及居右北平射虎，虎騰傷廣，廣亦射殺之。

【章旨】以上敘述李廣免官期間，曾為霸陵尉所辱。後武帝重新起用李廣為右北平太守，李廣請求與霸陵尉一同赴任，到軍中後即殺了他。李廣在右北平時，匈奴號之「飛將軍」，不敢入界。本文對李廣射虎的描寫亦從一側面展現了李廣的個性。

【注釋】❶故潁陰侯　以前的潁陰侯。指灌嬰之孫灌強。故，過去；從前。漢初，灌嬰封為潁陰侯，其孫灌強承嗣，後因罪削爵，所以稱「故潁陰侯」。潁陰，在今河南許昌。❷屏居　隱居。❸藍田　縣名。在今陝西藍田西。❹亭　漢代基層行政組織。隸屬縣，掌治安和郵政。❺霸陵尉　霸陵縣尉。霸陵，縣名，在今陝西西安東，原為芷陽縣，漢文帝在此起陵，稱霸陵，故改名。尉，縣尉。掌管縣軍事和治安。❻呵　呵叱。譚宗浚說，呵當作「訶」，意為指揮。❼宿　使留宿。❽居無何　過了不久。❾遼西　郡名。在今河北東北部和遼寧西南部，治陽樂（今遼寧義縣西）。❿韓將軍　指將軍韓安國。⓫右北平　郡名。在今河北、遼寧、內蒙古交界地區，治平剛（今內蒙古寧城西南）。⓬拜　授予官職的儀式。⓭與俱　一同前往。⓮自陳　自己陳述。⓯報　回覆。⓰司馬法　古兵書名。司馬，古代掌管軍事的官。據《史記》載，戰國時齊威王命大夫整理古司馬兵法，而把穰苴兵法附其中，定名《司馬穰苴兵法》。本書卷三十〈藝文志〉稱之為《軍禮司馬法》。⓱登車不式　登上車不扶軾致敬。式，或作「軾」，車前橫木。此處用作動詞，扶軾。⓲遭喪不服　遇到喪事不服喪。沈欽韓說《司馬法》「兵車不式，城上不趨」，無「不服」語。⓳振旅　修整軍隊。振，通「整」。修整。旅，軍隊。⓴形　表現；顯露。㉑竦　通「悚」。恐懼。㉒夷貉　古代泛指中原地區周邊的各部族。㉓威稜　聲威；威風。稜，俗作「棱」。威。㉔憺　通「憚」。使畏懼；使害怕。㉕捐殘　除去兇殘。捐，去；棄。㉖圖　希望；指望。㉗若迺　至於；如果說。㉘免冠　摘掉頭冠。古人以此表示謝罪。㉙徒跣　光著腳。徒，空。跣，光腳。㉚稽顙　叩頭。屈膝下拜，以額觸地。㉛指　同「旨」。意。㉜其　猶「當」。表祈使。㉝東轅　衙署東移。轅，轅門。官署的外門稱轅門，借指衙署。㉞彌節　指官員在途中稍事休整停留。彌，一說少安貌；一說低。節，古代官員出使時所持信物，以示朝廷委派。以竹杖為之，上繫氂牛尾。㉟白檀　縣名。屬右北平，在今河北灤平北。㊱臨　面對。㊲盛秋　深秋。盛秋馬肥，恐匈奴為寇，所以令李廣上任防止敵害。

【語　譯】數年後，李廣和前潁陰侯灌強隱居藍田南山中狩獵。一天夜裡，李廣帶一侍騎外出，和人在田間喝酒。回來時路過霸陵亭，霸陵尉喝醉了，粗暴地阻止李廣通過，李廣的騎士說：「他是前任李將軍。」尉說：「即使現在是將軍也不准夜行，何況是前任！」讓李廣睡在亭外。過了不久，匈奴進犯遼西郡，殺死太守，打敗韓安國將軍。韓將軍後來調任右北平太守，不久就死在任上。於是皇上召李廣拜為右北平太守。李廣請求讓霸陵尉隨同自己上任，到了軍中李廣就斬了他，然後上書陳述事情的經過，請皇上治罪。皇上回覆他說：「所謂將軍，是國家的爪牙。《司馬法》說：『乘車不扶軾致敬，遇到喪事不服喪，訓練、撫慰軍隊，是為了征討那些不順從的人；使三軍齊心，戰士協力，這樣的話一發怒千里之內都會感到恐懼，一發威萬物都會降伏；所以名聲傳到了外族，威風令鄰國感到害怕。』報復所恨的人除掉禍害，去除殘暴避免殺戮，是朕對將軍的期望；至於說到免冠赤腳，叩頭請罪，難道是朕的本意嗎！將軍馬上率領軍隊向東進發，在白檀稍事休整，然後應對右北平秋天可能發生的戰事。」李廣任右北平郡太守時，匈奴給他起了「漢飛將軍」的稱號，躲避他，幾年不敢進犯。

李廣出外打獵，看見草中一塊石頭，以為是隻虎就用箭射它，箭矢全部沒入石中，走近一看才發現是石頭。以後再射，箭矢始終不能深入石中。李廣所居住的郡一聽說有虎，李廣就常常獨自去射虎。等到了右北平射虎，虎跳起來傷了李廣，但李廣還是把牠射死了。

石建❶卒，上召廣代為郎中令❷。元朔❸六年，廣復為將軍，從大將軍❹出定襄❺。諸將多中首虜率為侯者❻，而廣軍無功。後三歲，廣以郎中令將四千騎出右北平，博望侯張騫❼將萬騎與廣俱，異道❽。行數百里，匈奴左賢王❾將四萬騎圍廣，廣軍士皆恐，廣迺使其子敢往馳之。敢從數十騎直貫❿胡騎，出其左右而還，報廣曰：「胡虜易與耳⓫。」軍士乃安。為圜陳外鄉⓬，胡急擊，矢下如雨。漢兵死者過半，漢矢且⓭盡。廣乃令持滿毋發⓮，而廣身自以大黃⓯射其裨將⓰，殺數人，胡虜益解⓱。會暮，吏士無人色⓲，而廣意氣自如⓳，益治軍⓴。軍中服其勇也。明日，復力戰，而博望侯軍亦至，匈奴迺解去㉑。漢軍罷㉒，弗能追。是時廣軍幾沒㉓，罷歸㉔。漢法，博望侯後期㉕，當死，贖為庶人。廣軍自當㉖，亡賞。

初㉗，廣與從弟㉘李蔡俱為郎，事㉙文帝。景帝時，蔡積功至二千石㉚。武帝元朔中，為輕車將軍㉛，從大將軍擊右賢王㉜，有功中率㉝，封為樂安侯㉞。元狩二年，代公孫弘㉟為丞相㊱。蔡為人在下中㊲，名聲出廣下遠甚，然廣不得爵邑㊳，官不過九卿㊴。廣之軍吏及士卒或取封侯。廣與望氣㊵王朔語云：「自漢擊匈奴，廣未嘗不在其中，而諸妄㊶校尉㊷已下，材能不及中㊸，以軍功取侯者數十人。廣不為後人㊹，然終無尺寸功以得封邑者，何也？豈吾相不當侯邪㊺？」朔曰：「將軍自念㊻，豈嘗㊼有恨㊽者乎？」廣曰：「吾為隴西守，羌㊾嘗反，吾誘降者八百餘人，詐而同日殺之，至今恨獨㊿此耳。」朔曰：「禍莫大於殺已降，此迺將軍所以不得侯者也。」

【章旨】以上記述元朔六年李廣任將軍出征匈奴，無功而返。元狩二年，李廣再度領兵四千出征，與左賢王四萬騎遭遇，李廣沉著應戰，英勇無畏，殲滅大量敵人，但所率部也幾乎全軍覆沒，因此未得封賞。而與李廣同時任郎的堂弟李蔡，資質平平，此時卻已封侯，為丞相。李廣對此十分鬱悶，經望氣者點撥，李廣將其歸結為曾詐降羌八百人殺之所致。

【注釋】❶石建　溫縣（今河南溫縣）人。石奮長子。官至郎中令。武帝元朔六年（西元前一二三年），因父親逝世，過度悲痛而死。詳見卷四十六〈石奮傳〉。❷郎中令　秦漢官名。掌管宮廷宿衛，職甚親重，為列卿之一，秩中二千石。武帝太初元年（西元前一〇四年）更名光祿勳。❸元朔　武帝年號。西元前一二八—前一二三年，共六年。❹大將軍　將軍名號。將軍中地位最高者。執掌統兵征戰。漢初不常設。武帝以後多由貴戚擔任，為中朝官領袖，執掌朝政。此指衛青。❺定襄　郡名。在今內蒙古長城以北的清水河至卓資一帶，治成樂（今內蒙古和林格爾西北）。❻諸將多中首虜率為侯者　諸將大多達到規定的斬殺俘獲敵人的數量封為侯。中，達到。率，以軍功封賞的法定標準。❼博望侯張騫　漢中成固（今陝西城固）人。武帝時曾多次奉命出使西域，打通了漢朝和西域的聯繫，因功被封為博望侯。博望，縣名，在今河南方城西南。詳見卷六十一〈張騫傳〉。❽異道　分兩路。異，分異。❾左賢王　匈奴官名。匈奴左部首領。匈奴分左、中、右部，中部由單于親自統領，東西兩部由左、右賢王分領。匈奴尚左，左賢王地位高於右賢王，常以單于太子任此職。❿直貫　徑直衝進。⓫胡虜易與耳　匈奴人容易對付。虜，對匈奴的蔑稱。易與，容易對付。耳，罷了。語助詞。⓬為圜陳外鄉　排成圓形陣，面朝外。鄉，通「向」。⓭且　將。⓮持滿毋發　拉滿弓，先不發射。持滿，將上弦的弓拉到底。⓯大黃　大的黃肩弩。著名的弩弓名，以體大色黃聞名，能遠射、連射。⓰裨將　副將。裨，副；次。⓱益解　漸漸懈怠。益，漸。解，通「懈」。鬆懈；懈怠。⓲無人色　指恐懼得面無人色。⓳自如　如舊；神態自若。⓴治軍　重整隊伍。㉑解去　撤離。㉒罷　通「疲」。㉓幾沒　差點覆沒。㉔罷歸　班師回朝。㉕後期　沒有按期到達。㉖自當　功過相抵。當，相當；互抵。㉗初　當初。㉘從弟　堂弟。

從，指堂房親屬。㉙事　服事；侍奉。㉚二千石　漢代重要的官秩等級，主要包括太子太傅、將作大匠、大長秋、水衡都尉、三輔、司隸校尉、八校尉等及郡太守等官。㉛輕車將軍　將軍名號。不常置。㉜右賢王　匈奴官名。匈奴右部的最高首領，位次左賢王。㉝中率　達到殺敵的標準。中，符合；合於。㉞樂安侯　列侯號。樂安，縣名，治今山東博興東北。㉟公孫弘　薛（今山東滕州）人。四十多歲始學《春秋》。以對策第一受武帝賞識，元朔年間官至丞相，封侯。詳見卷五十八〈公孫弘傳〉。㊱丞相　官名。漢承秦置，中央最高行政長官，秩萬石。掌輔佐皇帝處理全國政務。哀帝時更名大司徒，東漢稱司徒。㊲下中　下品之中等，即第八等。漢時將人品分為九等，先分為上中下三等，三等中又分為上中下，從上上到下下共九等。㊳爵邑　指封侯。列侯、關內侯均有食邑。㊴九卿　古代位次於「公」的九個卿級官員。漢文帝時，隨著大一統思想的興起，三公九卿說始流行。漢九卿一般指太常、光祿勳、衛尉、太僕、廷尉、大鴻臚、宗正、大司農、少府，秩中二千石。㊵望氣　古代一種占卜法。即通過天象觀察，預言人的命運、吉凶。㊶妄　《史記》作「部」。㊷校尉　武官名。將軍屬官。漢代軍隊編制，將軍分部統領軍隊，部置校尉一人。㊸中　中等之人。㊹不為後人　不在人後；不比別人差。㊺邪　嗎；麼。表疑問的語氣詞。㊻念　回想。㊼嘗　曾經。㊽恨　悔恨；遺憾。王念孫說「恨」前應有「所」字。㊾羌　部族名。西漢時散居在今甘肅、青海一帶。㊿獨　只有。

【語譯】郎中令石建去世，皇上召回李廣接替他擔任郎中令。元朔六年，李廣再次擔任將軍，跟隨大將軍衛青出兵定襄。許多將領都因達到斬殺俘獲敵人的數量被封侯，但李廣卻無功而返。三年後，李廣以郎中令身分率領四千騎兵從右北平出征，博望侯張騫率領一萬騎兵和李廣一起出發，兵分兩路。行進數百里，匈奴左賢王率領四萬騎兵包圍了李廣，李廣的士兵都很害怕，李廣於是派他的兒子李敢縱馬馳入敵人陣營探聽虛實。李敢率數十騎徑直穿過敵人的騎兵隊伍，從左右兩翼衝出來返回，報告李廣說：「匈奴很容易對付。」軍士才安定下來。李廣命令部隊面朝外圍成圓形陣勢，匈奴猛烈進攻，箭矢如雨般射過來。漢兵死者過半，漢軍的箭矢快用光了。李廣於是命令士兵拉滿弓不要發射，李廣自己用大黃弩向匈奴的副將射擊，殺死數人，匈奴漸漸有些懈怠。這時已到黃昏，將士恐懼得面無人色，李廣卻仍然意氣滿懷，重新整頓軍隊。軍中將士都佩服他的勇武。第二天，再次進行激烈交戰，博望侯率領的軍隊也趕到了，匈奴於是撤圍而去。漢軍將士極其疲勞，無法追擊。當時李廣的軍隊幾乎覆沒，罷兵回朝。按照漢法律，博望侯沒有如期到達，應當判處死刑，花錢贖罪降為平民。李廣軍功過相抵，也沒有賞賜。

當初，李廣和堂弟李蔡一起做了郎官，侍奉文帝。景帝時，李蔡累積功勞做到二千石官。武帝元朔年間，李蔡任輕車將軍，跟隨大將軍攻擊右賢王，因有戰功達到封侯的標準，被封為安樂侯。元狩二年，接替公孫弘擔任丞相。李蔡的資質屬下等中的中等，名聲比李廣差很遠，但是李廣沒有被封侯，官位未超過九卿。李廣所率的軍官和士兵有的也封了侯。李廣和望氣家王朔談到此事說：「自從漢廷攻打匈奴，李廣沒有不參戰的，各部校尉以下的人，才能不及中等，因軍功封侯的卻有數十人。李廣一點不比別人差，但是始終沒有尺寸之功得到封邑，這是為什麼？難道我的面相不應當封侯嗎？」王朔問：「將軍自己回想一下，是不是曾經有悔恨的事？」李廣說：「我任隴西太守的時候，羌族曾經反叛，我誘降了八百多人，騙他們投降，當天卻殺了他們，至今悔恨的只有這件事。」王朔說：「沒有比殺害已經投降的人禍患更大的了，這就是將軍不能封侯的原因。」

廣歷❶七郡太守，前後四十餘年，得賞賜，輒分其戲下❷，飲食與士卒共❸之。家無餘財，終不言生產事。為人長，爰臂❹，其善射亦天性，雖子孫他人學者莫能及。廣呐口❺少言，與人居，則畫地為軍陳❻，射闊狹❼以飲。專以射為戲❽。將兵❾，乏絕處❿見水，士卒不盡飲，不近水，不盡餐，不嘗食。寬緩⓫不苛⓬，士以此愛樂為用。其射，見敵，非在數十步之內，度⓭不中⓮不發，發即應弦⓯而倒。用此，其將數困辱，及射猛獸，亦數為所傷云。

【章 旨】以上綜述李廣的經歷和個性。他歷任七郡太守，與士兵同甘共苦，專心為公，不事產業。為人寬厚，不善言詞，獨好射箭兵法。但由於過於追求射箭效果的完美，往往使自己身處險境。

【注 釋】❶歷 經歷。❷戲下 麾下；部下。戲，通「麾」。❸共 一起；一同。❹爰臂 即猿臂。爰，通「猿」。一說，爰臂為緩臂。❺吶口 口拙。吶，通「訥」。不擅言詞。❻陳 通「陣」。❼闊狹 寬窄。❽戲 遊戲。❾將兵 領兵；率領軍隊。❿乏絕處 缺糧少水的地方。⓫寬緩 寬鬆。緩，緩和。⓬苛 苛刻；繁瑣。⓭度 估計。⓮中 射中。⓯應弦 應和著射箭時弓弦發出的聲音。

【語 譯】李廣歷任七郡太守，前後四十多年，得到賞賜，就分給自己的部下，飲食和士兵一樣。家中沒有多餘的財產，始終不談治理家業的事情。他身材高大，臂長，善射是他的天賦，即使是他的子孫、專門向他學過射箭的人也趕不上他。李廣不善言詞，沉默寡言，和人相處時，就在地上用寬窄不同的格子畫軍隊陣形，比賽射箭，以射中窄的方陣為贏，沒有射中的人就罰喝酒。只以射箭為遊戲。領兵到了缺糧少水的地方，一旦發現水源，士兵不全部喝到水，自己絕不靠近水源；士兵不全部吃到飯，自己絕不嘗一下。對士兵寬容不苛刻，士兵也因此願意為他效力。射箭時，發現敵人，不走到數十步之內，估計射不中絕不發射，一發射敵人必然應弦而倒。因此，他率領部隊經常遭遇險境，射猛獸也數次被猛獸所傷。

元狩四年❶，大將軍票騎將軍❷大擊匈奴，廣數自請行。上以為老，不許；良久乃許之，以為前將軍❸。

大將軍青出塞，捕虜知單于所居，迺自以精兵走之❹，而令廣并於右將軍軍❺，出東道。東道少回遠❻，大軍行，水草少，其勢❼不屯行。廣辭曰：「臣部為前將軍，今大將軍乃徙臣出東道，且臣結髮[8]而與匈奴戰，迺今[9]一得當[10]單于，臣願居前，先死單于[11]。」大將軍陰[12]受上指[13]，以為李廣數奇[14]，毋令當單于，恐不得所欲[15]。是時[16]公孫敖[17]新失侯[18]，為中將軍[19]，大將軍亦欲使敖與俱當單于，故徙廣。廣知之，固辭。大將軍弗聽，令長史[20]封書與廣之[21]莫府[22]，曰：「急詣部[23]，如[24]書。」廣不謝大將軍而起行，意象慍怒[25]而就[26]部，引兵與右將軍食其[27]合軍出東道。惑失道[28]，後[29]大將軍。大將軍與單于接戰，單于遁走，弗能得[30]而還。南絕幕[31]，迺遇兩將軍。廣已見大將軍，還入軍。大將軍使長史持糒醪遺廣[32]，因[33]問廣、食其失道狀[34]，曰：「青欲上書報天子[35]失軍曲折[36]。」廣未對。大將軍長史急責廣之[37]莫府上簿[38]。廣曰：「諸校尉亡罪，乃我自失道。吾今自上簿。」

至莫府，謂其麾下曰：「廣結髮與匈奴大小七十餘戰，今幸從大將軍出接單于兵，而大將軍徙廣部行回遠，又迷失道，豈非天哉！且廣年六十餘，終[39]不能復對刀筆之吏[40]矣！」遂引刀自剄[41]。百姓聞之，知[42]與不知，老壯皆為垂泣。而右將軍獨下吏[43]，當死，贖為庶人。

【章　旨】以上敘述元狩四年戰役李廣失利自殺始末。李廣身負絕技，但始終未取得好戰績，武帝也認為李廣命不好，此次本不想讓他領兵，但李廣堅決要求參戰。武帝雖然應允，但私下囑咐衛青不要委以重任，故衛青讓他出東道。東道本就繞遠，李廣軍又迷了路，故未能與衛青會合迎擊單于。李廣認為這是天意，心灰意冷之下，不願再接受處罰，自殺。

【注釋】❶元狩四年　西元前一一九年。元狩，漢武帝年號（西元前一二二—前一一七年）。❷票騎將軍　將軍名號。票，亦作「驃」。執掌統兵征戰，位僅次於大將軍。不常設。此指霍去病。霍去病，河東平陽（今山西臨汾）人，衛皇后及衛青的姊姊衛少兒的兒子。以外戚為侍中，善騎射。後從大將軍衛青為票姚校尉，出擊匈奴，殺敵甚多，封冠軍侯。任驃騎將軍，獨領一路軍，在對匈奴戰爭中屢立戰功，超過衛青。元狩六年（西元前一一七年）病死。❸前將軍　將軍名號。漢代有前、後、左、右將軍，位次大將軍、驃騎、車騎、衛將軍，位上卿。不常置。常兼任他官，為中朝官。❹走之　快速向單于的駐地進發。走，趨。❺令廣并於右將軍軍　令李廣和右將軍部隊併作一路。右將軍，將軍名號。此指趙食其。祋祤（今陝西耀縣）人。武帝時任主爵都尉，三次出擊匈奴。此戰役因迷路，當斬，贖為庶人。并，合；兩軍合併一路。❻少回遠　稍微有些繞遠。少，稍；略微。回，繞；曲。❼其勢　形勢；情況。其，語助詞。❽結髮　束髮。指成年。古代男子年滿二十歲為成年，要舉行成年禮，將頭髮束起來，戴上冠。❾迺今　至今。❿當　抵擋；對敵。⓫先死單于　誓死打敗單于。先死，發誓必死的意思。⓬陰　私下。⓭指　通「旨」。旨意。⓮數奇　命不好。數，命運。奇，單數，與「偶」相對。古代占卜時以「偶」為吉，「奇」為凶。⓯恐不得所欲　擔心不能勝敵。欲，期望。⓰是時　這時；當時。⓱公孫敖　義渠（今甘肅慶陽）人。景帝時任郎。武帝時四次任將軍，出征匈奴，均無功。當斬，詐死，藏匿五、六年，被發現。後因妻子為巫蠱，被滅族。詳見卷五十五〈衛青霍去病傳〉附〈公孫敖傳〉。⓲新失侯　剛剛被免去侯爵。新，新近；剛剛。⓳中將軍　將軍名號。不常設。劉奉世說〈衛青霍去病傳〉是歲出塞無中將軍，所附〈公孫敖傳〉也說他是以校尉出征，因此，此處及《史記·衛將軍驃騎列傳》說任中將軍皆誤。⓴長史　將軍府副官名。秩千石，主管將軍府事宜。㉑之　往；去。㉒莫府　指衛青戰時指揮部。㉓詣部　前往部隊。詣，前往。㉔如　按照。㉕意象慍怒　面帶慍怒之色。慍，含怒；生氣。㉖就　抵達；前往。

㉗食其　即趙食其。㉘惑失道　迷路未按預定路線進軍。惑，《史記》作「或」，迷。㉙後　晚；遲到。㉚得　俘獲；抓獲。

㉛絕幕　穿過沙漠。絕，渡。幕，通「漠」。㉜持糒醪遺廣　拿著乾糧和酒送給李廣。糒，乾飯。醪，汁滓酒。㉝因　就勢。

㉞狀　情況；經過。㉟天子　即皇帝。㊱曲折　經過。㊲之　去；往。㊳簿　文狀。㊴終　終究；終歸。㊵刀筆之吏　掌管文書的官吏。也稱「刀筆吏」。古時書寫用毛筆寫在竹簡、木牘上，寫錯後用刀削去，重新寫上。因此就將掌管文書的官吏稱

作「刀筆之吏」，譏諷他們舞文弄法。㊶剄 割頸。㊷知 認識；熟悉。㊸下吏 交給司法官吏審問治罪。

【語 譯】元狩四年，大將軍衛青、驃騎將軍霍去病大舉進攻匈奴，李廣幾次請求隨軍出征。皇上認為他老了，不同意；過了很長時間才答應他的請求，任命他為前將軍。

大將軍衛青出塞，抓到匈奴的俘虜知道了單于居住的地方，於是親自率領精銳部隊向那兒進發，同時命令李廣和右將軍併作一路，從東道出發。東道稍微有些繞遠，大軍行進，水草少，不適合大軍行進。李廣拒絕說：「臣部是前將軍，現在大將軍卻調臣從東道出發，況且臣從二十歲就開始與匈奴作戰，至今才碰到一次與單于交戰的機會，臣希望做先鋒，誓與單于死戰。」大將軍私下裡接受了皇上的指令，認為李廣命不好，不讓他和單于正面交鋒，擔心他不能取勝。當時公孫敖剛剛失掉侯爵，任校尉，大將軍想派公孫敖和自己一起與單于交戰，給他立功的機會，所以調李廣走東道。李廣知道他的心思，堅決拒絕。大將軍不聽李廣的意見，令長史寫了一封文書送到李廣的幕府，說：「趕緊動身去部隊，按照文書上說的辦。」李廣沒有行禮起身就走，面帶怒容地去了部隊，率領士兵和右將軍趙食其會合從東道出發。迷路，未按預定的路線前進，比大將軍部晚到。大將軍和單于交戰，單于逃走，大將軍沒追上於是返回。向南穿過沙漠，才遇到李廣和趙食其二將軍。李廣謁見大將軍後，回到自己的軍營。大將軍派長史拿著乾糧和酒送給李廣，就此詢問李廣、趙食其迷路的情況，說：「衛青想上書報告天子未能參戰的經過。」李廣不回答。大將軍長史不斷催促李廣派人到大將軍幕府呈交文狀。李廣說：「那些校尉沒有罪，是我自己迷路了。我現在親自呈上文狀。」

到了大將軍幕府，李廣對他部下說：「我自成年結髮時起，和匈奴大小七十餘戰，現在好不容易有機會隨大將軍出兵與單于兵交戰，可是大將軍卻調我的部隊從遠道出發，又迷失了道路，這難道不是天意嗎！況且我已經六十多歲了，終究不能再面對刀筆之吏了！」於是舉刀自己割頸而死。百姓聽說了，無論認識不認識他的人，老少都為他流淚。右將軍獨自被下獄，判死刑，花錢贖罪降為平民。

廣三子，曰❶當戶、椒、敢，皆為郎。上與韓嫣❷戲，嫣少❸不遜，當戶擊嫣，嫣走，於是上以為能。當戶蚤❹死，乃拜椒為代郡❺太守，皆先廣死❻。廣死軍中時，敢從票騎將軍。廣死明年❼，李蔡以丞相坐❽詔賜冢地❾陽陵❿當得二十畝，蔡盜取三頃，頗⓫賣得四十餘萬，又盜取神道⓬外壖地⓭一畝葬其中，當下獄，自殺。敢以校尉從票騎將軍擊胡左賢王，力戰，奪左賢王旗鼓，斬首多，賜爵關內侯⓮，食邑二百戶，代廣為郎中令。頃之⓯，怨大將軍青之恨⓰其父，迺擊傷大將軍，大將軍匿諱之⓱。居無何⓲，敢從上雍⓳，至甘泉宮⓴獵，票騎將軍去病怨敢傷青，射殺敢。去病時方貴幸，上為諱，云鹿觸㉑殺之。居歲餘，去病死。

敢有女為太子㉒中人㉓，愛幸。敢男禹有寵於太子，然好利，亦有勇。嘗與侍中㉔貴人飲，侵陵㉕之，莫敢應。後愬㉖之上，上召禹，使刺虎，縣㉗下圈中，未至地，有詔引出之。禹從落㉘中以劍斫絕纍㉙，欲刺虎。上壯之㉚，遂救止焉。而當戶有遺腹子㉛陵，將兵擊胡，兵敗，降匈奴。後人告禹謀欲亡從陵，下吏死。

【章　旨】以上敘述李廣子嗣情況。李廣三子中，長子李當戶、次子李椒皆早於李廣離世，三子李敢在攻打左賢王戰役中，因作戰勇猛，賜爵關內侯，接任郎中令。他怨恨衛青不答應其父居前部的請求，擊傷衛青。衛青的外甥霍去病趁隨武帝狩獵之機，射殺李敢。李當戶的遺腹子李陵率兵攻打匈奴，兵敗投降，被滅族。李敢子李禹亦因有人告其欲逃從李陵，下獄死。李氏家族在漢遂無後。

【注 釋】❶曰 叫；稱。❷韓嫣 武帝幸臣。詳見卷九十三〈佞幸傳〉。❸少 稍微；有些。❹蚤 古「早」字。❺代郡 郡名。在今河北西北部、山西東北部。治代縣（今河北蔚縣東北）。❻先廣死 死得比李廣早。先，在……之先。❼明年 第二年；翌年。❽坐 因……獲罪。❾冢地 墓地。❿陽陵 縣名。漢景帝陵園所在地，在今陝西咸陽東北。⓫頗 很；相當。⓬神道 墓道；墓前所開之路。⓭壖地 空地；餘地。⓮關內侯 爵名。二十等爵第十九級，僅次於列侯，在京畿有食邑。⓯頃之 不久。⓰恨 違；違逆。⓱匿諱之 隱瞞忌諱這件事。⓲居無何 過了不久。⓳雍 縣名。在今陝西鳳翔南。⓴甘泉宮 離宮名。又名雲陽宮，在今陝西淳化西北甘泉山。㉑觸 頂；碰撞。㉒太子 皇位繼承人。此指漢武帝長子、衛皇后子劉據，元狩元年（西元前一二二年）立為太子。後因被江充誣陷巫蠱，起兵殺江充後自殺。詳見卷六十三〈武五子傳·戾太子劉據〉。㉓中人 沒有名號的宮中姬妾。㉔侍中 加官名。漢承秦置，為從列侯以下至郎中的加官，加此官可入侍禁中，侍從皇帝，應對顧問。㉕侵陵 侵犯凌辱。㉖愬 同「訴」。㉗縣 通「懸」。㉘落 通「絡」。網絡。㉙斫絕纍 砍斷繩索。斫，砍。絕，斷。纍，繩索。㉚壯之 以之為壯。認為他很勇敢。㉛遺腹子 母親懷孕期間父親死亡，所生孩子叫遺腹子。

【語 譯】李廣有三個兒子，名叫李當戶、李椒、李敢，都任郎官。皇上與韓嫣嬉戲，韓嫣有些不恭敬，李當戶打韓嫣，韓嫣逃走了，於是皇上認為李當戶有本事。李當戶死得早。皇上於是任命李椒為代郡太守，都比李廣先死。李廣死在軍中時，李敢正做驃騎將軍的隨從。李廣死後第二年，李蔡身為丞相犯法，皇帝下詔賜他陽陵二十畝地作墓地，他卻盜取三頃，賣了四十多萬錢，還盜取神道外的空地一畝，準備在那兒安葬，被判下獄，他畏罪自殺。李敢任校尉，隨驃騎將軍出擊左賢王，奮勇作戰，奪下左賢王的旗幟和戰鼓，斬殺敵人的首級多，賜封爵位關內侯，食邑二百戶，接替李廣做了郎中令。不久，李敢怨恨大將軍衛青未允其父居前部，於是擊傷大將軍，大將軍隱瞞下這件事。過了不久，李敢隨皇上去雍縣，到甘泉宮狩獵，驃騎將軍霍去病怨李敢打傷衛青，用箭射死了李敢。霍去病當時正受皇帝寵幸，皇上替他隱瞞了真相，說李敢是被鹿撞死的。過了一年多，霍去病病死。

李敢有一個女兒做了太子的姬妾，甚得寵愛。李敢的兒子李禹也受太子寵幸，他貪財，但也很勇敢。李禹曾經和受寵的侍中一起喝酒，欺負凌辱侍中，侍中不敢回應。後來侍中將此事告訴皇上，皇上傳召李禹，讓他刺殺虎，將他放在網兜上吊下虎圈，還沒落地，皇帝又命令將他拉上來。李禹在網兜中用劍砍斷吊網的繩子，想要刺殺虎。皇上認為他很勇敢，於是派人制止他，將他救上來。而李當戶有一個遺腹子叫李陵，率兵攻打匈奴，兵敗，投降匈奴。後來有人告發李禹預謀逃到李陵那兒，下獄而死。

陵字少卿，少為侍中建章監❶。善騎射，愛人，謙讓下士❷，甚得名譽。武帝以為有廣之風，使將八百騎，深入匈奴二千餘里，過居延❸視地形，不見虜，還。拜為騎都尉❹，將勇敢❺五千人，教射酒泉❻、張掖❼以備胡。數年，漢遣貳師將軍❽伐大宛❾，使陵將五校❿兵隨後。行至塞，會貳師還。上賜陵書，陵留吏士，與輕騎五百出敦煌⓫，至鹽水⓬，迎貳師還，復留屯張掖。

【章旨】以上敘述李陵入仕經歷、性格、特長等。李陵亦善射，謙讓下士，武帝認為他有李廣之風。官至騎都尉後，主要在酒泉、張掖一代屯兵，教戰士騎射。

【注釋】❶建章監　官名。負責管理建章宮的長官。建章，宮名。漢武帝時建，在長安城外，未央宮西，在今陝西西安西北郊。❷下士　屈己尊士。下，退讓；屈己尊人。❸居延　湖名。又名居延海、居延澤。在今內蒙古額濟納旗北境。❹騎都尉　武官名。秦末漢初為統領騎兵之武職，無固定職掌，不統兵時為侍衛武官。宣帝時以一人監羽林軍，一人領西域都護，秩比二千石，遂成定制。❺勇敢　漢兵種名。經挑選的英勇善戰的士兵。❻酒泉　郡名。在今甘肅西部，治祿福（今甘肅酒泉）。❼張掖　郡名。在今甘肅中部，治觻得（今甘肅張掖西北）。❽貳師將軍　將軍名號。指李廣利。被漢武帝派往貳師城出征而封此號。貳師城，本大宛屬地，在今中亞吉爾吉斯南部馬爾哈馬特。❾大宛　西域國名。在今吉爾吉斯境內。其境內的貳師城盛產良馬。⑩校　軍隊編制單位。⑪敦煌　郡名。在今甘肅西部，治敦煌（今甘肅敦煌西）。⑫鹽水　地名。在今新疆吐魯番東。

【語譯】李陵表字少卿，年輕時任侍中建章監。擅長騎射，為人友善，謙讓禮賢下士，得到廣泛讚譽。武帝認為他有李廣的風範，派他率領八百騎兵，深入匈奴境內二千餘里，穿過居延澤偵察地形，沒有發現匈奴人，回師。任命為騎都尉，率領精選的勇敢士五千人，在酒泉、張掖教授射箭防備匈奴。數年後，漢武帝派遣貳師將軍征討大宛國，讓李陵率領五校兵隨後接應。行進到關塞時，恰逢貳師將軍撤兵。皇上給李陵下了一道詔書，李陵留下吏士，自己率輕騎五百從敦煌郡出發，到達鹽水，迎接貳師將軍回來，之後他繼續留駐在張掖郡。

天漢二年❶，貳師將三萬騎出酒泉，擊左❷賢王於天山❸。召陵，欲使為貳師將輜重❹。陵召見武臺❺，叩頭自請曰：「臣所將屯邊者，皆荊楚❻勇士奇材劍客也，力扼❼虎，射命中❽，願得自當一隊❾，到蘭干山❿南⓫以分單于兵，毋令專鄉⓬貳師軍。」上曰：「將惡相屬邪⓭！吾發軍多，毋騎予女⓮。」陵對：「無所事騎⓯，臣願以少擊眾，步兵五千人涉單于庭。」上壯而許之，因詔彊弩都尉⓰路博德⓱將兵半道迎陵軍。博德故伏波將軍⓲，亦羞為陵後距⓳，奏言：「方秋匈奴馬肥，未可與戰，臣願留陵至春，俱將酒泉、張掖騎各五千人並擊東西浚稽⓴，可必禽㉑也。」書奏，上怒，疑陵悔不欲出而教博德上書，迺詔博德：「吾欲予李陵騎，云『欲以少擊眾』。今虜入西河[22]，其引兵[23]走西河，遮[24]鉤營[25]之道。」詔陵：「以[26]九月發，出遮虜鄣[27]，至東浚稽山南龍勒水[28]上，徘徊[29]觀虜，即亡所見[30]，從浞野侯趙破奴[31]故道抵受降城[32]休士，因騎置[33]以聞[34]。所與博德言者云何[35]？具[36]以書對。」陵於是將其步卒五千人出居延，北行三十日，至浚稽山止營，舉圖[37]所過山川地形，使麾下騎陳步樂還以聞。步樂召見，道陵將率得士死力[38]，上甚說，拜步樂為郎。

陵至浚稽山，與單于相值[39]，騎可[40]三萬圍陵軍。軍居兩山間，以大車為營[41]。陵引士出營外為陳，前行持戟盾[42]，後行持弓弩，令曰：「聞鼓聲而縱[43]，聞金[44]聲而止。」虜見漢軍少，直前就[45]營。陵搏[46]戰攻之，千弩俱發，應弦而倒。虜還走上山，漢軍追擊，殺數千人。單于大驚，召左右地兵[47]八萬餘騎攻陵。陵且戰且引[48]，南行數日，抵[49]山谷中。連戰，士卒中矢傷，三創者載輦[50]，兩創者將車[51]，一創者持兵戰。陵曰：「吾士氣少衰而鼓不起者[52]，何也？軍中豈有女子乎？」始軍出時，關東[53]群盜[54]妻子徙邊者隨軍為卒妻婦，大[55]匿車中。陵搜得，皆劍斬之。明日復戰，斬首三千餘級。引兵東南，循故龍城[56]道行，四五日，抵大澤[57]葭葦[58]中，虜從上風縱火，陵亦令軍中縱火以自救[59]。南行至山下，單于在南山上，使其子將騎擊陵。陵軍步鬬樹木間，復殺數千人，因發連弩[60]射單于，單于下走[61]。是日捕得虜，言「單于曰：『此漢精兵，擊之不能下[62]，日夜引吾南近塞，得毋[63]有伏兵乎？』諸當戶[64]君長[65]皆言：『單于自將數萬騎擊漢數千人不能滅，後無以復使邊臣，令漢益輕[66]匈奴。復力戰山谷間，尚[67]四五十里得平地，不能破，迺還。』」

是時陵軍益急[68]，匈奴騎多，戰一日數十合[69]，復傷殺虜二千餘人。虜不利，欲去，會陵軍候[70]管敢為校尉所辱，亡降匈奴，具言「陵軍無後救，射矢且[71]盡，獨將軍麾下及成安侯[72]校各八百人為前行，以黃與白為幟[73]，當使精騎射之即破矣」。成安侯者，潁川[74]人，父韓千秋，故濟南[75]相[76]，奮擊南越[77]戰死，武帝封子延年為侯，以校尉隨陵。單于得敢大喜，使騎並攻漢軍，疾呼曰：「李陵、韓延年趣[78]降！」遂遮道急攻陵。陵居谷中，虜在山上，四面射，矢如雨下。漢軍南行，未至鞮汗山[79]，一日[80]五十萬矢皆盡，即棄車去。士尚三千餘人，徒[81]斬車輻[82]而持之，軍吏持尺刀，抵山入陿谷。單于遮其後，乘隅[83]下壘石[84]，士卒多死，不得行。昏後，陵便衣[85]獨步出營，止左右：「毋隨我，丈夫一取單于耳[86]！」良久，陵還，大息[87]曰：「兵敗，死矣！」軍吏或[88]曰：「將軍威震匈奴，天命不遂[89]，後求道徑還歸，如浞野侯為虜所得，後亡還，天子客[90]遇之，況於將軍乎！」陵曰：「公止[91]！吾不死，非壯士也。」於是盡斬旌旗，及珍寶埋地中，陵歎曰：「復得數十矢[92]，足以脫矣。今無兵[93]復戰，天明坐受縛矣！各鳥獸散，猶有得脫[94]歸報天子者。」令軍士人持二升糒，一半[95]冰，期[96]至遮虜鄣者相待。夜半時，擊鼓起士，鼓不鳴。陵與韓延年俱上馬，壯士從者十餘人。虜騎數千追之，韓延年戰死。陵曰：「無面目報陛下！」遂降。軍人分散，脫至塞者四百餘人。

【章　旨】以上詳述天漢二年李陵率五千步卒出擊匈奴、兵敗投降始末。天漢二年，武帝命外戚貳師將軍李廣利出擊匈奴，讓李陵負責輜重。李陵自請率五千步卒獨當一面，分散匈奴兵力。武帝欣賞他的勇氣，命路博德接應他。路博德曾任將軍，恥於做李陵這個後生晚輩的後援，上書建議延至明年春天出兵。武帝以為李陵膽怯，盛怒之下命二人分兩路立即出擊。李陵與單于三萬騎兵遭遇，奮勇作戰，勢不可擋。單于於是又調集五萬騎兵，對李陵部進行圍追堵截。李陵軍死亡殆盡，箭矢也用光了，被迫投降，以圖日後伺機重返漢朝。

【注　釋】❶天漢二年　西元前九九年。天漢，漢武帝年號（西元前一〇〇—前九七年）。❷左　景祐諸本均作「右」。❸天山　即祁連山。匈奴人稱「天」為「祁連」。山分南北，北祁連山即今新疆境內之天山，南祁連山即今甘肅和青海之間的祁連山。此指南祁連山。❹輜重　軍用物資，如糧草、軍械、營帳、服裝等。❺武臺　未央宮中殿名。❻荊楚　指故楚國之地。在今湖北一帶。此地出勇士。❼扼　用手掐住。❽命中　射中指定的部位。命，指定。❾隊　部。❿蘭干山　山名。在今甘肅蘭州南。干原作「于」，據景祐本改。⓫南　原作「前」。據景祐諸本改。⓬鄉　通「向」。⓭將惡相屬邪　大概是討厭隸屬別人吧。將，或者。惡，厭惡。邪，詢問的語氣詞。⓮毋騎予女　沒有騎兵給你。毋，通「無」。予，給予。女，通「汝」。你。⓯無所事騎　不需要騎兵。事，使用。⓰彊弩都尉　武官名。彊弩，強勁有力的弓箭，故用作都尉的名號。⓱路博德曾為伏波將軍，征南越。詳見卷五十五〈衛青霍去病傳〉附〈路博德傳〉。⓲伏波將軍　將軍名號。統帥水路作戰，故稱。⓳後距　後援；後應。⓴浚稽　山名。在今蒙古國西南部阿爾泰山脈中段。㉑禽　通「擒」。㉒西河　郡名。在今陝西、山西、內蒙古交界地區，治平定（今內蒙古準噶爾旗西南）。㉓其引兵　你馬上領兵。其，命令語氣詞。引，領。㉔遮　遮擋；阻斷。㉕鉤營　地名。在今內蒙古境內。㉖以　於；在。㉗遮虜鄣　鄣名。位於居延城北，為漢將路博德所築。鄣，通「障」。在邊塞險要處修築的監視防禦設施。㉘龍勒水　在今蒙古國阿爾泰山脈南側。㉙俳佪　通「徘徊」。㉚即亡所見　倘若沒有發現敵人。即，如果；倘若。亡，無；沒有。㉛浞野侯趙破奴　太原（今山西太原）人。數次參加攻打匈奴戰役，始封從票侯，後因擊敗俘虜樓蘭王，改封浞野侯。浞野，封侯名。封地不詳。其事跡詳見卷五十五〈衛青霍去病傳附趙破奴〉。㉜受降城　城名。在今內蒙古巴彥淖爾盟狼山西北。元封六年（西元前一〇五年），匈奴左大都尉欲殺單于降漢，漢為接應他派公孫敖修築此城。㉝騎置　驛騎；傳遞文書的騎兵。置，驛站之一種。㉞以聞　以之聞於皇帝；將有關情況報告朝廷。㉟所與博德言者云何　李陵和博德都說了些什麼。武帝懷疑李陵教博德上書請求到春天再出發，故問此話。㊱具　通「俱」。完全；都。㊲舉圖　全部繪成地圖。舉，全部；都。圖，繪圖。作動詞用。㊳得士死力　深得戰士擁戴，拼死效力。㊴相值　正面相遇；撞個正著。值，遭遇；碰上。㊵可　大約。㊶以大車為營　用大車圍成營地，以防匈奴衝進營地。㊷前行持戟盾　前排隊列手持戟和盾。戟，古代一種將戈和矛結合為一體的武器，既能直刺，又能橫擊。㊸縱　衝鋒；衝擊。㊹金　鉦。也叫鐲。形似鐘有柄，打擊樂。古時作戰以擊鼓為進攻、鳴金為收兵的信號。㊺就　靠近。㊻搏　手搏。㊼左右地兵　指左右賢王所率部士兵。㊽引　撤退。㊾抵　當；至。㊿三創者載輦　受三處傷的用輦車拉著。創，創傷。輦，四周有擋板的運送物資的車，由人推挽。(51)將車　扶車前進。將，扶進。(52)吾士氣少衰而鼓不起者　我軍士氣稍微有些低沉時擊鼓也鼓不起士氣。少，通「稍」。衰，衰敗；低沉。(53)關東　指函谷關以東的地區。(54)群盜　集體犯「盜」罪的人。當時對「盜」罪有嚴格的法律界定。(55)大　南本、浙本並作「伏」。(56)故龍城　前龍城。龍城，也作「蘢城」。地名。相傳為匈奴祭天的地方，也是匈奴王庭所在地，故又稱「龍庭」。在今內蒙古烏蘭察布盟陰山一帶。匈奴被衛青、霍去病挫敗後，北遷，在今蒙古國鄂爾渾河西側和碩柴達木湖附近。故龍城指的是北遷前的龍城。(57)大澤　大的湖泊。(58)葭葦　蘆葦。葭，通「蘆」。(59)陵亦令軍中縱火以自救李陵也命令軍中放火自救。即將周圍的草木預先燒光，不讓匈奴的火蔓延過來。[60]連弩　裝有機栝，可以連續發射的弩機。[61]下走　向山下逃走。[62]下　打敗；折服。[63]得毋　也作「得無」。莫非；莫不是。[64]當戶　匈奴官名。即左右大當戶。匈奴在左右賢王下分設左右谷蠡王、左右大將、左右大都尉、左右大當戶、左右骨都侯。[65]君長　部落首領。[66]益輕　更加輕視。輕，輕視；蔑視。[67]尚　還有。[68]急　急迫；兇險。[69]合　合戰；交戰。[70]軍候　軍官名。漢軍隊設部曲，部置校尉，部下為曲，曲置軍候。[71]且　將；將要。[72]成安侯　即後文中的校尉韓延年。成安，縣名。在今河南臨汝東南。[73]幟　旗；旗幟。[74]潁川　郡名。在今河南許昌、平頂山一帶。治陽翟（今河南禹州）。[75]濟南　封國名。在今山東濟南以東到淄博以西一帶。都城東平陵（今山東章丘西北）。[76]相　諸侯國相。漢初，諸侯王國官屬設置與漢中央同，設丞相，為最高行政長官。景帝中五年（西元前一四五年）降低諸侯國官署級別，改丞相為相，職與郡太守同。[77]南越　國名。一作「南粵」。漢高祖封趙佗為南越王，地包括今廣東、廣西的大部及越南北部、東部沿海地區。都城番禺（今廣東廣州）。武帝元鼎五年（西元前一一二年），南越國相呂嘉殺南越國王和漢使反，六年武帝派兵平定，以其地置儋耳、珠崖、南海、蒼梧、鬱林、合浦、交阯、九真、日南九郡。詳見卷九十五〈南粵傳〉。[78]趣　通「促」。趕快。[79]鞮汗山　在今蒙古國西南部。[80]一日　原作「百」。據景祐諸本改。[81]徒　但；只。[82]車輻　車輪上的木條。[83]隅　邊上；角落。[84]壘石　重石，用以砸人。[85]便衣　平常的衣著，未穿甲冑。[86]丈夫一取單于耳　我一人獨取單于。丈夫，漢時對有男子氣概者的尊稱，也可用於自稱。[87]大息　通「太息」。長歎。[88]或　有的。[89]遂　如願；如意。[90]客　當依浙本作「容」。寬容。[91]公止　你不要說了。公，對對方的尊稱。止，止住不言。[92]復得數十矢　南本、浙本「復」下有「人」字。[93]兵　武器；兵器。指矢、矛、戟之類。[94]脫　免；逃脫。[95]半　通「片」。[96]期　相約。

【語　譯】天漢二年，貳師將軍率領三萬騎兵從酒泉出發，在天山攻擊右賢王。皇上召見李陵，想讓他負責貳師將軍的後勤運輸。李陵在武臺殿接受召見，叩頭請求說：「臣率領的屯邊士兵，都是荊楚地區的勇士、奇才、劍客，力大足以扼殺老虎，射箭百發百中，希望能讓我們單獨成立一路軍，到蘭干山南去牽制單于的兵力，不讓他們全力對付貳師將軍。」皇上說：「或許是你不願意隸屬別人吧！我徵發的軍隊多，沒有騎兵給你。」李陵回答說：「不需要騎兵，臣願意以少擊多，率領五千步兵踏平單于王庭。」皇上欣賞他的勇氣答應了他的請求，於是下詔令彊弩都尉路博德率兵到半路迎接李陵軍。路博德是前任伏波將軍，也羞於做李陵的後援，上奏說：「現在正值秋季匈奴馬肥，不宜和他們交戰，臣希望留李陵到明年春天，和他一起率領酒泉、張掖郡騎兵各五千人一起出擊東西浚稽山，一定可以抓到單于。」上書呈給皇上，皇上十分生氣，懷疑李陵反悔不想出兵，而讓路博德上此書，於是下詔給路博德：「我想給李陵騎兵，他說『想以少擊多』。現在敵人入侵西河郡，你立刻領兵趕往西河，阻斷鉤營的道路。」下詔給李陵：「你九月發兵，從遮虜鄣出擊，到東浚稽山南面的龍勒水邊，巡察監視敵人，倘若沒有發現敵人，就順著浞野侯趙破奴的舊道抵達受降城休整部隊，讓通訊騎兵報告情況。你和路博德都說了些什麼？全部都寫成文書呈上來。」李陵於是率領步兵五千人從居延出征，向北行進三十天，到了浚稽山停下來紮營，將沿路的山脈、河流地形全部繪成地圖，派部下騎兵陳步樂回朝廷報告。陳步樂受到武帝召見，彙報說李陵率軍深得戰士擁戴，拼死效力，皇上大悅，任陳步樂為郎官。

李陵到了浚稽山，和單于遭遇，單于約三萬騎兵包圍了李陵軍。李陵軍在兩山之間，用大車圍成營地。李陵領兵出營在營外列陣，前排士兵持戟和盾，後排士兵持弓弩，李陵下令說：「聽到鼓聲就向前進，聽到金聲就停止前進。」敵人見漢軍人少，就一直前進靠近漢軍營地。李陵和敵人短兵相接攻擊他們，千弩齊發，敵人應弦聲紛紛倒下。敵人撤退上了山，漢軍追擊，殺敵數千人。單于大驚，召集左右部的兵力八萬餘騎兵攻打李陵。李陵且戰且退，向南行進了幾天，到達山谷中。連續奮戰，士卒很多中箭受傷，受三處創傷的乘坐輦車，受兩處傷的扶車前進，受一處傷的手持兵器繼續戰鬥。李陵說：「我軍士氣低沉時擊鼓卻鼓不起士氣，是什麼原因？軍中難道有女人嗎？」當初軍隊出發時，關東一幫被遣送邊疆的群盜的妻子隨軍做了士兵的妻子，藏匿在車上。李陵搜到她們，都用劍斬殺了。第二天再次交戰，殺了匈奴三千多人。領兵向東南撤退，沿著舊龍城道行進，四、五天後進入大澤蘆葦中。敵人從上風處放火，李陵也命令士兵縱火燒掉周圍的蘆葦自救。向南行進到山下，單于在南山上，派他兒子率領騎兵攻打李陵。李陵在樹林中和敵人展開肉搏戰，又殺了數千敵人，於是向山上發連弩射擊單于，單于向山下撤退。當天抓到匈奴俘虜，說「單于說：『這是漢軍的精銳部隊，攻擊他們卻無法取勝，日夜引我們向南靠近關塞，莫非漢軍在那兒有伏兵？』那些當戶首領都說：『單于親自率領數萬騎兵攻打漢軍數千人，卻不能消滅他們，以後就沒有辦法再派遣守邊大臣了，讓漢人更加輕視匈奴。再在山谷間拼力決戰一次，還有四五十里就有一塊平地，如果還不能打敗他們，我們就撤退。』」

這時李陵軍隊的處境更加危急，匈奴的騎兵很多，一天交戰幾十個回合，又殺傷敵人二千多。敵人認為形勢不利，打算撤退，恰遇李陵軍中的軍候管敢被校尉侮辱，逃降匈奴，全盤供出「李陵的軍隊沒有後援，箭矢快要用光了，只有將軍的直屬部隊以及成安侯校各八百人為前鋒，以黃色和白色為旗幟，只要派精銳騎兵用箭射擊他們，馬上就可以打敗他們」。成安侯，是潁川人，父親韓千秋，曾是濟南國的國相，奮擊南越時戰死，漢武帝賜封他的兒子韓延年為列侯，任校尉跟隨李陵出征。單于得到管敢大喜，派騎兵一起進攻漢軍，大喊道：「李陵、韓延年趕快投降！」於是封鎖住道路猛烈進攻李陵。李陵的軍隊處在山谷中，敵人占據山上，從四面向下射擊，箭矢如雨點般落下。漢軍向南行進，還未到達鞮汗山，一天之內五十萬枝箭矢全部用光，於是丟棄戰車撤退。士兵尚餘三千多人，只得砍下車輪的輻條拿在手中當武器，軍官們手拿短刀，到達鞮汗山進入狹窄的山谷。單于軍攔住李陵部隊的後路，從山上往下滾石頭，李陵的士兵很多被砸死，無法前進。黃昏後，李陵未穿鎧甲獨自一人走出軍營，制止左右隨從說：「你們不要跟著我，我要一個人抓到單于！」過了好長時間，李陵回來，長歎道：「軍敗，只有死了！」有的軍官說：「將軍威震匈奴，只是天不順人意，以後找到路再回去，像浞野侯被敵人俘虜，後來逃回去，皇上還是寬容地對待他，何況將軍呢！」李陵說：「你不要再說了！我不死，就不是壯士。」於是砍下所有的軍旗，和珍寶一起埋到地裡，李陵歎息說：「如果每人再有幾十枝箭，就足以脫險了。現在沒有武器繼續作戰，天一亮只有坐以受擒了！士兵們各自作鳥獸散吧，或許還有人能脫險回去報告皇上。」李陵命令軍士每人各帶二升乾糧，一片冰，約好到遮虜鄣會合。夜半時分，敲鼓叫起士兵，鼓敲不響。李陵與韓延年都跨上戰馬，有十多名壯士跟隨。敵人的騎兵幾千人追趕他們，韓延年戰死。李陵說：「沒有臉面回報皇上！」於是投降。李陵部下四散逃跑，脫險回到邊塞的有四百多人。

陵敗處去塞百餘里，邊塞以聞。上欲陵死戰，召陵母及婦[1]，令[2]相者[3]視之，無死喪色。後聞陵降，上怒甚，責問陳步樂，步樂自殺。群臣皆罪[4]陵，上以問太史令[5]司馬遷[6]，遷盛[7]言：「陵事[8]親孝，與士信，常奮不顧身以殉[9]國家之急。其素所畜積[10]也，有國士之風。今舉事[11]一不幸，全軀保妻子之臣隨而媒糵[12]其短，誠可痛也！且陵提步卒不滿五千，深輮[13]戎馬之地，抑數萬之師，虜救死扶傷不暇，悉舉引弓之民共攻圍之。轉鬭千里，矢盡道窮[14]，士張空拳[15]，冒[16]白刃，北首[17]爭死敵，得人之死力，雖古名將不過也。身雖陷敗，然其所摧敗[18]亦足暴[19]於天下。彼之不死，宜欲得當[20]以報漢也。」初，上遣貳師大軍出，財[21]令陵為助兵，及陵與單于相值，而貳師功少。上以遷誣罔[22]，欲沮[23]貳師，為陵游說，下遷腐刑[24]。

久之，上悔陵無救，曰：「陵當發出塞，迺詔彊弩都尉令迎軍。坐預[25]詔之，得令老將生姦詐[26]。」迺遣使勞[27]賜陵餘軍得脫者。

陵在匈奴歲餘，上遣因杅將軍[28]公孫敖將兵深入匈奴迎陵。敖軍無功還，曰：「捕得生口[29]，言李陵教單于為兵[30]以備漢軍，故臣無所得。」上聞，於是族[31]陵家，母弟妻子皆伏誅[32]。隴西士大夫[33]以李氏為愧[34]。其後，漢遣使使匈奴，陵謂使者曰：「吾為漢將步卒五千人橫行匈奴，以亡救而敗，何負於漢而誅吾家？」使者曰：「漢聞李少卿教匈奴為兵。」陵曰：「迺李緒，非我也。」李緒本漢塞外都尉㉟，居奚侯城㊱，匈奴攻之，緒降，而單于客遇㊲緒，常坐陵上。陵痛㊳其家以李緒而誅，使人刺殺緒。大閼氏㊴欲殺陵，單于匿之北方，大閼氏死迺還。

【章旨】以上敘述武帝想讓李陵死戰，聽說他投降，大怒。司馬遷替李陵辯護，武帝懷疑他想詆毀李廣利，遂將他下獄施宮刑。後來武帝冷靜下來，後悔未給李陵派援軍。一年後令公孫敖深入匈奴境內迎接李陵，公孫敖誤將教單于用兵備漢的李緒當成李陵，報告武帝，武帝將李陵滅族。

【注釋】❶婦　妻子。❷令　景祐諸本皆作「使」。❸相者　相面、看相的人。❹罪　以為有罪；譴責。❺太史令　官名。太常屬官。掌天文、曆法及修撰史書。❻司馬遷　字子長，夏陽（今陝西韓城）人。著名史學家。武帝時接替父親任太史令，編纂了中國第一部紀傳體通史《史記》。詳見卷六十二〈司馬遷傳〉。❼盛　竭力。❽事　對待；侍奉。❾殉　營；解救。一說從。❿畜積　指以往所作所為。畜，通「蓄」。⓫舉事　辦事；行事。⓬媒蘖　醞釀之意。媒，酒酵母。蘖，酒麴。此處指陷害、構陷他人。⓭蹂　踐。⓮窮　盡。⓯拳　王先謙《漢書補注》據〈司馬遷傳〉認為當作「弮」。弮，弩弓。⓰冒　犯。⓱北首　北向。⓲摧敗　摧垮、打敗。摧，推倒。⓳暴　暴露；昭顯。⓴得當　得到適當的機會。㉑財　同「纔」。才；僅。㉒誣罔　虛構事實以誣衊人或欺騙人。㉓沮　毀壞。㉔腐刑　宮刑。古代五刑之一。閹割生殖器的刑罰。㉕預　預先。㉖得令老將生姦詐　得以令老將路博德生了奸詐之心。老將，指路博德。武帝曾命令路博德接應李陵，路博德羞於為李陵後援，上書請求到春天再出塞，武帝暴怒，令路博德出西河，故使李陵沒有援軍。㉗勞　慰勞。㉘因杅將軍　將軍名號。因杅，匈奴地名。㉙生口　被活捉的俘虜。㉚為兵　訓練軍隊；治理軍隊。㉛族　滅族。古代最殘酷的刑罰之一，將其近親家族全部殺光。與滅三族、九族有別。㉜伏誅　伏法受誅，指判死刑。㉝士大夫　指官僚、知識階層。㉞以李氏為愧　以李陵為恥。恥其不能死節，連累家族。㉟塞外都尉　武官名。㊱奚侯城　當時北方邊地的城邑。今地不詳。㊲客遇　以客人對待。㊳痛心痛。㊴大閼氏　匈奴封號。單于的母親。閼氏，單于正妻的稱號，相當於漢之皇后。

【語　譯】李陵戰敗的地方距離漢邊塞一百多里，邊塞官吏把他們的情況上報給皇上。皇上希望李陵拼死戰鬥，傳召李陵的母親和妻子，派相面的人給她們看相，沒有死喪的面相。後來聽說李陵投降了，皇上暴怒異常，責備質問陳步樂，步樂自殺。大臣們紛紛譴責李陵。皇上問太史令司馬遷的意見，司馬遷竭力替李陵辯解說：「李陵對父母孝順，對士講信譽，常奮不顧身解救國家的危難，他平常的所作所為，有國士的風範。現在出兵一遭到不幸，那些未受毫髮之損、保全妻子的大臣就馬上揪著他的短處陷害他，實在太令人痛心了！況且李陵率領的步兵不滿五千人，深蹈匈奴腹地，力挫數萬軍隊，使敵人來不及救死扶傷，調發所有能拉弓的百姓共同圍攻李陵。李陵的部隊轉戰千里，箭矢用光了無路可走，士兵們只得拿著空弓，冒著白晃晃的刀劍，衝向敵人爭相拼死殺敵，得到士兵拼死效力，即使是古代名將也超不過他。他雖然戰敗被俘，但是他力挫敵人的事跡也足以昭顯天下。他之所以不死，應當是想找到合適的機會報答漢。」當初，皇上派遣貳師將軍出塞，只讓李陵做他的援兵，等到李陵和單于遭遇，而貳師將軍的戰功少。皇上認為司馬遷欺騙惑眾，是想損壞貳師將軍的名譽，為李陵說情，就將司馬遷下獄，處以宮刑。

過了好長時間，皇上後悔李陵沒有救兵，說：「李陵臨行出塞的時候，我曾下詔給彊弩都尉讓他接應李陵。就是因為事先下詔給他，使這位老將生了奸詐之心。」於是派使者慰勞賞賜李陵餘部逃脫回來的士兵。

李陵在匈奴一年多的時候，皇上派因杅將軍公孫敖率兵深入匈奴地迎接李陵。公孫敖的軍隊無功而返，報告皇上說：「抓到匈奴俘虜，說李陵教單于訓練軍隊以防備漢軍，所以臣一無所獲。」皇上聽說後，就滅了李陵的家，他的母親、弟弟、妻子、兒女均被殺。隴西士大夫都以李陵為恥。此後，漢派遣使者出使匈奴，李陵對使者說：「我為漢率領步兵五千人橫行匈奴，因為沒有救兵戰敗，有什麼對不起漢的，而誅滅了我的家人？」使者說：「漢聽說李少卿教匈奴訓練軍隊。」李陵說：「那是李緒，不是我。」李緒原來是漢塞外都尉，駐紮在奚侯城，匈奴進攻他時，李緒投降，單于以客人之禮對待李緒，常常坐在李陵的上位。李陵心痛他的家人因為李緒而被殺，派人刺殺了李緒。單于的母親大閼氏想要殺李陵，單于將他藏匿到北方，大閼氏死了才讓他回來。

單于壯陵，以女妻❶之，立為右校王，衛律為丁靈王❷，皆貴用事❸。衛律者，父本長水❹胡人。律生長漢，善❺協律都尉❻李延年❼，延年薦言律使匈奴。使還，會延年家收❽，律懼并誅，亡還降匈奴。匈奴❾愛之，常在單于左右。陵居外❿，有大事，迺入議。

昭帝⓫立⓬，大將軍⓭霍光⓮、左將軍⓯上官桀⓰輔政，素與陵善，遣陵故人⓱隴西任立政等三人俱至匈奴招陵。立政等至，單于置酒賜漢使者，李陵、衛律皆侍坐。立政等見陵，未得私語，即目視⓲陵，而數數⓳自循⓴其刀環，握其足，陰諭㉑之，言可還歸漢也。後陵、律持牛酒勞漢使，博飲㉒，兩人皆胡服椎結㉓。立政大言曰：「漢已大赦，中國安樂，主上㉔富於春秋㉕，霍子孟、上官少叔用事。」以此言微動之。陵墨㉖不應，孰視㉗而自循其髮，答曰：「吾已胡服矣！」有頃，律起更衣㉘，立政曰：「咄㉙，少卿良苦㉚！霍子孟、上官少叔謝女㉛。」陵曰：「霍與上官無恙㉜乎？」立政曰：「請少卿來歸故鄉，毋憂富貴。」陵字㉝立政曰：「少公㉞，歸易耳，恐再辱，奈何！」語未卒㉟，衛律還，頗聞餘語，曰：「李少卿賢者，不獨居一國。范蠡㊱偏遊天下，由余㊲去戎㊳入秦，今何語之親也！」因罷去。立政隨㊴謂陵曰：「亦有意乎？」陵曰：「丈夫不能再辱。」

陵在匈奴二十餘年，元平元年㊵病死。

【章旨】以上敘述李陵在匈奴生活。單于敬重李陵，將女兒嫁給他，立為右校王。昭帝即位後，曾派使者到匈奴召李陵回漢，李陵以「丈夫不能再辱」回絕。終病死匈奴。

【注釋】❶妻　嫁作妻子。❷丁靈王　丁靈族的首領。丁靈，部落名，居今俄羅斯貝加爾湖一帶，被匈奴征服。❸貴用事　貴幸掌握實權。❹長水　河名。發源於今陝西藍田西，流經西安東匯入灞水。❺善　交善；交情好。❻協律都尉　官名。掌管音律的官員。也簡稱為協律。❼李延年　中山國（在今河北，都城盧奴，在今定州）人。和貳師將軍李廣利均是武帝寵姬李夫人的哥哥，擅長音樂歌舞。因李夫人故被任命為協律都尉。後李廣利降匈奴，李氏家族被滅門。參見卷九十七上〈外戚傳上‧孝武李夫人〉。❽收　逮捕；拘押。❾匈奴　王先謙《漢書補注》認為「匈奴」當作「單于」。❿居外　住在外面。因是右校王，故居住在右部。⓫昭帝　漢昭帝劉弗陵，西元前八六－前七四年在位。詳見卷七〈昭帝紀〉。⓬立　即位；登基。⓭大將軍　最高軍政長官。自西漢武帝以後，常以大司馬冠大將軍，執掌朝政，為中朝官領袖，地位常在外朝丞相之上。常由皇上寵信的貴戚擔任。東漢以後，不冠大司馬號，成為獨立官職，開府置僚屬。⓮霍光　字子孟，河東平陽（今山西臨汾）人。霍去病異母弟。昭帝即位後，與金日磾、上官桀受武帝遺詔輔政，任大司馬大將軍，封博陸侯，掌管朝政。昭帝死，立昌邑王為帝，不久廢之，迎立宣帝。詳見卷六十八〈霍光傳〉。⓯左將軍　將軍名號。漢代有前、後、左、右將軍，位上卿，不常置。掌統兵征戰，常兼任他官，為中朝官。⓰上官桀　複姓上官，名桀，字少叔，上邽（今甘肅天水）人。武帝時官至太僕，武帝臨終以為左將軍，與霍光、金日磾受遺詔輔政，封為安陽侯。後與燕王劉旦等謀廢昭帝，發覺，被誅。⓱故人　以前的朋友。⓲目視　用眼神向他示意；使眼色。⓳數數　屢屢；一再。⓴循　撫摸。㉑陰諭　偷偷地暗示。㉒博飲　玩博戲飲酒。博，六博棋，古代的一種遊戲。㉓椎結　梳椎形的髮髻。匈奴男子的髮型。漢成年男子均要戴冠，匈奴人不戴冠，梳椎結。結，通「髻」。㉔主上　臣子對君主、皇上的稱呼。此指昭帝。㉕富於春秋　以後的歲月還很多，意指年輕。春秋，年歲。㉖墨　通「默」。㉗孰視　端詳了很長時間。孰，通「熟」。㉘更衣　換衣服。此婉轉指上廁所。㉙咄　感歎詞。嗨。㉚良苦　十分勞苦。㉛謝女　問候你。謝，以辭相問。女，通「汝」。你。㉜恙　憂病。㉝字　用字稱呼他。㉞少公　立政的字。㉟卒　終；盡。㊱范蠡　春秋時楚國人，後為越國大夫。越王句踐敗於吳，范蠡為句踐策劃復國，二十餘年後，越終滅吳。范蠡離開越國，遊歷四方，最後定居陶山（今山東定陶西北），經商致富，號陶朱公。㊲由余　春秋時晉國人，後歸西戎。西戎派他出使秦國，秦穆公欣賞他的才能，留用。後由余為秦出謀征服西戎。㊳戎　古時對西北地區各族的總稱。㊴隨　隨後。㊵元平元年　西元前七四年。元平，漢昭帝年號，僅一年。

【語　譯】單于欣賞李陵的勇敢，將女兒嫁給他做妻子，立他為右校王，衛律為丁靈王，都貴幸掌握實權。衛律，父親本來是長水匈奴人。衛律生長在漢，與協律都尉李延年關係很好。延年向皇上推薦衛律出使匈奴。出使回來，恰逢李延年家被籍沒，衛律害怕受牽連一起被殺，逃回去投降了匈奴。匈奴人很喜歡他，常在單于左右侍候。李陵住在外面，有大事，才召他來商議。

昭帝即位，大將軍霍光、左將軍上官桀輔佐朝政，他們過去和李陵關係很好，於是派遣李陵以前的朋友隴西任立政等三人一起到匈奴招李陵回國。任立政等到了匈奴，單于擺酒席招待漢使者，李陵、衛律都在一旁作陪。任立政等人看見李陵，沒有機會說悄悄話，就對李陵使眼色，一再用手撫摸刀環，握自己的腳，偷偷暗示他，說可以返回漢了。過後李陵、衛律拿著牛肉和酒慰勞漢使者，一邊博戲一邊飲酒，兩人都穿著匈奴人的服裝梳著椎髻。任立政大聲說：「漢已頒布大赦令，國中人民安寧快樂，皇上很年輕，霍子孟、上官少叔掌管朝政。」用這話來暗中打動李陵。李陵默不作聲，看了他們良久後撫摸著自己的頭髮說：「我已經穿胡服了！」過了一會兒，衛律出去上廁所，任立政說：「嗨，少卿受苦了！霍子孟、上官少叔向你問好。」李陵說：「霍和上官都好嗎？」任立政說：「他們請少卿回歸故鄉，不用憂愁富貴之事。」李陵稱呼立政的字說：「少公，回去很容易，只是擔心再次受到侮辱，怎麼辦！」話還沒有講完，衛律回來，聽到他後面的話，說：「李少卿是賢人，不一定非在一個國家生活。范蠡遍遊天下，由余離開西戎來到秦國，你們現在說什麼話呢這麼親近！」然後就離開了。任立政隨後對李陵說：「還有回去的想法嗎？」李陵說：「丈夫不能一再受辱。」

李陵在匈奴二十多年，元平元年病死。

蘇建，杜陵❶人也。以校尉從大將軍青擊匈奴，封平陵❷侯。以將軍築❸朔方❹。後以衛尉為游擊將軍，從大將軍出朔方。後一歲，以右將軍再從大將軍出定襄，亡翕侯❺，失軍當斬，贖為庶人。其後為代郡太守，卒官❻。有三子：嘉為奉車都尉❼，賢為騎都尉，中子❽武最知名。

【章　旨】以上記錄蘇建生平。蘇建以校尉隨衛青出擊匈奴，立功封侯。任將軍築朔方城，並兩次率軍出征匈奴，第二次全軍覆沒，隻身逃回。記述甚為簡略。

【注　釋】❶杜陵　縣名。在今陝西西安東南。原名杜縣，漢宣帝在此築陵，始名杜陵。❷平陵　食邑名。在南陽郡武當縣，治今湖北均縣西北。❸築　築城。❹朔方　縣名。朔方郡治所，西漢元朔二年（西元前一二七年）置，在今內蒙古杭錦旗西北黃河沿岸。❺翕侯　指趙信。原匈奴相國，降漢，封為翕侯。此次戰役敗降匈奴。參見卷五十五〈衛青霍去病傳附趙信傳〉。❻卒官　死在官任上。❼奉車都尉　官名。漢武帝元鼎二年（西元前一一五年）置，秩比二千石。執掌皇帝車輿，入侍左右。❽中子　排行中間的兒子，第二子。

【語　譯】蘇建，是杜陵人。任校尉跟隨大將軍衛青出擊匈奴，封為平陵侯。任將軍率軍修築朔方縣城，後以衛尉擔任游擊將軍，跟隨大將軍從朔方出兵。一年後，任右將軍再次隨大將軍從定襄出征，翕侯趙信敗降，蘇建所部全軍覆滅，依法當斬，贖罪為平民。此後又任代郡太守，死在任上。有三個兒子：蘇嘉官至奉車都尉，蘇賢任騎都尉，第二個兒子蘇武最有名。

1 武字子卿，少以父任❶，兄弟並為郎，稍遷至栘中廄監❷。時漢連伐胡，數通使相窺觀，匈奴留漢使郭吉、路充國等，前後十餘輩❸。匈奴使來，漢亦留之以相當❹。天漢元年❺，且鞮侯單于初立，恐漢襲之，迺曰：「漢天子我丈人行❻也。」盡歸漢使路充國等。武帝嘉其義，迺遣武以中郎將❼使持節❽送匈奴使留在漢者，因厚賂❾單于，荅其善意。武與副❿中郎將張勝及假吏⓫常惠等募士⓬斥候⓭百餘人俱⓮。既至匈奴，置幣⓯遺⓰單于。單于益驕，非漢所望也。

2 方⓱欲發使送武等，會緱王與長水⓲虞常等謀反匈奴中。緱王者，昆邪王⓳姊子也，與昆邪王俱降漢，後隨浞野侯沒胡中⓴。及衛律所將降者，陰相與謀劫單于母閼氏歸漢。會武等至匈奴，虞常在漢時素與副張勝相知，私㉑候㉒勝曰：「聞漢天子甚怨衛律，常能為漢伏弩㉓射殺之。吾母與弟在漢，幸蒙㉔其賞賜。」張勝許之，以貨物與常。後月餘，單于出獵，獨閼氏子弟在。虞常等七十餘人欲發，其一人夜亡，告之。單于子弟發兵與戰。緱王等皆死，虞常生得㉕。

3

單于使衛律治其事。張勝聞之，恐前語㉖發㉗，以狀㉘語武。武曰：「事如此，此必及㉙我。見犯迺死，重負國㉚。」欲自殺，勝、惠共止之。虞常果引㉛張勝。單于怒，召諸貴人㉜議，欲殺漢使者。左伊秩訾㉝曰：「即謀單于，何以復加㉞？宜㉟皆降之。」單于使衛律召武受辭㊱，武謂惠等：「屈節辱命，雖生，何面目以歸漢！」引佩刀自刺。衛律驚，自抱持武，馳召毉。鑿地為坎㊲，置熅㊳火，覆武其上㊴，蹈㊵其背以出血。武氣絕，半日復息㊶。惠等哭，輿㊷歸營。單于壯其節，朝夕遣人候問㊸武，而收繫㊹張勝。

4

武益愈㊺，單于使使曉㊻武。會論㊼虞常，欲因此時降㊽武。劍斬虞常已㊾，律曰：「漢使張勝謀殺單于近臣㊿，當死，單于募降者赦罪。」舉劍欲擊之，勝請降。律謂武曰：「副有罪，當相坐(51)。」武曰：「本無謀，又非親屬，何謂相坐？」復舉劍擬(52)之，武不動。律曰：「蘇君(53)，律前負漢歸匈奴，幸蒙大恩，賜號稱王，擁眾數萬，馬畜彌(54)山，富貴如此。蘇君今日降，明日復然(55)。空(56)以身膏(57)草野，誰復知之！」武不應。律曰：「君因我降，與君為兄弟，今不聽吾計，後雖(58)欲復見我，尚可得乎？」武罵律曰：「女為人臣子，不顧恩義，畔(59)主背親，為降虜於蠻夷(60)，何以女為見(61)？且單于信女，使決(62)人死生，不平心持正，反欲鬬兩主[63]，觀禍敗。南越殺漢使者，屠為九郡；宛王殺漢使者，頭縣北闕[64]；朝鮮殺漢使者，即時誅滅[65]。獨匈奴未耳。若[66]知我不降明[67]，欲令兩國相攻，匈奴之禍從我始矣。」

5　律知武終不可脅[68]，白[69]單于。單于愈益[70]欲降之，迺幽[71]武置大窖[72]中，絕不飲食[73]。天雨雪[74]，武臥齧[75]雪與旃毛并咽[76]之，數日不死，匈奴以為神，乃徙武北海[77]上無人處，使牧羝[78]，羝乳乃得歸[79]。別[80]其官屬常惠等，各置他所。

6　武既至海上，廩[81]食不至，掘野鼠去屮實而食之[82]。杖[83]漢節牧羊，臥起操持，節旄盡落。積[84]五六年，單于弟於靬王[85]弋射[86]海上。武能網紡繳[87]，檠[88]弓弩，於靬王愛之，給其衣食。三歲餘，王病，賜武馬畜服匿[89]穹廬[90]。王死後，人眾徙去。其冬，丁令[91]盜武牛羊，武復窮厄[92]。

【章　旨】以上敘述蘇武出身及天漢元年奉命出使匈奴被扣留始末。蘇武因副使張勝涉及匈奴謀反案被扣留。蘇武不顧屈節辱命辜負國家，引刀自刺，被救了下來。蘇武不畏強暴，不為利誘，體現了大無畏的愛國主義精神。匈奴無奈將其置於北海無人處牧羊。

【注　釋】❶父任　因父親保舉為官。漢制，凡祿秩二千石以上的官員，任滿三年，可保舉子弟為郎官。任，保舉。❷栘中廄監　官名。監管栘園中馬廄的官員。栘，園名。廄，馬廄。❸輩　批。❹相當　相抵。指與匈奴扣留使者批數相當。❺天漢元年　西元前一〇〇年。❻丈人行　長輩。丈人，尊老的稱呼。行，輩分。❼中郎將　官名。郎中令（光祿勳）屬官，統領宮內侍衛中郎的長官。西漢中郎分五官、左、右三署，各置中郎將以統領之。❽節　古代使者所持的憑證信物，以竹為桿，柄長八尺，上綴飾氂牛尾。❾賂　贈送禮物。❿副　副官。⓫假吏　臨時委任的官吏。⓬募士　召募的士兵。⓭斥候　偵察兵。⓮俱　一起前往。⓯置幣　準備的禮物。置，置辦。幣，即帛，古人常用作相互贈送的禮物。亦為金、璧、帛等禮物的通稱。⓰遺　贈送。⓱方　正；剛。⓲長水　河名。發源於今陝西藍田西，流經西安東匯入灞水。⓳昆邪王　匈奴昆邪部落的首領。活動在今甘肅中部。漢武帝元狩二年（西元前一二一年），霍去病率兵擊敗昆邪王，奪取焉支山、祁連山等地。匈奴單于以昆邪王屢敗，謀誅殺之，昆邪王率領所部四萬人歸降漢。⓴後隨浞野侯沒胡中　後跟隨浞野侯趙破奴出擊匈奴，兵敗降匈奴。浞野侯，即趙破奴。㉑私　私下；偷偷。㉒候　問好；問候。㉓伏弩　埋伏弓弩手。㉔蒙　蒙受；受到。㉕生得　被生擒；被活捉。㉖前語　指虞常將預謀殺衛律的事告訴張勝。㉗發　暴露；被供出。㉘狀　情形；情況。㉙及　連累；牽連。㉚見犯迺死二句　指被匈奴侵犯，然後才死，就更加辜負漢國，所以想先自殺。㉛引　引出；牽連。㉜貴人　指貴族。㉝左伊秩訾　匈奴官名。匈奴左部官員。㉞即謀單于二句　假如謀害單于，又如何加重處罰。認為謀殺衛律就殺了他們，懲罰太重。即，假如；如果。㉟宜　應當。㊱受辭　接受審訊，取得供詞。㊲坎　坑。㊳熅　沒有火舌的小火。㊴覆武其上　將蘇武的身體放在坑上，烤著火。㊵蹈　踩。㊶息　呼吸；出氣。㊷輿　扛；抬。㊸候問　同「問候」。㊹收繫　收押；拘禁。㊺愈　痊癒。㊻曉　諭說；使明白。㊼論　判罪。㊽降　使投降；勸降。㊾已　結束；完畢。㊿近臣　帝王親信之臣。此處衛律稱自己。(51)相坐　連坐。古代有連坐罪，一人犯法，親屬、鄰居、上下級等也要被判罪。(52)擬　比劃；做出刺殺的樣子。(53)君　對人的尊稱。(54)彌　滿。(55)然　這樣。(56)空　徒然；白白地。(57)膏　滋潤；肥沃。作動詞用。(58)雖　即使；縱然。(59)畔　通「叛」。(60)蠻夷　古代華夏民族對周邊各部族的蔑稱。通常南稱蠻，東稱夷。(61)何以女為見　應作「何以見女為」。為何要見你。女，通「汝」。你。(62)決　決定；裁決。(63)鬭兩主　使兩主爭鬥。兩主，指漢皇帝與匈奴單于。(64)宛王殺漢使者二句　漢武帝聽說大宛產良馬，派使者持千金及金馬前往求之，大宛王殺了漢使者。太初元年（西元前一〇四年），武帝派貳師將軍李廣利統兵十餘萬攻打大宛，連兵四年，宛人斬其王毋寡的首級，獻馬三千匹，漢兵乃罷。事詳見卷六十一〈張騫李廣利傳〉。宛，大宛。闕，宮殿前的建築物。通常左右各一，建成高臺，臺上起樓觀。(65)朝鮮殺漢使者二句　武帝元封二年（西元前一〇九年），命使臣涉何出使朝鮮，涉何被殺，武帝派將軍楊僕、荀彘率兵征討，平定後以其地置真番、臨屯、樂浪、玄菟四郡。詳見卷九十五〈朝鮮傳〉。(66)若　汝；你。(67)明　清楚；明白。(68)脅　脅迫；逼迫。(69)白　稟告；告訴。(70)愈益　更加；越發。(71)幽　幽禁；拘禁。(72)窖　在地下挖的用以儲藏食物的洞穴。(73)絕不飲食　王念孫說「不」後漏「與」字。

(74)雨雪　下雪。雨，從天上降下來。作動詞用。(75)齧　咬；啃。(76)咽　吞。(77)北海　即今俄羅斯西伯利亞南部的貝加爾湖。在匈奴北部。當時塞外將大湖統稱為「海」。(78)羝　公羊。(79)羝乳乃得歸　公羊產子後才能夠回漢。公羊不會產子，單于說此話，是示意蘇武斷了回漢的念頭。乳，生子；分娩。(80)別　分開。(81)廩　發放；供給。(82)掘野鼠去屮實而食之　挖野鼠洞吃野鼠和野鼠藏的草實。去，通「弆」。收藏。屮，古「草」字。(83)杖　拄拐杖。作動詞用。(84)積　累計；共。(85)於靬王　匈奴王號。(86)弋射　用繩子繫在箭矢上進行射箭。主要用於打獵，以便於找到獵物。(87)網紡繳　編織弋射的繳。網紡，編織。網，織網。作動詞用。繳，綁在箭矢上的生絲繩。(88)檠　校正。本指校正弓弩的器具，此處用作動詞。(89)服匿　器物名。小口大腹方底，用以盛酒酪，類似罐子。(90)穹廬　旃帳，用毛氈製作的圓頂帳篷。(91)丁令　即前面所說的丁靈。(92)窮厄　窮困窘迫。

【語譯】 蘇武字子卿，年輕時因父親做過二千石以上的大官，和兄弟一起被保舉做了郎官，逐漸提升到栘中廄監。當時漢連年攻打匈奴，經常互派使者窺探對方的情況，匈奴先後扣留郭吉、路充國等十幾批漢使者。匈奴使者來漢，漢也相應地扣留他們的使者。天漢元年，且鞮侯單于剛剛繼任，害怕漢襲擊他，於是說：「漢天子是我的長輩。」全部放回漢使者路充國等人。武帝讚賞他的態度，於是任命蘇武為中郎將，讓他持漢節護送扣留在漢的匈奴使者回國，順便送給單于一份厚禮，答謝他的善意。蘇武與副中郎將張勝以及臨時委任的官吏常惠等，帶領召募來的士兵和偵察兵一百多人一同前往。蘇武一行到了匈奴後，將準備的禮物送給單于。單于越來越傲慢，不像漢所期望的那樣。

2　單于正想派使者送蘇武等回漢，恰在這時緱王和長水人虞常等在匈奴策謀反叛。緱王，是昆邪王姊姊的兒子，和昆邪王一起投降漢，後來他跟隨浞野侯出擊匈奴，被匈奴俘虜。他們和衛律投降匈奴時帶過來的原漢朝將士虞常等人，暗地裡一起策劃劫持單于的母親閼氏回漢。恰巧這時蘇武等來到匈奴，虞常在漢的時候和副官張勝關係一向很好，他私下拜訪張勝說：「聽說漢天子非常怨恨衛律，虞常能為漢埋伏弓弩手射殺他。我母親和弟弟都在漢，希望能給他們一些賞賜。」張勝答應了，將帶來的貨物送給了虞常。一個多月後，單于出去打獵，只有閼氏和單于的子弟在。虞常等七十多人想要趁機行事，其中一個人夜裡逃走，告發了他們。

單于子弟調集軍隊和他們交戰。緱王等戰死，虞常被生擒。

3 單于派衛律審理此案。張勝聽說後，擔心虞常和他說的話被供出，便將此事告訴了蘇武。蘇武說：「既然事情是這樣，一定會牽連到我。受了匈奴侮辱後才去死，就更對不起國家了。」想自殺，張勝、常惠一起阻攔了他。虞常果然供出張勝。單于很生氣，召集眾貴族進行商議，想殺漢使者。左伊秩訾說：「假如謀害單于，又如何加重處罰？應當叫他們全部投降。」單于讓衛律召蘇武來問口供，蘇武對常惠說：「如果喪失氣節，有辱使命，即使活著，又有什麼臉面回漢！」於是舉起佩刀向自己刺去。衛律大驚，自己上前抱住蘇武，命人騎馬飛奔去叫醫生。醫生在地上挖了個坑，在坑裡點上不竄火苗的小火，將蘇武伏臥在坑上，用腳踩他的背讓淤血流出來。蘇武本已沒了呼吸，過了半天才恢復。常惠等哭著，將他抬回營帳。單于欣賞蘇武的氣節，早晚派人問候他，而把張勝囚禁起來。

4 蘇武漸漸痊癒，單于派使者勸說蘇武投降。正逢要審判虞常，單于想藉機勸降蘇武。用劍斬殺虞常後，衛律說：「漢使者張勝預謀殺害單于的近臣，應當判處死刑，單于招募投降的人赦免他無罪。」舉劍要殺張勝，張勝請求投降。衛律對蘇武說：「副官有罪，你應當連坐。」蘇武說：「我本沒有參加密謀，又不是他們的親屬，連坐從何談起？」衛律又舉劍作勢要殺他，蘇武不動。衛律說：「蘇君，衛律以前背叛漢歸降了匈奴，幸運地受到單于的大恩，賜封我為王，擁有部眾數萬人，馬畜滿山，是這樣富貴。蘇君今天投降了，明天就會和我一樣。若白白地將自己的身軀滋潤了草原，誰又能知道您呢！」蘇武不回答。衛律說：「您依了我投降，我和您就是兄弟，今天如果您不聽我的勸告，以後即使您想再見我，難道還有可能嗎？」蘇武罵衛律說：「你身為皇上的臣子，不顧念皇上的恩義，背叛主人，背棄親人，做了蠻夷的俘虜，我為什麼要見你？況且，單于信任你，讓你決定漢使的生死，你不秉持公心主持公正，反而想讓兩個君主爭鬥，你坐觀禍患敗亡。南越殺了漢使者，結果被漢屠滅，在其地設置了九郡；大宛王殺了漢使者，結果頭被懸在北闕上；朝鮮殺了漢使者，立即被誅滅。只有匈奴還沒有殺死漢使。你明明知道我不會投降，卻想讓兩國互相攻打，匈奴的禍患就要從我開始了。」

5 衛律知道蘇武終究不會受脅迫，就稟告了單于。單于越發想招降蘇武，於是將蘇武幽禁在一個大窖中，不給他喝水吃東西。當時天下起大雪，蘇武躺在窖中啃咬旃毛，就著雪吞下去，幾天未死，匈奴人認為他是神，於是把他轉移到北海荒無人煙的地方，讓他放牧公羊，說等到公羊產子就讓他回漢。將他的屬官常惠等人分開，分別囚禁在不同的地方。

6 蘇武被送到北海後，沒有人供給食物，就挖野鼠洞，吃野鼠和野鼠藏的草實。將漢節當拐杖拄著放羊，晝夜都拿在手上，節上的氂牛尾都掉光了。過了五、六年，單于的弟弟於靬王到海上來打獵。蘇武會編織弋射用的絲繩，校正弓弩，所以於靬王很喜歡他，送給他衣服和食物。過了三年多，於靬王病了，賜給蘇武馬等牲畜、陶罐和氈帳。於靬王死後，他的部眾也遷徙走了。這年冬天，丁靈族的人盜走了蘇武的牛羊，蘇武又陷入窮困的窘境。

初，武與李陵俱為侍中，武使匈奴明年，陵降，不敢求❶武。久之，單于使陵至海上，為武置酒設樂，因謂武曰：「單于聞陵與子卿素厚❷，故使陵來說足下❸，虛心欲相待。終不得歸漢，空自苦亡人❹之地，信義安所見乎？前長君為奉車❺，從至雍棫陽宮❻，扶輦下除❼，觸柱折轅，劾大不敬❽，伏劍自刎❾，賜錢二百萬以葬。孺卿❿從祠⓫河東⓬后土⓭，宦騎⓮與黃門駙馬⓯爭船，推墮駙馬河中溺死，宦騎亡，詔使孺卿逐捕不得，惶恐飲藥而死。來時，大夫人已不幸⓰，陵送葬至陽陵。子卿婦年少，聞已更嫁矣。獨有女弟⓱二人，兩女一男⓲，今復十餘年，存亡不可知。人生如朝露⑲，何久自苦如此！陵始降時，忽忽⑳如狂，自痛負漢，加以老母繫保宮㉑，子卿不欲降，何以過陵㉒？且陛下春秋高㉓，法令亡常，大臣亡罪夷滅㉔者數十家，安危不可知，子卿尚復誰為乎？願聽陵計，勿復有云㉕。」武曰：「武父子亡功德，皆為陛下所成就，位列將，爵通侯㉖，兄弟親近㉗，常願肝腦塗地。今得殺身自效㉘，雖蒙斧鉞湯鑊㉙，誠甘樂之。臣事君，猶子事父也，子為父死無所恨。願勿復再言。」陵與武飲數日，復曰：「子卿壹聽陵言。」武曰：「自分㉚已死久矣！王㉛必欲降武，請畢今日之驩㉜，效㉝死於前！」陵見其至誠，喟然㉞歎曰：「嗟乎㉟，義士！陵與衛律之罪上通於天。」因泣下霑衿㊱，與武決㊲去。

陵惡自賜武㊳，使其妻賜武牛羊數十頭。後陵復至北海上，語武：「區脫㊴捕得雲中生口，言太守以下吏民皆白服，曰上崩。」武聞之，南鄉㊵號哭，歐㊶血，旦夕臨數月㊷。

【章旨】以上敘述李陵受命勸降蘇武，蘇武將君臣關係比喻成父子，說子為父死無所恨，令李陵十分羞慚，慨歎自己和衛律犯了通天之罪。

【注釋】❶求　找；尋訪。❷厚　交情深厚。❸足下　對對方的尊稱。❹亡人　無人。亡，通「無」。❺前長君為奉車以前你哥哥蘇長君任奉車都尉。長君，蘇武哥哥蘇嘉的字。奉車，奉車都尉的省稱。❻棫陽宮　漢離宮名。在雍縣（今陝西鳳翔南）東約一百里處。❼扶輦下除　扶輦車開道。輦，本指用人拉的車，秦漢以後專指帝王所乘的車。除，指門屏之間。❽劾大不敬　彈劾他大不敬。劾，彈劾；舉報罪狀。大不敬，罪名。不尊敬皇帝，為重罪。❾刎　斷；割斷脖頸。❿孺卿　蘇武弟蘇賢的字。⓫祠　祭祀。⓬河東　郡名。轄區包括今山西大部。治安邑（今山西夏縣西北）。⓭后土　土地神。祭壇在河東郡。⓮宦騎　宦官騎馬者。⓯黃門駙馬　在黃門的駙馬。黃門，官署名。設在宮內，侍奉皇上，職任親近。駙馬，掌管皇帝副車馬匹的侍從。駙，通「副」。⓰大夫人已不幸　太夫人已去世。大夫人，即太夫人。指蘇武的母親。大，通「太」。不幸，指死。⓱女弟　妹妹。⓲兩女一男　兩個女兒一個兒子。女，女兒。男，男兒。⓳人生如朝露　人生如同早晨的露水一樣短暫。⓴忽忽　形容內心空虛恍惚的樣子，失意的樣子。㉑保宮　獄名。屬少府，初稱居室，武帝太初元年（西元前一○四年）更名保宮。㉒何以過陵　怎麼能超過我李陵。指蘇武當時家中已沒有什麼人可以牽掛，比不上李陵當時所處處境。㉓春秋高　年歲大；年事已高。㉔夷滅　滅族。夷，削平。㉕云　說。㉖通侯　即二十等爵最高一級徹侯。武帝時避武帝名諱，稱通侯，或叫列侯。㉗親近　指受到皇帝的信任，為皇帝的近臣。㉘效　報效；報答。㉙蒙斧鉞湯鑊　受到斧砍鍋煮的刑罰。斧鉞湯鑊，泛指殘酷的刑罰。鉞，大斧。湯鑊，用鍋煮。湯，將水燒沸。鑊，無足大鼎。㉚分　料想；推測。㉛王　李陵當時被匈奴封為右校王，故蘇武如此稱之。㉜驩　通「歡」。㉝效　致。㉞喟然　歎息的樣子。喟，歎息。㉟嗟乎　感歎詞。㊱衿　通「襟」。指衣服交領處。㊲決　別。㊳陵惡自賜武　李陵討厭自己送給蘇武東西。以避免蘇武誤會他是為了誇耀自己在匈奴的富裕。㊴區脫　邊界。匈奴語。㊵鄉　通「向」。㊶歐　通「嘔」。吐。㊷旦夕臨數月　連續數月每天早晚哭弔一次。旦夕臨，古代喪禮禮儀之一。「數月」二字原與下段連讀，依劉敞說移至此。

【語譯】當初，蘇武和李陵一起擔任侍中，蘇武出使匈奴的第二年，李陵投降了匈奴，他不敢尋訪蘇武。過了很久，單于派李陵到海上，為蘇武置辦酒席歌舞，趁機對蘇武說：「單于聽說我和子卿過去交情深厚，所以派我來勸說您，他是真心想等待您歸順。您終究不可能回漢了，白白地讓自己在這個荒無人煙的地方受苦，誰又能看到您的信義？以前長君任奉車都尉，跟隨皇上到雍縣棫陽宮，扶輦車開道時，車碰到柱子，折斷了車轅，被彈劾大不敬，伏劍自殺，皇上賜錢二百萬安葬了他。孺卿跟隨皇上到河東祭祀后土，一個宦騎和黃門駙馬爭船，宦騎將駙馬推落河中淹死，宦騎逃走，皇上下詔令孺卿追捕，沒有抓到，孺卿十分惶恐，服毒自殺。我來匈奴時，太夫人已經去世，我曾送葬到陽陵。子卿的妻子年紀輕，聽說已經改嫁了。您家中只有兩個妹妹，兩個女兒一個兒子，到現在也十多年了，是死是活也不清楚。人生如同早晨的露水轉瞬即逝，何必老是這樣自己苦自己！我剛剛投降時，精神恍惚像發了瘋，痛恨自己辜負了漢，再加上老母親被關押在獄中，子卿不願投降的理由，難道還能超過我李陵嗎？況且陛下年事已高，法令變更無常，大臣沒有罪卻被滅族的有數十家，安危都無法預測，子卿還想為誰啊？希望聽我的勸告，不要再說什麼了。」蘇武說：「我們父子沒有功德，全靠陛下成就我們，父親位列將軍，爵至通侯，兄弟都被委以親近之職，我們常希望能為陛下肝腦塗地。現在如果能殺身報效，即使是受到斧頭砍、熱鍋煮的酷刑，我確實心甘情願受之。臣侍奉君主，如同兒子侍奉父親，子為父死沒有什麼可遺憾的。希望你不要再說了。」李陵與蘇武喝了幾天酒，又說：「子卿再聽我一次勸告。」蘇武說：「我很早就以為自己該死了！王如果一定要勸降我，請讓我喝完今天的酒，就死在你面前！」李陵見他極其真誠，長歎一聲說：「唉，真是義士啊！李陵和衛律的罪上通於天。」淚如雨下，沾溼了衣襟，與蘇武訣別而去。

　李陵不願親自送東西給蘇武，就讓妻子送給蘇武牛羊數十頭。後來李陵又來到北海，告訴蘇武：「邊界抓到雲中郡的俘虜，說雲中太守以下的官吏和百姓都穿著白衣服，說皇上駕崩了。」蘇武聽說此語，面朝南失聲痛哭，口吐鮮血，連續數月每天早晚臨哭一次。

昭帝即位。數年，匈奴與漢和親❶。漢求武等，匈奴詭言❷武死。後漢使復至匈奴，常惠請其守❸者與俱，得夜見漢使，具自陳道❹。教使者謂單于，言天子射上林❺中，得雁，足有係帛書，言武等在荒澤❻中。使者大喜，如惠語以讓❼單于。單于視左右而驚，謝漢使曰：「武等實在。」於是李陵置酒賀武曰：「今足下還歸，揚名於匈奴，功顯於漢室，雖古竹帛所載❽，丹青❾所畫，何以過子卿！陵雖駑怯❿，令漢且貰⓫陵罪，全⓬其老母，使得奮大辱之積志⓭，庶幾⓮乎曹柯之盟⓯，此陵宿昔⓰之所不忘也。收族⓱陵家，為世大戮⓲，陵尚復何顧⓳乎？已矣⓴！令子卿知吾心耳。異域之人，壹別長絕㉑！」陵起舞，歌曰：「徑㉒萬里兮㉓度沙幕㉔，為君將兮奮匈奴。路窮絕兮矢刃摧㉕，士眾滅兮名已隤㉖。老母已死，雖欲㉗報恩將安歸！」陵泣下數行，因與武決。單于召會㉘武官屬，前以㉙降及物故㉚，凡隨武還者九人。

武以始元六年㉛春至京師㉜。詔武奉㉝一太牢㉞謁㉟武帝園廟㊱，拜為典屬國，秩中二千石㊲，賜錢二百萬，公田二頃，宅一區㊳。常惠、徐聖、趙終根皆拜為中郎㊴，賜帛各二百匹。其餘六人老歸家，賜錢人十萬，復㊵終身。常惠後至右將軍，封列侯，自有傳㊶。武留匈奴凡十九歲，始以彊壯出，及還，須髮盡白。

【章旨】以上敘述昭帝時恢復和親，要求匈奴釋放蘇武等。李陵為蘇武送行，感慨蘇武之節義自古以來無人能及。蘇武被匈奴扣留十九年，出使時尚為壯年，回來時鬚髮盡白。

【注釋】❶和親　漢朝皇帝與匈奴單于之間為兩國的和平友好進行聯姻。始於漢高祖劉邦。武帝馬邑之謀後，和親中斷，昭帝時恢復和親。❷詭言　欺騙說；謊說。❸守　看守。❹具自陳道　將情況全部說出。陳，敘說。道，說。❺上林　苑名。

皇家園林，供帝王遊獵。在今陝西西安西及戶縣、周至境內，周圍二百餘里。❻荒澤　舊本原作「某澤」。《前漢紀》作「荒澤」。王先謙《漢書補注》引王念孫說亦認為「某」當為「荒」。據改。❼讓　責備；責問。❽古竹帛所載　史書所記載。竹，竹簡。帛，絲綢。古代在竹、帛上書寫文字，引申為史冊。❾丹青　圖畫。丹，即丹砂。紅色的礦物。青，青色。古代繪畫常用朱紅、青色，故稱畫為「丹青」。❿駑怯　無能懦弱。駑，本指能力低下的馬。常用來比喻人的愚蠢無能。怯，懦弱；怯懦。⓫貰　寬容；寬赦。⓬全　保全。指不給她治罪。⓭奮大辱之積志　奮發實現受大辱時積累的志向。大辱，指投降匈奴。⓮庶幾　希望；也許可以。⓯曹柯之盟　魯莊公十三年（西元前六八一年），魯莊公與齊桓公在柯會盟，曹沫持匕首劫持齊桓公，逼迫他答應退還齊國占領的魯國土地。曹，春秋時魯國大夫曹沫，也稱曹劌。柯，春秋時齊國地名。在今山東陽穀東北；一說在山東東阿西南。盟，盟會。意指李陵本有意像曹沫那樣劫持單于。⓰宿昔　過去；從前。宿，通「夙」。⓱收族　收捕滅族。⓲戮　羞辱；恥辱。⓳顧　顧念；眷戀。⓴已矣　罷了；算了。嘆詞。㉑長絕　長久離別。意為永別。㉒徑　通「經」。經過；走過。㉓兮　語氣詞。相當於現代漢語的「啊」。㉔幕　通「漠」。㉕摧　折斷；毀壞。㉖隤　墜；毀。㉗欲　原無「欲」字，依宋祁說補。㉘會　集聚；召集。㉙以　通「已」。已經。㉚物故　死亡。㉛始元六年　西元前八一年。始元，漢昭帝年號（西元前八六—前八一年）。㉜京師　即都城、京城。此指長安。京，大。師，眾。㉝奉　進獻。㉞太牢　古代祭祀時用牛、羊、豬三牲作供品稱為太牢，有羊、豬而無牛稱少牢。根據官位等級或皇帝寵信程度的不同，區別是用太牢或少牢祭祀。㉟謁　拜謁；拜見。用於下對上。㊱園廟　即陵廟。園，陵園；墓地。廟，供奉墓主牌位的建築。㊲秩中二千石　典屬國秩為二千石，昭帝為了嘉獎蘇武，特意加秩為中二千石。㊳區　房屋單位。㊴中郎　郎官的一種。掌守衛宮殿門戶，皇帝出行充車騎。秩比六百石。分屬五官、左、右三中郎將，總屬光祿勳。㊵復　免除賦稅和徭役。㊶自有傳　卷七十有〈常惠傳〉。

【語　譯】昭帝即位。幾年後，匈奴與漢恢復了和親。漢要求匈奴放回蘇武等使者，匈奴詐稱蘇武已死。後來漢使者再次出使匈奴，常惠請求看守他的人和他一起夜裡去見漢使者，把實情全部說出來。他教使者對單于說，漢天子在上林苑射獵，射到一隻雁，雁的一隻腳上繫著帛書，上面寫著蘇武等在荒澤中。使者大喜，按照常惠教的那樣責問單于。單于環顧左右，十分吃驚，向漢使者謝罪說：「蘇武等確實還在。」於是李陵擺酒席祝賀蘇武說：「今日您回歸漢，美名傳揚於匈奴，功勳顯赫於漢室，縱然是史書記載的、圖畫所繪的功臣名將，又有誰能超過子卿！李陵雖然無能怯懦，但假如漢能暫時寬赦我的罪，保全我老母親的性命，讓我能夠奮起實現受大辱時積累的志向，也許可以像曹沫在柯盟會劫持齊桓公那樣，這是我從前一直無法忘懷的願望。漢收捕誅殺了我全家，這是人世間的奇恥大辱，李陵還有什麼可顧念的？罷了！我只是想讓子卿了解我的心意而已。我已經是異域之人了，今天一別就是永別！」說罷，李陵奮而起舞，唱道：「跋涉萬里啊穿越沙漠，做君主的將領啊奮擊匈奴。路途窮盡啊兵器摧折，將士亡散啊名聲毀壞。老母已死，即使想要報答皇帝的恩情，不知歸宿在哪裡！」李陵淚流滿面，與蘇武訣別。單于召集蘇武的屬官和隨從，除了以前已經投降和死亡的，共有九人隨蘇武回漢。

蘇武在始元六年春天回到都城長安。昭帝下詔蘇武進獻一個太牢的供品拜謁武帝的陵廟，任命他為典屬國，秩中二千石，賜給他二百萬錢，兩頃公田，一所住宅。常惠、徐聖、趙終根都被任命為中郎，每人賜帛二百匹。其餘六人因年老回家，賜給每人十萬錢，終身免除賦稅和徭役。常惠後來官至右將軍，封列侯，在《漢書》中單獨有傳。蘇武被扣留在匈奴總共十九年，當初出使時正當壯年，等到回來時，鬍鬚、頭髮全都白了。

1 武來歸明年，上官桀子安❶與桑弘羊❷及燕王❸、蓋主❹謀反❺。武子男元與安有謀❻，坐死。

2 初桀、安與大將軍霍光爭權，數疏❼光過失予燕王，令上書告之。又言蘇武使匈奴二十年❽不降，還迺為典屬國，大將軍長史無功勞，為搜粟都尉❾，光顓❿權自恣⓫。及燕王等反誅，窮治⓬黨與⓭，武素與桀、弘羊有舊，數為燕王所訟⓮，子又在謀中，廷尉⑮奏請逮捕武。霍光寢⑯其奏，免武官。

數年，昭帝崩，武以故二千石與⑰計謀立宣帝⑱，賜爵關內侯，食邑三百戶。久之，衛將軍⑲張安世⑳薦武明習㉑故事㉒，奉使不辱命，先帝㉓以為遺言。宣帝即時㉔召武待詔㉕宦者署㉖，數進見，復為右曹㉗典屬國。以武著節㉘老臣，令朝朔望㉙，號稱祭酒㉚，甚優寵之。

武所得賞賜，盡以施予昆弟㉛故人，家不餘財。皇后㉜父平恩侯㉝、帝舅平昌侯㉞、樂昌侯㉟、車騎將軍㊱韓增㊲、丞相魏相㊳、御史大夫㊴丙吉㊵皆敬重武。武年老，子前坐事死，上閔㊶之，問左右：「武在匈奴久，豈有子乎？」武因平恩侯自白：「前發匈奴時，胡婦適㊷產一子通國，有聲問來㊸，願因使者致㊹金帛贖之。」上許焉。後通國隨使者至，上以為郎。又以武弟子㊺為右曹。武年八十餘，神爵二年㊻病卒。

甘露三年㊼，單于始入朝㊽。上思股肱㊾之美，迺圖畫㊿其人於麒麟閣(51)，法(52)其形貌，署(53)其官爵姓名。唯霍光不名，曰大司馬(54)大將軍博陸侯(55)姓霍氏，次曰衛將軍富平侯張安世，次曰車騎將軍龍頟(56)侯韓增，次曰後將軍(57)營平侯趙充國(58)，次曰丞相高平侯魏相，次曰丞相博陽侯丙吉，次曰御史大夫建平侯杜延年(59)，次曰宗正[60]陽城侯劉德[61]，次曰少府[62]梁丘賀[63]，次曰太子太傅[64]蕭望之[65]，次曰典屬國蘇武。皆有功德，知名當世，是以表而揚之[66]，明著[67]中興[68]輔佐，列於方叔、召虎、仲山甫焉[69]。凡十一人，皆有傳。自丞相黃霸[70]、廷尉[71]于定國[72]、大司農[73]朱邑[74]、京兆尹[75]張敞[76]、右扶風[77]尹翁歸[78]及儒者夏侯勝[79]等，皆以善終[80]，著名宣帝之世，然不得列於名臣之圖，以此知其選矣。

【章旨】以上敘述蘇武歸國後的情況。甘露三年，呼韓邪單于入京朝見，漢與匈奴關係展開新的篇章。宣帝為表彰中興輔佐，遴選出十一位功德卓著的大臣，在麒麟閣為他們畫像，蘇武即在其中。

【注釋】❶上官桀子安　上官桀的兒子上官安。上官安娶霍光長女為妻，生女，因昭帝姊鄂邑蓋主入宮，數月立為昭帝皇后，上官安被封為桑樂侯。後因爭權，上官桀父子與大將軍霍光有隙。❷桑弘羊　洛陽商人之子。因善於理財，武帝時被重用，官至御史大夫，參與並主持鹽鐵專賣、平準均輸、酒榷等經濟改革。武帝臨終時，與霍光、金日磾、上官桀受詔輔佐昭帝。❸燕王　燕刺王劉旦。武帝子，昭帝異母兄。對武帝捨長立幼，心懷不滿。❹蓋主　鄂邑蓋主。武帝女，昭帝姊。食邑鄂邑（今湖北鄂城）。嫁武帝舅父王信之孫蓋侯王受，故稱蓋（今山東沂源東南）。王受早死，蓋主與丁外人私通，想為丁外人求官爵，霍光不許，故怨恨霍光。❺謀反　上官桀父子、桑弘羊等人屢次譭毀霍光，昭帝不信，於是幾人陰謀殺霍光，廢昭帝，立燕王為帝。事被發覺，上官桀父子、桑弘羊、丁外人被滅宗族；燕王劉旦自殺，國除；蓋主亦自殺。詳見卷六十三〈武五子傳〉、卷六十八〈霍光傳〉。❻有謀　參與了反謀。❼疏　條錄；分條記錄。❽二十年　實際只有十九年，這裡說「二十年」是為方便，說整數。❾搜粟都尉　官名。武帝時置，執掌農耕及屯田等事。屬大司農，不常置。❿顓　同「專」。⓫自恣　自我放縱。⓬窮治　徹底追查。⓭黨與　同黨；朋黨。⓮訟　為人鳴冤。此處指鳴不平。⓯廷尉　官名。漢承秦置。為列卿之一，秩中二千石。執掌全國司法監獄。⓰寢　息。引申為擱置。⓱與　通「預」。參與。⓲宣帝　漢宣帝劉詢。西元前七四—前四九年在位。詳見卷八〈宣帝紀〉。⓳衛將軍　將軍名號。位次大將軍、驃騎將軍、車騎將軍。掌統兵征戰，常兼任他官，為中朝官。不常置。⑳張安世　張湯之子。杜陵人。武、昭、宣時期歷任光祿大夫、右將軍光祿勳、車騎將軍、衛將軍等，封富平侯（在今山東惠民東。一說，在陵縣東北）。參與廢立昌邑王，立宣帝，甚受昭、宣二帝親任。㉑明習　熟悉。㉒故事　舊日的典章制度。㉓先帝　去世的皇帝。此處指昭帝。㉔即時　立即；馬上。㉕待詔　官名。應皇帝徵召隨時待命，以備諮詢顧問。㉖宦者署　少府屬官宦者令的官署。㉗右曹　加官名。武帝時置左、右曹，掌受尚書奏事，典掌樞機。㉘著節　節操著名。㉙令朝朔望　朔望，夏曆每月初一和十五。朔，月球和太陽黃經相等的時刻，朔日月球運行到地球與太陽之間，與太陽同出沒，呈新月，夏曆將此日定為每月初一。望，月球和太陽黃經相差一百八十度的時刻，呈滿月，在夏曆每月十五日前後。大臣五日一朝，宣帝因蘇武是著節老臣，特別禮遇，特許其每月初一、十五上朝。㉚祭酒　尊號。古禮，飲酒時要推舉一位德高望重的長者，先舉行祭祀，後來因用作稱年長有德者。㉛昆弟　兄弟。昆，兄。㉜皇后　皇帝的正妻。此指宣帝許皇后，元帝的母親。詳見卷九十七上〈外戚傳上・孝宣許皇后〉。㉝平恩侯　許皇后的父親許廣漢，以太子外祖父封平恩侯。平恩，縣名，在今河北廣平東北。詳見卷九十七上〈外戚傳上・孝宣許皇后〉。㉞平昌侯　宣帝的舅舅王無故，封平昌侯。平昌，縣名，在今山東商河縣西北。詳見卷九十七上〈外戚傳上・史皇孫王夫人〉。㉟樂昌侯　宣帝的舅舅王武，封樂昌侯。樂昌，縣名，在今河南南樂西北。詳見卷九十七上〈外戚傳上・史皇孫王夫人〉。㊱車騎將軍　將軍名號。漢文帝始設，不常置。位次大將軍、驃騎將軍。掌統兵征戰，常兼任他官，為中朝官。㊲韓增　韓王信後人，父親韓說武帝時官至光祿勳，伯父韓嫣為武帝幸臣。紹封為龍頟侯。供職武、昭、宣三朝，官至大司馬車騎將軍。詳見卷三十三〈韓王信傳〉。㊳魏相　字弱翁，濟陰定陶（今山東定陶）人。精通《易經》。昭帝時舉賢良，以對策高第為茂陵令，遷河南太守等職。宣帝時官至丞相，封高平侯，卒官。詳見卷七十四〈魏相傳〉。㊴御史大夫　官名。三公之一，位次於丞相，掌輔佐丞相，主管監察、執法等職。㊵丙吉　字少卿，魯國（今山東曲阜）人。通習法律。武帝末年受詔治巫蠱郡邸獄，保護了皇曾孫（後為宣帝）。昌邑王被廢後，建議霍光立宣帝。地節三年（西元前六七年），丙吉任御史大夫。宣帝始知其有救命之恩，封為博陽侯。魏相死後，代為丞相。政尚寬大，知人善任。詳見卷七十四〈丙吉傳〉。㊶閔　通「憫」。憐憫；同情。㊷適　恰巧；剛剛。㊸有聲問來　有音訊來。聲，通「音」。㊹致　送達。㊺弟子　弟弟的兒子。即姪子。㊻神爵二年　西元前六〇年。神爵，漢宣帝年號（西元前六一－前五八年）。㊼甘露三年　西元前五一年。甘露，漢宣帝年號（西元前五三－前五〇年）。㊽單于始入朝　呼韓邪單于稽侯狦是有史以來第一個進京朝見漢天子的匈奴單于。㊾股肱　比喻輔佐得力的大臣。股，大腿。肱，上臂。㊿圖畫　畫像。作動詞用。(51)麒麟閣　未央宮內閣名。一說，蕭何時造。一說，武帝獲麒麟，建造此閣，在閣中畫麒麟圖象，遂以此為名。[52]法　模仿；描摹。[53]署　題寫。[54]大司馬　武帝元狩四年（西元前一一九年）初置，為加官，以冠將軍之號。初多授功勳卓著者，後常授於顯貴外戚，位中朝官之首，執掌國政。宣帝地節三年（西元前六七年）不冠將軍。成帝綏和元年（西元前八年），出居外朝，置官署。直至東漢建武二十七年（西元五一年）改名太尉，或為加官或置官署，變化無常。[55]博陸侯　霍光所封列侯名。博陸，在今北京密雲東南。[56]龍額　侯國名。在今山東齊河縣西北。[57]後將軍　將軍名號。位上卿，不常置。常兼任他官，為中朝官。[58]營平侯趙充國　字翁叔，隴西上邽（今甘肅天水）人。武帝時以六郡良家子補羽林。勇武有謀略，熟悉匈奴與羌族事務。武、昭時期數以擊匈奴有功，累遷至後將軍。因與大將軍霍光迎立宣帝，封營平侯。將兵屯守邊郡，匈奴不敢犯境。神爵元年（西元前六一年）先令羌反，時年七十六歲仍請領兵往擊。後因子有罪，免官。營平，縣名，在今山東濟南東。[59]建平侯杜延年　字幼公，南陽杜衍（今河南南陽）人。杜周少子。明習法律。以揭發燕王謀反，封建平侯。官至御史大夫。建平，縣名，在今河南夏邑西南。詳見卷六十〈杜周傳附子延年〉。[60]宗正　官名。漢承秦置，位列卿，秩中二千石。執掌皇室宗族事務。[61]陽城侯劉德　字德叔。楚元王孫，休侯劉富子。修黃老術，有智略。武帝謂之「千里駒」。昭帝時官至宗正。參與謀立宣帝，賜爵關內侯。詳見卷三十六〈楚元王傳·楚元王劉交〉。[62]少府　官名。為列卿之一，秩中二千石。掌皇室財政，管理宮廷侍從。[63]梁丘賀　字長翁，琅邪諸（今山東諸城）人。初從京房受《易》，後更事田王孫，與施讎、孟喜並為門人，自此《易》有施、孟、梁丘之學。[64]太子太傅　官名。西漢置，掌保養、監護、輔翼太子。昭、宣以後，兼掌教諭訓導，並與太子少傅同領太子宮（東宮）官屬。秩二千石。[65]蕭望之　字長倩，東海蘭陵（今山東蒼山縣）人。治《齊詩》。宣帝時劾奏霍氏專權，得宣帝信用，累遷至御史大夫、太子太傅等職。元帝時以前將軍輔政，因主張選用士人，與用事宦官弘恭、石顯交惡，被誣自殺。詳見卷七十八〈蕭望之傳〉。[66]表而揚之　表彰宣揚他們。表，表彰。揚，宣揚；傳揚。[67]明著　明確地記錄。明，明確地；清楚地。著，著錄；記載。[68]中興　由衰落而重新興盛。[69]列於方叔召虎仲山甫焉　可與方叔、召虎、仲山甫相比。三人均為周宣王大臣，輔佐宣王中興。方叔曾征伐玁狁立功。召虎擁立宣王，討伐淮夷。仲山甫為宣王輔佐。[70]黃霸　字次公，淮陽陽夏（今河南太康）人。武帝末入仕，昭、宣時歷任河南太守丞、潁川太守等職。政尚寬和，務勸農桑，節用殖財，力行教化，任潁川太守時治為天下第一。後官至御史大夫、丞相。詳見卷八十九〈循吏傳·黃霸〉。[71]廷尉　王先謙《漢書補注》載，于定國甘露二年（西元前五二年）由廷尉升為御史大夫，三年代黃霸為丞相。「廷尉」二字史駁文。[72]于定國　字曼倩，東海郯（今山東郯城）人。通習法律。宣帝時官至廷尉，決獄審慎，疑者從輕。詳見卷七十一〈于定國傳〉。[73]大司農　官名。為列卿之一，秩中二千石。西漢武帝太初元年（西元前一〇四年）由大農令改。掌管國家賦稅收入和財政開支，兼理各地倉儲、水利、國有產業、調運物資等。74朱邑　字仲卿，廬江舒縣（今安徽廬江縣）人。由於廉潔愛民，政績突出，從鄉吏不斷超遷至大司農。為當時著名的循吏。詳見卷八十九〈循吏傳·朱邑〉。75京兆尹　官名。漢代京畿地方行政長官，三輔之一。武帝太初元年（西元前一〇四年）由右內史更設，轄長安以東十二縣，職掌如郡太守，秩二千石。76張敞　字子高，河東平陽（今山西臨汾）人。昭帝時為太僕丞，因切諫昌邑王顯名。宣帝時，累遷至守京兆尹，整頓治安頗有成效。後受楊惲案牽連，劾奏當免，掾屬譏之為「五日京兆」，不肯聽命，他憤而案殺之，免為庶人。後復起。因嘗為妻畫眉，時人非之，故不得大位。詳見卷七十六〈張敞傳〉。77右扶風　官名。漢代京畿地方行政長官，為三輔之一。武帝太初元年（西元前一〇四年）改主爵都尉置，分舊內史西部以治，轄渭城以西二十一縣，職掌如郡太守，秩二千石。78尹翁歸　字子兄，河東平陽（今山西臨汾）人。初為獄小吏，通曉公文程式。升至東海太守，嚴厲打擊黠吏豪強。以政績突出為右扶風，京師大治。79夏侯勝　字長公，東平（今山東東平）人。曾從夏侯始昌受《尚書》及《洪範五行傳》，為學精湛，世稱「大夏侯」。昭帝時徵為博士、光祿大夫。宣帝時以《尚書》授太后，遷長信少府，賜爵關內侯。後因上言不宣為武帝立廟樂，獲罪下獄。後赦出，復啟用。80以善終　年老壽終；自然死亡。

【語譯】蘇武回來的第二年，上官桀的兒子上官安和桑弘羊以及燕王劉旦、鄂邑蓋主陰謀造反。蘇武的兒子蘇元參與了上官安的密謀，被判處死刑。

2　當初，上官桀、上官安和大將軍霍光爭權，幾次逐條記錄霍光的過錯告訴燕王，讓他上書告發霍光。又說蘇武出使匈奴二十年不投降，回來後才任命為典屬國，大將軍長史沒有什麼功勞，卻被任命為搜粟都尉，霍光獨攬大權任意妄為。等到燕王等謀反被誅滅，朝廷徹底追查他們的同黨，蘇武一向和上官桀、桑弘羊關係交好，燕王又多次為他鳴不平，兒子還參與了反謀，廷尉因此上奏請求逮捕蘇武。霍光扣下奏章，只免了蘇武的官。

3　幾年後，昭帝去世，蘇武以前二千石的身分參與謀劃擁立宣帝，被賜爵關內侯，食邑三百戶。過了一段時間，衛將軍張安世舉薦蘇武，說他熟悉過去的典章制度，奉命出使匈奴不辱使命，去世的昭帝曾為此留下遺言。宣帝立即徵召蘇武到宦者署待詔，幾次進殿拜見皇上，被重新任命為右曹典屬國。因為蘇武是以氣節著稱的老臣，令他每月初一和十五朝見，封他祭酒的稱號，特別優待尊寵他。

4 蘇武所得到的賞賜，全部都送給了兄弟舊友，家中沒有多餘的財產。皇后的父親平恩侯、皇帝的舅舅平昌侯、樂昌侯、車騎將軍韓增、丞相魏相、御史大夫丙吉都很敬重蘇武。蘇武年老，兒子又因燕王謀反一案被處死，皇上很憐憫他，問左右大臣：「蘇武在匈奴的時間很長，有沒有兒子？」蘇武託平恩侯代為稟告：「當初從匈奴出發回國的時候，匈奴妻子剛生下一個兒子叫通國，有音訊來，希望使者出使時順便送去一些黃金、絲綢將他贖回來。」皇上答應了。後來通國隨使者回來，皇上任他為郎官。又任命蘇武弟弟的兒子為右曹。蘇武活到八十多歲，神爵二年病死。

5 甘露三年，呼韓邪單于初次入朝朝賀。皇上想到輔佐大臣們的功績，便命人把他們的像畫在麒麟閣上，描摹他們的形象容貌，題上官名、爵位、姓名。只有霍光不寫名字，題作大司馬大將軍博陸侯姓霍氏，其後依次是衛將軍富平侯張安世、車騎將軍龍額侯韓增、後將軍營平侯趙充國、丞相高平侯魏相、丞相博陽侯丙吉、御史大夫建平侯杜延年、宗正陽城侯劉德、少府梁丘賀、太子太傅蕭望之、典屬國蘇武。他們均為有功德、著名當代的大臣，所以畫像表彰宣揚他們，明確記錄他們為中興輔佐，可以和輔佐周宣王的方叔、召虎、仲山甫相提並論。共十一人，在《漢書》中都有傳。而丞相黃霸、丞相于定國、大司農朱邑、京兆尹張敞、右扶風尹翁歸以及儒者夏侯勝等人，也都得以善終，在宣帝時很有名望，但是卻不能列在名臣圖中，由此可知遴選的標準了。

贊曰：李將軍恂恂❶如鄙人❷，口不能出辭，及死之日，天下知與不知皆為流涕，彼其中❸心誠❹信於士大夫也。諺曰：「桃李不言，下自成蹊❺。」此言雖小，可以喻❻大。然三代之將，道家所忌❼，自廣至陵，遂亡其宗，哀哉！孔子稱「志士仁人，有殺身以成仁，無求生以害仁❽」，「使於四方，不辱君命❾」，蘇武有之矣。

【章　旨】以上是班固針對本傳所發的議論。班固十分欣賞李廣的忠誠、蘇武的志節，故引用諺語和孔子的話來讚美他們。對於李氏至李陵滅其宗，班固的惋惜之情躍然紙上，從而對道家忌三代為將更加深信不疑。

【注　釋】❶悃悃　老實拘謹的樣子。❷鄙人　居住在郊野的人。今俗稱鄉下人。鄙，與「都」相對，指郊野、農村。❸中　通「忠」。❹誠　確實；的確。❺桃李不言二句　桃李不會說話，但是由於它們開的花鮮豔、結的果實誘人，人們爭相前去，絡繹不絕，樹下很自然地被踩成小路。比喻人懷誠信之心，一定會默默地感動人。蹊，小路。❻喻　比喻；隱喻。❼然三代之將二句　道家認為一家連續三代為將不吉利。《史記．白起王翦列傳》載客曰：「夫為將三世者必敗。必敗者何也？必有所殺伐多矣。其後受其不祥。今王離已三世將矣。」道家，以先秦老子、莊子關於「道」的學說為中心的學術派別。主張自然天道觀。後與名家、法家相結合，成為黃老之學，主張無為而治，為漢初統治者所重。到漢武帝獨尊儒術，黃老漸衰，道家思想流入民間。❽志士仁人三句　出自《論語．衛靈公》。殺身，捨棄生命。仁，儒家尊奉的一種至高的道德境界。❾使於四方二句　出自《論語．子路》。

【語　譯】史官評議說：李將軍老實謹慎得像鄉下人，不善言詞，等到死的那天，天下無論認識不認識他的人都為他流淚，這是因為他的忠心確實打動了士大夫。諺語說：「桃李不說話，樹下卻自然形成小路。」這個諺語雖然說得淺顯，但是卻講出了大道理。然而三代都任將領，是道家所忌諱的，從李廣到李陵，最終被滅族，可悲啊！孔子說「志士仁人，有用捨棄生命來成全仁的，沒有為了求生而損壞仁的」，「出使四方，不辱君主的使命」，蘇武就是這樣的。

【研　析】李廣是文、景、武三朝名將，歷任北邊七郡太守，為防禦匈奴入侵、保衛漢朝邊疆做出了重要貢獻。

他身懷絕技，勇猛非凡，為人敦厚，與士兵同甘共苦，深得人心。班固用「桃李不言，下自成蹊」來形容當時人對他的敬愛。然而，在漢武帝大規模反擊匈奴的戰爭中，他不僅沒有取得良好戰績，反而獲罪自殺，不能不令人感慨命運的不公。

李廣的孫子李陵人品、才藝亦十分出眾，武帝認為他有李廣之風。他豪氣萬丈，主動請纓，率領步兵五千人孤軍深入，力挫匈奴八萬餘精兵。但是，路博德的狹隘、武帝的猜忌和意氣用事，使得他沒有後援，終至兵敗。他抱著有朝一日仿效曹劌報效漢朝的念頭，投降匈奴，最終卻落得滅族名裂的悲慘結局，不禁令人為之扼腕嘆息。

蘇武出使匈奴，被匈奴扣押。面對匈奴的威逼利誘，他巋然不動，歷盡苦難。李陵曾以「人生如朝露」，勸他不必自苦若此，蘇武堅定地表示甘願為國家「蒙斧鉞湯鑊」，令李陵羞慚難當，慨嘆自己犯下了通天之罪。蘇武不辱使命，堅守十九年，終於回到大漢。正如班固所說，蘇武是真正的志士仁人！蘇武忠貞不渝的民族氣節世代為人們傳頌，成為中華民族的重要精神遺產。

《史記》中李廣獨為一傳，班固《漢書》將李廣和蘇建合為一傳可謂頗具匠心。李陵、蘇武截然不同的人生選擇以及截然不同的歸宿，形成強烈的反差，更具震撼力。

卷五十五

衛青霍去病傳第二十五

【題　解】本傳是衛青和霍去病的合傳。衛青是霍去病的舅舅，出身微賤，後因衛青的姊姊衛子夫得到武帝寵幸，納為后妃，兩人得以走上西漢政治舞臺。當時漢王朝國力已臻鼎盛，面對不斷侵擾漢邊的匈奴，雄心勃勃的武帝決定改變以往政策，進行反擊。元光六年（西元前一二九年），衛青成為第一批接受這一使命的將領，他憑藉非凡的軍事指揮才能從諸將中脫穎而出。衛青共七次出擊匈奴，取得一系列輝煌戰績。元朔二年（西元前一二七年），他率軍驅逐樓煩白羊王，收復河南地，漢在其地置朔方郡，衛青被封為長平侯。元朔五年，衛青率部擊潰匈奴右賢王，拜為大將軍。元朔六年，年輕的霍去病開始加入北征匈奴的行列，並以勇敢善戰嶄露頭角，封為冠軍侯。霍去病共六次出兵匈奴，戰績更為不俗。元狩二年（西元前一二一年），霍去病迎降匈奴渾邪王四萬人，漢王朝在其地置武威、酒泉郡。元狩四年，衛青、霍去病各率五萬騎兵穿越沙漠北擊匈奴，給匈奴以沉重打擊，將匈奴趕至大漠以北，匈奴對漢朝的威脅基本解除。兩年後，霍去病因病英年辭世，年僅二十餘歲。元封五年（西元前一〇六年）衛青病逝。衛青、霍去病為維護漢王朝的安定、為保護漢邊疆人民的生命財產立下了卓越的功勳。本傳是記述漢武帝時期對匈奴戰爭情況的基本史料。

衛青，字仲卿。其父鄭季，河東❶平陽❷人也，以縣吏❸給事❹侯家❺。平陽侯曹壽❻尚❼武帝❽姊陽信長公主❾。季與主家❿僮⓫衛媼⓬通⓭，生青。青有同母兄衛長君及姊子夫⓮，子夫自平陽公主家得幸武帝⓯，故青冒⓰姓為衛氏。衛媼長女君孺，次女少兒，次女則⓱子夫。子夫男弟步廣⓲，皆冒衛氏。

青為侯家人，少時⓳歸其父⓴，父使牧羊。民母㉑之子皆奴畜之㉒，不以為兄弟數㉓。青嘗㉔從㉕人至甘泉居室㉖，有一鉗徒㉗相㉘青曰：「貴人也，官至封侯。」青笑曰：「人奴之生，得㉙無笞㉚罵即㉛足矣，安得㉜封侯事乎！」

青壯㉝，為侯家騎㉞，從㉟平陽主。建元二年㊱春，青姊子夫得入宮幸上。皇后㊲，大長公主㊳女也，無子，妒。大長公主聞衛子夫幸，有身㊴，妒之，迺使人捕青。青時給事建章㊵，未知名㊶。大長公主執㊷囚青，欲殺之。其友騎郎㊸公孫敖㊹與壯士往篡㊺之，故得不死。上聞，迺召青為建章監㊻，侍中㊼。及母昆弟㊽貴，賞賜數日間累㊾千金。君孺為太僕㊿公孫賀(51)妻。少兒故(52)與陳掌(53)通，上召貴(54)掌。公孫敖由此益顯(55)。子夫為夫人(56)。青為太中大夫(57)。

【章旨】以上敘述衛青出身家世及早年經歷。衛青的父親是縣吏，母親是平陽公主的婢女，兩人私通生下衛青，身世卑賤。後其姊衛子夫得到武帝寵幸，衛氏家族命運出現大轉折，衛青很快官至太中大夫。

【注釋】❶河東　郡名。轄區包括今山西大部。治安邑（今山西夏縣西北）。❷平陽　縣名。今山西臨汾西南。❸縣吏　吏原作「史」，據景祐本等及《史記・衛將軍驃騎列傳》改。縣吏，縣秩位較低的行政官員。縣，地方行政區劃單位。郡下設縣，萬戶以上置縣令，以下置縣長。縣下設鄉、里。❹給事　供事；當差。❺侯家　指平陽侯曹壽家。侯，列侯的簡稱。列侯為二十等爵最高一級，亦稱徹侯、通侯。❻平陽侯曹壽　西漢開國功臣曹參封平陽侯，曹壽當是漢初名將曹參之後。但《史記・曹相國世家》作曹時，一說「壽」是「時」的別名；一說本名為疇，壽與時皆因字形相近而誤。❼尚　漢代娶公主稱尚。❽武帝　漢武帝劉徹。西元前一四〇—前八七年在位。詳見卷六〈武帝紀〉。❾陽信長公主　漢景帝女兒，武帝之姊。食邑陽信。陽信，縣名。在今山東無棣北。漢代皇帝女兒稱公主，皇帝姊姊稱長公主。❿主家　即陽信長公主家。⓫僮　奴僕。⓬衛媼　夫家姓衛。媼是漢代人對老年婦女的稱呼。衛媼的本名已無從考，衛媼應是她年老以後的稱呼。⓭通　私通；通姦。⓮子夫　即漢武帝衛皇后，戾太子劉據的母親。後江充誣陷戾太子為巫蠱，戾太子起兵殺江充，旋自殺，衛子夫被廢，亦自殺。⓯子夫自平陽公主家得幸武帝　時衛子夫為平陽公主家歌女，漢武帝到平陽公主家做客，平陽公主將其獻上，武帝御幸，有寵，遂接其入宮。詳見卷九十七上〈外戚傳上・孝武衛皇后〉。平陽公主，即陽信長公主，因嫁給平陽侯故稱。幸，御幸。皇帝與女子同房稱幸。⓰冒　假冒；假稱。⓱則　乃；就是。⓲步廣　子夫的弟弟步廣也不姓衛，和衛青一樣是假冒衛姓。⓳少時　小時候；少年時。⓴歸其父　回到他父親那兒。㉑民母　指鄭季的正妻。她是被編入戶籍的良民，以別於衛青親生母親衛媼的婢女身分。㉒奴畜之　將他當奴隸對待。奴，奴隸。畜，畜養；對待。㉓數　計算。引申為算在數內。㉔嘗　曾經。㉕從　跟隨；隨從。㉖甘泉居室　甘泉宮中關押刑徒的官署。甘泉，離宮名。又名雲陽宮，在今陝西淳化西北甘泉山。居室，官署名。負責囚禁犯罪官員及其家屬。㉗鉗徒　受鉗刑的刑徒。鉗，刑名。以鐵圈束頸稱作鉗，常和髡刑並施。髡，剪去頭髮。㉘相　相面；看相。觀察人體貌以推斷其命運的術數。㉙得　得以；能夠。㉚笞　用竹板、荊條之類抽打，鞭打。㉛即　就。㉜安得　哪裡能；怎麼能。安，怎麼；哪裡。㉝壯　長大。㉞騎　騎士。㉟從　跟從；做隨從。㊱建元二年　西元前一三九年。建元，漢武帝第一個年號（西元前一四〇—前一三五年）。中國古代帝王年號始創於建元。㊲皇后　皇帝的正妻。此指漢武帝陳皇后。㊳大長公主　武帝的姑姑劉嫖。漢制，皇帝姑姑稱大長公主。劉嫖為文帝長女，景帝胞妹。初為館陶公主，嫁給堂邑侯陳午，生女陳阿嬌，為武帝第一任皇后。後被廢。陳午死後，大長公主與董偃同居。㊴有身　懷孕。身，通「娠」。㊵建章　宮名。漢武帝時建，位於長安城外、未央宮西，在今陝西西安西北郊。㊶未知名　還沒有名氣，不為武帝所知。㊷執　抓獲；捉到。㊸騎郎　官名。皇帝外出時騎馬護衛皇帝的郎官。㊹公孫敖　北地義渠（今甘肅寧縣）人。景帝時任郎。詳見本傳附〈公孫敖傳〉。㊺篡　逆取；劫取。㊻建章監　官名。掌管建章宮事務的長官。㊼侍中　加官名。漢承秦置，為從列侯以下至郎中的加官，加此官可入侍禁中，侍從皇帝，應對顧問。㊽昆弟　兄弟。昆，兄。㊾累　累計；共計。㊿太僕　官名。列卿之一，秩中二千石。執掌皇帝車馬。(51)公孫賀　字子叔，北地義渠（今甘肅寧縣）人。少為騎士，從軍數有功。武帝即位，遷太僕。以輕車將軍、車騎將軍數擊匈奴有功，官至丞相，封葛繹侯。征和元年（西元前九二年），其子公孫敬聲被人告發為巫蠱祝詛武帝，父子皆下獄，死獄中，滅族。詳見卷六十六〈公孫賀傳〉。(52)故　過去；以前。(53)陳掌　漢初開國功臣陳平的曾孫。(54)貴　使顯貴。使動用法。(55)顯　顯貴；顯赫。(56)夫人　皇帝姬妾稱號之一。正妻為皇后，妾按等級稱夫人、美人、良人等。漢武帝時將夫人改為昭儀、婕妤、娙娥、傛華四等。(57)太中大夫　官名。光祿勳屬官，掌參議朝政，秩比千石。

【語譯】衛青，字仲卿。他父親鄭季，是河東平陽人，身為縣吏在平陽侯家當差。平陽侯曹壽娶了武帝的姊姊陽信長公主為妻。鄭季和公主家的婢女衛媼私通，生下衛青。衛青有同母異父的哥哥衛長君和姊姊衛子夫，子夫在平陽公主家得到武帝的寵幸，所以衛青冒充姓衛。衛媼長女名君孺，次女少兒，第三個女兒就是子夫。子夫的弟弟步廣，也和衛青一樣假冒為衛氏。

衛青身為平陽侯的家僕，小時候回到他父親鄭季家，父親讓他放羊。身為編戶民的嫡母的孩子都把他當奴隸看待，不把他當作兄弟。衛青曾經跟隨別人到甘泉居室，有一個受鉗刑的刑徒為衛青相面後說：「你是貴人呀，做官可以獲得封侯。」衛青笑著說：「我是奴婢所生，能不被打罵就已經知足了，哪裡能有封侯這樣的事！」

衛青長大後，做了平陽侯家的騎士，隨從平陽公主。建元二年春天，衛青的姊姊子夫得以入宮服侍皇上。皇后陳阿嬌，是武帝姑姑大長公主的女兒，沒有孩子，生性妒忌。大長公主聽說衛子夫受到皇帝的寵幸，懷孕了，嫉妒她，便派人抓衛青。衛青當時在建章宮當差，還沒有什麼名氣。大長公主抓到衛青囚禁起來，想殺了他。衛青的朋友騎郎公孫敖和幾個勇士把他解救出來，衛青因此免於一死。皇上聽說了，就召衛青擔任建章監，加侍中衛。等到衛青的母親和兄弟都顯貴了，皇帝的賞賜幾天之內就累計達千金之多。君孺嫁給太僕公孫賀為妻。少兒以前和陳掌私通，皇上徵召陳掌給他封官晉爵。公孫敖從此日益顯貴。子夫做了夫人。衛青被任命為太中大夫。

元光六年❶，拜❷為車騎將軍❸，擊匈奴❹，出上谷❺；公孫賀為輕車將軍❻，出雲中❼；太中大夫公孫敖為騎將軍❽，出代郡❾；衛尉❿李廣⓫為驍騎將軍⓬，出雁門⓭：軍各萬騎⓮。青至籠城⓯，斬首虜⓰數百。騎將軍敖亡⓱七千騎，衛尉廣為虜⓲所得⓳，得脫歸，皆當⓴斬，贖為庶人㉑。賀亦無功。唯青賜爵關內侯㉒。是後㉓匈奴仍㉔侵犯邊。語在匈奴傳㉕。

【章旨】以上敘述元光六年漢朝軍隊兵分四路出擊匈奴。這是漢王朝第一次對匈奴展開大規模反擊戰。四路軍中只有衛青率部取得勝利，直搗單于王庭，初次顯現其統兵作戰的能力。

【注釋】❶元光六年　西元前一二九年。元光，漢武帝的第二個年號（西元前一三四－前一二九年）。❷拜　授予官職的儀式。❸車騎將軍　將軍名號。漢文帝始設，不常置。位次大將軍、驃騎將軍。常兼任他官，為中朝官。❹匈奴　北方部族名，亦稱胡。西元前三世紀興起於長城以北地區。漢初不斷南下侵擾漢邊。詳見卷九十四〈匈奴傳〉。❺上谷　郡名。轄境在今河北西北。治沮陽（今河北懷來東南）。❻輕車將軍　將軍名號。不常置。❼雲中　郡名。在今內蒙古東南部，治雲中（今內蒙古托克托東北）。❽騎將軍　將軍名號。不常置。❾代郡　郡名。在今河北西北部、山西東北部。治代縣（今河北蔚縣東北）。❿衛尉　官名。列卿之一，秩中二千石。掌皇宮禁衛，統領屯駐衛士。景帝時曾一度改名中大夫令。⓫李廣　隴西成紀（今甘肅秦安）人。善射。文帝時因對匈奴作戰勇猛，為郎。歷任北邊邊郡太守，聲震匈奴，號稱「飛將軍」。官至衛尉。多次獨領一路軍攻打匈奴。一次因失道誤期被責，自殺。詳見卷五十四〈李廣傳〉。⓬驍騎將軍　將軍名號。漢代冠號將軍不常置，只在戰時設置，戰後則免。⑬雁門　郡名。在今山西北部和內蒙古南部，治善無（今山西右玉南）。⑭騎　古代稱一人一馬為一「騎」。⑮籠城　即龍城。籠，通「龍」。龍城，地名。也作「蘢城」。相傳為匈奴祭天的地方，也是匈奴王庭所在地，故又稱龍庭。在今內蒙古烏蘭察布盟陰山一帶。匈奴被衛青、霍去病挫敗後，北遷，在今蒙古國鄂爾渾河西側和碩柴達木湖附近。此處指北遷前的龍城。⑯斬首虜　斬殺和俘虜。首，首級。虜，俘虜；生俘。⑰亡　失去；損失。⑱虜　對匈奴的蔑稱。⑲得　抓獲；俘虜。⑳當　判處其罪。㉑庶人　無爵位者；平民。㉒關內侯　爵名。二十等爵第十九級，僅次於列侯，在京畿有食邑。㉓是後　此後。是，此；這。指示代詞。㉔仍　頻；一再。㉕語在匈奴傳　有關情況記載在〈匈奴傳〉。〈匈奴傳〉在《漢書》卷九十四，分上、下兩卷。

【語譯】元光六年，衛青被任命為車騎將軍，攻打匈奴，從上谷郡出兵；公孫賀被任命為輕車將軍，從雲中郡出擊；太中大夫公孫敖為騎將軍，兵出代郡；衛尉李廣為驍騎將軍，從雁門出兵：每路軍隊各統領一萬騎兵。衛青抵達龍城，共殲敵數百人。騎將軍公孫敖損失七千騎兵，衛尉李廣被匈奴人俘虜，得以逃脫回來，他們都被判處斬刑，允許花錢贖罪為平民。公孫賀也沒有戰功。只有衛青被賜爵關內侯。此後匈奴屢屢侵犯漢邊境，有關情況記錄在〈匈奴傳〉。

元朔元年❶春，衛夫人有男❷，立為皇后。其秋，青復將❸三萬騎出雁門，李息❹出代郡。青斬首虜數千。明年❺，青復出雲中，西至高闕❻，遂至於隴西❼，捕首虜數千，畜百餘萬，走白羊❽、樓煩❾王。遂取河南地❿為朔方郡⓫。以三千八百戶封青為長平⓬侯。青校尉⓭蘇建⓮為平陵⓯侯，張次公為岸頭⓰侯。使建築朔方城。上曰：「匈奴逆⓱天理，亂人倫，暴長虐老⓲，以盜竊為務，行詐諸蠻夷⑲，造謀籍兵⑳，數為邊害。故興師遣將，以征厥㉑罪。詩㉒不云乎？『薄伐玁允，至于太原㉓』；『出車彭彭，城彼朔方㉔』。今車騎將軍青度西河㉕至高闕，獲首二千三百級㉖，車輜㉗畜產畢㉘收為鹵㉙，已封為列侯，遂西定河南地，案㉚榆谿舊塞㉛，絕㉜梓領㉝，梁㉞北河㉟，討蒲泥㊱，破符離㊲，斬輕銳㊳之卒，捕伏聽者㊴三千一十七級。執訊㊵獲醜㊶，驅㊷馬牛羊百有餘萬，全甲兵㊸而還，益封㊹青三千八百戶。」其後匈奴比歲㊺入代郡、鴈門、定襄㊻、上郡㊼、朔方，所殺略㊽甚眾。語在匈奴傳。

【章 旨】元朔元年，衛子夫被立為皇后。這年秋天及次年春天，漢朝為了反擊匈奴的入侵，兩度發兵攻打匈奴。衛青部兩役均取得大捷，收復河南地，漢在此建立朔方郡。衛青因功冠諸將，被封為長平侯。

【注 釋】❶元朔元年 西元前一二八年。元朔，漢武帝第三個年號（西元前一二八－前一二三年）。❷有男 生了兒子。指衛太子劉據。❸將 率領；統帥。❹李息 北地郁郅（今甘肅慶陽）人。景帝時入仕。詳見本傳後所附〈李息傳〉。❺明年 第二年；翌年。❻高闕 地名。在朔方郡北，今內蒙古杭錦後旗東北。❼隴西 郡名。在今甘肅東部。治狄道，在今甘肅臨洮南。❽白羊 北方部族名。分布在今內蒙古鄂爾多斯高原一帶。戰國後期臣屬於匈奴。一說，白羊為樓煩部落首領。❾樓煩 北方部族名。分布在今內蒙古鄂爾多斯高原一帶。戰國後期臣屬於匈奴。❿河南地 古地區名。指今內蒙古黃河以南河套地區。⓫朔方郡 郡名。武帝元朔二年（西元前一二七年）置，地在今河套西北部及後套一帶。治朔方，在今內蒙古杭錦旗西北黃河沿岸。⓬長平 縣名。在今河南西華東北。⓭校尉 武官名。將軍屬官。漢代軍隊編制，將軍分部統領軍隊，部置校尉一人。⓮蘇建 杜陵（今陝西西安）人，蘇武的父親。曾四次隨衛青出擊匈奴。歷任衛尉、代郡太守。參見卷五十四〈蘇建傳〉及本傳。⓯平陵 食邑名。屬南陽郡武當縣，在今湖北均縣西北。⓰岸頭 亭名。屬河東郡皮氏縣，在今山西河津南。⑰逆　違背。⑱暴長虐老　指匈奴習俗重視少壯而賤視長老。暴，欺凌。⑲蠻夷　古代華夏民族對周邊各部族的蔑稱。通常南稱蠻，東稱夷。⑳籍兵　借兵。籍，通「借」。㉑厥　其；它（他）的；它們（他們）的。代詞。㉒詩　即《詩經》。中國第一部詩歌總集，收錄從西周到春秋的詩歌。現存三百零五篇，包括「風」、「雅」、「頌」三部分。相傳由孔子刪訂而成，為儒家經典之一。㉓薄伐獫允二句　出自《詩經・小雅・六月》。讚美周宣王北伐獫允。薄伐，將其逐出。獫允，北方部族名。一作「玁狁」。太原，古地名。在今寧夏固原至甘肅平涼一帶；一說在今甘肅東北部至陝北西部一帶。㉔出車彭彭二句　出自《詩經・小雅・出車》。讚美出車征伐，就此築城，以攘卻獫允。彭彭，象聲詞，比喻眾車齊行發出的聲音。朔方，北方。城，築城。作動詞。㉕度西河　渡過西河。度，通「渡」。西河，今寧夏、內蒙古間黃河河段。㉖獲首二千三百級　殺敵二千三百人。獲首，獲首級。級，首級。秦制，以斬敵首多少論功晉爵，斬敵一首拜爵一級，因稱一首為一級。㉗輜輜　輜重。指軍用物資。㉘畢　都；全部。㉙鹵　通「擄」。掠奪。此處指戰利品。㉚案　尋；尋找。㉛榆谿舊塞　一名榆林塞。古關塞，置於秦時，漢初被棄，故武帝稱之為舊塞。在今陝西東北角。一說在今內蒙古河套東北岸。㉜絕　橫斷；穿越。㉝梓領　山名。或疑為木根山（今內蒙古鄂托克旗西南）。領，通「嶺」。㉞梁　架橋梁。作動詞。㉟北河　清以前黃河自今內蒙古磴口以下分為南、北兩支，北支約當今烏加河，當時為黃河正流，對南支而言稱為北河。㊱蒲泥　部族首領名。㊲符離　塞名。在今內蒙古五原西北。㊳輕銳　迅捷、精銳的部隊。㊴伏聽者　暗中探聽觀察敵軍虛實的偵察兵。㊵執訊　活捉的敵人。執，抓獲。訊，訊問；審訊。㊶獲醜　獲，通「馘」。指殺死敵兵。醜，人眾。蔑稱。㊷敺　「驅」的異體字。驅趕。㊸全甲兵　保全了軍隊未受損失。全，保全。甲兵，鎧甲和兵器。借指軍隊。㊹益封　增加封戶。㊺比歲　連年。比，頻。㊻定襄　郡名。在今內蒙古中部。治成樂（今和林格爾西北）。㊼上郡　郡名。在今陝西北部和內蒙古交界處，治膚施（今陝西榆林東南）。㊽略　侵奪；強取。

【語譯】元朔元年春天，衛夫人生了個男孩，被立為皇后。這年秋天，衛青又率領三萬騎兵從雁門出兵，李息出兵代郡。衛青殺死及俘虜敵人數千。第二年，衛青再次出兵雲中，西行到高闕，遂轉戰隴西，殺死及俘虜敵人數千，牲畜百餘萬頭，趕走了白羊、樓煩王。於是奪取河南地，建立朔方郡。皇上以三千八百戶的食邑封衛青為長平侯。封衛青的校尉蘇建為平陵侯，張次公為岸頭侯。讓蘇建修築朔方城。皇上說：「匈奴違背天理，悖亂人倫，欺凌虐待年老的人，專以盜竊為務，詐騙眾蠻夷，製造陰謀，藉他們的兵力，屢屢在漢邊境製造禍害。所以才派兵遣將，討伐它的罪行。《詩》不是說嗎？『周宣王驅逐玁允，直到太原』；『戰車齊出，發出轟鳴之聲，在北方築城』。現在車騎將軍衛青渡過西河到達高闕，殲敵二千三百人，敵人的輜重牲畜都被收繳，已經封衛青為列侯。於是西進平定河南地，尋著榆谿舊塞，穿越梓領，在北河上架橋，討伐蒲泥，攻破符離塞，斬殺敵人精兵、捕獲偵察兵三千零十七人，抓住俘虜，捕獲敵眾，驅趕著百餘萬馬牛羊，全師而還。加封衛青三千八百戶。」此後，匈奴連年入侵代郡、雁門、定襄、上郡、朔方，殺傷掠奪眾多漢民和財物。此事記錄在〈匈奴傳〉。

元朔五年❶春，令青將三萬騎出高闕，衛尉蘇建為游擊將軍❷，左內史❸李沮❹為彊弩將軍❺，太僕公孫賀為騎將軍，代相❻李蔡❼為輕車將軍，皆領屬❽車騎將軍，俱出朔方。大行❾李息、岸頭侯張次公為將軍，俱出右北平❿。匈奴右賢王⓫當⓬青等兵，以為漢兵不能至此，飲醉，漢兵夜至，圍右賢王。右賢王驚，夜逃，獨與其愛妾一人騎數百馳，潰圍⓭北去。漢輕騎校尉⓮郭成等追數百里，弗得，得右賢裨王⓯十餘人，眾男女萬五千餘人，畜數十百萬⓰，於是引兵而還。至塞，天子⓱使使者持大將軍⓲印，即⓳軍中拜青為大將軍，諸將皆以兵屬，立號⓴而歸。上曰：「大將軍青躬㉑率戎士㉒，師大捷，獲匈奴王十有餘人，益封青八千七百戶。」而封青子伉為宜春㉓侯，子不疑為陰安㉔侯，子登為發干㉕侯。青固謝㉖曰：

「臣幸得待罪行間㉗，賴陛下神靈㉘，軍大捷，皆諸校㉙力戰之功也。陛下幸已益封臣青，臣青子在繈褓㉚中，未有勤勞，上幸裂地㉛封為三侯，非臣待罪行間所以㉜勸士㉝力戰之意也。伉等三人何敢受封！」上曰：「我非忘諸校功也，今固且圖之㉞。」乃詔御史㉟曰：「護軍都尉㊱公孫敖三從大將軍擊匈奴，常護軍傅校獲王㊲，封敖為合騎侯㊳。都尉㊴韓說㊵從大軍㊶出窴渾㊷，至匈奴右賢王庭，為戲下㊸搏戰㊹獲王，封說為龍頟侯㊺。騎將軍賀從大將軍獲王，封賀為南窌侯㊻。輕車將軍李蔡再從㊼大將軍獲王，封蔡為樂安㊽侯。校尉李朔、趙不虞、公孫戎奴各三從大將軍獲王，封朔為陟軹㊾侯，不虞為隨成㊿侯，戎奴為從平[51]侯。將軍李沮、李息及校尉竇如意、中郎將綰[52]皆有功，賜爵關內侯。沮、息、如意食邑各三百戶。」其秋，匈奴入代，殺都尉[53]。

【章　旨】元朔五年，初次令衛青率領諸將攻打匈奴，衛青軍重挫匈奴右賢王部，武帝在軍中拜衛青為大將軍，統屬諸將，封衛青三子為侯。衛青事業達到巔峰。

【注　釋】❶元朔五年　西元前一二四年。❷游擊將軍　將軍名號。漢代冠號將軍不常置，只在戰時設置，戰後則罷。❸左內史　官名。秦設內史，掌治京畿地方行政。漢景帝二年（西元前一五五年）分為左、右內史，共治京畿。秩二千石。武帝太初元年（西元前一〇四年），更名左內史為左馮翊。❹李沮　雲中郡人。景帝時入仕。參見本傳附〈李沮傳〉。❺彊弩將軍　將軍名號。不常置。❻代相　代國相。代，封國名。在今陝西中部至河北西北部。初都代（今河北蔚縣東北），後徙中都（今山西平遙西南）。武帝元鼎三年（西元前一一四年）廢。相，官名。諸侯國相。漢初，諸侯王國官屬設置與漢中央同，設丞相，為最高行政長官。景帝中五年（西元前一四五年）降低諸侯國官署級別，改丞相為相。❼李蔡　隴西郡成紀（今甘肅秦安）人。李廣的堂弟。官至丞相，封樂安侯。後犯罪自殺。詳見卷五十四〈李廣傳〉。❽領屬　隸屬；歸屬。❾大行　官名。即大行令。秦時稱典客，景帝中六年（西元前一四四年）更名大行令。武帝太初元年（西元前一〇四年）更名大鴻臚。為列卿之一，秩中二千石。執掌少數民族及諸侯王事務。❿右北平　郡名。在今河北、遼寧、內蒙古交界地區，治平剛（今內蒙古寧城西南）。⓫右賢王　匈奴官名。匈奴右部首領。匈奴分左、中、右部，中部由單于親自統領，東西兩部由左、右賢王分領。匈奴尚左，左賢王地位高於右賢王。匈奴各部首領多由單于子弟或近支貴族擔任。⓬當　正對；抵擋。⓭潰圍　衝破包圍。潰，堤壩被水沖破。⓮輕騎校尉　統領輕騎的校尉。⓯右賢裨王　匈奴官名號。右賢王屬下的小首領。裨王，小王。⓰數十百萬　數十萬以至百萬。⓱天子　即皇帝。⓲大將軍　將軍名號。將軍中地位最高者。執掌統兵征戰。漢初不常設。武帝以後多由貴戚擔任，為中朝官之首，執掌朝政。⓳即　就。⓴號　名號；官號。即大將軍之號。㉑躬　親身。㉒戎士　戰士；軍士。戎，兵。㉓宜春　縣名。在今河南汝南西南。㉔陰安　在今河南清豐北。㉕發干　縣名。在今山東聊城西。㉖固謝　再三謝絕。固，再三。謝，謝絕；推辭。㉗待罪行間　在軍隊供職。官吏常怕因失職獲罪，因此以「待罪」為供職的謙詞，意為聽候治罪。行間，行伍之中；部隊中。㉘神靈　神異威靈；神明。㉙諸校　指衛青統領的各部。校，古代軍隊編制，一部稱為一校。㉚繈褓　背負嬰兒的布兜。繈，寬布帶子，用以捆綁。褓，嬰兒的被子。㉛裂地　分割國土。裂，分；割。㉜所以　用以。㉝勸士　勉勵士兵。勸，勉勵；勸勉。㉞今固且圖之　現在本來就要辦這件事。固，本來。且，將；就。圖，謀劃；考慮。㉟御史　官名。本指侍御史，御史大夫屬官。此處指御史大夫。御史大夫，位次於丞相，掌輔佐丞相，主管監察、執法等職。㊱護軍都尉　武官名。隨軍臨時設置，執掌監督諸將，調節諸部關係。有時亦單獨率部征戰。㊲護軍傅校獲王　監督諸軍，跟隨各校，抓獲匈奴王。護，監督。傅，通「附」。一說，傅，領。王，即前文中的右賢裨王。㊳合騎侯　封侯名。以戰功立其封號。封地不詳。㊴都尉　武官名。地位低於將軍。另，漢代郡設尉一人，景帝中二年（西元前一四八年）更名都尉，佐太守主管郡軍事。秩比二千石。㊵韓說　漢初諸侯王韓王信曾孫，武帝幸臣韓嫣之弟。此次因功封龍額侯，後坐獻酎金成色不足，失侯。後以待詔為橫海將軍擊東越，封按道侯。遷光祿勳。巫蠱之禍中為太子所殺。參見卷三十三〈韓王信傳〉。㊶大軍　當從《史記·衛將軍驃騎列傳》作「大將軍」，此傳脫「將」字。㊷窴渾　一說塞名；一說當為「窳渾」，縣名，屬朔方郡，在今內蒙古西北保爾浩特土城。㊸戲下　在大將軍麾旗之下；大將軍的部下。此處為對大將軍的敬稱。戲，通「麾」。

帥旗。㊹搏戰　擊戰；拚力戰鬥。另據王先謙《漢書補注》，其所見《史記》、《漢書》本多作「傳戰」。傳，通「轉」。傳戰，即轉戰。㊺龍頟侯　封侯名。在今山東齊河西北。㊻南窌侯　封侯名。封地不詳。㊼再從　兩次跟從。再，兩次。㊽樂安　縣名。在今山東博興東北。㊾陟軹　本書卷十七〈景武昭宣元成功臣表〉作「軹」，無「陟」字；《史記》本傳作「涉軹」。不知孰是。㊿隨成　一說為封侯名；一說為地名，在千乘縣（今山東高青東北）。[51]從平　一說為封侯名；一說為地名，在樂昌縣（今河北大名南）。[52]中郎將綰　叫綰的中郎將。中郎將，官名。光祿勳屬官，統領宮內侍衛中郎的長官。西漢中郎分五官、左、右三署，各置中郎將以統領之。綰，人名。其姓失載。[53]都尉　即代郡都尉。

【語　譯】元朔五年春天，皇上命令衛青率領三萬騎兵從高闕出兵，衛尉蘇建任遊擊將軍，左內史李沮任彊弩將軍，太僕公孫賀任騎將軍，代相李蔡任輕車將軍，都歸車騎將軍統領，一起從朔方出兵。大行李息、岸頭侯張次公任將軍，一起從右北平出兵。衛青等部進攻匈奴右賢王，右賢王以為漢軍不可能攻到他那兒，喝酒喝醉了，漢軍夜裡奔襲而到，包圍了右賢王。右賢王大驚，連夜逃跑，只帶著他的一個愛妾、數百騎兵縱馬飛奔，衝破漢軍的包圍向北逃去。漢輕騎校尉郭成等追擊數百里，沒有追上，抓到右賢王的小王十餘人，部眾男女一萬五千餘人，牲畜近百萬頭，於是率軍回來。抵達邊塞，天子派使者捧著大將軍印，就在軍中舉行了拜衛青為大將軍的儀式，各將軍及其部隊全部受其節制，建立大將軍號後班師回朝。皇上說：「大將軍衛青親自率領戰士，軍隊取得大捷，捕獲匈奴王十餘人，加封衛青八千七百戶。」並且封衛青的長子衛伉為宜春侯，次子衛不疑為陰安侯，少子衛登為發干侯。衛青再三謝絕說：「臣有幸能待罪行伍，仰仗陛下的神聖威靈，出師大捷，這都是各部將士奮勇作戰的功勞。陛下已經垂恩加封了臣青，臣青的兒子尚在襁褓之中，未有任何付出和辛勞，皇上卻垂恩分割國土封他們三個為侯，這不是臣待罪行伍以激勵將士努力作戰的本意啊。伉等兄弟三人怎麼敢接受皇上的封賜！」皇上說：「我沒有忘記各部將領的功勞，本來就打算現在辦這件事。」於是下詔御史大夫說：「護軍都尉公孫敖三次跟隨大將軍攻打匈奴，常監督諸軍跟隨各校，抓獲了匈奴王，封公孫敖為合騎侯。都尉韓說跟隨大將軍從窴渾出兵，直搗匈奴右賢王庭，在將軍麾下奮勇作戰，捕獲匈奴王，封韓說為龍頟侯。騎將軍公孫賀跟隨大將軍捕獲匈奴王，封公孫賀為南窌侯。輕車將軍李蔡兩次跟隨大將軍捕獲匈奴王，封李蔡為樂安侯。校尉李朔、趙不虞、公孫戎奴都是三次跟隨大將軍出兵，捕獲了匈奴王，封李朔為陟軹侯，趙不虞為隨成侯，公孫戎奴為從平侯。將軍李沮、李息及校尉竇如意、中郎將綰都立有戰功，賜爵關內侯。李沮、李息、竇如意食邑每人三百戶。」這年秋天，匈奴入侵代郡，殺代郡都尉。

明年春，大將軍青出定襄，合騎侯敖為中將軍❶，太僕賀為左將軍❷，翕侯❸趙信為前將軍，衛尉蘇建為右將軍，郎中令❹李廣為後將軍，左內史李沮為彊弩將軍，咸❺屬大將軍，斬首數千級而還。月餘，悉❻復出定襄，斬首虜萬餘人。蘇建、趙信并軍❼三千餘騎，獨逢單于兵，與戰一日餘，漢兵且盡❽。信故❾胡人，降為翕侯，見急，匈奴誘之，遂將其餘騎可❿八百犇⓫降單于。蘇建盡亡⓬其軍，獨以身⓭得亡⓮去，自歸青。青問其罪正⓯閎⓰、長史⓱安⓲、議郎⓳周霸⓴等：「建當云何㉑？」霸曰：「自大將軍出，未嘗斬裨將㉒，今建棄㉓軍，可斬，以明㉔將軍之威。」閎、安曰：「不然。兵法㉕『小敵之堅，大敵之禽也㉖』，今建以數千當單于數萬，力戰一日餘，士皆不敢有二心㉗。自歸而斬之，是示後無反意也㉘。不當斬。」青曰：「青幸得以肺附㉙待罪行間，不患無威，而霸說㉚我以明威，甚失臣㉛意。且使㉜臣職雖當斬將，以臣之尊寵而不敢自擅㉝專㉞誅於境外，其㉟

歸天子，天子自裁㊱之，於以㊲風㊳為人臣不敢專權，不亦可乎？」軍吏皆曰「善」。遂囚建行在所㊴。

是歲也，霍去病始侯㊵。

【章旨】元朔六年春，衛青兩次統兵出擊匈奴，雖然斬獲甚多，但在第二次戰役中，漢軍亦損失慘重，蘇建部全軍覆沒，趙信部投降匈奴。而在此役中，霍去病嶄露頭角，本傳自此引出霍去病事跡。

【注釋】❶中將軍　將軍名號。不常設。❷左將軍　將軍名號。漢代有前、後、左、右將軍，位上卿，不常置。掌統兵征戰，常兼任他官，為中朝官。❸翕侯　封侯名。在今河北黃縣北。❹郎中令　秦漢官名。掌管宮廷宿衛，職甚親重，為列卿之一，秩中二千石。武帝太初元年（西元前一〇四年）更名光祿勳。❺咸　都；全部。❻悉　盡；全都。❼并軍　指兩軍併作一路出發。❽且盡　死亡殆盡。且，幾乎；將近。盡，光；完。❾故　原先；以前。❿可　大約。⓫犇　古「奔」字。逃奔。⓬亡　覆亡；損失。⓭身　自身；自己。⓮亡　逃走；逃脫。⓯正　即軍正。軍隊中掌執法的官吏。⓰閎　人名。其姓史籍失載。⓱長史　大將軍長史。掌管大將軍府中事務。秩千石。⓲安　人名。⓳議郎　官名。郎中令（後改稱光祿勳）屬員。郎官之一種。掌議論朝政。⓴周霸　西漢大儒申公弟子，官至膠西國內史。參見卷八十八〈儒林傳‧申公〉、卷二十五〈郊祀志〉。㉑建當云何　蘇建應當如何判罪。當，判罪。云何，如何。意為按軍法應如何判罪。㉒裨將　副將；屬將。㉓棄　丟棄；放棄。㉔明　申明；彰顯。㉕兵法　指《孫子兵法》。古代軍事名著。㉖小敵之堅二句　出自《孫子兵法》。意為兩軍力量懸殊，即使數量少的軍隊頑強作戰，也一定會被數量多的軍隊擒滅。一說，如果蘇建恥於失敗而不自己逃回來，就會被匈奴俘虜。堅，堅持；頑強。禽，通「擒」。被俘。㉗士皆不敢有二心　《史記》本傳作「士盡不敢有二心」，若斷作「士盡，不敢有二心」，則意思不同。㉘是示後無反意也　這是示意後來人不要有返回漢的念頭。示，示意；教示。反，通「返」。返回。㉙肺附　一說，通「肺腑」。指皇帝的親戚、親屬。一說，當作「柹附」。柹，從大木上削下的木片。柹附，用以比喻木片出於大木之從屬關係。㉚說　勸說；說服。㉛臣　衛青自謙的稱呼。秦漢以前對君主以外的人也可以自稱「臣」，以示謙卑。㉜使　即使；假使。㉝自擅　擅自。㉞專　獨斷專行。㉟其　《史記》本傳作「具」，是。具，都；全部。㊱裁　裁決；處理。㊲於以　以此；用此。㊳風　通「諷」。以含蓄的語言暗示、勸諫。㊴遂因建行在所　《史記》本傳在「行在所」前有「詣」字，此處脫。詣，前往；去到。行在所，皇帝出行所在的地方。後專指皇帝臨時駐在地。也作「行在」、「行所」。㊵侯　封侯。作動詞。

【語　譯】第二年春天，大將軍衛青從定襄出兵，合騎侯公孫敖任中將軍，太僕公孫賀任左將軍，翕侯趙信任前將軍，衛尉蘇建任右將軍，郎中令李廣任後將軍，左內史李沮任彊弩將軍，都歸大將軍統領，殲敵數千人而還。一個多月後，又都從定襄出兵，殺死及俘虜敵人一萬餘。蘇建、趙信兩軍併作一路共三千餘騎兵，獨遇單于大軍，交戰一天多，漢軍死亡殆盡。趙信以前是匈奴人，投降漢封為翕侯，他看見情況危急，匈奴又來誘降他，於是帶領殘部約八百騎兵逃奔投降單于。蘇建全軍覆沒，隻身逃脫，回到衛青那兒。衛青就其罪行詢問軍正閎、長史安、議郎周霸等：「蘇建該當何罪？」周霸說：「自大將軍出征以來，未曾斬過副將，現在蘇建棄軍而逃，應當處斬，以此昭示將軍的威嚴。」閎、安說：「不是這樣。兵法說『數量少的部隊再頑強，也一定會被數量多的部隊打敗』，現在蘇建以數千騎兵抵擋單于數萬軍隊，拚死苦戰一日多，戰士都不敢有二心。蘇建逃回來卻要斬殺他，這是教後人不要再回來。不應當處斬。」衛青說：「我僥幸能以皇上的心腹待罪行伍，不擔心沒有威嚴，而周霸卻勸我斬將以示威嚴，非常不合我的心意。況且，即使鄙人有斬將的權力，但是以鄙人所受的尊寵也不敢擅自專斷在境外誅殺副將，將蘇建送交天子，讓天子自己處理，藉此諷喻做人臣的不敢專擅權力，不也可以嗎？」軍吏都說「好」。於是將蘇建押送到皇上出行所駐地。

這一年，霍去病始封為列侯。

霍去病，大將軍青姊少兒子也。其父霍仲孺先與少兒通，生去病。及衛皇后尊，少兒更❶為詹事❷陳掌妻。去病以皇后姊子，年十八為侍中。善騎射，再從大將軍。大將軍受詔，予壯士，為票姚校尉❸，與輕勇騎八百直棄❹大將軍❺數百里赴利❻，斬捕首虜過當❼。於是上曰：「票姚校尉去病斬首捕虜二千二十八級，得相國❽、當戶❾，斬單于大父行❿藉若侯⓫產⓬，捕季父⓭羅姑比⓮，再冠軍⓯，以二千五百戶封去病為冠軍⓰侯。上谷太守郝賢四從大將軍，捕首虜千三百級，封賢為終利⓱侯。騎士孟已有功，賜爵關內侯，邑二百戶。」

是歲失兩將軍⓲，亡翕侯，功不多，故青不益封。蘇建至，上弗誅，贖為庶人。青賜千金。是時⓳王夫人⓴方㉑幸於上，甯乘㉒說青曰：「將軍所以功未甚多，身食萬戶，三子皆為侯者㉓，以㉔皇后故㉕也。今王夫人幸而宗族未富貴，願㉖將軍奉所賜千金為王夫人親㉗壽㉘。」青以五百金為王夫人親壽。上聞，問青，青以實對㉙。上迺拜甯乘為東海㉚都尉。

校尉張騫㉛從大將軍，以嘗使大夏㉜，留匈奴中久，道㉝軍，知善水草處，軍得以無飢渴，因前使絕國㉞功，封騫為博望㉟侯。

【章旨】以上敘述霍去病身世及續記元朔六年戰役。霍去病是衛皇后、衛青的外甥。十八歲以外戚任侍中，得到武帝喜愛。此年始隨衛青出征，武帝特意囑咐衛青為其配備精兵。此役，霍去病以八百騎殲敵近三千，封冠軍侯。衛青由於損失兩軍，未予加封。

【注釋】❶更　改；更改。❷詹事　官名。掌皇后、太子宮中事務。秩二千石。成帝鴻嘉三年（西元前十八年）併入大長秋。❸票姚校尉　武官名。票姚，取雄健敏捷之意。亦作剽姚。❹直棄　徑直甩開；遠遠拋下。❺大將軍　《史記》無「將」字。劉攽說「將」為衍文，應為「大軍」。❻赴利　奔赴利益。指奪取戰功。❼過當　一說，指殲敵的數量遠遠超過其所率領的軍隊數量。一說，漢軍傷亡少，而殺獲的匈奴數量多。❽相國　匈奴官名。❾當戶　匈奴官名。❿大父行　祖父輩分。大父，祖父；外祖父。行，輩分。⓫藉若侯　匈奴的侯。⓬產　匈奴人名。⓭季父　單于的叔父。⓮羅姑比　匈奴人名。⓯冠軍　謂功勞為全軍之冠。⓰冠軍　縣名。在今河南鄧州西北。元朔六年（西元前一二三年）分穰縣、宛縣地置，因霍去病功冠全軍，封於此，故名。⓱終利　《史記》本傳及本書卷十七〈景武昭宣元成功臣表〉「終」作「眾」，古時兩字通。終利封地不詳。⓲兩將軍　《史記》本傳作「兩將軍軍」，此處漏一「軍」字。指蘇建、趙信兩將軍的軍隊。⓳是時　這時；此時。⓴王夫人　漢武帝的寵姬。趙人。生齊懷王劉閎，母子都早死。㉑方　正；剛好。㉒甯乘　齊人。㉓者　放在主語後，引出原因。代詞。㉔以　因為。㉕故　緣故；原因。㉖願　希望。㉗親　母親。㉘壽　祝壽；賀壽。作動詞。㉙以實對　按著實情回答。㉚東海　郡名。在今山東東南部至江蘇北部。治郯，今山東郯城北。㉛張騫　漢中成固（今陝西城固）人。兩次奉命出使西域，打通了中原與西域以及中亞地區的聯繫。官至大行。詳見卷六十一〈張騫傳〉。㉜大夏　中亞古國名。音譯巴克特里亞，在今阿富汗北部，國都藍氏城（今瓦齊拉巴德）。㉝道　通「導」。嚮導；引導。㉞絕國　絕遠的國家；極其遙遠的國家。㉟博望　縣名。在今河南南陽東北。

【語譯】霍去病，是大將軍衛青二姊衛少兒的兒子。他的父親霍仲孺早先和少兒私通，生下霍去病。等到衛皇后被尊立，少兒嫁給詹事陳掌為妻。霍去病因為是皇后姊姊的兒子，十八歲就做了侍中。他擅長騎射，兩次跟隨大將軍出征。大將軍得到皇上的詔令，將壯士分配給他，任命他為票姚校尉，他帶著八百名輕捷勇猛的騎兵，甩開大部隊數百里，爭立戰功，殺傷捕獲比自己數量還多的敵人。於是皇上下詔說：「票姚校尉霍去病殺傷捕獲匈奴二千零二十八人，抓到相國、當戶，斬殺單于祖父輩的藉若侯產，俘虜單于的叔父羅姑比，兩次功冠全軍，以二千五百戶的食邑封去病為冠軍侯。上谷太守郝賢四次跟隨大將軍出戰，殲滅匈奴千三百人，封賢為終利侯。騎士孟已作戰有功，賜爵關內侯，食邑二百戶。」

由於這年損失了兩將軍的軍隊，翕侯逃到匈奴，功不多，所以衛青沒有被加封。蘇建到京城後，皇上沒有殺他，讓他花錢贖作平民。衛青被賞賜千金。此時王夫人正受皇上寵幸，甯乘勸衛青說：「將軍沒有立什麼功，卻享受著食邑萬戶的待遇，三個兒子都被封為侯，這都是因為皇后的緣故啊。現在王夫人寵幸，但是她的宗族卻還沒有富貴，希望將軍奉上皇上所賜的千金給王夫人的母親祝壽。」衛青就用五百金為王夫人的母親祝壽。皇上聽說後，詢問衛青，衛青將實情告訴皇上。皇上於是任命甯乘為東海郡都尉。

校尉張騫隨大將軍出征，因為曾經出使大夏國，被扣留在匈奴很長時間，所以讓他給大軍做嚮導，知道什麼地方水草好，大軍得以免受飢渴，加上以前出使遙遠國家的功勞，封張騫為博望侯。

去病侯三歲，元狩二年❶春為票騎將軍❷，將萬騎出隴西，有功。上曰：「票騎將軍率戎士隃❸烏盭❹，討遬濮❺，涉❻狐奴❼，歷五王國，輜重人眾攝讋者弗取❽，幾❾獲單于子。轉戰六日，過焉支山❿千有餘里，合短兵⓫，鏖⓬皋蘭⓭下，殺折蘭⓮王，斬盧侯⓯王，銳悍者誅，全甲獲醜⓰，執渾邪王⓱子及相國、都尉，捷⓲首虜八千九百六十級，收休屠⓳祭天金人⓴，師率減什七㉑，益封去病二千二百戶。」

【章　旨】元狩二年霍去病獨自率軍深入匈奴境內，捕斬近九千人，取得大捷。

【注　釋】❶元狩二年　原作「三年」。越本、景祐本、《史記》本傳以及本書卷六〈武帝紀〉均作「二年」，是。元狩二年，西元前一二一年。元狩，漢武帝第四個年號（西元前一二二－前一一七年）。❷票騎將軍　將軍名號。也作「驃騎將軍」。執掌統兵征戰，位僅次於大將軍。不常設。❸隃　同「踰」。翻過；越過。❹烏盭　山名。在今甘肅東北。盭，古「戾」字。❺遬

濮　匈奴部落名。遬，古「速」字。❻涉　渡過。❼狐奴　水名。即今莊浪河，在甘肅蘭州西。❽攝讋者弗取　意為若遇到抵抗就行誅伐，投降則赦免他們。攝讋，震懾失去鬥志。❾幾　通「冀」。希望；期盼。❿焉支山　山名。在今甘肅永昌西、山丹東南。當時水草豐美，宜於畜牧，是匈奴人經常活動的地方。⓫合短兵　短兵相接。合，兩軍交戰、交鋒。短兵，指刀、劍等短小貼身武器。⓬鏖　激烈戰鬥且死傷慘重。⓭皋蘭　山名。即石門山，在今甘肅臨夏南。⓮折蘭　一說國名。一說匈奴國中姓。⓯盧侯　一作「盧服」。國名。⓰銳悍者誅二句　《史記》本傳前無「銳悍者」，後無「獲醜」，作「誅全甲」，意思與本書不同。全甲，保全了鎧甲。意為軍隊沒有傷亡損失。甲，軍士穿的皮質護身衣。⓱渾邪王　匈奴西部地區重要首領之一，王庭在觻得（今甘肅張掖西北），武帝元狩二年（西元前一二一年）率部四萬餘人歸降漢。也作「昆邪王」。⓲捷　通「斬」。斬獲。⓳休屠　休屠王。匈奴西部地區重要首領之一，其領地在今甘肅民勤北。休屠王後為渾邪王所殺。⓴祭天金人　一說為佛像。一說為祭天時的金色神像。㉑師率減什七　軍隊大約損失十分之七。率，大約；大概。什七，十分之七。

【語譯】霍去病封侯的第三年，即元狩二年春被任命為驃騎將軍，率領一萬騎兵從隴西出兵，立功。皇上說：「驃騎將軍率領士兵翻越烏盭山，討伐遬濮，渡過狐奴水，轉戰五個王國，不掠取輜重、匈奴降服者，盼望能抓到單于的兒子。轉戰六天，過焉支山一千餘里，和敵人短兵相接，鏖戰皋蘭山下，殺折蘭王，斬盧侯王，誅滅強悍的敵人，保全自己的部隊，俘獲敵眾，抓住渾邪王的兒子及相國、都尉，斬殺俘獲敵人八千九百六十人，繳獲休屠祭天金人，敵軍大約損失十分之七，加封霍去病二千二百戶。」

其夏，去病與合騎侯敖俱出北地❶，異道❷。博望侯張騫、郎中令李廣俱出右北平，異道。廣將四千騎先至，騫將萬騎後❸。匈奴左賢王❹將數萬騎圍廣，廣與戰二日，死者過半，所殺亦過當。騫至，匈奴引兵去。騫坐❺行留❻，當斬，贖為庶人。而去病出北地，遂深入，合騎侯失道❼，不相得❽。去病至祁連山❾，捕首虜甚多。上曰：「票騎將軍涉鈞耆⑩，濟⑪居延⑫，遂臻⑬小月氏⑭，攻祁連山，揚武乎鱳得⑮，得單于⑯單桓、酋涂王⑰，及相國、都尉以眾降下⑱者二千五百人，可謂能舍服⑲知成而止⑳矣。捷首虜三萬二百，獲五王，王母、單于閼氏㉑、王子五十九人，相國、將軍、當戶、都尉六十三人，師大率減什三，益封去病五千四百戶。賜校尉從至㉒小月氏者爵左庶長㉓。鷹擊司馬㉔破奴㉕再從票騎將軍斬遬濮王，捕稽且王㉖，右千騎將㉗得王㉘、王母各一人，王子以下四十一人，捕虜三千三百三十人，前行㉙捕虜千四百人，封破奴為從票侯㉚。校尉高不識從票騎將軍捕呼于耆王㉛王子以下十一人，捕虜千七百六十八人，封不識為宜冠侯㉜。校尉僕多㉝有功，封為煇渠㉞侯。」合騎侯敖坐行留不與票騎將軍會，當斬，贖為庶人。諸宿將㉟所將士馬兵㊱亦不如去病，去病所將常選㊲，然亦敢深入，常與壯騎先㊳其大軍，軍亦有天幸㊴，未嘗困絕也。然而諸宿將常留落不耦㊵。由此去病日以㊶親貴，比㊷大將軍。

【章旨】元狩二年夏，霍去病與諸將出擊匈奴，諸將或功過相抵或因逗留獲罪，只有霍去病攻至祁連山，斬獲甚多，加封。他日益受到武帝親任，地位始與衛青相當。

【注釋】❶北地　郡名。在今甘肅東北部至寧夏東南端，治馬嶺（今甘肅慶陽西北）。❷異道　兵分兩路。異，分異。作動詞。❸後　遲到；未按期到達。❹左賢王　匈奴官名。匈奴左部首領。匈奴分左、中、右部，中部由單于親自統領，東西兩部由左、右賢王分領。左賢王地位高於右賢王，常以單于太子任此職。❺坐　因……獲罪。❻行留　行軍途中逗留。❼失道　迷路。❽相得　會合。❾祁連山　山名。即天山。匈奴人稱「天」為「祁連」。山分南北，北祁連山即今新疆境內之天山，南祁連山即今甘肅和青海之間的祁連山。此指南祁連山。❿鈞耆　水名。據推測為今甘肅西北部和內蒙古西部的弱水，即額濟納河。⓫濟　用船渡河。⓬居延　澤名。唐以後通稱「居延海」，後淤積分成二湖，即今內蒙古額濟納旗北的嘎順諾爾與蘇古諾爾湖。⓭臻　至；到達。⓮小月氏　部族名。分布在今甘肅西部祁連山地區。漢文帝時，匈奴攻月氏，被逼西遷者稱大月氏，入祁連山者稱小月氏。⓯鱳得　即鱳得。原為鱳得王庭所在地，後來漢在此設張掖縣。⓰單于　一說，此二字衍。⓱單桓酋涂王　匈奴西部地區的兩個王。⓲下　攻克。⓳舍服　對降服者寬大處理。舍，放過；赦而不誅。⓴知成而止　知道功成就停止。成，成功；完成。㉑閼氏　單于正妻的稱號，相當於漢之皇后。㉒從至　跟隨到達。㉓左庶長　爵位名。二十等爵中的第十級。㉔鷹擊司馬　武官名。將軍府屬官，掌兵事。鷹擊，司馬所冠號。㉕破奴　即趙破奴。太原（今山西太原）人。詳見本傳後附〈趙破奴傳〉。㉖稽且王　匈奴王名。㉗右千騎將　武官名。疑為鷹擊司馬趙破奴屬官。㉘得王　原只作「王」。王先謙《漢書補注》據《史記》認為「王」前脫「得」字。㉙前行　先鋒；先頭部隊。㉚從票侯　封侯號。因跟從驃騎將軍有功，故以為號。㉛呼于耆王　匈奴王名。㉜宜冠侯　封侯號。因跟隨冠軍侯霍去病作戰有功，故以此為列侯號。封地在昌縣（今山東諸城北）。㉝僕多　人名。據卷十七〈景武昭宣元成功臣表〉，應作「僕朋」。㉞煇渠　鄉名。在魯陽縣（今河南魯山）。㉟宿將　舊將；老將。宿，舊。㊱兵　兵器。㊲選　選取驍勇精兵。㊳先　在……前面。意為衝鋒在前。㊴天幸　上天保佑。意為運氣好。㊵留落不耦　沒有運氣。留落，即流落，落單。與「不耦」同義。耦，雙數。古人認為雙數是幸運數。㊶日以　日益；越來越……。㊷比　與……相同；比照。

【語　譯】這年夏天，霍去病和合騎侯公孫敖一起從北地出兵，兵分兩路。博望侯張騫、郎中令李廣則從右北平出發，兵分兩路。李廣率領四千騎先抵達，張騫率領一萬騎兵沒有按期到達。匈奴左賢王率領數萬騎兵包圍了李廣，李廣和他們交戰兩天，死者過半，敵人死傷更多。張騫到達後，匈奴領兵撤走。張騫因行軍逗留不進，被判處斬刑，允許花錢贖為平民。霍去病從北地出兵，於是深入匈奴境內，合騎侯迷路，未能與霍去病部會合。霍去病直抵祁連山，斬殺捕獲敵人甚多。皇上曰：「驃騎將軍涉鈞耆水，渡居延澤，進而抵達小月氏，攻打祁連山，揚威於觻得，抓到單桓、酋涂王，相國、都尉率眾投降者達二千五百人，可謂能寬大俘虜、功成而知止了。斬殺俘獲敵人三萬零二百，獲得五個王，王的母親、單于閼氏、王子五十九人，相國、將軍、當戶、都尉六十三人，敵軍大約損失十分之三，加封霍去病五千四百戶。校尉中跟隨到達小月氏的賜爵左庶長。鷹擊司馬趙破奴兩次跟隨驃騎將軍，斬遬濮王，捕獲稽且王，右千騎將捕獲王、王母各一人，王子以下四十一人，捕獲敵人三千三百三十人，先遣部隊捕獲敵人千四百人，封趙破奴為從票侯。校尉高不識跟隨驃騎將軍捕獲呼于耆王王子以下十一人，捕獲敵人千七百六十八人，封高不識為宜冠侯。校尉僕朋作戰有功，封為煇渠侯。」合騎侯公孫敖因逗留不進，未能與驃騎將軍會合，被判處斬刑，允許花錢贖為平民。那些老將所率兵馬、武器都不如霍去病，霍去病率領的常常是經過挑選的精兵良將，但是他也確實敢於深入敵境作戰，常和精壯騎兵衝在大軍的前面，他的部隊也受到上天的保佑，未曾遇到窘困絕境。但那些老將卻常常運氣不好。因此霍去病越來越受親任顯貴，跟大將軍不相上下。

其後，單于怒渾邪王居西方數為漢所破，亡數萬人，以❶票騎之兵也，欲召誅渾邪王。渾邪王與休屠王等謀欲降漢，使人先要道邊❷。是時大行李息將城❸河上❹，得渾邪王使，即馳傳❺以聞❻。上恐其以詐降而襲邊，乃令去病將兵往迎之。去病既渡河，與渾邪眾相望。渾邪裨王將見漢軍而多欲不降者❼，頗遁去。去病乃馳入，得與渾邪王相見，斬其欲亡者八千人，遂獨遣渾邪王乘傳❽先詣行在所，盡將其眾度河，降者數萬人，號稱十萬。既至長安❾，天子所以❿賞賜數十鉅萬⓫。封渾邪王萬戶，為漯陰⓬侯。封其裨王呼毒尼⓭為下摩⓮侯，雁疪⓯為煇渠侯⑯，禽棃⑰為河綦侯⑱，大當戶⑲調雖⑳為常樂侯㉑。於是上嘉去病之功，曰：「票騎將軍去病率師征匈奴，西域王㉒渾邪王及厥眾萌㉓咸犇於率㉔，以軍糧接食㉕，并將㉖控弦㉗萬有餘人，誅獟悍㉘，捷首虜八千餘級，降異國之王三十二。戰士不離傷㉙，十萬之眾畢懷㉚集㉛服㉜。仍與㉝之勞，爰㉞及河塞㉟，庶幾㊱亡患。以千七百戶益封票騎將軍。減隴西、北地、上郡戍卒之半，以寬天下繇役㊲。」迺分處㊳降者於邊五郡㊴故塞㊵外，而皆在河南，因㊶其故俗為屬國㊷。其明年，匈奴入右北平、定襄，殺略漢千餘人。

【章旨】以上敘述霍去病迎降渾邪王事，充分體現了霍去病的勇敢果斷。渾邪王率眾數萬投降漢朝，為漢朝通西域掃清了障礙，對匈奴是一次沉重打擊。

【注釋】❶以　因為；由於。❷先要道邊　先與漢約定來降之事，並在邊境上引導他們進入內地。要，通「邀」。要約；約定。道，通「導」。❸將城　率兵築城。將，率領。城，築城。作動詞用。❹河上　黃河岸邊。河，黃河古代專名。❺馳傳　四匹中等馬拉的傳車。即中速行駛的傳車。傳，驛站或驛站專用馬車。❻以聞　以之聞於皇帝；將有關情況報告朝廷。❼多欲不降者　多數人不想投降。他們擔心被漢軍殺害。❽乘傳　四匹下等馬拉的傳車。即慢速行駛的傳車。❾長安　西漢都城。在今西安西北郊，周圍二十五里。❿所以　用來。⓫鉅萬　萬萬。形容數字極大。⓬漯陰　縣名。在今山東禹城東。⓭呼毒尼　匈奴人名。⓮下摩　鄉名。在今山西臨猗。⓯雁疪　匈奴人名。卷十七〈景武昭宣元成功臣表〉作「應疕」，《史記》本傳作「鷹疕」，徐廣注一云篇訾。不知孰是。⓰煇渠侯　封侯名。前文載僕朋封煇渠侯，此處又記雁疪封煇渠侯。孔文祥說是以同邑分封二人。⓱禽棃　匈奴人名。卷十七〈景武昭宣元成功臣表〉作「烏棃」，不知孰是。⓲河綦侯　封侯名。河綦，屬濟南郡（治東平陵縣，在今山東章丘西北），其他不詳。⓳大當戶　匈奴高級官員名。位次左右谷蠡王、左右大將、左右大都尉，在左右骨都侯上。⑳調雖　匈奴人名。《史記・建元以來侯者年表》與本書卷十七〈景武昭宣元成功臣表〉作「稠雕」，《史記》本傳作「銅離」，徐廣注一作「稠離」。不知孰是。㉑常樂侯　封侯名。常樂，屬濟南郡，其他不詳。㉒西域王　匈奴西部地區王，此處指渾邪王。㉓眾萌　部眾；徒眾。萌，同「甿」。氓；民眾。㉔犇於率　奔於我所率之師。《史記》本傳作「咸相犇率」，意為相率來奔。若據《史記》則此處「於」為衍文。㉕接食　接濟供給。食，供給。㉖并將　同時率領。㉗控弦　開弓。指能開弓作戰之士。㉘獟悍　狂暴悍勇。獟，狂。悍，勇。㉙離傷　受傷。離，通「罹」。遭遇。㉚懷　歸向；安撫。㉛集　輯睦；安定。㉜服　服從；順從。㉝仍興　頻頻出征。仍，頻。興，興兵。㉞爰　乃；於是。㉟河塞　黃河邊塞。㊱庶幾　幾乎。庶原作「度」，據景祐本等改。㊲減隴西二句　卷六〈武帝紀〉記此事在次年（元狩三年）秋。戍卒，戍守邊疆的士卒。寬，放寬；減輕。繇，通「傜」。㊳處　安置；處於。㊴邊五郡　指隴西、北地、朔方、上郡、雲中五個北方邊郡。㊵故塞　舊塞。㊶因　因襲；依照。㊷屬國　漢將歸順的部族置為屬國，不改其本國之俗以治之，設都尉監護。

【語　譯】此後，單于惱怒渾邪王在西方屢次被漢軍攻破，因為驃騎將軍的軍隊，損失數萬人，打算把渾邪王召來殺掉。渾邪王和休屠王等商量想投降漢，派人先來和漢談判投降之事，讓漢軍帶他們進入漢境。當時大行李息正率兵在黃河岸邊築城，見到渾邪王的使者，立即派傳車報告皇上。皇上擔心渾邪王等是想用詐降的方法突襲邊境，就命令霍去病率兵前去迎接，以探虛實。霍去病渡過黃河後，與渾邪王的人相望。渾邪裨王、將領看到漢軍，很多人擔心投降後被漢軍所殺，就不想投降了，紛紛逃走。霍去病見狀縱馬馳入渾邪王軍營，得以和渾邪王見面，斬殺了要逃跑的八千人，於是讓渾邪王隻身乘坐傳車先行前往皇帝駐在地，自己則率領他的部眾渡過黃河，投降的匈奴人有數萬，號稱十萬。抵達長安以後，天子賞賜給渾邪王及其部眾數十億錢物。分封渾邪王食邑萬戶，為漯陰侯。封他的裨王呼毒尼為下摩侯，雁疵為煇渠侯，禽黎為河綦侯，大當戶調雖為常樂侯。於是皇上表彰霍去病的功勳，說：「驃騎將軍霍去病率領軍隊征討匈奴，西部王渾邪王和他的徒眾都來投降我軍，去病用軍糧接濟他們，並率領射手一萬餘人，誅殺狂暴悍勇之徒，斬殺捕獲八千餘人，降伏異國之王三十二人。戰士未受損傷，十萬之眾就全都安輯歸順。他接連出征，不辭勞苦，到達黃河邊塞，幾乎消弭了禍患。用一千七百戶增封驃騎將軍。裁減隴西、北地、上郡一半戍卒，以減輕天下百姓的繇役。」

於是將投降的匈奴人分別安置在沿邊五郡舊塞以外的地方，都在黃河以南，設為屬國，按照他們本來的習俗進行治理。次年，匈奴入侵右北平、定襄郡，殺掠漢一千餘人。

1 其明年，上與諸將議曰：「翕侯趙信為單于畫計❶，常以為漢兵不能度幕❷輕留❸，今大發卒，其勢❹必得所欲。」是歲元狩四年❺也。春，上令大將軍青、驃騎將軍去病各五萬騎，步兵轉者❻踵❼軍數十萬，而敢力戰深入之士皆屬去病。去病始為出定襄，當單于。捕虜，虜言單于東❽，迺更令❾去病出代郡，令青出定襄。郎中令李廣為前將軍，太僕公孫賀為左將軍，主爵❿趙食其為右將軍，平陽侯襄⓫為後將軍，皆屬大將軍。趙信為單于謀曰：「漢兵即度幕，人馬罷⓬，匈奴可坐收虜⓭耳。」迺悉遠北其輜重⓮，皆以精兵待幕北。而適直⓯青軍出塞千餘里，見單于兵陳而待⓰，於是青令武剛車⓱自環⓲為營，而縱五千騎往當匈奴，匈奴亦從⓳萬騎。會日且入⓴，而大風起，沙礫㉑擊面，兩軍不相見，漢益縱左右翼㉒繞㉓單于。單于視漢兵多，而士馬尚彊，戰而匈奴不利，薄莫㉔，單于遂乘六驘㉕，壯騎可數百，直冒㉖漢圍西北馳去。昏㉗，漢匈奴相紛拏㉘，殺傷大當㉙。漢軍左校捕虜，言單于未昏而去，漢軍因發輕騎夜追之，青因隨其後。匈奴兵亦散走。會明，行二百餘里，不得單于，頗捕斬首虜萬餘級，遂至窴顏山[30]趙信城[31]，得匈奴積粟食[32]軍。軍留一日而還，悉燒其城餘粟以[33]歸。

2 青之與單于會[34]也，而前將軍廣、右將軍食其軍別從東道，或[35]失道。大將軍引還，過幕南，迺相逢。青欲使使歸報，令長史簿責[36]廣，廣自殺。食其贖為庶人。青軍入塞，凡斬首虜萬九千級。

3 是時匈奴眾失單于十餘日，右谷蠡王[37]自立為單于。單于後得[38]其眾，右王迺去[39]單于之號。

4 去病騎兵[40]車重[41]與大將軍軍等[42]，而亡裨將。悉以李敢[43]等為大校[44]，當[45]裨將，出代、右北平二千餘里，直[46]左方兵[47]，所斬捕功已多於青。

5 既皆還，上曰：「票騎將軍去病率師躬將所獲葷允[48]之士，約輕齎[49]，絕大幕，涉[50]獲單于[51]章渠[52]，以誅北車耆[53]，轉擊左大將[54]雙[55]，獲旗鼓，歷度[56]難侯[57]，濟弓盧[58]，獲屯頭王、韓王[59]等三人，將軍、相國、當戶、都尉八十三人，封[60]狼居胥山[61]，禪[62]於姑衍[63]，登臨[64]翰海[65]，執訊獲醜七萬有四百四十三級，師率減什二，取食於敵，卓[66]行殊[67]遠而糧不絕。以五千八百戶益封票騎將軍。右北平太守路博德屬票騎將軍，會與城[68]，不失期[69]，從至檮余山[70]，斬首捕虜二千八百級，封博德為邳離(71)侯。北地都尉衛山(72)從票騎將軍獲王，封山為義陽(73)侯。故歸義侯(74)因淳王(75)復陸支(76)、樓剸王(77)伊即軒(78)皆從票騎將軍有功，封復陸支為杜(79)侯，伊即軒為眾利(80)侯。從票侯破奴、昌武(81)侯安稽(82)從票騎有功，益封各三百戶。漁陽(83)太守解(84)、校尉敢(85)皆獲鼓旗，賜爵關內侯，解食邑三百戶，敢二百戶。校尉自為(86)爵左庶長(87)。」軍吏卒為官，賞賜甚多。而青不得益封，吏卒無封者。唯西河(88)太守常惠(89)、雲中太守遂成(90)受賞，遂成秩諸侯相(91)，賜食邑二百戶，黃金百斤，惠爵關內侯。

6　兩軍之出塞，塞(92)閱(93)官及私馬(94)凡(95)十四萬匹，而後入塞者(96)不滿三萬匹。迺置大司馬(97)位，大將軍、票騎將軍皆為大司馬(98)。定令(99)，令票騎將軍秩祿與大將軍等。自是後，青日衰(100)而去病日益貴。青故人門下多去(101)事去病，輒(102)得官爵，唯獨任安(103)不肯去。

【章　旨】以上敘述元狩四年武帝派衛青、霍去病各領五萬騎兵穿越沙漠北擊匈奴。衛青重挫匈奴單于兵，抵達窴顏山趙信城，斬獲一萬九千人。霍去病封狼居胥山，斬獲多於衛青。這是漢朝與匈奴決定性一戰，雙方損失都很大，匈奴自此一蹶不振。此後霍去病貴幸超過衛青。

【注　釋】❶畫計　謀劃；出主意。❷幕　通「漠」。沙漠。指蒙古高原大沙漠地帶。❸輕留　輕易久留。❹勢　形勢；結果。❺元狩四年　西元前一一九年。❻轉者　運輸輜重的人。❼踵　接；緊跟在後。❽東　向東去；在東面。❾更令　改令；重新下令。❿主爵　官名。主爵都尉的省稱。掌封爵事宜，秩二千石。武帝太初元年（西元前一〇四年）更名右扶風。⓫襄　曹襄。西漢開國功臣曹參玄孫。⓬罷　通「疲」。⓭坐收虜　毫不費力地捕獲漢軍人馬。坐，坐著不動。意為毫不費力。⓮遠北其輜重　將輜重遠遠地運送到北方。北，使處北。作動詞。⓯適直　適值；正好遇到；恰好撞上。直，通「值」。遇見。⓰陳而待　列陣以待。陳，通「陣」。列陣。作動詞用。⓱武剛車　一種有車頂車廂的戰車。⓲環　繞；圍成圓圈。⓳從　王先謙《漢書補注》據《史記》認為「從」當作「縱」。⓴會日且入　恰逢太陽要落山了。會，正好；恰逢。且，將；將要。入，日落。㉑礫　小石。㉒左右翼　向左右分開，如同鳥張開羽翼。㉓繞　環繞；包圍。㉔薄莫　臨近傍晚時。薄，迫近；臨近。莫，通「暮」。傍晚日落時。㉕六贏　六匹騾子拉的車。贏，當作「驘」。通「騾」。公驢與母馬交配所生，有耐力。㉖直冒　直接衝向。冒，犯。㉗昏　黃昏。㉘紛挐　混戰。紛，混淆；雜亂。挐，紛亂；雜糅。㉙當　相當。㉚寘顏山　山名。約為今蒙古國杭愛山南面的一支。㉛趙信城　趙信降匈奴後，匈奴為其修築的城堡。㉜食　供人飲食；供給。作動詞。㉝以　相當於「而」。㉞會　會戰；交戰。㉟或　通「惑」。迷惑。㊱簿責　根據文狀審問。簿，文書；檔案。㊲右谷蠡王　匈奴右部長官。位在右賢王下，右大將上。㊳得　找到。㊴去　除。㊵騎兵　指騎兵和步兵。㊶重　輜重。㊷等　相等；相同。㊸李敢　李廣少子。官至郎中令。由於怨恨李廣因衛青而自殺，擊傷衛青，後霍去病將其射殺。詳見卷五十四〈李廣傳〉。㊹大校　重要校尉。校，校尉。冠以「大」字，意在強調其特殊地位和作用。㊺當　相當。㊻直　當；面對著。㊼左方兵　指匈奴左賢王所統率的部隊。㊽葷允　匈奴古稱。堯時稱匈奴為熏鬻，周稱獫狁，秦稱匈奴。葷同「熏」，允同「狁」。葷允取「熏鬻」、「獫狁」合併而成。㊾約輕齎　少帶輜重。即輕裝進軍。約，少。輕，分量少。齎，物資；錢財。㊿涉　入；進入。(51)單于　王先謙《漢書補注》認為此二字為衍文。(52)章渠　人名。單于近臣。(53)北車者　匈奴王號。王先謙《漢書補注》據《史記》及《索隱》認為「北」為「比」字之誤。(54)左大將　匈奴左部高級官名。位在左谷蠡王下。(55)雙　人名。(56)歷度　經過；穿過。(57)難侯　山名。王先謙《漢書補注》據《史記》及《索隱》認為「難侯」當作「離侯」。(58)弓盧　水名。即今蒙古高原東部克魯倫河，東流入呼倫湖。(59)屯頭王韓王　均為匈奴王號。(60)封　在山上築壇祭天的活動。(61)狼居胥山　山名。一說即今蒙古國烏蘭巴托東肯特山；一說為今內蒙古克什克騰西北與阿巴嘎一帶某山。(62)禪　在山上闢場祭地的活動。(63)姑衍　山名。(64)登臨　登上翰海邊山嶺向下眺望。(65)翰海　一作瀚海。水名。一說，即今俄羅斯境內之貝加爾湖；一說，今蒙古高原東北部呼倫湖或其南之貝爾湖；一說，今內蒙古克什克騰西北與阿巴嘎之間的達來諾爾。(66)卓　遠。(67)殊　極；非常。(68)興城地名。今地不詳。(69)期　約定的時間。(70)檮余山　山名。今地不詳。(71)邳離　縣名。《史記》本傳作「符離」。在今安徽宿州東北。(72)衛山　人名。(73)義陽　鄉名。在今河南桐柏東。(74)歸義侯　封侯名。取歸服漢而深明大義之義為封號。(75)因淳王　匈奴王號。(76)復陸支　人名。(77)樓剸王　匈奴王號。(78)伊即靬　人名。(79)杜　邑名。故城在今河北吳橋南。(80)眾利　邑名。故城在今山東諸城西北。(81)昌武　邑名。一說，當作「武昌」。故城在今河南舞陽西北。(82)安稽　人名。姓趙，原為匈奴王。(83)漁陽　郡名。在今河北灤河以南、薊運河以西和天津、北京兩市部分地區。治漁陽（今北京密雲西南）。(84)解　人名。(85)敢　即李敢。(86)自為　徐自為。後任光祿勳，奉命在西北邊塞修城障列亭。(87)左庶長　《史記》本傳作「大庶長」。(88)西河　郡名。在今內蒙古伊克昭盟東部和山西西北部與陝西東北部臨黃河沿岸。治平定（今內蒙古東勝境內）。(89)常惠　人名。與隨蘇武出使匈奴，封長羅侯，官至典屬國、右將軍的常惠非同一人。(90)遂成　姓遂名成。(91)秩諸侯相　品秩同於諸侯相。秩，官吏的品級、俸祿等次。(92)塞　指守塞的官吏。(93)閱　審閱；查點數目。(94)私馬　隨行的私人馬匹。(95)凡　共。(96)後入塞者　指後來兩軍作戰回來入塞時的公、私馬數。(97)大司馬　武帝元狩四年（西元前一一九年）初置，為加官，以冠將軍之號。初授此官者多功勳卓著，以後常授於顯貴外戚，位中朝官之首，執掌國政。宣帝地節三年（西元前六七年）不冠將軍。成帝綏和元年（西元前八年），出居外朝，置官署。直至東漢建武二十七年（西元五一年）改名太尉，或為加官或置官署，變化無常。(98)大將軍票騎將軍皆為大司馬　大將軍衛青、驃騎將軍霍去病都被任為大司馬。武帝意欲讓霍去病與衛青地位尊等。(99)定令　制定令條。令，漢代法律的一種形式。(100)日衰　越來越失寵；權勢日益衰減。(101)去　離開。(102)輒　就。(103)任安　滎陽（今河南滎陽）人。歷任益州刺史、護北軍使者等職。司馬遷的朋友，司馬遷因李陵事受腐刑後，曾寫著名的〈報任安書〉。任安後因戾太子案牽連被殺。楊樹達《漢書窺管》疑即前文所載大將軍長史安。

【語　譯】次年，皇上和諸將商議說：「翕侯趙信替單于出謀劃策，常認為漢兵不能穿越沙漠，輕易長久留駐，如今大肆徵發軍隊，勢必要穿越沙漠，大敗匈奴。」這年是元狩四年。春天，皇上令大將軍衛青、驃騎將軍霍去病各率五萬騎兵，步兵運輸人員緊隨大軍之後有數十萬，而敢於奮勇作戰深入敵境的將士全都隸屬霍去病。霍去病原定從定襄出兵，攻擊單于。抓到匈奴的俘虜，俘虜說單于在東方，於是改令霍去病從代郡出兵，令衛青從定襄出兵。郎中令李廣任前將軍，太僕公孫賀任左將軍，主爵都尉趙食其任右將軍，平陽侯曹襄任後將軍，都隸屬大將軍。趙信向單于獻計說：「漢兵即使穿越沙漠，人馬疲勞，匈奴可不費吹灰之力就消滅敵人。」單于於是將輜重全部運往遙遠的北方，將精兵全部調至漠北待命。恰好這時衛青大軍出塞千餘里，看見單于兵列陣以待，衛青於是令將士用武剛車圍成營柵，讓五千騎兵縱馬衝向匈奴，匈奴也令一萬騎兵縱馬迎戰。這時太陽快要落山了，颳起了大風，沙石撲面，兩軍誰也看不清楚對方，漢軍急令軍隊分左右翼包抄單于。單于看漢軍人多，士馬還很強勁，再戰下去恐對匈奴不利，於是臨近天黑時，單于坐上六匹騾子拉的車，帶領約數百名精壯騎兵，直衝漢軍包圍圈向西北飛奔而逃。天黑時，漢軍和匈奴士兵混戰在一起，雙方傷亡都很慘重。漢軍左校抓住匈奴俘虜，俘虜說單于天未黑時已經逃走，衛青於是派輕騎兵乘夜追趕他們，他緊隨其後。匈奴兵也四散逃走。等到天亮，追擊二百餘里，沒有看見單于，捕獲殺死敵人一萬餘人，於是抵達窴顏山趙信城，獲得匈奴儲存的糧食大饗兵士。軍隊留駐一天返回，燒掉城中全部的餘糧後歸來。

2 衛青和單于兩軍交戰時，前將軍李廣、右將軍趙食其率軍另從東道出發，迷了路。大將軍率兵回師，過了漠南，才遇見兩人的軍隊。衛青想派使者回朝彙報情況，令長史按文簿責問李廣，李廣自殺。趙食其花錢贖為平民。衛青軍隊此次入塞，共斬殺捕獲一萬九千人。

3 當時匈奴部眾和單于失散了十多天，右谷蠡王自立為單于。單于後來找到他的部眾，右谷蠡王才除去單于的封號。

4 霍去病部騎兵、步兵、輜重和大將軍所率軍數量相同，但是沒有副將。全用李敢等為校尉，權充副將，從代、右北平出發行進二千餘里，與左賢王兵遭遇，殺敵俘獲之功已超過衛青。

5 出征的漢軍全部回朝後，皇上說：「驃騎將軍霍去病統領大軍親自率領捕獲的匈奴降士，輕裝前進，穿越大沙漠，深入敵境抓獲單于近臣章渠，進而誅殺比車耆，轉攻左大將雙，繳獲了敵人的軍旗戰鼓，翻越離侯山，渡過弓盧水，生擒屯頭王、韓王等三人，將軍、相國、當戶、都尉八十三人，在狼居胥山築壇祭天，在姑衍闢場祭地，登山臨翰海，抓到俘虜審訊獲得敵情，殲敵七萬零四百四十三人，敵人軍隊約損失十分之二，從敵人那兒取得食物，雖然長途行軍但糧食沒有斷絕。以五千八百戶增封驃騎將軍。右北平太守路博德隸屬驃騎將軍，在興城會合，沒有誤期，跟隨驃騎將軍抵達檮余山，斬殺俘獲二千八百人，封博德為邳離侯。

北地都尉衛山跟隨驃騎將軍抓到匈奴王，封衛山為義陽侯。前任歸義侯因淳王復陸支、樓剸王伊即靬都跟隨驃騎將軍作戰有功，封復陸支為杜侯，伊即靬為眾利侯。從票侯趙破奴、昌武侯安稽跟隨驃騎將軍作戰有功，每人加封三百戶。漁陽太守解、校尉李敢都繳獲了敵人的戰鼓軍旗，賜爵關內侯，賜解食邑三百戶，李敢食邑二百戶。賜校尉徐自為爵左庶長。」軍隊官兵中很多都升了官，賞賜給他們很多錢財。但衛青沒有得到加封，官兵中也無人受封列侯。只有西河郡太守常惠、雲中太守遂成受到賞賜，遂成秩祿同於諸侯相，賜給食邑二百戶，黃金百斤，賜常惠爵關內侯。

6　衛青、霍去病兩軍出塞時，守塞官吏查點公家和隨行的私馬共有十四萬匹，而後來回師入塞時馬不足三萬匹。皇上於是設大司馬位，大將軍、驃騎將軍都被任命為大司馬。皇上特意制定令條，令驃騎將軍的秩祿和大將軍相同。自此以後，衛青越來越失勢，霍去病卻日益顯貴。衛青的舊交門客大多離開他去事奉霍去病，去了就得到官位和爵位，只有任安不願離開衛青。

去病為人少言不泄❶，有氣敢往❷。上嘗欲教之吳❸孫❹兵法，對曰：「顧❺方略❻何如❼耳，不至❽學古兵法。」上為治第❾，令視之，對曰：「匈奴不滅，無以家為❿也。」由此上益重愛之。然少而侍中，貴不省⓫士。其從軍，上為遣太官⓬齎⓭數十乘，既還，重車⓮餘棄粱肉⓯，而士有飢者。其在塞外，卒乏糧，或⓰不能自振⓱，而去病尚穿域蹋鞠⓲也。事多此類。青仁，喜士退讓，以和柔自媚⓳於上，然於天下未有稱⓴也。

去病自四年軍㉑後三歲，元狩六年㉒薨㉓。上悼之，發屬國㉔玄甲㉕，軍陳㉖自長安至茂陵㉗，為冢㉘象祁連山㉙。諡之㉚并㉛武與廣地㉜曰景桓㉝侯。子嬗嗣㉞。嬗字子侯，上愛之，幸㉟其壯而將之㊱。為奉車都尉㊲，從封泰山㊳而薨。無子，國除㊴。

【章旨】以上敘述霍去病與衛青的性格、為人，從此可以看出兩人的明顯區別。霍去病所說「匈奴不滅，無以家為」被傳為千古佳話。可惜英年早逝，武帝十分痛惜，為之厚葬。

【注釋】❶不泄 不露聲色；不洩漏（機密等）。❷往 《史記》本傳作「任」。任，好俠仗義。❸吳 吳起。戰國時衛國左氏（今山東定陶）人。學兵法。曾先後事魯、魏、楚三國。楚悼王十一年（西元前三九一年）楚為三晉所敗，遂任用吳起為令尹，變法圖強。楚悼王死後，宗室大臣殺吳起。著《吳起兵法》四十八篇，亡佚。❹孫 孫武、孫臏。孫武，字長卿，春秋時齊國樂安（今山東惠民）人。著《孫子兵法》十三篇，以此入吳，吳王闔閭任其為將，率師破楚。孫臏，戰國齊國阿（今山東陽穀）人。孫武之後。魏惠王將軍龐涓妒其才，處以臏、刖刑。後仕齊威王軍師，設計桂陵、馬陵之戰大敗魏軍。著《孫臏兵法》八十九篇，亡佚。西元一九七二年山東臨沂銀雀山漢墓發現殘簡三十篇。❺顧 視；看。❻方略 戰略；謀略。❼何如 如何；怎麼樣。❽不至 不至於；沒有到……的地步。❾治第 修建府第。治，修建；建造。第，府第。高級官員居住的大宅。❿無以家為 不要治家室。為，治理；經營。⓫省 視；照顧；體恤。⓬太官 官名。少府屬官，負責皇帝膳食。⓭齎 送來。⓮重車 輜重車。運送物資的車。⓯粱肉 好小米和肉。粱，粟的優良品種。粟即俗稱的小米、穀子。漢代人將「粱」與「肉」連稱以指美食。⓰或 有的。⓱振 舉；站立行走。⓲穿域蹋鞠 畫地為球場，玩蹴鞠的遊戲。穿，穿鑿。在地上畫小溝作線。域，區域。蹋鞠，古代的一種遊戲，近似今天的足球運動。蹋，蹴；踢。鞠，用皮做的圓球，內充毛。⓳媚 取悅；討好。⓴稱 稱頌；讚揚之聲。㉑四年軍 指元狩四年率軍出征匈奴。㉒元狩六年 西元前一一七年。㉓薨 諸侯王、列侯等死，諱稱薨。按：霍去病生於建元元年（西元前一四〇年），享年僅二十四歲。㉔屬國 即前文所載渾邪王率眾投降後分處邊疆五郡為屬國。㉕玄甲 黑色的甲。此指穿黑甲的士兵。㉖陳 通「陣」。列陣。㉗茂陵 陵名、縣名。建元二年（西元前一三九年）武帝在槐里縣（今陝西興平東南）茂鄉築陵，並置茂陵縣（今興平東北）。武帝茂陵是漢代帝陵中規模最大的一座。㉘為冢　修築墳冢。為，修築；修建。冢，墳墓。㉙象祁連山　模仿祁連山的形狀。象，模仿；類比。霍去病墓在茂陵東北，與衛青墓比鄰，側觀均象山峰形。㉚諡之　給他起諡號。諡，帝王、貴族、大臣等死後，依其生前事跡，定其稱號，或褒或貶。㉛并　合併。㉜廣地　開拓疆土。㉝景桓　諡法說：「布義行剛曰景，辟土服遠曰桓。」景為武諡，桓為廣地諡。武帝認為霍去病身為武將勇武非常，廣闢疆土遠征匈奴，所以將「武」和「廣地」這兩層意思合在一起，給他定了「景桓」的諡號。㉞嗣　繼承列侯位。㉟幸　期望；指望。㊱將之　讓他做將領。㊲奉車都尉　官名。漢武帝元鼎二年（西元前一一五年）置，秩比二千石。執掌皇帝車輿，入侍左右。㊳封泰山　在泰山舉行封禪儀式。古代帝王在泰山築壇祭天並在附近的梁父山闢場祭地，略稱「封泰山」。泰山，山名。五嶽之首，古稱岱，又名岱宗。在山東中部，綿亙濟南、泰安、歷城、長清數縣市間，主峰在泰安北。武帝元封元年（西元前一一〇年）初封泰山，霍嬗即死於此年。㊴國除　封國被廢除。

【語　譯】霍去病為人少言寡語，不露聲色，膽氣過人，敢作敢為。皇上曾經想教他吳起、孫子、孫臏兵法，他回答說：「統兵作戰就看自己的戰略如何了，不必學古代的兵法。」皇上為他修建府第，讓他去看看，他回答說：「匈奴不消滅，不考慮治家的事。」皇上因此更加器重喜愛他。然而由於年少就做了侍中，尊貴不體恤士兵。他率軍出征，皇上派太官給他送去數十車食物，等到回來，輜重車內還有剩下丟棄的美食，戰士中卻有挨餓的。他在塞外的時候，戰士缺少糧食，有的甚至餓得站不起來，而霍去病卻還在修築球場，玩蹴鞠。事情多如此類。衛青仁慈，喜愛士兵，謙遜禮讓，以溫和柔順取悅皇上，但是天下沒有稱頌他的。

霍去病在元狩四年率軍出征後第三年，即元狩六年去世。皇上很哀痛，徵發屬國穿黑甲的士兵，從長安到茂陵列陣為他送葬，模仿祁連山的形狀為他修建墓冢。給他起諡號，將勇武和開拓疆土兩個意思合在一起稱作景桓侯。他的兒子霍嬗繼承侯位。霍嬗字子侯，皇上很喜愛他，盼望他長大後讓他做將領。他任奉車都尉，跟隨武帝去泰山封禪時去世了。沒有子嗣，封國被廢除。

自去病死後，青長子宜春侯伉坐法❶失侯。後五歲❷，伉弟二人，陰安侯不疑、發干侯登，皆坐酎金❸失侯。後二歲，冠軍侯國絕❹。後四年，元封五年❺，青薨，謚曰烈侯。子伉嗣，六年坐法免❻。

自青圍單于後十四歲而卒，竟❼不復擊匈奴者，以漢馬少，又方南誅兩越❽，東伐朝鮮❾，擊羌❿、西南夷⓫，以故久不伐胡。

初⓬，青既尊貴，而平陽侯曹壽有惡疾⓭就國⓮，長公主問：「列侯誰賢者？」左右皆言大將軍。主笑曰：「此出吾家，常騎從我，奈何⓯？」左右曰：「於今尊貴無比。」於是長公主風白⓰皇后⓱，皇后言之，上迺詔青尚平陽主⓲。與主合葬，起冢象廬山⓳云。

【章旨】以上敘述霍去病死後衛青及子嗣情況。元狩四年後十四年衛青病逝，其間由於馬少，南擊兩越等，漢未攻打匈奴。

【注釋】❶坐法　因犯法。❷後五歲　時為元鼎五年（西元前一一二年）。❸酎金　漢朝廷舉行宗廟祭祀活動時，諸侯王和列侯獻黃金助祭，稱酎金。如果酎金成色不純或分量不足，視為犯罪。元鼎五年（西元前一一二年），列侯一百零六人「坐酎金」被削奪了爵位，諸侯王和列侯勢力因此受到沉重打擊。❹國絕　封國無繼承者被除。❺元封五年　西元前一〇六年。元封，漢武帝的第六個年號（西元前一一〇—前一〇五年）。❻免　指削奪列侯位。❼竟　始終；一直。❽南誅兩越　南面討伐兩越。誅，討伐；殺伐。兩越，指南越和閩越。南越，也作南粵。古越人的一支。漢初封其首領趙佗為南越王，地在今廣東、廣西大部及越南北部、東部沿海地區。都城番禺（今廣東廣州）。武帝元鼎五年（西元前一一二年），南越國相呂嘉殺南越國王和漢使反，六年武帝派兵平定，以其地置南海、蒼梧等九郡。閩越，也作「東越」。古越人的一支。漢初立其首領無助為閩越王，地在今浙江南、江西東北和福建境內。都東冶（今福州）。元鼎六年（西元前一一一年），東越王餘善反，漢派軍平定，將其部分徒眾徙往江淮間。詳見卷九十五〈兩粵傳〉。❾朝鮮　部族名、國名。漢初，燕人衛滿代箕氏為朝鮮王。地在今朝鮮半島北部，都王險城（今平壤）。元封二年（西元前一〇九年），漢派使者出使朝鮮，朝鮮殺使者，武帝派兵平定，以其地置真番、臨屯、樂浪、玄菟四郡。詳見卷九十五〈朝鮮傳〉。❿羌　部族名。西漢時散居在今甘肅、青海一帶。元鼎五年（西元前一一二年）九月，羌人與匈奴連兵攻漢邊境，六年冬被漢軍擊平。⓫西南夷　漢代人對西南地區（包括今甘肅南部、四川西部、南部以及雲南、貴州一帶）各部族的統稱。元光五年（西元前一三〇年）漢使唐蒙、司馬相如等先後通西南夷，置犍為郡和十餘縣。南越王反後，漢征兵西南夷，且蘭反。元鼎六年（西元前一一一年），漢軍殺且蘭、邛、莋等部族君長，置牂柯等五郡。元封二年（西元前一〇九年），漢軍臨滇，迫降滇王，以其地置為益州郡。⓬初　當初。⓭惡疾　泛指無法治癒的殘疾。《公羊傳．昭公二十年》何休注：「惡疾謂瘖（啞）、聾、盲、癘、禿、跛、傴、不逮人倫（不能正常性交）之屬也。」⓮就國　指回自己的封國居住。曹壽與平陽公主結婚後住在京師，此時因有惡疾，獨自回到平陽侯國居住。就，前往；歸。⓯奈何　怎麼辦；如何。⓰風白　委婉地告訴。風，通「諷」。婉轉地勸說。白，下級告訴上級；陳述。⓱皇后　即皇后衛子夫。⓲平陽主　平陽公主的簡稱。即陽信長公主，為平陽侯所尚，故稱平陽公主。⓳廬山　山名。在匈奴境內。卷八十七〈揚雄傳〉顏師古注引孟康說盧（廬）山在單于南庭附近。一說，窴顏山一名廬山。因衛青大破單于兵，且幾乎抓到單于，故其冢築似廬山狀，與霍去病墓象祁連山意義相同。衛青墓在茂陵東，與霍去病墓並列，衛青墓在西，霍去病在東。

【語　譯】自霍去病死後，衛青的長子宜春侯衛伉因犯法失去侯爵。五年後，衛伉的兩個弟弟，陰安侯衛不疑、發干侯衛登，都因酎金問題失去侯爵。又過了二年，冠軍侯國嗣斷絕。四年後，即元封五年，衛青去世，起諡號為烈侯。其子衛伉繼承了長平侯爵位，六年後因犯法被削奪侯爵。

自衛青圍困單于直至十四年後去世，漢一直沒有再攻打匈奴，這是因為漢朝的馬少，而且正逢當時南面誅滅兩越，東面討伐朝鮮，西面攻打羌人和西南夷，所以很長時間沒有攻打匈奴。

當初，衛青已經尊寵富貴，而平陽侯曹壽因惡疾纏身與陽信長公主分手，獨自回到封國，長公主問左右侍從：「列侯中誰是賢人？」左右都說是大將軍。公主笑道：「他出自我家，常騎馬侍從我，這怎麼辦？」左右說：「他現在可是尊貴無比。」於是長公主委婉地把自己的心意告訴了皇后，皇后轉告皇上，皇上於是下詔令衛青娶平陽主為妻。衛青死後和公主合葬在一起，墳墓建成廬山的樣子。

1 最❶大將軍青凡七出擊匈奴❷，斬捕首虜五萬餘級。一❸與單于戰，收河南地，置朔方郡。再益封，凡萬六千三百戶；封三子為侯，侯千三百戶，并之二萬二百戶。其裨將及校尉侯者九人，為特將❹者十五人，李廣、張騫、公孫賀、李蔡、曹襄、韓說、蘇建皆自有傳❺。

2 李息，郁郅❻人也，事景帝❼。至武帝立八歲，為材官將軍❽，軍❾馬邑❿；後六歲，為將軍，出代；後三歲，為將軍，從大將軍出朔方⓫：皆無功⓬。凡三為將軍，其後常為大行⓭。

3 公孫敖，義渠⓮人，以郎⓯事景帝。至武帝立十二歲，為騎將軍，出代，亡卒七千人，當斬，贖為庶人。後五歲，以校尉從大將軍，封合騎侯。後一歲，以中將軍從大將軍再出定襄，無功。後二歲，以將軍出北地，後票騎，失⓰期當斬，贖為庶人。後二歲，以校尉從大將軍，無功。後十四歲，以因杅將軍⓱築受降城⓲。七⓳歲，復以因杅將軍再出擊匈奴，至余吾⓴，亡士多，下吏㉑，當斬，詐死㉒，亡㉓居民間五六歲。後覺㉔，復繫㉕。坐妻為巫蠱㉖，族㉗。凡四為將軍。

4 李沮，雲中人，事景帝。武帝立十七歲，以左內史為彊弩將軍。後一歲，復為彊弩將軍。

5 張次公，河東人，以校尉從大將軍，封岸頭侯。其後太后㉘崩，為將軍，軍北軍㉙。後一歲㉚，復從大將軍。凡再為將軍，後坐法失侯㉛。

6 趙信，以匈奴相國降，為侯㉜。武帝立十八年，為前將軍，與匈奴戰，敗，降匈奴。

7 趙食其，祋祤㉝人。武帝立十八年，以主爵都尉㉞從大將軍，斬首六百六十級。元狩三年㉟，賜爵關內侯，黃金百斤。明年，為右將軍，從大將軍出定襄，迷失道，當斬，贖為庶人。

8 郭昌，雲中人，以校尉從大將軍。元封四年㊱，以太中大夫為拔胡將軍㊲，屯㊳朔方。還擊昆明㊴，無功，奪印㊵。

9 荀彘，太原㊶廣武㊷人，以御見，侍中㊸，用㊹校尉數從大將軍。元封三年㊺，為左將軍擊朝鮮，無功，坐捕樓船將軍誅㊻。

【章旨】以上總述衛青出擊匈奴的次數、戰績、封賞，以及副將情況。

【注釋】❶最　通「凡」。共；總計。❷凡七出擊匈奴　共七次出兵攻打匈奴。元光五年（西元前一三〇年）出上谷，元朔元年（西元前一二八年）出雁門，元朔二年出雲中，元朔五年出高闕，元朔六年二月出定襄，四月又出定襄，元狩四年（西元前一一九年）出定襄。❸一　一次。❹特將　指獨領一路軍的將軍。❺李廣等句　七人自有傳，八人列於此下，合計十五人。❻郁郅　縣名。屬北地郡。在今甘肅慶陽。❼景帝　（西元前一八八—前一四一年），名劉啟。西漢第四任皇帝，在位十六年（西元前一五六—前一四一年）。事詳見卷五〈景帝紀〉。❽材官將軍　將軍名號。冠號將軍不常置。材官，漢主要兵種之一。❾軍　駐軍。此處指埋伏。❿馬邑　縣名。在今山西朔州。元光二年（西元前一三三年），武帝派人誘單于入馬邑，漢在馬邑旁埋伏三十萬大軍。李息即作為伏軍之一。單于途中發覺情形不對，撤回，漢軍無功而返。史稱「馬邑之謀」。漢與匈奴之間大規模戰爭自此拉開帷幕。⓫後三歲三句　前文載元朔元年（西元前一二八年）秋李息出代郡，五年春李息與張次公俱出右北平。此處記載與前文不合。「後三歲」應為「後四年」。⓬皆無功　前文載元朔五年李息出右北平，「將軍李沮、李息及校尉豆如意、中郎將綰皆有功，賜爵關內侯」。與此處記載不合。⓭其後常為大行　前文載元朔五年李息已是大行。⓮義渠　縣名。屬北地郡，治今甘肅寧縣西北。⓯郎　官名。屬郎中令。漢代依職責不同，有郎中、中郎、外郎、侍郎、議郎等。執掌守衛皇宮殿廊門戶，或出充車騎扈從。⓰失　一說，景德本及《史記》本傳皆無「失」字，此處「失」字衍，「後票騎期」即可通。⓱因杅將軍　將軍名號。冠號將軍不常置。⓲受降城　城名。在今內蒙古巴彥淖爾盟狼山西北。元封六年（西元前一〇五年），匈奴左大都尉欲殺單于降漢，漢為接應，派公孫敖修築此城。⓳七　原作「十」，據景祐本等改。⓴余吾　水名。即今蒙古國土拉河。㉑下吏　下獄。吏，指主管司法的吏。㉒詐死　謊稱被處死。可能他賄賂行刑者，將其私自放走，而謊報已被處斬刑。㉓亡　逃亡。㉔覺　被發覺。被動用法。㉕繫　拘禁；逮捕。㉖巫蠱　古代巫術之一。當時人認為，製作木偶人作為所仇恨者的替身，將其埋入地下，對其實施詛咒，可給所仇恨者帶來災難。武帝時巫蠱之風尤盛，終釀成著名的「巫蠱之禍」。㉗族　滅族。古代最殘酷的刑罰之一，將其家族人全部殺光。與滅三族、九族有別。㉘太后　皇帝或諸侯王母親的稱號。此處指武帝母親王太后。㉙北軍　漢代京師衛戍部隊，地位顯要。以軍營在未央、長樂兩宮北，故名。武帝平百粵後，擴充北軍編制，置八校尉。以中壘校尉掌北軍。其後北軍亦出外征戰。㉚後一歲　王太后死於元朔三年（西元前一二六年）六月，而張次公第二次隨衛青出征匈奴在元朔五年（西元前一二四年）春，故「後一歲」應為「後二歲」。㉛後坐法失侯　據卷十七〈景武昭宣元成功臣表〉，元狩元年（西元前一二二年），張次公因與淮南王劉安的女兒通姦及受賄，被免除侯位。㉜為侯　王念孫說「侯」上脫「翕」字，當據《史記》及本書卷十七〈景武昭宣元成功臣表〉、卷九十四〈匈奴傳〉補。㉝祋祤縣名。屬左馮翊，在今陝西耀縣。祤原作「栩」，卷二十八《地理志》及他傳均作「祤」。㉞主爵都尉　官名。掌封爵事宜，秩二千石。武帝太初元年（西元前一〇四年）更名右扶風。據本傳，元朔六年（西元前一二三年）趙食其為主爵都尉隨衛青出征，然卷十九〈百官公卿表下〉載元狩三年（西元前一二〇年）主爵都尉趙食其，則此時趙食其尚不是主爵都尉。不知孰是。㉟元狩三年　西元前一二〇年。三原作「二」，據景祐諸本改。㊱元封四年　西元前一〇七年。㊲拔胡將軍　將軍名號。冠號將軍，不常置。㊳屯　軍隊駐防。㊴昆明　部族名。為西南夷之一，居住在今雲南大理一帶。㊵奪印　被奪去官印。意即被罷官。㊶太原　郡名。在今山西中部，治晉陽（今太原西南）。㊷廣武　縣名。治今山西代縣西南。㊸以御見二句　因為擅長駕車得到皇上的召見，並被任命為侍中。御，駕車。㊹用　通「以」。㊺三年　三原作「二」，據景祐諸本改。㊻坐捕樓船將軍誅　因逮捕樓船將軍犯法被殺。荀彘率軍出征朝鮮時，與奉命從海路進攻的樓船將軍楊僕發生矛盾。漢武帝派濟南太守公孫遂前去處理，公孫遂聽信荀彘一面之辭，逮捕楊僕，併其軍。後武帝處死公孫遂，朝鮮平定後又殺荀彘。詳見卷九十五〈朝鮮傳〉。

【語　譯】總計大將軍衛青共七次出兵攻打匈奴，斬殺俘獲敵人五萬多。和單于交戰一次，收復河南地，設立朔方郡。兩次加封，食邑達一萬六千三百戶；他的三個兒子被封為列侯，每侯食邑一千三百戶，和他的加在一起共食邑二萬零二百戶。他的副將和校尉中封侯的有九人，獨當一面的將軍共十五人，李廣、張騫、公孫賀、李蔡、曹襄、韓說、蘇建在《漢書》中都有自己的傳。

2　李息是郁郅人，景帝時入仕。武帝即位八年後，任材官將軍，率兵埋伏在馬邑城旁；六年後，任將軍，從代郡出兵攻打匈奴；四年後，任將軍，跟隨大將軍出兵朔方擊匈奴：都沒有立功。共三次擔任將軍，此後常常任大行令。

3　公孫敖是義渠縣人，以郎官入仕侍奉景帝。到武帝登基的第十二年，被任命為騎將軍，從代郡出兵攻打匈奴，損失士卒七千人，被判處斬刑，花錢贖為平民。五年後，任校尉跟隨大將軍出征匈奴，封為合騎侯。一年後，被任命為中將軍跟隨大將軍兩次從定襄出征，未立戰功。兩年後，被任命為將軍從北地出兵，落在驃騎將軍後面，沒有如期到達，被判處斬刑，花錢贖為平民。兩年後，任校尉跟隨大將軍出征，沒有立戰功。

十四年後，任因杅將軍修築受降城。七年後，又任因杅將軍兩次出擊匈奴，抵達余吾水，士兵傷亡慘重，下獄，被判處斬刑，詐稱已死，逃匿民間五六年。後來被發現，再次被囚禁。因妻子犯了巫蠱罪，被滅族。共四次擔任將軍。

4 李沮是雲中縣人，景帝時入仕。武帝即位的第十七年，以左內史身分擔任彊弩將軍北擊匈奴。一年後，再次被任命為彊弩將軍出征匈奴。

5 張次公是河東郡人，任校尉跟隨大將軍出征匈奴，封為岸頭侯。後來王太后去世時，被任命為將軍，駐守北軍。兩年後，再次跟隨大將軍出征。共兩次任將軍，後來因犯法失去列侯位。

6 趙信，以匈奴相國身分投降漢，被封為翕侯。武帝在位的第十八年，被任命為前將軍，與匈奴交戰，兵敗，投降匈奴。

7 趙食其是祋祤縣人。武帝即位的第十八年，任主爵都尉跟隨大將軍出征匈奴，殺敵六百六十人。元狩三年，受賜關內侯爵位，黃金一百斤。次年，任右將軍，跟隨大將軍從定襄郡出擊匈奴，迷路誤期，被判處斬刑，花錢贖為平民。

8 郭昌是雲中縣人，任校尉跟隨大將軍出征匈奴。元封四年，以太中大夫的身分擔任拔胡將軍，駐守朔方郡。回來以後攻打昆明，沒有戰功，被免官。

9 荀彘是太原郡廣武縣人，因為擅長駕車受到皇帝的召見，被任命為侍中，以校尉的身分數次跟隨大將軍出征匈奴。元封三年，擔任左將軍攻打朝鮮，沒有立功，因逮捕樓船將軍楊僕觸犯法律被殺。

最票騎將軍去病凡六出擊匈奴❶，其四出以將軍❷，斬首虜十一萬餘級。渾邪王以眾降數萬，開河西❸酒泉❹之地，西方益少胡寇。四益封，凡萬七千七百戶❺。其校尉吏有功侯者六人❻，為將軍者二人❼。

路博德，西河平州❽人，以右北平太守從票騎將軍，封邳離侯。票騎死後，博德以衛尉為伏波將軍，伐破南越，益封。其後坐法失侯❾。為彊弩都尉，屯居延❿，卒。

趙破奴，太原人⓫。嘗亡入匈奴，已而⓬歸漢，為票騎將軍司馬。出北地，封從票侯，坐酎金失侯。後一歲，為匈河將軍⓭，攻胡至匈河水⓮，無功。後一歲⓯，擊虜樓蘭⓰王，後為浞野侯⓱。後六歲，以浚稽將軍⓲將二萬騎擊匈奴左王⓳。左王與戰，兵八萬騎圍破奴，破奴為虜所得，遂沒⓴其軍。居匈奴中十歲，復與其太子安國亡入漢。後坐巫蠱，族。

【章　旨】以上總述霍去病出征匈奴的次數、戰績以及屬將等情況。

【注　釋】❶凡六出擊匈奴　共六次出兵攻打匈奴。分別是元朔六年（西元前一二三年）二月、四月兩出定襄，元狩二年（西元前一二一年）三月出隴西，夏出北地，秋渡黃河，元狩四年春出代郡。❷其四出以將軍　六次中四次是以將軍身分出征，前兩次是以票姚校尉的身分。❸河西　地區名。指今甘肅、青海兩省黃河以西地區，即河西走廊與湟水流域。❹酒泉　郡名。元狩二年以原匈奴渾邪王地置，治祿福（今甘肅酒泉）。元鼎（西元前一一六年—前一一一年）後轄境相當於今甘肅疏勒河以東、高臺山以西地區。❺凡萬七千七百戶　此戶數與其他記載有出入。❻六人　實為七人，即趙破奴、高不識、僕朋、路博德、衛山、復陸支、伊即軒。❼二人　即趙破奴、路博德。❽平州　縣名。卷二十八〈地理志〉西河郡有「平周」而無「平州」，《史記》本傳及本書卷九十九〈王莽傳〉亦作「平州」。王先謙《漢書補注》說，古代「周」、「州」可以通假。在今山西介休西，或說在今山西靈石境內。❾坐法失侯　太初元年（西元前一〇四年），路博德因兒子犯逆不道，知情不舉，被奪侯爵。❿居延　縣名。在今內蒙古額濟納旗東南哈拉和圖。⓫太原人　《史記》本傳作「故九原人」。王先謙《漢書補注》認為應為「九原」。九、太形近易誤。九原，縣名。屬五原郡，在今內蒙古包頭西北。⓬已而　不久；隨即。⓭匈河將軍　將軍名號。冠號將軍，不常置。⓮匈河水　水名。在今蒙古國杭愛山南麓。一說，即今甘肅境內疏勒河。⓯後一歲　《史記》本傳作「後二歲」。王先謙《漢書補注》據卷十七〈景武昭宣元成功臣表〉和《史記·建元以來侯者年表》，認為「後一歲」、「後二歲」皆誤，當為「後三歲」，在元鼎三年（西元前一一四年）。⓰樓蘭　西域國名，後改名鄯善。在今新疆羅布淖爾西。都城扜泥城（今若羌），是漢代通西域南路必經之地，後被沙埋沒。⓱後為浞野侯　「後」，《史記》本傳及表均作「復」，王先謙《漢書補注》認為應為「復」，「後」、「復」形近而誤。浞野，封侯名。封地不詳。⓲浚稽將軍　將軍名號。冠號將軍，不常置。浚稽，山名。在匈奴境內，今蒙古國杭愛山東南。⓳左王　即左賢王。⓴沒　覆沒；覆滅。

【語　譯】總計驃騎將軍霍去病共六次率兵出擊匈奴，其中四次是以將軍身分出征，斬殺俘獲敵人十一萬餘。渾邪王率眾投降者有數萬人，開闢了河西、酒泉之地，使西部地區匈奴寇掠活動大為減少。四次加封，食邑共一萬七千七百戶。其部下校尉、軍吏因功封為列侯的有七人，擔任將軍的有二人。

路博德是西河郡平州縣人，以右北平太守的身分跟隨驃騎將軍北擊匈奴，被封為邳離侯。驃騎將軍死後，博德以衛尉的身分任伏波將軍，討平南越，加封。後來因犯法失去侯爵。擔任彊弩都尉，駐防居延，死在任上。

趙破奴是九原縣人。曾經逃亡到匈奴，不久又回到漢，任驃騎將軍司馬。從北地出兵，被封為從票侯，因酎金犯法失去侯位。一年後，擔任匈河將軍，攻打匈奴抵達匈河水，未立戰功。三年後，攻打並俘虜了樓蘭王，重新封為浞野侯。六年後，任浚稽將軍率領二萬騎兵攻打匈奴左賢王。左賢王和他交戰，率領八萬騎兵包圍了趙破奴，破奴被敵人俘虜，結果全軍覆沒。他在匈奴生活了十年，再次和他的兒子趙安國逃回漢。後來因犯巫蠱罪，被滿門抄斬。

自衛氏興❶，大將軍青首封，其後支屬❷五人為侯。凡二十四歲而五侯皆奪國。征和中❸，戾太子❹敗，衛氏遂滅❺。而霍去病弟光❻貴盛，自有傳。

【章　旨】以上總述衛氏興衰，及霍氏情況。

【注　釋】❶興　興起；發達。❷支屬　親屬。支，通「枝」。❸征和中　指征和二年。即西元前九一年。征和，漢武帝的第十個年號（西元前九二—前八九年）。❹戾太子　漢武帝長子、衛皇后子劉據。又作衛太子。元狩元年（西元前一二二年）立為太子。後因被江充誣陷巫蠱，起兵殺江充後自殺。「戾」為其諡號。詳見卷六十三〈武五子傳・戾太子劉據〉。❺滅　此處指衰敗。❻光　即霍光。字子孟，河東平陽（今山西臨汾）人。霍去病異母弟。昭帝即位後，與金日磾、上官桀受武帝遺詔輔政，任大司馬大將軍，封博陸侯，掌握朝政。昭帝死，立昌邑王為帝，不久廢之，迎立宣帝。詳見卷六十〈霍光傳〉。

【語　譯】自衛氏發達以後，大將軍衛青最早封為列侯，其後親屬中有五個人被封為侯。二十四年內五個侯的封國都被削奪。征和年間，戾太子自殺，衛氏於是衰敗下來。而霍去病的弟弟霍光尊貴顯赫，在《漢書》中單獨有傳。

贊曰：蘇建嘗說責❶：「大將軍至尊重❷，而天下之賢士大夫無稱焉❸，願將軍觀古名將所招選❹者，勉之哉❺！」青謝❻曰：「自魏其❼、武安❽之厚❾賓客❿，天子常切齒⓫。彼⓬親待士大夫，招賢黜⓭不肖⓮者，人主⓯之柄⓰也。人臣奉法遵職而已，何與⓱招士！」票騎亦方⓲此意，為將如此。

【章　旨】以上為班固的議論。衛青、霍去病雖然地位尊顯，但是吸取魏其侯、武安侯的教訓，不願招賢納士，班固對此甚為讚賞。

【注釋】❶說責　勸說責備。❷至尊重　極尊貴。至，極；最。❸而天下之賢士大夫無稱焉　但是天下賢士大夫卻沒有稱譽您的。士大夫，指官僚、知識階層。稱，稱讚；讚譽。❹招選　招徠選拔。❺勉之哉　努力做這件事吧。哉，語氣詞。表示感歎，相當「吧」。❻謝　推辭；謝絕。❼魏其　指魏其侯竇嬰。字王孫，觀津（今河北衡水）人。景帝竇太后的姪子。吳楚七國之亂時，任大將軍，堅守滎陽，封侯。武帝初，任丞相，與田蚡不合，被殺。詳見卷五十二〈竇嬰傳〉。魏其，縣名。治今山東臨沂東南。❽武安　指武安侯田蚡。長陵（今陝西咸陽）人。武帝母王太后同母異父弟。武帝初以外戚封侯，歷任太尉、丞相，驕橫專斷。詳見卷五十二〈田蚡傳〉。武安，縣名。在今河北武安西南。❾厚　厚待；厚遇。❿賓客　投奔貴族官僚門下的食客。⓫切齒　咬緊牙齒。表示痛恨。⓬彼　那；那種。⓭黜　罷免；斥退。⓮不肖　品行不端；不像樣子。多用於指子弟。⓯人主　主人；君主。⓰柄　權柄；權力。⓱與　通「豫」。參與；涉及。⓲方　比類；類似。

【語譯】史官評議說：蘇建曾勸說責備衛青說：「大將軍尊貴無比，但是天下賢士大夫卻沒有讚譽您的，希望將軍看看古代名將是怎樣招徠選拔士的，在這方面多做些努力吧！」衛青謝絕說：「自從魏其侯、武安侯厚遇賓客，天子對此常咬牙切齒，十分痛恨。親近招待士大夫，招徠賢士，斥退品行不端的人，這是君主的權力。做人臣子的奉守法律履行職責就行了，何必要招徠士！」驃騎也是這種態度，他們就是這樣擔任將帥的。

【研析】自西漢王朝建立以來，北方匈奴就不斷侵擾漢邊，給漢王朝的統治和邊疆人民生活造成巨大影響和破壞。漢王朝經過漢初七十餘年的休養生息，至武帝即位時，國力達到鼎盛。雄才大略的武帝決心改變對匈奴政策，抗擊匈奴，徹底解決北方邊患問題。衛青、霍去病是幫助武帝實現這一願望的首要功臣。

衛青、霍去病出身低賤，因衛青的姐姐衛子夫作了武帝皇后，命運才發生逆轉。武帝不拘一格，先後任用年輕的衛青、霍去病為將領，北伐匈奴。衛青、霍去病雖然以外戚身分步入政治舞臺，但是，他們憑藉卓越的軍事指揮才能和英勇果敢，在兩軍對壘中，率領漢朝軍隊取得一次又一次的勝利，沉重打擊了匈奴勢力，並最終將匈奴趕至大漠以北，解除了匈奴對漢王朝北部疆域的威脅。

兩人雖然戰功赫赫，但並不居功自傲。漢武帝曾為了嘉獎霍去病的功勳，為霍去病修建宅第，霍去病推辭說：「匈奴不滅，無以家為也。」充分體現了他捨己為公、忠心報國的高尚情操。兩人還吸取外戚竇嬰、田蚡的教訓，拒絕招賢攬士，行事低調。遺憾的是，霍去病英年早逝，死時年僅二十四歲。

衛青、霍去病是武帝時期抗擊匈奴戰爭中最重要的兩位將領和首要功臣，兩人又是甥舅關係，故班固沿襲《史記》將兩人合為一傳。班固將《史記》的傳名「衛將軍驃騎列傳」改為「衛青霍去病傳」，更為規整妥帖。

卷五十六

董仲舒傳第二十六

【題解】董仲舒（西元前一七九—前一〇四年），西漢廣川縣（今河北棗強）人。研治《春秋公羊傳》，西漢今文經學大師，中國古代著名哲學政論家。景帝時為博士。專注學術，講學授徒，深受學人敬重。武帝即位之初，以賢良對策授江都王國相，因言災異事下獄判死，受赦得免。後再任膠西王國相，因怕時久獲罪，託病辭職。晚年家居，治學著書。《史記》、《漢書》都有〈董仲舒傳〉。《史記》董傳在〈儒林列傳〉中，只有三百餘字，僅記董仲舒的出身經歷。《漢書》為董仲舒單獨立傳，增載董仲舒〈賢良對策〉三篇，是了解和研究董仲舒哲學政治思想的珍貴資料。董仲舒的著作，大部分已經散佚；流傳到今天的，除〈賢良對策〉三篇外，還有《春秋繁露》一書，另有後人彙輯散見於《漢書》及他書的材料所編成的《董子文集》一卷。

董仲舒，廣川❶人也。少治❷春秋❸，孝景時為博士❹。下帷❺講誦，弟子傳以久次相授業❻，或❼莫見其面。蓋❽三年不窺❾園，其精❿如此。進退容止⓫，非禮不行，學士皆師尊之⓬。

【章 旨】以上記載董仲舒的出身、在景帝時為博士及專注學術、講學授徒、深受學人敬重的情況。

【注 釋】❶廣川 西漢縣名，在今河北棗強東北。❷治 研究。❸春秋 書名。《春秋》是一部魯國編年史，依年、時、月、日時間順序記載魯國自隱公至哀公凡十二公時期的史事。相傳孔子曾經修訂《春秋》，成為儒家經典之一。❹博士 官名。太常屬官，掌通古今，備顧問。❺下帷 放下室內懸掛的帳幕。意指謝絕外事，專志苦讀與授徒。帷，帳幕。❻弟子句 傳，通「轉」。輾轉。以久次，根據受業時間先後的次序。相授業，意謂由舊弟子（即時久者）向新學者（即時短者）傳授學業。相，遞相。❼或 有的。❽蓋 語氣助詞，用於句首，引出下文議論。❾窺 看。❿精 專心。⓫容止 儀容舉止。⓬師尊之 像老師一樣尊重他。師，名詞，用作狀語，表示對待態度，意為「像老師一樣」。

【語 譯】董仲舒，是廣川縣人。少年時代就開始研究《春秋》，景帝時任博士。他放下室內懸掛的帳幕，謝絕外事，專志讀書和講學授徒，學生們按受業時間的長短為次序，由舊徒向新徒輾轉傳授學業，有的學生甚至沒有見過董仲舒的面。三年之中他不曾走到園子裡去看，那專心致志的精神達到如此的地步。進退儀容舉止，不符合禮的不做，讀書人都像老師一樣尊敬他。

1 武帝即位，舉❶賢良文學❷之士前後百數，而仲舒以賢良對策❸焉。

2 制❹曰：

3 「朕獲承至尊❺休❻德，傳之亡窮❼，而施之罔極❽，任大而守❾重，是以夙夜❿不皇⓫康寧，永惟⓬萬事之統⓭，猶懼有闕⓮。故廣延⓯四方之豪俊，郡國諸侯公選賢良修絜博習之士⓰，欲聞大道⓱之要⓲，至論⓳之極⓴。今子大夫褎然為舉首㉑，朕甚嘉㉒之。子大夫其㉓精心致思㉔，朕垂聽㉕而問焉㉖。

4

「蓋聞五帝㉗三王㉘之道，改制作樂而天下洽和㉙，百王同之。當虞氏之樂莫盛於韶㉚，於周莫盛於勺㉛。聖王已沒㉜，鐘鼓筦絃㉝之聲未衰，而大道微缺，陵夷至虖桀紂之行㉞，王道㉟大壞矣。夫五百年之間㊱，守文㊲之君，當塗㊳之士，欲則先王之法以戴翼其世者甚眾㊴，然猶不能反㊵，日以仆滅，至後王㊶而後止㊷，豈其所持操或誖繆而失其統與㊸？固天降命㊹不可復反，必推之於大衰而後息與？烏虖㊺！凡所為屑屑㊻，夙興夜寐㊼，務㊽法上古者，又將無補與？三代㊾受命，其符安在㊿？災異之變，何緣而起？性命之情[51]，或夭[52]或壽，或仁或鄙，習聞其號，未燭厥理[53]。伊[54]欲風流[55]而令行，刑輕而姦改，百姓和樂，政事宣昭[56]，何脩何飭而膏露降[57]，百穀登[58]，德潤四海[59]，澤臻屮木[60]，三光[61]全，寒暑平[62]，受天之祜[63]，享[64]鬼神之靈，德澤洋溢[65]，施虖方外[66]，延[67]及群生？

5

「子大夫明先聖之業，習俗化之變，終始之序[68]，講聞高誼[69]之日久矣，其明以諭[70]朕。科別其條[71]，勿猥[72]勿并，取之於術[73]，慎其所出。迺其不正不直，不忠不極[74]，枉于執事[75]，書之不泄，興[76]于朕躬[77]，毋悼[78]後害。子大夫其盡心，靡有[79]所隱，朕將親覽[80]焉。」

6

仲舒對曰：

7

「陛下發德音[81]，下明詔[82]，求天命與情性，皆非愚臣之所能及[83]也。臣謹案[84]春秋之中，視前世已行之事，以觀天人相與之際[85]，甚可畏也。國家將有失道之敗，而天迺先出災害以譴告之；不知自省[86]，又出怪異以警懼之；尚不知變，而傷敗乃至。以此見天心之仁愛人君而欲止其亂也。自[87]非大亡道之世者，天盡欲扶持而全安[88]之，事在彊勉[89]而已矣。彊勉學問，則聞見博而知[90]益明；彊勉行道，則德日起而大有功：此皆可使還[91]至而立有效者也。詩曰：『夙夜匪解。』[92]書云：『茂哉茂哉！』[93]皆彊勉之謂[94]也。

8

「道者，所繇適於治之路也[95]，仁義禮樂皆其具[96]也。故聖王已沒，而子孫長久安寧數百歲，此皆禮樂教化之功也。王者未作樂[97]之時，迺用先王之樂宜於世[98]者，而以深入教化於民。教化之情[99]不得[100]，雅頌之樂[101]不成。故王者功成作樂，樂[102]其德也。樂者，所以變民風，化民俗也；其變民也易，其化人也著。故聲發於和而本[103]於情，接於肌膚，臧[104]於骨髓。故王道雖微缺，而筦絃之聲未衰也。夫[105]虞氏之不為政久矣，然而樂頌遺風[106]猶有存者，是以孔子在齊而聞韶[107]也。夫人君莫不欲安存而惡危亡，然而政亂國危者甚眾，所任者非其人，而所繇者非其道，是以政日以仆滅也。夫周道衰於幽厲[108]，非道亡也，幽厲不繇也。至於宣王，思昔先王之德，興滯補弊[109]，明[110]文武[111]之功業，周道粲然[112]復興。詩人美之而作，上天祐[113]之，為生賢佐[114]。後世稱誦，至今不絕。此夙夜不解行善之所致[115]也。孔子曰[116]『人能弘道[117]，非道弘人』也。故治亂廢興在於己，非天降命不可得反，其所操持誖謬失其統也。

9

「臣聞天之所大奉[118]使之王[119]者，必有非人力所能致而自至者，此受命之符也。天下之人同心歸之，若歸父母，故天瑞應誠[120]而至。書曰：『白魚入于王舟，有火復于王屋，流為烏。』[121]此蓋受命之符也。周公曰：『復哉復哉。』孔子曰[122]：『德不孤，必有鄰。』皆積善絫[123]德之效也。及[124]至後世，淫佚[125]衰微，不能統理[126]群生，諸侯背畔[127]，殘賊[128]良民以爭壤土，廢德教而任刑罰。刑罰不中[129]，則生邪氣；邪氣積於下，怨惡畜[130]於上。上下不和，則陰陽[131]繆盭[132]而妖孽[133]生矣。此災異所緣而起也。

10

「臣聞命者天之令也，性者生之質也，情者人之欲也[134]。或夭或壽，或仁或鄙，陶冶[135]而成之，不能粹[136]美，有[137]治亂之所生，故不齊也。孔子曰[138]：『君子之德風也，小人之德屮也，屮上[139]之風必偃[140]。』故堯舜[141]行德則民仁壽，桀紂行暴則民鄙夭。夫上之化下，下之從上，猶泥之在鈞[142]，唯甄[143]者之所為；猶金之在鎔[144]，唯冶者之所鑄。『綏之斯俫，動之斯和[145]』，此之謂[146]也。

11

「臣謹案春秋之文，求王道之端[147]，得之於正[148]。正次王，王次春[149]。春者，天之所為[150]也；正者，王之所為[151]也。其意[152]曰，上承天之所為[153]，而下以正其所為[154]，正王道之端云爾[155]。然則[156]王者欲有所為，宜求其端於天。天道[157]之大者在陰陽。陽為德，陰為刑；刑主殺而德主生。是故陽常居大夏，而以生育養長為事；陰常居大冬，而積於空虛不用之處。以此見天之任德不任刑也。天使陽出布施[158]於上而主歲功[159]，使陰入伏於下而時出佐[160]陽。陽不得陰之助，亦不能獨成歲。終陽以成歲為名[161]，此天意也。王者承天意以從事，故任德教而不任刑。刑者不可任以治世，猶陰之不可任以成歲也。為政而任刑，不順於天，故先王莫之肯為也。今廢先王德教之官，而獨任執法之吏治民，毋乃[162]任刑之意與！孔子曰[163]：『不教而誅謂之虐。』虐政用於下，而欲德教之被[164]四海，故難成也。

12

「臣謹案春秋謂一元[165]之意，一者萬物之所從始也，元者辭之所謂大[166]也。謂一為元者，視[167]大始[168]而欲正本也。春秋深探其本，而反自貴者[169]始。故為人君者，正心以正朝廷，正朝廷以正百官，正百官以正萬民，正萬民以正四方。四方正，遠近莫敢不壹[170]於正，而亡有邪氣奸[171]其間者。是以陰陽調而風雨時，群生和而萬民殖[172]，五穀[173]孰[174]而屮木茂，天地之間被潤澤而大豐美，四海之內聞盛德而皆徠臣[175]，諸福之物，可致之祥，莫不畢[176]至，而王道終[177]矣。

13

「孔子曰[178]：『鳳鳥不至，河不出圖[179]，吾已矣夫[180]！』自悲可致此物，而身卑賤不得致也。今陛下貴為天子，富有四海，居得致之位，操可致之勢，又有能致之資[181]，行高而恩厚，知明而意美，愛民而好士，可謂誼主[182]矣。然而天地未應而美祥莫至者，何也？凡以[183]教化不立而萬民不正也。夫萬民之從利也，如水之走下，不以教化隄防[184]之，不能止也。是故教化立而姦邪皆止者，其隄防完也；教化廢而姦邪並出，刑罰不能勝者，其隄防壞也。古之王者明於此，是故南面[185]而治天下，莫不以教化為大務[186]。立太學以教於國[187]，設庠序以化於邑[188]，漸[189]民以仁，摩[190]民以誼，節[191]民以禮，故其刑罰甚輕而禁不犯者，教化行而習俗美也。

14

「聖王之繼亂世也，埽[192]除其跡而悉去[193]之，復脩教化而崇起[194]之。教化已明，習俗已成，子孫循之，行五六百歲尚未敗也。至周之末世，大為亡道，以失天下。秦[195]繼其後，獨不能改，又益甚之，重禁文學[196]，不得挾[197]書，棄捐[198]禮誼而惡聞之，其心欲盡滅先聖之道，而顓為自恣苟簡之治[199]，故立為天子十四歲而國破亡[200]矣。自古以來，未嘗有以亂濟[201]亂，大敗[202]天下之民如秦者也。其遺毒餘烈[203]，至今未滅，使習俗薄惡，人民嚚頑(204)，抵冒(205)殊扞(206)，孰爛(207)如此之甚者也。孔子曰(208)：『腐朽之木不可雕也，糞土(209)之牆不可圬(210)也。』今漢繼秦之後，如朽木糞牆矣，雖欲善治之，亡可柰何。法出而姦生，令下而詐起，如以湯(211)止沸，抱薪救火，愈甚亡益也。竊(212)譬之琴瑟不調(213)，甚者必解而更張(214)之，乃可鼓(215)也；為政而不行，甚者必變而更化(216)之，乃可理(217)也。當更張而不更張，雖有良工(218)不能善調也；當更化而不更化，雖有大賢不能善治也。故漢得天下以來，常欲善治而至今不可善治者，失之於當更化而不更化也。古人有言曰：『臨淵羨魚，不如退而結網。』今臨政而願治七十餘歲(219)矣，不如退而更化；更化則可善治，善治則災害日去，福祿(220)日來。詩云(221)：『宜民宜人(222)，受祿于天。』為政而宜於民者，固當受祿于天。夫仁誼禮知信五常之道(223)，王者所當脩飭也。五者脩飭，故受天之祐，而享鬼神之靈，德施于方外，延及群生也。」

【章　旨】以上記載董仲舒於漢武帝即位之初，被舉為賢良後，所作三篇對策中的第一篇。

【注　釋】❶舉　推薦。❷賢良文學　意謂有德行，通經學。這是漢代選拔人才的兩個科目。❸對策　天子拿政事或經義設問，問題寫在簡冊上，讓人按問對答，叫做策問，又叫對策。以天子言為策問，以應對者言為對策。❹制　制詞。皇帝的命令稱制；此為皇帝設問之言。❺至尊　最尊貴的地位。指天子。❻休　美；善。❼亡窮　沒有窮盡。亡，沒有。❽施之罔極　延續它沒有盡頭。施，延續。罔極，無盡。罔，無。❾守　職守；職責。❿夙夜　早晚；朝夕。⓫皇　通「遑」。閒暇。⓬永

惟　總在思考。惟，思。⑬統　綱紀；綱領。⑭闕　闕失；失誤。⑮延　招納；邀請。⑯郡國句　郡國，漢代地方行政區劃名稱。郡由朝廷直接管轄，國即諸侯王的封國。諸侯，指列侯。公選，公正地選拔。修絜，品行高尚純潔。絜，同「潔」。博習，知識淵博。⑰大道　指治國之道。⑱要　要點；綱要。⑲至論　最深刻的或者說是最好的理論。⑳極　中正的準則。㉑今子大夫句　子大夫，大夫的美稱。漢代，對於沒有大夫官位的男子，也可用「子大夫」或「大夫」作為尊美之稱。褎然，進取的樣子。舉首，指名列所舉賢良之首。㉒嘉　讚美；讚賞。㉓其　副詞，表示語氣。這裡表示的是希望、勸勉、命令等祈使語氣，意為「希望」、「要」。㉔致思　深思。㉕垂聽　是說上面的注意聽取下面的意見。垂，向下。㉖焉　代詞，指下面提問的問題。㉗五帝　傳說上古時代的五位帝王，即黃帝、顓頊、帝嚳、堯、舜。㉘三王　指夏、商、周三代的始君，即夏禹、商湯、周文王與武王。㉙洽和　和諧太平。㉚當虞氏句　當，在。虞氏，指舜。舜，相傳姚姓，有虞氏，所以史稱虞氏、虞舜，為中國原始社會末期部落聯盟首領。韶，相傳是舜時的樂曲名稱。㉛於周句　周，朝代名。周武王滅殷建周。勺，通「酌」。周代樂舞名，相傳為大型樂舞〈大武〉的第五章。㉜沒　去世。㉝鐘鼓筦絃　指各種樂器。鐘鼓，敲擊類樂器。筦，通「管」。指管類樂器，如簫、笙、竽等。絃，指絃類樂器，如琴、瑟等。㉞陵夷句　陵夷，衰敗。虖，通「乎」。於。桀紂，夏桀、殷紂，都是末代之君，是歷史上有名的暴虐君主。㉟王道　先王所行的治國之道。㊱五百年之間　孟子提出，聖賢五百多年出現一次。由堯、舜到商湯五百多年，由商湯到周文王五百多年，由周文王到孔子又是五百多年（見《孟子・盡心下》）。這裡採用孟子的說法，用「五百年之間」指前後兩個聖賢之間的時期。㊲守文　遵守先世法度。㊳當塗　當道。指執掌大權。㊴欲則句　則，效法；學習。戴翼，扶助。㊵反　通「返」。改變；扭轉。此指扭轉政治狀況日益衰敗的局面。㊶後王　指五百年後出現的聖賢君王。㊷止　指衰敗的形勢停止下來。㊸豈其句　誖，通「悖」。違背事理。繆，通「謬」。乖誤。統，綱紀；法度。與，同「歟」。語氣助詞，表疑問。㊹降命　自天言之是「降命」，自人間帝王言之是「受命」。古代帝王為了鞏固自己的統治地位，自稱治理天下的權力是上天授予的，這就是所謂受命於天、君權神授。㊺烏虖　同「嗚呼」。㊻屑屑　勞碌的樣子。㊼夙興夜寐　早起晚睡。夙，早。興，起來。寐，睡覺。㊽務　務必；一定。㊾三代　指夏、商、周三個朝代。㊿其符安在　三代的祥瑞徵兆在哪裡。符，祥瑞的徵兆。古代附會所謂的祥瑞徵兆，把它說成是君主受天命的憑證，藉以神化最高統治者。安在，即「在安」。這是一個疑問代詞作動詞賓語前置的句式。安，疑問代詞，哪裡。(51)性命之情　董仲舒在對策中說：「命者天之令也，性者生之質也，情者人之欲也。」(52)夭　短命。(53)未燭厥理　沒有明白它的道理。燭，洞悉；明察。(54)伊　助詞。無義。(55)風流　教化流行。風，教化。流，行。(56)宣昭　普遍清明。宣，普遍。昭，光明。此指政治清明。57何脩句　何脩何飾，即「脩何飾何」。脩，通「修」。治理。飾，通「飭」。整頓。膏露，猶「甘露」。甘美的雨露。天降甘露，被視為祥瑞的徵兆。58登　成熟。59德潤四海　言恩德遍及四海。潤，浸潤。60澤臻中木　恩惠施及草木。澤，恩惠。臻，至。中，同「草」。61三光　指日、月、星。62平　正常。63祜　福。64享　鬼神享受祭品。此為使動用法，言使鬼神享。鬼神享用祭品，意謂得到祖先和神靈的保祐。65洋溢　充滿。66方外　邊遠地區。67延　擴展。68終始之序　指五行終而復始循環變化的次序。中國古代把構成各種物質的複雜成分概括為金、木、水、火、土五種元素，並用生、剋來說明它們之間互相轉化和制約的關係，稱為五行。古人常以五行來說明宇宙萬物的起源和變化。戰國末期，陰陽家鄒衍創立五德終始學說，把五行看成五德，認為金、木、水、火、土五種物質的德性相生相剋，並終而復始地循環變化。他以此解釋人事，認為歷代王朝各代表一德，按照五行相生或相剋的順序成敗興衰，交互更替，周而復始。這樣周而復始地循環相承，就是五德終始之序。69高誼　高深的道理。誼，同「義」。70諭　告訴。71科別其條　按類分別問題的條目。科，品類。此為名詞作狀語用法，按品類。別，分別。條，條目；條款。72猥　堆積。73術　道術；學識。74極　中；不偏不倚。75枉于執事　在工作中有失誤。枉，錯誤；過失。此作動詞，有過失。執事，職事；工作。76興　打開。77躬　自身。78悼　懼怕。79靡有　沒有。靡，無。80覽　看。81德音　仁德的言語。82明詔　英明的詔令。83及　比得上。84案　考察。85天人相與之際　指天道與人事相互之間的關係。86省　反省。87自　如果。88全安　作動詞用，使動用法。言使之全安。89彊勉　勤勉；努力。彊，同「強」。90知　同「智」。91還　迅速。92詩曰二句　引詩見《詩經・大雅・烝民》。匪，通「非」。不。解，通「懈」。懈怠。93書云二句　引文見《尚書・皋陶謨》。茂，《尚書》作「懋」。懋、茂同義。勤勉；努力。94彊勉之謂　即「謂彊勉」。這是一個動詞賓語通過結構助詞「之」的作用被前置的句式。95道者二句　繇，通「由」。從。適，往。這裡以道路的道來解釋治國之道的道，治國之道是什麼路呢？是到達天下大治所經由之路。96具　工具。此言仁義禮樂都是以道治國的工具。97作樂　創作自己的音樂。98宜於世　適合於當時。99情　指實際效果。100不得　得不到。101雅頌之樂　謂盛世之樂。《詩經》所收詩篇，分為風、雅、頌三大類。風詩收各地民間歌謠，雅詩為王畿和宮廷之詩，頌詩用於宗廟祭祀。詩既可誦讀，又可配樂演唱，還可用樂器演奏。風、雅、頌就是音樂曲調的分類名稱，風是各地土樂，雅是宮廷樂調，頌是宗廟之音。後世常以「雅頌」指稱盛世之樂。102樂　音樂。此作動詞用，歌頌。103本　根據。104臧　通「藏」。此言音樂對人的影響至深。105夫　語氣助詞。用於句首，引出下文的議論。106樂頌遺風　利用音樂歌頌的餘音。樂，音樂。此作狀語，利用音樂。遺風，餘音。107孔子在齊而聞韶　《論語・述而》：「子在齊聞〈韶〉，三月不知肉味，曰：『不圖為樂之至於斯也。』」108幽厲　指周幽王、周厲王。根據《史記・周本紀》，周厲王姬胡暴虐，被趕下臺。經過「共和」時期之後，厲王的太子姬靜即位，就是宣王，整頓內政，安定社會秩序，號稱中興。宣王去世，其子宮涅即位，就是幽王。幽王昏庸無道，政治黑暗，西元前七七一年犬戎攻周，幽王被殺。由此可知，厲王在前，幽王在後，而宣王居中。這裡，董仲舒先言「衰於幽厲」，後說「至於宣王」，意在說明周道衰而復興。(109)興滯補弊　辦理積久未辦的事情，補救弊端。(110)明　明顯；顯著。使動用法，言使文、武之功業明，意謂弘揚，發揚光大。(111)文武　指周文王與周武王。(112)粲然　顯明可見的樣子。(113)祐　神靈的佑助。(114)賢佐　有賢德的輔佐大臣。(115)致　取得。(116)孔子曰　引文見《論語・衛靈公》。(117)人能弘道　弘，大。使動用法，言使道弘大。同為周道，幽厲之世則衰敗，宣王之世則復興，可知不是道使人變得偉大，而是人使道變得廣大。(118)奉　授予；賜給。(119)王　作動詞用。稱王；統治。(120)應誠　應和至誠。應，感應，謂神明對人事的反響。人以精誠的舉動感動神明，神明則以相應的祥瑞禍福應和，故曰感應。誠，至誠。此指君主受到人民擁戴、人民歸之若歸父母這種君主與人民之間真誠相待的情景。(121)書曰四句　這裡的「書曰」與下句「周公曰」以下的引文，顏師古注說都是《今文尚書・泰誓》裡的話。《今文尚書・泰誓》早已亡佚，今本《尚書・泰誓》上、中、下三篇屬偽古文，其中沒有這裡引到的話。王，指周武王。復，通「覆」。覆蓋。流，變化；演變。據《史記・周本紀》，周武王即位九年，東觀兵，至盟津，「武王渡河，中流，白魚躍入王舟中，武王俯取以祭。既渡，有火自上復于下，至于王屋，流為烏，其色赤，其聲魄云。」(122)孔子曰　引文見《論語・里仁》。(123)絫　同「累」。與「積」同義。(124)及　等到。(125)淫佚　縱欲放蕩，過分享樂。(126)統理　全面治理。(127)畔　通「叛」。(128)賊　傷害。(129)中　適中；公正得當。(130)畜　積聚。(131)陰陽　古人用陰陽二氣來解釋萬物的生成變化消長，凡天地、日月、四季、晝夜、男女以至腑臟、氣血等都分別屬於陰陽二氣。陰陽和則萬物順；如果陰陽不和，不論是自然界還是人類社會，就會有異常現象發生。(132)盭　古「戾」字。違背事理；不和。(133)妖孽　指怪異反常的現象。(134)臣聞三句　這是董仲舒對命、性、情的解釋。他認為，命，是根據上天的旨意降生的；性，是生下來就有的本質，即人們常說的天賦、本性、天性等；情，是人的感情，即所謂七情六欲。(135)陶冶　這裡是說像對泥土、金屬加工那樣對人進行培養教育。陶，燒製陶器。冶，冶煉金屬。(136)粹　純正。(137)有　通「由」。由於。(138)孔子曰　引文見《論語・顏淵》。(139)上　加。(140)偃　倒下。(141)堯舜　相傳為中國原始社會末期部落聯盟首領。當時實行禪讓制，堯傳位給舜，堯、舜又都是儒家稱道的聖明君主，所以常常「堯、舜」連稱。(142)鈞　製作陶器的轉輪。(143)甄　製作陶器。(144)鎔　鑄造金屬器物的模型。(145)綏之斯俫二句　綏，安撫。斯，則。俫，通「來」。前來歸服。動，使動用法，言使之動。和，協調。本句引文見《論語・子張》。(146)此之謂　即「謂此」。(147)端　開端。(148)正　正月。正月是一年開始的月分。

[149]正次王二句　這是指《春秋》這部書中，在每年的開始，用「(某)年春王正月」記時的方法。[150]天之所為　指天對萬物的生養潤育。春是一年四季的開始，是上天生育萬物的開端。以下數句，都是董仲舒對「正次王，王次春」蘊義的闡說。[151]王之所為　指君王對社會的治理。正月是一年十二個月的始月，是君王對社會施行統治的開端。[152]其意　《春秋》記時「正次王，王次春」的意義。[153]上承天之所為　指「春」在「王」上言。[154]下以正其所為　指「正」在「王」下言。[155]云爾　如此罷了。[156]然則　這是代詞「然」與連詞「則」組合成的一個連詞性結構。然，肯定前事。則，引出後事。其意是「(既然)這樣，那麼」。[157]天道　指大自然的規律。董仲舒同時又認為天有意志，所以這種大自然的規律，又被視為上天意志的體現。[158]布施　施予。[159]歲功　一年的成就。[160]佐　輔助。[161]終陽句　終，終究。以，因為。為名，作為一年開始的名稱。董仲舒認為，天道最重要的是陰陽，春夏為陽，秋冬為陰。雖然陽需陰助，但天道用德不用刑，所以終究還是用陽來作為一年的開始，歲首稱「春」。[162]毋乃　豈非；莫非。[163]孔子曰　引文見《論語．堯曰》。[164]被　遍及。[165]一元　此指《春秋》每遇新君即位，不稱「一年」，而稱「元年」。[166]大　王先謙《漢書補注》引王念孫說：「『大』當為『本』。」本，根本。意謂「元」作為一個語言詞彙，意思是「根本」。[167]視　通「示」。顯示；表明。[168]大始　重視開始。大，重視。[169]貴者　尊貴的人，指上層統治者。此言施行統治的根本，是從端正上層統治者開始。[170]壹　統一。[171]奸　干擾。[172]殖　繁衍生息。[173]五穀　五種穀物。具體所指，眾說不一。主要有以下幾說：㈠麻、黍、稷、麥、豆。㈡稻、黍、稷、麥、豆。㈢稻、稷、麥、豆、麻。一般言「五穀」，大都泛指各種穀物。[174]孰　通「熟」。豐收。[175]徠臣　前來臣服。徠，同「來」。臣，作動詞用。稱臣；臣服。[176]畢　都；全部。[177]終　完成。[178]孔子曰　引文見《論語．子罕》。[179]鳳鳥不至二句　古代傳說，鳳凰是一種神鳥，祥瑞的象徵，鳳凰出現就兆示天下太平。古代還傳說，聖人出現，接受天命統治天下，黃河就出現圖畫(有的稱為八卦圖)。孔子在這裡用「鳳鳥不至，河不出圖」來喻指當時天下禮崩樂壞，沒有清明的政治。[180]已矣夫　完了啊。已，結束；完了。矣夫，句末語氣詞連用，表感歎。這是孔子感到自己的主張不能推行而發出的消極悲觀的感歎。[181]資　天賦；資質。[182]誼主　有道君主。此言漢武帝既有可致祥瑞之位，是帝王；又有可致祥瑞之資，有德義。[183]凡以　大概因為。凡，指總體的概略情況，大致，大概。以，因為。[184]隄防　攔水的土壩。此作動詞用，意謂防範，管束。[185]南面　古代以坐北朝南為尊位，君主南面而坐見群臣，所以以「南面」指稱君主之尊。[186]務　事。[187]立太學句　太學，在國都設立的學校。國，國都。[188]設庠序句　庠序，地方學校。邑，地方城鎮。[189]漸　浸潤。此指對人思想的感化、影響。[190]摩　磨鍊。[191]節　節制。[192]埽　通「掃」。[193]去　廢除。[194]崇起　提倡；振興。[195]秦　朝代名。原為戰國七雄之一，西元前二二一年統一全國，建立秦朝。[196]重禁文學　嚴禁

文獻典籍。文學，指文獻典籍。197挾　攜帶。198棄捐　捨棄。199而顓為句　顓，通「專」。自恣，自我放縱。苟簡，苟且簡陋。200十四歲而國破亡　指秦朝存在十四年即短命而亡。董仲舒認為，秦朝焚書禁學，廢棄禮義，專任獄吏，峻法酷刑，這種統治，只是逞一時之威，不能使國家長治久安。201濟　增益。202大敗　嚴重傷害。203遺毒餘烈　指秦朝遺留的毒害與影響。遺毒，遺留的危害；餘毒。餘烈，火燄的剩餘部分。204嚚頑　欺詐與貪婪。嚚，欺詐。頑，貪婪。205抵冒　觸犯。206殊扞拒絕。207孰爛　果實熟透為熟爛。這裡比喻說明風俗敗壞的嚴重程度。此言當時社會風氣很壞，人民欺詐貪婪，觸犯法令，拒絕教化。208孔子曰　引文見《論語・公冶長》。209糞土　穢土。210圬　塗飾；粉刷。211湯　開沸的水。212竊　自我謙稱。私下；私自。213調　和諧。214解而更張　拆開重新安裝。解，拆開。更，重新。張，張設。此指安裝。215鼓　彈奏。216更化改變原來的習俗。此言改變舊的施政方針，實行新的治理措施。217理　治理。218良工　優秀的演奏家。工，指樂工。219七十餘歲　指漢初到武帝時期。220祿　福。221詩云　引詩見《詩經・大雅・假樂》。222宜民宜人　宜，適宜；適合。民，指平民百姓。人，指群臣百官。223五常之道　五種永恆不變的原則，指仁、義、禮、智、信。董仲舒在這裡提出的五常，與三綱（君為臣綱，父為子綱，夫為妻綱）相配合，即所謂「三綱五常」，是中國古代社會長期維護倫理等級制度的道德信條。

【語譯】 武帝即位，以賢良文學的名義被舉薦的人前後有幾百人，而董仲舒以賢良的身分對答天子的提問。

2　天子提問的制詞說：

3　「我得以繼承最尊貴的天子之位和美好的道德，永久地把它傳下去，把它延續到沒有窮盡的未來，任務巨大而職責重要，因此早起晚睡，不敢偷閒安寧，總在思考各種事情的要領，還是怕有過失。所以，廣泛邀請各地的傑出人才，郡、國和諸侯公正地推選有賢德、有修養、知識淵博的人，想聽到治國之道的綱要，最高理論的正確闡述。現在，大夫您勤奮進取，成為推舉賢良文學科的頭一名，對此我非常讚美。大夫您要細心深思，我認真聽取而提問如下的問題。

4　「聽說五帝、三王治理國家的辦法，是改革制度、創作音樂，然後天下和諧太平。歷代的君王都是這樣。在虞氏時的音樂，沒有比〈韶〉樂更好的；在周代，沒有比〈勺〉樂更好的。聖賢君王死了以後，鐘鼓管絃各種樂器的聲音不減弱，而治國之道衰微殘缺，逐漸衰敗到了夏桀、殷紂王的所作所為時，先王之道就嚴重地敗壞了。五百年之間，遵守先王法度的君主，在位當權的人，想效法先王的法度來把當世治理好的人很多，可是還是不能扭轉局面，一天天地走向滅亡，直到後世的聖賢君王出現了，然後衰敗的形勢才停下來，難道是他們採取的做法或許違背事理與乖誤而喪失了他們治理國家的綱紀嗎？是原有天命不能再扭轉，一定要把形勢推移到嚴重衰敗的程度，然後才停止下來嗎？唉呀！那些整天忙碌操勞，早起晚睡，致力效法上古聖賢君王的，對此也沒有補益嗎？夏、商、周三代的君王接受天命統治天下，他們依據的祥瑞徵兆在哪裡？災異的變化，為什麼出現？人的性命，富有感情，有的短命，有的長壽，有的仁慈，有的卑鄙，常聽到這些名稱，卻沒有完全明白它們的道理。朕想要教化流傳而政令推行無阻，刑罰輕微而奸邪悔改前非，百姓和平快樂，政治普遍清明，則該治理什麼、整頓什麼，甜美的雨露才得以降下來，各種農作物豐收，仁德遍布四海，恩惠施及草木，日月星完整而不虧損，寒冷暑熱變化正常，受到上天的保佑，得以祭祀鬼神的神靈，仁德恩惠遍及天下，施加到統治區域以外的邊遠地區，擴展到所有的人？

5　「大夫您通曉前代聖賢的事業，熟知習俗的變化和五行終而復始迴環變化的次序，講習和了解高深的道理時間很久了，要明白地告訴我。按類分別問題的條目，不要堆積，不要合併，根據您的道德學識把問題整理出來，對那些提出的意見要持慎重態度。至於那些不正直，不忠誠盡力，不是不偏不倚，工作有所失誤的辦事官吏，把他們寫上，不會洩漏出去，由我親自打開，不要憂懼後患。大夫您要盡心，不要有隱瞞，我將親自看您的對策。」

6　董仲舒對答說：

7　「陛下說出仁德的言語，頒布聖明的詔書，探求天命和民情，這都不是愚臣我能夠比得上的。臣認真考察《春秋》裡面的有關記載，回顧前世已經做過的事情，來觀察天和人二者相互之間的關係，確實很令人敬畏。國家將要有因君主無道而出現的政治衰敗，上天就先顯示自然災害來譴責警告無道的君主；在上天譴責警告面前不知道自我反省，再顯示怪異現象來警告恐嚇無道的君主；在上天警告恐嚇面前還不知道悔改，那麼滅亡的命運就會到來。由此看出，天意是仁愛君主的，而想要制止他們那種治理得不好的局面。如果不是非常昏庸無道的君主，上天都希望幫助他們，使他們穩居君主的地位，事情只是在於君主本身盡力而為罷了。努力求得知識，就見聞廣博而智慧更加明達；努力實踐聖賢之道，就道德日益增進而取得大的功業：這些都是可以使人迅速做到而立即見效的。《詩經》說：『從早到晚都不懈怠。』《尚書》說：『努力呀，努力呀！』都是說盡力而為的意思。

8 「道，是達到天下大治所走的道路，仁義禮樂都是它的工具。所以，聖明君王死了以後，而子孫長期安寧，達數百年之久，這都是禮樂教育感化的功效。成就王業的人沒有創作自己的音樂的時候，就先採用前代君王的音樂中適合於當代的部分，用來對人民深入進行教育感化。教育感化的實際效果達不到，雅頌一類盛世音樂就創作不出來。所以，成就王業的人，事業成功，創作音樂，頌揚他的功德。音樂，是用來改變人民風俗的東西；它改變人民的風俗非常容易，它感化人民的作用顯著。所以，聲音從和諧的氣氛發出，把人的感情作為依據，能夠和人外部的肌肉皮膚接觸，深藏於體內的骨髓裡面。所以，王道即使衰敗，而管絃的樂音不減退。虞氏死去的年代已經久遠了，但是用音樂歌頌他的餘音還有流傳下來的，因此孔子在齊國聽到了〈韶〉樂。君主沒有不希望安寧和生存，而憎惡危險和滅亡，但是，政治動亂、國家危險的很多，這是因為任用的不是合適的人，而走的不是達到天下大治的道路，因此，政治一天天地衰敗下去而直到滅亡。周王朝的治國之道在周幽王、周厲王時期衰敗下去，不是治國之道不存在了，而是周幽王、周厲王不遵循它。到了周宣王時期，思念過去前代君王的美德，興辦該辦而被長期擱置的事情，補救給社會造成的弊端，恢復和發揚周文王、周武王的豐功偉績，周王朝的治國之道明顯地又興盛起來。詩人讚美他，而創作了詩篇，上天保佑他，給他降生了有才德的輔佐大臣。後世稱讚歌頌，直到今天連續不斷。這是從早到晚不鬆懈地施行善政所取得的。孔子說『人能夠使「道」變得廣大，不是「道」使人變得偉大』。所以，安定或動亂、滅亡或興盛都在於自己，不是上帝降下的旨意不能夠改變，是他們採取的做法乖謬，而喪失了他們治理國家的綱紀。

9 「臣聽說，上天賜予天下使人居於君王地位，一定有不是人力能夠取得而自己到來的，這就是接受上天授予統治天下的命令的祥瑞徵兆。天下的人同心歸服他，像歸依父母一樣，所以，上天顯示的祥瑞徵兆應和這種至誠的情景而到來。《尚書》說：『白魚躍入周武王坐的船中，有火光覆蓋在周武王居住的屋子上，火光下移變為烏鳥。』這大概就是接受上天授予統治天下的命令的祥瑞徵兆。周公說：『火光覆蓋了王居住的屋子啊，火光覆蓋了王居住的屋子啊。』孔子說：『有道德的人不會孤立，一定會有志同道合的人來和他為鄰作伴。』都是積累善行美德的功效。等到了後世，國君縱欲放蕩，政治衰敗，不能全面治理天下民眾，諸侯背叛，殘害善良民眾來爭奪土地，廢棄道德教化而任用刑罰。刑罰不能做到適中得當，就產生邪惡的社會風氣；邪惡的社會風氣在社會下層日益發展蔓延，怨恨在社會上層日益加深。上下不和睦協調，就陰陽失調不和，而怪誕反常的現象出現。這就是自然災害和反常的自然現象出現的原因。

10 「臣聽說，生命是根據上天的旨意降生的，稟性是天生本質具有的，感情是人的欲望的表現。有的短命，有的長壽，有的仁慈，有的卑鄙，通過像燒製陶器和冶煉金屬一樣的培養教育，使他們成材，還是不能都達到純正完美的地步，這是由於社會的安定或動亂造成的，所以不完全一樣。孔子說：『君子的品德好比風，小人的品德好比草，草上吹風，草一定向風吹的方向倒伏。』所以，堯、舜施行德政，人民就仁愛、長壽；夏桀、殷紂王施行暴政，人民就卑鄙、短命。上面的影響下面的，下面的仿效上面的，像泥土被放在製作陶器的轉輪裡一樣，任憑做陶器的人製作成什麼器物；像金屬被放在鑄造器具的模型裡一樣，任憑冶煉的人鑄造成什麼器物。『安撫人民，人民就來歸順；使人民行動，人民就齊心協力』，就是說這個意思。

11 「臣認真考察《春秋》的記載，探求王道的開端，從一年的開始月分『正』得到了它。『正』在『王』下，『王』在『春』下。春，是上天生育萬物的開端；正，是君王施行統治的開端。它的意思是說，上面承接上天生育萬物的開端，而下面來端正君王施行統治的開端，『正』是王道的開端，如此罷了。這樣，那麼做君王的人要施行統治，應該向上天探求它的開端。天道之中，重要的在於陰陽。陽是德，陰是刑；刑主管殺戮，德主管生育。所以，陽經常處於盛夏，而把生育養長萬物作為自己的事情；陰經常處於嚴冬，而積聚在空虛不起作用的地方。由此可以看到，上天用德不用刑。上天使陽出來在上面把生育養長萬物需要的東西施與給萬物，而主管一年的成就，使陰潛伏在下面，而時常出來幫助陽。陽不得到陰的幫助，也不能獨自形成一年。

終究陽由於形成了年歲而被用來作為年歲開端的名稱，這是天意。做君王的人承接天意來進行統治，所以用道德教化而不用刑。刑不能用來治理社會，像陰不能用來形成年歲一樣。治理政事而用刑，不順應天意，所以前代君王沒有人肯做這樣的事。如今，廢棄前代君王進行道德教化的官吏，而只任用執法的官吏治理人民，莫非是用刑的意思吧！孔子說：『不教育就殺戮，叫做暴虐。』在社會上進行暴虐的統治，卻要道德教化遍布四海之內，所以難於做到啊。

[12] 「臣認真考察《春秋》稱『一』為『元』的意義，『一』是萬物開始的地方，『元』是語言中所說的根本。稱『一』為『元』的原因，是表明重視開始而要端正根本。《春秋》深入探究施行統治的根本，而反過來從尊貴的人開始。所以做君主的，用端正自己的思想來端正朝廷，用端正朝廷來端正百官，用端正百官來端正民眾，用端正民眾來端正四方。四方端正，不論遠近沒有什麼地方敢於不統一在端正上面，這樣，就沒有邪惡的風氣干擾在這中間了。因此，陰陽調和而風雨按時吹降，眾生和順而民眾生息，五穀豐登而草木茂盛，天地之間普遍蒙受恩惠而非常富足美好，四海之內聽到盛大美德而都歸服稱臣。各種幸福的東西，可以得到的祥瑞，無不全部得到，王道就完成了。

[13] 「孔子說：『鳳凰不飛來了，黃河不出現圖畫了，我這一輩子就要完了啊！』自己哀傷可以得到這些祥瑞，卻因為地位低微，不能得到。如今，陛下尊貴為天子，富裕有天下，處於能夠得到的地位，掌握可以得到的權勢，又有能夠得到的天資，品行高尚而恩德豐厚，智慧明達而意志美好，愛護人民而喜好有才德的人，可以稱做有道義的君主了。可是，天地沒有感應，美好的祥瑞沒有什麼現象出現，為什麼呢？大概是因為教化沒有建立，民眾沒有被端正。民眾追逐利益，像水向低窪的地方奔流一樣，不用教化防範他們，是不能禁止住的。所以，教化建立而奸邪都被禁止，那是因為防範措施完備；教化廢棄而奸邪都出現，刑罰不能制服，那是因為防範措施被破壞。古代做君王的人明白這個道理，所以面向南坐治理天下，無不把教化作為大事。在國都設立太學，在各地設立各級地方學校庠序來進行教化，用仁影響人民，用義磨鍊人民，用禮節制人民。所以，他們的刑罰很輕而禁令不被違犯，是因為教化施行而習俗美好。

14 「聖明君王接續在動亂時代的後面，掃除動亂時代遺留的痕跡而全部革除它，重新施行教化而重視、振興它。教化的效果已經明顯，美好的習俗已經形成，子孫遵循著它，進行統治長達五六百年還不至衰敗。到了周朝的末期，恣意做昏庸的事情，結果喪失了天下。秦朝接續在周朝的後面，偏偏不能夠改變，比周朝末期的做法又更加嚴重了，嚴禁文獻經典，人民不能攜帶書籍，捨棄禮義而不願意聽到它，它想要全部毀滅前代聖王的治國之道，而專一地進行自我放縱、苟且簡陋的統治，所以，立為天子十四年就國家破敗滅亡了。自古以來，不曾有過亂上加亂、嚴重傷害天下人民像秦朝這樣的。秦朝遺留的毒害和殘存的影響，直到今天沒有消除，使得社會習俗刻薄險惡，人民欺詐貪婪，觸犯法令，拒絕教化，風俗敗壞達到如此嚴重的程度。孔子說：『腐爛了的木材不能雕刻，糞土壘的牆壁不能粉刷。』如今，漢朝接續在秦朝的後面，社會狀況像腐爛了的木材、糞土壘的牆壁一樣，雖然想要很好地治理它，也沒有可以治理好的辦法。法律頒布而奸邪產生，政令下達而欺詐出現，像倒入滾開的熱水制止水的滾沸、抱著柴去救火一樣，情況越來越嚴重，沒有任何幫助。我把它打個比方，比如琴瑟絃音不和諧，嚴重的，一定要拆開而重新安裝它，才可以彈奏；治理政事而政令不能推行，嚴重的，一定要變易舊制而改革它，才可以治理。應該重新安裝而不重新安裝，即使有優良的彈奏家，不能很好地協調絃音；應該改革而不改革，即使有非常賢能的人，不能很好地治理國家。所以，漢朝取得天下以來，時常想要很好地治理而直到今天還治理不好，失誤就在於應該改革而不改革。古人有種說法：『面對池塘希望得到魚，不如回家去趕緊編織魚網。』如今，治理政事而希望治理好已經七十多年了，不如回過頭來進行改革；改革就可以很好地治理，很好地治理災害就一天天地消除，福祿一天天地到來。《詩經》說：『適合人民與百官，接受福祿自上天。』治理政事而對人民適合的，本來應該從上天得到福祿。仁、義、禮、智、信這五種永恆不變的原則，是做君王的應該加強治理的。這五種原則加強治理，所以，受到上天的保佑，而得以祭祀鬼神的神靈，恩德施加到統治區域以外的邊遠地區，擴展到所有的人。」

天子覽其對而異❶焉，乃復冊❷之曰：

制曰：

「蓋聞虞舜之時，游於巖廊❸之上，垂拱無為❹，而天下太平；周文王至於日昃❺不暇❻食，而宇內❼亦治。夫帝王之道，豈不同條共貫❽與？何逸勞之殊也❾？

「蓋儉者❿不造玄黃旌旗⓫之飾。及至周室⓬，設兩觀⓭，乘大路⓮，朱干玉戚⓯，八佾⓰陳於庭，而頌聲興。夫帝王之道豈異指⓱哉？或曰良玉不瑑⓲，又云非文⓳亡以輔德，二端⓴異焉。

「殷人執五刑㉑以督㉒姦，傷肌膚以懲㉓惡。成康㉔不式㉕，四十餘年天下不犯，囹圄㉖空虛。秦國用之，死者甚眾，刑者相望㉗，耗㉘矣哀哉！

「烏虖！朕夙寤晨興㉙，惟㉚前帝王之憲㉛，永思所以奉至尊㉜，章洪業㉝，皆在力本任賢㉞。今朕親耕藉田㉟以為農先，勸孝弟㊱，崇㊲有德，使者冠蓋相望㊳，問勤勞，恤孤獨，盡思極神，功烈休㊴德未始云獲㊵也。今陰陽錯繆，氛㊶氣充塞，群生寡遂㊷，黎民未濟㊸；廉恥㊹貿亂㊺，賢不肖渾殽㊻，未得其真。故詳延特起之士㊼，意庶幾㊽乎。今子大夫待詔㊾百有餘人，或道世務而未濟㊿，稽諸(51)上古而不同，考之于今而難行，毋乃牽於文繫而不得騁與[52]？將[53]所繇異術，所聞殊方與？各悉[54]對，著于篇[55]，毋諱有司[56]。明其指略[57]，切磋究之，以稱[58]朕意。」

7 仲舒對曰：

8 「臣聞堯受命，以天下為憂，而未以位為樂也，故誅逐亂臣，務[59]求賢聖，是以得舜、禹、稷、卨、咎繇[60]。眾聖輔德，賢能佐職，教化大行，天下和洽，萬民皆安仁樂誼，各得其宜，動作應[61]禮，從容中道[62]。故孔子曰『如有王者，必世而後仁』[63]，此之謂也。堯在位七十載[64]，迺遜[65]于位以禪[66]虞舜。堯崩[67]，天下不歸堯子丹朱[68]而歸舜。舜知不可辟[69]，乃即天子之位，以禹為相，因[70]堯之輔佐，繼其統業[71]，是以垂拱無為而天下治。孔子曰[72]『韶盡美矣，又盡善也』，此之謂也。至於殷紂，逆天暴物，殺戮賢知，殘賊[73]百姓。伯夷、太公[74]皆當世賢者，隱處而不為臣。守職之人皆奔走逃亡，入于河海[75]。天下耗亂，萬民不安，故天下去殷而從周[76]。文王順天理物[77]，師用[78]賢聖，是以閎夭、太顛、散宜生[79]等亦聚於朝廷。愛施兆民[80]，天下歸之，故太公起海濱而即三公[81]也。當此之時，紂尚在上，尊卑昏亂，百姓散亡，故文王悼痛而欲安之，是以日昃而不暇食也。孔子作春秋，先正王[82]而繫萬事，見素王[83]之文焉。繇此觀之，帝王之條貫[84]同，然而勞逸異者，所遇之時異也。孔子曰『武盡美矣，未盡善也』[85]，此之謂也。

9

「臣聞制度[86]文采玄黃之飾，所以明尊卑，異貴賤，而勸有德也。故春秋受命所先制者[87]，改正朔[88]，易服色[89]，所以應天[90]也。然則[91]宮室旌旗之制，有法而然者[92]也。故孔子曰[93]：『奢則不遜[94]，儉則固[95]。』儉非聖人之中制[96]也。臣聞良玉不瑑[97]，資質潤美，不待[98]刻瑑，此亡異於達巷黨人不學而自知也[99]。然則常玉不瑑，不成文章[100]；君子不學，不成其德。

10

「臣聞聖王之治天下也，少則習之學[101]，長則材諸位[102]，爵祿以養其德[103]，刑罰以威[104]其惡，故民曉於禮誼而恥犯其上。武王行大誼，平殘賊，周公作禮樂以文[105]之，至於成康之隆[106]，囹圄空虛四十餘年。此亦教化之漸[107]而仁誼之流[108]，非獨傷肌膚之效也。至秦則不然。師申商之法[109]，行韓非[110]之說，憎帝王之道，以貪狼[111]為俗，非有文德以教訓於天下也。誅[112]名而不察實，為善者不必免[113]，而犯惡者未必刑也。是以百官皆飾空言虛辭[114]而不顧實，外有事君之禮，內有背上之心；造偽飾詐[115]，趣利[116]無恥。又好用憯酷[117]之吏，賦斂亡度，竭民財力，百姓散亡，不得從耕織之業，群盜並起。是以刑者甚眾，死者相望，而姦不息[118]，俗化[119]使然也。故孔子曰『導之以政，齊之以刑，民免而無恥』[120]，此之謂也。

11

「今陛下并有天下，海內莫不率服[121]，廣覽兼聽，極群下之知[122]，盡天下之美，至德昭然[123]，施於方外。夜郎[124]、康居[125]，殊方[126]萬里，說[127]德歸誼，此太平之致[128]也。然而功不加於百姓者，殆[129]王心未加焉。曾子曰[130]：『尊[131]其所聞，則高明矣；行其所知，則光大[132]矣。高明光大，不在於它[133]，在乎[134]加之意而已。』願[135]陛下因用所聞，設誠於內而致行[136]之，則三王何異[137]哉！

12

「陛下親耕藉田以為農先，夙寤晨興，憂勞萬民，思惟往古，而務以求賢，此亦堯舜之用心也，然而未云獲者，士素不厲[138]也。夫不素養士而欲求賢，譬猶不瑑玉而求文采也。故養士之大者，莫大虖[139]太學[140]。太學者，賢士之所關[141]也，教化之本原也。今以一郡一國[142]之眾，對亡應書者[143]，是王道往往[144]而絕也。臣願陛下興太學，置明師，以養天下之士，數[145]考問以盡其材，則英俊宜可得矣。今之郡守、縣令，民之師帥，所使承流而宣化[146]也。故師帥不賢，則主德不宣，恩澤不流。今吏既亡教訓於下，或[147]不承用[148]主上之法，暴虐百姓，與姦為市[149]，貧窮孤弱，冤苦失職[150]，甚不稱陛下之意。是以陰陽錯繆，氛氣充塞，群生寡遂，黎民未濟，皆長吏[151]不明，使至於此也。

13

「夫長吏多出於郎中、中郎[152]，吏二千石[153]子弟選郎吏，又以富訾[154]，未必賢也。且古所謂功者，以任官稱職為差[155]，非所謂積日絫久也。故小材雖[156]絫日，不離於小官；賢材雖未久，不害[157]為輔佐。是以有司竭力盡知，務治其業而以赴功[158]。今則不然。絫日以取貴[159]，積久以致官[160]，是以廉恥貿亂，賢不肖渾殽，未得其真。臣愚以為使諸列侯[161]、郡守、二千石各擇其吏民之賢者，歲貢[162]各二人以給宿衛[163]，且以觀大臣之能；所貢賢者有賞，所貢不肖者有罰。夫如是，諸侯、吏二千石皆盡心於求賢，天下之士可得而官使[164]也。徧得天下之賢人，則三王之盛易為，而堯舜之名可及[165]也。毋以日月為功，實試[166]賢能為上，量材而授官，錄[167]德而定位，則廉恥殊路，賢不肖異處矣。

14 「陛下加惠，寬臣之罪，令勿牽制於文[168]，使得切磋究之[169]，臣敢不盡愚[170]！」

【章　旨】以上記載董仲舒〈賢良對策〉的第二篇。

【注　釋】❶異　特異；與眾不同。這裡作動詞用，意動用法，言認為他與眾不同。❷冊　策問，即將設問的問題寫在簡冊上以求回答。❸巖廊　高峻的走廊。❹垂拱無為　謂無為而治。垂，指衣裳下垂。拱，兩手在胸前相合。垂衣拱手，都是人的靜態姿勢；藉此形容自己不用親自處理各種政務而天下就可治理得很好。此為稱頌帝王無為而治的用語。❺昃　太陽偏西。❻不暇　沒有空閒。暇，空閒。❼宇內　天下。宇，疆土。❽同條共貫　共同的條例規則。❾何逸勞之殊也　為什麼安逸和勞苦這樣的不同呢。何，為什麼；怎麼。殊，不同。❿儉者　指周朝以前注重節儉的帝王。⓫玄黃旌旗　指多種顏色的旗幟。玄，赤黑色。⓬周室　周朝王室。⓭設兩觀　觀，宮門與宗廟門兩旁的高建築物，又叫闕。聳立門的兩側，所以說「設兩觀」。⓮乘大路　路，通「輅」。天子乘坐的車。根據《周禮·春官·宗伯》記載，車官之長巾車掌管「王之五路」，即玉路、金路、象路、革路、木路。大路，指玉路，也就是用玉作為裝飾的車。五路中玉路最大，所以稱「大路」。⑮朱干玉戚　塗成紅色的盾牌，把柄鑲玉的斧子。朱，紅色。干，盾牌；護身兵器。戚，斧子。⑯八佾　佾，舞蹈隊列，每列八人。八佾，共六十四人。這是天子樂舞隊列。諸侯六佾，大夫四佾，士二佾。⑰指　旨趣；意向。⑱瑑　雕刻紋飾或文字。⑲文　文采；粉飾。⑳端　方面。㉑五刑　五種輕重不同的刑法，即墨（在面頰刺字，然後塗上墨）、劓（割鼻）、刖（斷足）、宮（男割勢，女幽閉）、大辟（殺）。㉒督　責罰。㉓懲　止。㉔成康　指周成王、周康王。周武王滅殷建周，武王死，子成王立。成王死，子康王立。㉕式　使用。㉖囹圄　牢獄。根據《史記・周本紀》記載：「成、康之際，天下安寧，刑錯四十餘年不用」，史稱成康之治。㉗相望　互相看得見。形容受刑的人眾多。㉘耗　通「眊」。昏暗不明。㉙夙寤晨興　早早地醒來，天剛亮起床。夙，早。寤，睡醒。興，起。㉚惟　思考。㉛憲　法度。㉜奉至尊　保持天子之位。奉，保全。㉝章洪業　弘揚大業。章，顯揚；弘揚。洪，大。㉞力本任賢　致力農業，任用賢才。本，指農業。㉟藉田　古代帝王親耕之田。每年春耕前，帝王手執耒耜在藉田中推三下，做出親自耕田的樣子。整個藉田，由農民為之耕種。藉，借。藉田，實為借用民力耕種之田。帝王行藉田之禮，以顯示對農業生產的重視。㊱勸孝弟　鼓勵孝順父母，敬愛兄長。勸，鼓勵；勉勵。弟，同「悌」。敬愛兄長。㊲崇　尊重。㊳使者冠蓋相望　使者戴的冠與所乘車子的車蓋彼此前後看得見。形容使者人數眾多，道路上往來不斷。冠，成年男子頭上有冠。蓋，指車蓋。古時車上有蓋，像今天的傘狀，可以遮擋日曬、雨淋。㊴休　美。㊵未始云獲　未曾取得。未始，未曾。云，語氣詞，用於句中。㊶氛　指邪惡之氣。㊷寡遂　很少能正常生長。寡，少。遂，成長。㊸濟　救助。㊹廉恥　指廉潔之士與無恥之人。㊺貿亂　雜亂。貿，也是「亂」的意思。㊻賢不肖渾殽　不肖與「賢」對言，指不賢，不成才。渾殽，混雜。㊼詳延特起之士　盡請傑出人才。詳，盡。延，招納；邀請。特起，傑出。㊽庶幾　或許差不多；大概可以。㊾待詔　等待詔命。詔，皇帝的命令。㊿或道世務而未濟　或，有人。道，說。務，事。濟，救助。(51)稽諸　稽，考察。諸，「之於」的合音詞。(52)毋乃句　毋乃，莫非是。牽於文繫，謂慣於文吏之法。牽，拘泥；牽累。文繫，指文吏之法。騁，縱馬奔跑。這裡用來比喻在對策中展開闡述見解，充分發表議論。(53)將　還是。(54)悉　全部；詳盡。(55)著于篇　著，寫；記載。篇，簡冊。(56)有司　主管部門的官吏。(57)指略　猶要旨。(58)稱　符合。(59)務　致力。(60)禹稷卨咎繇　禹，相傳為中國原始社會末期夏后氏部落首領。當時的部落聯盟首領以推舉產生，即實行所謂禪讓制，堯傳給了舜，舜傳給了禹。至禹而傳子啟建立夏朝。稷，周人始祖。姓姬，名棄。相傳堯、舜時擔任主管農事的官職后稷，所以又稱稷、后稷。卨，人名，字又作契、偰。殷人始祖。相傳堯時擔任司徒，主管民事教化。咎繇，人名，字又作皐陶。相傳舜臣，主管刑法。(61)應　符合。(62)從容

中道　從容，舉止。中，符合。道，道義。(63)故孔子曰二句　引文見《論語・子路》。世，三十年為一世。(64)載　年。(65)遜讓。(66)禪　以帝王之位傳人。(67)崩　天子死稱崩。(68)丹朱　名朱，堯之子，封於丹淵，所以又稱丹朱。《史記・五帝本紀》：「堯知子丹朱之不肖，不足授天下，於是乃權授舜。」(69)辟　通「避」。(70)因　沿用。(71)統業　指帝王之業。統，統緒。即一脈相承的統治系統。(72)孔子曰　引文見《論語・八佾》。顏師古注：「孔子嘉舜之德，故聽其樂而云盡善盡美矣。」(73)賊害。(74)伯夷太公　伯夷，人名，孤竹國君之子。孤竹國，在今河北盧龍南。相傳商朝末年，孤竹國君二子伯夷、叔齊遜讓君位，逃往周國，途中遇到周武王率軍伐紂，認為臣不應當伐君，叩馬進諫。周滅殷後，立誓不食周粟，終被餓死在首陽山。太公，姜姓，呂氏，名尚。周文王訪賢，得之於渭水之濱，說：「吾太公望子久矣。」於是又號稱太公望。一說，姜尚隱居海濱，經招而歸周。後輔佐周武王伐紂滅殷建周，封於營丘（後改稱臨淄，在今山東淄博東北），為齊國始封之君。(75)守職二句　《論語・微子》：「鼓方叔入於河，播鼗武入於漢，少師陽、擊磬襄入於海。」董氏蓋據此言之。(76)去殷而從周　脫離殷朝而歸順周國。去，離開。從，往就；歸屬。(77)順天理物　順應天命，治理國事。理，治。物，事。(78)師用　像對待老師一樣任用。(79)閎夭太顛散宜生　三人名。三人都是周文王的賢臣。(80)兆民　眾民。兆，數詞。十萬為億，十億為兆。(81)即三公　就任三公之職位。即，就任。三公，官名合稱，周代為太師、太傅、太保，是周王之下最高輔政大臣。(82)正王　以周王正月為正。《春秋》記事，每年開始都用「某年春王正月」的記時方法記時繫事。(83)見素王　見，顯示。素王，指具備帝王德能而無帝王權位的人。此指孔子。(84)條貫　條例；法規。(85)孔子曰二句　引文見《論語・八佾》。武，周武王時樂曲名。(86)制度　製作。(87)受命所先制者　接受天命而取得天下，首先制定的制度。(88)正朔　謂曆法。正，一年之始。朔，一月之始。古代改朝換代，必改正朔，表示棄舊更新，從此政從我始。《禮記・大傳》「改正朔」句孔穎達《正義》：「改正朔者，正謂年始，朔謂月初，言王者得政示從我始，改故用新，隨寅、丑、子所損也。周子、殷丑、夏寅，是改正也；周半夜、殷鷄鳴、夏平旦，是易朔也。」(89)服色　指車騎服飾與祭祀用牲的顏色。服色歷代各有所尚，新王朝建立後要改用當朝崇尚的服色，如夏尚黑，商尚白，周尚赤。(90)應天　順應天命。(91)然則　然，這樣。則，那麼。(92)有法而然者　意謂根據法度建造成這樣的。法，法度。然，這樣。(93)孔子曰　引文見《論語・述而》。(94)遜　謙虛。(95)固　簡陋。(96)中制　指既不奢又不儉而正好適中的制度。(97)瑑　在玉器上雕刻飾文。(98)待　需要。(99)此亡異句　亡，無。達巷，黨名。黨，周代社會基層組織單位名稱，一黨五百家。一說，達，巷黨名。巷黨，猶胡同，里巷。達巷黨人，顏師古注引孟康語：「人，項櫜也。」相傳項櫜七歲為孔子師，是一位「不學而自知」的神童。(100)文章　文采。(101)習之學　學習學業。習，學習。學，指學業，知識。(102)材諸位材之於位。意謂根據人的才幹授予職位。(103)爵祿句　謂用授官賜爵給予俸祿來保持他們的德行。爵，爵號或官位。祿，俸祿。養，保持。(104)威　震懾。(105)文　文采。這裡是說修飾文采。(106)隆　興盛。(107)漸　指事物逐漸發展演進的過程。(108)流　傳布。(109)師申商之法　效法申不害、商鞅的法制。師，效法。申，指申不害。申不害，戰國時鄭國人。後為韓昭侯相。其思想本於黃老而主刑名，主張法治，尤為重術。要求君主因任授官，循名責實，操生殺之權，察群臣之能。在韓國為相十五年，內修政教，國安兵強，韓國大治。商，指商鞅。商鞅，戰國時衛國人。姬姓，公孫氏，稱公孫鞅。後到秦國，因是衛國人，稱衛鞅。以功封商地，號商君，稱商鞅。商鞅主張法治，崇尚農戰，強調集權。入秦後，在秦孝公支持下實行變法，秦國富強。因遭保守勢力反對，孝公死的當年，便誣其謀反而被車裂。(110)韓非　戰國末年韓國人。韓非與李斯同師荀子，喜刑名法術之學。為韓使秦，遭李斯等讒言，被下獄，自殺。先秦法家各有所主，商鞅主法，申不害主術，慎到主勢。韓非總結先秦法家各派學說，提出以法為主，法、術、勢三位一體的法治理論，為建立專制中央集權提供了理論根據。(111)貪狼　言如狼性貪婪兇狠。(112)誅　責求。(113)免　指免受刑罰。(114)飾空言虛辭　指粉飾弄虛作假的不實言詞。(115)飾詐　掩飾欺詐。(116)趣利　追逐財利。趣，趨向。(117)憯酷　殘酷。憯，慘毒。(118)息　止息。(119)俗化　習俗風氣。(120)故孔子曰三句　引文見《論語·為政》。齊，整治。免，指免於刑罰、災禍。無恥，沒有羞恥。(121)率服　順服。(122)極群下之知　極盡群臣百姓的智慧。極，盡。(123)至德昭然　最高的道德十分顯明。至德，最高的道德。至，謂達到極點。昭然，顯明的樣子。昭，光明。(124)夜郎　古國名。其地主要在今貴州、雲南、四川三省交界地區。漢武帝建元六年（西元前一三五年），派人招撫，歸順朝廷。(125)康居　西域國名。原游牧於今中亞巴喀什湖與鹹海之間。漢初國小勢弱，後漸強大。(126)殊方　遠方；異域。(127)說　同「悅」。(128)致　狀態；風度。(129)殆　恐怕；大概。(130)曾子曰　引文見《大戴禮記·曾子疾病》。曾子，名參，字子輿，魯國南武城人。孔子弟子，性至孝。本書卷三十〈藝文志〉著錄「曾子十八篇」，其書今佚，而其中十篇保存在《大戴禮記》中，〈曾子疾病〉是其一。(131)尊　尊崇。(132)光大　廣大。(133)它　別的。(134)乎　於。(135)願　希望。(136)致行　施行。(137)三王何異　言武帝與三王何異。(138)士素不厲　士人平日得不到鼓勵。素，平素。厲，同「勵」。勉勵；鼓勵。(139)虖　通「乎」。於。(140)太學　朝廷設立在京師的國學，是全國的最高學府。(141)繇　由；經過。(142)一郡一國　郡國，地方行政區劃名稱。漢代實行郡縣制，一郡轄數縣。同時，又進行分封，封爵分王、侯二級。侯國一般較小，大者也不過一縣之地；王國大都地跨數郡，轄數縣、十幾縣，甚至數十縣。所以，漢代的地方行政區劃，形成實際上的郡國並行制。(143)對亡應書者　對策沒有符合詔書要求的人。應，適合。書，指皇帝的策問制書。(144)往往　處處；到處。(145)數　屢次。(146)承流而宣化　受命傳布君恩，宣揚教化。承，接受。流，傳布。(147)或　有的人。148 承用　沿用。149 市　貿易；做買賣。這裡喻指為達到某種目的而進行交易。150 職　事；職業。151 長吏　地位較高官吏的統稱。秦、漢時一般指秩六百石以上官吏，而縣丞、縣尉秩雖低（四百石至二百石），也可稱長吏。152 郎中中郎　皆為郎中令屬官。本書卷十九〈百官公卿表〉：郎中令「武帝太初元年更名光祿勳。屬官有大夫、郎、謁者，皆秦官。又期門，羽林皆屬焉。」「郎掌守門戶，出充車騎，有議郎、中郎、侍郎、郎中，皆無員，多至千人。議郎、中郎秩比六百石，侍郎比四百石，郎中比三百石。」153 二千石　官員的級別。漢代二千石為列卿與州牧、郡守、王國相一級的官員，所以，二千石也常作為列卿與州牧、郡守、國相以及地位與之相當的官員的泛稱。154 訾　通「資」。錢財。155 差　次第；等級。156 雖　即使。157 害　妨礙。158 赴功　建立功業。159 貴　指高貴的權位。160 致官　獲得官位。致，獲得。161 列侯　爵位名。秦制爵位分二十級，第二十級爵位最高，稱徹侯。西漢沿置，因避武帝名諱，徹侯改稱通侯，又稱列侯。162 歲貢　每年向朝廷選送。貢，選送；薦舉。163 給宿衛　擔任宮城的值宿警衛。給，供職。宿衛，值宿警衛。164 官使　謂授予官職，使其發揮才幹。165 及　趕上；達到。166 實試　實際試用。試，試用；使用。167 錄　省察。168 牽制於文　受約束於法令條文。牽制，拘泥；受約束。文，指法令條文。169 使得切磋究之　讓我能夠研討探求要回答的問題。得，能夠；可以。切磋，研討。究，探求。170 愚　謙言自己的意見都是愚昧之見，不高明的見解。

【語譯】 天子閱讀過董仲舒的對策，認為他見解卓異，於是又將問題寫在簡冊上向他提問：

2 皇帝提問的制詞說：

3 「聽說虞舜的時候，悠閒地在高峻的房廊上散步，衣裳下垂，雙手交合在胸前，就治理得天下太平；周文王的時候，忙得直到太陽偏西還沒有空閒吃飯，而天下也治理得很好。帝王治理天下的做法，難道沒有共同的原則嗎？為什麼安逸與勞苦這樣的不同呢？

4 「注重節儉的帝王，不製造多種顏色的旗幟作為裝飾。等到了周朝，宮廷與宗廟大門兩旁高築門闕，乘坐用玉裝飾的大車，盾牌塗成紅色，斧子把柄鑲玉，縱橫都是八人的樂舞排列在宮廷，發出頌揚的聲音。帝王治理天下的做法，難道意趣不同嗎？有人說好玉不用雕琢文采，又有人說沒有文采就無法輔助德政，兩方面的說法不同。

5 「殷朝統治者拿五刑來責罰奸邪，用毀傷皮肉來戒止罪惡。周朝成王、康王不使用刑罰，四十多年天下人不犯法，牢獄空虛。秦國使用刑罰，被處死的人很多，受刑罰的人多得在路上都相互看得見，黑暗呀，實在悲哀！

6 「啊呀！朕早早地便醒來，天剛亮就起床，思考前代帝王的法度，以及如何永久保全天子之位，弘揚大業的辦法，都在於致力農業與任用賢才。如今，我親自耕種籍田來作農民的表率，鼓勵孝順父母，敬愛兄長，尊重有道德的人，派往各地的官員道路上前後不斷，頭上戴的冠與所乘車子的車蓋彼此都看得見，慰問勞苦的人，撫恤孤獨的人，費盡思慮，極度勞神，功業美德卻未曾取得。如今陰陽錯謬，邪惡之氣充滿宇宙，眾多生物很少能夠正常生長，人民沒有救助；廉潔之士與無恥之人雜亂共處，賢才與不賢之人混淆一起，沒有得到那真正的賢才。所以，多方延請傑出人士，希望能夠從中得到真正的賢才。如今，大夫們等待詔命對策的有一百多人，有的陳述社會問題卻於事無所補益，用上古的情況考察他們的意見與古制不合，用今天的情況考察他們的意見又難以實行，莫非是懼於文吏之法，而不能充分展開闡述見解嗎？還是所走的學術道路不同，所學的道理不一樣呢？各種情況都要詳盡回答，寫在簡冊上，不要懼怕主管部門的官吏。明確主要觀點，對它深入探討，以符合我的心意。」

7 董仲舒對答說：

8 「臣聽說，堯接受天命，擔心天下治理不好，並沒有因為得到天子之位而高興，所以誅殺與驅逐擾亂朝綱的奸邪之臣，致力於訪求有道德能力而智慧超絕的人才，因此得到舜、禹、稷、卨、咎繇等人。眾多聖人幫助修養道德，賢能之士輔佐治理政事，教化普遍推行，天下和諧，人民都安於仁愛，樂於正義，每個人都得到適合的處所，行為符合禮，舉止合乎道義。所以孔子說『如果有成就王業的人出現，一定要經過三十年以後才能做到普遍施行仁政』，就是說這個意思。堯在位七十年，然後退讓把位子傳給舜。堯去世後，天下人不歸服堯的兒子丹朱而歸服舜。舜知道不能迴避，就登上了天子之位，用禹擔任相職，沿用堯的輔佐大臣，繼承堯傳下來的事業，因此衣裳下垂，雙手在胸前交合，不做事情而天下就治理得很好。孔子說『〈韶〉樂美到了極點，又好到了極點』，就是說這個意思。到了殷紂王，違背天意，損傷萬物，殺戮有德能智慧的人，殘害人民。伯夷、姜尚都是當時的賢人，隱居而不做官。堅守職位的人都奔走逃亡，逃到河邊、海濱。天下昏暗動亂，百姓不安，所以天下的人脫離殷朝而歸順了周國。周文王順應天命，治理國事，像對待老師一樣任用有道德能力而智慧超絕的人，因此閎夭、太顛、散宜生等人也都聚集在朝廷。對人民仁愛，天下歸順周國，所以姜尚從海邊走出來就任了三公的職位。在這個時候，殷紂王還在天子之位，尊卑的次序混亂，人民離散逃亡，所以周文王哀傷痛惜，想使人民安定，因此忙得太陽偏西還不得空閒吃飯。孔子寫《春秋》，首先以周王的正月為正，下面連綴文辭，記載多種史事，顯示了孔子這位具備帝王德能而無帝王權位的素王寫作史書的文章。由此看來，帝王的法規相同，但是勞苦與安逸不同，是因為遇到的時代不同。孔子說『〈武〉樂美到了極點，卻沒有好到極點』，就是說這個意思。

9 「臣聽說，製作文采與各種顏色的裝飾，是用來表明尊卑，區別貴賤，而勉勵有德的人。所以，《春秋》記載，接受天命而得天下，首先要制定的制度，是修改曆法，變更車騎服飾與祭祀用牲的顏色，用來順應天命。由此看來，那麼宮室與旌旗的形制，是根據法度建造成這樣的。所以孔子說：『奢華就顯得不謙遜，節儉就顯得鄙陋。』節儉，不是聖人理想的適中制度。臣聽說，好玉不雕琢，因為質地細膩滑美，所以不需要雕琢，這和達巷黨人不學習就懂得道理的情況一樣。然而一般的玉不雕琢不能形成文采；君子不學習不能成就他的德行。

10 「臣聽說，聖明君王治理天下，年少的人就讓他學習知識，年長的人就根據他的才幹授予職位，用授官賜爵給予俸祿來保持他們的德行，用刑罰來震懾他們的惡行，所以人民懂得禮義而把冒犯他的尊長君上作為恥辱。周武王施行大義，討伐平定殘忍的賊人，周公制作禮樂來為社會修飾文采。到了成王、康王的興盛時期，牢獄空蕩蕩沒有囚犯有四十多年。這也是由於教化的日漸影響與仁義的廣泛傳布，不只是使用毀傷皮肉的刑罰取得成效。到了秦朝，就不是這樣。效法申不害、商鞅的法治，推行韓非的學說，厭惡成就帝業、王業的做法，把貪婪兇狠作為社會風氣，不是用文明道德來教育訓導天下臣民。責求名義而不考察實際，做好事的人不一定免受刑罰，而做壞事的人未必受到刑罰。因此眾官吏都粉飾弄虛作假言詞而不顧及實際情況，表面上不失事奉君主的禮節，內心卻暗藏著背叛君主的思想；製造假象掩飾欺詐行為，追逐財利而沒有廉恥之心。又喜好任用殘酷官吏，徵收賦稅沒有限度，斂盡人民的財力，人民四散逃亡，不能從事農耕、紡織的事情，各地的盜賊都起來了。因此受刑的人很多，死的人一個接著一個，但是邪惡不止，是習俗風氣造成這樣的。所以孔子說『用政令訓導人民，用刑罰整治人民，人民免遭災禍卻沒有羞恥之心』，就是說這個意思。

11 「如今陛下全部擁有天下，四海之內沒有什麼地方不順服，廣泛觀察情況，多方聽取意見，極盡群臣人民的智慧，辦盡天下的好事，最高的道德昭著顯明，施加於邊遠地區。夜郎、康居這些異域之國，遠在萬里之外，悅服德政，歸順大義。這是天下太平的景象。可是這些功業並沒有施加在百姓身上，大概是君主您心中未曾想到要施加吧。曾子說：『尊崇自己聽到的道理就高明了；實踐自己知道的道理就廣大了。高明廣大，不在於別的，在於把自己的誠意施加給需要的人罷了。』希望陛下利用聽到的道理，內心滿懷誠意而施行它，那麼陛下與三王有什麼不同呢！

12 「陛下親自耕種藉田來作農民的表率，早早地便醒來，天剛亮就起床，為天下人民憂愁勞累，思考過去君主治理國家的做法，致力於求得賢才，這也是堯、舜一樣的用心。這樣做卻沒有求得賢才，是因為士人平日沒有受到鼓勵。平日不培養人才卻要求得賢才，就像不雕刻玉卻要玉有文采。所以，培養人才的重要措施，沒有什麼比辦好太學更重要的了。太學，是賢才的必由之路，實行教化的根本。如以一郡一國的眾多學子，對策卻沒有符合制書要求的人，這說明前代聖明君主治理天下的原則已經沒有人知道了。我希望陛下興辦太學，聘請高明的老師，來培養天下的人才，通過多次考試問對，使他們的才智全部展示出來，那麼優秀的人才應該可以得到了。如今的郡守、縣令，作為人民的老師和領導，是讓他們受命傳布君恩，宣揚教化的。所以，教師和領導不好，君主的仁德就得不到宣揚，恩惠得不到傳布。如今的官吏在下面既沒有受到教育訓誡，有的人不沿用君主的法度，兇狠地殘害人民，和邪惡勢力互相勾結以謀取私利，而貧窮孤弱的人含冤受苦，喪失職業，很不符合陛下的心意。因此，陰陽錯謬，惡邪之氣充滿宇宙，眾多生物很少能夠正常生長，人民沒有得到救助，都是因為地方官吏不賢明，才使事情達到了這樣的地步。

13 「地方官吏多數由郎中、中郎外補擔任，二千石官吏的子弟選任郎官，又是靠錢財，不一定是賢才。況且古代所說的成績，是用擔任官職的稱職情況作為等級，不是說靠積累時日的長久作為成績。所以，才幹小的人即使積累的時日長久，離不開小的官職；賢能的人才即使任職時日沒有多久，不妨礙成為輔佐大臣。因此官吏竭盡能力和智慧，務必做好自己的事情來建立功業。如今卻不是這樣。靠積累時日求取高貴之位，靠時日長久獲得官職升遷。因此，廉潔之士與無恥之人雜亂共處，賢才與不賢之人混淆一起，沒有得到那真正的賢才。我愚昧地認為，使眾位列侯、郡守、二千石各自選擇他們轄屬的官吏與人民中的賢才，每年各向朝廷選送二人擔任宮城的值宿警衛，並且藉此考察大臣的能力；選送的人是賢才則獎賞，選送的人不是賢才則懲罰。這樣做，諸位列侯、二千石官吏對於尋求賢才的事都會盡心去做，天下的賢士就可以得到，授予他們官職，讓他們發揮才幹。普遍得到天下的賢才，像三王那樣的興盛就容易做到，而像堯、舜那樣的聲譽可以趕上。不要用時日的積累作為成績，通過實際任用，考察賢德能力為上策，衡量才能授予官職，根據德行確定官位，那麼廉潔之士與無恥之人就會走上不同的道路，賢才與不賢的人就不會混在一起了。

14 「陛下施恩，寬恕臣的罪過，詔令臣不要受法令條文的牽制，以便對要回答的問題可以研討探求，臣怎敢不竭盡所能陳述自己愚昧的見解！」

1 於是❶天子復冊之。

2 制曰：

3 「蓋聞『善言天者必有徵於人，善言古者必有驗於今❷』。故朕垂問虖天人之應❸。上嘉唐虞❹，下悼❺桀紂，寖❻微寖滅寖明寖昌之道，虛心以改。今子大夫明於陰陽所以造化[7]，習於先聖之道業，然而文采未極[8]，豈惑虖當世之務[9]哉？條貫靡竟[10]，統紀未終[11]，意[12]朕之不明與？聽若眩[13]與？夫三王之教所祖[14]不同，而皆有失，或謂久而不易者道也，意豈異哉？今子大夫既已著大道之極[15]，陳治亂之端[16]矣，其悉之究之，孰之復之[17]。詩不云虖[18]：『嗟[19]爾君子，毋常安息。神之聽之，介爾景福[20]。』朕將親覽焉，子大夫其茂明之[21]。」

4 仲舒復對曰：

5 「臣聞論語曰：『有始有卒者，其唯聖人虖[22]！』今陛下幸[23]加惠，留聽於承學[24]之臣，復下明冊，以切[25]其意，而究盡聖德，非愚臣之所能具[26]也。前所上對，條貫靡竟，統紀不終，辭不別白[27]，指[28]不分明，此臣淺陋之罪也。

6 「冊曰：『善言天者必有徵於人，善言古者必有驗於今。』臣聞天者群物之祖[29]也，故徧覆包函而無所殊[30]，建日月風雨以和之，經陰陽[31]寒暑[32]以成之。故聖人法[33]天而立道，亦溥愛[34]而亡私，布德施仁以厚[35]之，設誼立禮以導之。春者天之所以生也，仁者君之所以愛也；夏者天之所以長也，德者君之所以養也；霜者天之所以殺[36]也，刑者君之所以罰也。繇此言之，天人之徵，古今之道也。孔子作春秋，上揆[37]之天道，下質諸[38]人情，參之於古，考之於今。故春秋之所譏，災害之所加也；春秋之所惡，怪異之所施也。書邦家之過[39]，兼[40]災異之變，以此見人之所為，其美惡之極，乃與天地流通而往來相應，此亦言天之一端[41]也。古者脩[42]教訓之官，務[43]以德善化民，民已大化之後，天下常亡一人之獄矣。今世廢而不脩，亡以化民，民以故棄行誼而死[44]財利，是以犯法而罪[45]多，一歲之獄以萬千數。以此見古[46]之不可不用也，故春秋變古則譏之。天令之謂命，命非聖人不行；質樸[47]之謂性，性非教化不成；人欲之謂情，情非度制[48]不節。是故王者上謹於承天意，以順命也；下務明教[49]化民，以成性也；正法度之宜，別上下之序，以防欲也：脩[50]此三者，而大本舉[51]矣。人受命於天，固超然[52]異於群生，入有父子兄弟之親，出有君臣上下之誼，會聚相遇，則有耆老[53]長幼之施[54]；粲然有文以相接[55]，驩然有恩以相愛[56]，此人之所以貴也。生五穀以食之[57]，桑麻以衣[58]之，六畜[59]以養之，服牛乘馬[60]，圈豹檻虎[61]，是其得天之靈[62]，貴於物也。故孔子曰[63]：『天地之性[64]人為貴。』明於天性，知自貴於物；知自貴於物，然後知仁誼；知仁誼，然後重禮節；重禮節，然後安處善[65]；安處善，然後樂循[66]理；樂循理，然後謂之君子。故孔子曰『不知命，亡以為君子』[67]，此之謂也。

7

「冊曰：『上嘉唐虞，下悼桀紂，寖微寖滅寖明寖昌之道，虛心以改。』臣聞眾少成多，積小致鉅[68]，故聖人莫不以晻致明，以微致顯[69]。是以堯發於諸侯[70]，舜興虖深山[71]，非一日而顯也，蓋有漸以致之矣。言出於己，不可塞也；行發於身，不可掩也。言行，治之大者，君子[72]之所以動天地也。故盡小者大，慎微者著。詩云[73]：『惟此文王，小心翼翼[74]。』故堯兢兢[75]日行其道，而舜業業[76]日致其孝。善積而名顯，德章[77]而身尊，此其寖明寖昌之道也。積善在身，猶長[78]日加益，而人不知也；積惡在身，猶火之銷膏[79]，而人不見也。非明虖情性察虖流俗者，孰[80]能知之？此唐虞之所以得令名[81]，而桀紂之可為悼懼[82]者也。夫善惡之相從，如景鄉[83]之應形聲也。故桀紂暴謾[84]，讒賊並進[85]，賢知隱伏，惡日顯，國日亂，晏然自以如日在天[86]，終陵夷而大壞。夫暴逆不仁者，非一日而亡也，亦以漸至，故桀、紂雖亡道，然猶享國[87]十餘年，此其寖微寖滅之道也。

8 「冊曰：『三王之教所祖不同，而皆有失，或謂久而不易者道也，意豈異哉？』

臣聞夫樂而不亂復而不厭[88]者謂之道。道者萬世亡弊；弊者道之失也。先王之道必有偏而不起[89]之處，故政有眊[90]而不行，舉[91]其偏者以[92]補其弊而已矣。三王之道所祖不同，非其相反，將以捄[93]溢扶衰，所遭之變然也。故孔子曰[94]：『亡為而治[95]者，其舜虖！』改正朔，易服色，以順天命而已，其餘盡循堯道，何更為哉[96]！故王者有改制之名，亡變道之實。然夏上忠[97]，殷上敬，周上文者，所繼之捄[98]，當用此也。孔子曰[99]：『殷因[100]於夏禮，所損益[101]可知也；周因於殷禮，所損益可知也。其或繼周者，雖百世可知也[102]。』此言百王之用，以此三者[103]矣。夏因於虞，而獨不言所損益者，其道如一而所上同也。道之大原[104]出於天，天不變，道亦不變，是以禹繼舜，舜繼堯，三聖相[105]受而守一道，亡救弊之政也，故不言其所損益也。繇是觀之，繼治世者其道同，繼亂世者其道變。今漢繼大亂之後，若宜少損周之文致[106]，用夏之忠者。

9

「陛下有明德嘉[107]道，愍[108]世俗之靡薄[109]，悼[110]王道之不昭[111]，故舉賢良方正之士，論誼考問[112]，將欲興仁誼之休德，明帝王之法制，建太平之道也。臣愚不肖，述所聞，誦[113]所學，道師之言，廑[114]能勿失爾。若迺[115]論政事之得失，察天下之息耗[116]，此大臣輔佐之職，三公九卿[117]之任，非臣仲舒所能及也。然而臣竊有怪者。夫古之天下亦今之天下，今之天下亦古之天下，共是天下，古以[118]大治，上下和睦，習俗美盛，不令而行，不禁而止，吏亡姦邪，民亡盜賊，囹圄空虛，德潤草木，澤被四海，鳳凰來集[119]，麒麟來游[120]。以古準[121]今，壹何不相逮之遠也[122]！安[123]所繆盭而陵夷若是？意者[124]有所失於古之道與？有所詭[125]於天之理與？試迹之古[126]，返之於天，黨[127]可得見乎？

「夫天亦有所分予[128]，予之齒者去其角，傅[129]其翼者兩[130]其足，是所受大者不得取小也。古之所予祿[131]者，不食於力，不動於末[132]，是亦受大者不得取小，與天同意者也。夫已受大，又取小，天不能足，而況人虖！此民之所以囂囂苦不足也[133]。身寵而載高位[134]，家溫[135]而食厚祿，因乘[136]富貴之資力，以與民爭利於下，民安能如[137]之哉！是故眾其奴婢，多其牛羊，廣其田宅，博其產業，畜其積委[138]，務此而亡已[139]，以迫蹵[140]民，民日削月朘[141]，寖以大窮。富者奢侈羨溢[142]，貧者窮急愁苦。窮急愁苦而上不救，則民不樂生；民不樂生，尚不避死，安能避罪！此刑罰之所以蕃[143]而姦邪不可勝[144]者也。故受祿之家，食祿而已，不與民爭業，然後利可均布，而民可家足。此上天之理，而亦太古[145]之道，天子之所宜法[146]以為制，大夫[147]之所當循以為行也。故公儀子相魯[148]，之[149]其家見織帛，怒而出[150]其妻；食於舍而茹葵[151]，慍[152]而拔其葵，曰：『吾已食祿，又奪園夫紅女[153]利虖？』古之賢人君子在列位者皆如是，是故下高[154]其行而從其教，民化其廉而不貪鄙。及至[155]周室之衰，其卿大夫緩[156]於誼而急於利，亡推讓之風而有爭田之訟[157]。故詩人疾而刺之[158]，曰[159]：『節[160]彼南山，惟石巖巖[161]。赫赫師尹[162]，民具爾瞻[163]。』爾好誼，則民鄉仁而俗善；爾好利，則民好邪而俗敗。由是觀之，天子大夫者，下民之所視效，遠方之所四面而內望也。近者視而放[164]之，遠者望而效之，豈可以居賢人之位而為庶人[165]行哉？夫皇皇[166]求財利常恐乏匱者，庶人之意也；皇皇求仁義常恐不能化民者，大夫之意也。易曰[167]：『負且乘[168]，致[169]寇至。』乘車者君子之位也，負擔者小人之事也[170]，此言居君子之位而為庶人之行者，其患禍必至也。若居君子之位，當[171]君子之行，則舍[172]公儀休之相魯，亡可為者矣。

11 「春秋大一統[173]者，天地之常經[174]，古今之通誼[175]也。今師異道[176]，人異論，百家殊方，指意[177]不同，是以上亡以持一統；法制數變，下不知所守[178]。臣愚以為諸不在六藝[179]之科、孔子之術者，皆絕其道，勿使並進。邪辟之說滅息，然後統紀[180]可一而法度可明，民知所從矣。」

【章旨】以上記載董仲舒〈賢良對策〉的第三篇。在三篇對策中，董仲舒闡述了他的哲學政治思想。

【注釋】❶於是　在這種情況下。這裡是說在董仲舒第二次對策以後。於，在。是，指示代詞，這。❷善言二句　語本《荀子・性惡篇》：「善言古者必有節於今，善言天者必有徵於人。」徵，證明；驗證。❸應　感應。❹嘉唐虞　讚美堯、舜。嘉，讚美。唐，指堯。相傳堯被推舉為部落聯盟首領前為陶唐氏部落首領，稱唐侯。虞，指舜。❺悼　哀傷。❻寖　逐漸。❼所以造化　用來創造化育萬物的道理。❽文采未極　文辭未盡。文采，指文辭。極，盡。❾務　事。❿條貫靡竟　條理沒有窮究。條貫，條理；分項排列的條目。靡，沒有。竟，窮究。⓫統紀未終　頭緒沒有終結。統紀，頭緒。終，完了；終結。

⑫意　意料；猜想。⑬聽若眩　聽取意見或者迷亂不當。若，或者。眩，惑。⑭祖　始。所祖不同，謂從開始崇尚的事物就不同。⑮極　中正的準則。⑯端　事項。⑰其悉之二句　其，副詞，表示勸勉語氣，要。悉，詳盡。究，深入研討。孰，「熟」本字，指考慮成熟。復，指反覆闡明。⑱詩不云虖　《詩經》不是說嗎。云，說。虖，語氣詞，表疑問。引詩見《詩經．小雅．小明》。⑲嗟　感歎詞，唉呀。⑳神之二句　神之聽之，即「神聽之」。神，神明；神靈。介，賜給。景，大。㉑茂明之　謂希望董仲舒能夠努力闡明這些道理。茂，勤勉；努力。㉒有始二句　引文見《論語．子張》。卒，終；結束。其，副詞，表示揣度語氣。大概。㉓幸　敬詞。表示對方這樣做使自己感到幸運。㉔承學　謂傳承師說。承，承繼；傳承。㉕切　符合。㉖所能具　能夠完全做到。具，備。㉗別白　分辨明白。㉘指　主旨。㉙祖　本原；根本。㉚殊　不同。㉛陰陽　指晝夜。㉜寒暑　指一年四季。㉝法　效法。㉞溥愛　博愛。溥，普遍。㉟厚　優待。㊱殺　肅秋涼霜降，肅殺萬物，作物收割而儲藏。㊲揆　揣度；度量。㊳質諸　質之於。質，驗證。諸，「之於」的合音詞。㊴書邦家之過　記國家的過失。書，寫，這裡指記載。邦家，國家。㊵兼　指兼記，也就是一併記載。㊶端　方面。㊷脩　設置。㊸務　致力。㊹死　為之死。此言為財利而死。㊺罪　判罪；獲罪。㊻古　指古代君主治理天下的法度。㊼質樸　樸實淳厚。㊽度制　制度。㊾明教　使教育明。意謂提倡教育，興辦教育。明，指使明。㊿脩　治理。(51)舉　確立。(52)超然　超出物外的樣子。(53)耆老　老年人。(54)施　設置。這裡指所設置的區分長幼之序的規矩。(55)粲然句　粲然，明白的樣子。文，指禮樂制度。接，交際；交往。(56)驩然句　驩然，歡樂的樣子。恩，情愛。(57)食之　給之吃。食，供養；給吃。(58)衣　穿。(59)六畜　六種牲畜，指馬、牛、羊、雞、狗、豬。一般言「六畜」，大都用來泛指各種牲畜。(60)服牛乘馬　用牛馬駕車。服、乘，都是「駕」的意思。(61)圈豹檻虎　謂馴養虎豹。圈，關禽獸的柵欄。檻，關禽獸的大籠子。這裡都用做動詞。(62)是其句　是，指示代詞，這。其，指人。天之靈，天賦的靈性，指人具有比其他生物高明得多的聰明才智。(63)孔子曰　引文見《孝經．聖治》。(64)性　生命。(65)安處善　習慣於做善事。安，習慣。(66)循　遵循；順從。(67)故孔子曰二句　引文見《論語．堯曰》。命，指天命。(68)致鉅　達到大。致，達到。鉅，大。(69)故聖人二句　莫，無定指代詞，沒有誰。晻，同「暗」。愚昧。明，指賢明。顯，顯赫；高貴。(70)堯發於諸侯　發，興起。顏師古注：「謂從唐侯升為天子也。」(71)舜興虖深山　《史記．五帝本紀》：「舜耕歷山。」後世附會歷山之名的山有多處，實地不可考。(72)君子　指統治者。(73)詩云　引詩見《詩經．大雅．大明》。(74)翼翼　恭敬謹慎的樣子。(75)兢兢　小心謹慎的樣子。(76)業業　危懼的樣子。(77)章　明。(78)長　指身材的長短。(79)銷膏　消融油脂。銷，消融；溶化。膏，油脂。(80)孰誰。(81)令名　美名；好聲譽。令，美好；善。(82)悼懼　哀傷憂懼。(83)景鄉　形的影子和聲的回音。景，「影」本字。鄉，通

「嚮」。回聲。(84)謾　通「慢」。怠慢；傲慢。(85)讒賊並進　讒邪奸佞的人都被提拔任用。並，都；一同。進，進用。(86)晏然句　晏然，安閒適意的樣子。以，認為。《尚書・湯誓》：「曰：『時日何喪？予及汝皆亡。』」孔穎達《正義》引鄭玄語：「桀見民欲叛，乃自比於日，曰：『是日何嘗喪乎？日若喪亡，我與汝亦皆喪亡。』引不亡之徵以脅恐下民也。」(87)享國　指在位統治國家。(88)復而不厭　反覆而不厭煩。(89)偏而不起　偏差而不用。偏，偏差；過失。起，用。(90)眊　昏暗而不明。(91)舉　糾正。(92)以　連詞，表目的。(93)捄　同「救」。拯救。(94)孔子曰　引文見《論語・衛靈公》。(95)亡為而治　自己不用親自處理各種政務而天下就治理得很好。治，謂社會治理得好，社會安定，天下太平。(96)何更為哉　為什麼改變呢。何，疑問代詞，什麼。為，語氣詞，用於句末，表示疑問或反詰。「為」的這種用法，常與疑問代詞構成前後呼應的結構，共同表示疑問或反詰的語氣。更，改變。(97)然夏句　然，這樣。上，通「尚」。崇尚。(98)所繼之捄　即「捄所繼」。這是動詞賓語通過結構助詞「之」被前置的句式。所繼，指承繼的上一代。(99)孔子曰　引文見《論語・為政》。(100)因　沿襲。(101)損益　減少與增加。(102)其或二句　其，連詞，表假設。如果。或，有。雖，即使。世，指朝代。(103)三者　即上文所言忠、敬、文。(104)大原　根本；本源。(105)相　副詞，表示動作一個接一個地進行，遞相。(106)若宜句　若，似乎。宜，應該。少，稍微。文致，指禮樂。《史記・高祖本紀》：「夏之政忠。忠之敝，小人以野，故殷人承之以敬。敬之敝，小人以鬼，故周人承之以文。文之敝，小人以僿，故救僿莫若以忠。」(107)嘉　善；美好。(108)愍　憂傷。(109)靡薄　指社會風氣浮薄鄙陋。(110)悼　哀痛。(111)昭　明。(112)論誼考問　議論研討，考察詢問。(113)誦　述說。(114)廑　同「僅」。只是。(115)若迺　連詞性結構。至於。(116)息耗　生長與消耗。息，生長。(117)三公九卿　三公、九卿都是朝廷高級官銜的合稱。三公是天子之下三種最高官銜的合稱。西漢以丞相（大司徒）、大司馬、御史大夫（大司空）為三公。九卿，西漢習慣將奉常（太常）、郎中令（光祿勳）、太僕、廷尉（大理）、典客（大鴻臚）、宗正、治粟內史（大司農）、少府、衛尉、中尉（執金吾）、三輔長官等中二千石一級的中央各高級行政機構長官並列為九卿，並非專指九種官職。(118)以　介詞，省略了賓語「是天下」。(119)鳳凰來集　鳳凰，古代傳說中的百鳥之王。雄的叫鳳，雌的叫凰，通稱鳳、鳳鳥、鳳凰。羽毛五種彩色，長尾，鳴聲如簫樂之音。古人把鳳凰視為祥瑞的象徵物。集，群鳥棲止在樹上。(120)麒麟來游　麒麟，古代傳說中的一種仁獸。形狀像鹿，頭上有角，全身鱗甲，尾像牛尾。古人把麒麟視為祥瑞的象徵物。游，行走。《淮南子・覽冥》：「鳳皇翔於庭，麒麟游於郊。」高誘注：「游，行也。」(121)準　衡量；比較。(122)壹何句　壹何，何其；怎麼那樣；多麼。不相逮，意即「不逮相」，也就是「趕不上古代」。相，副詞，具有指代作用，指代被它修飾的動詞表示的動作行為涉及的對象，這裡指古代。逮，及；趕上。(123)安　怎麼。(124)意者　表示測度。大概；或許。(125)詭　違背。126試迹之古　姑且探究古代。試，試著；姑且。迹，考核推究。127黨　同「儻」。或許。128分予　分給。予，給與。129傅　加給。130兩　兩個。這裡作動詞用，給兩個。131祿　俸祿，即官吏所得的薪給。132末　指工商業。古以本末指農業與工商業。133此民句　囂囂，眾人發出怨愁之聲的樣子。苦，憂愁。134身寵句　寵，尊崇。載，擔任。135溫　富裕；豐足。136因乘　於是憑藉。因，於是；因而。乘，憑藉；利用。137如　比得上。138積委　指積聚的財物。139已　停止。140迫蹙　逼迫。141朘　剝削；縮減。142羨溢　富裕。143蕃　眾多；繁多。144勝　遏制；制止。145太古　上古；遠古。146法　效法。147大夫　指擔任官職的人。148公儀子相魯　公儀子為魯國相。公儀子，複姓公儀，名休。子，古代對男子的尊美之稱。相，為相；擔任相職。魯，周代諸侯國名。周初周公姬旦始封，周公留王室輔政，長子伯禽就封，其地在今山東南部，都曲阜（今山東曲阜）。戰國魯穆公時為相，主持政事。據《史記・循吏列傳》記載，公儀休「使食祿者不得與下民爭利，受大者不得取小」。149之　往；到。150出　休棄。151茹葵　吃葵菜。茹，吃。葵，菜名。152慍　怒。153紅女　即工女，指從事紡織縫紉工作的婦女。紅，通「工」。154高　尊崇；推崇。155及至　等到。156緩　怠慢。157訟　訴訟；控告。158故詩人句　疾，憎惡。刺，諷刺；指責。159曰　引詩見《詩經・小雅・節南山》。160節　高峻的樣子。161巖巖　山石累積的樣子。162赫赫師尹　顯耀的師尹。赫赫，顯耀。師，謂太師，周代三公之一。尹，太師姓氏。163民具爾瞻　人民都看著你。具，都；全部。爾瞻，即「瞻爾」。爾，你。瞻，看。164放　仿效。165庶人　平民百姓。166皇皇　急促匆忙的樣子。167易曰　引文見《周易・解卦》六三爻辭。168負且乘　背著東西又乘車。負，用背載物。且，又。169致　招引。170負擔者句　擔，用肩承物。小人，即上文說的「庶人」，指平民百姓。171當　符合。172舍　捨棄。173大一統　重視統一。大，尊大；重視。一統，統一，多指全國統一於一個政權。大一統思想，是《公羊傳》的觀點。《春秋・魯隱公元年》：「元年春王正月。」《公羊傳》：「何言乎『王正月』？大一統也。」174常經　常道。175通誼　通行的道理。176道　指政治主張、思想學說等。177指意　旨意；意向。178守　遵循；遵守。179六藝　指儒家經典。儒家經典原有六部，即《易》、《書》、《詩》、《禮》、《樂》、《春秋》，稱《六經》。經秦代焚書與秦末戰亂，《樂》亡，存五部，稱《五經》。入漢以後，儒家學術，以學言稱儒學，以術言稱儒術；儒家經典，以道言稱《五經》，以術言稱「六藝」。言經，重在道、在義；言藝，重在術、在用。漢代雖《樂》已亡，因儒家重視樂的教化作用，所以從術、用角度看儒學，仍加「樂」而稱「六藝」。180統紀　綱紀。

【語譯】在董仲舒第二次對策以後，天子又將問題寫在簡冊上要他回答。

2 皇帝提問的制詞說：

3 「聽說『善於談論天道的一定在人事方面得到驗證，善於談論古代的一定在現實方面得到驗證』，所以朕問天人之間的感應。往上讚美唐堯、虞舜，往下哀傷夏桀、殷紂，對於那些何以會逐漸衰弱、滅亡以及那些何以會逐漸賢明、昌盛的道理，虛心聽取，用來改正過失。如今，大夫您明白陰陽創造化育萬物的道理，熟習先聖的思想與功業，然而文章沒有充分表達出來，難道對當代的事情有疑惑嗎？條理沒有完全窮究，頭緒沒有全部了結，是認為朕不明曉事理嗎？或者聽取意見有迷亂不當嗎？三王的教化從開始崇尚的事物就不同，而且都有失誤，然而有人說經久不變的才是道，這其中難道有什麼不同嗎？如今大夫您既已論著大道的中正原則，陳述治亂的事項，就要詳盡論述，深入探討，深思熟慮，反覆闡明。《詩經》不是說嗎：『唉呀，你君子，不要經常安逸不做事。神明聽到你不是安逸不做事，就會賜給你大福。』朕要親自閱讀您的對策文章，大夫您要努力闡述明白所要回答的問題。」

4 董仲舒再對答說：

5 「臣聽說《論語》記載：『有始有終的，大概只有聖人吧！』如今有幸承蒙陛下施恩，留心聽取傳承師說之臣的意見，又頒下英明的制詞冊書，以使對策能符合詢求治國方略的本意，全面探究聖王的德政，這不是愚昧的我能夠完全做到的。前次所上對策，條理未能完全窮究，頭緒沒有全部了結，文辭沒有表述明白，主旨不清楚，這是臣學識淺薄貧乏的罪過。

6 「制詞冊書說：『善於談論天道的一定在人事方面得到驗證，善於談論古代的一定在現實方面得到驗證。』我聽說，天是萬物的本原，所以普遍覆蓋包容而沒有不一樣的，創造日月風雨來調和萬物，經過晝夜冷熱來生成萬物。所以聖人效法天象建立治理天下的法度，也博愛無私，廣布恩德施行仁愛來寬厚地對待人民，設立禮義來引導人民。春是天用來生育萬物的，仁是君主用來愛撫人民的；夏是天用來成長萬物的，德是君主用來養育人民的；秋霜是天用來肅殺萬物的，刑是君主用來懲罰人民的。由此說來，天人之間的驗證，古今的道理是一樣的。孔子編寫《春秋》，上揣度天道，下驗證人情，參考古代，考察現實。所以《春秋》譏刺的，是災害加給的；《春秋》憎惡的，是怪異加給的。記載國家行事的過失兼及災異的變化，由此可見，人的作為好壞的兩個極端，是和天地相通而彼此相互感應的，這也是論說天道的一個方面。古代設置教育訓導的官員，致力於用仁德善政教化人民，人民已經大受教化以後，天下常常沒有一個人的犯罪案件了。如今教育訓導的官員廢棄而不設置，沒有用來教化人民的措施，因為這個緣故，人民不行義，卻為財利死，因此犯法而獲罪的人多，一年的犯罪案件就用千用萬計算。由此可見，古代治理天下的法度不可不用，所以《春秋》遇到改變古制的情況時就譏刺它。天的命令叫做天命，天命不是聖人不能推行；樸實淳厚叫做天性，天性沒有教化不能完成；人的欲望叫做感情，感情沒有制度不能節制。所以成就王業的人，對上恭敬地承受天意，來順應天命；對下興辦教育教化人民，來成就人民的天性；訂正法度使之適合現實，區別上下的等級次序，來防範人們的欲望：辦好這三方面的事情，治理天下的根本就確立了。人從上天取得生命，本來超然與其他生物不同，家庭中有父子兄弟的親屬關係，社會上有君臣上下的尊卑等級，會聚相遇就有尊重老人區分長幼的倫常規矩；根據規定明白的禮樂制度來相互交往，用歡樂的感情相互親愛，這是人尊貴的原因。生產糧食給人吃，生產桑麻給人穿，生產牲畜供養人，用牛馬駕車，馴養虎豹，這說明人得到上天給予的聰明智慧，比其他生物尊貴。所以孔子說：『天地間的生命，人是尊貴的。』明瞭天性，知道自身比其他生物尊貴；知道自身比其他生物尊貴，然後懂得仁義；懂得仁義，然後重視禮節；重視禮節，習慣於做善事；習慣於做善事，然後樂於順從事理；樂於順從事理，然後稱為君子。所以孔子說『不知天命，沒有辦法成為君子』，就是說這個意思。

7 「制詞冊書說：『往上讚美唐堯、虞舜，往下哀傷夏桀、殷紂，對於那些何以會逐漸衰微、滅亡以及那些何以會逐漸賢明、昌盛的道理，虛心聽取，用來改正過失。』臣聽說，很多的少匯成多，積聚小達到大，所以聖人沒有誰不是從愚昧到賢明，從卑微到高貴。因此堯從諸侯發跡，舜從深山興起，不是一天之內突然地位高貴，是逐漸達到的。言語從自己口中說出，不可以堵塞；行為從自己身上發出，不可以掩蓋。言行是治理天下的大事，統治者用它來感動天地。所以積聚全部小的能成高大，謹慎對待細微的可使光明。《詩經》

說：『就是這位周文王，言行恭敬又謹慎。』所以堯小心謹慎地天天推行他的治國正道，舜危懼不安地天天奉行他的孝心。善事積累就名聲顯赫，德行顯著就身分尊貴，這就是堯、舜逐漸賢明、昌盛的道理。積累善事在自己身上，像身長天天增加一樣，人卻不知道；積累惡行在自己身上，像火消融油脂一樣，人卻看不到。不是明瞭人的稟性感情與詳察社會流行的風俗習慣的人，誰能知道這些？這就是唐堯、虞舜取得美好聲譽，而夏桀、殷紂值得哀傷憂懼的原因。善與惡相互跟隨，像影子隨形、回音應聲一樣。所以夏桀、殷紂暴虐傲慢，讒邪奸佞的人都被提拔任用，有賢德智慧的人隱居不出，惡跡一天天明顯，國家一天天混亂，安然得意地自己認為像太陽高懸天空一樣永遠不會滅亡，終於衰敗而滅亡。暴虐無道沒有仁德的統治者，不是一天就滅亡，也是通過逐漸發展而走到滅亡，所以夏桀、殷紂雖然是無道君主，然而還是在位統治國家十餘年，這就是夏桀、殷紂逐漸衰微、滅亡的道理。

8　「制詞冊書說：『三王的教化從開始崇尚的事物就不同，而且都有失誤，然而有人說經久不變的才是道，這其中難道有什麼不同嗎？』臣聽說，樂而不亂，反覆實行而不厭煩的叫做道。道，萬世沒有弊端；弊端，是行道過程中的失誤造成的。先王的道一定有偏差而不能實行的地方，所以政令有時昏亂而不能推行，糾正先王之道偏差的地方，目的只是補救它的弊端而已。三王治理天下的原則初始不同，不是他們治理天下的原則相反，是要用來拯救過盛或扶助衰弱，端看所遇的時勢變化而定。所以，孔子說：『自己不用親自處理各種政務而天下治理得很好的人，大概是虞舜吧！』舜修改曆法，變更車騎服飾與祭祀用牲的顏色，用來順應天命而已，其他的全部遵循堯治理天下的原則，為什麼改變呢！所以成就王業的人有改變制度的名義，而沒有改變原則的事實。由此可知，夏朝崇尚忠厚，殷朝崇尚恭敬，周朝崇尚文采，是因為拯救所繼承朝代的弊端應該採用這樣的做法。孔子說：『殷朝沿襲夏朝的禮儀制度，減少的與增加的可以知道；周朝沿襲殷朝的禮儀制度，減少的與增加的可以知道。以後如有接續周朝統治天下的，即使經過一百個朝代，採用的禮儀制度也可以知道。』這是說，以後的百代君王所採用的治理方法，就是這忠、敬、文三個方面了。夏朝沿襲虞舜，卻唯獨不說減少與增加的，是因為他們治理天下的原則一樣而所崇尚的相同。道的本源出自天，天不變，道也不變。因此，夏禹繼承虞舜，虞舜繼承唐堯，三位聖君遞相承受而遵守同一個治理天下的原則，沒有拯救弊端的治理措施，所以不說他們遞相減少與增加的。由此看來，接續治世的朝代，它治理天下的原則與前一個朝代的相同；接續亂世的朝代，它治理天下的原則與前一個朝代的有改變。如今漢朝接續大亂以後，似應稍微減少周朝的文采，採用夏朝崇尚忠厚的做法。

9 「陛下有賢明的德行與美好的治理天下的原則，憂傷社會風氣的浮薄，哀痛先王所行正道的不明，所以舉薦賢良方正的人議論探討，考察詢問，將要發揚仁義的美德，彰明帝王的法制，建立使天下太平的治理原則。臣愚昧不賢，陳述聽到的，敘說學過的，闡釋老師的言論，只能做到不失真而已。至於議論政事的得失，考察天下的生長與消耗，這是大臣輔佐的職責，三公九卿的任務，不是我董仲舒能夠做到的。然而我個人還是有感到奇怪的地方。古代的天下也是今天的天下，今天的天下也是古代的天下，古代與今天同是這個天下，古代用這個天下治理得社會安定，上下和睦，習俗美好，該做的不用指使就做起來了，不該做的不用禁止就停止做了，官吏中沒有邪惡，人民中沒有盜賊，牢獄空虛，仁德滋潤草木，恩惠遍及四海，鳳凰來聚棲，麒麟來行走。用古代衡量今天，相差得怎麼那樣遠呢！怎麼會錯亂謬誤得使社會衰敗到如此地步呢？難道有背離古代治理原則的地方嗎？有違背上天的道理的地方嗎？試著探究古代治理原則，回歸到上天的道理，或許能夠看得出來吧？

10 「天也有分配的原則，給與牠牙齒的去掉牠的角，加給牠翅膀的使牠長兩隻腳，這是接受大的不能要小的。古代給與俸祿的人，不靠勞力吃飯，不經營工商業，這也是接受大的不能要小的，是與上天意旨相同的做法。已經接受大的，又要小的，天不能使滿足，何況是人呢！這就是人民怨聲囂囂憂愁不足的原因。身受尊崇而擔任高位，家庭富裕而食用豐厚俸祿，於是憑藉富貴的資財與權力，來與人民在下面爭奪財利，人民怎麼能夠比得上他們呢！因此多置他們的奴婢，多養他們的牛羊，增大他們的田宅，擴充他們的產業，蓄積他們的財物，致力於這些而無休止，來逼迫人民，人民一天天削弱，一月月縮減，逐漸走到十分窮困的地步。富有的人奢侈富裕，貧窮的人窮困急迫悲愁痛苦。窮困急迫悲愁痛苦而上面不救濟，人民就不樂意生存；人民不樂意生存，尚且不避死，怎麼可能避免犯罪呢！這就是刑罰繁多而奸詐邪惡不能制止的原因。所以接受俸祿的家庭，只享用俸祿而已，不與人民爭生產事業，然後利益可以平均分布，人民可以家家富足。這是天的道理，也是上古的治理原則，天子應當效法作為制度，官員應當遵循做為行為準則。所以公儀休任魯國相，回到他的家裡看見妻子織絲織品，憤怒地休棄了他的妻子；在家吃飯，吃到葵菜，憤怒地拔掉了種植的葵菜。他說：『我已經享用俸祿，又奪取園丁與女工的利益嗎？』古代在各種官位上的賢人君子都是這樣，所以下面的人推崇他們的品行而聽從他們的教導，人民受他們廉潔品德的感化而不貪婪卑鄙。等到周朝衰弱，它的卿大夫怠惰於做該做的事而忙著謀取私利，沒有推辭謙讓的作風而有爭奪田產的訴訟。所以詩人憎惡而諷刺他們說：『高峻啊，那南山，山石累累。顯耀的太師尹氏，人民全都看著你。』你好義，人民就嚮往仁義而風俗美好；你好利，人民就喜好歪門邪道而風俗敗壞。由此看來，天子與各級官員，是下面的人民注視、效法的對象，是邊遠部族從四方向內地觀察的人。近處的人注視而模仿他們，遠處的人觀察而效法他們，難道可以處在官員的位置而做平民百姓的事情嗎？急促匆忙地謀求財利而經常擔心財利缺乏的，是平民百姓的心思；急促匆忙地施行仁義而經常擔心不能用仁義教化人民的，是官員的心思。《周易》說：『背著東西又乘車，招引盜賊到來。』可以乘車是因為官員所處的位置，背負肩擔是平民百姓的事情，這是說處在官員的位置而做平民百姓的事情的，他的災禍一定到來。如果處在官員的位置，要做符合官員的行為，那麼捨棄像公儀休擔任魯國相時的作為，就沒有可以做的了。

11 「《春秋》『大一統』，是天地的永恆原則，古今的通行道理。如今，老師各有不同的思想學說，人們各有不同的議論，諸子百家提出不同的治國方略，旨意各不相同，因此上面的人沒有用來堅持統一的辦法；法制屢次變更，下面的人不知道遵循什麼。臣愚昧地認為，所有不在六藝的科目及孔子的學術的，全都禁絕他們的學說，不要使他們的學說與六藝的科目及孔子的學術一起傳布發展。邪僻的學說被消滅，然後綱紀可以統一而法度可以明確，人民就知道遵循什麼了。」

1 對既❶畢，天子以仲舒為江都相❷，事易王❸。易王，帝兄，素❹驕，好勇。仲舒以禮誼匡正❺，王敬重焉。久之，王問仲舒曰：「粵王句踐❻與大夫泄庸、種、蠡❼謀伐吳❽，遂滅之❾。孔子稱殷有三仁❿，寡人亦以為粵有三仁⓫。桓公決疑於管仲⓬，寡人決疑於君。」仲舒對曰：「臣愚不足以奉大對⓭。聞昔者魯君問柳下惠⓮：『吾欲伐齊，何如？』柳下惠曰：『不可。』歸而有憂色，曰：『吾聞伐國不問仁人，此言何為至於我哉！』徒見問爾⓯，且猶羞之⓰，況設詐以伐吳虖？繇此言之，粵本無一仁。夫仁人者，正其誼不謀其利，明其道不計其功。是以仲尼之門，五尺之童羞稱五伯⓱，為其先⓲詐力而後⓳仁誼也。苟為詐而已，故不足稱於大君子之門也⓴。五伯比於他㉑諸侯為賢，其比三王，猶武夫㉒之與美玉也。」王曰：「善。」

2 仲舒治國，以春秋災異之變推陰陽所以錯行㉓，故求雨，閉諸陽，縱諸陰；其止雨反是㉔。行之一國，未嘗不得所欲。中廢為中大夫㉕。先是㉖遼東高廟、長陵高園殿災㉗，仲舒居家推說其意，屮稾㉘未上。主父偃候仲舒㉙，私見，嫉之，竊其書而奏焉。上召視諸儒㉚，仲舒弟子呂步舒㉛不知其師書，以為大愚。於是下仲舒吏㉜，當㉝死，詔赦之。仲舒遂不敢復言災異。

3 仲舒為人廉直。是時方外攘[34]四夷，公孫弘[35]治春秋不如仲舒，而弘希世用事[36]，位至公卿[37]。仲舒以弘為從諛[38]，弘嫉之。膠西王[39]亦上兄也，尤縱恣，數害吏二千石。弘乃言於上曰：「獨董仲舒可使相膠西王。」膠西王聞仲舒大儒[40]，善待之。仲舒恐久獲辠[41]，病免[42]。凡[43]相兩國，輒[44]事驕王，正身以率[45]下，數上疏諫爭[46]，教令[47]國中，所居[48]而治。及去[49]位歸居，終不問家產業，以脩學著書為事。

4 仲舒在家，朝廷如有大議，使使者及廷尉張湯就其家而問之[50]，其對皆有明法。自武帝初立，魏其、武安侯為相而隆儒矣[51]。及仲舒對冊，推明孔氏，抑黜[52]百家。立學校之官，州郡舉茂材孝廉[53]，皆自仲舒發[54]之。年老，以壽終於家。家徙茂陵[55]，子及孫皆以學至大官。

5 仲舒所著，皆明經術[56]之意，及上疏條教[57]，凡百二十三篇。而說春秋事得失，聞舉、玉杯、蕃露、清明、竹林之屬，復數十篇，十餘萬言，皆傳於後世。掇其切當世施朝廷者著于篇[58]。

【章旨】以上記述董仲舒在武帝時兩任王國相及晚年家居等情況。

【注釋】❶既　已經。❷江都相　江都王國的國相。江都，諸侯王國名，治江都縣（今江蘇揚州西南長江北岸）。相，諸侯王國的行政長官。❸事易王　在江都易王手下任職。事，侍奉。易王，漢景帝子劉非，年長於武帝劉徹。初封汝南王，後改封江都王。非死諡易，史稱江都易王。❹素　一向；向來。❺匡正　糾正；輔正。❻粵王句踐　即越王句踐。粵，國名，都會稽（今浙江紹興）。句踐，越王名。❼泄庸種蠡　句踐的三位大臣名。泄庸，《國語·吳語》云句踐大夫有舌庸，本書卷二十〈古今人表〉與種、蠡同時有后庸。泄庸、舌庸、后庸當是一人，其事跡僅《國語·吳語》有所記載。種，姓文，名種。越於危難之際，文種出使吳軍，求和成功，越免於亡。句踐滅吳後，疑種作亂，迫其自殺而死。蠡，姓范，名蠡。范蠡在句踐手下任職二十多年，內政、外交多用其謀。句踐滅吳後，范蠡認為句踐可與共患難，不可共享樂，於是離開越國，到了齊國，改換姓名，自稱鴟夷子皮。後在陶地定居下來，稱陶朱公。❽吳　國名，在越國北面，都吳（今江蘇蘇州）。❾遂滅之　終於滅了吳國。遂，終於。越、吳是建立在長江下游的兩個國家。春秋中期以後，越、吳先後強大起來。西元前四九四年，吳王夫差攻越，大敗越軍，越向吳稱臣。此後，越王句踐臥薪嘗膽，外事吳國，內修國政。二十年後，越國人口增加，國富兵強，於是發兵攻吳，在西元前四七三年攻破吳都，夫差自殺，吳國滅亡。❿孔子句　《論語·微子》：「微子去之，箕子為之奴，比干諫而死。孔子曰：『殷有三仁焉。』」據《史記·殷本紀》記載，殷紂王淫亂，微子屢諫不聽，遂離開朝廷。比干強諫紂王，被剖心而死。箕子懼，佯狂，做了奴隸。三人雖做法不同，但都是反對殷紂王昏庸暴虐的行為，所以都稱之為仁。⓫寡人句　寡人，古代君主的謙稱。亦，尚；還。粵有三仁，指上文提到的泄庸、種、蠡三人。⓬桓公句　桓公，指春秋前期的齊桓公（西元前六八五—前六四三年在位）。桓公任管仲為相，在管仲輔佐下改制強國，稱霸諸侯，為春秋五霸的第一位霸主。決疑，解決疑難問題。管仲，姓管，名夷吾，仲，是他的字，春秋時潁上（今河南禹州潁水沿岸）人。初事公子糾。桓公即位，公子糾被殺，經鮑叔牙極力推薦，桓公任管仲為相，管仲輔佐桓公稱霸諸侯。⓭奉大對　奉行大問的對答。奉，行。大對，大問的對答。⓮柳下惠　春秋時魯國大夫展禽。食邑柳下，諡惠，史稱柳下惠。⓯徒見問爾　只是被詢問而已。徒，只是；僅僅。見，副詞，用於動詞前，表被動。爾，而已；罷了。⓰且猶羞之　尚且認為它是一種恥辱。且猶，還；尚且。羞之，以之為羞。羞，羞恥；恥辱。此為動詞，意動用法。認為恥辱。之，指「見問」事。⓱五伯　即五霸，指春秋五霸。春秋五霸具體所指，有幾說：㈠齊桓公、宋襄公、晉文公、楚莊王、秦穆公。㈡齊桓公、晉文公、楚莊王、吳王闔閭、越王句踐。㈢齊桓公、宋襄公、晉文公、秦穆公、吳王夫差。⓲先　為先。意為推崇，重視。⓳後　為後。意為輕視。⓴故不足稱句　不足，不值得。於，介詞，用於被動句的動詞後，介紹出動作行為的主動者。大君子，指孔子。孔子被尊為聖人，所以稱大君子。㉑他　別的。㉒武夫　即碔砆。似玉的石頭。㉓錯行　指錯亂失常。關於董仲舒根據《春秋》記載的災異變化推究陰陽所以錯亂失常的情況，參閱本書卷二十七〈五行志〉。㉔反是　與此相反。㉕中廢句　中，其間。廢，罷免，指免去江都王國相的官職。中大夫，郎中令屬官，掌論議。㉖先是　在這之前。㉗遼東句　遼東，郡名，治襄平（今遼寧遼陽），其地在今遼寧東部。高廟，供奉祭祀漢高祖劉邦的房舍。長陵，漢高祖劉邦陵墓名，漢置縣，在今陝西咸陽東北。園，帝王、后妃的墓地。殿，陵園中供奉神主、舉行祭祀活動的殿堂。災，自然發生的火災。《左傳．宣公十六年》：「凡火，人火曰火，天火曰災。」㉘中稾　即「草稿」。中，同「草」。㉙主父偃句　主父偃，複姓主父，名偃，臨淄（今山東淄博）人。武帝元光元年（西元前一三四年）上書言事，一年四次升遷，自郎中升至中大夫。提出削弱諸侯王勢力的「推恩法」。後任齊王國相，揭發齊王淫亂行為，齊王自殺，偃也因此獲罪被族誅。本書卷六十四上有傳。候，拜訪；探望。㉚視諸儒　謂給諸儒看。視，通「示」。給人看。㉛呂步舒　董仲舒弟子名，溫縣（今河南溫縣）人，官至丞相長史。㉜下仲舒吏　把董仲舒交付司法官吏審訊。下，交付。吏，指司法官吏。㉝當　判處。㉞攘　驅逐；抵禦。㉟公孫弘　複姓公孫，名弘，菑川王國（治劇縣，在今山東壽光）人。研治《春秋》，武帝初年徵為博士。官至丞相。本書卷五十八有傳。㊱希世用事　迎合世俗當權執政。希，迎合。用事，指當權執政。㊲公卿　三公諸卿。㊳從諛　順從奉承。㊴膠西王　指劉端。膠西，諸侯王國名，治高密縣（今山東高密西）。㊵大儒　原無「儒」字。據宋祁說補。㊶辠　「罪」本字。犯法。秦始皇統一天下後議定名號，天子稱皇帝。因為「辠」、「皇」二字形體近似，怕人誤將「皇帝」認作「辠帝」，便把表示「犯法」義的「辠」字廢掉，而改用表示「網」義的同音字「罪」來代替「辠」字表示「犯法」義，所以後世「罪」行而「辠」罕見。《漢書》好用古字，所以這裡用「辠」字。㊷病免　假託有病請求免職。㊸凡　總共。㊹輒　每每；總是。㊺率　表率；榜樣。這裡指作表率、作榜樣。㊻諫爭　即「諫諍」。直言規勸。㊼教令　教化。㊽所居　指所在王國。居，在。㊾去　離開。㊿使使者句　廷尉，官名。卿職，掌刑法。張湯，杜縣（今陝西西安）人。參與定律令，任廷尉，治法峻酷。後為人所陷，自殺。本書卷五十九有傳。就，到。51魏其句　魏其，縣名，治今山東臨沂南。漢景帝時，吳、楚等七王國叛亂，竇嬰平叛有功，封魏其侯。此言「魏其」，指魏其侯竇嬰。竇嬰，本書卷五十二有傳。武安侯，指田蚡。武安，縣名，治今河北武安西南。田蚡是景帝王皇后的同母弟。武帝即位初，封武安侯，為太尉，後任丞相。本書卷五十二有傳。隆，尊崇；重視。52抑黜　貶斥；排斥。53州郡句　州郡，是西漢地方監察行政區劃名稱。州，是為了監察郡、國行政而設立的。武帝時，在司隸校尉之外，全國分為十三州，一州轄數郡；郡下為縣，一郡轄數縣。州為監察區劃，郡為行政區劃。舉，舉薦。茂材，即「秀才」，選拔官吏科目，東漢時為避光武帝劉秀名諱改稱茂材。孝廉，選拔官吏科目，孝指孝子，廉即廉潔之士。武帝採納董仲舒建議，元光元年（西元前一三四年），初令郡、國舉薦孝、廉各一人。54發 倡始。55茂陵 漢武帝陵墓名，在今陝西興平東北。其地，漢初為槐里縣的茂鄉，武帝即位第二年在這裡修建自己的陵墓，稱茂陵，設置茂陵縣，多次從各地遷徙戶口充實茂陵。56經術 經學。57上疏條教 上奏的奏疏、條例、教令。58掇其句 掇，選取。切，符合。施朝廷，被朝廷施行。施，施行。

【語譯】對策結束以後，天子任命董仲舒做江都王國的相，侍奉易王。易王，是皇帝的哥哥，一向驕橫，好逞勇武。董仲舒用禮義輔正，易王敬重他。過了很久，易王問董仲舒說：「粵王句踐與大夫泄庸、文種、范蠡謀劃攻打吳國，終於滅了吳國。孔子稱讚殷朝有三位仁人，我也認為粵國有三位仁人。齊桓公請教管仲解決疑難問題，我想請教你來解決疑難問題。」董仲舒回答說：「臣愚昧，能力不足以進行大問的對答。聽說從前魯國國君徵詢柳下惠的意見說：『我想要攻打齊國，怎麼樣？』柳下惠說：『不可以。』柳下惠回到家裡，臉上有憂愁表情，說：『我聽說攻打國家不徵詢仁人的意見。這攻打國家的話怎麼問到我了呢！』只是被詢問而已，尚且認為它是一種恥辱，何況施用詭計來攻打吳國呢？由此說來，粵國本來就沒有一個仁人。仁人，端正他的正義行為卻不謀求私利，弘揚他的原則卻不計較功效。因此仲尼的學派中，五尺高的學童都認為稱讚五霸是恥辱，是因為五霸重視詐謀武力而輕視仁愛道義。只是苟且施展詐謀而已，所以不值得被大君子的學派稱讚。五霸與別的諸侯比較算是好的，五霸與三王比較如同石頭與美玉。」易王說：「說得好。」

2 董仲舒治理江都王國，根據《春秋》記載的災異變化推究陰陽錯亂失常的原因，所以在求下雨時，閉塞各種屬於陽的，放開各種屬於陰的；他在求停止下雨時，做法與此相反。在一個王國施行這種做法，未曾得不到想要的結果。其間被免職，而擔任中大夫。在這之前，遼東郡高帝廟、長陵高帝陵園殿堂遭受火災，董仲舒在家推究解說這些災情的意思，寫好草稿，沒有上奏。主父偃拜訪董仲舒，私下看到草稿，忌恨董仲舒，竊取他的草稿上奏給皇帝。皇帝召來多位儒生，給他們看這份草稿，董仲舒的弟子呂步舒不知道是他老師寫的，認為草稿所說是非常愚昧的見解。於是把董仲舒交付司法官吏審訊，判處死刑，皇帝下詔赦免了他。董仲舒便不敢再談災異的事情。

3 董仲舒做人廉潔正直。當時正對外抗擊四方部族，公孫弘研究《春秋》比不上董仲舒，然而公孫弘迎合世俗，當權執政，官位到三公諸卿。董仲舒認為公孫弘是順從奉承，公孫弘忌恨他。膠西王劉端也是皇帝的哥哥，更加驕縱放肆，多次迫害二千石的官員。公孫弘便對皇帝說：「只有董仲舒可以派去做膠西王的國相。」膠西王聽說董仲舒是一位儒學大師，很好地對待他。董仲舒擔心時間長了有所得罪，假託有病，請求免去了職務。總共擔任兩個王國的相，都是侍奉驕橫的國王，端正自身來作下屬的表率，多次上奏直言規勸，在王國內教化人民，所在王國社會安定。等到離開官位回家居住的時候，始終不過問家中的產業，把研究學問寫作著書作為事業。

4 董仲舒住在家中，朝廷如有重大問題討論，派使臣與廷尉張湯到董仲舒家中徵詢他的意見，董仲舒的對答都有明確的章法。從武帝開始立為天子，魏其侯、武安侯擔任丞相，就尊崇儒家學派了。等到董仲舒對答策問，探求闡明孔子學說，貶斥諸子百家。設立掌管學校教育的官員，各州、郡舉薦茂材、孝廉人才，都是董仲舒倡始的做法。年紀老了，以高壽在家中去世。董家後來遷到茂陵，兒子與孫子都憑藉學識做到大官。

5 董仲舒的著作，都是闡明經典學術的意義，與上奏的奏疏、條例、教令，共一百二十三篇。而解說《春秋》所載史事的《聞舉》、《玉杯》、《蕃露》、《清明》、《竹林》之類，又幾十篇，十餘萬字，都流傳到後世。選取其中符合當代情況被朝廷採用的，記載在本篇中。

贊曰：劉向❶稱：「董仲舒有王佐之材，雖伊呂亡以加❷，筦晏之屬❸，伯者之佐，殆❹不及也。」至向子歆❺以為：「伊呂乃聖人之耦❻，王者不得則不興。故顏淵❼死，孔子曰❽：『噫！天喪余。』唯此一人為能當❾之，自宰我、子贛、子游、子夏不與焉❿。仲舒遭⓫漢承秦滅學之後，六經離析，下帷發憤，潛心大業⑫，今後學者有所統壹⑬，為群儒首。然考其師友淵源所漸⑭，猶未及虖游夏，而曰筦晏弗及，伊呂不加，過矣。」至向曾孫龔⑮，篤論⑯君子也，以歆之言為然⑰。

【章旨】以上是作者對所傳人物的評論文字。但是，這裡未見作者一字評語，而是請來劉向祖孫三人發表意見，且又父評而子進行修正，子評而曾孫加以肯定。最後，作者肯定劉向之曾孫為「篤論君子」，那麼作者如何評論也就不言自明。

【注釋】❶劉向　原名更生，字子政，劉邦弟劉交的四世孫。宣帝時任散騎諫大夫。元帝時，因反對宦官弘恭、石顯，被捕入獄。成帝時，更名向，任光祿大夫。漢成帝時，主持校理經傳諸子詩賦等書，整理的各書都寫有「敘錄」，匯編各書「敘錄」成《別錄》一書。另外，還編有《新序》、《說苑》、《列女傳》、《洪範五行傳論》等書。本書卷三十六有傳。❷雖伊呂亡以加　即使伊尹、呂尚也沒有辦法超過。雖，即使。伊，指伊尹。伊尹，名摯，夏末商初人。原為湯妻的陪嫁奴隸，後輔佐湯伐桀，滅夏建商，被尊為阿衡（猶後世相職）。湯死，孫太甲繼立，破壞湯法，伊尹把他放逐桐宮。三年後太甲改過，迎回復位，史稱太宗。伊尹是商初重要政治家。呂，指呂尚。呂尚，姜姓，呂氏，名尚，商末周初人。原釣於渭水邊，周文王出獵遇到他，說「吾太公望子久矣」，於是號稱太公望，立為師。一說，呂尚隱居海濱，經招而歸周。武王即位，尊為師尚父。呂尚輔佐武王伐紂，滅商建周，封於齊，為齊國始封之君。呂尚是周初重要政治家。加，超過。❸筦晏之屬　管仲、晏嬰一類的人。筦，同「管」。指管仲。晏，指晏嬰。晏嬰，字平仲（一說謚平仲，一說謚平、字仲），春秋後期齊國執政之卿。任齊景公相期間，節儉力行，名顯諸侯。❹殆　肯定；必然。❺歆　字子駿，後改名秀，字穎叔。漢成帝時，與父向主持校理群書。父死，歆繼父業，完成校理群書工作，寫成《七略》，為中國第一部綜合性分類圖書目錄。他力言為古文設置博士，因遭今文經學派反對而未果。王莽廢漢建立新朝，歆任國師，後因參與謀殺王莽事件而事敗自殺。本書卷三十六有傳。❻耦同伴；匹敵。❼顏淵　姓顏，名回，字子淵，春秋末期魯國人。孔子最得意的弟子，敏而好學，以德行著，不幸早死。孔子認為顏淵是自己學說的理想傳人。今顏淵夭亡，所以發出「天喪余」的哀歎。❽孔子曰　引文見《論語．先進》。❾當　相當於：充當。❿自宰我句　自，即使。宰我，姓宰，名予，字子我，春秋末期魯國人。孔子弟子，有口辯，列於言語科。子贛，複姓端木，名賜，字子貢，一云字子贛，衛國人。孔子弟子，有口辯，列於言語科，善貨殖。子游，姓言，名偃，子游是他的字，春秋末期吳國人。孔子弟子，習於禮，尤以文學著，列於文學科。子夏，姓卜，名商，子夏是他的字，春秋末期衛國人。孔子弟子，擅長文學，通曉典籍，列於文學科。與，參與；在其中。⓫遭　逢；遇。⓬潛心大業　潛心，專心。大業，指儒家經學學術。⓭統壹　即統一。指歸於一致。⓮漸　浸染；影響。⓯龔　劉向曾孫名。⓰篤論　確切的評論。篤，切實；確鑿。⓱然　對。

【語　譯】史官評議說：劉向稱讚說：「董仲舒有輔佐成就王業的君主的才能，即使伊尹、呂尚也無法超過；管仲、晏嬰一類的人，是成就霸業的君主的輔佐，必定趕不上他。」到劉向的兒子劉歆則認為：「伊尹、呂尚與聖人匹配，成就王業的君主少了他們就不能興起。所以，顏淵死了，孔子說：『唉！天要亡我呀。』只有顏淵一人能夠配當輔佐人才，即使宰我、子贛、子游、子夏都不算在輔佐人才的裡面。董仲舒時逢漢朝接續秦朝禁絕學術以後，《六經》都已離散，於是放下帳幕，發憤研讀，專心於儒家學術，讓後來學習的人有統一的學術思想，成為眾儒生的領袖。然而考察董仲舒的師承、交遊以及學術淵源影響的情況，他還沒能趕上子游、子夏，卻說管仲、晏嬰比不上，伊尹、呂尚也不超過，這說得過頭了。」到劉向的曾孫劉龔，是切合實際進行評論的君子，認為劉歆的說法是對的。

【研　析】西漢是繼秦之後建立的一個統一的中央集權國家。用什麼作為主導的統治思想，西漢統治者對此有一個探索的過程。西漢建立之初，社會經濟凋弊蕭條，統治者尊崇道家的黃老之術，實行無為而治，以與民休養生息，發展經濟，安定社會。文、景時期，社會漸趨穩定，經濟得到恢復並有所發展。武帝即位，欲有所作為，於是儒家入世有為的思想學說受到重視。董仲舒正是順應這種歷史發展形勢的需要出現的一位儒學大師和哲學家。

董仲舒在賢良對策中，主要闡述了如下哲學政治思想：

在哲學思想上，他藉天道言人事，宣揚「天人合一」、「君權神授」、「天人感應」，人間君主的行為符合天意，上天就降祥瑞褒獎他；違背天意，上天就降災異譴告他，人間君主對社會的治理完全成為實施上天意旨的行為。

在政治思想上，他主張維護國家統一，加強中央集權；治理國家，用德教而不用刑罰，雖然德需刑輔，但要以德為本；振興教育，興辦學校，純正民風；罷黜百家，獨尊儒術，用儒家思想作為統治國家的主導思想。

董仲舒認為，天為萬物之祖，所以人間統治者「法天而立道」；既然「道之大原出於天」，所以「天不變，道亦不變」。董仲舒的哲學政治思想，都是上天意旨的體現，這使經過董仲舒改造的儒學蒙上濃重的迷信與宗教色彩。

董仲舒在第三篇對策最後提出的「諸不在六藝之科、孔子之術者，皆絕其道，勿使並進」，此一「罷黜百家，獨尊儒術」的建議獲得武帝認同，之後並採取相應的措施，這在中國學術思想史與政治史上都是一件大事。它開啟了中國兩千年儒術獨尊的局面，儒學成為歷代王朝維繫大一統的指導思想，左右中國人的思維模式，影響之深鉅不言可喻。

除了本傳外，《漢書》卷二十四上〈食貨志上〉和卷九十四下〈匈奴傳・贊〉還分別錄有董仲舒主張鹽鐵歸民、輕徭薄賦以及對匈奴不應多行征伐等奏議，屬其晚年之作，對我們了解董仲舒的思想與行事，也有幫助。

卷五十七上

司馬相如傳第二十七上

【題解】司馬相如，漢代著名的辭賦家，本傳分上、下兩分卷敘述他的人生事跡及辭賦著作。《史記》有〈司馬相如列傳〉，班固幾乎一仍其舊，只在卷末評論稍為提出一點不同看法。司馬相如生活在一個偉大的英雄時代，甚得漢武帝信用，他開通西南夷，為實現國家大一統作出了傑出貢獻。對漢武帝的好大喜功既有支持的一面，又有諷諫和批評。雖然本傳指出司馬相如「多虛辭濫說」，但又肯定其旨意在於倡導「節儉」，繼承了《詩》的諷諫傳統。

司馬相如，字長卿，蜀郡❶成都人也。少❷時好讀書，學擊劍❸，名犬子❹。

相如既學❺，慕藺相如❻之為人也，更❼名相如。以訾為郎❽，事❾孝景帝❿，為武騎常侍⓫，非其好⓬也。會⓭景帝不好辭賦，是時梁孝王⓮來朝，從游說之士齊人鄒陽、淮陰枚乘、吳嚴忌夫子之徒⓯，相如見而說之，因⓰病免⓱，客游梁⓲，得與諸侯游士居，數歲，乃⓳著子虛之賦⓴。

會梁孝王薨，相如歸[21]，而家貧無以自業[22]。素與臨邛[23]令王吉相善，吉曰：「長卿久宦游，不遂[24]而困，來過[25]我。」於是相如往舍[26]都亭[27]。臨邛令繆[28]為恭敬，日往朝[29]相如。相如初尚見之，後稱病[30]，使從者謝[31]吉，吉愈益[32]謹肅[33]。臨邛多富人[34]，卓王孫[35]僮客八百人，程鄭[36]亦數百人，乃相謂[37]曰：「令[38]有貴客，為具[39]召[40]之，并召令。」令既至，卓氏客以百數[41]，至日中請司馬長卿，長卿謝病[42]不能臨。臨邛令不敢嘗食[43]，身自[44]迎相如，相如為不得已而強[45]往，一坐盡傾[46]。酒酣[47]，臨邛令前奏[48]琴曰：「竊[49]聞長卿好之，願以自娛[50]。」相如辭謝，為鼓一再行[51]。是時，卓王孫有女文君新寡[52]，好音，故相如繆與令相重而以琴心挑之[53]。相如時從車騎，雍容[54]閒雅，甚都[55]。及[56]飲卓氏[57]弄琴，文君竊從戶窺[58]，心說而好之[59]，恐不得當[60]也。既罷，相如乃令侍人重賜文君侍者通殷勤[61]。文君夜亡奔[62]相如，相如與馳[63]歸成都。家徒四壁立[64]。卓王孫大怒曰：「女不材[65]，我不忍殺[66]，一錢[67]不分也！」人或[68]謂王孫，王孫終不聽。文君久之[69]不樂，謂長卿曰：「弟[70]俱如臨邛，從昆弟[71]假貣[72]，猶足以為生[73]，何至[74]自苦如此！」相如與俱之臨邛，盡賣車騎，買酒舍，乃令文君當盧[75]。相如身[76]自著犢鼻褌[77]，與庸保[78]雜作，滌器[79]於市中。卓王孫恥[80]之，為杜門不出[81]。昆弟諸公82更謂王孫曰：「有一男兩女，所不足者非財83也。今文君既失身84於司馬長卿，長卿故85倦游86，雖貧，其人材足依也。且又令客，奈何87相辱如此？」卓王孫不得已，分與文君僮百人，錢百萬，及其嫁時衣被財物。文君乃與相如歸成都，買田宅，為富人。

【章旨】以上主要敘述司馬相如的出身、簡歷及與卓文君由傾慕到成婚的故事。

【注釋】❶蜀郡　秦惠文王後九年伐蜀，滅之，貶蜀王更號為侯，以陳壯相蜀，十四年，陳壯反，秦武王元年復伐蜀，誅陳壯，改國為郡。❷少　少年。❸擊劍　以劍擊刺。❹犬子　司馬相如的小名。❺既學　學業完成。❻藺相如　戰國時趙國大臣，曾奉命帶「和氏璧」入秦，以不辱使命，完璧歸趙而出名。❼更　改。❽以訾為郎　訾，通「貲」。資產；財產。郎，郎官。起源於戰國，秦漢沿襲，有中郎、議郎、郎中等名目，其主要職責是護衛侍從，建議諮詢，以備顧問等。漢制規定，限家資十萬以上乃得為官。❾事　侍奉。❿孝景帝　名啟，文帝子，西元前一五六—前一四一年在位。參見卷五〈景帝紀〉。⓫武騎常侍　皇帝的騎從官，郎官加號，秩六百石。⓬好　喜好；愛好。⓭會　恰逢；遇到。⓮梁孝王　名武，文帝次子，景帝弟。封於梁，都睢陽（今河南商丘南）。見卷四十七〈梁孝王傳〉。⓯從游說之士句　鄒陽、枚乘，本書卷五十一有傳。嚴忌夫子，本姓莊，因避漢明帝諱為嚴，名忌，號曰夫子。⓰因　趁。⓱免　免去。⓲客游梁　指以客的身分，居於梁王門下。⓳乃　於是。⓴子虛之賦　即下文所錄子虛與烏有先生的對話部分。㉑歸　返回。㉒無以自業　沒有什麼可以作為維生的職業。㉓臨邛　漢縣名，今四川邛崍。㉔遂　通；達。㉕過　訪；探望。㉖舍　居住，使動用法。㉗都亭　這裡指臨邛縣亭。漢制京師郡縣都有都亭，鄉有鄉亭。㉘繆　通「謬」。假裝。㉙朝　拜訪。㉚稱病　聲言有病。㉛謝　謝卻；辭去。㉜愈益　更加。㉝謹肅　謹慎而恭敬。㉞臨邛多富人　臨邛地方富人很多。㉟卓王孫　卓，姓。王孫，名。卓氏為秦滅趙所遷居蜀郡者，以冶鐵致富。㊱程鄭　人名，為秦滅六國自山東遷蜀者，亦以冶鐵致富。㊲相謂　相互告訴對方。㊳令　縣令。㊴具　指酒食之具。㊵召　請。㊶以百數　即以百人為單位進行計算。㊷謝病　以病託辭。㊸嘗食　品嘗酒食。㊹自　親自。㊺強勉強。㊻一坐盡傾　所有在座的人都傾慕他的風采。㊼酣　酒興正濃。㊽奏　進奏；奉獻。㊾竊　私下；私自。㊿自娛　使自己快樂。51為鼓一再行　為，給。鼓，彈奏。一再行，謂一二曲。52新寡　新近喪夫。53以琴心挑之　謂以琴聲誘挑卓文君。54雍容　謂態度大方，從容不迫。55都　優美；漂亮。56及　至；到。57飲卓氏　在卓氏家中飲酒。58竊從戶窺　偷偷從門縫中看。戶，指單扇門。59說而好之　謂悅其人而好其音。60恐不得當　害怕不合其意。61通殷勤　傳述自己懇切深厚的情意。62亡奔　逃奔。63馳　飛快的趕馬奔跑。64家徒四壁立　謂家僅有四壁而空無一物。徒，空也。65不材　不成才。66殺　殺死。67一錢　一個錢。68人或　有人。69久之　時間長了。70茀　通「第」。但；只。71昆弟　兄弟。72假貣　求乞；借貸。73猶足以為生　還可以生活。74何至　為何；何自於。75當盧　在壚前賣酒。當，主持。盧，通「壚」。安放酒罈的土墩子。76身　親自。77犢鼻褌　形似犢鼻的短褲，古人穿的褲子，無襠謂之袴，有襠謂之褌。78庸保　雇工；傭人。79滌器　洗滌酒器。80恥　感到羞恥，恥辱。81杜門不出　閉門不出。82諸公　謂臨邛地方的長者、長輩。83財　財產；錢財。84失身　謂以身許之。85故　本來。86倦游　謂厭倦遊學。87奈何　何必；為何。

【語譯】司馬相如，字長卿，蜀郡成都人。少年時喜好讀書，又學習擊劍，起小名叫犬子。相如完成學業，仰慕藺相如的為人，遂改名相如。憑藉家中的資產被授為郎官，奉事漢景帝，任武騎常侍，但這並不是他的愛好。恰巧漢景帝不喜歡辭賦，這時梁孝王來京城朝見皇帝，齊郡人鄒陽、淮陰人枚乘、吳人嚴忌先生等遊說之士隨同進京，相如一見之後就喜歡上了他們，藉有病而辭去了官職，旅居梁國，得到和諸侯的遊說之士相處在一起的機會，幾年後，寫下了〈子虛之賦〉。

這時恰遇上梁孝王去世，相如返回家中，可是家中貧窮且沒有什麼可以作為維生的職業。他一向與臨邛縣令王吉相好，王吉說：「長卿多年一直在外求官而不稱心，可以到我這裡來。」於是相如前往臨邛，住在縣城的都亭。臨邛縣令假獻殷勤，每天都去拜訪相如。一開始相如還見他，後來就聲稱有病，讓隨從的人去辭謝王吉，而王吉則愈加謹慎恭敬。

臨邛城裡的富人很多，卓王孫有家奴門客八百人，程鄭也有幾百人，二人於是互相稱說：「縣令有貴客，我們應辦酒席宴請他，同時把縣令請來。」縣令已經來到，卓氏的賓客有一百多人，到了中午，邀請司馬長卿，長卿託言有病不能前往。臨邛縣令不敢嘗一口酒食，親自去迎接相如，相如不得已，勉強前往，滿座的人都傾慕他的風采。酒興正濃時，臨邛縣令捧琴上前說：「我私下聽說長卿喜愛琴藝，請長卿能否彈奏幾曲娛樂一下。」相如推辭了一番，開始彈奏了一兩首曲子。當時卓王孫有個女兒叫做文君，剛剛死了丈夫，文君喜好音樂，所以相如表面上裝作與縣令相敬重，實際上卻用琴聲去挑逗她。其時相如到臨邛來有車馬相隨，舉止雍容大方，相貌俊秀文雅，非常漂亮。及至在卓氏家飲酒、彈琴，文君偷偷從門縫看他，心中喜歡而仰慕他，擔心自己配不上他。宴席結束，相如便使隨從的人重賞文君的侍者，以此轉達對她的愛慕之心。於是當天夜裡文君便從家裡逃出私奔相如，相如跟她趕著車馬急返成都。相如家裡窮得空空如也，唯有四壁空立。卓王孫得知此事，大發脾氣說：「女兒不成才，我不忍心殺她，但絕不分給她一個錢！」有人勸說卓王孫，王孫始終不聽從。時間長了之後文君心中不快樂，對長卿說：「你只管和我一起回臨邛，就是從兄弟中借貸，也足以維持生活，何至於讓自己困苦成這樣子！」相如便和文君一同回到臨邛，把車馬統統都給賣了，買了一個酒店，相如讓文君坐在壚前賣酒。自己親自穿上牛犢鼻圍裙，和雇工及酒保們在一起幹活，在市中洗滌酒器。卓王孫聽說後感到這實在是奇恥大辱，為此而閉門不出。兄弟及臨邛的長輩們輪流前去勸說王孫說：「你有一兒兩女，所缺的並不是錢財。如今文君既已委身於司馬長卿，長卿本來就厭倦遊學做官，雖然他人貧窮，但他的才能還是可以依靠的。況且他又是縣令的客人，為什麼要偏偏如此相辱呢？」卓王孫不得已，分給文君家奴一百人，錢一百萬，還有她當初出嫁時的衣裳、被褥、財物等。文君這才與相如回到成都，置買田地房產，成為富人。

1　居久之❶，蜀人楊得意為狗監❷，侍上❸。上讀子虛賦而善❹之，曰：「朕❺獨不得與此人同時哉！」得意曰：「臣❻邑人❼司馬相如自言為此賦。」上驚，乃召問相如。相如曰：「有是[8]。然此乃諸侯之事，未足觀[9]，請[10]為天子游獵之賦[11]。」上令尚書[12]給筆札。相如以「子虛」，虛[13]言也，為楚稱[14]；「烏有先生」者，烏[15]有此事也，為齊難[16]；「亡[17]是公」者，亡是[18]人也，欲明天子之義[19]。故虛藉[20]此三人為辭，以推天子諸侯之苑囿[21]。其卒章[22]歸之於節儉，因以風諫[23]。奏之天子，天子大說。其辭曰：

2

楚[24]使子虛使於齊[25]，齊王悉發車騎與使者出田[26]。田罷，子虛過姹[27]烏有先生，亡是公存[28]焉。坐定，烏有先生問曰：「今日田樂乎？」子虛曰：「樂。」「獲[29]多乎？」曰：「少。」「然則[30]何樂？」對曰：「僕[31]樂王之欲夸僕以車騎之眾，而僕對以雲夢[32]之事也。」曰：「可得聞乎[33]？」

3

子虛曰：「可。王駕車千乘[34]，選徒萬騎[35]，田於海濱，列卒滿澤[36]，罘[37]罔彌[38]山。掩菟轔鹿[39]，射麋格麟[40]，騖於鹽浦[41]，割鮮染輪[42]。射中[43]獲多，矜而自功[44]，顧[45]謂僕曰：『楚亦有平原廣澤遊獵之地饒[46]樂若此者乎？楚王之獵孰與寡人[47]？』僕下車對曰：『臣，楚國之鄙人[48]也，幸得宿衛[49]十有餘年，時從出遊，遊於後園[50]，覽於有無[51]，然猶未能徧覩[52]也，又烏足以[53]言其外澤乎？』齊王曰：『雖然[54]，略[55]以子[56]之所聞見言之。』

4

「僕對曰：『唯唯[57]。臣聞楚有七澤，嘗見其一，未覩其餘也。臣之所見，蓋特[58]其小小者爾，名曰雲夢。雲夢者，方[59]九百里，其中有山焉。其山則盤紆岪鬱[60]，隆崇嵂崒[61]，岑崟參差[62]，日月蔽虧[63]，交錯糾紛，上干青雲[64]。罷池陂陁[65]，下屬[66]江河。其土則丹青赭堊[67]，雌黃白坿[68]，錫碧金銀[69]，眾色炫燿，照爛龍鱗[70]。其石則赤玉玫瑰，琳瑉昆吾[71]，瑊玏玄厲[72]，碝石武夫[73]。其東則有蕙圃，衡蘭芷若[74]，穹窮昌蒲[75]，江離蘪蕪[76]，諸柘巴且[77]。其南則有平原廣澤，登降陁靡[78]，案衍壇曼[79]，緣以大江，限以巫山[80]。其高燥則生葴菥苞荔[81]，薛莎青薠[82]。其埤溼則生藏莨蒹葭[83]，東蘠彫胡[84]，蓮藕觚盧[85]，奄閭軒于[86]。眾物居之，不可勝圖[87]。其西則有涌泉清池，激水推移[88]，外發夫容蔆華[89]，內隱鉅石白沙。其中則有神龜蛟鼉[90]，毒冒鼈黿[91]。其北則有陰林巨樹，楩柟豫章[92]，桂椒木蘭[93]，蘗離朱楊[94]，樝梨梬栗[95]，橘柚芬芳。其上則有宛雛孔鸞[96]，騰遠射干[97]。其下則有白虎玄[98]豹，蟃蜒貙豻[99]。

5

『於是乎乃使剸諸[100]之倫，手格[101]此獸。楚王乃駕馴駮之駟[102]，乘彫玉之輿[103]，靡魚須之橈旃[104]，曳明月之珠旗[105]，建干將之雄戟[106]，左烏號[107]之彫弓，右夏服[108]之勁箭。陽子驂乘[109]，孅阿[110]為御，案節未舒[111]，即陵狡獸[112]，蹵蛩蛩[113]，轔距虛[114]。軼野馬，轊騊駼[115]，乘遺風[116]，射游騏[117]，儵眒倩浰[118]，雷動熛至[119]，星流霆擊[120]。弓不虛發，中必決眥[121]，洞胷達掖[122]，絕乎心繫[123]。獲若雨[124]獸，揜[125]屮蔽地。於是楚王乃弭節徘徊[126]，翱翔容與[127]，覽乎陰林，觀壯士之暴怒，與猛獸之恐懼。徼𠨗受詘[128]，殫覩眾物之變態[129]。

6

『於是鄭女曼姬[130]，被阿錫[131]，揄紵縞[132]，雜纖羅[133]，垂霧縠[134]，襞積褰縐[135]，鬱橈谿谷[136]。衯衯裶裶[137]，揚衪戌削[138]，蜚纖垂髾[139]。扶輿猗靡[140]，翕呷萃蔡[141]。下靡蘭蕙[142]，上拂羽蓋[143]。錯翡翠之威蕤[144]，繆繞玉綏[145]，眇眇忽忽[146]，若神之髣髴[147]。

7

『於是乃群相與獠[148]於蕙圃，媻姍勃窣[149]，上金隄，揜[150]翡翠，射鵔鸃[151]。微矰[152]出，孅繳施[153]，弋白鵠[154]。連駕鵝[155]，雙鶬[156]下，玄鶴加[157]。怠[158]而後游於清池，浮文鷁[159]，揚旌枻[160]，張翠帷，建羽蓋。罔[161]毒冒，釣紫貝，摐金鼓[162]，吹鳴籟[163]，榜人[164]歌，聲流喝[165]。水蟲駭，波鴻沸[166]，涌泉起，奔揚會[167]。礧石[168]相擊，硠硠礚礚[169]，若雷霆之聲，聞乎數百里外。

8

『將息獠者，擊靈鼓，起烽燧[170]，車案行[171]，騎就隊[172]，纚乎淫淫，般乎裔裔[173]。於是楚王乃登陽雲之臺[174]，泊乎無為[175]，澹乎自持[176]，勺藥之和具而後

9

御之(177)。不若大王終日馳騁，曾不下輿，脟割輪焠(178)，自以為娛。臣竊觀之，齊殆(179)不如。』於是王無以應僕也。」

烏有先生曰：「是何言之過也！足下不遠千里，來況(180)齊國，王悉境內之士，備車騎之眾，與使者出田，乃欲戮力致獲(181)，以娛左右(182)也，何名為夸哉！問楚地之有無者(183)，願聞大國之風烈(184)，先生之餘論(185)也。今足下不稱楚王之德厚，而盛推雲夢以為驕，奢言淫樂而顯侈靡，竊為足下不取也。必若所言，固非楚國之美也。有而言之，是章(186)君之惡也；無而言之，是害足下之信也。章君惡，傷私義，二者無一可，而先生行之，必且(187)輕於齊而累於楚矣。且齊東陼鉅海(188)，南有琅邪(189)，觀乎成山(190)，射乎之罘(191)，浮勃澥(192)，游孟諸(193)，邪與肅慎為鄰(194)，右以湯谷(195)為界。秋田乎青丘(196)，仿偟(197)乎海外，吞若雲夢者八九(198)，其於匈中曾不蔕芥(199)。若乃(200)俶儻瑰瑋(201)，異方殊類(202)，珍怪鳥獸，萬端鱗崪(203)，充仞(204)其中者，不可勝記，禹(205)不能名，卨(206)不能計。然在諸侯之位，不敢言游戲之樂，苑囿之大；先生又見客(207)，是以王辭不復(208)，何為無以應哉(209)！」

10

亡是公听然(210)而笑曰：「楚則失矣，而齊亦未為得也。夫使諸侯納貢者，非為財幣，所以述職(211)也；封疆畫界者，非為守禦，所以禁淫(212)也。今齊列為東蕃[213]，而外私肅慎[214]，捐國踰限[215]，越海而田，其於義固[216]未可也。且二君之論，不務[217]明君臣之義，正諸侯之禮，徒事[218]爭於游戲之樂，苑囿之大，欲以奢侈相勝，荒淫相越，此不可以揚名發[219]譽，而適足以貶君自損[220]也。

11

「且夫齊楚之事又烏[221]足道乎！君未覩夫巨麗[222]也，獨不聞天子之上林[223]乎？左蒼梧，右西極[224]，丹水更其南[225]，紫淵徑[226]其北。終始霸產[227]，出入涇渭[228]，酆鎬潦潏[229]，紆餘委蛇[230]，經營[231]其內。蕩蕩乎八川[232]分流，相背異態，東西南北，馳騖往來，出乎椒丘之闕[233]，行乎州淤之浦[234]，徑乎桂林[235]之中，過乎泱莽[236]之壄。汩[237]乎混流，順阿[238]而下，赴隘陿[239]之口，觸穹石，激堆埼[240]，沸乎暴怒，洶涌彭湃，滭弗宓汩[241]，偪側泌瀄[242]，橫流逆折，轉騰潎洌[243]，滂濞沆溉[244]，穹隆雲橈[245]，宛潬膠盭[246]，踰波趨浥[247]，涖涖下瀨[248]，批巖衝擁[249]，奔揚滯沛[250]，臨坻[251]注壑，瀺灂霣隊[252]，沈沈隱隱，砰磅訇磕[253]，潏潏淈淈[254]，湁潗[255]鼎沸，馳波跳沫，汩急[256]漂疾，悠遠長懷[257]，寂漻無聲，肆乎永歸[258]。然後灝溔潢漾[259]，安翔徐佪，翯乎滈滈[260]，東注大湖，衍溢陂池[261]。於是蛟龍赤螭[262]，䱭䲛漸離[263]，鰅鰫鰬魠[264]，禺禺魼鰨[265]，揵[266]鰭掉尾，振鱗奮翼，潛處乎深巖。魚鼈讙[267]聲，萬物眾夥[268]，明月珠子，的皪江靡[269]。蜀石黃碝[270]，水玉磊砢[271]，磷磷爛爛，采色澔汗[272]，叢積乎其中。鴻鷫鵠鴇[273]，鴐鵝屬玉[274]，交精旋目[275]，煩鶩庸渠[276]，箴疵鵁盧[277]，群浮乎其上，汎淫泛濫[278]，隨風澹淡[279]，與波搖蕩，奄薄水陼[280]，唼喋菁藻[281]，咀嚼菱藕。

12

「於是乎崇山矗矗，巃嵸崔巍[282]，深林巨木，嶄巖參差[283]。九嵕巀嶭[284]，南山峩峩，巖陁甗錡[285]，摧崣崛崎[286]，振溪通谷，蹇產[287]溝瀆，谽呀豁閜[288]，阜陵別隝[289]，崴磈嵔廆[290]，丘虛堀礨[291]。隱轔鬱壘[292]，登降施靡[293]，陂池貏豸[294]。允溶淫鬻[295]，散渙夷陸[296]，亭皋[297]千里，靡不被築[298]。揜以綠蕙，被以江離[299]，糅以蘪蕪，雜以留夷[300]，布結縷，攢戾莎[301]。揭車衡蘭，槁本射干[302]，茈薑蘘荷[303]，葴持若蓀[304]，鮮支黃礫[305]，蔣芧青薠[306]。布濩閎澤[307]，延曼太原[308]，離靡廣衍[309]，應風披靡[310]，吐芳揚烈[311]，郁郁菲菲。眾香發越[312]，肸蠁布寫[313]，晻薆咇茀[314]。

13

「於是乎周覽氾[315]觀，縝紛軋芴[316]，芒芒怳忽[317]，視之無端，察之無涯。日出東沼，入虖西陂[318]。其南則隆冬生長，涌水躍波[319]。其獸則庸旄貘犛，沈牛麈麋，赤首圜題，窮奇象犀[320]。其北則盛夏含凍裂地，涉冰揭河[321]。其獸則麒麟角端，騊駼橐駝，蛩蛩驒騱，駃騠驢騾[322]。

14

「於是乎離宮別館[323]，彌山跨谷，高廊四注[324]，重坐曲閣，華榱璧璫[325]，輦道纚屬[326]，步櫚周流，長途中宿[327]。夷峻築堂[328]，纍臺增成[329]，巖突洞房[330]。頫杳眇而無見，仰攀橑而捫天[331]，奔星更於閨闥，宛虹拖於楯軒[332]。青龍蚴蟉於東箱，象輿婉僤於西清[333]，靈圄燕於閒館，偓佺之倫暴於南榮[334]，醴泉涌於清室，通川過於中庭[335]。磐石振崖，嶔巖倚傾[336]，嵯峨嶕嶫，刻削崢嶸[337]，玫瑰碧琳，珊瑚叢生，瑉玉旁唐，玢豳文鱗[338]，赤瑕駁犖，雜臿其間[339]，鼂采琬琰，和氏出焉[340]。

15

「於是乎盧橘夏孰，黃甘橙楱，枇杷橪柿，亭柰厚朴，梬棗楊梅，櫻桃蒲陶，隱夫薁棣，荅遝離支[341]，羅乎後宮，列乎北園，貤丘陵，下平原，揚翠葉，扤紫莖，發紅華，垂朱榮[342]，煌煌扈扈，照曜鉅野[343]。沙棠櫟櫧，華楓枰櫨，留落胥邪，仁頻并閭，欃檀木蘭，豫章女貞[344]，長千仞，大連抱[345]，夸條直暢，實葉葰楙，攢立叢倚，連卷欐佹，崔錯癹骫[346]，坑衡閜砢[347]，垂條扶疏，落英幡纚，紛溶蔘蔘[348]，猗柅[349]從風，藰莅芔歙[350]，蓋象金石之聲，管籥之音。柴池茈虒[351]，旋還乎後宮，雜襲纍輯[352]，被山緣谷，循阪下隰[353]，視之無端，究之亡窮[354]。

16

「於是乎玄猨素雌，蜼玃飛蠝，蛭蜩蠗蝚，獑胡縠蛫[355]，棲息乎其間。長嘯哀鳴，翩幡互經(356)，夭蟜枝格，偃蹇杪顛(357)，隃絕梁，騰殊榛(358)，捷垂條，掉希間(359)，牢落陸離，爛漫遠遷(360)。

「若此者數百千處，娛游往來，宮宿館舍(361)，庖廚不徙，後宮(362)不移，百官備具。

「於是乎背秋涉冬，天子校獵(363)。乘鏤象，六玉虯(364)，拖蜺旌(365)，靡雲旗，前皮軒，後道游(366)。孫叔奉轡，衛公參乘(367)，扈從橫行，出乎四校(368)之中。鼓嚴簿(369)，縱獵者，江河為阹，泰山為櫓(370)，車騎靁起，殷天動地(371)。先後陸離，離散別追(372)，淫淫裔裔，緣陵流澤，雲布雨施(373)。生貔豹，搏豺狼，手熊羆，足壄羊，蒙鶡蘇，絝白虎，被斑文，跨壄馬(374)，陵三嵕之危，下磧歷之坻(375)，徑峻赴險，越壑厲水(376)。推蜚廉，弄解廌，格蝦蛤，鋋猛氏，羂要褭，射封豕(377)。箭不苟害，解脰陷腦(378)；弓不虛發，應聲而倒。

「於是乘輿弭節(379)徘徊，翱翔往來，睨部曲之進退(380)，覽將帥之變態。然後侵淫促節(381)，儵夐(382)遠去，流離輕禽，蹵履狡獸(383)，轊白鹿，捷狡兔。軼赤電，遺光耀，追怪物，出宇宙，彎蕃弱，滿白羽，射游梟，櫟蜚遽(384)。擇肉而后發，先中而命處(385)，弦矢分，藝殪仆(386)。

20 「然後揚節而上浮，陵驚風，歷駭猋387，乘虛亡388，與神俱，躪玄鶴，亂昆雞，遒孔鸞，促鵕鸃，拂翳鳥，捎鳳皇，捷鵷鶵，揜焦明389。

21 「道盡塗殫，迴車而還。消搖乎襄羊，降集乎北紘390，率乎直指，揜乎反鄉391。蹷石闕，歷封巒，過鳷鵲，望露寒，下堂棃，息宜春，西馳宣曲，濯鷁牛首，登龍臺，掩細柳392，觀士大夫之勤略，鈞獵者之所得獲。徒車之所閵轢393，騎之所蹂若，人之所蹈藉，與其窮極倦谻394，驚憚讋伏，不被創刃而死者，它它藉藉395，填阬滿谷，掩平彌澤396。

22 「於是乎游戲懈怠，置酒乎顥天之臺，張樂乎膠葛之寓397，撞千石之鐘，立萬石之虡398，建翠華之旗，樹靈鼉之鼓399，奏陶唐氏之舞，聽葛天氏之歌400，千人倡，萬人和401，山陵為之震動，川谷為之蕩波。巴俞宋蔡，淮南干遮，文成顛歌402，族居遞奏，金鼓迭起，鏗鎗闛鞈，洞心駭耳403。荊吳鄭衛404之聲，韶濩武象405之樂，陰淫案衍之音406，鄢郢繽紛，激楚結風，俳優侏儒，狄鞮之倡407，所以娛耳目樂心意者，麗靡爛漫於前，靡曼美色於後408。

23 「若夫青琴虙妃之徒409，絕殊離俗410，妖冶閑都，靚莊刻飾，便嬛綽約，柔橈嫚嫚411，嫵媚孅弱，曳獨繭之褕袣，眇閻易以恤削412，便姍嫳屑413，與世殊服。芬芳漚鬱，酷烈淑郁[414]，皓齒粲爛，宜笑的皪[415]，長眉連娟，微睇緜藐[416]，色授魂予[417]，心愉於側。

「於是酒中樂酣[418]，天子芒然[419]而思，似若有亡[420]，曰：『嗟乎，此大奢侈！朕以覽聽餘閒，無事棄日[421]，順天道以殺伐[422]，時休息於此，恐後世靡麗，遂往而不返，非所以為繼嗣創業垂統也[423]。』於是乎乃解酒罷獵，而命有司曰：『地可墾辟，悉為農郊，以贍氓隸[424]。隤牆填塹[425]，使山澤之民得至焉。實陂池而勿禁，虛宮館而勿仞[426]，發倉廩以救貧民，補不足，恤鰥寡，存孤獨。出德號[427]，省刑罰，改制度，易服色，革正朔[428]，與天下為始[429]。』

「於是歷[430]吉日以齋戒，襲朝服[431]，乘法駕[432]，建華旗，鳴玉鸞，游于六藝之囿，馳騖乎仁義之塗[433]，覽觀春秋之林，射貍首，兼騶虞，弋玄鶴，舞干戚。戴雲罕，揜群雅，悲伐檀，樂樂胥[434]。脩容乎禮園，翱翔乎書圃，述易道，放怪獸[435]，登明堂，坐清廟，恣群臣，奏得失，四海之內，靡不受獲。於斯之時，天下大說，鄉[436]風而聽，隨流而化，芔然興道而遷義[437]，刑錯[438]而不用，德隆於三皇，功羨於五帝[439]。若此，故獵乃可喜也。

「若夫終日馳騁，勞神苦形，罷[440]車馬之用，抏[441]士卒之精，費府庫之財，而無德厚之恩；務在獨樂，不顧眾庶，忘國家之政，貪雉菟之獲，則仁者不繇442也。從此觀之，齊楚之事，豈不哀哉！地方不過千里，而囿居九百，是草木不得墾辟，而民無所食也。夫以諸侯之細443，而樂萬乘444之所侈，僕恐百姓被其尤445也。」

27 於是二子愀然446改容，超若447自失，逡巡避席448，曰：「鄙人固陋，不知忌諱，乃今日見教，謹受命矣。」

28 賦奏，天子以為郎。亡是公言上林廣大，山谷水泉萬物，及子虛言雲夢所有甚眾，侈靡多過其實，且非義理所止，故刪取其要，歸正道而論之。

【章旨】以上記載漢武帝讀司馬相如〈子虛賦〉從而得見其本人，並記錄下〈子虛上林賦〉全文。〈子虛上林賦〉借「子虛」、「烏有先生」及「亡是公」三人而作文章，用以鋪陳天子在苑囿遊玩作樂之事，其終篇歸結到「節儉」二字，並以此諷諫天子。

【注釋】❶居久之 過了一段時間。❷狗監 官名，主管豢養皇帝的獵狗。陳直云：「狗監疑屬上林令。」❸上 皇上。❹善 喜歡。❺朕 皇帝自稱。❻臣 官吏、百姓對君主的自稱。❼邑人 同鄉之人。❽有是 有此事。❾未足觀 不值得看。❿請 允許。⓫天子游獵之賦 即下文所錄「亡是公听然而笑曰」以下部分，此部分又稱〈上林賦〉。全賦又稱〈子虛上林賦〉。⓬尚書 官名，秦漢時少府屬官，掌文書奏章。⓭虛 空。⓮為楚稱 稱說楚國之美。⓯烏 何；哪裡。⓰為齊難 替齊國詰難楚國。難，詰難。⓱亡 通「無」。⓲是 這；這個。⓳明天子之義 說明做天子的道理。⓴藉 憑藉；借用。㉑苑囿 古代畜養禽獸供帝王遊樂的園林。㉒卒章 終篇。㉓風諫 風，通「諷」。用委婉的語言暗示、勸告或譏刺。諫，規勸；匡正。㉔楚　古國名，芈姓，西周時立國於荊山一帶，始祖鬻熊，都丹陽（今湖北秭歸東南）後建都於郢（今湖北江陵）。春秋戰國時日漸強大，其疆域由湖北、湖南擴展到今天河南、安徽、江蘇、浙江、江西及四川一帶。為戰國五霸七雄之一。戰國末國勢衰落，屢敗於秦，西元前二二三年為秦所滅。㉕齊　古國名。西元前十一世紀周分封的諸侯國，春秋時國力強盛，成為諸侯霸主，戰國七雄之一，西元前二二一年為秦所滅。㉖田　通「畋」。田獵；打獵。㉗姹　誇耀。㉘存　在；在場。㉙獲　獲取；獵得禽獸。㉚然則　轉折連詞。意為「這樣……那麼……」。㉛僕　古代男子的自謙之詞。㉜雲夢　即雲夢澤，原為二澤，江北稱「雲」，江南稱「夢」，是楚國境內的大沼澤地，相傳在今湖北安陸南。㉝可得聞乎　可以講給我聽嗎。乎，語尾語氣詞。㉞乘　一車四馬為乘。㉟騎　一人一馬合稱為騎。㊱澤　聚水的低窪地。㊲罘　捕獸的網。㊳彌　布滿。㊴掩莬轔鹿　掩，指用網掩捕。轔，指用車輪輾壓。㊵格麟　格，掎也，持鹿之足。麟，此處指一種大雄鹿。㊶鶩於鹽浦　鶩，馳騁。鹽浦，鹽灘。㊷割鮮染輪　指割鮮肉時血染紅了車輪。鮮，生肉。㊸中　擊中目標。㊹矜而自功　得意而誇耀、欣賞自己的功績。矜，得意。㊺顧　旋轉；回頭看。㊻饒　豐饒；富足。㊼孰與寡人　與寡人比起來誰快樂。孰，誰。㊽鄙人　自謙之詞，謂粗鄙下賤之人。㊾宿衛　謂在宮禁中值宿守衛。㊿後園　指內苑之地。(51)有無　謂有什麼，沒有什麼。(52)偏覩　全部看一遍。(53)烏足以　怎麼能夠得上。烏，通「惡」。怎麼。(54)雖然　即使這樣。(55)略　粗略；大概。(56)子　古代對男子的一種尊稱、美稱。(57)唯唯　唯，是。一種謙卑的回答。(58)特　只；只是。(59)方　周迴；縱橫。(60)盤紆岪鬱　盤紆，紆迴曲折。岪鬱，山勢曲折狀。(61)隆崇律崒　隆崇，山勢高聳貌。律崒，山勢峻險的樣子。(62)岑崟參差　岑崟，山勢高峻。參差，指山勢高下不齊。(63)日月蔽虧　因為山勢岑崟參差，使日月顯得如隱如缺。(64)上干青雲　言上接青天而直入雲霄。干，作「觸」、「觸到」講。(65)罷池陂陁　「罷池」與「陂陁」相同，都是傾斜向下之狀。(66)屬　連接。(67)丹青赭堊　丹，朱砂。堊，白堊。石灰、白土一類。(68)雌黃白坿　雌黃，礦物名，又名石黃，可製顏料。白坿，即石灰（王先謙說）。(69)錫碧金銀　此處比喻土色。(70)照爛龍鱗　言采色相輝映，若龍鱗一樣燦爛。(71)琳珉昆吾　琳，青碧色的美玉。珉，一種次於玉的石名。昆吾，一作「琨珸」。一種次於玉的石名。(72)瑊玏玄厲　瑊玏，一種似玉的美石。玄厲，一種黑色礪石。(73)碝石武夫　碝石，一種似玉之石，白者若冰，半有赤色。武夫，一作「碔砆」。一種似玉的美石，赤地而白紋。(74)衡蘭芷若　衡，通「蘅」。蘭，蘭草。芷，白芷。若，杜若。均為香草名。(75)穹窮昌蒲　穹窮，又作「芎藭」，一名「川芎」，植物名，根莖可入藥。昌蒲，草名，水生植物，葉形似劍，根可入藥。(76)江離蘼蕪　江離，離又作「蘺」，水草名。蘼蕪，亦水草名。(77)諸柘巴且　諸柘，即甘蔗。巴且，芭蕉。(78)登降陁靡　登降，登高降下。指地勢高低不平。陁靡，地勢傾斜。(79)案衍壇曼　地勢寬廣平坦。(80)緣

以大江二句　緣，邊緣。大江，長江。限，界限。巫山，一名陽臺山，在雲夢澤中。81葴析苞荔　葴，草名，即馬藍草。析，草名，薺的一個品種。苞，草名，即蔗草，可用之編製草席和草鞋。荔，草名，即荔挺，形似蒲而小。82薛莎青薠　薛，即當歸。莎，莎草，其根稱香附子，可入藥。青薠，似莎而大。83藏莨蒹葭　藏，《史記集解》引《漢書音義》曰「似薍（似葦而小）而葉大」。莨，莨尾草。蒹葭，未長出穗的蘆葦。84東蘠彫胡　東蘠，《史記集解》引徐廣曰：「似蓬草，實如葵子。」彫胡，即茭白。85觚盧　葫蘆。86奄閭軒于　奄閭，草名。狀如艾蒿。軒于，即蕕草，莖似蕙而臭。87不可勝圖　無法全部描述。勝，盡。圖，描繪；描述。88推移　變化；流動。89夫容陵華　夫容，即芙蓉，荷花。陵華，陵又作菱，即菱花，果實即菱角。華，通「花」。90蛟鼉　蛟，龍類動物。據《山海經》注，蛟似蛇，而四腳小，頭細，頸有白癭，大者十數圍，卵如一二石瓮，能吞人。鼉，鼉龍，俗名豬婆龍。似蜥蜴而大，鱷魚之屬，身有甲，皮可蒙鼓。91毒冒鼈黿　毒冒，即玳瑁，龜類動物，甲有花紋，可作裝飾品。黿，龜屬，似鱉而大，因頭上長有疙瘩，所以俗稱癩頭黿。92楩柟豫章　楩，即黃楩木。柟，即楠木。豫，枕木。章，樟木。93桂椒木蘭　都是珍貴樹木。94檗離朱楊　檗，即黃蘗，其根皮可入藥。離，通「樆」。即山梨。朱楊，河柳。95樝梨梬栗　樝，「楂」的本字，即山楂，似梨而甘，一說似梨而酢澀。梬，即梬棗，似柿而小。古稱羊棗，今稱黑棗。96宛雛孔鸞　宛雛，鳥屬，形似鳳。孔，孔雀。鸞，鸞鳥。97騰遠射干　騰遠，指善於攀援騰遠之猿類。射干，一名野干，獸名，一說其似狐而小，一說為胡地野犬。98玄　紅黑色。99蟃蜒貙豻　蟃蜒，獸名，形似狸。貙，獸名，似狸而大。豻，一種似狐而小的野獸。100剸諸　即專諸，春秋時吳國勇士，曾為公子光（吳王闔閭）刺殺吳王僚。101格　搏鬥。102馴駮之駟　馴，馴服。駮，通「駁」。指馬的毛色雜駁不純。駟，四馬合駕一車曰駟。103彫玉之輿　指用雕刻玉石裝飾的車輿。104靡魚須之橈旃　靡，揮動；指揮。魚須，即魚鬚，海魚之鬚，這裡指狀似魚鬚的旗上裝飾物。橈旃，曲柄旗。105曳明月之珠旗　曳，麾；搖動。明月之珠旗，用明月珠所飾之旗。106建干將之雄戟　建，立；舉。干將，春秋時吳人，善鑄劍。雄戟，《史記索隱》引《方言》曰：「戟中小子刺者，所謂雄戟也。」107烏號　木名，又名柘桑，質堅韌，是製弓之良材。108夏服　夏，指后羿。服，盛箭之器。后羿曾取代夏故亦曰夏后，其有良弓名煩弱，其矢亦良，即煩弱箭服也，所以叫夏服。109陽子驂乘　陽子，即孫陽，字伯樂，春秋時秦國人。以善於相馬而著名。驂乘，指車右陪乘者。古代乘車，尊者居左，御者居中，又有一人居車之右，以備傾倒，所有戎事稱車右，其餘則曰驂乘。110孅阿　人名，古之善御者。111案節未舒　案節，指控制車馬，使之徐緩而行。未舒，尚未勁意馳騁。112陵狡獸　陵，通「淩」。侵淩；踐踏。狡獸，狡捷之獸。113躪蛩蛩　躪，踐踏。蛩蛩，古代傳說一種狀似馬的異獸。114轔距虛　轔，車輪輾過。距虛，獸名，似騾而小。115軼野馬二句　軼，侵淩。

轊，車軸的末端，這裡用作動詞，指車軸頭衝而殺之也。駒駼，北狄之良馬。《山海經・海外北經》：「北海內有獸，其狀如馬，名曰騊駼。」一說為野馬。(116)遺風　千里馬名。(117)游騏　青驪色的馬。(118)倏胂倩浰　皆指迅疾貌。(119)雷動猋至　雷，打雷。猋，通「飆」。暴風。(120)星流電擊　星流，像流星一樣。電擊，電閃一樣。(121)中必決眦　中，射中。決，裂。眦，眼眶。(122)洞胷達掖　洞，穿透。掖，通「腋」。胳肢窩。(123)絕乎心繫　絕，斷。心繫，連接心臟之脈道經絡。(124)雨　此處作動詞用，指下雨。(125)揜　同「掩」。掩蓋。(126)弭節俳佪　即按轡而徐行的樣子。弭節，即案節，控制車馬緩行。俳佪，同「徘徊」。(127)容與　從容自得貌。(128)徼𠞰受詘　徼，攔截。𠞰，疲勞之極。受，收拾。詘，盡也；竭也。(129)殫覩眾物之變態　殫，盡。眾物，指眾多野獸。變態，指被攔截而驚恐逃遁之態。(130)鄭女曼姬　鄭女，美女。相傳鄭國多美女，春秋時鄭國在今天河南新鄭一帶。曼姬，亦美女。曼，指色理光澤細膩。(131)被阿錫　被，同「披」。阿，細繒。錫，通「緆」。細布。(132)揄紵縞　揄，曳也。紵，麻布。縞，素絹。(133)雜纖羅　雜，猶「飾」。纖羅，細紋的羅綺。(134)霧縠　輕薄如霧的細紗。縠，細紗。(135)襞積褰縐　均指衣裙上褶子及很多的紋理。(136)鬱橈谿谷　指衣裙褶襉深曲，有如溪谷。鬱橈，深曲貌。(137)衯衯裶裶　皆指衣長美好的樣子。(138)揚袘戌削　袘，衣的長袖。戌削，指衣服裁剪整齊合身。(139)蜚纖垂髾　蜚，通「飛」。纖，古代婦女衣上的長帶。垂髾，古代婦女上衣上形如燕尾形的帶飾。(140)扶輿猗靡　扶輿，扶著車輿。猗靡，隨風飄動。(141)翕呷萃蔡　因衣服飄動而產生的摩擦聲。(142)蘭蕙　泛指地上的花草。(143)羽蓋　以羽毛綴飾的車蓋。(144)錯翡翠之葳蕤　錯，雜綴。翡翠，鳥名，其羽毛有藍、赤、棕等色，可作裝飾品。葳蕤，頭飾光盛的狀貌。(145)繆繞玉綏　繆，通「繚」。繚繞；纏結。玉綏，綏，當作纓，指纓飾，謂鄭女曼姬之容服。(146)眇眇忽忽　言隱約迷忽，飄忽不定之貌。(147)髣髴　同「彷佛」。好像；不真切。(148)獠　獵。一般指夜間打獵。(149)媻姍勃窣　媻姍，同「蹣跚」。行走艱難的樣子。勃窣，跛行。(150)揜　通「掩」。網捕。(151)鵕鸃　赤雞，俗稱錦雞。(152)矰　繫繩的箭鏃。(153)孅繳施　孅，通「纖」。細小。繳，指繫於矰尾的絲繩，以使流矢運行平穩。施，放；射。(154)弋白鵠　弋，以帶繳（細絲繩）的箭射鳥。白鵠，一種水鳥，與俗稱的天鵝同類。(155)連駕鵞　連，《史記正義》云：「『駕鵞連』謂兼獲也」。又《淮南子・覽冥》：「蒲且子連鳥于百仞之上。」連鳥即粘鳥。駕鵞，野鵝。(156)鶬　即鶬鴰，鳥名，似雁而黑。(157)玄鶴加　玄鶴，傳說鶴千歲化為蒼，又千歲變為黑，謂之玄鶴。加，制也；施予也。(158)怠　倦。(159)文鷁　彩繪於舟首之鷁鳥。指舟。(160)旌枻　枻，船槳。旌，船上之桅旌。或以為旌枻即桂枻。(161)罔　通「網」。(162)摐金鼓　摐，撞；撞擊。金，即鉦，也即鐃，其形似鼓，故名金鼓。(163)籟　簫。(164)榜人　船夫。(165)流喝　流，指歌聲流利悅耳。喝，指歌聲抑揚而多悲涼之音。(166)波鴻沸　波濤大作。鴻，大。(167)會　會合；匯聚。(168)礧石　大石。(169)琅琅礚礚　水石相擊而產生的聲音。礚，同「磕」。物相碰擊。

(170)起燧燧 《漢書補注》引郭松濤曰：「周禮冥氏，「攻猛獸，以靈鼓驅之。」《左・文十年》傳，宋華御事逆楚子，『遂道以田孟諸』『命夙駕載燧』。燧所以舉火，田亦用之。此獵罷飭歸之事，猶如田也，言車騎鼓行之整肅。」(171)車案行 案，同「按」。按照；依照。行，行列。按行，指車按其所應處之行列就位。(172)就隊 歸隊。歸就其在隊中之位。(173)纚乎淫淫二句 纚，連屬貌，謂其像織絲一樣相連屬。淫淫，漸進貌。般乎，依次行進。裔裔，流行貌。(174)陽雲之臺 即陽臺，在巫山之下。(175)泊乎無為 泊，澹泊；安靜自適的樣子。無為，內心泰然無事。(176)自持 自我保持一種寧靜的心境。(177)勺藥之和句 勺藥，藥草名。能調和五味。顏師古曰：「勺藥，藥草名，其根主和五藏，又辟毒氣，故合之于蘭桂五味，以助諸食。因呼五味之和為勺藥耳」。具，備也。御，進食。(178)脟割輪焠 就車上切取鮮肉燒烤而食之，與上句「終日馳騁，曾不下輿」相應。脟，同「臠」。臠割，將鮮肉切成塊狀。焠，燒灼。輪焠，指在車上燒灼鮮肉。一說，焠，同「淬」。染。引申為搵。此處解為「撩取」。輪焠，撩取輪間鹽，和於臠割之鮮肉食之，與上文「割鮮染輪」照應。(179)殆 大概；恐怕。(180)況 通「貺」。光顧；惠賜。(181)戮力致獲 戮力，合力；并力。致獲，指獲獵禽獸。(182)左右 左右之人。謙稱對方。猶言「閣下」、「執事」。(183)有無者 指「廣澤遊獵之地饒樂若此」事。(184)風烈 美俗善政。(185)餘論 善論。(186)章 通「彰」。彰顯；暴露。(187)且 將；將要。(188)東陼鉅海 陼，通「渚」。海邊。鉅海，大海。(189)琅邪 山名，在今山東諸城東南海濱，其上有琅邪臺，秦始皇曾登之。(190)成山 山名，在今山東榮成東。(191)之罘 山名，在今山東煙臺北，秦始皇、漢武帝曾登之。(192)浮勃澥 浮，行船。勃澥，《史記索隱》曰：「按〈齊都賦〉云：『海旁曰勃，斷水曰澥』，意指濱海港灣之地。」一說即指勃海。(193)孟諸 古代澤藪名，又名望渚，在今河南商丘東北，已淤。(194)邪與肅慎為鄰 邪，同「斜」。肅慎，古代部族名，其活動區域在今黑龍江流域及其以東至濱海地區。(195)湯谷 即暘谷。《文選》注引司馬彪曰：「湯谷，日所出也，以為東界也。」(196)青丘 古國名，相傳在大海之東三百里，約當今遼寧、朝鮮一帶。(197)仿偟 自由地漫步。(198)吞若雲夢者八九 比喻齊國版圖很大，可置八九個雲夢於其中。(199)曾不蔕芥 謂絲毫也不介意。蔕芥，細小之物。(200)若乃 至於。(201)俶儻瑰瑋 卓異；不平凡。(202)異方殊類 異遠地方和特殊種類。(203)鱗崪 如鱗之集。崪，集。(204)充仞 充滿。(205)禹 夏禹，相傳堯時為司空，能辨九州名山，別草木。(206)卨 又作契，堯時為司徒，長於計算。(207)見客 以賓客之禮待之也。(208)不復 猶言不回答。(209)何為句 何為，為何。無以應，無話可答。(210)听然 張口笑貌。(211)述職 古代諸侯朝見天子，陳述政事情況。(212)禁淫 禁止放縱與肆意妄為，這裡特指禁止諸侯多占其封地以外的土地。(213)蕃 通「藩」。屏也。古代稱諸侯為天子的藩屏。(214)私肅慎 與肅慎私相交往。(215)捐國隃限 捐，棄。限，界限；國境線。隃，超過；越過。(216)固 本來。(217)不務 不以之為務。(218)徒事 只把精力用於。徒，只是；僅僅。

219發　發揚；散。220㝵君自損　㝵，古「貶」字。君，君王；國君。損，貶損。221烏　何。222巨麗　巨，大。麗，美也。223上林　苑名。本秦舊苑，漢初荒廢，漢武帝建元三年（西元前一三八年）進行大規模擴建，擴建後的上林苑，東南至宜春、鼎湖（宮名，在今陝西藍田焦岱鎮）、昆吾（今藍田東北），南至御宿（今長安南）及至終南山，西南至長楊、五柞（今周至東南），向北跨過渭河，北繞黃山（今興平馬嵬鎮北），瀕渭而東，方三百四十里，周圍環築以苑垣，長達四百餘里，開有十二道苑門，苑內劃分為三十六個小區域的苑囿，內有七十餘座宮觀，有數十座池沼，組成不同特色的皇家園囿。以水衡都尉掌上林苑，下置上林令、丞、左右尉等官屬進行管理。224左蒼梧二句　左、右指東西方。225丹水更其南　丹水，源於陝西商縣西北之冢嶺山，東南流與汭水會流。更，經過。226徑　經過。227終始霸產　終始，始終首尾。霸，水名，源出陝西藍田；西北流與產水合而北注於渭。產，水名，源出藍田谷中，西北經長安，與霸水混合入於渭。228涇渭　涇，涇河，源於寧夏六盤山區，東南流至今陝西高陵境入渭河。渭，渭河，源於甘肅渭源鳥鼠山，東流橫貫陝西關中平原，至潼關入黃河。229酆鎬潦潏　皆水名。酆水源於長安西南秦嶺，北流西安西北渭水。鎬水源於長安南，古時北流注於渭，現在已北流入潏水。潦，一作「澇」，源於陝西戶縣南，東北流至咸陽西南入渭水。潏水，一名沈水，源於秦嶺，西北流而分為二，一曰皂水，注於渭；一合於鎬水而注入酆水。230紆餘委蛇　水流曲折宛轉的樣子。231經營　周旋；盤旋。232八川　指上文所述的霸、產、涇、渭、酆、鎬、潦、潏八水。233椒丘之闕　椒丘，丘名。闕，原意指宮門兩邊高大建築，此處指對峙的兩山丘，猶如雙闕，水從中間流過。234州淤之浦　淤，淤積。浦，水邊。235桂林　桂樹之林。236泱莽　廣大貌。237汩　水流急盛的樣子。238阿　大陵；大土山。239隘陿　即「狹隘」。陿，通「狹」。窄。240堆埼　《史記集解》引郭璞曰：「堆，沙堆。埼，曲岸頭。」王先謙曰：「蓋沙雍而成曲岸，水遇之則激起，正與穹石對文。」241滭弗宓汩　滭沸，水盛貌。宓汩，水流疾貌。242偪側泌瀄　偪側，《史記索隱》曰：「偪側，相迫也。」偪，通「湢」、「逼」。迫也。泌瀄，水相擊的樣子。243瀄洌　《史記索隱》引蘇林曰：「輕疾也。」一說是水相沖激狀，一說是水衝擊聲。244滂濞沆漑　滂濞，即「澎湃」。波濤相擊。沆漑，猶言「慷慨」。又高步瀛《文選李注義疏》曰：「水不平謂之澎濞，亦謂之沆漑，猶聲不平謂之澎濞，亦謂之慷慨。」245穹隆雲橈　穹隆，水流隆起的樣子。雲橈，形容水流旋回曲折如雲狀。246宛潬膠盭　宛潬，蜿蜒，形容水勢之綿遠。247踰波趨浥　踰波，謂水流後浪踰過前流。踰，躍。趨浥，流向低處。浥，溼也，《說文》：「浥，幽溼也。」幽溼則卑下，卑下為水之所歸，故曰趨浥。248涖涖下瀨　涖涖，水聲。瀨，湍。水在沙石上奔流而形成急湍之勢。249批巖衝擁　批，擊。擁，堵。250奔揚滯沛　奔揚，奔騰高揚。滯沛，形容水觸岩沖壅，奔流不可阻擋的樣子。251坻　水中小洲或隆起物。252瀺灂霣隊　瀺灂，小水聲。霣，通

「隕」。隊，通「墜」。墜落。(253)砰磅訇礚　皆水流鼓怒之聲。(254)潏潏淈淈　皆說湧擊貌。(255)湁潗　水沸起貌。(256)汩急　水流急轉貌。一說為水流聲。(257)懷　來也。(258)肆乎永歸　安然長往。肆，安；安然。(259)灝溔潢漾　皆水無涯際貌。(260)翯乎滈滈　翯，原意指羽毛潔白潤澤，此處指水光。滈，水泛光貌。(261)衍溢陂池　衍溢，水滿而外流。陂池，小湖；池塘。(262)螭　傳說是沒有角的龍。(263)鰅鱅漸離　鰅鱅，魚名，外形似鱔。一說即鱘魚。漸離，魚名，或謂蟲名。未詳其狀。(264)鰅鰫鰬魠　均為魚名。(265)禺禺魼鰨　禺禺，魚名。《史記集解》引徐廣曰：「禺禺，魚牛也。」《文選》李善注引郭璞曰：「禺禺魚，皮有毛，黃地黑文。」魼，比目魚。鰨，鯢。俗名娃娃魚。(266)揵　揚；舉。(267)讙　同「歡」。譁。(268)夥　多；成群結隊。(269)的皪江靡　的皪，珠光照耀貌。江靡，靡，同「湄」。即江邊。(270)蜀石黃碝　蜀石，產於蜀地、次於玉之石。黃碝，一種黃色似玉的石。

(271)水玉磊砢　水玉，水晶石。磊砢，玉石累積貌。(272)澔汗　盛貌。(273)鳿鷫鵠鴇　鳿，古鴻字，大雁。鵠，天鵝。鷫，鷫鷞，水鳥，長脛，綠色，似雁。鴇，鳥名。似雁而略大，毛色虎紋。(274)駕鵝屬玉　駕鵝，野鵝。屬玉，水鳥名。似鵝而大，長脛赤目，紫紺色。(275)交精旋目　交精，即「鵁鶄」，似鳧而腳高，有毛冠。旋目，水鳥名。大於鷺而短尾，目旁毛長而呈回旋狀。

(276)煩鶩庸渠　煩鶩，鴨屬，似鴨而小。庸渠，似鳧，灰色而雞腳。俗名水雞。(277)箴疵鵁盧　箴疵，一種蒼黑色水鳥。鵁，鳥名。盧，即鸕鷀，善捕食魚類。(278)汎淫氾濫　指水鳥隨波浮游貌。(279)澹淡　漂浮貌。(280)奄薄水陼　奄，覆也。薄，集。水陼，又作水渚，水中之小洲。(281)唼喋菁藻　唼喋，眾鳥聚集食貌。菁藻，均為水草名。(282)崇山矗矗二句　矗矗，高聳貌。王念孫以為此二字為後人妄加。蘢嵸崔巍，皆高聳貌。(283)嶄巖參差　嶄巖，山險峻貌。參差，山不齊貌。(284)九嵕巀嶭　九嵕，山名，在今陝西禮泉東北。巀嶭，山高峻貌。(285)巖陁甗錡　陁，岩際，一說傾斜貌。甗，甑，古代用陶或銅所製作的蒸器。錡，三足釜。王先謙曰：「《方言》：『鍑，江、淮、陳、楚間謂錡。』注：『錡，三足釜也。』」山之嵌空玲瓏，有若錡然，與甗對文。甑、釜相類之物，故舉以為喻。岩、陁、甗、錡，各位一義，言或岩而峻，或陁而下，或如甗而巀嶭，或錡而嵌空也。」

(286)摧崣崛崎　摧崣，即崔巍，山勢高峻貌。崛崎，即崎嶇，山不平貌。(287)騫產　曲折貌。(288)谽呀豁閜　谽呀，大貌。豁閜，空闊貌。(289)阜陵別隝　阜，大。陵，土山。別，離。隝，通「島」。(290)崴磈嵔廆　崴磈，突兀不平貌。磈，通「嵬」。山高貌。嵔廆，盤曲不平貌。(291)堀礨　或作「崫礨」。《史記正義》曰：「皆堆壟不平貌。」(292)隱轔鬱壘　皆山勢不平的樣子。(293)登降施靡　登降，登上降下，指地勢忽高忽低。施靡，同「迤靡」。山勢綿延斜長的樣子。(294)陂池貏豸　陂池，傾斜貌。貏豸，指山勢漸平的樣子。(295)允溶淫鬻　王先謙曰：「當為游衍激淖貌。游衍釋允溶，激淖釋淫鬻也。」《文選》五臣注呂向曰：「允溶淫鬻，山川繁鬱貌。」(296)散渙夷陸　散渙，分散。指山變矮小。夷陸，平地。王先謙曰：「言將至平地，水則允溶淫鬻，山則散渙而夷陸也。」(297)亭皋　水邊平地。亭當訓為平。皋，岸；水邊地。(298)靡不被築　靡，無也。被築，謂築地使平。(299)揜以綠蕙二句　揜，通「掩」。綠蕙，綠色蕙草。江離，香草名。(300)糅以蘼蕪二句　糅，混雜。蘼蕪、留夷，皆香草名。(301)布結縷二句　結縷，蔓生草名，因其根絜如縷相結，故名。戾莎，草名，可染紫色，一說即綠莎。(302)揭車衡蘭二句　揭車、杜衡、秋蘭、槁本、射干，皆為草名。(303)茈薑蘘荷　茈薑，子薑，即嫩薑。蘘荷，植物名，葉尖長似薑，花淡黃色；根旁生筍，可食用，亦入藥。(304)葴持若蓀　葴持，酸漿草。《漢書補注》引李慈銘謂：葴持即葴職；持，職，一聲之轉。《爾雅・釋草》：「葴，寒漿。」郭注：「酸漿草，江東呼為苦葴。」若，杜若，香草。蓀，即荃，香草名。(305)鮮支黃礫　鮮支，支亦作「枝」，鮮支即「燕支」，一種香草。《漢書補注》引沈欽韓曰：崔豹《古今注》謂燕支葉似薊花，如蒲公英。以之染粉，作面色，謂燕支粉。黃礫，香草名。礫字本字作莨，通「綟」，假作「礫」。《說文》：「莨，草也，可染留黃。」《漢書補注》引李慈銘曰：「鮮支為一草，黃礫為一草。鮮支以染紅，黃礫以染黃。」(306)蔣芧青薠　蔣，菰，俗謂茭，其實即菰米。芧，三稜，或曰荊三稜，草名，葉似莎草，莖三稜如削，可以為索。青薠，似莎而大，生江湖。(307)布濩閎澤　布濩，散布。閎澤，大澤。(308)延曼太原　延曼，蔓延。太原，廣大的原野。(309)離靡廣衍　離靡，相連不斷貌。廣衍，廣布。(310)披靡　草木隨風偃倒。(311)揚烈　揚，散發。烈，濃烈之氣。(312)發越　散發之意。(313)肸蠁布寫　肸蠁，彌漫。王先謙曰：「謂香氣四達，而入人心。」寫，吐瀉；宣洩。(314)晻薆咇茀　總言香氣濃郁散發之盛。(315)氾　通「泛」。氾，濫也。「泛」，浮也，二者有區別，當以氾為正。作「泛」者通借也。(316)縝紛軋芴　縝紛，眾盛貌。軋芴，同「軋沕」。不分明的樣子。(317)芒芒怳忽　芒芒即「茫茫」，怳忽即「恍惚」，都是說眼睛迷亂而看不清。(318)日出東沼二句　東沼，指上林苑東部的池沼。西陂，上林苑西邊的小池塘。這裡是誇張的說法，極言上林苑的廣大，言太陽出入亦未超出其東西兩端。(319)其南則隆冬生長二句　隆冬，嚴冬；嚴寒季節。生長，生長草木。涌水躍波，言不冰凍也。(320)其獸則庸旄貘犛四句　庸，即犝牛，亦稱峰（或作封）牛，其領有肉堆。旄，旄牛，其狀如牛，四節生毛。貘，白豹。犛，犛牛，旄屬，黑色，似旄而小。沉牛，即水牛，言其能沉沒於水中，故名。麈，獸名，似鹿而大，尾可避塵。麋，麋鹿。赤首圜題，兩種獸名。以其形體及顏色得名。題，額。圜題即圜額。窮奇，怪獸名，狀如牛而蝟毛。見《山海經・西山經》。(321)揭河　舉衣渡河。揭，舉；提起。《詩・邶風・匏有苦葉》：「深則厲，淺則揭。」(322)其獸則麒麟角端四句　角端，端亦作「𧣾」，獸名。《說文》：「角𧣾，狀似豕，角善為弓，出胡尸國。」騊駼，形似馬的一種獸。橐駝，即駱駝。驒騱，獸名，似馬而小。駃騠，馬的一種。驘，同「騾」。指馬與驢雜交所生。(323)離宮別館　皇帝在皇宮外的臨時居所，正宮之外的宮室。(324)四注　《漢書補注》：「注，屬也。四注，謂四周相屬而下垂也」。(325)華榱璧璫　華榱，雕飾花紋的屋椽。榱，椽。璧璫，玉璧嵌飾的瓦當。璫，瓦當；屋瓦溝前端。326纚屬　王先謙曰：《說文》：「纚，冠織也。」言閣道回環，如纖絲之相連屬。」或謂曰群行之貌。327步櫩周流二句　步櫩，走廊。櫩，同「檐」。中宿，是說廊長，雖終日行之而走不到盡頭，故須中途住宿。328夷嵕築堂　謂夷平高山，築堂其上。夷，平也。嵕，高山。329增成　重累而成。增，重；層。330巖突洞房　巖突，幽深貌。洞房，穿洞為房。331頫杳眇而無見二句　頫，古「俯」字。橑，屋椽。捫，摸也。332奔星更於閨闥二句　奔星，流星。更，經；經過。閨闥，宮中小門。宛虹，屈曲之虹。拖，越過。楯，欄杆。軒，窗戶。333青龍蚴蟉於東箱二句　蚴蟉，屈曲而行貌。箱，通「廂」。象輿，大象所駕之車。婉僤，蜿蜒盤屈貌。西清，謂西廂清靜之處。334靈圉燕於閒館二句　靈圉，古代仙人。《史記集解》引郭璞曰：「靈圉，淳圉，仙人名也。」燕，通「宴」。偓佺，古仙人，好食松實，形體生毛，長數寸，方目，能飛行逐走馬。暴，通「曝」。榮，屋翼，即屋之飛簷。335醴泉涌於清室二句　醴泉，甘泉。清室，清涼之室。通川，通流為川。336磐石振崖二句　振，整也。《史記索隱》引李奇曰：「振，整也，整頓池外之厓。」嶔巖倚傾，嶔岩深險貌。倚傾，偏斜傾側。337嵯峨嶕嶫二句　嶕嶫，山勢高危貌。刻削，石勢奇特，若人工雕刻狀。338珉玉旁唐二句　旁唐，文石。玢豳，紋理盛然。文磷，紋理斑然如魚鱗狀。339赤瑕駁犖二句　赤瑕，赤玉。駁犖，文采交錯，斑駁不純。雜臿，臿，猶言夾雜，同「插」。340鼂采琬琰二句　鼂，同「朝」。朝采，美玉名，因為其早上會放出白虹之氣，有光彩照人，故名。琬琰，美玉名。和氏，春秋時楚人和氏，曾得荊山之玉，名和氏璧。341盧橘夏孰八句　所列皆可食之果木。夏孰，果名。孰，同「熟」。甘，即黃柑，橘類。橙，果名。似柑而大，似柚而小。楱，小桔，一說即柚子。橪，酸棗。亭，山梨，或謂棠梨。柰，蘋果。厚朴，木名，因其皮厚而得名，其實味美可食，其皮可入藥。梬棗，即羊棗。蒲陶，即葡萄。隱夫，木名。高步瀛《文選李注義疏》謂「隱夫」為一物，即夫栘，「夫栘多為常棣」。薁棣，一名「唐棣」。棣，常棣，似李而小，又稱山櫻桃。荅遝，果名，似李。離支，即荔枝。342貤丘陵六句　貤，通「迤」。綿延；延展。扤，搖動。朱榮，紅花。榮，花。《爾雅·釋草》「木謂之榮，草謂之花。」343煌煌扈扈二句　煌煌扈扈，光采繁盛貌。一說扈扈，美貌。照，《藝文類聚》作「燭」。鉅野，大野；廣野。344沙棠櫟櫧六句　華，同「樺」。樺木，有白樺，黑樺數種。楓，樹名，樹脂可為香料。枰，木名。即平仲木，一說為銀杏。櫨，一名黃櫨樹，落葉喬木，實扁圓而小。留落，留同「劉」。即劉杙，木名，實如梨，味酸甜而核堅。一說即石榴。落，欀也。葉如榆，皮堅韌，可為索。胥邪，椰子樹，本名叫「胥餘」，胥邪為別名。《史記索隱》引司馬彪曰：「胥邪，樹高十尋，葉在其末。《異物志》：『實大如瓠，繫在顛，若挂物。實外有皮，中有核如胡桃，核裡有膚，厚半寸，如豬膏，裡有汁斗餘，清如水，味美于密。』」仁頻，即檳榔樹。并閭，即栟櫚，即棕櫚。欃檀，檀木的一種，無香氣。木蘭，落葉小喬木或灌木。早春開花，果實似玉蘭，花蕾可入藥。豫章，即樟木樹。一說：豫，枕木。章，樟木。女貞，冬青樹。顏師古曰：「女貞樹，冬夏常青，未嘗凋零，若有貞操，故以名焉。」(345)長千仞二句　長，高。仞，古以八尺為一仞。大連抱，謂樹幹粗大，好幾個人才能合抱。大，粗。(346)連卷欐佹二句　連卷，即連蜷，枝條連接蜷曲。欐佹，支條交叉依附之狀。崔錯，交錯；錯雜。登骫，盤紆結狀。(347)坑衡閜砢　坑衡，枝幹相抗爭衡。坑，通「抗」。閜砢，相扶持貌。(348)落英幡纚二句　幡纚，飛揚；飄揚。紛溶，草木繁盛的樣子。萷蔘，草木高長貌。(349)猗柅　通「旖旎」。婀娜。(350)蓺莅芔歙　林木鼓動，風吹草木形成的聲響。(351)柴池茈虒　柴池，即差池。參差之意。茈虒，同「差池」，不齊也。(352)雜襲絫輯　雜襲，眾多雜亂。輯，通「集」。聚集。(353)循阪下隰　阪，山坡。隰，低窪之地。(354)視之無端二句　端，邊際。亡窮，無窮；沒有盡頭。(355)玄猨素雌四句　玄猨，黑色的雄猿。猨，同「猿」。素雌，白色的雌猿。蜼，高鼻長尾猿，《爾雅．釋獸》：「蜼，卬鼻長尾。」玃，大母猴。飛蠝，獸名，似鼯鼠，能飛。蛭，獸名，能飛，有四翼。蜩，獸名，毛色如猴，善於攀緣樹木。蠼蝚，《史記集解》引郭璞曰：「似獼猴而黃。」獑胡，獸名，白腰如帶，前肢有白長毛。豰，《史記索隱》引郭璞曰：「豰，似鼬而大，腰以後黃，一名黃腰，食獼猴。」蛫，傳說其狀似龜，赤首白身。(356)翩幡互經　翩幡，同「翩翩」。自由輕鬆飛翔的樣子。互經，互相經過。(357)夭蟜枝格二句　夭蟜，屈伸自如的樣子。枝格，指枝條之間。杪顛，樹的枝頭。(358)騰殊榛　殊，異也。榛，樹木叢生曰榛。(359)捷垂條二句　捷，接。掉希間，謂騰躍於枝條稀疏之空間。掉，通「踔」。騰越；騰躍。(360)牢落陸離二句　牢落，即「寥落」。稀疏。陸離，分散狀。爛漫，騰躍奔走貌。(361)宮宿館舍　宮、館，指離宮別館。宿、舍皆動詞，指休息、住宿。(362)後宮　指天子的嬪妃侍妾。(363)校獵　圍獵。(364)乘鏤象二句　鏤象，代指以象牙雕鏤車輅的天子車駕。玉虯，以玉虯龍裝飾之駕馬。傳說黃帝所乘。虯，無角龍，這裡代指馬。(365)蜺旌　旌上繡有蜺的圖象，故曰蜺旌。(366)前皮軒二句　皮軒，以虎皮所製之革車。道游，道，同「導」。導游，指天子出行時的前導之車。(367)孫叔奉轡二句　孫叔，指孫陽，是古代有名的善御者。一說指公孫賀，漢武帝時為太僕。奉轡，駕馭車子。衛公，春秋時衛國國君衛莊公，善禦敵。一說指漢武帝時的大將軍衛青。參乘，即驂乘。車右陪乘者。(368)四校　校，部。四校即四部。軍之一校為一部。本書卷五十五〈衛青傳〉：「護軍都尉公孫敖三從大將軍擊匈奴，常護軍傅校獲王。」注：「校者，營壘之稱，故謂軍之一部為一校。」一說指校獵時四面所設的遮欄。(369)鼓嚴簿　簿，鹵簿，天子出行之儀仗隊。因天子儀仗森嚴，故曰嚴簿。(370)江河為阹二句　阹，指圍獵之圈。櫓，瞭望的高樓。(371)車騎靁起二句　靁起，形容車馬之聲如雷而起。殷天，震天。(372)先後陸離二句　陸離，分散貌。別追，分別追逐。(373)淫淫裔裔三句　淫淫裔裔，追逐行進的狀態。緣陵流澤，這裡形容打獵的陣容如川澤遍流山岡。雲布雨施，如雲布滿天空，如雨遍降下地。374生貔豹八句　生，生擒活捉。貔，豹類猛獸。手，以手擊殺。羆，獸名，又名人熊、馬熊、棕熊。足，以足蹴踢。蒙，作「冒」解，戴的意思。鶡蘇，鶡尾所裝飾的帽子。鶡，鳥名，似雉而好鬥。用其尾飾帽，以示好勇。絝白虎，以白虎皮為袴。絝，即褲。被，同「披」。斑文，指虎豹之皮。375陵三嵕之危二句　陵，登；上。三嵕，三峰並聚之山。或言三嵕即三層、三疊。危，山巔。磧歷之坻，《史記正義》云：「磧歷，淺水中沙石也。坻，水中高處。」376厲水　涉水。377推蜚廉六句　推，即「椎」，本為捶擊工具，這裡作動詞用，當捶擊講。蜚廉，即飛廉，也稱龍雀，鳥身龍頭。解廌，獸名，似鹿而一角。廌，「豸」之本字。蝦蛤，猛獸名。鋋，鐵柄短矛。猛氏，獸名。狀如熊而小，毛色淺而有光澤。羂，張網羅捕鳥獸。要裹，傳說中能日行萬里的神馬。封豕，大野豬。378解脰陷腦　解，肢解。脰，頸項。陷，穿透。379弭節　猶「按節」。380睨部曲之進退　睨，視。部曲，本指軍隊的編制單位，這裡指行伍。381侵淫促節　侵淫，漸進。促節，由徐而疾。382儵夐　疾遠。383流離輕禽二句　流離，困苦之也。指以網捕獸，使之困苦而無所逃遁。輕禽，輕疾的飛禽。蹵履，以足踐踏。384轊白鹿十句　轊，同「轉」。車軸頭。謂以車軸頭撞殺之。捷，疾取。菟，同「兔」。軼，超過；超越。怪物，珍禽異獸。蕃弱，即「繁弱」，良弓名，傳說為夏后氏所用。白羽，白色羽毛所裝飾的箭。梟，指梟羊。《史記集解》引郭璞云：「梟，梟羊也，似人長脣，反踵披髮食人。」一說即狒狒。櫟，搏擊。蜚遽，神獸名，傳說鹿頭龍身。385擇肉而后發二句　擇肉，擇其肉肥者。先中而命處，謂在射箭之前先指明中禽獸何處，後果中之。386弦矢分二句　分，分離。蓺，《漢書補注》引錢大昭說：「蓺當為槷。」槷，通「臬」。射的，即箭靶子。此處指被射中之禽獸。殪，即一箭射斃。仆，倒。387猋　同「飆」。指疾風從下而上。388虛亡　即虛無。指天空。389藺玄鶴八句　藺，踐也。遒、促皆追捕貌。拂，掠過。捎，拂過。揜，掩蓋；罩住。焦明，鳥名，傳說為鳳凰之屬。390消搖乎襄羊二句　消搖，即「逍遙」。襄羊，徜徉；自由自在地往來。北紘，指苑中極北之地。391率乎直指二句　率乎，輕鬆的樣子。直指，直往也。揜乎，猶言遽然。反，通「返」。392蹷石闕十句　蹷，踏。石闕、封巒、䳍鵲、露寒，均觀名，在甘泉宮外。堂棃、宜春、宣曲，皆宮名。堂棃又作堂梨，在甘泉宮東南。宜春宮，《史記正義》云：「在雍州萬年縣西南三十里。」宣曲宮，在長安昆明池西。濯鷁，持櫂划行上畫鷁鳥的船。濯，通「櫂」。船槳。牛首，池名，在上林苑西頭。《太平寰宇記》稱其為野韭澤。《括地志》：「在雍州長安縣西北三十八里。」龍臺，觀名，在灃水西北，近渭水。細柳，觀名，在昆明池南。掩，同「奄」。息也。393徒車之所閵轢　徒，卒徒。車，車騎。閵轢，踐踏碾軋。394窮極倦谻　指走投無路，疲憊不堪。395它它藉藉　指屍體縱橫交錯。396填阬滿谷二句　阬，坑。平，平原。397置酒乎顥天之臺二句　顥天之臺，臺名。《史記索隱》引張揖曰：「臺高上干皓天也。」張，陳設。膠葛，猶言寥廓。寓，同「宇」。

大屋宇。

398 撞千石之鐘二句　石，計量單位。一百二十斤為一石。虡，懸掛鐘的木架。

399 靈鼉之鼓　用鼉皮製的鼓。鼉，即「揚子鱷」。

400 奏陶唐氏之舞二句　陶唐氏，遠古時堯部族，其舞名曰〈咸池〉。葛天氏，傳說中的遠古部族名。《呂氏春秋・古樂篇》云：「葛天氏之樂，三人操牛尾，投足以歌八闋。」

401 千人倡二句　倡，同「唱」。和，配和；和諧地跟著唱。

402 巴俞宋蔡三句　巴俞，地名。此指其地之舞。顏師古曰：「巴俞之人，剛勇好舞。初，高祖用之，克平三秦。美其功力，後使樂府習之，因名巴俞舞也。」宋蔡，古國名。此指其地音樂。干遮，樂曲名。文成，漢代遼西文成縣。顛，通「滇」。漢時西南小國名，在今雲南。此指這兩地歌曲。

403 族居遞奏四句　族居，具舉；眾舉。意即眾樂齊奏。鏗鎗，即「鏗鏘」。指鐘聲。闛鞈，鼓聲。洞心，響徹於心。洞，徹。駭，驚。

404 荊吳鄭衛　皆秦統一前之國名。荊即楚國，建都郢。古吳國在今淮泗及浙東地區。鄭，在河南新鄭。衛，今河南淇縣。此句是指說這些地區的所謂淫哇之聲。

405 韶濩武象　韶，舜樂。濩，湯樂。武，即〈大武〉，周武王樂。象，周公之樂。

406 陰淫案衍之音　指淫靡放縱之音樂。

407 鄢郢繽紛四句　鄢，今湖北宜城。郢，湖北江陵。繽紛，交雜混亂貌。激楚結風，均楚地歌曲名。楚地習俗剽疾，其樂激促哀切，故云。結風亦作急風。俳優，唱樂藝人。狄鞮，古地名，多善唱者。

408 麗靡爛漫於前二句　麗靡，美麗。爛漫，鮮明。靡曼，美麗細膩。

409 青琴虙妃之徒　青琴，古代女神名。江淹〈秦女贊〉：「青琴既曠世，綠珠亦絕群。」虙妃，傳說為伏羲氏之女，溺死洛水，遂為洛水之神。

410 絕殊離俗　與眾不同；不同凡俗。

411 妖冶閑都四句　閑都，賢雅。靚莊，莊，通「妝」。《史記集解》引郭璞曰：「靚妝，粉白黛黑也。」刻，刻劃。便嬛，輕麗貌。婥約，即「綽約」。美好的樣子。柔橈，嫋娜多姿貌。

412 曳獨繭之褕袣二句　曳，拖著。獨繭，一繭之絲。形容衣服顏色之純淨。褕，襜褕，直襟罩衣。袣，袖子。眇，通「妙」。精美。閻易，衣服長大的樣子。恤削，衣服邊緣整齊，猶如刻劃為之。

413 便姍嫳屑　便姍，同「蹁躚」。謂行步安詳，輕盈飄舞的狀態。嫳屑，衣服婆娑貌。

414 酷烈淑郁　香氣濃烈。

415 宜笑的皪　宜笑，笑而露皓齒。的皪，鮮明；光明。

416 長眉連娟二句　連娟，彎曲細長。微睇，小視；斜視。緜藐，遠視。

417 色授魂予　色，顏色。魂，精神。授，授給；給予。言彼色來授，魂往與接。

418 酒中樂酣　指飲酒中途，至半酣。

419 芒然　即「茫然」。悵然。

420 似若有亡　若有所失。

421 無事棄日　無事而虛度時日。

422 順天道以殺伐　順天道，順應自然季節。全句謂因秋天肅殺之氣以校獵。古代以秋天象徵肅殺氣象，因天主殺伐，所以說秋天出獵為順應天道以事殺伐。

423 恐後世靡麗三句　靡麗，淫靡侈麗。往而不返，謂沉溺於奢侈靡麗生活而不知反顧。創業垂統，開創事業，留傳後代。

424 以贍氓隸　贍，贍養；供給。氓隸，平民百姓。

425 隤牆填塹　隤，墮；毀。牆，指上林苑之垣牆。塹，壕溝。指專為上林苑所挖的溝渠。

426 實陂池而勿禁二句　實，滿。謂養魚鱉獸類滿陂池。勿禁，不禁止老百姓入苑捕取。仞，通「牣」。充滿。(427)德號　德音之號令。(428)革正朔　謂改革曆法。革，改。正朔，正為一歲之首月，朔為一月之元日。(429)為始　新開始。即除舊布新。(430)歷　推算；選擇。(431)襲朝服　襲，整套之衣謂之襲。這裡當穿著講。朝服，君臣朝會時穿的禮服。(432)法駕　天子車駕。古制天子鹵薄有大駕，法駕，小駕。法駕六馬，屬車三十六乘。一說四十六乘。(433)游于六藝之囿二句　六藝，《六經》。囿，原意指園林，此指六藝卒集之所。塗，同「途」。道；路。(434)射貍首八句　貍首，古代逸詩篇名。諸侯行射禮時所奏之樂章。騶虞，《詩經．召南》篇名，古代天子行射禮所奏樂章。干戚，盾牌、斧鉞。雲罕，天子出行時前驅旌旗。揜，即「掩」。網羅。雅，雅士。伐檀，《詩經．魏風》篇名。舊解為「刺賢者不遇明主」之詩。此用意為天子銳意訪求賢士，故讀〈伐檀〉而興悲也。樂胥，《詩經．桑扈》「君子樂胥，受天之祜」，鄭玄箋云：「胥，有才知之名也。祜，福也。王者樂臣下有才知，知文章，則賢人在位，庶宦不曠，政和而民安，天予之以福祿」。(435)放怪獸　不再豢養奇怪之獸。(436)鄉　通「向」。(437)芔然興道而遷義　芔然，迅疾貌。遷義，遷就於義。(438)錯　同「措」。措置；廢止。(439)德隆於三皇二句　隆，高。三皇，有多種說法。一說是伏羲、神農、黃帝；一說是伏羲、神農、女媧；一說是伏羲、神農、燧人；一說是伏羲、神農、祝融；一說是天皇、地皇、泰皇。五帝，與三皇一樣是傳說中的古代帝王，也有多種說法。一種說法是指黃帝、顓頊、帝嚳、唐堯、虞舜；一種說法指太昊、炎帝、黃帝、少昊、顓頊；一種說法指少昊、顓頊、高辛、唐堯、虞舜；一種說法指伏羲、神農、黃帝、唐堯、虞舜。(440)罷　消耗；疲於。(441)抏　挫；損。(442)不繇　不用。繇，同「由」。(443)細　小；細小。(444)萬乘　古時天子擁有兵車萬輛，故以萬乘指代帝王。(445)尤　過也。(446)愀然　變色貌。(447)超若　悵然。超，通「怊」。惆之假借字。(448)逡巡避席　逡巡，向後退步。避席，離開座位。

【語譯】過了不久，蜀郡人楊得意任狗監，服侍皇上。皇上讀〈子虛賦〉，極力讚賞，說：「偏偏我不能夠和這個作者同時啊！」得意說：「我的同郡人司馬相如自稱這賦是他作的。」皇上大驚，便召見詢問司馬相如。相如說：「確有此事。不過這賦寫的是諸侯之事，不值得觀看，請允許我作天子遊獵之賦。」皇上下令尚書給他毛筆和木簡。相如以「子虛」為空言虛語，是為了稱說楚國之美；「烏有先生」，烏有其事，是為了替齊詰難楚國；「亡是公」，為無此人，是為了要闡明做天子的道理。所以憑空藉這三個人寫成文章，用以推想天子諸侯在苑囿遊玩作樂的情景。其終篇歸結到「節儉」的旨意，想以此勸諫天子。文章進獻給天子，天子大為歡喜。他的文章寫道：

2 楚王派子虛出使到齊國，齊王派出所有車馬與使者一同到野外去打獵。打獵歸來後，子虛過訪烏有先生，為這件事而誇口，這時亡是公也在場。大家坐定之後，烏有先生問說：「今天野外打獵高興嗎？」子虛回答：「高興。」「獵獲的禽獸多嗎？」回答說：「不多。」「收穫不多，為什麼還是這樣高興？」子虛回答說：「我高興的是齊王想要向我誇耀他那眾多的車馬，而我卻反過來向他誇耀楚國雄偉壯觀的雲夢澤。」烏有先生說：「可以講給我聽嗎？」

3 子虛說：「當然可以。齊王親自率領千乘萬騎到海邊去打獵，排列的士卒布滿了草澤的各個角落，滿山遍野布下了捕捉野獸的羅網。野兔被網掩捉，飛奔的車輪壓死了野鹿，麋被射殺，擊翻了麟，縱橫奔馳在海邊的鹽灘上，獵殺的野獸的鮮血將車輪都染成了紅色。射中禽獸，捕獲很多，齊王沾沾自喜地誇耀自己打獵的本領，回過頭問我說：『你們楚國也有如此廣饒的平原，寬闊的草澤供狩獵取樂嗎？楚王遊獵和我相比如何？』我下車回答說：『我是楚國最微小鄙賤之人，有幸在宮中做了十多年的宿衛，時常跟隨楚王出遊打獵，在內苑遊玩，瀏覽園內到底有哪些景物，但從來沒有見過後苑的全貌，又如何能夠描述宮外之澤的情況呢？』齊王說：『即使是這樣，你就把你見到和聽到的情況大概地說一說吧。』

4 「我答道：『是，是。我聽說楚國有七個大澤，而我只曾見過其中之一，沒有見到其餘的。而且我所見到的這個澤是其中特別小的一個，名字叫雲夢。雲夢澤，其方九百里，其中有山巒。這些山，山勢紆迴曲折，高峻雄偉，參差而不齊，群山之中，遮月蔽日，時隱時現，雜亂交錯，高峰直上青雲。山脈連綿不斷伸向遠方，與江河相連。這裡大地的土壤有朱紅，石青，赤土，白土，雌黃，石灰，錫，碧玉，金，銀，各種顏色光彩照人，互相交錯的顏色，宛如燦爛的龍鱗。這裡的美石有赤色紅玉，美玉玫瑰，青碧色的琳玉，珉石，昆吾，似玉的瑊玏，黑色可以磨刀的玄厲，白如冰、半有赤色似玉的礝石，赤地白紋、色蘢蔥不分明的武夫石。雲夢澤的東部則有種蕙草的花圃，圃中生長著蘅、蘭、白芷、杜若四種香草，還有穹窮、昌蒲、江離、蘼蕪、甘蔗、芭蕉。雲夢澤的南面是平原廣澤，地勢上下不平，多有傾斜，澤域寬廣，以大江為邊緣，以巫山為界限。其高處乾燥的地方生長著馬藍草、析草、苞草、似蒲的荔草、當歸、莎草、青蘋草。低窪潮溼的地方生長有藏草、莨草、蘆葦、東薔、茭白、蓮藕、葫蘆、奄閭草、蕕草。許許多多的植物生長在這裡，不能盡數的去描繪。雲夢澤的西面有湧泉形成的清澈池水，流水在激盪流動，水面上開放著荷花、菱花，水下則隱現著巨石、白沙。水中有神龜、蛟鼉、玳瑁、鱉、黿。雲夢澤的北面有茂密的森林和參天的樹，有楩樹、楠樹、枕樹、樟樹、桂樹、椒樹、木蘭樹、黃蘗樹、山梨樹、河柳樹、山楂樹、黑棗樹和栗子樹，橘子和柚子香氣四溢。在雲夢澤這樹林中，有美麗似鸞鳳的宛雛、孔雀、鸞鳥，有騰猿和築巢於絕壁高樹上的野干。樹下有白虎、黑豹、蟃蜒及貙豻。

5 「於是乎楚王就命令像剸諸一類的勇士們，徒手與這些野獸進行格鬥。楚王親自駕馭著馴服了的毛色斑駁的駟馬，乘坐著由美玉雕飾的車子，車上搖動著用大魚鬚鬚做旗穗的曲柄戰旗，搖動著鑲嵌著明月珠的旗幟，楚王高舉著干將鑄造的利戟，左側佩掛著有雕畫的烏號弓，右側佩掛著夏后羿箭袋中的利箭。孫陽作為驂乘，孅阿做馭手，駿馬按著節拍緩緩起步，尚未馳騁，就已把靈健的野獸淩踏在腳下，踢踏著似馬的怪獸蛩蛩，像騾馬而善於奔跑的距虛被車輪碾壓。楚王的車馬超過野馬，駕車的駿馬衝撞了騊駼，乘騎日行千里的駿馬遺風，射獵遊騏，動作敏捷，其勢如狂飆暴風，雷閃雷鳴。其迅疾如流星劃空。箭不虛發，箭箭必中獵物的眼眶，穿透野獸的胸脯腋窩，射斷連接心臟的脈道經絡。被射殺的野獸多如天上下雨，鋪天蓋地將草地和山野都掩蓋住了。這時楚王才按轡徐行，從容自得地四處遨遊，看著茂密濃郁的森林，觀賞勇士們的威武和眾多野獸被驚嚇得失魂落魄的慘景。將那些精疲力竭的野獸盡收囊中一網打盡，盡情去欣賞那些野獸被圍時千變萬化的神態。

6 「於是楚王那些嬌柔美麗的鄭國女子，她們身披細繒，拖著素絹裙來了，穿著綴上各色的羅綺和垂掛著薄霧一般的輕紗，她們衣裙上的褶子和衣服上的紋理就像許多深曲的溪谷。長長的衣袖，裁剪整齊合體，揚起飛舞的長衣帶和上衣上如同燕尾般的帶飾顯得婀娜多姿。她們扶著車輿，衣服隨風飄動響起陣陣摩擦聲。裙子的下襬輕撫著地面上的蘭花香草，褂衣的長帶子飄揚起來輕輕摩撫著車蓋上用羽毛做的車飾。用各色鳥羽毛做成的頭飾雜綴在秀髮上，用玉裝飾的絲繩纏結繚繞，隱約飄忽，彷彿神仙一般。

7 「『於是楚王和眾美女們在蕙圃裡打獵，緩步行走在叢林中，登上堅如金石的江堤，用網捕捉翡翠鳥，射殺鵕鸃。射出短小的箭矢，放出纖細的絲繩，用絲線繫短箭射殺白天鵝。繫住的駕鵝、鶬鴰連線拽回，掉在地上，赤黑色的鶴中箭落下。大家狩獵疲勞了，就在清澈的池水裡泛舟，划著畫有鷁鳥的御船，揮動裝飾有羽毛的船槳，船上張掛著用彩色羽毛做的帷幔和華蓋。用網捕撈玳瑁，用鉤去釣有紫黑色花紋的貝，擊金鼓吹奏簫，船夫唱著流暢悅耳而又幽咽的歌聲。水蟲被驚懼，使池水中洪波泛起，泉水湧起，浪濤相會。浪濤拍擊著岸上的巨石，滾動的石頭互相碰擊著，水石相擊，硠硠磕磕作響，如同雷霆之聲，在幾百里之外都能聽得見。

8 「『狩獵將要停止，敲起了六面鼓，點燃起火把，車輛按照所處的行列就位，騎士們騎著駿馬排起整齊的隊伍，像流水一樣有次序地緩緩向前流動。接著楚王登上雲夢澤裡巫山下的雲陽臺，內心平靜自適，保持著泰然無事的寧靜心態，服用以勺藥調和的五味食物。不像齊王您整天乘車奔馳，連乘輿也不下，切割生肉，在車上燒烤而食之，搵染了車輪，自以為樂。在我私下看來，齊王你恐怕不如楚王。』於是齊王對我所說無言回答。」

9 烏有先生說：「先生這樣說就言過其實了！你不遠千里來訪問齊國，齊王調動國內士兵，準備了許多車輛馬匹，同使者外出打獵，原本想竭盡全力捕獲大量的飛禽走獸，來讓你輕鬆娛樂的接受款待，怎麼能把它說成是向你『誇耀』呢！向你詢問楚國有無可供遊獵的平原大澤及豐富的物產，是想要了解楚國這樣的大國好的治國之策及業績，和先生個人的美談言論。如今先生你不但不稱讚歌頌楚王的仁厚之德，反而極力推崇雲夢澤並以此為驕傲，奢談淫樂而顯示侈靡，我認為這種做法是不可取的。正如先生你自己所說，這固然不是楚國的美德。你所說的這些事，如果確實是真的，真如其事，那先生你是在彰顯楚王的醜惡行徑了；如果是假的，沒有這麼一回事，是損害了自己的信譽啊。宣揚君主的醜惡，損害自己的信譽，兩者沒有一樣是可取的，而先生卻這樣做了，這樣做必然會遭到齊國的輕視，也會給楚國帶來損害和牽累。況且齊國東面面臨大海，南面有著名的琅邪山，在成山上可以觀景遊覽，在之罘山上可以射獵，在勃海上可以浮船漂蕩，在孟諸澤裡可以盡情地遨遊，齊國東北的斜對面是肅慎，東邊與日出的地方湯谷為界。秋天可以在大海之東的青丘打獵，自由自在地漫步在四海之外，即使像雲夢澤這樣的大澤有八九個，置於齊國境內，也就像芥蒂置於胸中一樣，不會有什麼特別的感覺。至於說那些各種各樣的奇珍異寶，珍禽怪獸，就像魚鱗般的聚集於齊國，多得不可計算，就連大禹也叫不上它們的名字，契也計算不了它們的數目。然而齊王處於諸侯之位，是不敢隨意說遊玩狩獵的歡樂和誇口苑囿的廣闊寬大的；而且先生是被當作賓客請來，所以齊王沒有做任何回答，這哪裡是什麼無言以對呀！」

10 亡是公張口笑著說：「楚國錯了，齊國也不一定是對了。所謂規定諸侯納貢，並非是為了得到財寶錢幣，而是要諸侯們前來陳述政務事宜；所以劃分疆界，並不是為了防守，而是為了防止諸侯們放縱自己越軌而互相侵犯別人的土地。如今齊國作為中央在東方的藩屏，卻私下與肅慎來往，離開本國疆土，超越他國邊境，到海外去打獵，這種做法於道義上是講不通的。況且二位先生所講的，都不是在說君臣之間的道義，不是在端正諸侯之間的禮儀，而僅僅是爭辯那些遊戲之樂和苑囿之大的事，想在奢侈靡麗之上爭強鬥勝，這種做法不僅不能夠為你的國家揚名揚威，提高榮譽和名望，反而起到了既貶損國君，又損害自己聲望的作用。

11 「而且齊楚兩國的這點事哪裡值得這樣稱道呢！你們可能從來沒有見過那更令人驚心動魄的宏大壯觀景色吧，難道先生從來就沒聽過天子的上林苑嗎？上林苑的東方與蒼梧相接，西方則直到西極，丹水更在其南，紫淵水從上林苑的北方流過。霸水、滻水首尾都在苑內，涇水、渭水縱穿上林苑而過，酆水、鎬水、潦水、潏水，曲折回轉地在苑內盤旋流過。浩浩蕩蕩的八條河流分別流過，其水勢各有不同，東西南北，往來交錯，河水從對峙的長滿椒樹的雙峰之間穿過，行進在洲淤的涯浦邊，徑直穿過了桂樹林，奔向廣闊的草莽原野。湍急的河水沿著險峻的山勢直奔山峽隘口，衝擊拍打著那巨大的山石，衝擊著積沙壅成的曲折的河岸高坡，波濤洶湧澎湃，浪花飛濺，相迫激盪，橫流逆轉，轉騰相越，磅礴慷慨，激起的水浪有如雲彩，水流曲折逶迤，後浪躍過前浪直瀉峽谷深潭，奔騰的河水衝擊著河道的巨石，撞擊著山崖和河堤，奔騰的波濤，激揚起陣陣水霧，水流從高處流入深深的溝壑中又漸漸緩慢下來，發出涓涓細小的聲音，而後水勢深廣宏大，激盪起砰磅訇磕的鼓怒巨響，湧浪翻滾如鼎中沸水，水波急馳，激起層層水花和泡沫，迅速地旋轉著漂流向遠方，寂寥而無聲，安然而長往。然後流向無邊無際的廣浩的水域，水流緩慢流動形成許多旋渦，泛著銀白色的浩瀚水面，向東流入大湖，溢滿了大大小小的池塘。這時蛟龍、赤螭、䱭鰽、漸離、鰅、鰫、鰬、魠、禺禺、魼、鰨，都揚鰭擺尾，振鱗舉翅，潛藏在岩壑的深處。魚鱉一片喧譁聲，萬物聚集在一起，明月珍珠，在江邊閃爍著。如玉的蜀石，黃色的碝石，水晶石，光澤燦爛，五彩繽紛，堆積在一起。鴻、鷫、鵠、鴇、鴐鵞、屬玉、鵁鶄、旋目、煩鶩、庸渠、箴疵、鵁盧，這些水鳥成群結隊地漂浮在水面上，自由自在地隨風飄蕩，跟著水波一起上下搖蕩，或者隱蔽在水中的沙渚上，銜食著菁藻，細嚼著菱、藕。

12　「這裡山高巍峨陡峭，險峻高聳入雲，山峰高低參差，林深樹大。九嵕山雄偉，終南山巍峨，岩傾山斜，山路崔巍崎嶇，因山石而收斂的溪水，穿過山谷，形成了彎曲幽深的山間水潭，山深谷空，深谷中的丘陵高坡和水中形成的島嶼都十分峻巍。山勢起伏綿延，地勢忽高忽低，山坡漸趨平坦。水勢緩慢漸漸平坦而成為陸地，平坦的水邊陸地全都平坦如築。地面上到處都是綠色的蕙草和江離香草，蘼蕪與香草留夷相間雜生，結縷遍地生長，叢生深綠色的莎草。在廣袤無際的大澤中，長滿了香草的揭車、衡、蘭、槀本、射干，茈薑、蘘荷、葴持、若蓀、鮮支、黃礫、蔣、芧、青薠等花草。芳草花卉蔓延到了廣大的原野上，相連不絕，廣布流衍，隨風擺動，花朵芬芳綻開，散發出濃郁的香味。氣味四散，眾香激揚，大澤處處都香氣四溢。

13　「這時縱覽四周極目觀望，眾盛緻密，一片輪廓不清茫茫不明，向前看去一眼看不到邊，仔細察看也沒有邊涯。清晨太陽從上林苑東邊的大沼澤中升起，黃昏時太陽降落在上林苑西邊的小陂池中。上林苑南部的花草樹木在寒冷的冬天還在生長，泉水噴湧而不結冰。這裡的獸類有庸、旄、貘、犛、沉牛、麈麋、赤首、圜題、窮奇、大象、犀牛。到了盛夏季節，上林苑的北部仍然是天寒地凍，冰封地裂，提起衣裳踏著冰就能過河。這裡的獸類有麒麟、角端、騊駼、駱駝、蛩蛩、驒騱、駃騠、驢、騾。

14

「苑中修建了離宮別館，跨山連谷，高大的迴廊聳立在大地上四周相連屬，多層的樓閣彎曲紆迴相連，雕有花紋的屋椽，鑲嵌著玉石的瓦當，輦道綿長回環如織絲，環繞而成的長廊終日也走不到盡頭，途中還要住宿休息。削平高山，在其上修築廳堂，一層層累高臺基，增加樓臺的高度，幽深的內室，穿岩建造。從上向下看去，杳渺不見地面，仰攀屋椽可以手摸天，流星從宮中的小門內閃過，彎曲的彩虹橫架在窗外的欄柵上。青龍盤行在東廂房，象駕的車子悠閒漫步於清靜的西廂，靈圉仙人飲宴在清閒的館舍中，偓佺仙人在正房的南簷下舒服地晒著太陽，甘泉從淨室中湧出，通流成川，穿過中庭。巨石重疊相累在池岸上的山崖，低處的岩石陡峭傾側，高處的岩石高大險峻，陡峭的山岩如人工刻削過，玫瑰、碧、琳、珊瑚聚集叢生，珉玉、旁唐鱗紋繽紛，赤色玉石，色彩斑駁雜錯，雜亂地插綴於山崖之間，著名的美玉朝采、琬琰與和氏之璧都出於上林苑。

15

「這裡有盧橘、夏孰、黃柑、橙、楱、枇杷、橪、柿、亭、柰、厚朴、梬棗、楊梅、櫻桃、葡萄、隱夫、薁棣、荅遝、荔枝，各種水果分布生長在後宮裡，羅列在北園，綿延到丘陵地帶，向下一直到達平原，翠綠的樹葉隨風搖擺，紫色的樹幹在搖動，草木開著紅花，樹上的紅花也在怒放，光彩相照，映紅廣大的原野。沙棠、櫟、櫧、華、楓、枰、櫨、留落、胥邪、仁頻、并閭，欃檀、木蘭、豫章、女貞，這些樹長得高千仞，粗得需要很多人才能合抱得來，樹上的枝條茂盛伸展開來，碩大的果實掛滿枝頭，樹木叢生蔟立，樹枝相互屈曲交錯或相背而生，枝條錯雜盤結而生，枝幹相撫或相互抗衡互相扶持生長，垂條紛披，落花飛揚，茂盛的草木隨風飄舞婀娜多姿，隨風搖曳，有如打擊樂和絲竹樂演奏出的美妙聲音。苑內樹木參差不齊，環繞著後宮，雜亂交錯，重重累聚，山嶺與峽谷全被茂密的樹木所覆蓋，滿山遍野，順著山坡，沿著溪谷，一眼望不到邊際，探求也沒有盡頭。

16

「苑中黑色的雄猿、白色的雌猿、高鼻長尾猿、大母猴、善飛的蠝、有四翼能飛的蛭、善於攀緣樹木的蜩、玃猴、獑胡、豰、蛫，棲息於草木之間。或高聲長吼，或低聲哀鳴，互躍翩翩，或在樹枝上上下跳躍，或嬉戲玩耍於樹梢之上，越過斷橋，騰飛過奇異怪狀的樹叢，抓住下垂的樹枝，蕩身在樹枝稀疏的空間，牠們一會兒聚集，一會兒分散，騰躍奔走，自由自在。

17 「像這樣的地方，在上林苑有成百上千處，娛樂遊戲，隨處往來，在離宮別館中休息住宿，御膳房和廚師都不用來回移動，後宮中的嬪妃侍妾也不要往返遷徙，行宮別館裡一切都具備。

18 「苑中秋去冬來，天子在圍場打獵。乘坐著用象牙雕鏤而裝飾的車子，駕著由六匹戴著玉飾的駿馬所拉的車，豎著飾有虹蜺的旌旗，揮動著狀似雲氣的旗旒，大駕的前面有虎皮車開道，虎皮車之後是遊導車。孫陽為天子御車，衛莊公為天子參乘，護衛侍從列隊扈從，出列在四面校欄之中。天子的莊嚴儀衛隊中傳出鼓聲，於是狩獵者開始縱情奔馳，獵場以江、河為界，以泰山為望樓，車騎奔騰聲似雷霆，驚天動地。前後分散，各自去追逐野獸，沿著山岡而上如川澤之流，像雲布滿天空，像雨普降大地。生擒貔、豹，搏擊豺狼，手格熊羆，足踢野羊，戴著鶡尾所裝飾的帽子，穿著白虎皮的褲子，穿著有虎豹紋飾的上衣，騎上野馬，登上層層疊嶂的山峰之顛，下到水淺沙滑的坡坻，奔峻赴險，跨過山谷，越過河流。椎擊蜚廉，戲弄解廌，格殺猛獸蝦蛤，用短矛刺殺猛氏，張網羅捕日行萬里的神馬，用箭射殺大野豬。箭不隨便射出，必定穿脖裂腦；箭無虛發，獵物應聲必倒。

19 「這時天子的車駕依節拍緩慢徘徊，悠然往來，遠望士卒的進退，觀看將帥們喜怒變化之態。然後由慢漸快地驅走，突然遠去，用網將輕疾的禽鳥罩住，使牠們苦苦掙扎而無法逃脫，用足踐踏狡獸，用戰車衝撞襲擊白鹿，迅速捕捉敏捷的兔子。速度之快，超過了雷電，把電光也甩在身後，追逐奇禽異獸，追出了宇宙之外，拉開名弓蕃弱，張白羽之箭，射向四處遊走的狒狒，旁擊神獸蜚遽。選中肥胖的野獸而後放箭，先說出要射中的部位，箭離弦上，一箭射中要害，野獸應聲而倒斃。

20 「然後揚起旌旗節鞭上遊於天空，乘風登上虛空，與天神同在，腳下踩踏著黑鶴，沖亂了昆雞的行列，追迫孔鸞，追促鵕鸏，擊打翳鳥，竿擊鳳凰，捕捉鵷鶵，掩捕焦明。

21 「道路走到了盡頭，才駕車返還。逍遙而又安閒地徜徉，由天而降到上林苑的最北方，輕鬆地直往，又迅速地返回。踏過石闕，經過封巒、雄鵲兩觀，就可以望見露寒觀了，再向下走就是堂棃觀，到宜春宮休息，再西馳宣曲宮，在牛首池裡持槳划著畫有鷁鳥的彩船，登上龍臺觀，在細柳觀休息，觀看士大夫們的勤功智略，評議分配打獵的所獲。被士卒車輛所踐踏碾軋，被騎兵踐踏而死，被人群亂踩，那些疲憊不堪，因驚恐懼怕而不能動的，不是被刀劍利刃所殺死的野獸，屍橫狼藉，堆滿了山谷，填平了大坑，掩蓋住了平原，填滿了廣闊的澤沼。

22 「這時天子用遊戲來放鬆緊張，在上干雲霄的顥天之臺上置辦酒席，在曠深寬闊的屋宇裡舉行樂舞，敲擊千石重的大鐘，立起萬石重的鐘架，豎起用翠羽裝飾的旗幟，架起用鼉皮製的大鼓，演奏陶唐氏堯的舞樂，聆聽葛天氏的樂曲，千人唱，萬人隨和，山陵為之震動，川谷的流水被激起波瀾。巴俞之舞宋蔡之音，淮南的〈干遮〉曲，文成人的歌，滇池的山歌，時而集聚演奏，時而交替表演，鐘鼓之聲迭起，鏗鏘有力，發出震耳的響聲。荊、吳、鄭、衛的淫蕩之音、〈韶〉、〈濩〉、〈武〉、〈象〉的昇平之樂、放任無度的流湎之聲，楚國鄢、郢歌舞色彩繽紛，〈激楚〉、〈結風〉、雜耍藝人、侏儒小人、狄鞮舞女，凡是能夠賞心悅目使人心曠神怡者、全都麗靡浪漫於眼前，在後面則是嫵媚，美麗動人的美女。

23 「像青琴處妃一類的神女，脫俗不凡，與眾不同，美麗而高雅，盛裝修飾，身材美好，輕盈綽約，婀娜多姿的輕柔體態，穿著純繭絲的衣裳，寬大的單衣，配上修長的袖子，穿著剪裁十分合體的長衣，腳步輕盈，婆娑飄舞，與世俗迥異。芳香濃郁，氣味酷烈，潔白的牙齒十分鮮明，笑容明媚動人，細長彎曲的眉毛微微流盼，楚楚動人，彼色來授，勾心動魄，在她的身旁，讓人心悅而神往。

24 「其時酒正飲至半酣，音樂演奏最歡暢的時候，天子突然惘然有思，好像丟失了什麼地說：『唉，這真是太奢侈了！我因聽政之餘，無事而虛度時日，順應自然季節在秋日裡去打獵，經常到此處來休息，擔心後代子孫仿效而日趨侈靡，沉湎在享樂之中，一直這樣下去而不能自拔，這不是為後代創業繼承傳統的好事情。』於是馬上停止了酒宴，放棄了狩獵，而下令給有關管理官員說：『凡是可以開荒墾田的土地，都叫農民耕種，以此來贍養百姓。推倒上林苑的牆垣，填平引水的溝渠，允許老百姓進入苑內採集、放牧、打柴。在陂池中放養魚鱉之類讓百姓任意捕撈，封閉離宮別館停止使用，開放倉廩以救濟窮人，補給不足，存恤鰥寡孤獨之人。發布施德於民的號令，減省刑罰，改革制度，變易服色，更改曆法，除舊布新，一切從新開始。』

25 「於是推擇吉日進行齋戒，穿上大朝的禮服，乘天子大駕，舉起華麗的旌旗，鳴響玉鸞鈴，遊於以《六經》為內容的苑囿之中，在充滿了道義的路途上奔馳，觀覽《春秋》之林，以〈貍首〉的樂章作節拍進行射禮，同時以〈騶虞〉為天子行射禮作節拍，效法舜之禮樂射玄鶴，揮舞盾牌和斧鉞。張開捕鳥的羅網，盡索天下文人學士於天子的周圍，悲歎於〈伐檀〉，憐憫天下懷才不遇之才子，為天子能快樂地接納像《詩經・小雅・桑扈》中的君子樂胥這樣的賢才而高興。在《禮》的園中去修飾儀容，在《尚書》圃中去翱翔遊觀，述說《周易》的哲理，把苑囿中所有的珍禽異獸全部放生，登上明堂，坐於清廟，聆聽群臣自由陳奏治國理政的得失，全國人民，無不受惠。這時天下百姓都十分喜悅，百姓隨從潮流而接受教化，迅速地倡道而近義，廢除刑法而不用，德政興隆超過三皇，功績之偉大過於五帝。如果像這樣，狩獵才是一件可喜的事情。

26 「假若成天地在野外馳騁遊玩，使精神和身體都受到勞苦傷害，使車馬疲憊，士卒精力損傷，耗盡國庫錢財，卻沒有使人民因德政而受到恩惠；只顧自己的享樂，不知人民大眾的疾苦，忘卻國家之大政，貪圖野雞和兔子的獵獲，這絕不是仁者所為之事。從這看來，齊國與楚國的事情，怎不令人感到悲哀！地方只有千里，苑囿卻占去九百，因而土地無所開闢，老百姓沒有糧食可吃。以諸侯這樣低的地位，卻享受著大國天子才有的奢侈生活，我擔心老百姓受到的傷害更大。」

27 聽完這番話，子虛和烏有二位先生，面容變色，悵惘若有所失，向後退了幾步，離開了座席，說：「在下孤陋寡聞，不知該忌諱什麼，今天聆聽了你的教誨，完全領教了。」

28 賦成奏上後，天子以他為郎。亡是公說天子上林苑廣大，有山谷水泉萬物，及子虛先生說到雲夢澤的東西也十分多，奢侈糜爛，多言過其實，況且也不符合義理的規定，所以刪繁就要，歸入正道而予以記述。

卷五十七下

司馬相如傳第二十七下

1 相如為郎數歲，會唐蒙❶使略通夜郎、僰中❷，發巴蜀吏卒千人，郡又多為發轉漕❸萬餘人，用軍興法❹誅其渠率❺，巴蜀民大驚恐。上聞之，乃遣相如責唐蒙等，因諭告巴蜀民以非上意。檄❻曰：

2 告巴蜀太守：蠻夷自擅，不討之日久矣，時侵犯邊境，勞士大夫。陛下即位，存撫天下，集安中國，然後興師出兵，北征匈奴，單于怖駭，交臂受事❼，屈膝請和。康居西域，重譯❽納貢，稽首來享❾。移師東指，閩越相誅；右弔番禺，太子入朝❿。南夷之君，西僰之長，常效貢職，不敢惰怠。延頸舉踵⓫，喁喁⓬然，皆鄉風慕義，欲為臣妾⓭。道里遼遠，山川阻深，不能自致。夫不順者已誅，而為善者未賞，故遣中郎將⓮往賓之，發巴蜀之士各五百人以奉幣⓯，衛使者不然⑯，靡⑰有兵革之事，戰鬬之患。今聞其乃發軍興制，驚懼子弟，憂患長老，郡又擅為轉粟運輸，皆非陛下之意也。當行者⑱或亡逃自賊殺，亦非人臣之節也。

3

夫邊郡之士，聞烽舉燧燔⑲，皆攝弓⑳而馳，荷兵而走㉑，流汗相屬㉒，惟恐居後。觸白刃，冒流矢，議不反顧，計不旋踵㉓。人懷怒心，如報私讎。彼豈樂死惡生，非編列之民㉔，而與巴蜀異主㉕哉？計深慮遠，急國家之難，而樂盡人臣之道也。故有剖符㉖之封，析圭㉗而爵，位為通侯㉘，居列東第㉙。終則遺顯號於後世，傳土地於子孫。事行甚忠敬，居位甚安佚，名聲施㉚於無窮，功烈著而不滅。是以賢人君子，肝腦塗中原，膏液潤埜屮而不辭也。今奉幣使至南夷，即自賊殺，或亡逃抵誅㉛，身死無名，謚為至愚，恥及父母，為天下笑。人之度量相越，豈不遠哉！然此非獨㉜行者之罪也，父兄之教不先，子弟之率不謹，寡廉鮮恥，而俗㉝不長厚也。其被刑戮，不亦宜乎！

4

陛下患使者有司之若彼，悼不肖愚民之如此，故遣信使㉞，曉諭百姓以發卒之事，因數㉟之以不忠死亡之罪，讓㊱三老孝弟㊲以不教誨之過。方今田時㊳，重㊴煩百姓，已親見近縣㊵，恐遠所谿谷山澤之民不徧聞，檄到，亟下縣道㊶，咸[42]諭陛下意，毋[43]忽。

5 相如還報。唐蒙已略通夜郎，因通西南夷道，發巴蜀廣漢卒，作者[44]數萬人。治道二歲，道不成，士卒多物故[45]，費以億萬計。蜀民及漢用事者[46]多言其不便。是時邛、莋[47]之君長聞南夷與漢通，得賞賜多，多欲願為內[48]臣妾，請吏，比南夷[49]。上問相如，相如曰：「邛、莋、冉、駹[50]者近蜀，道易通，異時嘗通為郡縣矣，至漢興而罷。今仍復通，為置縣，愈於南夷。」上以為然，乃拜相如為中郎將，建節[51]往使。副使者王然于、壺充國、呂越人，馳四乘之傳[52]，因巴蜀吏幣物以賂[53]西南夷。至蜀，太守以下郊迎，縣令負弩矢先驅[54]，蜀人以為寵。於是卓王孫、臨邛諸公皆因門下獻牛酒以交驩[55]。卓王孫喟然而嘆，自以得使女尚[56]司馬長卿晚，乃厚分與其女財，與男等。相如使略定西南夷，邛、莋、冉、駹、斯榆之君皆請為臣妾，除邊關，邊關益斥[57]，西至沫、若水，南至牂柯為徼[58]，通靈山道，橋孫水[59]，以通邛、莋。還報，天子大說。

6 相如使時，蜀長老多言通西南夷之不為用，大臣亦以為然。相如欲諫，業已建[60]之，不敢，乃著書，藉蜀父老為辭，而己詰難[61]之，以風[62]天子，且因[63]宣其使指[64]，令百姓皆知天子意。其辭曰：

漢興七十有八載，德茂存乎六世[65]，威武紛云，湛恩汪濊[66]，群生霑濡，洋溢乎方外[67]。於是乃命使西征，隨流而攘[68]，風之所被[69]，罔不披靡[70]。因朝冉從駹，定筰存邛，略斯榆，舉苞蒲[71]，結軌還轅[72]，東鄉將報，至于蜀都[73]。

耆老大夫搢紳先生之徒二十有七人，儼然造焉[74]。辭畢，進曰：「蓋聞天子之於夷狄也，其義羈縻勿絕[75]而已。今罷[76]三郡之士，通夜郎之塗，三年於茲，而功不竟，士卒勞倦，萬民不贍；今又接之以西夷，百姓力屈，恐不能卒業，此亦使者之累也，竊為左右[77]患之。且夫邛、筰、西僰之與中國並[78]也，歷年茲多，不可記已。仁者不以德來[79]，強者不以力并，意者殆[80]不可乎！今割[81]齊民以附夷狄，弊[82]所恃以事無用[83]，鄙人固陋，不識所謂[84]。」

使者曰：「烏[85]謂此乎？必若所云，則是蜀不變服而巴不化俗也，僕尚惡聞若說[86]。然斯事體大，固非觀者之所覯[87]也。余之行急，其詳不可得聞已，請為大夫粗陳其略：

「蓋世必有非常之人，然後有非常之事；有非常之事，然後有非常之功。非常者，固常人之所異也。故曰非常之元[88]，黎民懼焉；及臻厥成[89]，天下晏如[90]也。

11

「昔者，洪水沸出，氾濫衍[91]溢，民人升降移徙，崎嶇而不安。夏后氏戚之[92]，乃堙洪原，決江疏河，灑沉澹災[93]，東歸之於海，而天下永寧。當斯之勤，豈惟民哉？心煩於慮，而身親其勞，躬傶骿胝無胈[94]，膚不生毛，故休烈[95]顯乎無窮，聲稱浹乎于茲[96]。

12

「且夫賢君之踐位也，豈特委瑣握躪[97]，拘文牽俗[98]，循誦習傳，當世取說[99]云爾哉！必將崇論谹[100]議，創業垂統，為萬世規。故馳騖乎兼容并包，而勤思乎參天貳地[101]。且詩不云乎？『普天之下，莫非王土；率土之濱，莫非王臣[102]。』是以六合之內，八方之外[103]，浸淫衍溢[104]，懷生之物有不浸潤於澤者，賢君恥之。今封疆之內，冠帶之倫，咸獲嘉祉[105]，靡有闕遺矣。而夷狄殊俗之國，遼絕[106]異黨之域，舟車不通，人迹罕至，政教未加，流風猶微，內[107]之則犯義侵禮於邊境，外之則邪行橫作，放殺其上，君臣易位，尊卑失序，父兄不辜[108]，幼孤為奴虜，係絫號泣[109]。內鄉[110]而怨，曰：『蓋聞中國有至仁焉，德洋恩普，物靡不得其所，今獨曷[111]為遺[112]己！』舉踵[113]思慕，若枯旱之望雨，盭夫[114]為之垂涕。況乎上聖，又烏能已？故北出師以討強胡，南馳使以誚[115]勁越，四面風德[116]，二方[117]之君鱗集仰流[118]，願得受號者以億計。故乃關沫、若，徼牂柯，鏤靈山，梁孫原[119]，創道德之塗，垂仁義之統，將博恩廣施，遠撫長駕[120]，使疏逖不閉[121]，曶爽[122]闇昧得燿乎光明，以偃甲兵於此，而息討伐於彼。遐邇[123]一體，中外禔[124]福，不亦康[125]乎？夫拯民於沉溺，奉至尊之休德[126]，反衰世之陵夷[127]，繼周氏之絕業[128]，天子之急務也。百姓雖勞，又惡可以已哉？

13

「且夫王者固未有不始於憂勤[129]，而終於佚樂[130]者也。然則[131]受命之符[132]合在於此[133]，方將增太山之封[134]，加梁父之事[135]，鳴和鸞[136]，揚樂頌，上咸五，下登三[137]。觀者未覩指[138]，聽者未聞音，猶焦朋已翔乎寥廓[139]，而羅者猶視乎藪澤[140]，悲夫！」

14

於是諸大夫芒然喪其所懷來[141]，失厥所以進[142]，喟然[143]並稱曰：「允[144]哉漢德，此鄙人之所願聞也。百姓雖勞，請以身先之[145]。」敞罔靡徙[146]，遷延而辭避。

【章　旨】以上記述司馬相如作為朝廷使者告慰巴蜀人民及出使西南夷，廣布漢王朝恩德的事跡。司馬相如的出使西南夷在歷史上有重大意義，對於中國此後版圖的奠定立了巨大功勳。

【注　釋】❶唐蒙　漢武帝時期任番陽（今江西鄱陽東北）令，建議漢廷開通夜郎道，以厚禮待夜郎侯多同，使其歸服漢朝，漢以其地為犍為郡。❷夜郎僰中　皆古國名。夜郎轄境相當於今貴州西部及北部，並包括近雲南東北部，四川南部及廣西西北部地區。僰中地主要分布在今天四川宜賓為中心的川南及滇東北一帶。❸轉漕　車運曰轉，水運曰漕。❹軍興法　有關興兵作戰的法令。❺渠率　部族大帥、首領。❻檄　古代政府用於曉諭、聲討的文書。❼交臂受事　交手或拱手臣服。❽重譯　多次轉相翻譯。❾來享　來獻。❿右弔番禺二句　右弔，右至。弔，至。一說弔為撫慰。番禺，南海郡治，今廣東廣州。太子入朝，指漢武帝建元六年，漢朝幫助南越出兵討伐閩越，誅閩越王郢，南越王胡派遣太子嬰齊至長安入侍。⓫延頸舉踵　伸長脖子，抬起腳跟。⓬喁喁　形容眾人嚮慕之狀。⓭臣妾　指男女奴隸。男曰臣，女曰妾。⓮中郎將　漢代郎中令屬官，有五官中郎將，左、右中郎將，稱為三署，是皇帝的警衛官，屬光祿勳，這裡指唐蒙。⓯奉幣　奉，供給。幣，指幣帛，泛指用作禮物的絲織品等。⓰不然　不虞，指意料不到的事情。⓱靡　無。⓲當行者　指當應徵之人。⓳烽舉燧燔　烽、燧，古代邊防報警的兩種信號，夜間舉烽（燃火），日間燔燧（望煙）。燔，焚燒。⓴攝弓　張弓注矢而持引。㉑荷兵而走　荷，扛；背。兵，兵器。㉒屬　連。㉓旋踵　轉身。踵，腳後跟。㉔編列之民　即編戶齊民。㉕異主　非同一個君主。㉖剖符　指把符節一分為二，雙方各持其半，作為信物。㉗析圭　析，分頒。圭，信圭。㉘通侯　即徹侯，秦漢二十等爵的最高一級，避漢武帝諱而改。㉙東第　列甲第於帝城東，故曰「東第」。㉚施　延續。㉛抵誅　至於誅戮。抵，至；當。㉜非獨　不單是；不僅僅是。㉝俗　風俗；習俗。㉞信使　古稱使者為信為使，合為信使，一說誠信之人以為使。㉟數　數落；指責。㊱讓　責備；責怪。㊲三老孝弟　三老，古代掌教化的鄉官。孝弟，漢代鄉官名。弟，通「悌」。㊳田時　農忙之時。㊴重　難；不輕易。㊵近縣　近縣之人。㊶亟下縣道　亟下，迅速下達。亟，迅速。道，漢代縣一級的行政組織，居有蠻夷的縣曰道。㊷咸　普遍；皆。㊸毋　即「無」。㊹作者　做工的人。㊺物故　亡故；死亡。㊻用事者　執掌政權的人。㊼邛莋　邛，在今四川西昌東。莋，在今四川漢源。皆西夷。㊽內　漢朝之內。㊾比南夷　比於南夷；與南夷等同。㊿冉駹　皆古代部族名，在今四川北部松潘，茂汶羌族自治縣一帶。(51)節　符節；古代使者出使時所持之信物。(52)四乘之傳　也稱「四封乘傳」，即封蓋有御史大夫四顆印章的傳信而享用的乘傳車駕。傳，傳車。(53)賂　送給幣帛財物。(54)負弩矢先驅　背負弓箭在前面驅除開道。(55)驩　通「歡」。(56)尚　猶「配」。(57)斥　開；廣。(58)西至沬若水二句　沬，古沬水，隋唐以後稱作大渡河。若水，古水名，今稱雅礱江。其與金沙江合流後的一段金沙江古代也稱若水。牂柯，古水名，或稱作牂牁江、牂牁水。又一說即今天北盤江，一說為今都江。徼，邊界。(59)橋孫水　橋，此處作動詞用，指建橋。孫水，即今四川南部的安寧河。(60)建　建言；建議。(61)詰難　問難。(62)風　同「諷」。用含蓄曲折的語言進行暗示、勸告。(63)因　藉。(64)使指　使者的意圖。(65)六世　六代。指高祖、惠帝、高后、文帝、景帝、武帝。(66)威武紛云二句　紛云，盛貌；多貌。湛，深也。汪濊，深廣的樣子。(67)群生霑

濡二句　群生，眾生，泛指一切生物。露，時雨。濡，滋潤。方外，指漢朝國界之外的地方。(68)攘　古「讓」字。卻；退讓。(69)被　覆蓋。(70)罔不披靡　罔，無。披靡，草木隨風偃倒。(71)因朝冉從駹四句　朝，朝見。這裡是使動用法。從，服從。使動用法。定，平定。存，存恤。舉，占領。(72)結軌還轅　指掉轉車轅而返還。結，旋。還，回還。(73)東鄉將報二句　鄉，通「向」。報，還報。蜀都，蜀郡治所，即成都。(74)儼然造焉　儼然，矜持莊嚴貌。造，造訪；至。(75)羈縻勿絕　羈縻，束縛；牽制。勿絕，不要斷絕。(76)罷　通「疲」。(77)左右　舊時稱對方，不直呼其人，僅稱其左右以示尊敬。此處指司馬相如。(78)並並存。(79)來　招撫使來。(80)殆　恐怕；大概。(81)割　分割。(82)弊　疲困。被動用法。(83)無用　這裡指夷狄。(84)不識所謂　意思為不知道所說的是錯還是對。(85)烏　怎麼；為什麼。疑問代詞，與「何」同。(86)尚惡聞若說　尚，猶「也」。惡，厭惡。若，此。(87)覯　遇見；碰見。(88)元　始也。(89)及臻厥成　臻，至。厥，其。(90)晏如　安然。(91)衍　漫延。(92)夏后氏戚之　夏后氏，指夏禹。戚，憂愁；悲傷。(93)乃堙洪原三句　堙，填；塞。原，水本曰「原」。疏，通。灑，分散。沉，深水。澹，安定。(94)躬傶骿胝無胈　躬傶，親身；親自。胝，手掌或腳掌上磨出的繭子。胈，大腿上的汗毛。(95)休烈　休，美也。烈，業也。(96)浹乎于茲　浹，遍及。茲，今。(97)握齱　通「齷齪」。器量狹窄。(98)拘文牽俗　指拘泥於條文，隨從於世俗。(99)當世取說　即取悅於當代。(100)訟　深。(101)參天貳地　依顏師古說，比德於地，是貳地；地與己并天為三，是參天。(102)普天之下四句　見《詩·小雅·北山》。率，循。(103)六合之內二句　六合，指天地四方（東、西、南、北）。八方，指四方與四維（東北，東南，西南，西北）。(104)浸淫衍溢　浸淫，漸漬。衍溢，言有餘。(105)祉　福。(106)遼絕　遼遠而隔絕。(107)內　通「納」。接納。(108)不辜　無辜。指無罪而被殺。(109)係絫號泣　係絫，捆縛；拘禁。號，大聲啼哭。泣，低聲哭。(110)內鄉　指朝向漢朝。鄉，通「向」。(111)曷何。(112)遺　遺棄。(113)舉踵　抬起腳後跟。(114)盭夫　指兇狠暴烈之人。(115)誚　責；責問。(116)風德　風，通「諷」。意為以德義進行諷諫，諷喻。(117)二方　西夷和南夷。(118)鱗集仰流　謂如游魚四集，仰上承流。(119)關沫若四句　關沫若，言以沫水、若水為關隘。鏤，疏通；打通。梁，修架橋梁。孫原，孫水之源。(120)遠撫長駕　意為安撫和駕馭遠方。(121)疏逖不閉　疏逖，指疏遠者。不閉，不被關閉；不被封閉。(122)曶爽　指天未亮之時。(123)遐邇　遠近。(124)禔　安也。(125)康　樂。(126)休德　美好的德行。(127)陵夷　廢弛。(128)繼周氏之絕業　周氏，指周代的開國君主文王和武王。絕業，斷絕的事業。(129)憂勤　憂患與勤苦。(130)佚樂安樂。(131)然則　連詞。意為「如此則」、「那麼就」。(132)受命之符　受命，接受天命。符，符命。這裡指方術之士或儒家所謂表明君主「受命於天」的一種「祥瑞」徵兆。(133)此　王先謙曰：「此謂天子通西南夷憂民勤遠之事。」(134)太山之封　太山，即泰山，在今山東泰安北。封，封禪。(135)梁父之事　梁父，山名，在泰山東南。此處言在梁父山祭祀。(136)和鸞　古代車上的鸞鈴。137上咸五二句　咸，皆；和。五，指五帝。登，超過。三，指三王，即禹，湯，周文、武王。138覩指　覩，看見。指，手指。139焦朋已翔乎寥廓　焦朋，即鷦鵬，似鳳的一種鳥。寥廓，高遠空曠。140羅者猶視乎藪澤　羅者，張網捕鳥的人。羅，捕鳥的網。藪，澤無水曰藪。澤，湖泊沼澤。141懷來　即初來時心中所有的意圖。142失厥所以進　即失去了、放棄了他們原先想提出的意見。厥，其。代詞，指他們。143喟然　歎氣的樣子。144允　信。145以身先之　以自己的身體力行做為老百姓的榜樣。146敞罔靡徙　敞罔，通「悵惘」。失意之態。靡徙，自抑退也。

【語　譯】相如做郎官幾年，恰逢唐蒙奉朝廷之命開通夜郎及僰中，徵發巴、蜀二郡吏卒一千多人，兩郡又派出數萬人從陸路和水道轉運糧食，施行軍法處死那些敢於違抗命令的首領，巴蜀人民深感震恐。皇帝得知此事後，就派遣司馬相如責備唐蒙等，趁此告知巴蜀人民，說明唐蒙的這些做法並不是皇帝的本意。檄文說：

2　告知巴蜀太守：蠻夷不服從漢政府的管轄，已經有好長時間沒有討伐了，他們不時地侵犯邊境，讓軍士將領們勞累。當今皇帝即位，存恤撫愛天下百姓，和睦安穩中國，然後興師出兵，北伐匈奴，使單于恐懼，拱手臣服，屈膝求和。康居等西域國家，語言重重翻譯而請求向漢廷納貢，稽首前來進獻。軍隊指向東方，閩越便被平定；安撫南方的番禺，南越王即派太子入朝。南夷的君長，西僰的大帥，經常效勞，不忘貢職。他們不敢懈怠，伸長脖子，抬起腳跟，殷勤慕嚮朝廷，願意作為奴僕。只因路途遙遠，山河阻隔，不能親自致意。那些不順從者已經誅滅，而為善者尚未獎賞，因此派遣中郎將前往使其歸附，徵發巴郡、蜀郡的士卒各五百人，藉以供給幣帛禮品，警衛使者以防止意外發生，沒有戰爭之事，戰鬥之患。今日聽說有妄行軍興制，使巴蜀兒女子弟受到驚恐，使年高者心生憂患，郡中又擅自轉運輸送糧食物資，這都不是陛下的本意。應徵的人有的逃亡，有的自殺，也不是作為人臣的節操。

3　邊境郡縣的士卒，聽說烽火舉起，積薪燃燒，都拿上弓箭馳馬進擊，扛上兵器奔赴戰場，汗水直流，惟恐落在人後。不惜觸犯雪亮的刀劍利刃，冒著流星急雨般的亂箭，為了道義而勇往直前，心裡就沒想回頭瞻顧，腳跟決不後轉。人人懷著憤怒之心，簡直像報私仇一樣。難道他們喜死厭生，並非編入戶籍的良民，而跟巴蜀的人們不是同一個君主嗎？那是籌劃思慮深遠，把國家的危難放在前面，以盡到作為臣子職責為樂事的緣故。所以才有君主與有功之臣的剖符封賞，分圭受爵，才會位居通侯，居住帝城之東的頭等宅第。死後則能留下顯赫的名聲於後代，傳下封土給子弟。他們待人行事特別謹慎恭敬，居官甚為安逸，聲名傳至於無窮，功業昭著而永不磨滅。因此正直賢良的君子，以肝腦抹中原，以血肉滋潤野草也在所不惜。如今奉幣之使到了南夷，即自相殘殺，有的逃跑受戮，身死而無美好的名聲，應當被稱為是最愚蠢的人，恥辱涉及到父母，為天下人所恥笑。人的度量如此之懸殊，不是相差很遠嗎！然而這不僅僅是行為者自己的過錯，父兄往日對他們教誨不嚴，給子弟所起的表率作用不嚴謹，沒有操守廉潔且不知羞恥，風氣民俗不淳厚樸實所致啊。他們這些人遭受誅殺，不也是應該的嗎！

4 陛下擔心使者和官員像唐蒙、巴蜀郡守那樣，悲悼不賢的愚民做出如此行為，因此派遣誠信的使者，明白地把徵發士卒的事告訴百姓，藉此機會斥責那些不忠而有死亡罪過的蠢人，責備掌管教化的三老與孝悌不教誨之過。當前正值農耕的時間，特別慎重考慮不去煩勞百姓，已經親自告知旁郡近縣之人，擔心邊遠處於深山溪谷的百姓不能遍聞，故發此檄文，檄文到達之日，趕快下發到各個縣道，普遍告知皇上的心意，希望不要忽視。

5 相如返回報告。唐蒙已經略取開通了夜郎，趁此開通去西南夷的道路，徵發巴、蜀、廣漢三郡的士卒，做工的有幾萬人。修築道路兩年，道路沒有修成，士卒死亡人數很多，耗費的錢財以億萬來計算。蜀郡之民及漢朝的當權者多數人都說那對國家不利。這時邛和筰的長帥聽說南夷與漢朝有交往，從漢朝得到的賞賜非常多，多數情願成為漢朝的臣屬國，請求漢朝為他們設置官吏，使與南夷享受同等待遇。天子詢問相如，相如說：「邛、筰、冉、駹這些部族靠近蜀郡，道路易於開通，秦朝時就已開通設置郡縣，到漢朝建立後罷廢。今天如果真的又開通它，為之設縣，勝過南夷。」天子認為他說得對，於是拜相如為中郎將，持節出使西南夷。副使為王然于、壺充國、呂越人。相如等駕著四封乘傳，依靠巴、蜀官吏和財物來籠絡西南夷。到達蜀郡，郡太守以下官員都到郊外迎接，縣令背著弓箭在前面除道開路，蜀郡人以相如受到如此禮遇而感到榮寵。其時卓王孫、臨邛地方的長老諸公都通過相如的門人疏通而奉獻牛、酒跟他拉關係。卓王孫感歎不已，自己認為讓女兒配司馬長卿有點太晚，於是分給女兒一筆豐厚的財產，使和兒子所有的等同。相如使人略取和平定西南夷，邛、莋、冉、駹和斯榆的君長都請求做漢朝的臣子，於是拆除舊的關隘，新關向外更加擴展，西到沫水、若水，南達牂牁江作邊界，開通了靈山道，在孫水上架築橋梁，用以連通邛、莋。把這一切返回報告給天子，天子大為高興。

6 相如出使西南夷時，蜀郡地方的鄉賢長老多數人都說開通西南夷沒有用處，朝廷大臣也認為是這樣。相如想勸諫皇上，又想到他本已建議在先，不敢背棄前言，便寫文章，藉與蜀郡父老談話為形式，以自己質問對方，來諷諫天子，而且認為亦適宜宣揚使者的意圖，讓百姓都知道天子的心意。他的文章說：

7 漢朝興起七十又八年，美盛的恩德已有六代，威武雄壯，恩澤深廣，惠及萬物，流溢至漢朝以外的地方。於是派遣使者西征，蠻荒順流而退讓，王風覆蓋之處，無不隨風偃倒。於是冉夷來朝，駹夷服從，平定莋都，存恤邛都，略取斯榆，攻下苞蒲，車馬往返，將向東回報朝廷，到達成都。

8 地方上德高望重的年長者和高級官員二十七人，莊嚴地去拜見使者。寒暄完畢，就進言說：「聽說天子對於夷狄，原則上是籠絡牽制他們不使斷絕關係罷了。現在讓三郡的士卒疲勞，開通通往夜郎的道路，至今三年，其功未成，士卒勞苦困倦，萬民生活無法滿足；現在又接著開通西夷，百姓之力已竭，恐怕不能完成這樁事業，這也是使者的牽累，我們私下為你擔憂。況且邛、莋、西僰與中央王朝平起平坐，經歷的年代也已經很多，記不清楚了。自古帝王，雖有仁德不能招來，雖有強力不能吞併，想來恐怕是因為道路艱險遙遠而沒有可能吧！如今分割編戶齊民之財物而令夷狄親附，使帝王所依賴的平民疲困而奉事那些沒有多大作用的夷狄，我們的見識太淺，不知所說的話對還是不對。」

9 使者說：「為什麼說這話呢？倘若像你們所說的，那就是蜀人沒有必要改變那些原先類似夷狄的服裝，巴人也沒有必要改變那夷狄的風俗了，我非常厭惡聽這種話。然而這件事情重大，因而不是旁觀者所能看的清楚的。我們行程緊急，沒有機會給你們作詳細的解釋，請讓我給你們粗略地陳述一下其中的大概情形。

10 「大凡世上有異乎尋常的人才，然後才會有異乎尋常的事業；有異乎尋常的事業，然後才有異乎尋常的功勳。所謂異乎尋常，本就是平常的人見到之後以為奇異的。所以說異乎尋常的開端，老百姓總會感到恐懼；及至他獲得成功，天下才會安寧。

11 「從前洪水翻湧而出，氾濫漫溢，人民趨高避低到處遷徙，地面崎嶇而不得安居。夏后氏為此而感到憂愁，便堵塞洪水疏通江河，分散深水賑濟救災，從此水流向東方，歸入大海，天下永遠安寧。當此費力之時，難道只有人民才辛苦嗎？夏后氏心為之憂慮而煩惱，親身參加治水勞動，手腳上磨出了老繭，腿上看不到肌肉，皮膚上長不出汗毛，因此美好的功業光顯於萬世而無窮，美名流傳至於今天。

12 「而且賢明的君主踐履大位，難道僅僅猥瑣狹隘，拘泥於文字，牽涉於流俗，沿著傳說和記載的陋俗，以討好於當世，人云亦云而已嗎！必將有崇高宏大的議論，能夠開創基業傳給後代，為萬代子孫作出規範。故其能趨走奔赴而包容萬物，勤於思考而與天地並列，況且《詩經》中不是說過嗎？『普天之下，沒有什麼地方不是王的領土；四海之內，沒有哪一個不是王的臣民。』所以天地四方以內，八方之外，浸潤漸漬，如果哪一個有生命的東西沒有受到潤澤，賢明的君主就會感到恥辱。如今疆界之內，著帽束帶一類的人都得到了福祉，沒有缺遺。而夷狄乃是習俗不同的國家，遼遠而與中原隔絕的異類之區，那裡不通舟船車馬，人跡罕到，政治和教化尚未推行，懿德美風尚微，接納他們則在邊境地區侵犯禮儀，拋棄他們則野蠻橫行，逐殺其君主，顛倒君臣的位置，使尊卑之秩序混亂，父兄無罪而被殺，小孩、孤兒變為奴隸，被抓被關押的人們哭號涕泣。百姓朝向中原王朝而怨嘆，說：『聽說中原有美好的仁政，德政廣泛而恩惠多，沒有哪個事物得不到合理的處所，今天為何偏偏遺棄了我！』他們踮起腳跟思念，猶如大旱而渴望下雨，即使兇狠暴烈的人也會為此而流下眼淚。況且上聖之人，又如何能不動心？所以朝廷向北面派出軍隊討伐強悍的匈奴，向南面派遣使臣以責問強大的南越，四面諷喻恩德，西夷和南夷二方的君長像魚集而仰承上流，希望得到爵號者以億來計數。因此才以沫水、若水為關隘，以牂牁水作邊界，打通通往靈山的道路，在孫水的源頭上架橋，開通道德之路，傳仁義的傳統，將要廣泛、普遍地施行恩惠，安撫和駕馭遠方，使疏遠者不被封閉，昏暗之處能得到光明的照耀，用以平息這裡的戰事，停息在那裡的討伐。遠近成為一體，中外俱得安康，不也很快樂嗎？救助人民於水深火熱之中，尊奉皇帝的美德，扭轉衰世的頹勢，繼承周代開國君主的事業，這是天子的當務之急。百姓雖然勞苦，又怎麼可以停止呢？

13 「而且帝王的事業本來沒有哪個不是從憂患勤勞開始，而以安逸享樂告終的。然而天命的徵兆完全與此相合，因此即將要增添太山之封，加梁父之禪，使車上的鸞鈴叮噹作響，讓音樂和歌頌之聲飛揚，上同與五帝之高大，下則超越三王之上。觀看者還沒看到手指，諦聽者尚未聽到聲音，好像焦朋已翱翔在寥廓的天空，而捕鳥的人仍在張網注視著湖澤一樣，這是多麼的可悲啊！」

14 於是各位大夫茫然失卻了他們初來時所懷的意圖，放棄了原先想提出的意見，感歎地一道稱頌說：「信哉，大漢的恩德，這正是我們所願聽到的。百姓雖然勞苦，我們請以自己的身體力行做為老百姓的榜樣。」神情悵惘而移足後退，於是拖延了一會就告辭退出。

1 其後人有上書言相如使時受金，失官。居歲餘，復召為郎。

2 相如口吃❶而善著書。常有消渴病❷。與卓氏婚，饒於財。故其仕宦，未嘗肯與❸公卿國家之事，常稱疾閒居，不慕官爵。嘗從上至長楊❹獵，是時天子方好自擊熊豕，馳逐埜獸，相如因上疏諫。其辭曰：

3 臣聞物有同類而殊能者，故力稱烏獲，捷言慶忌，勇期賁育❺。臣之愚，竊以為人誠有之，獸亦宜然。今陛下好陵❻阻險，射猛獸，卒然❼遇逸材之獸❽，駭不存之地❾，犯屬車之清塵❿，輿不及還轅，人不暇施巧，雖有烏獲、逢蒙⓫

之技不能用，枯木朽株盡為難矣。是胡越起於轂下，而羌夷接軫也⑫，豈不殆⑬哉！雖萬全而無患，然本非天子之所宜近也。

且夫清道⑭而後行，中路⑮而馳，猶時有銜橛之變⑯，況乎涉豐草，騁丘虛⑰，前有利獸之樂，而內無存變⑱之意，其為害也不亦難矣！夫輕萬乘⑲之重不以為安，樂出萬有一危之塗以為娛，臣竊為陛下不取。

蓋⑳明者遠見於未萌㉑，而知者避危於無形㉒，禍固多藏於隱微而發於人之所忽者也。故鄙諺曰：「家絫千金，坐不垂堂㉓。」此言雖小，可以諭大。臣願陛下留意幸察。

上善之。還過宜春宮㉔，相如奏賦以哀二世行失。其辭曰：

登陂陁之長阪兮，坌㉕入曾㉖宮之嵯峨。臨曲江之隑㉗州兮，望南山之參差。巖巖深山之谾谾㉘兮，通谷豁乎谽谺㉙。汩淢靸以永逝兮，注平皋之廣衍㉚。觀眾樹之蓊薆㉛兮，覽竹林之榛榛㉜。東馳土山兮，北揭石瀨㉝。弭節容與㉞兮，歷弔二世。持身不謹兮，亡國失勢；信讒不寤㉟兮，宗廟滅絕。烏乎！操行之不得，墓蕪穢而不修兮，魂亡歸而不食㊱。

相如拜為孝文園令。上既美子虛之事，相如見上好僊，因曰：「上林之事未足美也，尚有靡者[37]。臣嘗為大人賦，未就，請具而奏之。」相如以為列僊之儒[38]居山澤間，形容甚臞[39]，此非帝王之僊意也，乃遂奏大人賦。其辭曰：

9

世有大人[40]兮，在乎中州[41]。宅彌[42]萬里兮，曾[43]不足以少留。悲世俗之迫隘兮，朅輕舉[44]而遠游。乘絳幡之素蜺[45]兮，載雲氣而上浮。建格澤之修竿兮，總光燿之采旄[46]。垂旬始以為幓兮，曳彗星而為髾[47]。掉指橋以偃蹇兮，又猗抳以招搖[48]。攬攙搶以為旌兮，靡屈虹而為綢[49]。紅杳眇以玄湣兮，猋風涌而雲浮[50]。駕應龍象輿之蠖略委麗兮，驂赤螭青虬之蚴蟉宛蜒[51]。低卬夭蟜裾以驕驁兮，詘折隆窮躩以連卷[52]。沛艾赳螑仡以佁儗兮，放散畔岸驤以孱顏[53]。跮踱輵螛容以骫麗兮，蜩蟉偃寋怵臭以梁倚[54]。糾蓼叫奡踏以艐路兮，蔑蒙踊躍騰而狂趡[55]。莅颯芔歘焱至電過兮[56]，煥然霧除，霍然雲消。

10

邪絕[57]少陽[58]而登太陰[59]兮，與真人[60]乎相求。互折窈窕以右轉兮，橫厲飛泉[61]以正東。悉徵靈圉[62]而選之兮，部署眾神於搖光[63]。使五帝先導兮，反大壹而從陵陽[64]。左玄冥而右黔雷兮，前長離而後矞皇[65]。廝征伯僑而役羨門兮，詔岐伯使尚方[66]。祝融警而蹕御兮，清氣氛而后行[67]。屯余車而萬乘兮，綷雲蓋[68]而樹華旗。使句芒其將行兮，吾欲往乎南嬉[69]。

11 歷唐堯於崇山兮，過虞舜於九疑[70]。紛湛湛其差錯兮，雜遝膠輵以方馳[71]。騷擾衝蓯其紛挐兮，滂濞泱軋麗以林離[72]。攢羅列聚叢以蘢茸兮，衍曼流爛痑以陸離[73]。徑入雷室之砰磷鬱律兮，洞出鬼谷之堀礨崴魁[74]。偏覽八紘而觀四海兮，揭度九江越五河[75]。經營炎火而浮弱水兮，杭絕浮渚涉流沙[76]。奄息葱極氾濫水嬉兮，使靈媧鼓琴而舞馮夷[77]。時若曖曖將混濁兮，召屏翳誅風伯[78]，刑雨師。西望崑崙之軋沕荒忽兮，直徑馳乎三危[79]。排閶闔[80]而入帝宮兮，載玉女而與之歸。登閬風而遙集兮，亢鳥騰而壹止[81]。低徊陰山翔以紆曲兮，吾乃今日覩西王母。暠然白首戴勝而穴處兮，亦幸有三足烏為之使[82]。必長生若此而不死兮，雖濟萬世不足以喜。

12 回車朅來兮，絕道不周，會食幽都[83]。呼吸沆瀣兮餐朝霞，咀噍芝英兮嘰瓊華[84]。僸祲尋而高縱兮，紛鴻溶而上厲[85]。貫列缺之倒景兮，涉豐隆之滂濞[86]。騁游道而修降兮，騖遺霧而遠逝[87]。迫區中[88]之隘陝兮，舒節出乎北垠。遺屯騎於玄闕兮，軼先驅於寒門[89]。下崢嶸而無地兮，上寥廓而無天。視眩泯而亡見兮，聽敞怳而亡聞[90]。乘虛亡而上遐兮，超無友[91]而獨存。

13 相如既奏大人賦，天子大說，飄飄有陵[92]雲氣游天地之間意。

【章　旨】以上主要記述司馬相如「不慕官爵」的清高思想，並透過其〈諫獵疏〉、〈哀二世賦〉、〈大人賦〉來加以表現。

【注　釋】❶口吃　說話結巴。❷消渴病　中醫學病名。因口渴、易飢、尿多、消瘦，故名。本症包括了今日所說的糖尿病、尿崩等。❸與　參與。❹長楊　秦漢離宮名。初建於秦昭王時，因宮中有垂楊數畝，故名。長楊宮位於今周至縣城東三十里的終南鎮竹園頭村。❺力稱烏獲三句　烏獲，戰國時秦國力士，據說他能舉千鈞。慶忌，吳王僚之子。傳說他能疾跑而馬不能及。賁育，孟賁和夏育，戰國時的二位力士。傳說孟賁水行不避蛟龍，陸行不避豺狼，發怒吐氣，聲音動天。與夏育同為秦武王壯士。❻陵　登上。❼卒然　突然。❽逸材之獸　逸材，過人之才。這裡指特別強壯有力的野獸。❾駭不存之地　謂（野獸）驚迫於無以容身之處。❿屬車之清塵　屬車，古代帝王出行時的從車。清塵，謂行而起塵也。言清者，尊貴之意也。⓫逢蒙　亦作「逢門」，夏代善於射箭之人。⓬胡越起於轂下二句　轂，車輪中心部分。軫，輿車後的橫木。這裡皆代稱輿車。⓭殆　危。⓮清道　古代帝王出行，例須警戒道路，以防不測。⓯中路　中斷道路。⓰銜橛之變　謂銜在馬口中的勒鐵和橫木有時會折斷因而翻車傷人。銜，橫在馬口中的勒鐵。橛，馬口中所銜之橫木。⓱丘虛　廢墟；荒地。⓲存變　準備應付意外的事變。⓳萬乘　周代制度，王畿方千里，有兵車萬乘。這裡指帝位。⓴蓋　發語詞，提起下文，無義。㉑未萌　事尚未萌發。㉒無形　沒有形跡。㉓坐不垂堂　不坐於堂邊，以防簷瓦墜落而傷人。謂當自愛惜身。㉔宜春宮　秦漢離宮。因建在宜春苑旁而得名。初建年代不詳。今陝西西安曲江池南的春臨村西南（即秦杜縣的風棲原上）發現有秦漢建築遺址，當是宜春宮舊址。㉕坌　並；一起。㉖曾　重疊。㉗隑　通「碕」。曲折的堤岸。㉘谾谾　深遠之貌。㉙谸谺　山深貌。谸，谽之省字。㉚汩淢靸以永逝兮二句　汩淢，水疾流之狀。靸，飄忽狀。平皋，平原沼澤。平，平原。皋，水邊地。㉛蓊薆　草木茂盛。㉜榛榛　草木叢雜。㉝北揭石瀨　揭，言褰衣渡水。瀨，從沙石上流過的急水。㉞弭節容與　弭節，謂停車。容與，同「猶豫」。㉟信讒不寤　信讒，謂聽信趙高的讒言。寤，通「悟」。㊱食　血食。㊲靡者　華麗者。㊳儒　當作「傳」。《史記》作傳。㊴臞　同「癯」。瘦。㊵大人　喻天子。㊶中州　中土。指中原、中國。㊷彌　滿。㊸曾　乃；竟。㊹朅輕舉　朅，離開；離去。輕舉，輕裝；輕裝上陣。㊺素蜺　白色的副虹。蜺，通「霓」。㊻建格澤之修竿兮二句　格澤，即格澤之氣，據《漢書音義》：「格澤之氣如烟火狀，黃白色，起地上至天。」修，長也。旄，旗桿頭上的裝飾。㊼垂旬始以為幓兮二句　旬始，星名，在北斗星旁，其狀似雄雞。幓，旌旗上的旒。髾，旌旗上所垂的羽毛。㊽掉指橋以偃蹇兮二句　掉，搖；擺動。

指橋，隨風指靡。偃蹇，旖旗屈曲婉橈之狀。猗抳，柔軟下垂之貌。招搖，搖動的樣子。(49)攙搶以為旌兮　攙搶，彗星名，即天攙、天槍。屈虹，斷虹。綢，同「韜」。纏裹於旗桿。(50)紅杳眇以玄湣兮二句　紅，指雲氣。玄湣，混合。猋，通「飆」。暴風。(51)駕應龍象輿之蠖略委麗兮二句　應龍，一種有翼的龍。象輿，用大象駕馭之車。蠖，即尺蠖，一種屈曲行走的昆蟲。螭、虬，傳說中的龍。螭無角。虬，有角的小龍。(52)低卬夭蟜裾以驕驁兮二句　卬，同「仰」。夭蟜，屈伸狀。裾以驕驁，傲慢不恭、恣縱放肆。詘，屈；彎曲。隆窮，同「穹隆」。高大而中央隆起。躩以連卷，跳躍而蜷曲。(53)沛艾赳螑仡以佁儗兮二句　沛艾，即「陂騀」。馬頭晃動的樣子。赳螑，伸頸低頭。仡，舉頭。佁儗，停滯不前的樣子。放散，放縱。畔岸，自縱之貌。驤，舉也。孱顏，高峻貌。(54)跮踱輵螛容以骫麗兮二句　跮踱輵螛，乍進乍退，搖目吐舌。容以骫麗，舒翼飛翔，左右相隨的樣子。蜩蟉，掉頭。偨傂，奔走。梁倚，言如屋梁之相依。(55)糾蓼叫奡踏以艐路兮二句　糾蓼，糾纏。叫奡，喧囂。踏，著地。艐，古「界」字，作至、界講。蔑，小。蒙，昧也。踔，奔走。(56)莅颯卉歙猋至電過兮　莅颯，飛疾貌。卉歙，呼吸。焱，火花。(57)邪絕　邪，通「斜」。絕，橫渡。(58)少陽　東極。(59)太陰　北極。(60)真人　指仙人。(61)橫厲飛泉　橫厲，橫渡。飛泉，谷名，相傳在崑崙山西南。(62)靈圉　仙人。(63)搖光　北斗杓頭第一星。(64)反大壹而從陵陽　反，通「返」。謂返其所居。大壹，即太一星。《史記・天官書》：「中宮天極星，其一明者太一常居也。」陵陽，仙人陵陽子明。(65)左玄冥而右黔雷兮二句　玄冥，古謂水神或雨神，北方黑帝之佐。黔雷、長離、矞皇，皆神名。(66)廝征伯僑而役羨門兮二句　廝，役使。征伯僑、羨門，皆仙人。岐伯，傳說中黃帝的太醫。尚，掌管。方，方藥。(67)祝融警而蹕御兮二句　祝融，南方火神，炎帝之佐。警，戒嚴。蹕，清道。氛，惡氣。(68)綷雲蓋　綷，五彩雜合。蓋，車蓋。(69)使句芒其將行兮二句　句芒，生育神，東方青帝之佐。將行，率領從行。娭，同「嬉」。戲也。(70)歷唐堯於崇山兮二句　崇山，依張揖說，即狄山，相傳帝堯葬於其南。九疑，九疑山，在今湖南寧遠南，相傳虞舜葬於此。(71)紛湛湛其差錯兮二句　差錯，參差交錯。雜遝膠輵，重疊雜亂。(72)騷擾衝蓯其紛挐兮二句　衝蓯，相擊撞的樣子。紛挐，混亂的樣子。滂濞，通「滂沛」、「雱霈」。雨大的樣子。泱軋，無涯際狀。麗，靡麗。林離，通「淋漓」。(73)攢羅列聚叢以蘢茸兮二句　痑，自放縱。(74)徑入雷室之砰磷鬱律兮二句　雷室，雷淵，傳說其中居有雷神。砰磷鬱律，雷聲。洞，通也。鬼谷，地名，傳說眾鬼聚集之處，在崑崙山之北。堀礨，突兀起伏不平。崴魁，高峻。(75)偏覽八紘而觀四海兮二句　八紘，指八方極遠之地。朅，去。九江、五河，泛指長江大河。(76)經營炎火而浮弱水兮二句　炎火，即炎火之山，傳說在崑崙之丘以外。弱水，有二說，一在今甘肅與內蒙古西部，一在今東北地區之黑龍江。杭，船。絕，渡。(77)奄息葱極氾濫水娭兮二句　奄，突然。息，停息；休息。葱極，即葱嶺，今帕米爾高原。靈媧，女媧。馮夷，即河伯。78召屏翳誅風伯　屏翳，雷神。風伯，即飛廉，風神。79西望崑崙之軋沕荒忽兮二句　軋沕荒忽，不分明的樣子。三危，山名，傳說中的仙山名，今甘肅敦煌東南有三危山。80閶闔　傳說中的天門。81登閬風而遙集兮二句　閬風，山名，在崑崙閶闔中。亢鳥騰，亢然高飛，如鳥之騰。82暠然白首戴勝而穴處兮二句　暠然，白的狀貌。勝，玉勝，婦人首飾，漢代人稱華勝。三足烏，即三足青烏，主為西王母取食，在崑崙山之北。83絕道不周二句　不周，山名，傳說在崑崙東南二千三百里。幽都，山名，相傳在北海之內。84呼吸沆瀣兮餐朝霞二句　沆瀣，夜間的水氣、露水。咀噍，同「咀嚼」。芝英，靈芝之英。嘰，稍稍吃一點。瓊華，瓊樹之花，相傳瓊樹生長在崑崙西流沙濱，大三百圍，高萬仞，據說食其花蕊可以長生。一說瓊花為一種似玉的美石。85僸祲尋而高縱兮二句　僸，也寫作「噤」。仰視。祲尋，漸進之意。86貫列缺之倒景兮二句　列缺，古時謂天上的裂縫，也指稱閃電。倒景，即倒影。豐隆，雨師。87騁游道而修降兮二句　游，指遊車。道，通「導」。騖，疾馳貌。88區中　世間。89遺屯騎於玄闕兮二句　玄闕，北極之山。軼，散失。寒門，天之北門。90視眩泯而亡見兮二句　眩泯，眼昏花繚亂。敞怳，模糊不清。怳，同「恍」。91無友　即無有。92陵　通「淩」。登升。

【語　譯】後來有人上書告發相如出使時接受別人給予的金錢，被免去了官職。過了一年多，又被徵召為郎官。

2　相如說話結巴，但卻擅長寫文章。經常患有消渴病。與卓氏結親，財產豐饒。因此他雖然仕宦於朝廷，不曾願意參與公卿和國家事務，經常託言有病而閒居在家，不羨慕官職爵位。曾經跟隨皇帝到長楊宮打獵，當時天子正喜歡親自擊殺熊、野豬，趕著馬去追逐野獸，相如因此而上疏勸諫。其文章寫道：

3　我聽說事物有屬於同類而能力有不同，所以論力氣便稱烏獲，講敏捷言慶忌，談勇猛數孟賁和夏育。我愚昧，私下認為人固然有這種情形，野獸也應當有。如今陛下喜歡登上險要的地方，射擊猛獸，突然遇上特別兇猛的野獸，在迫於野獸無以容身之處，觸犯您清道的副車，乘輿來不及回轉車轅，侍衛隨從沒有機會施展其技巧，縱然有烏獲、逢蒙那樣的技藝，才能得不到發揮，就連枯朽的樹木都可以成為禍害了。正如胡人、越人在京城起兵，而羌人、夷人也隨之兵車開來，難道不危險嗎！即使絕對安全而無禍患發生，這也不是天子原本應當接近的地方啊。

4　況且警戒行人，而後隨行，中斷道路而馳騁，也時常會出現銜在馬口中的鐵勒和橫木折斷的事情，何況在繁茂的草叢中經過，在荒丘上奔馳，眼前有獵獲野獸的快樂，內心卻沒有應付意外事變的準備，恐怕災禍也是不難發生的了！輕視帝王的尊位不以平安為重，而以行進在萬一有危險的道路上為歡娛，我私下不贊成陛下這樣去做。

[5] 有明察的人能遠見尚未萌芽的事物，聰明的人在尚無形跡的情況下能夠避免災難，災禍總是隱藏在人們不易發覺的地方，而為常人所忽略。所以俗諺說：「家中積累千金，不在屋簷下坐。」這話雖然講的是小事，但卻可以比喻大事情。我希望陛下能留心和詳審這些話。

[6] 皇上認為寫得好，返回時路過宜春宮，相如獻賦，用以哀憫二世行為的失誤。他的辭賦寫道：

[7] 登上傾斜不平的長坡啊，一併進入重重疊疊巍峨的宮殿。登臨曲江彎曲的堤岸和水洲啊，遙望參差不齊的南山。高聳的群山如此綿長啊，幽深的峽谷遍布山間。水流湍急倏忽流逝啊，注入寬廣平坦的沼澤平原。欣賞各種茂盛的樹木啊，觀看成片叢叢而生的竹林。驅馬奔向東邊的土山啊，撩衣跨過石上的激流而走到北邊。欲停車而猶豫啊，經過二世的墳墓把他憑弔。他立身不謹慎啊，導致亡國失勢；他聽信讒言而不覺悟啊，宗廟被滅絕。唉呀！操行不端而失去人心，墳墓荒穢而得不到修葺啊，靈魂沒有歸宿而無人祭祀。

[8] 相如被授為孝文園令。天子既讚美子虛之事，相如發現皇上喜歡仙道，於是說：「上林之事並不夠美，還有更為華麗的。我曾經寫作〈大人賦〉，尚未完成，請允許我寫成獻上。」相如認為傳說的諸侯仙人及術士居住在山澤之間，形體及面容都十分清瘦，這不像是帝王的仙意，於是奏上所寫的〈大人賦〉。賦中寫道：

[9] 世有大人啊，居住在中國。廣宅萬里啊，卻不能稍微停留。悲傷世俗是如此之狹隘啊，離開他輕裝疾進而遠遊。乘駕紅幡白霓啊，載著雲氣而向上飄浮。以豎起格澤星的光氣作修長的旗桿啊，聚攏光芒作旌旗之旄。垂掛旬始星作旌旗的流蘇啊，以拖著長長尾巴的彗星作旌旗上懸垂的羽毛。旌旗隨風指靡啊，順風飄揚不住搖動。拿來天攙，天槍星作為旌旗啊，以彎曲的虹來包裹旗桿。紅霧杳渺而氤氳啊，像暴風升起如雲浮空中。駕飛龍乘象車行走逶迤啊，驅赤龍青虬遊行蜿蜒。昂首屈頸傲慢地屈曲恣縱奔馳啊，像尺

蠖那樣地一彎一穹隆。馬頭時低時昂猶豫不前啊，進退蹝步輾轉相隨。左顧右盼，奔走相倚，搖目吐舌像趨走的鳥兒舒翼飛翔啊，糾纏著叫囂著踐踏著。突然又馳躍如狂蛟，吐氣呼吸若閃電般經過啊，突然之間有如霧散雲消。

10 從斜坡橫渡東極而登上北極啊，與仙人相邀求。相互交往而轉向西方啊，又橫渡飛泉向正東奔去。召來全部神仙進行挑選啊，安排眾神仙於北斗搖光。讓五帝作為先導啊，摒退大壹而用陵陽仙人侍從。左有玄冥而右有黔雷啊，前面是長離而後面是矞皇。僕役是仙人伯僑，羨門高啊，詔命岐伯掌管醫方。命令祝融清道擔當警戒啊，澄清惡氣而後行進。聚集我的萬乘車駕啊，舉起五色雲彩合成的車蓋，豎起華麗的旗。讓句芒帶領隨行啊，我想到南方去遊嬉。

11 走過唐堯所在之崇山啊，經過虞舜所在的九疑。路途紛繁而重重交錯啊，眾車馬雜沓而馳騁。橫衝直撞一片混亂啊，澎湃淋漓而不能前行。簇聚羅列在一起啊，漫散流離而光怪陸離。直入深幽險峻的雷室所隆隆作響的雷聲啊，穿出鬼谷的崔巍山勢。遍覽八方之極而觀四海啊，盡渡九江而穿越五河。經過火炎山又漂流於弱水啊，涉過小沙洲而渡過流沙。突然止息蔥嶺在水中沉浮嬉戲啊，讓女媧鼓琴而讓河伯起舞。這時陰暗而不明啊，召來雷神誅殺風伯而刑罰雨師。西望崑崙而混亂不明啊，徑直飛馳向三危。推開天門直入天帝之宮啊，載上玉女而與之同回。登上閬風山而遙集啊，像鳥似地亢然高飛而又一起整齊地停在那裡。在陰山低空曲折盤旋啊，我現在才看見了西王母。皓然白髮戴著玉簪住在洞穴啊，也幸虧有三足烏為她所役使。倘若能像她這樣長生不死啊，雖能渡過萬世也不足喜。

12 回車離去啊，跨越過不周山，在幽都會食。吸吮著露水啊而餐食著朝霞，咀嚼著芝英啊稍稍品食著瓊華。仰首向上視而漸漸高聳啊，紛紛騰躍而急飛。穿過高空閃電的倒影啊，渡過雨師之滂沛大雨。馳騁遊車導車從天而下啊，留下迷霧而漸漸遠逝。迫近世間的處境太狹窄啊，舒緩地向北出界一望無垠。把屯騎留在玄闕啊，將先驅遺在天之北門。下視深遠而無地啊，仰視寥廓而不見天。目光眩暈而看不清楚啊，聽力模糊而聽不清。乘著虛無而上至遠方啊，超越無有而獨自生存。

13 相如進獻〈大人賦〉後，天子大為高興，飄飄然有凌雲的氣概，有遨遊於天地之間的意境。

相如既病免，家居茂陵。天子曰：「司馬相如病甚，可往從悉取其書，若後之矣❶。」使所忠❷往，而相如已死，家無遺書。問其妻，對曰：「長卿未嘗有書也。時時著書，人又取去。長卿未死時，為一卷書，曰有使來求書，奏之。」其遺札書言封禪❸事，所忠奏焉，天子異之。其辭曰：

伊上古之初肇，自顥穹生民❹，歷選列辟，以迄乎秦❺。率邇者踵武，聽逖者風聲❻，紛輪威蕤❼，堙滅而不稱者，不可勝數也。繼昭夏❽，崇號諡，略可道者❾七十有二君。罔若淑而不昌，疇逆失而能存❿？

軒轅之前，遐哉邈乎⓫，其詳不可得聞已。五三⓬六經載籍之傳，維見可觀也。書曰：「元首明哉！股肱良哉⓭！」因斯以談，君莫盛於堯，臣莫賢於后稷⓮。后稷創業於唐，公劉⓯發迹於西戎，文王改制，爰周郅隆。大行越成，而后陵遲衰微，千載亡聲⓰，豈不善始善終哉！然無異端⓱，慎所由於前，謹遺教於後耳。故軌迹夷易⓲，易遵也；湛恩庬洪⓳，易豐也；憲度著明，易則也；垂統理順，易繼也。是以業隆於繈保⓴而崇冠乎二后㉑。揆厥所元，終都攸卒[22]，未有殊尤絕迹可考於今者也。然猶躡梁甫[23]，登太山[24]，建顯號，施尊名。大漢之德，逢涌原泉，沕潏曼羨[25]，旁魄[26]四塞，雲布霧散，上暢九垓，下泝八埏[27]。懷生之類，沾濡浸潤，協氣橫流[28]，武節猋逝[29]，邇陿游原，迥闊泳末[30]。首惡鬱沒，闇昧昭晣[31]，昆蟲闓懌，回首面內[32]。然后囿騶虞[33]之珍群，徼麋鹿[34]之怪獸，導一莖六穗於庖，犧雙觡共抵[35]之獸，獲周餘放龜[36]于岐，招翠黃乘龍[37]於沼。鬼神接靈圉，賓於閒館[38]。奇物譎詭，俶儻窮變。欽哉，符瑞臻茲，猶以為薄，不敢道封禪。蓋周躍魚隕杭，休之以燎[39]。微夫斯之為符也，以登介丘[40]，不亦恧[41]乎！進攘之道，何其爽與[42]！

4

於是大司馬進曰：「陛下仁育群生，義征不譓[43]，諸夏樂貢，百蠻執贄[44]，德牟往初，功無與二[45]，休烈液洽[46]，符瑞眾變，期應紹至，不特創見[47]。意者太山、梁父設壇場望幸，蓋號以況榮[48]，上帝垂恩儲祉[49]，將以慶成[50]。陛下嗛讓而弗發也，挈[51]三神[52]之歡，缺王道之儀，群臣恧焉。或謂且天為質闇[53]，示珍符固不可辭[54]；若然辭之，是泰山靡記[55]而梁甫罔幾[56]也。亦各並時而榮，咸濟厥世而屈[57]，說者尚何稱於後，而云七十二君哉？夫修德以錫符，奉符以行事，不為進越[58]也。故聖王弗替[59]，而修禮地祇[60]，謁款天神，勒功中岳[61]，以章至尊。舒盛德，發號榮，受厚福，以浸[62]黎民。皇皇哉斯事，天下之壯觀，王者之卒[63]業，不可貶[64]也！願陛下全之。而后因雜縉紳先生之略術[65]，使獲曜日月之末光絕炎[66]，以展采錯事[67]。猶兼正列其義，祓[68]飾厥文，作春秋一藝[69]。將襲舊六為七[70]，攄[71]之無窮，俾[72]萬世得激清流，揚微波，蜚英聲，騰茂實。前聖之所以永保鴻名而常為稱首者用此[73]。宜命掌故[74]悉奏其儀而覽焉。」

於是天子沛然[75]改容，曰：「俞乎[76]，朕其試哉！」乃遷思回慮，總公卿之議，詢封禪之事。詩[77]大澤之博，廣符瑞之富。遂作頌[78]曰：

自我天覆，雲之油油[79]。甘露時雨，厥壤可游[80]。滋液滲漉，何生[81]不育！嘉穀六穗，我穡曷蓄[82]？

匪唯雨之，又潤澤之。匪唯偏我，氾布護之[83]。萬物熙熙，懷而慕之。名山顯位，望君之來。君兮君兮，侯不邁哉[84]！

般般[85]之獸，樂我君圃。白質黑章[86]，其儀可喜。旼旼穆穆[87]，君子之態。蓋聞其聲[88]，今視其來。厥塗靡從[89]，天瑞之徵。茲爾於舜，虞氏[90]以興。

濯濯[91]之麟，游彼靈畤。孟冬十月，君徂[92]郊祀。馳我君輿，帝用享祉[93]。三代之前，蓋未嘗有。

10 宛宛(94)黃龍，興德(95)而升。采色玄耀，炳炳煇煌。正陽(96)顯見，覺寤黎烝(97)。於傳載之，云受命所乘。

11 厥之有章，不必諄諄(98)。依類託寓，諭以封巒(99)。

12 披藝(100)觀之，天人之際已交，上下相發允答(101)。聖王之事，兢兢翼翼(102)。故曰於興必慮衰，安必思危。是以湯武至尊嚴，不失肅祗(103)；舜在假典，顧省厥遺(104)，此之謂也。

13 相如既卒五歲，上始祭后土(105)。八年而遂禮中岳，封于太山，至梁甫，禪肅然(106)。

14 相如它所著，若遺平陵侯書、與五公子相難、草木書篇，不采(107)，采其尤著公卿者云。

【章　旨】以上記述司馬相如臨終所作的〈封禪文〉，倡言大漢盛世，宜封禪泰山以頌其德，間接鼓舞了漢武帝於八年後實行封禪。

【注　釋】❶若後之矣　《史記》作「若不然，後失之矣」，語義明確，當以《史記》為準。❷所忠　人之姓名。❸封禪　古代帝王登泰山築壇祭天曰封，在山南梁父山上闢基祭地曰禪。❹伊上古之初肇二句　伊，語助詞，無義。肇，開始。顥穹，指天。顥，同「昊」。❺歷選列辟二句　歷選，即歷數，指古代帝王相繼的次第。辟，君主。迄，止。❻率邇者踵武二句　率，循著。邇，近。踵武，比喻繼承前人的事業。武，足跡。逖，遠。風聲，謂遺風美名。❼紛輪威蕤　多而且亂之狀。❽昭夏昭，通「韶」。舜時的音樂。夏，禹時的音樂。這裡借指舜與禹。❾略可道者　大概可以說出來的。❿罔若淑而不昌二句　罔，無也。若，順也。淑，善也。疇，誰也。⓫軒轅之前二句　軒轅，即黃帝，其生於軒轅之丘。相傳為中華民族之始祖。遐、邈，遠也。⓬五三　指五帝三王。⓭元首明哉二句　語出《尚書·益稷》。元首，指君主。股肱，喻指大臣。⓮后稷　周族的始祖，堯舜時做農官。⓯公劉　周族領袖，傳說為后稷曾孫，夏代末年率領周族遷豳（今陝西彬縣，長武一帶），在此開墾土地，發展水利，開始定居下來。⓰千載亡聲　謂千年無有惡聲。⓱無異端　猶言無他故。⓲軌迹夷易　軌迹，規範。夷易，皆平也。⓳湛恩庬洪　深恩廣大。⓴繈保　同「襁褓」。原意指背負幼兒的布帶、布兜。此處指周成王幼小登位。㉑二后　指周文王、周武王。后，君；君主。㉒揆厥所元二句　揆，度量。厥，通「其」。元，始。終，竟；盡。都，於。攸，所。卒，終。㉓梁甫　一作「梁父」。山名，在泰山東南。㉔太山　即泰山。太，通「泰」。㉕沕潏曼羡　沕潏，水流湧出。曼羨，廣散的樣子。㉖旁魄　同「滂薄」。㉗上暢九垓二句　暢，通達。九垓，九重天，極言其高。垓，重。傳說天有九重。泝，逆流。同「溯」。八埏，地之八方邊際。極言其遠。㉘協氣橫流　言和氣橫被四表。㉙武節猋逝　言威武如猋之盛。武節，威武。猋，火焰；火花。㉚邇陿游原二句　意謂恩德比之於水，近者游其原，遠者浮其沫。邇，近也。迥，遠也。泳，浮。㉛首惡鬱沒二句　首惡，首為惡者。鬱沒，湮滅。闇昧，愚昧。此處謂夷狄之人。昭晰，光明；明亮。晰，同「晢」。㉜昆蟲闓懌二句　昆，眾。蟲，泛指各種動物。闓懌，皆指歡樂。面，向也。㉝騶虞　傳說中一種白底黑紋，不食生物的義獸。㉞麋鹿　俗稱「四不像」，此處指白麟。㉟雙觡共抵　觡，骨角。武帝獲白麟，雙角共一抵。㊱周餘放龜　餘，當作「餘珍」，《史記》作「餘珍」。放龜，放養之龜。此事指說周朝曾放養龜於池沼，至漢朝時得之於岐山之旁。㊲翠黃乘龍　乘龍，四龍。龍翼馬身，色翠而黃，黃帝升仙所乘。㊳鬼神接靈圉二句　言至德與神明通接，故靈圉為賓旅於閒館。當時漢武帝求通神仙之人，得上郡之巫——長陵女子，能與鬼神交接，治病輒癒，置之於上林苑中，號曰「神君」，有似於古之仙人靈圉，禮待之於閒館舍中。㊴周躍魚隕杭二句　杭，舟也。傳說周武王伐紂，白魚跳入舟中。燎，祭天。㊵介丘　大山。㊶恧　慚愧。㊷進攘之道二句　謂周未可封禪而封，為進；漢可封禪而不封，為讓。爽，差。㊸譓　順服。㊹執贄　持禮。贄，初次見人時所持的禮物。㊺德牟往初二句　牟，通「侔」。等同。二，雙；比。㊻休烈浹洽　休烈，盛大之功業。浹洽，和洽；融合。㊼期應紹至二句　期應紹至，謂應期相續而至。紹，連接；接續。不特創見，謂不是初創而見。㊽號以況榮　意為加尊號，以比榮於前代。號，尊號。況，比。㊾垂恩儲祉　垂恩，自上施於下恩德。儲祉，積儲福祉。㊿慶成　言慶告成功之禮。(51)挈　絕。(52)三神　一曰上帝、泰山、梁父；一曰天、地、人。(53)質闇　質，實；誠。闇，昧也。(54)示珍符固不可辭　謂上天以符瑞暗示，不可推辭。55靡記　沒有表記。56罔幾　言無望祭祀，不再希冀。57咸濟厥世而屈　言都濟其世而不封禪。屈，絕也。58進越　言違禮。越，愈也。59弗替　不廢，即不廢封禪之事。60修禮地祇　禮，禮儀。地祇，古代稱土地社稷之神。61中岳　嵩山的古稱，在河南登封北。62浸　浸潤。63卒　終。《史記》本傳作「丕」，大也。64貶　減損。65略術　道術。66末光絕炎　末光，餘光。絕炎，末端之焰。67展采錯事　展，擴展；伸展。采，指古諸侯、大夫受封土地，引申為官職。錯，通「措」。舉辦；置辦。68祓　除；攘除。69藝　經。70襲舊六為七　六經加一為七經。71攄　發布。72俾　使。73用此　用此封禪之儀。74掌故　太常屬官，掌管禮樂制度等故事。75沛然　感動、激動的樣子。76俞乎　然也；然其所請。77詩　歌詠之。78頌　一種文體。《文心雕龍・頌讚》：「原夫頌為典雅，辭必清鑠，敷寫似賦，而不入華侈之區，敬慎如銘，而異乎規戒之域。」79油油　雲的流行貌。80游　游泳。81生　生命。82蓄　蓄積。83氾布護之　氾，廣泛。布護，《史記》作「專濩」，當散布、遍布講。84侯不邁哉　侯，何。邁，行。謂行封禪之事。85𣪠𣪠　《史記》作「般般」，同「斑斑」。雜色的花紋和斑點。86白質黑章　質，地色。章，圖案；花紋。87旼旼穆穆　旼旼，容態和藹。穆穆，容止端莊恭敬。88蓋聞其聲　蓋，發語詞。聲，名聲。89厥塗靡從　謂不知從何而來。厥塗，其所來之路。90虞氏　指有虞氏舜。91濯濯　嬉遊貌。92徂　往；到。93帝用享祉　帝，天帝。祉，福。94宛宛　屈伸狀。95德　至德。96正陽　日為眾陽之宗，古代認為是人君之象，因而以之喻帝王。97黎烝　老百姓。98厥之有章二句　厥，其。有章，有明顯的現象，也即符瑞。諄諄，教誨不倦的樣子。99巒　山巒。此處指泰山、梁父山。100披藝　指披閱《六經》。101允答　即「允洽」，指和諧一致。102兢兢翼翼　即兢兢業業，小心翼翼。103不失肅祇　肅，恭敬。祇，土地神。104顧省厥遺　顧，回顧。省，察看。遺，遺失。105后土　即土地神。這裡指漢武帝祭土地神的社壇，在河東汾陰，即今山西萬榮西南。106肅然　山名，在泰山東麓，今山東萊蕪西北。107采　採納；採集。

【語　譯】相如既已因病免職，在茂陵家中居住。天子說：「司馬相如病得厲害，應該派人把他寫的書都取來，若不然，以後就失掉機會了。」派遣所忠前去時，相如已經去世，家中沒有留下什麼書。問他的妻子，回答說：「長卿從未有過什麼書。時常寫書，又被人拿去。長卿還沒有死時，寫過一卷書，說若有使者來尋找書時，就將其上奏。」他寫在木簡上遺留下來的書說的是封禪的事情，所忠上奏於天子，天子認為此書奇異。其書寫道：

2　遠古開天闢地之初始，天生眾民，歷數歷代君主，直到秦朝。循著近世遺留的蹤跡，聽察遠古的遺風美名，多而混亂紛繁，沉埋而不為世人所稱道者，不計其數。繼承虞舜、夏禹，崇尚尊號美諡，封禪於泰山者可說有七十二君。沒有誰施政善良而不昌盛，又有誰逆行失德還會存在？

3

軒轅之前，時間極遠，事物渺茫，其間的詳情已無法得知了。五帝、三王由於《六經》典籍的記載和流傳，才能見而可觀。《尚書》說：「君主英明啊！大臣得力！」據此而論，君主沒有哪個能比唐堯盛美，臣子沒有哪個比后稷賢能。后稷在唐堯時創立功業，公劉在西戎逐漸得志，文王改革制度，至周極為昌隆。太平之道大行，功業於是而成，以後雖然衰頹微弱，千載沒有惡聲，難道不是善始善終嗎！然而沒有別的緣故，不過是在開始時謹慎，在終結時小心的秉承遺訓罷了。所以規範平易，易於遵奉；恩德深廣，容易富足；法度顯明，容易仿效；基業承接理順，易於繼承。因此王業在成王時興隆，功績則是文王、武王最高。度量其始，竟於所終，沒有特別突出和異乎尋常的事跡可以和今天相比較。然而也還是登上梁父山和泰山，建立顯貴的尊號，施加崇高的美名。大漢的恩德，像源泉一樣湧流，澤及遍地，廣被四表，像雲霧一樣散布，上通九天，下流八方。凡屬生物，都被恩澤，和氣橫溢四方，武威如烈炎奔騰，近狹之處溉及根本，遠闊之處澤及末梢。罪魁禍首皆已湮滅，夷狄之人見到光明，各種動物歡樂喜悅，回過頭來面向中原。然後蓄養成群的珍貴的騶虞，攔截罕見的麋鹿怪獸，從庖廚選一莖六穗之嘉禾供給祭祀，用雙角共抵的野獸作為祭品，在岐山之旁的沼池獲得周朝放養的遺龜，在沼澤中招來黃帝升仙時乘坐的神馬。至德與神明接通，仙人旅居於閒館。奇物變化莫測，卓越之才窮極事變。敬佩啊，符瑞祥兆都聚集於此，但仍然認為德薄，不敢講封禪之事。周代時跳躍的魚兒墜落到船上，武王美之以其燎祭上天。作為符兆，這是多麼微小啊，但是要是以白魚為祥瑞去登上泰山，不是顯得慚愧嗎！周朝不可以去封禪而封禪，漢朝可以封禪而不封禪，差異多麼大啊！

4

於是大司馬向皇上進言說：「陛下仁愛撫育天下百姓，依據道義而征討不順，華夏樂意貢獻，蠻夷執禮朝見，德同當初，功無與比，盛美的功業融和，符兆祥瑞多次降臨，各不相同，應期接連而至，不獨初創而見。想來大概是泰山和梁父山的壇場盼望皇上臨幸，欲加上尊號以和前代比榮耀，上天垂恩積福於下，要實行慶告成功之禮。陛下謙虛禮讓而不出發去封禪，斷絕了三神的喜悅，使王道的禮儀缺失，群臣慚愧呀。有人講到，況且天意已誠然暗示，珍稀的符兆本來就不可辭讓；假若辭讓它，就是泰山將無立表記的機會，而梁父山也無享受祭祀的希望了。況且自古帝王如果都是與時而榮，畢而絕，述說者還有什麼可以稱述於後代，而能說有七十二位君主封禪過泰山呢？德行修明而賜給符瑞，遵奉符瑞而進行封禪，不算是苟進越禮。所以聖明的君主不廢棄封禪，而尊敬禮致土地神，誠懇地謁告天神，在中岳刻石記功，以此彰明至上的地位。舒展隆盛的德行，顯露榮耀的稱號，承受豐厚的福祿，用以浸潤眾多的百姓。這是多麼美盛的事業啊，世界上雄偉的景象，帝王最終要到達的宏大事業，不可減損啊！希望陛下能成全它。然後彙集群儒的方略與見解，使他們得到日月餘光末焰的照耀，以提升他們的地位與官職。因而兼天時正人事陳列封禪的意義，校正潤飾其文，作為如《春秋》一樣新的一經。將沿襲原有的《六經》而增為七經，述之無窮，使萬世能夠激發忠義之士，光大隱蔽之波，飛傳英華之聲，騰馳茂盛之實。前代聖人之所以能永保他們的美名而時常成為後人稱道為第一，就在於這個緣故。應當命令掌故把封禪的禮儀呈奏給您觀覽。」

5 於是天子感動地改變了神色，說：「是啊，我來嘗試一下吧！」便改變想法，轉換念頭，總括公卿的議論，諮詢封禪的事情。作詩以詠大澤之廣博，增廣符瑞之富饒。於是作頌道：

6 自我蒼天覆地，雲彩油然而行。甘露時雨，其澤可以游泳。汁液滋潤下流，生長莫不長青！嘉禾一莖而生六穗，我豐收了何不積蓄？

7 不只雨水降灑，且又潤澤我。不只霑溉我一人，而是普遍散布。萬物一片和諧歡樂，懷念而又思慕之。泰山應當凸顯其地位，盼望明君來封禪。君主啊君主，為何還不前來！

8 色彩斑斕的騶虞，遊嬉於我君的苑囿。白色的地色再加上黑色的花紋，其外表美麗令人高興。容態和藹恭敬，猶如謙謙君子。曾經聽過牠的名聲，今日見到牠的到來。不知道是從何而來，當是天降靈瑞。此獸於舜時曾見，虞舜賴此而興旺。

9 白麟在歡快地遊戲，遊之於那五時。初冬十月，君主前往進行郊祀。君主的車輿在奔馳，天帝享用祭祀而答以福祉。這事在三代之前，大概不曾有過。

10 屈屈伸伸的黃龍，幸遇德至而升。色彩光耀奪目，光明而輝煌。君主顯現，覺悟啟發天下民眾。在《易傳》上記載此事，說這是受命所乘。

11 天命的符瑞已經彰明，不必諄諄告知。依照事類而寄託寓意，以封禪之事喻之於君。

12 翻開《六經》來看，天道與人道已經相接，上天與下民已相互表達和諧。聖王的事業，兢兢業業，小心翼翼。所以說，於興盛的時候一定要考慮到衰亡，平安的時候一定要想到危亡。因此商湯和周武王達到至尊之位，仍不忘嚴肅恭敬於土地神；虞舜在大典已成時，還要回顧察看有失禮節的地方，講的就是這回事。

13 司馬相如去世五年，天子才開始祭祀后土神。八年而禮祭中岳，封泰山，到梁父、肅然山禪祭。

14 相如的其他著作，如〈遺平陵侯書〉、〈與五公子相難〉、〈草木書篇〉等篇不收錄，只收集他在公卿大臣中特別知名的文章。

贊曰：司馬遷稱「春秋推見至隱❶，易本隱以之顯❷，大雅言王公大人，而德逮黎庶❸，小雅譏小己之得失，其流及上❹。所言雖殊，其合德一也。相如雖多虛辭濫說，然要❺其歸引之於節儉，此亦詩之風諫何異？」揚雄以為靡麗之賦，勸百而諷一❻，猶騁鄭衛之聲，曲終而奏雅，不已戲乎❼！

【章旨】班固引司馬遷的話作為司馬相如傳的評論，在賦與詩的諷諫作用上他們有著相同的看法，但又引揚雄的話使筆鋒一轉，且認為其太輕戲，顯得太過唐突。

【注釋】❶推見至隱　是說由人事之顯現者，推至於天道的隱微之處。❷隱以之顯　韋昭曰：「《易》本陰陽之微妙，出為人事乃更昭著也。」❸大雅言王公大人二句　大雅，《詩經》的一部分，主要內容是歌頌從后稷至武王等王室的功績。逮，至。❹小雅譏小己之得失二句　小雅，《詩經》之一部分，主要內容是詩人抒寫自己的怨誹憂傷，而譏諷國家朝政的得失。譏，怨也。小己，個人。❺要　要領；關鍵。❻勸百而諷一　意為鼓勵奢靡的言詞多，勸諫節約的言語少。❼不已戲乎　已，過；太。戲，輕戲。

【語譯】史官評議說：太史公稱「《春秋》以隱微之詞推求人事大意，《易經》本之隱微而顯現著明人事，〈大雅〉言王公大人而德至乎平民，〈小雅〉以己之得失而非難政事，其言詞及於王公大人。所以言詞雖然不同，在符合道德標準上卻是一致的。相如雖然多有虛構言詞和誇張之說，然而其要領歸結到一處，還在於提倡節儉，這與《詩經》的諷諫有什麼不同？」揚雄以為他華麗的辭賦，鼓勵奢靡的言詞占多數，勸諫節儉的言詞不過百分之一，好像馳騁在淫靡的鄭衛之聲中，曲終時才奏雅樂，這不是輕戲得太過了嗎！

【研析】本篇分上、下二卷，記述西漢時司馬相如的事跡，錄其代表性作品。《漢書》中單個人物為傳而分上、下二卷，只有司馬相如、揚雄。二人均以文學成名，而相如是揚雄的同鄉前輩，揚雄正是在司馬相如作品的影響下進入文學領域的。本書〈揚雄傳〉說：「先是時，蜀有司馬相如，作賦甚弘麗溫雅，雄心壯之，每作賦，常擬之以為式。」下面結合篇中內容，引述當時人的評論，就司馬相如對於漢代文學的改造與影響，略予申說。

先秦諸子百家，並無「文學家」，《史記》、《漢書》中「文學」一詞，幾乎是儒學的另一個稱呼。類似於今日「純文學」的東西，當時稱作「辭賦」或「文章」。漢武帝身為太子時，對這類作品便有特殊的愛好，其時梁王召聚了一批遊士「皆善屬辭賦」，其中又以枚乘最為傑出。「武帝自為太子聞乘名，及即位，乘年老，乃以安車蒲輪徵乘，道死。詔問乘子，無能為文者」，頗為遺憾。後找到枚乘的庶子枚皋，能作賦，「上得之大喜」。本書卷五十一〈枚乘傳附子枚皋傳〉說：「上有所感，輒使賦之。為文疾，受詔輒成，故所賦者多。司馬相如善為文而遲，故所作少而善於皋。皋賦辭中自言為賦不如相如，又言為賦乃俳，見視如倡，自悔類倡也。」

我們之所以要說到枚乘、枚皋父子，是因為傳中稱相如在京城見到隨梁王到長安的枚乘等人，頗為企羨遂「客游梁，得與諸侯游士居，數歲，乃著〈子虛之賦〉」。漢武帝極其喜歡這篇賦：「朕獨不得與此人同時哉。」終將其羅致身邊。司馬相如作賦，顯然受到枚乘等人的影響。但他再次回到京城，隨侍漢武帝身邊後，並沒有如枚乘之子枚皋那樣，以弄臣自居，又自怨自艾，而是通過自己創作與思考，改變了辭賦的性格，成為那個時代的文學泰斗。

西漢末，劉歆作《西京雜記》，反映了西漢長安風貌。其中有一則關於司馬相如創作的記述：「司馬相如為〈上林子虛賦〉。意思蕭散，不復與外事相關，控引天地，錯綜古今，忽然如睡，煥然而興，幾百日而後成。其友人盛覽嘗問以作賦。相如曰：『合綦組以成文，列錦繡而為質。一經一緯，一宮一商。此賦之跡也。賦家之心，苞括宇宙，總覽人物，斯乃得之於內，不可得而傳。』」其意是說，作賦如同製作錦繡，需要用心組織文字，還要文采，如同錦繡上絢麗的花紋，同時還必須強調音韻和諧，合乎宮商。讀篇中所錄〈上林賦〉等作品可知，相如善於運用鋪陳、排比、對偶、誇張、虛構與想像等多種手法，段與段排比，句與句排比。間雜以說理、議論，結構富於變化而蔚然有序；七字句、五字句，乃至四字、三字句，交錯使用，又自然押韻；既大量使用生僻字，營造一種非人間的氣息，又善於創造性的使用雙聲疊韻詞如「鏗鏘」、「爛漫」、「繽紛」、「綽約」、「嫵媚」，使作品富有現實的生命力。而這些，在相如看來，還只不過是可以模仿、學習的「賦之跡」，更為重要的是作品的要有個性，即「賦家之心」。在他看來，作賦者須胸襟闊大，足以包容宇宙萬物與人類歷史，擁有能夠馳騁天地古今的想像力。而這是難以言說，不能模仿的。他作一篇賦得數百日，時而鬱悶至極，時而沉思如睡，時而興奮異常，創作過程嚴肅，充滿痛苦與歡樂。在相如眼裡，作賦不再是歡宴時博取王侯一笑的遊戲，而是承載個體生命關於宇宙人生思考的大事。這則故事以錦繡比喻作文，而相如家鄉成都即以織錦著名，應有相當的真實性，至少也反映了相如之後，人們對其創作的一種深刻理解。

《西京雜記》還有一則關於當時人對司馬相如的評價。說：「司馬長卿賦，時人皆稱典而麗，雖詩人之作不能加也。揚子雲曰：『長卿賦不似從人間來，其神化所至邪！』子雲學相如為賦而弗逮。故雅服焉。」「詩人」其時特指《詩經》各篇的作者，也就是說當時人認為，相如之賦堂堂正正，境界高遠、詞藻華麗，使賦這一早已有之的文體，脫胎換骨，完全擺脫了「俳諧」之氣，其成就甚至超過了當時人奉為經典的《詩經》，成為漢帝國的人們引以為自豪的、最為華美的文化創造。

至於相如與卓文君的情與愛，其卓絕成就對於巴蜀地域超越地理障礙、融入統一國家文明進程的影響，以及對其作品的具體分析等等，言者甚夥，讀〈相如傳〉者自可參看，茲不畫蛇而添足。

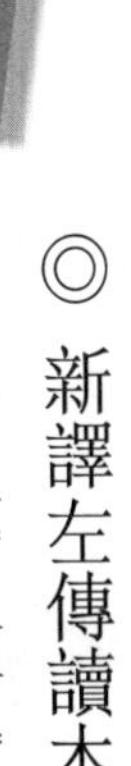

◎新譯左傳讀本

郁賢皓、周福昌、姚曼波／注譯　傅武光／校閱

《左傳》又稱《春秋左氏傳》，是寫於先秦時期的一部編年體史書，儒家的重要經典之一。它不僅是部偉大的史學著作，也是一部富有文學價值的散文傑作，更是研究先秦時期社會歷史發展和文化思想不可或缺的重要參考。本書在汲取前人的研究成果上，進行全面精確而詳盡的注釋和翻譯。文中每一「公」前皆有題解，總述該時期之主要局勢，每一「年」後都有說明，分析特定事件的歷史意義，書前並有完整導讀，是讀者研習《左傳》的最佳讀本。

◎新譯公羊傳

雪克／注譯　周鳳五／校閱

《公羊傳》是一部為解釋《春秋》而作的重要典籍，本書則是為讓讀者讀懂《公羊傳》而寫成的最佳注譯本。其中「原文」採清阮元校刻本為底本，「說明」是每年傳義的分條概述，「語譯」以直譯的方式行文，「注釋」就史事、制度、名物等詞語作簡要的注解。綜上四部分，相輔相成，讓讀者掌握傳文的各層意涵。

◎新譯穀梁傳

顧寶田／注譯　葉國良／校閱

在《春秋》三傳中，《穀梁傳》雖不如《左傳》、《公羊傳》影響之大，但唐代列為九經之一，宋代列為十三經之一，可見它也是儒家經典中頗具權威的一部，對中國古代思想文化具有一定的影響。本書之注譯力求準確、簡明、通俗，不旁徵博引，羅列眾說，適合一般讀者研讀。

◎新譯東萊博議

李振興、簡宗梧／注譯

《東萊博議》是宋人呂祖謙為指導諸生課試之文，「思有以佐其筆端」而寫的史論著作。它除了有助開拓讀史傳之視野外，於謀篇立意、行文技巧等更足資借鑑，今日仍是指導議論文作法的絕佳教材。本書各篇有題解說明歷史背景與主要篇旨，注釋以隱文僻句的出處說明，及語譯未能詳明者為重點。而研析部分則重在文章脈絡的分析和變巧手法的深究，以提供讀者欣賞與分析的參考。

◎新譯晏子春秋

陶梅生／注譯　葉國良／校閱

春秋末期，齊國正處於內憂外患的處境，晏子出任相國，採取了一系列寬政愛民的措施。不但犯顏諫上，以機智的言語勸諫國君，指正在上位者的缺失；更以身作則，使人民信服，被其德惠。《晏子春秋》總結了晏子的思想，體現其政治智慧，採用短篇故事的寫法，有人物描寫、環境烘托、矛盾衝突，具備了現代小說的特點，相當具可讀性。

◎新譯越絕書

劉建國／注譯　黃俊郎／校閱

《越絕書》雖屬野史，但其警世之語如暮鼓晨鐘，至今仍發人省思，提供我們「知古鑑今」的歷史教訓。書中對春秋時期吳地風土文物的詳實記載，開「方志」的先河，實為研究當時政治、經濟、社會的重要文獻參考資料。配合本書淺明注釋、白話翻譯，能引領讀者優游於古老的吳越風光。

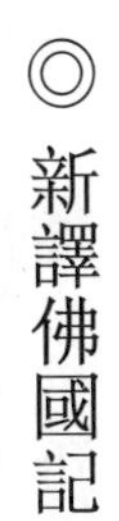

◎新譯佛國記

楊維中／注譯

《佛國記》是東晉高僧法顯記述其西行天竺求取佛經的歷程，其中不僅包含法顯西行艱難歷程的描述，更彌漫許多不惜身命、弘法利生的菩薩精神。千百年來，《佛國記》作為佛教史籍不僅鼓舞、堅定了後人的佛教信仰，更為可貴的是，它對歷史事件和自己所見所聞的忠實記錄，早已成為後人研究這一段歷史和地理的寶貴資料。

◎新譯大唐西域記

陳飛、凡評／注譯　黃俊郎／校閱

《大唐西域記》敘述玄奘冒著自然與人為的險惡，費時十八年，西行數萬里，覽聖、求法、弘教的過程。書中詳載佛教的聖跡聖址、西域的山川地理、各民族的風土人物等，作者以生花妙筆，交織歷史與現實、穿插神話與傳說、結合故事敘述與人物刻劃，以高妙的藝術形式將佛教的精微深意傳達給讀者，令人讀來興味盎然，不忍釋手。

◎新譯長春真人西遊記

顧寶田、何靜文／注譯

十三世紀三十年代，道教全真派第三代掌教丘處機應元太祖成吉思汗之邀，帶領十八位弟子前往中亞雪山行宮接受諮詢。此行往返三年，行程數萬里，由弟子李志常記錄一路上的所見所聞而成《長春真人西遊記》。書中所記包含沿途人文地理之描述、丘處機悟道詩詞及其為成吉思汗講道之內容等，不僅是著名的道教典籍，也是研究中外交通史、民俗、宗教等方面的珍貴史料。

◎新譯西京雜記

曹海東／注譯　李振興／校閱

《西京雜記》是一部優秀的筆記雜著，所記多為西漢京都之事。雖是「野史」，然其記載內容繁博，涉及面相當廣，有記述人物、宮庭軼事、時尚風習、奇人絕技等等，讀者可由此認識西漢政治、經濟、文化、民俗等多方面的狀況。本書為幫助讀者瞭解，特別針對其中所提名物制度、掌故史實的來龍去脈解釋清楚；譯文部分則力求既忠於原文，又曉暢通達。

三民網路書店 會員

獨享好康 大放送

通關密碼：A7666

憑通關密碼

登入就送100元e-coupon。

(使用方式請參閱三民網路書店之公告)

生日快樂

生日當月送購書禮金200元。

(使用方式請參閱三民網路書店之公告)

好康多多

購書享3%~6%紅利積點。

消費滿250元超商取書免運費。

電子報通知優惠及新書訊息。